D0996186

This book is due for return not later than the last date stamped below, unless recalled sooner.

Dieses Buch informiert die Leser über die Grundzüge des politischen Systems der Bundesrepublik Deutschland. Untersucht werden sowohl das Regelwerk, welches die Verfassung der Politik vorgibt, als auch die Verfassungswirklichkeit. Dabei werden die wichtigsten politischen Institutionen, ihre Funktionsweise, die Strukturen der politischen Willensbildung und die Staatstätigkeit in zentralen Feldern der Innen- und der Außenpolitik beschrieben, erklärt und bewertet. Behandelt werden das Grundgesetz, die Wähler und ihr Wahlverhalten, Parteien, Verbände und Massenmedien, die Bundesregierung, der Bundestag, die Exekutive, der Föderalismus, die Judikative sowie die Grundzüge der Außen- und der Innenpolitik. Dabei kommen neben der Analyse der Grundgesetzänderungen insbesondere die Wirtschafts-, die Finanz-, die Sozial-, die Bildungs- und die Umweltpolitik sowie Deutschlands mittlerer Weg in der Staatstätigkeit zur Sprache.

Manfred G. Schmidt ist Professor für Politische Wissenschaft an der Ruprecht-Karls-Universität Heidelberg. Zuletzt erschien von ihm: *Demokratietheorien ([5]2010); Wörterbuch zur Politik ([3]2010); Das politische System der Bundesrepublik (C.H.Beck, [2]2008); Sozialpolitik in Deutschland. Historische Entwicklung und internationaler Vergleich ([3]2005)* und *Sozialpolitik der DDR (2004)*.

Manfred G. Schmidt

Das politische System Deutschlands

Institutionen, Willensbildung
und Politikfelder

2., überarbeitete, aktualisierte und erweiterte Auflage

Verlag C.H.Beck

1. Auflage. 2007

Originalausgabe
2., überarbeitete und erweiterte Auflage. 2011

© Verlag C.H.Beck oHG, München 2007
Satz: Fotosatz Reinhard Amann, Aichstetten
Druck und Bindung: Druckerei C.H.Beck, Nördlingen
Umschlagentwurf: malsyteufel, Willich
Printed in Germany
ISBN 978 3 406 60390 7

www.beck.de

Inhaltsverzeichnis

Verzeichnis der Tabellen

Vorwort

Dieses Buch ist die zweite, grundlegend überarbeitete, aktualisierte und um zwei Kapitel erweiterte Auflage eines 2007 erschienenen Werkes, das die Leser über die Grundzüge der Politik in Deutschland[1] unterrichtet. Wie andere Einführungen zum Thema erörtert auch dieser Band die politischen Institutionen und ihre Funktionsweise und analysiert die wichtigsten politischen Akteure und Einrichtungen: Zur Sprache kommen vor allem die Wählerschaft, die Parteien, die Bundesregierung und die Opposition, die Bundeskanzler und die Bundespräsidenten, der Bundestag, der Bundesrat, die Interessenverbände und die Massenmedien sowie die Judikative mit dem einflussreichen Bundesverfassungsgericht an der Spitze und die politische Führungsschicht in Deutschland.

Allerdings geht dieses Buch weit über die vorliegenden Einführungen zur Politik in Deutschland hinaus. Denn es erörtert nicht nur politische Vorgänge (englisch «politics») und politische Institutionen («polity»), sondern es untersucht auch Politik im Sinne von politischer Gestaltung oder Inhalt politischer Entscheidungen («policy»). Zudem werden in diesem Buch die Zusammenhänge zwischen politischen Institutionen, Abläufen und Entscheidungsinhalt erkundet. Dazu dient die Analyse der Staatstätigkeit in besonders wichtigen Politikfeldern. Diese reichen von der Verfassungspolitik und den Staatsfinanzen über die Wirtschafts-, die Sozial-, die Bildungs- und die Umweltpolitik bis zum Markenzeichen der innenpolitischen Staatstätigkeit im heutigen Deutschland: der «Politik des mittleren Weges».[2]

Das vorliegende Buch handelt aber nicht nur von der Innenpolitik, sondern auch von der Außenpolitik. Zweierlei spricht dafür:

1 «Deutschland» dient im Folgenden, soweit nicht ausdrücklich das Staatsgebiet des Deutschen Reichs bis 1945 gemeint ist, als Kurzbezeichnung für «Bundesrepublik Deutschland».
2 Siehe Kapitel 19.

Das internationale Umfeld und auswärtige Mächte haben die Politik der Bundesrepublik Deutschland von Anfang an tief geprägt. Zudem formte das Zusammenwirken von außen- und innenpolitischen Konstellationen die Bundesrepublik zu einem im internationalen Vergleich ungewöhnlich «offenen Staat»[3] und zu einer auch international Zeichen setzenden «Zivilmacht»[4].

Im weiteren Unterschied zu den meisten Einführungen zum Thema wird die Politik in Deutschland in diesem Buch, wo immer möglich und nötig, aus dem Blickwinkel des neuesten Standes des internationalen und des historischen Vergleichs betrachtet.[5]

Schlussendlich wird das politische System Deutschlands auf den folgenden Seiten bewertet – anhand seiner Stärken und Schwächen im Lichte bewährter normativ-analytischer Messlatten politischer Leistungen[6] sowie, soweit Umfangsbeschränkungen dies erlauben, unter Berücksichtigung von Befunden des internationalen und des historischen Vergleichs. Das schließt die Überprüfung der Diagnose ein, mit der der Politik in Deutschland eine «Erfolgsgeschichte»[7] bescheinigt wird. Dieser Befund wird am Ende des vorliegenden Werkes durch eine Bewertung ersetzt, die nach Erfolgen und Misserfolgen der politischen Institutionen, der politischen Vorgänge und der Staatstätigkeit differenziert.

Geschrieben wurde das vorliegende Buch für ein größeres Publikum. Es wendet sich gleichermaßen an Studierende, Lehrende und anderweitig tätige Absolventen des Faches Politische Wissenschaft und angrenzender Disziplinen, insbesondere der Soziologie und Wirtschaftswissenschaft, Erziehungswissenschaft, Geschichtswis-

3 Di Fabio 1998.
4 Vgl. Maull 1992, 2006 sowie Kapitel 12 in diesem Buch.
5 Vgl. Almond/Powell/Strøm/Dalton 2008, Caramani 2008, Castles 2007, Gabriel/Kropp 2008, Gallagher/Laver/Mair 2006, Jahn 2006, Schmidt/Ostheim/Siegel/Zohlnhöfer 2007, Schmidt/Zohlnhöfer 2006.
6 Vgl. Kapitel 20.
7 So z. B. Wolfrum 2005, 2006.

senschaft, Philosophie und Rechtswissenschaft, sowie an alle an Fragen der deutschen Politik Interessierte.[8]

In dieses Buch wurde das einschlägige fachwissenschaftliche, vor allem deutsch- und englischsprachige Schrifttum, soweit es bis zum Sommer des Jahres 2010 zugänglich war, eingearbeitet. Neu aufgenommen wurden für die zweite Auflage ein Kapitel über die Massenmedien (Kapitel 5.4) und eines zur Bildungspolitik (Kapitel 17). Erheblich erweitert wurde insbesondere das Kapitel 19, das den «mittleren Weg» der Politik hierzulande nachzeichnet. Wie in den anderen Kapiteln des Buches erstreckt sich hier der Untersuchungszeitraum auf die politische Entwicklung in der Bundesrepublik Deutschland von ihrem Geburtsjahr 1949 bis 2010.

Bei der Anfertigung dieses Buches kam mir zuverlässige Hilfe zugute. Dr. Sebastian Ullrich vom Verlag C.H.Beck danke ich für die vorzügliche Betreuung des Werkes. Für genaues Korrekturlesen, Recherchen, Mithilfe bei der Literaturbeschaffung und Schreibarbeiten gilt mein Dank vor allem Falk Bartscherer und Ingeborg Zimmermann.

Der Redaktionsschluss des Werkes war Mitte September 2010.

Heidelberg, im September 2010

---

8 Soweit es der Umfang des Werkes erlaubt, werden speziellere Fachbegriffe in diesem Buch erläutert. Zur vertiefenden Einarbeitung in die Fachbegriffe, Theorien und Methoden, die hier Anwendung finden, eignet sich besonders der mit dem vorliegenden Buch eng verzahnte Band Schmidt 2010f.

TEIL I

Politische Institutionen, Akteure und Willensbildung

Kapitel 1 **Die Staatsverfassung der Bundesrepublik Deutschland**

Deutschland ist das Land der häufigen politischen Umbrüche. Allein im 20. Jahrhundert durchlebte es mehr fundamentale Regimewechsel als jede der heutzutage etablierten Demokratien. Der Wandel von der konstitutionellen Monarchie zur Weimarer Republik nach dem Ende des Ersten Weltkrieges mündete in eine umstrittene, instabile Demokratie.[1] Sie wurde schon 14 Jahre später – 1933 – von der nationalsozialistischen Diktatur abgelöst. Diese steuerte Deutschland innen- und außenpolitisch in die «Katastrophe»[2]. Nach dem Zusammenbruch der NS-Diktatur 1945 folgten die «Jahre der Besatzung»[3]. Nun gabelten sich die Wege für rund viereinhalb Jahrzehnte. In der Sowjetischen Besatzungszone marschierte die Sowjetische Militäradministration im Verein mit der Sozialistischen Einheitspartei Deutschlands (SED) in einen diktatorischen Sozialismus. In den westlichen Besatzungszonen hingegen wurde – nach dem Ende der «kriegerischen Okkupation»[4] eines «besiegten Feindstaates»[5] – der Boden für eine föderative verfassungsstaatliche Demokratie bereitet. Das geschah zunächst in einer

1 Ullrich 2009.
2 Kielmansegg 2000.
3 Benz 1999, Eschenburg 1983.
4 Litchfield u. a. 1953: 12–19, 120.
5 So die US-amerikanische Besatzungsdirektive JCS 1067 vom 26. April 1945: «Deutschland wird nicht besetzt zum Zwecke seiner Befreiung, sondern als ein besiegter Feindstaat» (zit. n. Stöver 2006: 233).

«Liberalisierungsdiktatur»[6], die von den westlichen Besatzungsmächten gelenkt wurde und auf die Unterstützung insbesondere
der christdemokratischen, sozialdemokratischen und liberalen Parteien der westdeutschen Länder setzte. Mit den Landtagswahlen vor
1949 und der Gründung der Bundesrepublik Deutschland im Jahre
1949 begann der zweite Anlauf zur Demokratie in Deutschland. Er
blieb zunächst auf den Westen des geteilten Landes beschränkt. In
seinem Ostteil wurde noch im selben Jahr die Deutsche Demokratische Republik (DDR) gegründet. Diese stand im Zeichen des
Aufbaus einer Diktatur, die an sowjetische Traditionen sowie an
kommunistische und linkssozialistische Konzepte der Weimarer
Republik anknüpfte und den «SED-Staat»[7] schuf. Die Teilung
Deutschlands in West und Ost wurde 41 Jahre später durch die
Herstellung der staatsrechtlichen Einheit Deutschlands beendet.
Mit ihr hörte die DDR zu existieren auf. Nun konnten West- und
Ostdeutschland im Verfassungsgewande der Bundesrepublik zu-
sammenwachsen. Diese Konturen einer neuen Staatlichkeit hatte
sie schon vor 1990 entwickelt und seither noch weiter ausgebaut:
Als «offener Staat»[8] übertrug sie in großem Umfang Souveräni-
tätsrechte auf inter- und supranationale Organisationen, wie insbesondere ihre Mitwirkung an der europäischen Staatengemeinschaft und ihre Mitgliedschaft in der NATO zeigen.

I. Ein langer «Weg nach Westen» –
über viele Regimewechsel hinweg

Deutschland hat einen «langen Weg nach Westen»[9] hinter sich, einen langen Weg hin zu einer verfassungsstaatlichen Demokratie.
Mittlerweile aber zählt das Land zu den seit mehreren Dekaden sta-
bilen liberalen Demokratien. Diesem Kreis gehören, selbst bei groß-
zügiger Zählung, nicht mehr als rund drei Dutzend Staaten an: ne-

6 Niethammer 1973: 178, vgl. Litchfield u. a. 1953, Gerhardt 2005.
7 Schroeder 1998.
8 Di Fabio 1998.
9 Winkler 2002.

ben den nordamerikanischen und den westeuropäischen Ländern beispielsweise auch Japan und Australien.[10] Die Mitgliedschaft in diesem exklusiven Klub ist ein Erfolg der Bundesrepublik Deutschland, den in ihrem Geburtsjahr kaum jemand erwartet hatte.[11] Zu groß schienen dafür die Erblasten des NS-Staates zu sein, zu schwer die Hinterlassenschaften des Krieges und der Kriegsfolgen, zu schmal die wirtschaftliche Basis, zu negativ die Erfahrungen mit der Demokratie der Weimarer Republik und zu gewaltig die innen- und außenpolitischen Herausforderungen des neuen, noch unter dem Besatzungsstatut stehenden Staates.

Dass Deutschlands zweiter Anlauf zur Demokratie dennoch glückte, im Gegensatz zum ersten Versuch, der mit der Auflösung der Weimarer Republik endete, hat viele Ursachen.[12] Zu ihnen gehört die vollständige öffentliche Diskreditierung der NS-Diktatur. Für eine «Dolchstoßlegende» war 1945 im Unterschied zu 1918/19 kein Platz mehr. Zugute kam der Bundesrepublik Deutschland – vor allem infolge des aufbrechenden Ost-West-Konflikts – eine weitsichtigere Politik der westlichen Siegermächte als 1918/19: Diese eröffnete dem westdeutschen Teilstaat die Chance der Teilhabe an den inter- und supranationalen Organisationen des Westens. Zugute kam ihm überdies das abschreckende Beispiel der sozialistischen Diktatur, die in der Sowjetischen Besatzungszone und in der DDR auf den Bajonetten der Roten Armee von den Kadern der SED, ihrer Gefolgschaft und ihren Mitläufern errichtet wurde. Verantwortlich für die Verwurzelung der Demokratie in der Bundesrepublik waren nicht zuletzt das «Wirtschaftswunder», der in der deutschen Geschichte beispiellose wirtschaftliche Aufschwung vor allem der 1950er und 1960er Jahre, und eine Sozialpolitik, die tatkräftig zum Abbau der Hypotheken der NS-Diktatur, des Krieges und der Nachkriegszeit beitrug. Durch Wirtschaftsaufschwung und Sozialpolitik wurde «Wohlstand für alle»[13], so die griffige Formel des damaligen Bundeswirtschaftsministers Ludwig Erhard, für

10 Lijphart 1999.
11 Vgl. z. B. Neumann 1978.
12 Vgl. Lepsius 1993a, Wehler 2008, Wolfrum 2006.
13 Erhard 1957.

die große Mehrheit der Bürger fassbar. Das kam der Anerkennungswürdigkeit der demokratischen Staatsform und ihrer faktischen Anerkennung zugute.

Demokratiefördernd wirkten auch Mechanismen des politischen Systems. Dieses begünstigte stabile Regierungen und integrierte die parlamentarische Opposition. Insbesondere aufgrund der Gliederung in Bund und Länder hatte jeder Verlierer einer Bundestagswahl die Chance, durch Siege bei Landtagswahlen in den Ländern an die Regierung zu gelangen und gegebenenfalls über den Bundesrat auch im Bund mitzuregieren. Dieser Mechanismus trug maßgeblich zur Einbindung der Opposition bei, entschärfte den Nullsummenspielcharakter von Wahlen im Lande, erleichterte dem Wahlverlierer die Akzeptanz der Niederlage und milderte somit die hohe Spannung zwischen den parteipolitischen Lagern. Zur Demokratieverwurzelung trug auch die Verfassung bei – das «Grundgesetz» vom 23. Mai 1949 mitsamt seinen Änderungen. Das Grundgesetz definiert das verfassungsrechtliche Spielregelwerk der Politik in der Bundesrepublik. Es tut dies in einer Weise, die für Machtaufteilung sorgt, die zugleich Interessenausgleich sowie Kompromisssuche fördert, und die der Verfassung und ihrer Auslegung durch das Bundesverfassungsgericht die höchste Autorität beimisst. Beides – die verfassungspolitischen Vorgaben des Grundgesetzes und die Verfassungsauslegung durch das Bundesverfassungsgericht – werden in hohem Maße akzeptiert, und zwar in der Politik ebenso wie in der Gesellschaft und der Wirtschaft.

Weil das so ist, erlaubt die Analyse der Staatsverfassung und der Verfassungsgerichtsbarkeit besonders aufschlussreiche Einblicke in den politischen Betrieb des heutigen Deutschlands. Deshalb beginnt dieses Buch beim verfassungsrechtlichen und politischen «Überbau» – und nicht bei der wirtschaftlichen «Basis» oder bei der Gesellschaft, so wichtig diese als Rahmenbedingungen der Politik auch sind.[14]

14 Siehe die Kapitel 3 und 15.

2. Alte und neue Pfade der Verfassungspolitik

An der verfassungspolitischen Willensbildung für Westdeutschland wirkten viele mit – nicht nur die Alliierten, wie die von rechter und linker Seite vertretene Auffassung nahelegt, das Grundgesetz sei auf den Bajonetten der Besatzungsmächte entstanden. Sicherlich hatten die Westalliierten die Initiative zur Verfassungsbildung ergriffen. Zweifellos hatten sie verfassungspolitische Vorgaben festgeschrieben: liberaldemokratisch, konstitutionalistisch und föderalistisch musste die westdeutsche Staatsverfassung sein, und die Wiedergeburt eines starken Staates sollte sie verhindern. Zudem hatten die Westalliierten in die verfassungspolitische Willensbildung massiv eingegriffen. Doch Entwurf, Beratung und Erstellung der Verfassung, die Beschlussfassung über sie und ihre Annahme in den Parlamenten waren das Werk deutscher Verfassungsspezialisten und Politiker. Auch der Name der Verfassung – «Grundgesetz» – offenbart dies. Er sollte das Provisorium der Verfassung betonen, solange Deutschland geteilt war.

Die Weichenstellungen des Grundgesetzes spiegelten die Bestrebungen der Siegermächte wie auch der Landespolitiker wider, den neuen deutschen Staat in enge Grenzen zu verweisen. Starke Länder, ein schwacher Zentralstaat sowie mächtige Barrieren gegen den Wiederaufstieg eines Machtstaates – das waren zentrale politische Leitideen auf beiden Seiten. Die Architekten des Grundgesetzes knüpften zudem an Traditionen liberaler Verfassungstheorien aus Westeuropa und Nordamerika an: Die liberaldemokratischen Strukturen, die Konstitutionalisierung der Demokratie und die Stärkung der Grundrechte zeugen hiervon. Unübersehbar waren die Lehren, die aus der politischen Geschichte Deutschlands von 1919 bis 1945 und in Abgrenzung zum DDR-Sozialismus gezogen wurden: Sie liefen auf einen Institutionenneubau hinaus, der von einem antitotalitären «Geist der Gesetze» durchweht und vom Bestreben, Strukturmängel der Weimarer Reichsverfassung zu vermeiden, geprägt war.[15] Auf dieser Basis wurden die Grundrechte als unmittelbar geltendes Recht festgeschrieben und somit ein «Grund-

15 Fromme 1999.

23

rechtestaat»[16] geschaffen. Hierauf gründet auch die Einrichtung einer Verfassungsgerichtsbarkeit als Hüter und Deuter der Verfassung. Und hier liegt zudem der Beweggrund für die Entscheidung, die verfassungspolitische Position des Bundespräsidenten zu schwächen und das Amt des Bundeskanzlers zu stärken.

Das Grundgesetz spiegelt den Ausgleich zwischen unterschiedlichsten Bestrebungen wider. Der Zwang zum Kompromiss war groß, denn die Verfassung musste die Zustimmung der politischen Parteien, der Landtage und der westlichen Siegermächte erlangen. Schon an den Beratungen des Herrenchiemseer Verfassungskonvents war je ein stimmberechtigter Vertreter der Länder beteiligt.[17] Komplizierter als im Verfassungskonvent verlief die Willensbildung im Parlamentarischen Rat, der für die Ausarbeitung des Grundgesetzes zuständigen, erstmals am 1. September 1948 einberufenen Versammlung, die am 8. Mai 1949 das Grundgesetz mit Zweidrittelmehrheit beschloss. Der Parlamentarische Rat bestand aus 65 von den elf Landtagen der Westzonen gewählten Abgeordneten sowie aus fünf Vertretern Berlins, das unter dem Viermächtestatus stand und dessen Vertreter deshalb nur mit beratender Stimme teilnahmen. Die Willensbildung im Parlamentarischen Rat stand im Zeichen der innerdeutschen Politik und des ständigen Dialogs mit den drei westlichen Militärgouverneuren, die über ihre Verbindungsoffiziere die Verhandlungen des Rates beaufsichtigten – mit Vergünstigungen und nachrichtendienstlichen Mitteln, auch mit Telefonabhörung.[18]

Die parteipolitische Machtverteilung im Parlamentarischen Rat nahm die Kräfteverhältnisse zwischen den Parteien nach 1949 weit-

16 Batt 2003: 32.
17 Der Herrenchiemseer Konvent war der Sachverständigenausschuss, der, auf der Basis der von den Alliierten in den Frankfurter Dokumenten vom 1. Juli 1948 niedergelegten Vorgaben, Vorschläge für die Verfassung des westdeutschen Teilstaates unterbreitete. Der Konvent war von der Konferenz der Ministerpräsidenten der Länder als Antwort auf die Vorgaben der Alliierten bestellt worden. Er tagte vom 10. bis zum 23. August 1948. Seine Vorschläge gingen in die Beratungen des Parlamentarischen Rates ein.
18 Schwarz 1986: 591.

gehend vorweg – abgesehen von den drei kleinsten Parteien: Auf die CDU/CSU und die SPD entfielen im Parlamentarischen Rat jeweils 27, auf die FDP fünf und auf die Deutsche Partei, das Zentrum und die Kommunistische Partei Deutschlands je zwei Sitze. Zur absoluten Mehrheit war folglich eine Koalition unabdingbar und zur Zweidrittelmehrheit eine Große Koalition aus Unionsparteien und SPD – so wie später auch im Falle fast aller Verfassungsänderungen.[19]

Diese Kräfteverteilung, die Hürden für die Mehrheit und die besatzungspolitischen Rahmenbedingungen erzwangen im Parlamentarischen Rat folgenreiche Kompromisse. Die Dominanz der Ländervertreter und das Streben der Alliierten nach einem schwachen Zentralstaat fanden ihren Niederschlag in einem Bundesstaat mit schwachem Zentrum und wechselseitiger Abhängigkeit von Bund und Ländern. Ferner wurden Kirchen und Gewerkschaften von der Verfassung besser bedacht als beispielsweise die Verbände der Unternehmer und die Beamtenschaft. Die Letzteren galten weithin als Gegner der Weimarer Republik oder als Träger oder Parteigänger des NS-Staates. Dass schließlich dem Grundgesetz von 1949 die Wehr- und die Notstandsverfassung fehlten und es somit den Ernstfall ausgeklammert habe, so das Urteil von mit Carl Schmitt liebäugelnden Staatsrechtslehrern, ist ohne die damals gegebene Suprematie der Alliierten nicht zu verstehen.

Von großer Durchschlagskraft war auch das Kräfte-Patt zwischen SPD und Unionsparteien. Es verlangte beiden Seiten Opfer ab: der SPD beispielsweise den Verzicht auf soziale Grundrechte und den Unionsparteien die Lossagung von der verfassungsrechtlichen Festschreibung konservativer Gesellschaftskonzepte. Das Kräfte-Patt zwischen SPD und CDU/CSU schlug sich zudem in der wirtschaftspolitischen Offenheit des Grundgesetzes nieder. Das Grundgesetz ist zwar «eine Sperre für den Sozialismus», so die Worte des späteren Bundespräsidenten Roman Herzog.[20] Doch schreibt es die Gemeinwohlverpflichtung des Eigentums fest und

19 Die Ausnahme ist das 1. Wehrverfassungsgesetz, das der Bundestag am 26. Februar 1954 mit Zweidrittelmehrheit der Regierungsparteien CDU/CSU, FDP, DP, GB/BHE gegen 144 Stimmen der oppositionellen SPD verabschiedete. Vgl. Kapitel 13.
20 Herzog 1974.

erklärt Enteignungen für zulässig, sofern diese dem Wohle der Allgemeinheit dienen und angemessene Entschädigungen gezahlt werden. Überdies spiegelt das Grundgesetz einen Kompromiss der Demokratievorstellungen der großen Parteien wider: Die SPD liebäugelte mit einer sozialstaatlichen Mehrheitsdemokratie auf der Grundlage einer politisch regulierten, demokratisch verfassten Wirtschaft mit möglichst hohem Gemeinwirtschaftsanteil. Die bürgerlichen Parteien hingegen strebten nach einer institutionell gebändigten Demokratie mit hohen Barrieren gegen eine von Linksparteien getragene Mehrheitsherrschaft und setzten auf eine weitgehend privatautonome Wirtschaft.

3. Verfassungspolitische Weichenstellungen

Sechs grundlegende Weichenstellungen nahmen die Architekten des Grundgesetzes im Parlamentarischen Rat für den politischen Betrieb in der Bundesrepublik Deutschland vor: Rechtsstaat, Republik, Demokratie, Bundesstaat, Sozialstaat und einen, wie es später hieß, zu den internationalen und supranationalen Organisationen «offenen Staat».[21]

All diese Weichenstellungen fanden – nach langem Tauziehen – die erforderlichen Mehrheiten: Am 8. Mai 1949 nahm der Parlamentarische Rat das Grundgesetz mit 53 zu 12 Stimmen an – gegen sechs Stimmen aus der CSU und gegen je zwei Stimmen der Deutschen Partei, des Zentrums und der Kommunistischen Partei. Am 12. Mai 1949 stimmten die Militärgouverneure der westlichen Alliierten dem Grundgesetz mit gewissen Vorbehalten zu und setzten, wie in den Frankfurter Dokumenten angekündigt, zugleich das Besatzungsstatut in Kraft. Die Vorbehalte der Alliierten betrafen den Artikel 29 über die Neugliederung des Bundesgebietes und die Bestimmungen über die Zugehörigkeit Berlins zur Bundesrepublik. Im Zeitraum vom 18. bis 21. Mai 1949 wurde das Grundgesetz von den westdeutschen Landesparlamenten mit der im Artikel 144 vorgeschriebenen Zweidrittelmehrheit angenommen. Nur der baye-

21 Zu den Weichenstellungen Benz 1999, Eschenburg 1983, Niclauß 2009.

rische Landtag stimmte wegen unzureichender Berücksichtigung eines föderalen Staatsaufbaus mehrheitlich gegen die Verfassung, bekräftigte aber zugleich die Zugehörigkeit des Landes Bayern zur Bundesrepublik Deutschland durch Anerkennung der Rechtsverbindlichkeit des Grundgesetzes.[22] Am 23. Mai 1949 wurde das Grundgesetz verkündet, und mit Ablauf dieses Tages trat es in Kraft. Zunächst galt die neue Verfassung nur für die Länder Baden, Bayern, Bremen, Großberlin (dort wurde es durch die Vorbehaltsrechte der Alliierten suspendiert), Hamburg, Hessen, Niedersachsen, Nordrhein-Westfalen, Rheinland-Pfalz, Schleswig-Holstein, Württemberg-Baden und Württemberg-Hohenzollern (die seit 1952 zusammen mit Baden das Land Baden-Württemberg bilden). In anderen Teilen Deutschlands sollte das Grundgesetz nach deren Beitritt in Kraft treten. So geschah es im Saarland nach dessen Eingliederung in die Bundesrepublik 1957 und 1990 im Osten Deutschlands durch den Beitritt der Länder der DDR zur Bundesrepublik Deutschland.

Rechtsstaat   Mit der Vorgabe des Rechtsstaates folgten die Verfassungsgeber des Grundgesetzes den Traditionen der europäischen und nordamerikanischen Verfassungstheorie und -praxis, mit denen die nationalsozialistische Diktatur gebrochen hatte. Rechtliche Zähmung und geordnete Einhegung der politischen Gewalten sind Leitideen des Grundgesetzes, und die Verhinderung des «Leviathans»[23], des autoritären Staates, wie auch des «Behemoths»[24], des Unstaates, ist sein Programm. Rechtsstaat bedeutet vorrangige Bindung der Staatsgewalten an Verfassung und Gesetz – nicht an Vorgaben der Staatspartei, wie im Falle der DDR und der Sowjetunion, oder an den «Führerbefehl», wie im NS-Staat. Rechtsstaat heißt ferner Trennung und Ausbalancierung der Staatsgewalten – Exekutive, Legislative und Judikative – im Unterschied zu ihrer Konzentration wie im autoritären Staat oder ihrer Fusion wie im Totalitarismus. Rechtsstaat bedeutet zudem richterliche Nachprüf-

22 Hanns-Seidel-Stiftung 1995: 648, 462 f.
23 Hobbes 1984 (1651).
24 Hobbes 1991 (1682), Neumann 1973.

barkeit von Tun und Lassen der Legislative und der Exekutive durch fachgeschulte unabhängige Richter, nicht durch Laienrichter oder eine der Politik hörige Richterschaft. Ferner schreibt der Rechtsstaat ein Rückwirkungsverbot vor: Niemand darf auf der Basis eines Gesetzes bestraft werden, das zum Zeitpunkt der fraglichen Tat nicht in Kraft war. Der Rechtsstaat des Grundgesetzes sieht zudem die Gewährleistung persönlicher Grundrechte der Bürger vor, die ihrerseits die Legislative, die Exekutive und die Judikative als unmittelbar geltendes Recht binden.

Der Rechtsstaat kann, was viele übersehen, unterschiedliche Formen annehmen, etwa auch konstitutionell-monarchische. Ein demokratischer Rechtsstaat kam in Deutschland erstmals mit der Weimarer Reichsverfassung von 1919 zum Zuge. Dieser Weichenstellung folgten die Verfassungsgeber der Bundesrepublik und ergänzten sie durch Vorgabe eines «sozialen Rechtsstaates». So lautet der im Artikel 28 I des Grundgesetzes verankerte Kompromiss der bürgerlichen und der sozialdemokratischen Kräfte im Parlamentarischen Rat. Eine folgenreiche Weichenstellung! Denn im Unterschied zum liberalen Rechtsstaat will der «soziale Rechtsstaat» weit mehr als den Schutz der Freiheits- und Eigentumsrechte. Er sieht auch Eingriffe in die Güterordnung zwecks sozialen Ausgleichs vor.

Republik Die Architekten des Grundgesetzes richteten die Staatsverfassung zudem auf den «republikanischen Rechtsstaat» aus (Artikel 28 Grundgesetz). Damit wurde ein Begriff der Staatsformenlehre verwendet, der ursprünglich ein Gemeinwesen bezeichnete, in dem die politische Herrschaft in einer verfassten Herrschaftsordnung um des gemeinsamen Besten willen auszuüben war, im Gegensatz zur Despotie oder zur Oligarchie. Im engeren Sinn meint Republik einen Freistaat, der die Staatsgewalt an die Verfassung bindet und auf der Volkssouveränität beruht. Und im spezielleren Sinne benennt Republik eine Staatsform, in der das Staatsoberhaupt für eine begrenzte Zeitspanne gewählt wird – im Unterschied zur Monarchie, in der das Staatsoberhaupt durch Erbfolge oder Wahl in der Regel auf Lebenszeit bestellt wird.

Demokratie Das Grundgesetz verlangt außerdem eine demokratische Staatsverfassung[25], und zwar eine Demokratie mit parlamentarischem Regierungssystem, also mit einer Regierung, die aus dem Parlament hervorgeht und von ihm abberufen werden kann. Das ist die Abgrenzung von der Weimarer Reichsverfassung mit ihrem starken Präsidenten und die Absage sowohl an den Präsidentialismus beispielsweise US-amerikanischer Spielart als auch an den Semipräsidentialismus, bei dem sowohl der Regierungschef als auch der Staatspräsident an der Führung der Regierungsgeschäfte maßgeblich beteiligt sind, so wie in der Fünften Republik Frankreichs. Das Grundgesetz hingegen sieht eine Demokratie mit einem institutionell starken Bundeskanzler und einem institutionell schwachen Bundespräsidenten vor. Dies ist die verfassungsrechtliche Grundlage der «Kanzlerdemokratie»[26]. Zudem hat die «betont antiplebiszitäre Haltung des Grundgesetzes»[27] der Repräsentativdemokratie Vorfahrt gegeben – nicht der Direktdemokratie, wie etwa in der Schweiz. Überdies schreibt das Grundgesetz den politischen Parteien eine aktive Rolle in der Politik zu – ein Novum in der deutschen Verfassungsgeschichte. «Die Parteien wirken bei der politischen Willensbildung des Volkes mit», so bestimmt es der Artikel 21 des Grundgesetzes. Allerdings enthält er auch strenge Auflagen für die innere Verfassung der Parteien, insbesondere freie Wahlen und innerparteiliche Demokratie sowie öffentliche Rechenschaftslegung über Herkunft der Parteifinanzen und Parteivermögen.

Die Architekten des Grundgesetzes setzten überdies auf eine zur Selbstverteidigung befähigte Demokratie. Als «militante» oder «wehrhafte Demokratie» ging diese Weichenstellung in die Fachbegriffssprache ein. An das Verbot verfassungsfeindlicher Organisationen war dabei vor allem gedacht und daran, die Grundrechte von Verfassungsgegnern zu beschneiden – jeweils durch Beschluss des Bundesverfassungsgerichts. Auch das unterscheidet die Bundesrepublik von der Weimarer Republik, die äußerste Toleranz auch für Demokratiegegner gewahrt hatte.

25 Böckenförde 2004.
26 Niclauß 2004, Schwarz 1981.
27 Bauer 2003: 758.

Überdies basiert die Demokratie der Bundesrepublik auf Grundrechten, d. h. auf der Anerkennung freiheitlicher Bürgerrechte und der Menschenrechte. Die Grundrechtsbindung setzt dem Handeln der Staatsgewalten enge Grenzen. Auch demokratisch zustande gekommene Mehrheiten müssen die Grundrechte respektieren. «Mehrheitstyrannei» (im Sinne etwa des Verstoßes von Mehrheitsbeschlüssen gegen Grundrechte) ist unzulässig. Auch wäre eine «Volksdemokratie» nach Art der ehemaligen DDR mit den Grundrechten unvereinbar.

Bundesstaat Kaum weniger wichtig ist die verfassungspolitische Vorgabe eines Bundesstaates. Mehr noch: Die Verfassungsgeber versahen den Bundesstaat im Artikel 79 III des Grundgesetzes mit einer Ewigkeitsgarantie – ebenso wie die Rechtsverbindlichkeit der Grundrechte des Artikels 1 und die Verfassungsgrundsätze des Artikels 20. Die Weichenstellung zugunsten des Bundesstaates schreibt einen polyzentristischen Staat vor. Dieser besteht aus den Gliedstaaten, den Ländern, und ihrem Zusammenschluss, dem Bund – im Unterschied zum Einheitsstaat wie in Großbritannien, Frankreich oder Schweden, dem diese Form der vertikalen Machtaufteilung fremd ist. Mit der Parteinahme für den Bundesstaat knüpften die Verfassungsgeber an Staatstraditionen an, die im deutschsprachigen Raum tief verwurzelt sind. Deren Leitideen sind Machtdispersion, Minderheitenschutz und Integration heterogener Gesellschaften – bei gleichzeitiger Wahrung relativer Autonomie oder zumindest gesicherter Mitwirkungsrechte der Gliedstaaten. Damit wurden auch in Deutschland die Traditionen der nichtmajoritären Konfliktregelung wieder aufgegriffen, die in den modernen Proporz- bzw. Konkordanzdemokratien, beispielsweise der Schweiz, gang und gäbe waren.[28]

28 Lehmbruch 1967, 1992. «Proporz-» und «Konkordanzdemokratie» sind Fachbegriffe für die Demokratieformen, in denen im Unterschied zur Mehrheitsdemokratie Konflikte durch nichtmajoritäre Mechanismen geregelt werden, insbesondere durch gesicherte Mitwirkungsrechte aller wichtigen Streitparteien und Aushandeln im Zeichen hoher Zustimmungshürden (an Stelle von Mehrheitsentscheid). Vgl. Lijphart 1999.

Zu den in Deutschland tief verankerten Staatstraditionen gehört ferner – im Unterschied zu der Schweiz und den USA – ein exekutivlastiger Bundesstaat. Auch diese Tradition griffen die Verfassungsgeber des Grundgesetzes auf, indem sie die Länder über den Bundesrat an der Gesetzgebung des Bundes mitwirken ließen – und im Falle der Verfassungsänderung und bei zustimmungspflichtigen Gesetzen sogar mit absoluter Vetomacht ausstatteten. Im deutschen Bundesrat aber sitzen nicht gewählte Volksvertreter der Länder, wie im Senat der USA oder im Schweizer Ständerat, sondern Repräsentanten der Länderexekutive mit imperativem Mandat.

Ferner gaben die Verfassungsarchitekten dem Bundesstaat eine sozialpolitische Verpflichtung mit auf den Weg: Er soll ein «sozialer Bundesstaat» sein, so schreibt es der Artikel 20 des Grundgesetzes vor.

Das «soziale Staatsziel» des Grundgesetzes Damit kommt die fünfte zentrale Weichenstellung des Grundgesetzes ins Spiel: das «soziale Staatsziel»[29]. Zwar ist vom Sozialstaatsprinzip im Grundgesetz nicht ausdrücklich die Rede, dennoch ist es präsent, wie der Begriff des «sozialen Bundesstaats» im Artikel 20 und der des «sozialen Rechtsstaats» im Artikel 28 zeigen. Zudem benennt der Artikel 72 mit der «Herstellung gleichwertiger Lebensverhältnisse im Bundesgebiet» eine Voraussetzung für die konkurrierende Gesetzgebung des Bundes – bis 1994 hatte er gar die «Einheitlichkeit der Lebensverhältnisse» gefordert. Insoweit schreibt die Verfassung der Politik ein «soziales Staatsziel» als Staatsfundamentalnorm vor.[30] Diese Norm verpflichtet zur Sozialpolitik und legt fest, sie «mit den Mitteln des Rechts, zur Entfaltung der Rechte und unter Wahrung der Rechte des Einzelnen zu realisieren»[31]. Dies schließt anspruchsvolle Pflichten wie die Absicherung gegen die Wechselfälle des Lebens ein. Zu den Pflichten gehören die Gewährleistung des Existenzminimums (im Sinne der Verhinderung materieller Not), die «Gewähr elementarer personaler Dienste (Erziehung,

29 Zacher 2004.
30 Zacher 2004.
31 Zacher 1985: Umschlagtext.

Betreuung, Pflege)»[32], ferner «die Minderung und Kontrolle von Abhängigkeiten»[33], der Ausgleich krasser Wohlstandsunterschiede und Schutz gegen «schlechterstellende Ungleichheit»[34].

«Offener Staat» Schließlich sieht Deutschlands Staatsverfassung den «offenen Staat» vor. Gemeint ist die grundsätzliche Offenheit für die Delegation von Souveränitätsbefugnissen an inter- oder supranationale Organisationen, sofern diese verträglich mit dem Grundgesetz sind.[35] Mit dem «offenen Staat» erwarb Deutschland die Vorteile der Mitwirkung an nationalstaatsübergreifenden Arrangements. Denn der «offene Staat» ermöglicht transnationale Maßnahmen gegen grenzüberschreitende Probleme beispielsweise in der Wirtschafts- oder Außenpolitik, beim Umweltschutz oder bei der Regulierung von Einwanderung. Auch das ist neu in der deutschen Verfassungsgeschichte – und zugleich gut erklärbar: Die Verpflichtung auf den «offenen Staat» ermöglichte der Bundesrepublik die Wiederaufnahme in den Kreis der westlichen Demokratien nach 1949. Das schloss die Mitgliedschaft in der militärischen Allianz der westlichen Nationen, der NATO, und in der europäischen Staatengemeinschaft ein.

4. Verfassung und Verfassungswirklichkeit

Verfassungen setzen Spielregeln für den politischen Betrieb. Ob diese befolgt oder missachtet werden, muss die Erforschung der Verfassungswirklichkeit klären. Die Verfassungswirklichkeit der Bundesrepublik Deutschland stand zunächst noch im Zeichen der Spaltung Deutschlands und der Oberhoheit der westlichen Siegermächte des Zweiten Weltkriegs. «Deutschland hat sich ein Grundgesetz gegeben, dessen geografischer Geltungsbereich durch die Macht des Ostens, dessen Souveränitätsrechte durch die Mächte des

---

32 Zacher 1985: 10.
33 Zacher 1985: 10.
34 Zacher 1985: 2, vgl. Kapitel 16, Zacher 2001, 2004.
35 Vgl. Artikel 23 und 24 des Grundgesetzes.

Westens beschränkt werden.» Mit diesen Worten leitete Ernst Friedländer in der Wochenzeitung *Die Zeit* vom 19. Mai 1949 seinen Kommentar zur Verabschiedung des Grundgesetzes ein.[36] Rechtlich basierte die Oberhoheit der westlichen Siegermächte auf dem Besatzungsstatut vom Mai 1949. Dieses Statut verlieh der Bundesrepublik ein durch Vorrang des Besatzungsrechts eingeschränktes Selbstverwaltungsrecht.[37] Dem Besatzungsstatut zufolge blieb die oberste staatliche Gewalt zunächst bei den westlichen Besatzungsmächten. Zu ihren Befugnissen gehörten der Eingriff auch in verfassungsrechtlich garantierte Grundrechte sowie weitreichende Vorbehaltsrechte in der Außen- und Außenwirtschaftspolitik, in Reparationsfragen und in Angelegenheiten der Industrie, der Dekartellisierung, der Militärpolitik sowie des Schutzes und der Sicherheit der Besatzungsstreitkräfte. Auch die Hoheit über die Verfassung verblieb bei den Besatzungsmächten: Änderungen des Grundgesetzes bedurften der ausdrücklichen Zustimmung der Besatzungsbehörden, selbst einfache Gesetze unterlagen ihrem Einspruchsrecht.

Zwar wurde das von deutscher Seite, aber auch von Beratern der US-amerikanischen Militäradministration kritisierte Besatzungsstatut im März 1951 durch die Außerkraftsetzung eines Teils der Vorbehaltsrechte der Alliierten revidiert. Seine rechtliche Gültigkeit verlor es aber erst mit dem Inkrafttreten des Deutschlandvertrags im Jahre 1955.[38] Gleichzeitig wurden auch die Alliierte Hohe Kommission sowie die Dienststellen der Landeskommissare aufgelöst. Die Bundesrepublik Deutschland, bis dahin ein «penetriertes politisches System»[39], erhielt nunmehr die Souveränität über ihre inneren und äußeren Angelegenheiten – allerdings eingeschränkt durch

36 Friedländer 2006 (1949).
37 Vgl. Litchfield u. a. 1953.
38 Der Deutschlandvertrag ist der Vertrag über die Beziehungen zwischen der Bundesrepublik Deutschland und den westlichen Alliierten (USA, Großbritannien und Frankreich) vom 26. Mai 1952, der in der Fassung des am 23. Oktober 1954 in Paris unterzeichneten Protokolls über die Beendigung des Besatzungsregimes im Westen Deutschlands mit dem Beitritt der Bundesrepublik Deutschland zur NATO am 5. Mai 1955 in Kraft trat.
39 Hanrieder 1967: 229–248.

Vorbehaltsrechte der Westalliierten hinsichtlich des Status von Berlin, eines Notstandes und eines Friedensvertrages. Ganz aufgelöst wurden die Vorbehaltsrechte der Alliierten erst mit dem Zwei-plus-Vier-Vertrag vom 12. September 1990 zwischen der Bundesrepublik Deutschland, der Deutschen Demokratischen Republik und den vier Siegermächten des Zweiten Weltkrieges (USA, UdSSR, Großbritannien und Frankreich), der die außenpolitischen und internationalen Aspekte der Herstellung der staatsrechtlichen Einheit Deutschlands regelte, einschließlich der sicherheitspolitischen Angelegenheiten der Nachbarstaaten des wiedervereinigten Deutschlands, insbesondere Polens.

5. Resultate der Staatsverfassung

Trotz Souveränitätsbeschränkungen prägte das Grundgesetz den politischen Betrieb in Deutschland nachhaltig – und mit zunehmendem Lebensalter der Bundesrepublik nachhaltiger. Davon zeugt die auf den folgenden Seiten beschriebene weitgehende Realisierung der verfassungsrechtlichen Vorgaben für die Staatsverfassung.

Rechtsstaat Auf dieser Grundlage wuchsen durch Gesetz und Verfassung gebundene Staatsgewalten heran, die durch Grundrechte eingehegt werden und den Bürgern einen in der Regel engmaschigen Rechtsschutz gewährleisten. Das belegen zahllose Abhandlungen und Berichte – unter ihnen auch international vergleichende Bilanzen, beispielsweise die seit 1972 jährlich erscheinenden Berichte von Freedom House über den Zustand der politischen Rechte und der Bürgerrechte in den souveränen Staaten der Welt.[40] Gleiches zeigt die vergleichende Demokratieforschung:[41] Während viele Demokratien «defekt» sind, insbesondere aufgrund massiver Mängel des Rechtsstaates, gehört die Bundesrepublik zweifelsfrei zu den intakten Demokratien. Das hat den Bürgern ein höheres Maß an Rechtssicherheit als je zuvor verschafft. Allerdings gibt

40 Vgl. Puddington 2010, vgl. Isensee/Kirchhof 1987 ff.
41 Merkel 2010.

Deutschlands Rechtsstaat auch Anlass zu Kritik: Dass er zu for-malistisch sei und die Sorgen der kleinen Leute zu wenig bedenke, beklagen einige. Andere befürchten, Gefahrenprävention und über-zogenes Sicherheitsdenken würden auf einen «Abbau»[42] rechts-staatlicher Strukturen hinauslaufen. Wieder andere monieren, der weit ausgebaute Rechtsstaat zerstöre die Substanz des Politischen. Das meinten nicht nur Beobachter aus dem Kreis autoritär-konser-vativer Denker wie Carl Schmitt. Auch Beobachtern anderer poli-tischer Couleur missfällt, dass der Rechtsstaat hierzulande Ange-legenheiten regelt, die politisch entschieden werden könnten. Die mit dem ausgebauten Rechtsstaat ermöglichte Oberherrschaft des Rechtes könne zum «Regieren mit Richtern»[43] oder gar zum «Re-gieren durch Richter» führen und somit im Richterstaat enden, so geben manche Beobachtern zu bedenken. Ferner herrsche eine Spannung zwischen der Fesselung der politischen Gewalt durch das Recht und der «politischen Instrumentierung des Rechts», denn das Recht diene dem Gesetzgeber zugleich als ein Instrument, mit dem politische Ziele angestrebt und erreicht werden können.[44]

Republik Die Weichenstellung zur Republik wurde ebenfalls in großem Umfang umgesetzt. Mittlerweile ist das Prinzip der Repu-blik bundesweit uneingeschränkt anerkannt. In den frühen 1950er Jahren war das noch nicht der Fall, vor allem weil ein Teil der älteren Generation immer noch das Kaiserreich der Demokratie vorzog und ein anderer Teil noch mit dem Nationalsozialismus liebäugelte.

Demokratie Auch die verfassungsrechtlichen Vorgaben zugunsten der Demokratie wurden eindrucksvoll umgesetzt. Das zeigen alle Messungen des Demokratiegehaltes von Staatsverfassungen.[45] Ih-nen zufolge ist die Bundesrepublik Deutschland zudem eine der sta-bilen Demokratien. Der Form nach herrscht in Deutschland eine Mischung aus Mehrheits- und Konkordanzdemokratie. Die Mehr-

42 Dose 1999: 132.
43 Stone Sweet 2000.
44 Luhmann 1993: 442.
45 Vgl. Schmidt 2010d: 370 ff.

heitsdemokratie ist vor allem im Parteienwettbewerb und in den Wahlen verankert, die Konkordanzdemokratie hingegen hauptsächlich im Bund-Länder-Geflecht und in den Zustimmungshürden für Grundgesetzänderungen, die jeweils die Zweidrittelmehrheit im Bundestag und im Bundesrat erfordern. Überdies gibt die Repräsentativdemokratie den Ton an. Direktdemokratie auf Bundesebene galt den Verfassungsgebern als «eine Prämie für jeden Demagogen»[46], so die Worte des ersten Bundespräsidenten, Theodor Heuss, die damals, mit Blick auf Volksabstimmungen in der Weimarer Republik, im NS-Staat und in der DDR, weit weniger umstritten waren als heutzutage. Allerdings kommen direktdemokratische Prozeduren in den Ländern und den Kommunen zum Zuge, vor allem in der Süddeutschen Ratsverfassung, die unter anderem die Direktwahl des Bürgermeisters vorsieht.

Ganz ungeschoren kam die Verfassungswirklichkeit der Demokratie allerdings doch nicht davon. Kritisiert wird Deutschlands demokratische Staatsverfassung ob ihres kurzen Zeittaktes und ihrer Neigung, die Bedürfnisse des Augenblicks vorrangig zu bedienen und die der Zukunft zu vernachlässigen. Innerhalb kurzer, höchstens vier bis fünf Jahre umfassender Zeitspannen müssen Regierung und Opposition den Wählern greifbare Erfolge vorzeigen oder zumindest glaubwürdig versprechen können. Das erschwert Planungen auf lange Sicht. Hinzu kommen föderalismusbedingte Sonderbedingungen: Infolge der Existenz von 16 Ländern mit 16 Landtagswahlen in einem Zeitraum von vier bis fünf Jahren und einer Bundestagswahl in einer normalerweise vier Jahre umfassenden Legislaturperiode befindet sich Deutschland im Unterschied zu Einheitsstaaten im Dauerwahlkampffieber. Dieses aber verleitet die Politik noch mehr zu kurzfristigen Schachzügen. Verstärkt wird diese Neigung durch vorzeitige Auflösung des Bundestags, wie 1972, 1982 und 2005.

Föderalismus Das Grundgesetz schreibt der Staatsorganisation den Föderalismus vor. Auch diese Vorgabe wurde umgesetzt, und zwar mit einem Trend zur Zentralisierung und zur engen Verflechtung

---

46 Landeszentrale für politische Bildung Baden-Württemberg 1993: 54.

von Bund und Ländern einerseits und der weitgehenden Nivellierung der Finanzkraftunterschiede zwischen den Ländern durch ausgeklügelte Finanzausgleichssysteme andererseits – obwohl die Steuer- und die Wirtschaftskraft der Bundesländer seit der deutschen Einheit viel unterschiedlicher als vor 1990 sind. Dennoch bleibt Deutschlands Föderalismus auch nach der Wiedervereinigung der «unitarische Bundesstaat»[47]. Dieser engagiert sich so sehr für die Gleichwertigkeit der Lebensverhältnisse im gesamten Bundesgebiet und für die bundesweite Rechts- und Wirtschaftseinheit, dass man meinen könnte, er sei ein auf interregionale Nivellierung spezialisierter Einheitsstaat. Zu den Markenzeichen des Föderalismus der Bundesrepublik zählt ferner die insbesondere in den 1960er und 1970er Jahren weit ausgebaute und erst mit der Föderalismusreform I von 2006 etwas zurückgestufte «Politikverflechtung»[48]. Sie verknüpft in wichtigen Aufgabenfeldern die Politik der Länder mit der des Bundes. Das ist insbesondere in der Gesetzgebung der Fall, größtenteils auch bei den Staatsfinanzen sowie bei der Planung und Durchführung gesamtstaatlicher Aufgaben, wenngleich die Föderalismusreform 2006 für eine gewisse Entflechtung der Gesetzgebung und der zuvor als Gemeinschaftsaufgaben geregelten Felder sorgte.[49]

Sozialstaat Besonders fleißig strebt der Gesetzgeber nach dem «sozialen Staatsziel» des Grundgesetzes. Die Leitlinien hierfür sind: Schutz gegen materielle Verelendung, Versicherung gegen die Wechselfälle des Lebens (insbesondere gegen Einkommensausfall infolge von Alter, Arbeitslosigkeit, Invalidität, Krankheit und Pflegeabhängigkeit), Kompensation für Schädigungen, Hilfe zur Selbsthilfe, soziale Dienstleistungen und Fürsorge für Bedürftige. Der Gesetzgeber legt die sozialstaatliche Verpflichtung extensiv aus. Die Sozialstaatsklausel schreibt zwar nicht die Wahl des Sozialstaatsmodells vor und sie diktiert der Politik auch nicht im Detail diese oder jene sozialpolitische Leistung. Doch sie verlangt vom Staate, dass er die Grundlagen für eine menschenwürdige Existenz jedes Staatsbürgers

47 Hesse 1962.
48 Scharpf/Reissert/Schnabel 1976.
49 Siehe Kapitel 8.

gewährleistet. Daraus haben Politiker von Regierung und Opposition sowie die Sozialgerichtsbarkeit einen der weltweit ehrgeizigsten und aufwändigsten Wohlfahrtsstaaten gezimmert.[50]

«Offener Staat»   Die Bundesrepublik Deutschland ist laut Verfassung auch ein «offener Staat», der Souveränitätsbefugnisse an inter- und supranationale Einrichtungen wie die Europäische Union abtreten kann. Mit dem «offenen Staat» erlangte Deutschland die Chance zur Wiedereingliederung in den Westen und der Mitwirkung an nationalstaatsübergreifenden Arrangements. Allerdings ist hierfür ein beachtlicher Preis zu entrichten: Der demokratisch kontrollierbare Kreis öffentlicher Angelegenheiten wird in dem Maße kleiner, in dem die Souveränitätsrechte vom Nationalstaat auf supranationale Organisationen verlagert und dort nicht in gleichem Maße durch demokratische Einrichtungen kompensiert werden. Insoweit gehört zum «offenen Staat» der Bundesrepublik ein Demokratieproblem, im Falle der Europäischen Union deren «strukturelles Demokratiedefizit». Dessen Kern besteht im Fehlen einer europäisierten vollwertigen «Kommunikations-, Erinnerungs- und Erfahrungsgemeinschaft»[51]. Zum Demokratiedefizit tragen aber grundsätzlich leichter wandelbare Mechanismen bei. Zu ihnen gehören das – im Vergleich zur Exekutive und Judikative – schwächere Parlament sowie die vom Bundesverfassungsgericht in seinem Urteil zum Vertrag von Lissabon (2009) bemängelte nicht gleichheitsgerechte Repräsentation im EU-Parlament. Denn dort sind die Mitgliedstaaten nicht proportional zur Größe ihrer Bevölkerung vertreten, sondern disproportional, und zwar nach einer politisch festgelegten Formel, welche die kleineren EU-Mitgliedstaaten sehr stark begünstigt und die großen Mitgliedsländer, insbesondere auch Deutschland, benachteiligt.

Bewertungen   Das Grundgesetz wird mitunter kritisch beäugt. Manchen fehlt die Legitimation durch eine Volksabstimmung, andere bemängeln die Vorrangstellung der Judikative, und wieder andere wer-

50 Siehe Kapitel 16.
51 Kielmansegg. 2003.

ten die komplizierten Machtbalancierungen zwischen Bund und Ländern als überholt oder kritisieren die Schwäche plebiszitärer Elemente. Positivere Wertungen sind allerdings viel häufiger als kritische. Weithin gilt das Grundgesetz als eine Erfolgsgeschichte, als die stabilste und am meisten prägende Verfassung der deutschen Geschichte, ja als «eine der stabilsten Verfassungen moderner Demokratien»[52] überhaupt. Die große Mehrheit der Beobachter wertet das Grundgesetz als ein insgesamt zuverlässiges, stabiles, kalkulierbares Regelwerk für die Politik, das auf anerkennungswürdigen Leitprinzipien ruht und seine anfänglich ungewisse Legitimität alsbald durch zunehmende Wertschätzung und die Akzeptanz der Demokratie wettgemacht hat. Zudem lehrt der Vergleich mit der Weimarer Republik, dass es in der Bundesrepublik bislang nie zum systematischen Versagen der verfassungspolitischen Institutionen und Verfahren gekommen ist. Niemals geriet das Grundgesetz auch nur in die Nähe einer Verfassung, in der «selbst ein Engel in der Politik zum Teufel werden würde»[53]. Zwar gab und gibt es Streit über Teile der Verfassung. Heftig umstritten war etwa der Einbau der Wehrverfassung in das Grundgesetz. Hohe Wellen schlug auch der Streit über die Ergänzung des Grundgesetzes durch die «Notstandsverfassung» in den Jahren der ersten Großen Koalition (1966–1969). Und bei der Verfassungspolitik zur deutschen Einheit stand der Mehrheit von Befürwortern des Grundgesetzes eine Minderheit gegenüber, die eine grundlegend neue Verfassung verlangte. Außerdem gelten Teile der Verfassung – unter ihnen die Regelungen der bundesstaatlichen Finanzverfassung – als überholungsbedürftig, weil sie die Geschicke des Bundes zu sehr mit denen der Länder verquicken. Beklagt wird auch die Neigung des Gesetzgebers, durch Verfassungsänderungen den Text des Grundgesetzes ungebührend zu verlängern und von einer Fülle von kleinteiligen Normierungen von Kompetenz- und Finanzfragen überwuchern zu lassen. Dass das Grundgesetz aber eine hoffnungslos «verstaubte Verfassung» sei, die in der «Konsensfalle» stecke, ist die Meinung einer Minderheit, die vor allem daran

52 Niclauß 2009: 7, vgl. für andere Vorländer 2009a, 2009b.
53 So die Worte eines Kritikers der Verfassung Kenias aus dem Jahre 2002 (FAZ Nr. 268 v. 18. 11. 2002: 10).

Anstoß nimmt, dass das Grundgesetz die Steuerungskompetenz und die faktische Reichweite der Politik scharf eingrenzt, das Tempo der Politik drosselt und einer anspruchsvollen Reformpolitik hohe Barrieren entgegenstellt. [54]

6. Strukturen politischer Herrschaft in der Bundesrepublik Deutschland

Das Spielregelwerk des Grundgesetzes und die Politik, die auf seiner Grundlage praktiziert wurde, brachten in der Verfassungswirklichkeit, so kann im Vorgriff auf die nachfolgenden Kapitel dieses Buches gesagt werden, eine unverwechselbare Herrschaftsform hervor. Sieben Hauptmerkmale sind ihr eigen:

Das erste ist eine Demokratie der besonderen Form. Ihr Kennzeichen ist eine Mischverfassung, die mehrheits- und konkordanzdemokratische Regelsysteme enthält, die durch den grundrechtsbasierten Verfassungsstaat gezügelt wird und die auf Bundesebene auf parlamentarische Repräsentativdemokratie geeicht ist – nicht auf den Typus der «plebiszitären Führerdemokratie»[55], die Max Weber für die zukünftige Staatsverfassung des Deutschen Reiches nach dem Ersten Weltkrieg empfohlen hatte.

Zweitens steht die Staatsorganisation der Bundesrepublik im Zeichen von Machtaufteilung und Machtbändigung. Hochgradige vertikale und horizontale Fragmentierung sowie eine vielfältige, tief reichende Verflechtung von Bund und Ländern sind ihre Schlüsselmerkmale. Das macht aus Deutschland einen polyzentristischen Staat und stattet sein politisches System mit komplexen Konfliktregelungsmustern aus: neben Hierarchie (z. B. bindenden Beschlüssen des Bundesverfassungsgerichtes) und Mehrheitsprinzip (wie bei Wahlen und Regierungsbildung) spielt das Aushandeln unter Beteiligten mit Vetopositionen eine große Rolle – insbesondere im Bund-Länder-Gefüge.[56]

54 Darnstädt 2003.
55 Weber 1972: 157, 1988a, 1988c.
56 Hierzu bahnbrechend Lehmbruch 2000.

Drittens ist nicht nur der Staat der Bundesrepublik insgesamt «halbsouverän»[57], aufgrund der vielfältigen Zügelung seiner Staatsgewalten und aufgrund seiner Einbindung in die internationale Politik, sondern auch seine Demokratie. Die eingeschränkte Souveränität ergibt sich vor allem aus den «Brechungen des demokratischen Prinzips»[58], insbesondere durch unantastbare Verfassungsvorgaben, Verfassungsgerichtsbarkeit, Föderalismus und Delegation von Souveränitätsbefugnissen an inter- und supranationale Organisationen.

Viertens repräsentiert die Bundesrepublik Deutschland keineswegs nur einen Staat mit einflussreichen politischen Parteien oder gar einen «Parteienstaat»[59], sondern auch ein Gemeinwesen mit überdurchschnittlich vielen «Vetospielern» und «Mitregenten»[60], das sich obendrein im Dauerwahlkampf befindet und deshalb dazu neigt, mit Politiken zu liebäugeln, die kurzfristig vorzeigbaren Erfolg versprechen.

Fünftens ist dem heutigen Deutschland ein «delegierender Staat» eigen. Dieser hat einen erheblichen Teil der öffentlichen Aufgaben vollständig oder teilweise an gesellschaftliche Assoziationen abgegeben, beispielsweise an die Sozialversicherungen und an die Tarifpartner, oder an Expertokratien delegiert, wie im Falle der Geldpolitik und der Verfassungsgerichtsbarkeit.

Sechstens ist Deutschland ein «offener Staat», der beträchtliche Souveränitätseinschränkungen durch Souveränitätstransfer auf inter- und supranationale Organisationen in Kauf nimmt.

Siebtens verkörpert die Bundesrepublik den «Staat der Großen Koalition»[61]. Das ist ein Staat, in dem der Parteienwettbewerb, der den Kampf um die Machtverteilung und den Konflikt betont, auf starke Kooperationszwänge stößt. Der Grund ist folgender: Die meis-

---

57 Katzenstein 1987, 2005, Green/Paterson 2005.
58 Von Beyme 2004: 48.
59 Hennis 1998.
60 «Mitregenten» sind de facto, wenngleich nicht de jure, einflussreiche Mitgestalter der politischen Willensbildung und Entscheidungsfindung zu einer Politik (im Sinne von «policy»), aber nicht notwendig mit einem Vetorecht ausgestattete Mitspieler wie die konstitutionellen und parteipolitischen «Vetospieler» im Sinne von Tsebelis 2002.
61 Schmidt 2008.

ten bedeutenden Gesetzgebungen, insbesondere Verfassungsänderungen und zustimmungspflichtige Gesetze, erfordern die Zustimmung der Zweidrittelmehrheit bzw. der Mehrheit im Bundestag und im Bundesrat. Gehört die Mehrheit im Bundesrat parteipolitisch zum Lager einer der Oppositionsparteien des Bundestages, kann die Opposition über den Bundesrat mitregieren oder die Gesetzgebung weitgehend blockieren. Insoweit verlangen die meisten besonders wichtigen Gesetzgebungen in Deutschland ein Bündnis zwischen Bundestags- und Bundesratsmehrheit und – bei divergierenden Mehrheiten im Bundestag und Bundesrat – eine formelle oder informelle Große Koalition zwischen Regierung und Opposition. Insoweit ist die Bundesrepublik selbst dann ein «Staat der Großen Koalition», wenn im Bund eine kleine Koalition regiert.

Kapitel 2 **Wahlrecht und Wahlsystem**

Das allgemeine Wahlrecht von Männern und Frauen ist eine Errungenschaft des späten 19. und des 20. Jahrhunderts. Das Wahlrecht breitete sich von den begüterten zu den weniger begüterten Schichten aus, von den Männern zu den Frauen und von den Über-20-Jährigen zu den Unter-20-Jährigen. So war es auch in Deutschland.[1]

1. Wahlberechtigung und Wahlalter

Im Deutschen Reich von 1871 waren zunächst nur Männer wahlberechtigt. Erst in der Weimarer Republik, also rund 50 Jahre später, gehörten alle Staatsbürger ab einer bestimmten Altersstufe zum Kreis der Stimmberechtigten, gleichviel ob Mann oder Frau, ob arm oder reich. So regelt es auch das Wahlrecht in der Bundesrepublik Deutschland für Bundestags-, Landtags-, Kommunal- und Europawahlen. Die Altersstufen, ab denen ein Bürger als politisch teilhabeberechtigt und -fähig gilt, variierten. Von 1871 bis 1918 war das Wahlalter im Deutschen Reich auf 25 Jahre festgesetzt. In der Weimarer Republik hingegen lag es beim aktiven Wahlrecht bei 20 Jahren und beim passiven Wahlrecht, der Wählbarkeit in ein öffentliches Amt, bei 25. In der Bundesrepublik Deutschland hatte der Gesetzgeber das Mindestalter für das aktive Wahlrecht bei Bundestagswahlen zunächst auf 21 Jahre festgeschrieben und für das passive Wahlrecht ebenfalls auf 25. Im Jahre 1970 setzte die sozial-liberale Koalition (1969–1982) auf dem Wege einer Verfassungsänderung mit den Stimmen der Opposition das Wahlalter herab. Seither ist wahlberechtigt und wählbar, wer das 18. Lebensjahr vollendet hat.[2]

---

1 Flora/Alber/Eichenberg u. a. 1983: 89–152, Kohl 1982, Nohlen 2009.
2 Zur sozialen Zusammensetzung der Wählerschaft siehe Kapitel 3. Weitere Absenkungen des Wahlalters sind vor allem bei Kommunalwahlen vorgenommen worden.

2. Das Wahlsystem bei Bundestagswahlen

Das Wahlalter bei Bundestagswahlen ist im Artikel 38 des Grundgesetzes festgeschrieben. Die Verfassung regelt auch die Grundsätze der Wahl von Abgeordneten des Deutschen Bundestages: Die Abgeordneten sind «in allgemeiner, unmittelbarer, freier, gleicher und geheimer Wahl» zu wählen (Artikel 38 I). Unzulässig wäre eine beschränkte, mittelbare, unfreie und ungleiche Wahl oder eine Wahl mit offener Abstimmung. Alle näheren Bestimmungen zum Wahlsystem sind dem Bundesgesetzgeber überlassen. Sie können deshalb von der jeweiligen Mehrheit im Deutschen Bundestag geregelt werden. Die Mehrheit des Parlaments kann beispielsweise festlegen, ob die Wählerstimmen nach Verhältniswahl in Parlamentssitze umgerechnet werden oder nach Mehrheitswahl. Darüber wird mit einem einfachen Gesetz befunden. Die Zustimmung der Opposition oder des Bundesrates ist dafür nicht erforderlich.

Von der Möglichkeit der Änderung des Wahlgesetzes hat die jeweilige Mehrheit im Bundestag verschiedentlich Gebrauch gemacht, allerdings in bemerkenswert homöopathischen Dosierungen.[3] Überwiegend handelte es sich um Reformen erster oder zweiter Ordnung, also um kleinere Anpassungen und Abänderungen von Instrumenten, nicht um grundlegende Systemwechsel wie im Fall einer Reform dritter Ordnung.[4] Das Wahlsystem, das die Ministerpräsidenten der Länder erließen, blieb im Wesentlichen so wie es der Parlamentarische Rat befürwortet hatte. Dort bestand Konsens darüber, dass das reine Verhältniswahlsystem der Weimarer Republik nicht mehr in Frage kommen konnte. Bei seiner Wiedereinführung befürchtete man die Zersplitterung der Parteienlandschaft und politische Instabilität. Doch auch die relative Mehrheitswahl, für die sich die CDU/CSU in der Hoffnung einsetzte, hierdurch Vorteile beim Kampf um Wählerstimmen zu er-

3 Jesse 1985, Lange 1975, Nohlen 2009, Nohlen/Stöver 2010.
4 Hall 1993. Reformen dritter Ordnung umfassen nicht nur Änderungen der Ziele und Instrumente, sondern auch den Wechsel der Regelungsphilosophie.

langen, stieß auf mehrheitliche Ablehnung der kleineren Parteien, die von der Mehrheitswahl die Zerstörung ihrer Existenzgrundlage befürchteten, und der SPD, die die potenzielle Majorisierung durch die Unionsparteien abwehren wollte. Am Ende einigte man sich auf eine Übereinkunft, die auf einen Kompromissvorschlag der SPD zurückging: Der Mandatsanteil der Parteien sollte auf der Basis der Verhältniswahl ermittelt werden, um so auch die Existenzgrundlage kleinerer und mittlerer Parteien zu sichern. Und in diesem Rahmen sollte ein Teil der Abgeordneten nach relativer Mehrheitswahl in Einerwahlkreisen gewählt werden.[5]

Im Grundsatz ist dies bis heute der Kern des Regelwerks für Bundestagswahlen geblieben. Allerdings kamen speziellere Weichenstellungen hinzu. Dem Bundeswahlgesetz wurde eine Fünf-Prozent-Sperrklausel hinzugefügt. Ferner wurde diese Klausel 1953 und 1956 verschärft.[6] Bei der Bundestagswahl 1949 war die Sperrklausel überwunden, wenn eine Partei in nur einem Bundesland die Fünf-Prozent-Hürde übersprang. Seit 1953 müssen die Parteien diese Hürde jedoch im gesamten Bundesgebiet überwinden, um an der Mandatsverteilung teilnehmen zu können. Die Ausnahme war die Bundestagswahl von 1990, die die Stimmenverrechnung in zwei Wahlgebieten, dem Wahlgebiet West und dem Wahlgebiet Ost, mit dem Ziel vorsah, die kleineren ostdeutschen Parteien nicht zu benachteiligen. Schließlich wurde 1956 die Anzahl der Direktmandate, die einen Zweitstimmenanteil unter fünf Prozent ausgleichen konnten, von eins auf drei erhöht.

Verhältniswahl versus Mehrheitswahl In der Bundesrepublik Deutschland wird bei Bundestagswahlen nach der Verhältniswahl gewählt – ebenso bei Landtags-, Europa- und den meisten Kommunalwahlen. Die Wählerstimmen werden im Grundsatz nach dem Prinzip der proportionalen Repräsentation in Parlamentsmandate umgerechnet. Insoweit ähnelt das Wahlsystem in Deutschland

5 Also nach einem System, in dem pro Wahlkreis nur ein Mandat nach dem Prinzip der relativen Mehrheit zu vergeben ist, im Unterschied zum Mehrpersonenwahlkreis, in dem mindestens zwei Mandate nach dem System der Verhältniswahl zu vergeben sind.
6 Lange 1975, insbesondere 396 ff., 454 ff., 701 ff.

dem der meisten westlichen Demokratien. Dadurch unterscheidet es sich grundlegend von den Mehrheitswahlsystemen in Frankreich und den meisten englischsprachigen Demokratien (außer Neuseeland, das 1993 sein Mehrheitswahlsystem durch eine Verhältniswahl näherungsweise nach deutschem Muster ersetzt hat).[7] Die Verhältniswahl zielt vor allem auf die angemessene Vertretung der kandidierenden Personen oder Parteien entsprechend ihrer Stimmenanteile. Dieses Repräsentationsprinzip erwies sich auch in Zeiten der Umstrukturierung traditioneller Parteiensysteme als belastbar und eignete sich deshalb auch als Kompromiss auf dem Weg zum allgemeinen Wahlrecht: Die Verhältniswahl schützte sowohl aufstrebende Parteien, die bislang durch das Wahlrecht und/oder das Wahlsystem benachteiligt waren, als auch defensive etablierte Parteien, die durch den Aufstieg der neuen Parteien dezimiert zu werden drohten.[8]

Die Mehrheitswahl hingegen soll vor allem eine handlungsfähige Mehrheit zustande bringen, die Zersplitterung der Parteienlandschaft verringern und durch Regierungswechsel politisch innovativ wirken. Dafür werden erhebliche Disproportionen zwischen der Stimmen- und der Mandatsverteilung in Kauf genommen. Ein Beispiel: Bei den US-Präsidentschaftswahlen von 2000 erhielt George W. Bush, der Kandidat der Republikaner, 47,9 Prozent der Wählerstimmen, während der Präsidentschaftskandidat der Demokraten, Al Gore, mit 48,4 Prozent die relative Mehrheit gewann. 3,7 Prozent entfielen auf andere Kandidaten. Den Ausschlag aber gab die Verrechnung der Stimmen in Wahlmännerstimmen: Bush gewann dank des Mehrheitswahlrechts mit 50,4 Prozent gegen Gore, der 49,4 Prozent der Wahlmännerstimmen auf sich vereinigte.

Auch Großbritanniens Parlamentswahlen brachten mitunter beträchtliche Disproportionen zwischen Stimmen- und Sitzanteilen zustande. Bei der Unterhauswahl vom 5. Mai 2005 beispielsweise gewann die Labour Party mit einer Minderheit der Stimmen (35,3 Prozent) die Mehrheit der Abgeordnetensitze (57,8 Prozent). Die Conservative Party musste sich bei 32,3 Prozent der Stimmen

7 Nohlen 1978, Nohlen 2009, Nohlen/Stöver 2010, Rose 2000.
8 Kohl 1982, Nohlen 2009.

mit 32,1 Prozent der Sitze begnügen. Und auf die *Liberal Democrats* entfielen zwar 22,1 Prozent der Stimmen, aber nur 10,1 Prozent der Mandate.

Von der reinen Proportionalwahl zur personalisierten Verhältniswahl Bei Bundestagswahlen gilt die Verhältniswahl. Doch von der reinen Proportionalwahl der Weimarer Republik unterscheidet sie sich merklich: Sie ist eine personalisierte Verhältniswahl mit einer Fünf-Prozent-Sperrklausel und der Möglichkeit von Überhangmandaten.[9]

Seit 1953 haben die Wähler bei Bundestagswahlen zwei Stimmen – zuvor hatten sie nur eine Stimme. Die wichtigste Stimme ist die Zweitstimme. Mit ihr werden starre Parteilisten auf Länderebene (Landeslisten) gewählt. Starre Listen können nicht durch Panaschieren oder Kumulieren vom Wähler beeinflusst werden.[10] Zur Berechnung der Abgeordnetensitze der Parteien werden die Zweitstimmenanteile der Parteien im gesamten Bundesgebiet herangezogen. Berücksichtigt werden bei der Mandatsverteilung seit 1956 nur die Parteien, die mindestens fünf Prozent der Zweitstimmen (Fünf-Prozent-Sperrklausel) erhalten oder wenigstens drei Direktmandate gewonnen haben. Umgerechnet wurden die Stimmen in Abgeordnetenmandate bis 1985 nach dem Höchstzahlverfahren, anschließend bis 2005 nach der Hare-Niemeyer-Methode der mathematischen Proportionen, die für kleine Parteien etwas günstiger war als das Höchstzahlverfahren. Seit der Bundestagswahl 2009 wird das Divisorverfahren mit Standardrundung verwendet, das Sainte-Laguë/Schepers-Verfahren. Es ermittelt die Zahl der Mandate für die einzelnen Parteien anhand der Teilung der (Zweit-)Stimmen der Parteien durch einen geeigneten Divisor (Stimmen per Sitz) und der Standardrundung, also durch Auf- oder

9 Nohlen 2009.
10 Panaschieren ist das Stimmgebungsverfahren, bei dem der Wähler die Möglichkeit hat, seine Stimmen auf Kandidaten verschiedener Listen zu verteilen (Listenwahl). Kumulieren ist das Stimmgebungsverfahren, das dem Wähler das Recht verleiht, seine Stimmen auf einen Kandidaten oder auf mehrere Kandidaten zu häufen.

Abrundung der Nachkommastellen zu Ganzzahlen.[11] Für das Divisorverfahren spricht vor allem, dass es das Kriterium der Erfolgswertgleichheit der Stimmen optimal erfüllt, weder kleine noch größere Parteien bevorzugt und die quadratische Abweichung der Größe «Sitze dividiert durch Stimmzahl» minimiert.

Bei Bundestagswahlen wird laut Bundeswahlgesetz nach den Grundsätzen einer mit der Personenwahl verbundenen Verhältniswahl gewählt. Die Verhältniswahl bestimmt die Mandatsanteile, aber ein Teil der Abgeordneten wird nach relativer Mehrheitswahl in Einerwahlkreisen direkt gewählt. Das geschieht mit der Erststimme. Diese ist die personalisierte Komponente der Verhältniswahl nach deutschem Muster. Auf ihrer Grundlage wird die Hälfte der Grundmandate des Bundestages vergeben – bei der Bundestagswahl 2009 waren dies die 299 Direktmandate aus den 299 Wahlkreisen.[12]

Überhangmandate, Einerwahlkreise, starre Liste Gewinnt eine Partei mehr Direktsitze als ihr nach der proportionalen Verrechnung der Zweitstimmen zustehen, wird ihr dieser «Überhang» in Form einer gleichen Anzahl zusätzlicher Parlamentssitze gutgeschrieben. Die «Überhangmandate» weichen vom Prinzip der reinen Verhältniswahl ab – so wie die Fünf-Prozent-Sperrklausel, die als Barriere gegen kleine Parteien oder Kleinstparteien wirken soll und tatsächlich auch so wirkt. Die Zahl der Überhangmandate betrug seit der 12. Wahlperiode (1990–1994) 6, 16, 13, 5, 16 und 24. Wahlentscheidend sind sie allerdings bislang nicht gewesen. Überhangmandate entstehen insbesondere durch Vergabe von Erst- und Zweitstimmen auf unterschiedliche Parteien (Stimmensplitting), kleine Wahlkreise, regional stark unterschiedliche Wahlbeteiligung und wenn der Zweitstimmenanteil der stärksten Partei erheblich größer als der der zweitstärksten Partei ist (wie bei der Bundestagswahl 2009 die höheren Zweitstimmenanteile von CDU und CSU im Vergleich zur SPD). Besonders kräftig

11 Die Details des Divisorverfahrens sind im Paragraph 6 des Bundeswahlgesetzes vom 17. März 2008 geregelt.
12 Die Gesamtzahl der Mandate ergibt sich aus der Summe aller 598 Grundmandate und der Überhangmandate.

schlägt dieser Sachverhalt zu Buche, wenn die stärkste Partei einen Stimmenvorsprung vor der zweitstärksten Partei von mindestens 10 Prozentpunkten hat und die stärkste Partei zugleich mit ihrem Zweitstimmenanteil deutlich unter 50 Prozent liegt.

Ein Stimmenvorsprung infolge von Überhangmandaten ist allerdings zerbrechlich: Gemäß des Urteils des Bundesverfassungsgerichtes vom 26. Februar 1998 können Überhangmandate im Laufe einer Legislaturperiode verloren gehen. Scheidet ein direkt gewählter Abgeordneter aus dem Bundestag aus (etwa durch Mandatsniederlegung oder Tod) und verfügt die Partei dieses Abgeordneten in dem Bundesland, aus dem dieser Abgeordnete entsandt wurde, über mindestens ein Überhangmandat, darf der frei werdende Sitz im Bundestag nicht durch Listennachfolger ersetzt werden. Zu den Problemen der Überhangmandate gehört, dass sie im Prinzip über Wahlsieg bzw. Wahlniederlage entscheiden könnten – und dass Sieg oder Niederlage womöglich im Laufe der Legislaturperiode durch Nichtbesetzung frei werdender Parlamentssitze rückgängig gemacht werden könnten. Zudem kann durch die Verrechnung von Überhangmandaten ein sogenanntes negatives Stimmengewicht entstehen. Dabei kann eine geringere Zahl von Zweitstimmen für eine Partei günstiger sein, wenn sie in einem Bundesland mehr Direkt- und Zweitstimmenmandate gewinnt. Das Bundesverfassungsgericht wertete mit Beschluss vom 3. Juli 2008 das negative Stimmengewicht als Verletzung des Grundsatzes der Gleichheit und der Unmittelbarkeit der Wahl und verlangte vom Bundesgesetzgeber eine verfassungsgemäße Neuregelung der Überhangmandate bis zum 30. Juni 2011. Diese soll die Berechnung der Mandatszuteilung im Deutschen Bundestag auf «eine neue, normenklare und verständliche Grundlage» stellen.

Hinsichtlich der Umrechnung von Wählerstimmen in Parlamentssitze sind nicht nur das Verhältnis- oder Mehrheitswahlsystem, die Fünf-Prozent-Klausel und die Überhangmandate wichtig, sondern auch die Größe und die Beschaffenheit der Wahlkreise sowie die starre Liste. Bei Bundestagswahlen sind Einerwahlkreise vorgeschrieben, in denen nach dem Prinzip der relativen Mehrheit gewählt wird, im Unterschied zum Mehrpersonenwahlkreis, in dem die Mehrheits- oder die Verhältniswahl stattfinden kann. Ferner schreibt das Wahlrecht für Bundestagswahlen die Einzelkandidatur und die starre Liste vor. Dieser Regelung zufolge werden die Kandidaten auf Listen mit Wahlvorschlägen platziert. In der Verfassungswirklichkeit werden diese Listen von den politischen Parteien beherrscht, mittlerweile sogar monopolisiert – ein Umstand, der Anlass zu Klagen über «zuviel Parteienstaat» gibt.[13]

3. Bewertungen der personalisierten Verhältniswahl

Wie gut ist Deutschland bislang mit seinem personalisierten Verhältniswahlsystem mit Sperrklausel gefahren? Die Zeiten des erbitterten Streits zwischen Befürwortern des Mehrheitswahlrechts nach britischer Art und Anhängern der Verhältniswahl sind vorüber. Das erfreut verständlicherweise Parteien, denen die Verhältniswahl besonders gut bekommt, insbesondere die kleineren Parteien wie die FDP, die Grünen und die Partei Die Linke. Doch Befürworter der Verhältniswahl sind mittlerweile auch in großer Zahl in den großen Parteien zu finden. Insgesamt hat sich das deutsche Wahlsystem bewährt, so lautet auch das Urteil der meisten Experten. Manche Fachleute werten es sogar als eine «Erfolgsgeschichte»[14] und als vorbildlich. Etliche ausländische Experten rühmen das Wahlsystem bei Bundestagswahlen nicht zuletzt dafür, dass es politische Minderheiten respektiert und doch die übermäßige Zersplitterung des Parteiensystems verhindert.[15]

Nur eine Minderheit folgt der älteren Lehrmeinung der Hermens-Schule, der zufolge die Verhältniswahl die Demokratie unterhöhle und nur die Mehrheitswahl die Demokratie schütze und die nationale Einheit bewahre.[16] Doch schwerwiegende Negativwirkungen der Verhältniswahl sind in der Bundesrepublik Deutschland und in vielen anderen Demokratien nach 1945 ausgeblieben: Die Befürchtung, die Verhältniswahl bringe notwendig ein fragmentiertes

13 Vgl. z. B. von Arnim 2002.
14 J. Hartmann 2004: 92 ff.
15 Capoccia 2002.
16 Hermens 1968.

Parteiensystem hervor, habe politische Instabilität zur Folge, blockiere die Innovationsfähigkeit von Regierungen und verhindere die Mobilisierung von Abwehrkräften gegen Demokratiegegner, hat sich bislang nicht bestätigt. Und dass Staaten mit Mehrheitswahlsystem systematisch bessere Politikresultate als Länder mit Verhältniswahl vorweisen, trifft nach 1945 ebenfalls nicht zu[17] – mit einer Einschränkung. Diese betrifft die Zahl der «Vetospieler»[18], die einem Politikwechsel im Wege stehen: Sie ist in Ländern mit Verhältniswahlrecht in der Regel größer als in Staaten mit Mehrheitswahlsystem. Deshalb verfügen die Regierungen, die aus einer Mehrheitswahl hervorgehen, unter Umständen über größere Handlungsspielräume als die Regierungen der Verhältniswahlländer.

Die personalisierte Verhältniswahl erfüllt ansonsten die wichtigsten Gütekriterien von Wahlsystemen – insbesondere Repräsentation, Partizipation, Interessenbündelung, Einfachheit und Legitimität – einigermaßen ausgewogen.[19]

Das schließt jedoch Zielverfehlungen nicht aus. Manche Kritiker sehen den Grundsatz der Unmittelbarkeit der Wahl der Abgeordneten verletzt. Verantwortlich dafür machen sie vor allem die starren Listen, mit denen die Wähler an die Personen auf den Listen und an die dort festgelegte Reihenfolge gebunden würden. Da die Parteien die Listenplatzierungen monopolisierten, hätten die Wähler faktisch keine Wahl. Das mache die eigentlich als Volkswahl gedachte Wahl der Abgeordneten «zur Farce»[20]. Anstelle des Anreizes zur Verstärkung der Kontakte mit den Bürgern bestünde für die Kandidaten der Hauptanreiz darin, wahl- und wiederwahlorientierte innerparteiliche Verbindungen zu pflegen. Deshalb empfehlen Kritiker der gegenwärtigen Kandidatenaufstellungspraxis, starre Listen durch flexible Listen zu ersetzen, die dem Wähler Einfluss auf die Auswahl der Bewerber um Parlamentssitze geben, beispielsweise durch das Panaschieren und Kumulieren wie im süddeutschen Kommunalwahlrecht.

17 Lijphart 1994, 1999, Nohlen 2009, Rose 2000, Schoen 2005.
18 Tsebelis 2002.
19 Nohlen 2009.
20 von Arnim 2002: 579.

Auch die Personenwahlkomponente bei Bundestagswahlen, die durch die Erststimme gewährleistet sein soll, wird mitunter als fragwürdig eingestuft. Erneut spielt die Platzierung auf starren Listen mit: Viele von den Kandidaten, die in einem Wahlkreis die Wahl verlieren, sind durch Listenplätze abgesichert und ziehen demnach trotz Wahlniederlage als Volksvertreter in das Parlament ein. Auch dies verletze nach Ansicht einiger Kritiker den Grundsatz der Unmittelbarkeit der Wahl.[21]

Zudem kann auch die Verhältniswahl beträchtliche Disproportionen zwischen Stimmenanteilen und Regierungsbeteiligung hervorbringen. Dank der Verhältniswahl können beispielsweise kleine Parteien zum Koalitionspartner einer größeren Regierungspartei aufsteigen und hierdurch überdurchschnittlich großen Einfluss auf die Politikgestaltung gewinnen.[22] In der Bundesrepublik Deutschland profitierte davon die FDP bislang mehr als alle anderen kleineren Parteien. Die FDP war länger als jede andere Partei an den Bundesregierungen beteiligt und fungierte insbesondere bis in die 1990er Jahre nicht selten als Zünglein an der Waage, das darüber mitentschied, ob die CDU/CSU oder die SPD die Bundesregierung führte. Bei der Regierungsbildung nach den Bundestagswahlen von 1998 und von 2002 übernahm das Bündnis 90/Die Grünen diese Position, 2009 war die FDP wieder an der Reihe.

4. Wahlrechtsreform?

Die Versuchung, das Wahlrecht zum eigenen Vorteil zu reformieren, ist für alle Parteien groß. Denn: Wahlrechtsfragen sind Machtfragen. Mit ihnen wird über Inklusion und Exklusion entschieden sowie über Stärkung und Schwächung alter und neuer politischer Gegner. Obendrein sind die Hürden für Reformen des Wahlsystems niedrig: Wie erwähnt, kann beispielsweise das Wahlsystem für Bundestagswahlen von der Parlamentsmehrheit geändert werden – ohne nennenswerte Vetochancen für Opposition und Bun-

21 von Arnim 2002: 581.
22 Strohmeier 2006.

desrat. Im Prinzip kann jede Bundestagsmehrheit ein Mehrheitswahlrecht an die Stelle des Verhältniswahlrechts setzen – mit der wahrscheinlichen Folge, dass die kleineren Parteien nicht mehr im Parlament vertreten wären. Es blieben dann wohl nur die CDU/CSU und die SPD übrig, vielleicht auch die Partei Die Linke – aufgrund ihrer Stärke in den ostdeutschen Bundesländern. Weil die kleinen Parteien aus Selbsterhaltungsinteresse nicht für ein Mehrheitswahlsystem stimmen, würde eine entsprechende Reform des Wahlsystems ein Bündnis der großen Parteien erfordern.

Die Einführung eines Mehrheitswahlsystems auf Bundesebene hatten die Partner der ersten Großen Koalition (1966–1969) zunächst erwogen – und alsbald zu den Akten gelegt, weil die SPD eine dauerhafte Majorisierung durch die Unionsparteien befürchtete. Tatsächlich wurde die SPD nur in drei Bundestagswahlen zur stärksten Partei: 1972, 1998 und mit hauchdünner Mehrheit 2002.[23] Die SPD wäre demnach bei einem Mehrheitswahlsystem öfter und länger in der Opposition gewesen als beim Verhältniswahlsystem – unter der Annahme, dass alles Übrige gleich geblieben wäre. Allein aus diesem Grunde ist es auch zukünftig wenig wahrscheinlich, dass die SPD im Deutschen Bundestag für die Einführung eines Mehrheitswahlsystems stimmt. Auch deshalb sind Wahlsystemreformen in Deutschland bislang selten und moderat geblieben. Das ist ein bemerkenswerter Unterschied zu den Ländern, in denen das Wahlrecht im politischen Kampf mit den Konkurrenten viel häufiger instrumentalisiert wird, beispielsweise in Frankreich.[24]

23 Siehe Tabelle 2 (Kapitel 3) und Tabelle 3 (Kapitel 6).
24 Nohlen 2009.

I. Die soziale Zusammensetzung der Wählerschaft

Aus welchen Schichten setzt sich Deutschlands Wählerschaft zusammen? Die Auswertung der Daten anhand der Bundestagswahl vom 27. September 2009 fördert folgende Befunde zutage:[1] Wahlberechtigt waren 62,2 Millionen Bürger. Das entspricht 76 Prozent der Einwohnerzahl Deutschlands oder 82 Prozent der deutschen Wohnbevölkerung.[2] Wie bei allen anderen Wahlen in der Bundesrepublik Deutschland waren auch bei der Bundestagswahl von 2009 Männer und Frauen wahlberechtigt. Zahlenmäßig stellten die Frauen mit 32,2 Millionen gegenüber 30,0 Millionen Männern etwas mehr als die Hälfte der Wahlberechtigten.[3]

Seiner Wählerschaft nach zu urteilen, ist Deutschland heutzutage nur noch zu knapp 60 Prozent eine «Arbeitsgesellschaft». 55 Prozent der Wähler, die 2009 zur Urne gingen, waren berufstätig, drei Prozent waren als arbeitslos registriert und 42 Prozent zählten zu den «Nichterwerbspersonen», so der Fachbegriff der amtlichen Statistik für Personen, die nicht einer entlohnten Erwerbstätigkeit nachgehen. Zu den wahlberechtigten Nichterwerbspersonen gehören insbesondere die Hausfrauen und Hausmänner, Schüler und Studierende im Wahlalter und die Rentner, die 2009 alleine 22 Prozent der aktiven Wähler stellten.[4] Im Spiegel von Kategorien der an Max Weber angelehnten Klassenstrukturanalyse zeichnet sich

1 Die Daten entstammen überwiegend der Auswertung von Forschungsgruppe Wahlen 2009a und ergänzend Ebbinghaus 2002, Geißler 2006, Hradil 2009a, 2009b, Lepsius 1990b, Schäfers/Zapf 2001, Statistisches Bundesamt 2009.
2 Berechnet nach Ergebnissen der Forschungsgruppe Wahlen 2009a: 88 und nach Angaben des Statistisches Bundesamtes 2010: 34, 52.
3 Forschungsgruppe Wahlen 2009a: 87.
4 Forschungsgruppe Wahlen 2009a: 121.

Deutschlands Wählerschaft zudem durch eine große «Erwerbsklasse» aus, ferner durch eine kleine, nicht länger strukturbestimmende «Besitzklasse» und eine umfangreiche, weiter wachsende «Versorgungsklasse»[5]. Die größte Klasse unter den Wahlberechtigten ist die «Erwerbsklasse». Zur ihr gehört die übergroße Mehrheit der Arbeiter, der Angestellten, der Beamten und der Selbständigen. Nur wenige Wähler hingegen leben ausschließlich oder vorwiegend aus Einkünften aus Besitz und Vermögen. Viele aber zählen zur «Versorgungsklasse» im weiteren Sinne: 22 Prozent der Wahlberechtigten, die 2009 von ihrem Wahlrecht Gebrauch machten, waren Rentner, etwa sieben Prozent der Wähler befanden sich in der Ausbildung, und drei Prozent der aktiven Wähler von 2009 waren als Arbeitslose gemeldet.[6] Die übrigen Wählerschichten finanzieren ihren Lebensunterhalt überwiegend aus Leistungen, die ihnen in der Regel im Familien- oder im Haushaltsverband zuteilwerden. Die Alterung der Gesellschaft verschiebt die Gewichte weiter in Richtung «Versorgungsklasse» und wird insbesondere den Anteil der Rentner erhöhen. Ein weiterer Anstieg der Arbeitslosigkeit würde das Gewicht der Versorgungsklasse zusätzlich vergrößern.

Nach der Berufsgruppenzugehörigkeit zu urteilen, sind die stärksten Bataillone der Wähler mittlerweile bei den Angestellten zu finden (42 Prozent), gefolgt von den Arbeitern (26 Prozent), die bei der ersten Bundestagswahl (1949) noch die zahlenmäßig größte Berufsgruppe gestellt haben, den Selbständigen (10 Prozent), den Beamten (7 Prozent) und Sonstigen (15 Prozent).[7] Der Trend zur

5 Lepsius 1990b: 179, Weber 1972: 177. Die «Erwerbsklasse» ist die soziale Klasse, deren Mitglieder ihren Lebensunterhalt aus der Verwertung von Erwerbschancen, zum Beispiel durch abhängige Arbeit, erzielen. Die «Besitzklasse» hingegen bestreitet ihren Lebensunterhalt überwiegend aus der Verwertung von Einkünften aus Vermögen, Land- oder Kapitalbesitz. «Versorgungsklasse» soll eine Klasse insoweit heißen, «als Unterschiede in sozialpolitischen Transfereinkommen und Unterschiede in der Zugänglichkeit zu öffentlichen Gütern und Dienstleistungen die Klassenlage, d. h. die Güterversorgung, die äußere Lebensstellung und das innere Lebensschicksal bestimmen» (Lepsius 1990b: 179).
6 Forschungsgruppe Wahlen 2005, 2009a.
7 Forschungsgruppe Wahlen 2009a: 59, 91.

Angestellten- und zur Dienstleistungsgesellschaft hat demnach auch die Wählerschaft tief geprägt und die zuvor zahlenmäßig sehr starke Position der Arbeiterwähler nachhaltig geschwächt.

Gemessen am Bildungsstand der Wähler sind die Trendverschiebungen hin zur Dienstleistungs- und zur Wissensgesellschaft unübersehbar. So stellten Universitäts- und Hochschulabsolventen 17 Prozent der Wähler, die 2009 zur Urne gingen, und Staatsbürger mit der Hochschulreife als höchstem Abschluss weitere 19 Prozent. Die Bildungsexpansion und vor allem die Expansion des tertiären Bildungssektors haben demnach auch die Wählerschaft tiefgreifend verändert. Allerdings sind die Grenzen der Bildungsexpansion und der Akademisierung der Wählerschaft nicht zu übersehen. Denn auf dem Stimmenmarkt stellen die Wähler mit mittlerer Reife (33 Prozent) zusammen mit den Hauptschülern (25 Prozent) nach wie vor die Mehrheit – und ähnlich groß ist ihre Repräsentanz in den beiden großen Volksparteien.[8] Auch die Gewerkschaftsmitgliedschaft spielt in der Zusammensetzung der Wählerschaft eine Rolle – eine größere als in den USA und eine geringere als in Nordeuropa –, mit tendenziell abnehmender Bedeutung, weil der gewerkschaftliche Organisationsgrad schrumpft. Die große Mehrheit der deutschen Wähler ist nicht Mitglied einer der Gewerkschaften. Unter den Wählern sind gewerkschaftlich organisierte Wähler vielmehr eine Minderheit von rund 15 Prozent, die allerdings nach wie vor ein beträchtliches politisches Gewicht hat.[9]

Die Alterung der deutschen Gesellschaft spiegelt die Zusammensetzung ihrer Wahlberechtigten wider: Die 18–29-Jährigen stellten 2009 nur noch 16,4 Prozent aller Wahlberechtigten, die mindestens 60-Jährigen aber schon 32,3 Prozent – mit zunehmender Tendenz.[10] Hinsichtlich der religiös-konfessionellen Konfliktlinie ist Deutschland seit der Wiedervereinigung dreigeteilt. Ein Drittel der Wahlberechtigten im Jahre 2009 war römisch-katholischer Konfession und überwiegend im Süden und Südwesten Deutschlands beheimatet. Etwas mehr als ein Drittel (37,1 Pro-

8 Forschungsgruppe Wahlen 2009a: 63 f.
9 Schätzung auf der Basis von Zahlen für 2005.
10 Der Bundeswahlleiter, Pressemitteilung vom 5. Februar 2010: 1.

zent) war protestantisch-evangelisch und überwiegend im Norden und Nordwesten zuhause. Viel mehr Wähler als in der «alten Bundesrepublik», also vor 1990, waren konfessionslos – 26,3 Prozent, davon zwei Drittel in den neuen Bundesländern. Und knapp drei Prozent der Wähler waren Mitglied anderer Religionsgemeinschaften, unter ihnen viele Muslime.[11]

Während die religiöse Bindung der Wähler schwächer geworden ist, hat sich in Deutschland – wie auch in anderen westlichen Industrieländern – der nichtreligiöse Wertehaushalt gewandelt. Dadurch ist der Anteil der «Materialisten» geringer, der Anteil der «Postmaterialisten» aber größer geworden und derjenige von Bürgern mit «gemischter Wertorientierung» ebenfalls gestiegen. «Materialisten» ist die Kurzformel für die Bürger, die sogenannte materialistische Ziele besonders wichtig finden, zum Beispiel Aufrechterhaltung von Ruhe und Ordnung und Kampf gegen steigende Preise. «Postmaterialisten» hingegen sind Bürger, denen Ziele wie Selbstverwirklichung, politische Teilhabe, freie Meinungsäußerung und dergleichen mehr bedeuten als materialistische. «Gemischte Werteorientierungen» finden sich sicherlich bei denjenigen, die sowohl an materialistischen als auch an nachmaterialistischen Zielen Gefallen finden. Die Größe der einzelnen Gruppen ist je nach Beobachtungszeitpunkt unterschiedlich. 2006 lag der Anteil der Postmaterialisten in Westdeutschland bei 23 Prozent, der der Materialisten bei 17 und der Anteil der Mischtypen bei 60 Prozent.[12]

Deutschlands Wählerschaft gliedert sich sowohl in Klassen und Schichten als auch in «soziale Milieus», d. h. Gruppierungen, die sich vor allem hinsichtlich Mentalität, Werthaltungen, Lebenszielen, Prinzipien der Lebensgestaltung und Beziehungen zu den Mitmenschen voneinander unterscheiden.[13] Hierzu ist die Identifikation von zehn sozialen Milieus in Deutschland zum Zeitpunkt der Bundestagswahl 2009 nützlich, die von Sinus-Sociovision entwickelt wurde und mit wenigen Abstrichen auch auf die Wählerschaft übertragbar

11 Forschungsgruppe Wahlen 2009a: 89.
12 1980 waren es 13, 38 und 48 Prozent. In Ostdeutschland entfielen auf die entsprechenden Gruppen 2006 16, 18 und 66 Prozent. Quelle: Statistisches Bundesamt u. a. 2008: 412 f.
13 Hradil 2009a, 2009b.

ist.[14] Die Milieus wurden anhand zweier Hauptkomponenten typisiert: der sozialen Lage sowie der Traditionsverhaftung bzw. der Modernität und der Bereitschaft zur Neuorientierung. Dem Milieu der zur Oberschicht zählenden «Konservativen» ordnet Sinus-Sociovision im Wesentlichen das alte deutsche Bildungsbürgertum zu, das 2009 auf rund 5 Prozent der Befragten geschätzt wurde. Ebenfalls zur Oberschicht werden die «Etablierten» gezählt, das sind gut ausgebildete, wohl situierte, selbstbewusst auftretende Eliten (10 Prozent), sodann die «Postmateriellen» im zuvor erwähnten Sinn (10 Prozent) und die «Modernen Performer» (10 Prozent), die sich sowohl durch postmaterialistische Ziele und unkonventionelle Lebensstile als auch durch Leistungselitestreben auszeichnen. Davon unterscheidet sich radikal das Milieu der «DDR-Nostalgischen» (4 Prozent der Bevölkerung), die sich größtenteils als Verlierer der deutschen Einheit sehen. Die «bürgerliche Mitte» (15 Prozent) strebt nach einem Leben in gesicherten, harmonischen Verhältnissen. Die «Experimentalisten» (9 Prozent) haben wiederum starke post-materialistische Orientierungen und neigen zu Patchwork-Biographien und -Karrieren. Die übrigen Milieus gehören zur unteren Mittelschicht oder zur Unterschicht. Die sicherheits- und ordnungsliebende Kriegsgeneration findet sich im Kreis der «Traditionsverwurzelten» wieder (14 Prozent), die in der Welt des Kleinbürgertums oder in einer traditionellen Arbeiterkultur groß geworden und von traditionellen Pflicht- und Akzeptanzwerten geprägt sind. Die «Konsum-Materialisten» (12 Prozent) konzentrieren sich bei ihrer Lebensgestaltung im Wesentlichen auf die unmittelbare Gegenwart. Die «Hedonisten» (11 Prozent) schließlich streben vor allem nach spaßorientierter Lebensführung.

14 Sinus 2006, Sinus Sociovision 2009. Die Einschränkung liegt darin begründet, dass die Sinus-Milieus auf Befragungen von Personen ab dem 14. Lebensjahr beruhen und nicht auf der Befragung nur der Wahlberechtigten.

2. Wahlbeteiligung

Von ihrem Wahlrecht machen die meisten Wahlberechtigten in Deutschland Gebrauch. Wie der internationale Vergleich lehrt, übertrifft die durchschnittliche Wahlbeteiligung bei den Bundestagswahlen von 1949 bis 2009 mit 83,4 Prozent die durchschnittliche Wahlbeteiligung bei allen nationalen Parlamentswahlen in westlichen Demokratien in den vergangenen 60 Jahren um rund vier Prozentpunkte. Speziell im Vergleich mit der niedrigen Wahlbeteiligung bei US-Präsidentschaftswahlen – sie liegt seit 1950 im Durchschnitt der Wahlen unter 60 Prozent – erweisen sich die deutschen Bürger als vergleichsweise eifrige Wähler. Allerdings sinkt in Deutschland die Wahlbeteiligung der Tendenz nach – wie in den meisten Demokratien. Bei der Bundestagswahl 2009 beispielsweise gaben nur noch 70,8 Prozent der Wahlberechtigten ihre Stimme ab, knapp 14 Prozentpunkte weniger als im Durchschnitt aller Bundestagswahlen. Eine Wahlbeteiligung von mehr als 90 Prozent, wie bei den Bundestagswahlen von 1972 und 1976, scheint mittlerweile außer Reichweite (siehe Tabelle 1). Auch bei Landtagswahlen schrumpft der Anteil der Wahlberechtigten, der zur Urne geht. Im Durchschnitt aller Wahlen seit 1946 beteiligten sich 73,7 Prozent der Wähler, 2008 und 2009 lag aber die durchschnittliche Wahlbeteiligung nur noch bei 62,6 Prozent. Einmal sank die Wahlbeteiligung gar unter 50 Prozent: bei der Landtagswahl in Sachsen-Anhalt am 26. März 2006 (44,4 Prozent).

Die unterschiedliche Höhe der Wahlbeteiligung hat viele Ursachen.[15] Zu ihnen gehört der Streitwert einer Wahl: Geht es um besonders wichtige Institutionen und Streitfragen, wie bei der Wahl eines nationalen Parlaments mit hochkontroversen Themen, einer polarisierten Wählerschaft und einem Kopf-an-Kopf-Rennen der Kontrahenten, werden viel mehr Wähler mobilisiert als bei weniger wichtigen Wahlen mit geringer Polarisierung und einem großen Vorsprung eines Bewerbers. Ferner ist die Wahlbeteiligung je nach Wählergruppe verschieden. Jüngere Wähler gehen seltener zur Wahl

15 Falter/Schoen 2005: Kapitel 10, Steinbrecher/Huber/Rattinger 2007.

als andere Altersgruppen, ebenso Wahlberechtigte über 70 Jahre. Bleibt alles Übrige gleich, zeigt allein Letzteres eine Ursache der tendenziell sinkenden Wahlbeteiligung an: Diese spiegelt teilweise die fortschreitende Alterung der Gesellschaft wider. Ferner dämpfen die niedrigere Parteiidentifikation und die verbreitete Unzufriedenheit mit den politischen Parteien die Wahlbeteiligung. Zudem ist die Stimmabgabe nicht mehr eine fraglos hingenommene Staatsbürgerpflicht. Dafür ist vielerlei verantwortlich, nicht zuletzt das Abbröckeln von Pflicht- und Akzeptanzwerten.

Ansonsten hängt die Wahlbeteiligung größtenteils von den Standarddeterminanten politischer Beteiligung ab. Je höher beispielsweise der Ausbildungsstand ist, je höher der berufliche Status und je stärker die Überzeugung, dass die Abgabe der eigenen Stimme politisch wirksam sei, desto tendenziell höher ist die Partizipationsbereitschaft und mit ihr auch die Neigung, zur Wahl zu gehen. Überdurchschnittlich wahlbeteiligt sind zudem Personen mit größerem politischen Interesse und höherer Zufriedenheit mit der Demokratie sowie Mitglieder großer Sozialverbände, insbesondere Gewerkschafts- und Kirchenmitglieder.[16] Die vormals auffälligen geschlechterspezifischen Unterschiede bei der Wahlbeteiligung sind freilich verschwunden: Bis 1972 beteiligten sich die Wählerinnen in geringerem Maße an Bundestagswahlen als die Wähler. Seither ist dieser Unterschied fast vollständig eingeebnet.

Die vorliegenden Befunde lassen den Schluss zu, dass die von manchen Beobachtern vermutete «Partei der Nichtwähler» nicht existiert.[17] Vielmehr stammen die Nichtwähler aus unterschiedlichen Wählerschichten. Zu ihnen gehören konjunkturelle Protestwähler, aber auch Dauernichtwähler, die nicht zur Wahl gehen, weil sie die Spielregeln des politischen Wettbewerbs ablehnen. Zur Nichtwahl zählt ferner die Nichtbeteiligung aus technischen Gründen, beispielsweise aufgrund organisatorisch oder klimatisch bedingter Schwierigkeiten oder weil der Eintragung in das Wählerverzeichnis Probleme im Wege stehen. Die Gruppe der Nichtwähler schließt außerdem Bürger ein, die mit der Politik insgesamt

16 Falter/Schoen 2005: Kapitel 10, Freitag 1996, Klein 2005.
17 Jesse 2006.

zufrieden sind und solche, die mit der Politik nicht unzufrieden, aber an ihr nicht sonderlich interessiert sind. Nicht zu vergessen sind die konjunkturellen Nichtwähler, die sich von einer alten zu einer neuen Parteiidentifikation bewegen und in der Nichtwahl gewissermaßen Zwischenstation vor dem großen Sprung machen.

3. Die Stimmenverteilung auf die politischen Parteien

Die Wähler der Bundesrepublik Deutschland haben seit der ersten Bundestagswahl im Jahre 1949 zwei Parteien mit beträchtlichem Abstand vor einer Reihe kleinerer Parteien bevorzugt: die Unionsparteien, d. h. die Christlich Demokratische Union (CDU) und ihre bayrische Schwesterorganisation, die Christlich Soziale Union (CSU), sowie die Sozialdemokratische Partei Deutschlands (SPD). So war das auch bei der jüngsten Bundestagswahl am 27. September 2009. Allerdings ist der Stimmenanteil der beiden größten Parteien nach einem langjährigen Hoch wieder auf einen niedrigeren Stand gesunken. Bei der Bundestagswahl 2009 erreichten die CDU/CSU 33,8 Prozent der Zweitstimmen und die SPD 23,0 Prozent. Mit Abstand folgten die FDP (14,6 Prozent), Die Linke (11,9 Prozent) und Bündnis 90/Die Grünen (10,7 Prozent), um nur die Parteien zu erwähnen, die im 17. Deutschen Bundestag vertreten sind.

Die Stimmenanteile der Parteien von 2009 weichen allerdings von ihren durchschnittlichen Stimmenanteilen bei allen Bundestagswahlen seit 1949 deutlich ab. Die Unionsparteien und die SPD rangieren mittlerweile weit unter ihrem langfristigen Mittelwert (43,2 bzw. 37,4 Prozent bis 2005). Die FDP hingegen übertraf 2009 ihren durchschnittlichen Stimmenanteil von 8,8 Prozent bei Bundestagswahlen von 1949 bis 2005 um mehr als die Hälfte. Die Linke vergrößerte ihren Stimmenanteil ebenfalls beträchtlich, insbesondere weil sie im Vergleich zu den Wahlen bis 2005 in westdeutschen Wahlkreisen kräftig hinzugewann.

Ein mittlerer Fragmentierungsgrad kennzeichnet das deutsche Parteiensystem im frühen 21. Jahrhundert – gemessen an der Zahl der Parteien, die bei Bundestagswahlen die Fünf-Prozent-Hürde meistern, und an der Aufteilung der Stimmen auf die Parteien. Sechs bzw. fünf Parteien sind aufgrund der Wahl vom 27. September 2009 im Bundestag vertreten: die in einer Fraktionsgemeinschaft zusammengeschlossenen Parteien CDU und CSU, die SPD, die FDP, Die Linke und Bündnis 90/Die Grünen – ein auffälliger Unterschied zum Drei-Parteien-System aus CDU/CSU, SPD und FDP in den Wahlperioden zwischen 1957 und 1983. Doch im Vergleich mit den Vielparteiensystemen in Frankreich, den Niederlanden oder in Israel, wo beispielsweise infolge der Wahl vom März 2006 12 Parteien in die Knesset einzogen sind, ist Deutschlands Parteiensystem überschaubar geblieben.

Einen mittleren, aber insgesamt zunehmenden Fragmentierungsgrad zeigt auch der Stimmenanteil der kleineren Parteien an. Die kleineren Parteien des 17. Bundestages hatten bei der Wahl von 2009 37,2 Prozent der Zweitstimmen geholt – 1987 waren es nur 17,4 Prozent. So entfielen auf die beiden großen Parteien bei der Bundestagswahl 2009 nur noch 56,8 Prozent. Das entspricht nur noch 40 Prozent aller Wahlberechtigten![18] Ihren Zenit hatten beide Volksparteien bei der Bundestagswahl 1976 mit einem Stimmenanteil von 91,2 Prozent erreicht.

Die Kräfteverhältnisse zwischen den Parteien und zwischen den parteipolitischen Lagern haben sich seit 1949 in großem Ausmaß gewandelt (siehe Tabelle 1). Besonders stark veränderten sich die Positionen im Kampf um die Machtverteilung seit der Herstellung der staatsrechtlichen Einheit Deutschlands im Jahre 1990. Bis zur Bundestagswahl 1990 hatten die bürgerlichen Parteien – CDU/CSU und FDP – regelmäßig einen beträchtlich höheren Stimmenanteil als die wichtigsten Mitte-links- und Linksparteien errungen. Mit der deutschen Einheit änderte sich die Machtverteilung zwischen den Parteien zulasten des bürgerlichen Lagers. Schon 1994 war der Vorsprung der bürgerlichen Parteien zusammengeschrumpft. Bei den Bundestagswahlen seit 1994 entfielen dann auf die Unionsparteien und die FDP weniger als 50 Prozent der Stimmen. Im wiedervereinigten Deutschland hat das bürgerliche Lager demnach seine absolute politische Mehrheit verloren. Zugleich errangen die wichtigsten

18 Siehe Tabelle 1, vgl. Kornelius/Roth 2006: 3.

Tabelle 1: Wahlbeteiligung und Zweitstimmenverteilung bei den Bundestagswahlen seit 1949

Jahr	Wahlbeteiligung	CDU/CSU	FDP	Bündnis 90/Die Grünen	PDS, Linkspartei.PDS, Die Linke	SPD	Sonstige	Stimmenanteil der bürgerlichen Parteien	Stimmenanteil der Mitte-links- und Links-Parteien
1949	78,5	31,0	11,9			29,2	27,9	42,9	29,2
1953	86,0	45,2	9,5			28,8	16,5	54,7	28,8
1957	87,8	50,2	7,7			31,8	10,3	57,9	31,8
1961	87,7	45,4	12,8			36,2	5,6	56,2	36,2
1965	86,8	47,6	9,5			39,3	3,6	57,1	39,3
1969	86,7	46,1	5,8			42,7	5,4	51,9	42,7
1972	91,1	44,9	8,4			45,8	0,9	53,3	45,8
1976	90,7	48,6	7,9			42,6	0,9	56,5	42,6
1980	88,6	44,5	10,6	1,5		42,9	0,5	55,1	44,4
1983	89,1	48,8	7,0	5,6		38,2	0,4	55,8	43,8
1987	84,3	44,3	9,1	8,3		37,0	1,3	53,4	45,3
1990	77,8	43,8	11,0	5,1	2,4	33,5	4,2	54,8	41,0
1994	79,0	41,4	6,9	7,3	4,4	36,4	3,6	48,3	48,1
1998	82,2	35,2	6,2	6,7	5,1	40,9	5,9	41,4	52,7
2002	79,1	38,5	7,4	8,6	4,0	38,5	3,0	45,9	51,1
2005	77,7	35,2	9,8	8,1	8,7	34,2	4,0	45,0	51,0
2009	70,8	33,8	14,6	10,7	11,9	23,0	6,0	48,4	45,6
Mittelwert	83,4	42,6	9,2	6,9	6,1	36,5	5,9	51,7	47,0

Quellen: Statistisches Bundesamt 2009, Forschungsgruppe Wahlen 2009a.
Spalte 2: Wahlbeteiligte in Prozent der Wahlberechtigten.
Spalte 3–8: Prozentanteil an den Zweitstimmen.
Spalte 9: Zweitstimmenanteile der CDU/CSU und FDP.
Spalte 10: Summe der Zweitstimmenanteile von SPD, Bündnis 90/Die Grünen und PDS bzw. Linkspartei.PDS bzw. Die Linke. Berücksichtigt wurden nur diejenigen Parteien links der Mitte, die auf Bundes- oder Landesebene miteinander koalieren oder koalierten. Deshalb wurden die Stimmenanteile der KPD (1949 5,7 Prozent und 1953 2,2 Prozent) nicht mitgezählt.

Mitte-links- und Linksparteien 1998 erstmals einen größeren Stimmenanteil als die Union und die FDP. 2002 und 2005 war das erneut der Fall. Eine solche Verteilung ist auch im internationalen Vergleich ungewöhnlich: Nach Stimmenanteilen ermittelte Mehrheiten von Mitte-links- und Linksparteien sind die Ausnahme. Dass die rechnerische Mehrheit der Stimmen und der Parlamentssitze für die Mitte-links- und Linksparteien sich insbesondere nach der Bundestagswahl von 2005 nicht in einem Regierungsbündnis der Linksparteien niederschlug, ergab sich aus der Koalitionspolitik. Die SPD hatte auf Bundesebene eine Koalition mit der Linkspartei ausgeschlossen – im Unterschied etwa zu Berlin, wo sie seit 2002 mit der PDS bzw. der Partei Die Linke die Landesregierung bildet.

4. Wählerverhalten: beweglicher als zuvor

Viele Faktoren wirken auf das Wählerverhalten ein. Wie in den meisten Demokratien sind auch in Deutschland drei Bündel von Einflussfaktoren besonders wichtig: 1) wirtschaftliche, gesellschaftliche und politische Rahmenbedingungen und das nähere gesellschaftliche Umfeld der Wähler, 2) sozialstrukturelle und sozialpsychologische Merkmale der Stimmberechtigten sowie 3) die Bewertung der Spitzenkandidaten der Parteien, die innere Haltung der Wähler zu den wichtigsten Streitfragen («issues») der Wahl und die Problemlösungskompetenz, die die Wähler den Parteien zuschreiben.[19]

Zwischen den Determinanten des Wahlverhaltens besteht durch-

19 Das Umfeld des Wählerverhaltens wird vor allem in sozialstrukturellen Ansätzen und in der Lehre von den Konfliktlinien erörtert. Diesen Theorien zufolge neigen beispielsweise Wähler aus der Arbeiterschaft, insbesondere religiös nicht gebundene und gewerkschaftlich organisierte Arbeiter, eher zu Linksparteien. Wähler aus der Mittel- und Oberschicht hingegen tendieren eher zu liberalen oder konservativen Parteien, während Stimmberechtigte mit religiöser Bindung häufiger christdemokratische oder andere kirchlich gebundene Parteien bevorzugen. Demgegenüber stehen sozialpsychologische und persönlichkeitsbezogene Merkmale im Zentrum der Forschung zu den Ursachen, Formen und Folgen der Parteiidentifikation.

aus ein Zusammenhang. Die Bewertung der Kandidaten, der Streit-fragen und der Problemlösungskompetenz beispielsweise wird von einer tiefer liegenden Stellgröße in beträchtlichem Maß beeinflusst: von der Parteiidentifikation. Sie ist ein Gradmesser der psychologi-schen Parteimitgliedschaft eines Wählers, ein Sammelkonto, auf dem die Wähler die verschiedenen Einflüsse ihres sozialen Umfel-des und ihre bisherigen Erfahrungen mit den zur Wahl stehenden Alternativen verbuchen. Die Parteiidentifikation beeinflusst maß-geblich die Wahrnehmung und Bewertung des parteipolitischen Angebotes. Ein Wähler, der sich mit der Partei «A» identifiziert, wird in der Regel den Spitzenkandidaten dieser Partei, ihre Position in den Streitfragen und ihre Problemlösungskompetenz positiver bewerten als die der Konkurrenz. Allerdings kommen auch Abwei-chungen von diesem Zusammenhang zustande, beispielsweise wenn die Politik der Partei «A» weit von den Erwartungen des Wählers abweicht, oder wenn die Spitzenkandidaten der Partei «B» für ihn eine größere Ausstrahlung haben als die Kandidaten der Partei «A».

Die Parteiidentifikation wird von vielen Faktoren geformt. Wie erwähnt, fließen in ihr die Erfahrungen mit vergangenen Wahlen zusammen mit der Bewertung der Politik von Regierung und Opposition ein. Auf die Parteiidentifikation wirken ferner Be-stimmungsfaktoren ein, die auch einen direkten Einfluss auf das Wählerverhalten haben können, insbesondere die Verankerung des Wählers in der Sozialstruktur und seine Werteorientierung. Die Verankerung in der Sozialstruktur hängt unter anderem maß-geblich von der Klassenzugehörigkeit ab. Wie schon angedeutet, wählen beispielsweise gewerkschaftlich organisierte Arbeiter in der Regel mehrheitlich eine Linkspartei, während Freiberufliche, Selb-ständige und Landwirte mit großer Mehrheit eine der bürgerlichen Parteien bevorzugen. Wähler mit starker kirchlicher Bindung hin-gegen neigen hauptsächlich zu den Unionsparteien. Besonders stark ist dieser Zusammenhang für Wähler mit katholischer Konfession. Wähler ohne religiöse Bindung hingegen stimmen überproportio-nal für eine der nichtreligiösen Mitte-links- oder Linksparteien oder für die Liberalen.

Auch die Werteorientierung ist wichtig. Das zeigen insbesondere die Studien zu Materialismus und Postmaterialismus.[20] Wer vor allem nach materialistischen Zielen strebt, gehört eher zur Wählerschaft der bürgerlichen Parteien oder der SPD als zum Wähleranhang grüner oder libertärer Parteien. Wähler mit postmaterialistischen Zielen (wie Selbstverwirklichung oder Umweltschutz) neigen hingegen überproportional zu libertären Parteien bzw. zu ökologisch und/oder pazifistisch orientierten Gruppierungen, teilweise auch zum linken Flügel der sozialdemokratischen Parteien.

Die erwähnten Bestimmungsfaktoren des Wählerverhaltens sind nur die allerwichtigsten. Viele andere kommen hinzu: regionale Komponenten, Geschlecht, Altersgruppe, Ausbildungsstand oder der Einfluss von Massenmedien insbesondere auf die Themen der Wahl, das Erscheinungsbild der Spitzenkandidaten und die Problemlösungskompetenzen der Parteien. Von großer Bedeutung erweist sich auch die Wahlkampfführung. Zudem können die verschiedenen Erklärungsfaktoren kombiniert werden.

Mit dieser Einschränkung sind die folgenden Ausführungen zum Wählerverhalten bei der Bundestagswahl vom 27. September 2009 zu lesen.[21] Natürlich wählten jene Wähler mit großer Mehrheit die CDU oder die CSU, die die zu diesem Zeitpunkt amtierende Bundeskanzlerin Angela Merkel (CDU) positiver bewerteten als Frank-Walter Steinmeier, den Kanzlerkandidaten der SPD, und die den christdemokratischen Parteien mehr Problemlösungskompetenz und eine bessere Positionierung bei den Streitfragen der Wahl beimaßen als den anderen Parteien. Analoges gilt für die Wähler, die die Vorteile vor allem bei der SPD und deren Spitzenkandidaten sahen. Ähnlich ist das Bild bei der Parteiidentifikation: Wähler mit starker Parteiidentifikation mit der CDU oder der CSU stimmten bei der Bundestagswahl 2009 mit großer Mehrheit für die Union. Analoges gilt für die Anhänger anderer Parteien.

Allerdings nehmen Zahl und Anteil der Wähler mit stabiler Partei-

20 Inglehart 1977, 1989, vgl. auch Hradil 2002, 2009b.
21 Datenbasis: Tabelle 2, ergänzend Brettschneider 2005, Forschungsgruppe Wahlen 2005, Kornelius/Roth 2006. Zum Wählerverhalten vor 2005 unter anderen Falter/Schoen 1999, Klingemann/Kaase 2001.

identifikation ab. Das Wahlverhalten von Wählern mit geringer oder fehlender Parteiidentifikation wird viel stärker durch individuelle Kalküle, Medieneinflüsse, das Meinungsklima, die Tagespolitik und Stimmungen geprägt, aber auch von der Einschätzung der eigenen wirtschaftlichen Lage und der Verfassung der Wirtschaft insgesamt. Auch andere Bestimmungsfaktoren wirken auf das Wahlverhalten von Wählern mit geringer Parteiidentifikation in besonderem Maße ein. Zu ihnen gehören Ost-West-Unterschiede. Die stärkste Partei unter den ostdeutschen Wählern war 2009 die CDU (29,8 Prozent der Zweitstimmen) mit knappem Vorsprung vor der Partei Die Linke (28,5 Prozent), die stärkste Partei unter den westdeutschen Wählern war die CDU/CSU mit 34,7 Prozent der Zweitstimmen.[22] Wären nur die Stimmen in den alten Bundesländern gezählt worden, hätten die Union und die FDP die Bundestagswahl 2005 gewonnen. Diese Unterschiede lassen sich nicht hinreichend mit den bislang erörterten Determinanten des Wahlverhaltens erklären. Bei ihnen wirken auch andere Faktoren mit, nicht zuletzt die Zugehörigkeit zu spezifischen sozialen Milieus. So steht beispielsweise das Milieu der «DDR-Nostalgischen»[23] politisch der Partei Die Linke viel näher als anderen Parteien – auch deshalb konnte 2009 Die Linke im Osten Deutschlands mit 28,5 Prozent einen viel höheren Stimmenanteil als im Westen gewinnen, wo sie 8,3 Prozent erhielt.

Unterschiede, allerdings nicht sonderlich große, kennzeichneten das Wahlverhalten von Frauen und Männern bei der Bundestagswahl 2009. Bei den Wählerinnen lagen CDU/CSU vorn – nicht zuletzt aufgrund der Popularität der Kanzlerin Angela Merkel. Ferner machten die Altersgruppen einen Unterschied: Je älter die Wähler, desto höher die Stimmenanteile der Unionsparteien. Derselbe Trend kennzeichnet die altersspezifischen Stimmenanteile der SPD – wenngleich auf niedrigerem Niveau. Bei der zahlenmäßig weiter wachsenden Gruppe der mindestens 60-Jährigen beispielsweise erreichte die CDU/CSU 42 Prozent der Wähler, die SPD aber nur 28 Prozent.

Lagen 2005 die großen Parteien bei der wirtschaftlich aktiven

22 Vgl. hierzu und zu den nachfolgenden Zahlen Tabelle 2.
23 Siehe Kapitel 3.1.

Tabelle 2: Wählerverhalten bei der Bundestagswahl 2009

Sozialkategorie/Partei	CDU/CSU	SPD	FDP	Die Linke	Bündnis 90/Die Grünen	Sonstige
Gesamtwahlergebnis	33,8	23,0	14,6	11,9	10,7	6,0
Region						
Ost + Ost-Berlin	29,8	17,9	10,6	28,5	6,8	6,3
West + West-Berlin	34,7	24,1	15,4	8,3	11,5	5,9
Geschlecht						
Männlich	31	23	17	13	9	8
Weiblich	36	23	13	11	13	5
Alter						
18–29	27	16	17	12	14	14
30–44	33	20	16	12	12	7
45–59	31	24	14	14	13	5
60+	42	28	12	10	10	6
Ökonomischer Status						
Berufstätige	32	21	16	12	12	7
Rentner	41	29	12	11	5	2
Arbeitslose	16	19	9	31	11	14
Beruf						
Arbeiter	31	25	13	16	7	8
Angestellte	33	24	15	12	12	5
Beamte	36	26	12	8	15	4
Selbständige	36	16	24	8	13	5
Gewerkschaftsmitgliedschaft						
Mitglied	25	34	9	17	10	5
Kein Mitglied	35	21	16	11	11	6
Konfession						
Katholisch	44	20	15	6	10	5
Protestantisch	33	26	14	10	12	6

Sozialkategorie/Partei	CDU/ CSU	SPD	FDP	Die Linke	Bündnis 90/ Die Grünen	Sonstige
Keine Konfession	22	21	15	22	12	8
Religiöse Bindung						
Stark	67	12	10	2	5	4
Moderat	50	17	16	4	9	4
Schwach	33	24	17	8	11	7
Ausbildungsabschluss						
Hauptschule	37	28	13	11	5	6
Mittlere Reife	34	21	15	14	9	7
Hochschulreife	30	21	16	11	16	6
Hochschule	31	20	15	10	18	5

Quelle: Zusammengestellt aus Untersuchungsergebnissen der Forschungsgruppe Wahlen 2009a: 52–64. Die Tabelle informiert über die Verteilung der Zweitstimmen nach Sozialkategorien in Zeilenprozenten. Abgefragte religiöse Bindung 2009: nur Katholiken.

Bevölkerung, also dort, wo die Mitglieder der «Erwerbsklasse» konzentriert sind, noch gleichauf, hat die CDU/CSU bei der Bundestagswahl 2009 hingegen in allen Berufsgruppen die relative Mehrheit erlangt – auch bei den Arbeitern. Unterschiedlich schnitten die Parteien hingegen bei den verschiedenen Segmenten der «Versorgungsklassen» ab: Bei den Rentnern war die CDU/CSU erneut die stärkste Partei, während die Arbeitslosen mehrheitlich zur Partei Die Linke und zur SPD neigten.

Große Unterschiede kommen im Wahlverhalten in Deutschland traditionell durch Konfession und religiöse Bindung zustande. Das war auch 2009 der Fall: Katholische Wähler favorisierten die CDU/CSU, protestantische Wähler sowie Wähler ohne konfessionelle Bindung neigten stärker zur SPD. Zudem stimmten konfessionslose Wähler auffällig häufig für die Grünen und in Ostdeutschland für Die Linke. Noch stärker prägt die Religiosität das Wahlverhalten: Von den kirchlich stark gebundenen Wählern wählten 2009 zwei Drittel die Union und nur 12 Prozent die SPD. Bei den religiös nur schwach gebundenen Wählern kam die

Union jedoch nur auf 33 Prozent, die SPD hingegen auf 24 Prozent.

Die konfessionell-religiöse Konfliktlinie[24] blieb demnach auch 2009 die stärkste Spannungslinie im Parteiensystem. Die zweitwichtigste Spannungslinie im Wählerverhalten in Deutschland war auch 2009 der ökonomische «cleavage» zwischen den gewerkschaftlich organisierten Arbeitnehmern und den Selbständigen – wenngleich diese Konfliktlinie 2009 schwächer als in den vorangehenden Wahlen zu Buche schlug.[25]

Ferner wirkten wahlkampfspezifische Konstellationen beim Ergebnis der Bundestagswahl von 2009 mit.[26] Bei der Problemlösungskompetenz, die den Parteien zugeschrieben wird, hatte die Union insgesamt einen klaren Vorsprung vor ihrem Hauptkonkurrenten.[27] Zugunsten der CDU/CSU wirkten die Bewertung der Spitzenkandidaten – hier hatte die Kanzlerin Angela Merkel (CDU) viel höhere Popularitätswerte als ihr Herausforderer Frank-Walter Steinmeier (SPD) vorzuweisen – und die Wahlkampfführung der Parteien.[28]

Auch bei der Wahlkampfführung hatten die Unionsparteien ge-

24 Konfliktlinie oder «cleavage» ist ein Fachbegriff für eine Konfliktformation, die charakterisiert ist durch 1) einen in der Gesellschaft verankerten Konflikt mindestens zweier Streitparteien, der 2) in einer Koalition jeder Streitpartei (und dem dort verankerten Segment der Wählerschaft) mit einer politischen Partei Ausdruck findet und 3) sich regelmäßig im Wählerverhalten niederschlägt. Vgl. Lipset/Rokkan 1967, die zwischen vier Konfliktlinien unterscheiden: Besitz – Arbeit, Staat – Kirche, Stadt – Land und ethnisch-sprachliche Spaltungen. Mitunter werden die Spaltungen zwischen der kommunistischen und der nichtkommunistischen Linken als ein fünfter, der Konflikt zwischen Parteien der alten («materialistischen») und der neuen («postmaterialistischen») Politik als sechster und die Spaltung zwischen grün-libertären und ethnozentristisch-autoritären Parteien als siebter «cleavage» eingestuft. Strittiger ist, ob die Globalisierung eine weitere Konfliktlinie schafft. Kriesi u. a. 2008 bejahen dies.
25 Falter/Schoen 1999, Forschungsgruppe Wahlen 2009a.
26 Vgl. Forschungsgruppe Wahlen 2009a, Hilmer 2010, Jung/Schroth/Wolf 2009.
27 Forschungsgruppe Wahlen 2009a: 43–49.
28 Forschungsgruppe Wahlen 2009a: 38–42, Hilmer 2010.

genüber 2005 Vorteile. Beim Bundestagswahlkampf 2005 hatte die Union, einer Analyse von Frank Brettschneider zufolge, anstelle eines «Angriffswahlkampfs auf Rot-Grün» ihre eigenen Regierungsvorstellungen zu detailliert ins Zentrum gerückt, ohne sie hinreichend «aus einer übergeordneten, überzeugenden Kernbotschaft abzuleiten». Obendrein habe die CDU/CSU mit den Steuerreformplänen von Paul Kirchhof, dem renommierten ehemaligen Bundesverfassungsrichter, der SPD eine «Steilvorlage» gegeben. Die SPD-Führung habe die Steuerreformvorschläge von Kirchhof als unsoziales Radikalreformwerk umgedeutet und sich im Urteil ihrer Basis und eines Teils der noch unentschiedenen Wähler als Verteidiger des Sozialstaates dargestellt. Damit sei zugleich die für die SPD wahlpolitisch brisante «Agenda 2010» des Kanzlers Schröder (SPD) als Wahlthema entschärft worden.[29] 2009 beging die Union diese Fehler nicht mehr und behielt durch Konzentration des Wahlkampfs auf die Kanzlerin einen zum Wahlerfolg ausreichenden Stimmenvorsprung.

Der Überblick über Grundzüge des Wählerverhaltens am Beispiel der Bundestagswahl 2009 wäre ohne die Bestimmungsfaktoren der Wahl kleinerer Parteien unvollständig. Überdurchschnittliche Stimmenanteile erzielte die FDP nicht zuletzt auf Kosten der Unionsparteien. Hohe Stimmenzuwächse verzeichneten auch die Partei Die Linke und das Bündnis 90/Die Grünen vor allem im Westen Deutschlands. Im Osten aber schwächelten die Grünen auch 2009 – unter anderem weil die Antiatomkraft- und Umweltschutzanliegen sowie der Wertewandel von den Pflicht- und Akzeptanzwerten hin zu den Selbstverwirklichungswerten an der DDR weitgehend vorbeigegangen waren. Höhere Stimmenanteile erreichten die Grünen ansonsten eher bei Frauen als bei Männern, eher bei jüngeren als bei älteren Altersgruppen, eher bei Beamten als bei Arbeitern und hauptsächlich bei kirchlich nicht gebundenen Wählern. Viel Zuspruch erhielten die Grünen zudem von in Ausbildung befindlichen Wählern und von Wählern mit Gymnasial- oder Universitätsabschluss: Allein 18 Prozent der Universitäts- oder Hochschulabsolventen stimmten 2009 für die Grünen. Hinter dem Zuspruch zu Bündnis 90/Die Grünen

29 Alle Zitate aus Brettschneider 2005: 26.

steckt vielfach ein «policy-voting» im Sinne einer Stimmabgabe nach Sachthemen. Im Fall der Grünen ist das ein «policy-voting» insbesondere für Ökologie, für universalistisch gedeutete Bürgerrechte und für eine Energiepolitik ohne Atomkraft.

Die Schwerpunkte der FDP-Wähler sind ebenfalls klar erkennbar. Die Zustimmung zu den Liberalen ist im Kreis jener Wähler größer, die in der Ausbildung stehen, ferner bei den Selbständigen und den Wählern mit Gymnasial-, Universitäts- oder Hochschulabschluss. Wie die Grünen schneidet auch die FDP in den neuen Bundesländern schlechter ab als in den alten Ländern. Auch hierfür ist die Vorgeschichte der neuen Bundesländer mitursächlich. Die Zerschlagung der bürgerlichen Gesellschaft im DDR-Sozialismus hat die Sozialgruppen, die im Westen einen Teil der Basis der FDP bilden, weitgehend beseitigt – unter ihnen die Unternehmerschaft, die Landwirte, die Freiberuflichen und das Bildungsbürgertum.

Die Partei Die Linke hingegen ist nach wie vor überwiegend eine Ostpartei. Allerdings konnte sie bei der Bundestagswahl 2009 im Westen Deutschlands aufholen. Zugute kamen ihr dort der Protest gegen die als unsozial gedeutete Politik der sozialdemokratischen «Agenda 2010» und der Linkspopulismus von Oskar Lafontaine, der nach der 2007 erfolgten Fusion von der Linkspartei.PDS und der westdeutschen Protestbewegung WASG (Wahlalternative Arbeit und Soziale Gerechtigkeit) zu einem führenden Repräsentanten der Partei Die Linke geworden war – bis zu seinem Ausscheiden aus der Berliner Politik Anfang 2010.

5. Milieubindungen und Parteiidentifikation

Wie stark sind heutzutage noch die Bindungen von Wählern an bestimmte gesellschaftliche Milieus? Insgesamt spricht viel für die These der Lockerung der Milieubindungen. Man muss nicht so weit gehen wie die Anhänger der Lehre von den «parties without partisans», von den Parteien also, denen die Parteigänger ausgegangen seien.[30] Doch zweifelsohne ist in den fortgeschrittenen De-

30 Dalton/Wattenberg 2000.

mokratien, einschließlich Deutschlands, der Einfluss klassischer sozialer Milieus auf das Wahlverhalten insgesamt schwächer geworden. Das gilt für das Milieu der gewerkschaftlich organisierten Industriearbeiter ebenso wie für das der konfessionell und religiös intensiv gebundenen Wähler. Der Einflussschwund resultiert hauptsächlich aus dem Strukturwandel von der Industrie- zur Dienstleistungs- und Wissensgesellschaft, dem Säkularisierungsschub und dem Wandel von den materialistischen zu den postmaterialistischen Werten. Innerhalb der klassischen Milieus bleibt allerdings die Parteineigung relativ stark – trotz diffuser werdender Milieugrenzen. Wie bereits erwähnt, stimmen nach wie vor gewerkschaftlich organisierte Arbeiter mit schwacher religiöser Bindung mehrheitlich für Linksparteien, insbesondere für die SPD, und wie bisher bevorzugen religiös orientierte Wähler mit großer Mehrheit die Unionsparteien.

Allerdings kommen selbst in den Stammwählerschaften größere Abweichungen zustande. So wie in Großbritannien ein größerer Teil der Arbeiterschaft durch die Wahl der *Labour Party* Klassenwahlverhalten («class voting») praktiziert und ein beachtlicher Teil der Arbeiter sich als «working class tories» entpuppt, also als Arbeiterwähler der *Conservative Party*, so stimmte bei der Bundestagswahl 2009 die relative Mehrheit der Arbeiter wie schon zuvor für die Linksparteien (25 Prozent für die SPD, 16 für die Linkspartei und sieben Prozent für die Grünen), doch gaben immerhin 31 Prozent der Arbeiterwähler ihre Zweitstimme der CDU/CSU, und 13 Prozent votierten für die FDP.[31]

Allerdings ist in Großbritannien und in Deutschland der Anteil der Wähler mit schwacher oder fehlender Parteiidentifikation mittlerweile größer als vor zwei, drei Dekaden. Erhebungen der Forschungsgruppe Wahlen zufolge stieg der Anteil der Wähler ohne nennenswerte Parteiidentifikation zwischen der Erstmessung im Jahre 1976 und 2005 im Westen Deutschlands von rund 15 auf etwa 32 Prozent – mit seither weiter ungebrochenem Trend. Entsprechend sank der Anteil der Wähler mit starker Parteiidentifikation von rund 45 auf etwa 32 Prozent – mit ebenfalls ungefähr

31 Forschungsgruppe Wahlen 2009a: 110.

konstantem Trend. In den neuen Bundesländern liegt der Anteil der Wähler ohne nennenswerte Parteibindung sogar seit den frühen 1990er Jahren bei über 40 Prozent, während dort nur etwa jeder fünfte Wähler eine starke Parteibindung hat.[32] Der Wählerstimmenmarkt ist demnach auch in Deutschland beweglicher geworden – und er bleibt weiter in Bewegung.[33] Das wertet Bestimmungsfaktoren des Wählerverhaltens auf, die kurzfristiger Natur sind und jenseits der sozialstrukturellen und wertbezogenen Determinanten des Wählerverhaltens liegen. Der Wahlkampf und vor allem auch die Massenmedien sind beispielsweise für die Wählergruppe mit schwacher oder fehlender Parteibindung wichtiger als für Wähler mit stabilerer Parteiidentifikation. Allerdings ist der Anteil der Wähler mit mittlerer oder starker Parteiidentifikation in Deutschland nach wie vor beträchtlich. Er liegt bei rund zwei Dritteln der Wähler, so die Schätzungen der starken oder mittleren Parteiidentifikation, oder bei knapp über 30 Prozent, so die Schätzung der Wähler mit starker Parteiidentifikation.[34] Von einer generellen Loslösung der Wähler von den Parteien kann demnach keine Rede sein.

Zudem müssen die hoch aggregierten Daten zur Parteiidentifikation sorgfältig auf zugrunde liegende Prozesse überprüft werden. Solche Prüfungen zeigen, dass nur wenige Wähler lange ohne Parteiidentifikation bleiben. So haben sich nur 20 Prozent der westdeutschen Wähler von 1984 bis 1998 nicht mit einer Partei identifiziert.[35] Alle anderen Wähler mit zunächst fehlender Parteiidentifikation haben demgegenüber eine solche Identifikation entwickelt. Allerdings behält nur eine Minorität ihre Parteiidentifika-

---

32 Der Anstieg geschah im Zeitraum von 1976 bis 1993, anschließend blieb der Anteil weitgehend konstant, vgl. Kornelius/Roth 2006: 12. In eine ähnliche Richtung weist die Schätzung der Parteiidentifikation von 1984 bis 2001 mit Daten des Sozioökonomischen Panels bei Schmitt-Beck/Weick 2001 und Schmitt-Beck/Weick/Christoph 2006.

33 Jung/Schroth/Wolf 2009.

34 Schmitt-Beck/Weick 2001, für die zweite Schätzung Kornelius/Roth 2006: 12.

35 Schmitt-Beck/Weick 2001.

tion über mehrere Wahlen hinweg ungebrochen bei.[36] Die Parteiidentifikation ist demnach – entgegen ihrer orthodoxen Deutung in den Wahlstudien der Michigan-Schule als tief verankerte, stabile Eigenschaft der Wähler – keine stabile Konstante.

Das sollte aber nicht darüber hinwegtäuschen, dass der Trend zur Erosion der Wählerbindungen («dealignment») und zu den «Parteien ohne Parteigänger» in Deutschland bislang nur in begrenztem Umfang zum Zuge kam. Auch in dieser Hinsicht scheint die Bundesrepublik Deutschland eine Mittelposition innezuhaben – zwischen Staaten mit weit vorangeschrittener Lösung der Wählerbindungen und solchen mit festgefügten «sozialmoralischen Milieus», wie in Deutschland vom Kaiserreich bis 1928.[37]

Unstrittig ist aber, dass das Wählerverhalten insgesamt weniger

36 Schmitt-Beck/Weick/Christoph 2006. Diese Analyse deckt auch die Bewegungskräfte auf, die für den Wandel von einer Parteiidentifikation zur Unabhängigkeit und den Übergang von einer Parteiidentifikation zu einer anderen mitverantwortlich sind. Zu den Bewegungskräften, die von einer Parteiidentifikation in Richtung Unabhängigkeit wirken, gehören insbesondere eine geringe Dauer einer stabilen Parteiidentifikation, weibliches Geschlecht, Zugehörigkeit zu bestimmten politischen Generationen, geringe Niveaus kognitiver Mobilisierung, familiäre Konstellationen (insbesondere der Zeitraum nach dem Auszug der Kinder aus dem Elternhaus), keine Parteiidentifikation des Ehepartners und die geringe Mobilisierung durch Wahlkämpfe.

37 Lepsius 1993b (1966). «Sozialmoralische Milieus» sind auf einen bestimmten Bevölkerungsteil konzentrierte soziale Einheiten, die, im Unterschied zur enger definierten sozialen Klasse, durch das Zusammenwirken mehrerer einstellungs- und verhaltensprägender Faktoren, wie Religion, regionale Tradition, wirtschaftliche Lage und kulturelle Orientierung, geformt werden. Die wichtigsten «sozialmoralischen Milieus» in Deutschland von 1871 bis 1928 waren 1) das protestantische, agrarische, konservative Milieu (Konservatismus), 2) das bürgerlich-protestantische Milieu der Liberalen, 3) das vom Zentrum repräsentierte katholische Milieu und 4) das im Wesentlichen von der Sozialdemokratie mobilisierte sozialistische Milieu, das in seinem höchsten Entwicklungsstadium die Hälfte der Arbeiterschaft, Gruppen von Landarbeitern und Teile des niedergehenden Handwerkerstandes umfasste. Die Krise der Jahre 1929–1933 löste das bis dahin stabile Parteiensystem auf. In der Bundesrepublik haben sich diese Milieus nicht mehr herausgebildet. Vgl. Kapitel 4.

berechenbar und der Wählerstimmenmarkt unübersichtlich geworden ist. Von der größeren Beweglichkeit der Wähler zeugt auch die große Zahl der Wechselwähler. Bei der Bundestagswahl 2009 berichtete ein Drittel der Wähler, dass sie ihre Zweitstimmen einer anderen Partei als bei der Bundestagswahl von 2005 gegeben hätten.[38] Vom Stimmensplitting, ein weiterer Indikator für flexibles Wählerverhalten, machen mittlerweile 26,4 Prozent der Wähler Gebrauch. 1957 waren es nur 6,4 Prozent.[39]

Die neue Unübersichtlichkeit des Wählerstimmenmarktes bedeutet, dass der Einfluss von kurz- und mittelfristigen Bestimmungsfaktoren auf das Wählerverhalten stärker ist als in Zeiten weiter verbreiteter Parteiidentifikation. Die Art der Streitfragen, die Präsentation und die Wahrnehmung der Spitzenkandidaten werden damit noch wichtiger als zuvor, ebenso das den Parteien zugeschriebene Problemlösungsprofil. Es verstärken sich damit auch die mittel- und unmittelbaren Wirkungen der Massenmedien.[40] Was, wie, wie häufig, aus welcher Perspektive und mit welcher Bewertung die Medien berichten, gewinnt potenziell größeres Gewicht im Kampf um Wählerstimmen.[41] Durch all dies wird der Wahlkampf der einzelnen Kandidaten und der Parteien einflussreicher. Doch größerer Einfluss von kurz- oder mittelfristigen Bestimmungsfaktoren heißt keineswegs notwendig Zunahme rationaler Wahlhandlungen, sondern er kann mit größerer Irrationalität einhergehen.[42]

Die größere Unübersichtlichkeit des Wählerstimmenmarktes bedeutet zugleich mehr Ungewissheit und größeren Stress für alle Wahlkämpfer, seien es Einzelkämpfer oder politische Parteien. Denn alle Wahlkämpfer sehen sich nun vor die Aufgabe gestellt, mehr für die Mobilisierung der Wählerstimmen aufwenden zu müssen als zuvor, ohne genau zu wissen, wie sie das erstrebte Ziel erreichen können.

38 Hilmer 2010: 161.
39 Jesse 2010a: 99.
40 Schmitt-Beck 2000.
41 Kepplinger/Maurer 2005.
42 Falter/Schoen 1999: 468.

6. Bundestags- und Landtagswahlen im Vergleich

Eine weitere Herausforderung kommt auf die Wahlkämpfer zu: Die Wählerstimmenmärkte sind deutschlandweit nicht einheitlich. Zum Teil variieren sie von Bundesland zu Bundesland. Das zeigen nicht nur die Ergebnisse von Bundestagswahlen, sondern auch von Landtagswahlen.

Man betrachte allein die unterschiedliche Verteilung der Zweitstimmen, die bei Bundestagswahlen in den Ländern zustande kommt. Im gesamten Bundesgebiet wurde die CDU/CSU bei der Bundestagswahl 2009 mit 33,8 Prozent der Zweitstimmen die stärkste Partei. Mehr als 33,8 Prozent erreichte sie aber nur in Baden-Württemberg (34,4), Rheinland-Pfalz (35,0), Sachsen (35,6) und in Bayern, wo die CSU 42,6 Prozent der Zweitstimmen gewann. In allen anderen Bundesländern lagen die Stimmenanteile der Unionsparteien mehr oder minder deutlich unter den 33,8 Prozent – ebenso in allen Großstädten mit Ausnahme von Dresden.[43]

Beträchtliche Unterschiede gibt es sodann zwischen Bundestags- und Landtagswahlen. In den 191 Landtagswahlen von Oktober 1949 bis Mai 2010 errang die CDU/CSU im Durchschnitt 39,2 Prozent der Stimmen. Die Union liegt damit bei Landtagswahlen knapp vor der SPD, auf die durchschnittlich 38,0 Prozent der Wählerstimmen entfallen. Alle anderen Parteien rangieren bei den Landtagswahlen im Durchschnitt unter der 10-Prozent-Marke, beispielsweise die FDP mit 7,6 Prozent, die Grünen mit 7,0 Prozent und die PDS bzw. die Partei Die Linke mit 8,9 Prozent.

Diese Zahlen sind langfristige Durchschnittswerte und basieren auf von Land zu Land unterschiedlichen Wahlergebnissen. CDU-bzw. CSU-dominierte Bundesländer sind seit Jahr und Tag Bayern und Baden-Württemberg – mit weitem Abstand vor der SPD. Mittlerweile ist die CDU – so der Stand Ende 2010 – auch in anderen Bundesländern die Regierungspartei, im Saarland und in Ländern, die lange von der SPD regiert worden waren, wie Hamburg, Hessen, Niedersachsen und Schleswig-Holstein. Die bei Landtagswah-

---

43 Forschungsgruppe Wahlen 2009a: 12, 102.

len stärkste Partei ist die SPD derzeit in Bremen, Brandenburg, Berlin, Mecklenburg-Vorpommern, Nordrhein-Westfalen und Rheinland-Pfalz. Zudem unterscheiden sich die Wahlergebnisse in den neuen Bundesländern von denen der alten Bundesländer so sehr, dass man lange von zwei deutschen Parteiensystemen gesprochen hat – einem ostdeutschen und einem westdeutschen (siehe Kapitel 4). In den neuen Ländern schwächen die PDS bzw. die Partei Die Linke und die geringere Parteiidentifikation die Wettbewerbsposition der Parteien der alten Bundesrepublik. In Ostdeutschland erringen die Unionsparteien und die SPD in der Regel niedrigere Stimmenanteile als in den alten Bundesländern. Gleiches gilt für die FDP und die Grünen, denen im Osten Deutschlands infolge des Erbes des DDR-Sozialismus die Mittelstandsbasis bzw. das Milieu der Postmaterialisten fehlen.

Das erklärt einen Teil der Unterschiede in den Wahlergebnissen der Bundesländer. Hinzu kommen die zuvor erwähnten Bestimmungsfaktoren des Wählerverhaltens: Diese erklären auch einen beträchtlichen Teil der Unterschiede der Wahlergebnisse zwischen den Ländern und zwischen Landtags- und Bundestagswahlen. Allerdings ist dabei zu bedenken, dass auch die Bundespolitik ein wichtiger Faktor in Landtagswahlen werden kann. Außerdem können die verschiedenen Determinanten des Wählerverhaltens ein je nach Bundesland unterschiedliches Gewicht haben.

Die religiöse Bindung und die katholische Konfession beispielsweise spielen in den neuen Bundesländern nur eine geringe Rolle. Deshalb sind dort – unter sonst gleichen Bedingungen – die Chancen der CDU ungünstiger und die Chancen laizistischer Linksparteien größer. Das zeigt auch der relative Erfolg der PDS bzw. der Partei Die Linke im Osten Deutschlands. Rheinland-Pfalz hingegen, die Landtagswahl vom 26. März 2006 unterstrich es, war ein Land, in dem die SPD insbesondere dank einer «ordentlichen Regierungsbilanz» und ihres populären Ministerpräsidenten, Kurt Beck, sowie aufgrund der personellen und inhaltlichen Schwäche der Opposition erneut die Wahl gewinnen konnte.[44]

Im Unterschied dazu hat die CSU seit 1970 bei jeder Wahl zum

44 Vgl. Forschungsgruppe Wahlen 2006a, Zitat S. 10.

Bayrischen Landtag – mit Ausnahme der Wahl von 2008 – mehr als 50 Prozent der Stimmen auf sich ziehen können, bei den Landtagswahlen von 1974 und 2003 sogar über 60 Prozent. Das lag unter anderem daran, dass Bayern ein Land mit beträchtlichen Startvorteilen für die CSU war. Zugute kamen der CSU ein höherer Anteil kirchlich gebundener Wähler, ein höherer Anteil katholischer Wähler, die größere Popularität ihrer Spitzenkandidaten und die personelle und inhaltliche Schwäche der SPD. Hausgemachte Besonderheiten spielten ebenfalls mit, unter ihnen eine erfolgreiche Wirtschafts- und Sozialpolitik der CSU, sodann die Allgegenwart der CSU in Bayerns Politik und Gesellschaft, ihre starke Medienpräsenz und ihre politisch besonders sichtbare und wirksame Doppelrolle als Landespartei und bayrische Interessenvertreterin im Bund.[45] Keiner dieser Einflussfaktoren ist zwangsweise von Dauer. Das zeigt insbesondere der Absturz der CSU bei der bayrischen Landtagswahl vom 28. September 2008 von 60,7 auf 43,4 Prozent der Stimmen. Bei dieser Wahl hatte die CSU ungünstigere Bedingungen als jemals zuvor. Zu diesen gehörten die geringere Popularität ihrer Spitzenkandidaten, negative Schlagzeilen in wichtigen Politikfeldern (wie Finanz-, Bildungs-, Verkehrs- und Regionalpolitik), die schwächere Rolle der CSU im Bund, das Fehlen der Chance, sich gegen eine angeschlagene Bundesregierung zu profilieren (wie noch bei der Landtagswahl 2003), sowie die größere Attraktivität der kleineren bürgerlichen Parteien FDP und Freie Wähler in Bayern.

45 Vgl. Falter 1982, Forschungsgruppe Wahlen 2003, Mintzel 1977.

Kapitel 4   Politische Parteien und Parteiensystem

Die Art der Interessenvermittlung zwischen den Bürgern und der Politik variiert mit dem jeweiligen Regimetyp. In einem autoritären Staat vermitteln meist herrschernahe und streng hierarchisch gegliederte Kampf-, Gefolgschafts- und Patronageorganisationen zwischen den Bürgern und der politischen Führung. Bei dieser Interessenvermittlung spielen «Staatsparteien» eine herausragende Rolle, wie die Kommunistische Partei der Volksrepublik China und die Sozialistische Einheitspartei Deutschlands der DDR, oder charismatische Führer-Masse-Beziehungen, wie im maoistischen China oder im nationalsozialistischen Staat.[1] In den Demokratien hingegen wird die Interessenvermittlung zwischen den Bürgern und der politischen Führung durch relativ autonome Einrichtungen bewerkstelligt, durch intermediäre Institutionen. Diese sind auf die Äußerung und Bündelung gesellschaftlicher Interessen zu entscheidungsfähigen Alternativen spezialisiert, auf Interessenartikulation und -aggregierung, so die Fachsprache.

Zu den intermediären Institutionen in der Bundesrepublik Deutschland zählen die Interessenverbände, die Massenmedien, die Bürgerinitiativen und vor allem die politischen Parteien. Bekräftigt durch den Verfassungsauftrag des Artikels 21 im Grundgesetz[2] wirken die politischen Parteien maßgeblich an der politischen Willensbildung mit. Oft dominieren sie diese. Eine besonders wichtige Rolle spielen die Parteien bei der Aggregierung von Interessen zu entscheidungsfähigen Alternativen. Hierbei sind sie und ihre Parlamentsfraktionen die Hauptzuständigen unter den intermediären Institutionen, während bei der Interessenartikulation auch die Medien, die Verbände und mitunter Bürgerinitiativen tatkräftig mitwirken. Eine Monopolstellung haben die Parteien hingegen bei der

---

1 Dabringhaus 2008, Schroeder 1998, Staiger/Friedrich/Schütte 2003, Wehler 2003.
2 Vgl. Kapitel 1.

Rekrutierung des politischen Führungspersonals im Parlament und in der Regierung errungen. Außerdem entscheiden ihre Parlamentsfraktionen im Bund und in den Ländern letztlich über die Wahl und Abwahl der Regierenden.

Von der herausragenden Position der Parteien in Staat und Gesellschaft zeugt auch ihre Finanzierung: Sie werden aus öffentlichen Kassen mitfinanziert – nach rechtlich genau festgelegten Modalitäten bis zu einer bestimmten Obergrenze.[3] Diese liegt zurzeit gemäß Artikel 18 Absatz 2 des Parteiengesetzes für alle Parteien zusammen bei jährlich 133 Millionen Euro. Bei der Parteienfinanzierung gelten mittlerweile der Grundsatz der Teilfinanzierung und als Verteilungsmaßstab die Verwurzelung der Parteien in der Gesellschaft: Die öffentlichen Zuwendungen sind umso höher, je stärker eine Partei gesellschaftlich verwurzelt ist – gemessen an der Zahl der Wählerstimmen, die eine Partei bei der jeweils letzten Europa- und Bundestagswahl und der jeweils letzten Landtagswahl erreicht hat, und gemessen an den Zuwendungen natürlicher Personen, insbesondere an Mitglieds- und Mandatsträgerbeiträgen und rechtmäßig erlangten Spenden. So bestimmt es das Parteiengesetz auf der Grundlage verschiedener Urteile des Bundesverfassungsgerichtes zur Parteienfinanzierung – das für Deutschland charakteristische «Regieren mit Richtern»[4] reicht demnach auch weit in die Parteienfinanzierung hinein.

I. Politische Parteien

Politische Parteien sind, so Max Weber, «freiwillig geschaffene und auf freie, notwendig stets erneute, Werbung ausgehende Organisationen»[5], die interessengeleitet handeln. Ihr Ziel ist stets «Stimmenwerbung für Wahlen zu politischen Stellungen oder in eine Abstimmungskörperschaft»[6] mit dem Zweck, ihren Leitern Macht zu

3 Naßmacher 2009.
4 Stone Sweet 2000, vgl. Kapitel 9.
5 Weber 1988a: 324.
6 Weber 1988a: 324.

verschaffen und ihren aktiven Teilnehmern dadurch Chancen auf Erreichung sachlicher Ziele oder auf Erlangung persönlicher Vorteile oder beides zu geben.[7] In der Praxis streben manche Parteien, so Weber weiter, vor allem nach Machterwerb, Machterhalt und Ämterpatronage, wie die «Patronage-Partei». Andere wiederum zielen vorwiegend auf Durchsetzung der Interessen von Ständen und Klassen, so die «ständische bzw. Klassen-Partei», oder orientieren sich an konkreten sachlichen Zwecken oder an abstrakten Prinzipien, wie die «Weltanschauungs-Partei»[8]. Kombinationen der Ziele kommen ebenfalls vor: Manche Parteien streben nach Teilhabe an der Machtverteilung, um zu gestalten, so die Weltanschauungsparteien auf Klassenbasis oder konfessioneller Grundlage. Andere wollen hauptsächlich gestalten, um ihre Macht zu erhalten, beispielsweise die inhaltlich fast deckungsgleichen, in allen Wählerschichten verankerten «Allerweltsparteien»[9] und die moderne »professionalisierte Wählerpartei»[10].

In der Bundesrepublik Deutschland profitierten vom Vorrang in der Interessenvermittlung zwischen Bürgern und Staat bislang vor allem fünf Parteien: die CDU/CSU, die SPD und die kleineren Parteien FDP, Bündnis 90/Die Grünen sowie Die Linke. Drei dieser Parteien – CDU/CSU, SPD und FDP – waren schon im Parlamentarischen Rat vertreten, in ungefähr gleicher relativer Stärke wie heutzutage.[11] Neu hinzugekommen sind die Grünen und Die Linke. Nicht mehr existent sind die kleineren Parteien des Parlamentarischen Rates: die Deutsche Partei und das Zentrum, deren Wähler hauptsächlich in den Unionsparteien aufgingen, und die

7 Weber 1972: 167.
8 Alle Zitate aus Weber 1972: 167.
9 Kirchheimer 1965.
10 von Beyme 2000. Die professionalisierte Wählerpartei gilt als Endprodukt eines Wandels, der von den Volksparteien über die Re-Polarisierung hin zur Professionalisierung der Parteiführung führte, ferner zu staatlicher Subventionierung der Parteifinanzen, Entkoppelung der Parteien von den Interessenverbänden, abnehmender Mitgliederzahl und Einsatzbereitschaft der Wähler, größerer Autonomie der Parlamentsfraktionen gegenüber der Parteizentrale sowie zu größerer Koalitionsfähigkeit.
11 Vgl. Kapitel 1.

Kommunistische Partei Deutschlands (KPD), die vom Bundesverfassungsgericht 1956 als verfassungswidrig verboten wurde.

Die wichtigsten Parteien, die in Deutschland heutzutage in den Parlamenten vertreten sind, besetzen ein Feld, das auf der Achse der Staat-Markt-Arbeitsteilung von links bis rechts und auf der Liberalismus-Konservatismus-Achse vom liberal-libertären bis zum konservativen Pol reicht.[12] Den linken Flügel nimmt Die Linke ein. Eine Mitte-links-Position hält die SPD. Auf der Liberalismus-Konservatismus-Achse vertreten die Linkspartei und die SPD eher moderat progressive als konservative Positionen. Die Unionsparteien liegen bei wirtschafts- und sozialpolitischen Fragen in der Mitte und auf der Liberalismus-Konservatismus-Achse näher beim konservativen Pol. Die FDP hält in der Wirtschaftspolitik in der Regel marktfreundliche Positionen und ist auf der Liberalismus-Konservatismus-Achse nahe beim progressiven Pol positioniert. Die Grünen zählen zum linken und auf der Liberalismus-Konservatismus-Achse zum libertären Flügel. Den autoritär-konservativen Rand des Parteiensystems mit Neigung zum starken Staat vertreten schließlich die insgesamt schwachen und zersplitterten Rechtsparteien wie NPD, DVU und zwischenzeitlich Die Republikaner.

1.1 CDU/CSU

Gemessen am durchschnittlichen Stimmenanteil bei Bundestagswahlen ist der Zusammenschluss der Christlich Demokratischen Union Deutschlands (CDU) und ihrer bayrischen Schwesterorganisation, der Christlich-Sozialen Union (CSU), die größte Parteienformation der Bundesrepublik Deutschland. Beide Parteien sind vielschichtige Volksparteien auf klassen-, milieu- und konfessionsübergreifender Grundlage.[13] Ihre politisch-ideologische Flexibilität und ihr Pragmatismus als «Machterwerbsunternehmen»[14] sind sprichwörtlich und haben ihre Konkurrenten und die Massenme-

---

12 Vgl. Laver/Hunt 1992 und Benoit/Laver 2006.
13 Becker/Buchstab/Doering-Manteufel/Morsey 2002, Frey 2009, Mintzel 1977, Kießling 2004, Schmid 1990, Zolleis 2008.
14 Th. Schmid 2006: 14.

dien wiederholt verblüfft.[15] Doch finden Flexibilität und Pragmatismus ihre Grenze bei der Absage an Kollektivismus, Antiklerikalismus und permissiv-libertäre Einstellungen und Werte. Darin kommt die Verankerung der Unionsparteien in unterschiedlichen «Traditionsströmen»[16] zum Ausdruck, die Norbert Blüm, Bundesarbeitsminister von 1982 bis 1998, mit Blick auf die CDU so beschrieben hat: Konservativ sei sie, weil sie an Bewährtem festhalte, liberal, weil sie der Macht des Staates mit Skepsis begegne und sich gegen das Umkippen des Sozialstaates in den Versorgungsstaat stemme, und christlich-sozial, weil sie für die Schwachen Partei ergreife.

Die Orientierung an den «Traditionsströmen» buchstabieren die Unionsparteien allerdings elastisch. Sie befürworten eine von christlichen Werten und Normen geformte Gesellschaftsordnung, doch ohne religiös untermauertes Sendungsbewusstsein, zu dem beispielsweise die US-Republikaner während der Präsidentschaft von George W. Bush (2001–2009) neigten. Die Unionsparteien halten die Familie hoch, aber auch das Privatfernsehen, das die Familie zerstöre, so kritisieren Konservative den christdemokratischen Pragmatismus.[17] Die CDU und die CSU sind zudem Parteien der Marktwirtschaft, doch definieren sie diese als «Soziale Marktwirtschaft» und ergänzen sie insbesondere seit den 1990er Jahren mit einer ökologischen Komponente. Ungeachtet aller Marktwirtschaftsorientierung sind die Unionsparteien offen für allerlei staatsfreundliche, marktkorrigierende Wandlungen. «Sozialer Kapitalismus»[18] ist ihr Programm, nicht Kapitalismus pur oder marktliberaler «Thatcherismus». CDU

15 Ein Beispiel ist die in der Medienberichterstattung über die zweite Große Koalition auf Bundesebene populäre Sozialdemokratisierungs-These. Vgl. Th. Schmid (2006: 14): «Die Kanzlerin (Angela Merkel – d. Verf.) ist innenpolitisch eine sozialdemokratische Kanzlerin.» Zur Sozialdemokratisierung der Regierungspraxis der zweiten Großen Koalition siehe auch Egle/Zohlnhöfer 2010.

16 Rede des Landesvorsitzenden Dr. Norbert Blüm auf dem 17. Landesparteitag der CDU Nordrhein-Westfalen am 29. Januar 1999 in Bonn, Redemanuskript: 8 f.

17 Konrad Adam in einer Rede auf dem Hambacher Schloß, 15. Oktober 1998.

18 van Kersbergen 1995.

und CSU seien deshalb, so wurde mit spitzer Feder kommentiert, nicht zwei Parteien, sondern vier – jeweils «eine Wirtschafts- und eine Sozialpartei, die durch lavierende Führungen zusammengehalten werden»[19]. In wertbezogenen gesellschaftspolitischen Fragen propagieren die Unionsparteien in der Regel Pflicht- und Akzeptanzwerte viel stärker als Selbstentfaltungswerte. Auch deshalb neigen sie in ordnungs- und sicherheitspolitischen Fragen meist zu konservativeren Positionen als die SPD, die FDP oder die Grünen, die von libertären Werten und einem grünen Internationalismus zutiefst geprägt sind. In der Sozialpolitik aber erweisen sich CDU und CSU als standfeste Sozialstaatsparteien mit programmatischer Verankerung in der katholischen Soziallehre. Sie sind Fürsprecher der Fürsorgepflicht für sozial schwächere Gruppen und einer soliden Balance aus Selbst- und Mitverantwortung. Mitunter verhalten sich die Unionsparteien in der Sozialpolitik, in der sie mit der SPD besonders heftig konkurrieren, gar wie eine zweite Sozialdemokratie. Doch die Grenze ziehen CDU und CSU bei den Gewerkschaften: Zu ihnen haben sie ein – auf Gegenseitigkeit beruhendes – distanziertes Verhältnis.

Die Unionsparteien verstehen sich als Parteien der Mitte und als Volksparteien, die möglichst viele gesellschaftliche Gruppen ansprechen und gewinnen wollen, die in der Koalitionsbildung pragmatisch sind und Bündnisse insbesondere mit den Liberalen, mitunter auch mit der SPD, seltener mit anderen Parteien wie den Grünen eingehen, und die als föderale Parteien nicht nur für einen Bundesstaat, sondern auch für einen – für den Souveränitätstransfer auf inter- und supranationale Organisationen – «offenen Staat» eintreten.[20]

Erwähnenswert sind überdies die regionalen Unterschiede in den Unionsparteien. Bayerns Eigenweg äußert sich in der eigenständigen Organisation der CSU als bayrische Schwesterpartei der CDU. Mit Blick auf die ersten drei Jahrzehnte der Bundesrepublik hat ein ausländischer Beobachter die regionalen Unterschiede mit folgen-

19 «Viel zu kitten», in: FAZ Nr. 88, 15.4.2004: 1, vgl. Frey 2009, Kießling 2004, Zolleis 2008.
20 Frey 2009, Zolleis 2008.

den Worten benannt: Die Unionsparteien seien «sozialistisch und radikal in Berlin, klerikal und konservativ in Köln, kapitalistisch und reaktionär in Hamburg und konterrevolutionär und partikularistisch in München»[21].

Die Wählerschaft der Unionsparteien spiegelt ihren an eine «Allerweltspartei»[22] grenzenden Volksparteicharakter wider. Aus allen Wählersegmenten zieht die Union Wähler an. Das haben CDU und CSU mit der SPD gemeinsam, der zweiten großen Partei der Bundesrepublik.[23] Doch die soziale Basis der CDU/CSU ist – nach Klassen, Schichten und Milieus zu urteilen – noch heterogener als die der SPD. Landwirte, Selbständige und Unternehmer gehören ebenso zu ihren Anhängern wie Arbeiter, Angestellte und Beamte. Religiös gebundene Wähler katholischer und protestantischer Konfession zählen ebenfalls zur Kernbasis der Unionsparteien. Aber auch Konfessionslose finden sich in ihren Reihen – 2009 immerhin 16 Prozent aller ihrer Wähler. Außerdem sind alle Altersgruppen in der Wählerschaft der Unionsparteien repräsentiert, wobei die mindestens 60-Jährigen mit 34 Prozent die größte Gruppe ausmachen – wie in der SPD, so der Stand von 2009. Zudem zählt ein beträchtlicher Teil der Sozialstaatsklientel, das heißt derjenigen, die ihren Lebensunterhalt überwiegend aus Sozialleistungen finanzieren, zu den Wählern der Unionsparteien. Organisatorisch haben sich die Unionsparteien gewandelt. Was zuvor eine Honoratiorenpartei und ein bloßer Kanzlerwahlverein war, wie die CDU in der Ära Adenauer, formte sich vor allem in den Jahren der Opposition von 1969 bis 1982 zu einer modernen Partei mit leistungsfähigem hauptamtlichen Apparat.

Zugleich wurde die politisch-ideologische Spannweite größer: Sie reicht mittlerweile nicht mehr nur von einem nationalistisch-rech-

21 Zit. n. Pridham 1977: 23, Anm. 4.
22 Das Konzept stammt von Kirchheimer 1965, vgl. Schmidt 1985.
23 Die folgenden Zuordnungen basieren insbesondere auf der Auswertung der Daten zur Bundestagswahl 2009 der Forschungsgruppe Wahlen 2009a: 109 ff. Gefragt wird danach, welche Prozentanteile an allen Wählern einer Partei (= 100 Prozent) auf diese oder jene Wählergruppe entfallen – im Unterschied zum Kapitel 3, das der Frage nachging, zu welcher Partei die Gesamtheit der Wähler einer bestimmten Gesellschaftsgruppe (= 100 Prozent) neigt.

ten Flügel bis zu einem in der katholischen Soziallehre verankerten Arbeitnehmerflügel, sondern auch von einer konservativen bis zu einer liberal-progressiven Familien- und Frauenpolitik. Stärker noch als die CDU profilierte sich die CSU als eine der «Allerweltspartei» nahe kommende Gruppierung, die sowohl die Interessen der Wirtschaft, des Mittelstandes und der Landwirte zu vertreten beansprucht, als auch die Anliegen der «kleinen Leute».

1.2 SPD

Die Sozialdemokratische Partei Deutschlands (SPD) ist die älteste politische Partei Deutschlands. Ursprünglich war sie eine sozialistische Weltanschauungspartei, die sich der «Befreiung nicht nur des Proletariats, sondern des gesamten Menschengeschlechts» verschrieben hatte. So stand es in ihrem Erfurter Programm von 1891. Den Gedanken der Befreiung aller Mühseligen und Beladenen und den der Einbindung aller «Ausgegrenzten» und «Nichtintegrierten» hat die SPD nie aufgegeben – trotz ihres Wandels von der revolutionsorientierten Weltanschauungspartei zu einer volksparteilichen Mitte-links-Gruppierung. Nicht aufgegeben hat sie auch das Bestreben, den «Abgrund zwischen Besitzenden und Besitzlosen» zu schließen, so nochmals das Erfurter Programm. Dass die SPD diesen Wurzeln treu blieb, gründet auch in der Erwartung, die Befreiten, die Eingebundenen und die umsorgten Besitzlosen würden die gute Tat mit ihren Wählerstimmen honorieren. Doch definierte die SPD ihre Befreiungs-, Einbindungs- und Umsorgungsziele vor allem seit den 1950er Jahren nicht länger revolutionär, sondern hauptsächlich in den Begriffen einer sozialreformerischen, demokratischen Mitte-links-Partei, die ihre Seele in einem ausgebauten Sozialstaat hat, der tief in die Arbeits- und Lebenswelt hineinregiert. Wie kaum eine andere Partei in Deutschland verschreibt sich die SPD dabei dem Streben nach «sozialer Gerechtigkeit». Diese buchstabiert sie als Chancen- und mehr noch als Ergebnisgerechtigkeit vor allem zugunsten der «kleinen Leute» und der «gesellschaftlich Schwächeren». Den Staat wertet die SPD als den hierfür hauptzuständigen und kompetenten Akteur. Ihn sieht sie auch als den Hauptträger der «sozialen und ökologischen Modernisierung der

Industriegesellschaft», der sich die SPD seit den 1980er Jahren verschrieben hat.

Ihre politischen Gegner haben die SPD auch aufgrund ihres Strebens nach Ergebnisgerechtigkeit durch staatliche Regulierung als ‹Partei der Gängelei› gewertet und wegen ihrer Befürwortung unitarischer Regelungen als eine Formation mit einem «offenbar unausrottbaren Hang zu zentralistischen Lösungen»[24] und mit innerer Distanz zur Marktwirtschaft eingestuft. Dass die SPD vielfach nicht der Urheber der von ihr erstrebten Sozialreformen wurde, aber als ihr Katalysator fungierte, gehört zur Ironie ihres Schicksals. Dass sie mitunter als «Betriebsrat der Nation»[25] gewertet wird, spiegelt ihre Präsenz im gewerkschaftlichen Milieu ebenso wider wie ihr unentwegtes Streben nach «sozialverträglichen» Marktkorrekturen. Dass Ralf Dahrendorf in der SPD einen «Lehrersozialismus» am Werke sah, reflektiert die Distanz der Sozialdemokratie zum Markt, ihre Nähe zum Staat und ihre Verankerung im Öffentlichen Dienst, auch in der Lehrerschaft.

Allerdings oszilliert die Regierungspraxis der SPD, und zwar je nach Wettbewerbslage im Parteiensystem sowie nach politisch-institutionellen und sozioökonomischen Bedingungen. Deshalb schwankt die SPD-Regierungspolitik zwischen a) einem traditionalistischen Kurs mit betont pro-sozialstaatlicher und gewerkschaftsfreundlicher Politik und Streben nach Einebnung gesellschaftlicher Ungleichheit (wie in der «Ära Brandt», während der ersten rot-grünen Regierung Schröder und als Oppositionspartei in den Jahren ab dem Regierungswechsel von 1982 sowie nach dem Ende der zweiten Großen Koalition im Jahre 2009), b) gedämpfter Kurskorrektur der vom parteipolitischen Gegner geerbten Politik und c) einer Modernisierungspolitik, die den «aktivierenden Staat» hervorkehrt und dabei nach Gewährung von Sozialrechten und nach Einforderung von Sozialpflichten strebt, beispielsweise die Sozialpolitikreformen der zweiten rot-grünen Regierung Schröder.[26]

24 Dietrich 2005: 1.
25 So der Sprecher der RTL-Nachrichten am 15. 12. 1995, 0.15 h.
26 Egle 2009, Egle/Zohlnhöfer 2007, Merkel 1993, Merkel u. a. 2006, Schmidt 1978.

Die SPD von heute ist weit weniger eine relativ geschlossene Partei als in ihren sozialrevolutionären Kampfzeiten. Von der Organisationssoziologie inspirierte Forscher haben die moderne SPD vielmehr als «lose verkoppelte Anarchie» beschrieben. Gemeint ist damit eine hochgradig dezentralisierte, fragmentierte und flexible Koalition aus vielerlei Gruppierungen auf lokaler, landespolitischer und bundespolitischer Ebene – und eine Programmatik, die so vielgestaltig wie ihre Organisations- und Sozialstruktur ist, wovon auch der Streit zwischen den sozialdemokratischen «Traditionalisten» und den «Modernisierern» zeugt. Allerdings ist der SPD, so die Diagnose weiter, in ihrer Heterogenität das große programmatische Gepäck, die «große Erzählung», abhanden gekommen.[27] Man wird diese Einschätzung allerdings insoweit relativieren müssen, als die SPD ihren «Markenkern» in einer Politik sieht und dort ihre «Kernkompetenz»[28] anstrebt, die den Sozialstaat in der Überzeugung fördert, dass dieser eine historische Errungenschaft und zugleich eine unverzichtbare Grundlage für politische Stabilität sowie eine unhintergehbare Funktionsvoraussetzung der Demokratie in Deutschland sei.

Der sozialen Zusammensetzung ihrer Wählerschaft nach zu urteilen, war die SPD vor allem von den 1960er Jahren bis 2005 eine «Volkspartei», während ihr auf 23,0 Prozent schrumpfender Stimmenanteil bei der Bundestagswahl 2009 auf größere Abstriche am Volksparteiencharakter schließen lässt.[29] Wie ihre Hauptkonkurrenz, die CDU/CSU, erhielt die SPD aber bis dahin aus allen Wählersegmenten Stimmen – bis 2005 oft proportional zur Größe der jeweiligen Wählergruppen. Die Ausnahmen sind Rentner, Gewerkschaftsmitglieder, Wähler mit Hauptschulabschluss, Protestanten und Konfessionslose – sie sind in der SPD-Wählerschaft überreprä-

27 Lösche 2009: 633, 635, Walter 2002, 2010a.
28 Beide Zitate aus Niedermayer 2010b: 231. Für den Wahlerfolg ist zusätzlich zur Sozialkompetenz als Sekundärkompetenz (ebd.) die Problemlösungsfähigkeit in der Wirtschaftspolitik erforderlich. Die Erreichung jedes dieser Ziele ist aber ungewiss. Für die Unionsparteien gilt: Ihre Kernkompetenz liegt in der Wirtschaftspolitik, ihre Sekundärkompetenz in der sozialstaatlichen Politik (Niedermayer 2010a, 2010b).
29 Basis: Forschungsgruppe Wahlen 2009a: 109 ff., 2005.

sentiert – sowie Katholiken, Selbständige und Landwirte, die in der Gruppe der SPD-Wähler unterrepräsentiert, in der Wählerschaft der Unionsparteien aber stärker vertreten sind. Ansonsten hat die SPD-Wählerschaft einiges mit der sozialen Zusammensetzung der CDU/CSU-Wählergruppen gemeinsam. Die Schulbildung ihrer Wähler ist ein Beispiel. In beiden großen Parteien machen die Absolventen mit Hauptschulabschluss oder Mittlerer Reife mit jeweils knapp einem Drittel die Mehrheit der Wählerschaft aus – und in beiden Parteien liegt der Anteil der Wähler mit Universitäts- oder Hochschulabschluss 2009 nur bei 15 (SPD) bzw. 16 Prozent (CDU/CSU), bei den Grünen hingegen bei 29 Prozent.

1.3 FDP

Mit der Freien Demokratischen Partei (FDP) ist die historische Spaltung des deutschen Liberalismus in Links- und Nationalliberalismus erstmals parteiorganisatorisch überwunden worden.[30] Im Dreiparteiensystem der 1960er und 1970er Jahre verkörperten die Liberalen am ehesten die wählbare Alternative für die Wähler, denen die CDU/CSU zu wertkonservativ und die SPD zu gewerkschaftsfreundlich und egalisierungssüchtig war. Bis in die 1990er Jahre fungierte die FDP meist als «Zünglein an der Waage»: Ihre Koalitionspartnerwahl entschied darüber, ob die CDU/CSU oder die SPD im Bund regierte, sofern die beiden großen Parteien nicht eine Große Koalition vorzogen, wie 1966 und erneut 2005. Abgesehen von den Jahren zwischen 1969 und 1982, in denen die FDP mit der SPD koalierte, fiel ihre Wahl des Regierungspartners auf die Unionsparteien. Diesen steht die FDP in den für sie zentralen wirtschaftspolitischen Fragen weitaus näher als der SPD. Der Wechsel der FDP im Jahre 1982 von der SPD zur Koalition mit der CDU/CSU ließ allerdings ihr sozialliberales Profil verblassen und gab ein Marktsegment preis, das andere Parteien, insbesondere die Grünen, für sich zu nutzen wussten. Damit ist das Risiko der FDP größer, von den Wählern und von möglichen Koalitionspartnern nur als eine «Ein-Thema-Partei» mit Schwerpunkt Wirtschaftsliberalis-

30 Dittberner 2005, Lösche/Franz 1996.

mus wahrgenommen zu werden. Wird auch dieses Programm nicht umgesetzt und bleibt von seinem Kern – «Privat vor Staat»[31] – nichts Greifbares übrig, so eine Kritik liberaler Beobachter am ersten Jahr der seit 2009 amtierenden schwarz-gelben Bundesregierung, verliert die FDP entscheidend an Profil.

Die Wählerschaft weist die FDP als eine der «Erwerbstätigenparteien»[32] aus: Wie bei den Grünen steht bei der FDP der Großteil der Wähler im Beruf, während der Anteil der Sozialstaatsklientel in ihrem Elektorat viel kleiner als in den Unionsparteien und der SPD ist. Allerdings sind die Selbständigen und überhaupt die Anhänger der Marktwirtschaft in der FDP-Wählerschaft viel wichtiger als bei den Grünen. Außerdem sind Gewerkschaftsmitglieder unter den FDP-Wählern schwächer vertreten als in der Gruppe der Wähler von Bündnis 90/Die Grünen. Nicht nur der politische Liberalismus, sondern auch der Wirtschaftsliberalismus spiegelt sich demnach in der Wählerschaft der FDP deutlich wider.

Unterschiede zwischen der FDP und den anderen Parteien kennzeichnen auch die Maximen sozialpolitischer Verteilungsgerechtigkeit. Vergröbernd kann man diese Grundsätze so beschreiben: Während die SPD nach Ergebnisgerechtigkeit strebt und dazu neigt, «Jedem das Gleiche» als Maxime hochzuhalten, heißt der Grundsatz für die Unionsparteien Leistungs- und Besitzstandwahrungsgerechtigkeit, «Vorfahrt für Subsidiarität» und ergänzend «Sozialpolitik für die Schwachen». Die Grünen favorisieren die Losung «Grundsicherung für alle», und Die Linke setzt «Arbeit für alle» obendrauf. Die Gerechtigkeitsmaxime der FDP hingegen sieht Chancengerechtigkeit vor. Sie lautet: «Jedem die gleichen Startchancen».

1.4 Bündnis 90/Die Grünen

Während Die Linke ihren Schwerpunkt in den neuen Bundesländern hat, ist Bündnis 90/Die Grünen hauptsächlich im Westen Deutschlands verankert.[33] Die Grünen sind vor allem ein Produkt

31 Göbel 2010: 9.
32 Walter 2010b: 125.
33 Bürklin 1984, Klein/Falter 2003, Raschke 1993.

des Wertewandels vom Materialismus zum Postmaterialismus und ein Ergebnis politischer Bewegungen der 1970er und 1980er Jahre, insbesondere der Ökologie-, der Antiatomkraft- und der Friedensbewegung. Allein aus diesem Grund finden sich bei den Grünen überproportional viele linksorientierte, postmaterialistische Wähler mit relativ hohem Ausbildungsstand. Ihr Personal rekrutiert sich allerdings auch aus dem Kreis von bürgerlichen und konservativen Persönlichkeiten insbesondere aus der Umweltbewegung. Im Vergleich mit den grünen Parteien anderer Staaten schneidet Bündnis 90/Die Grünen, nach Stimmenanteilen und Regierungsbeteiligung zu urteilen, vorteilhaft ab. Wie die meisten grünen Parteien in Westeuropa sind auch die deutschen Grünen eine Partei, die programmatisch, meist mit einem beträchtlichem Sendungsbewusstsein, hauptsächlich für Ökologie, Bürgerrechte und einen libertären Internationalismus wirbt. Im Falle der deutschen Grünen kommt die Akzeptanz eines elastischen Pazifismus hinzu, der seit der rot-grünen Koalition im Bund militärische Eingriffe zulässt, sofern sich diese als «humanitäre Intervention» begründen lassen. Hierin äußert sich eine beachtliche Flexibilität einer zuvor zur fundamentalistischen Politik geneigten Partei. Dass dafür vor allem menschenrechtspolitische Überlegungen verantwortlich sind, hören vor allem grüne Politiker und Wähler gerne. In Wirklichkeit aber spielen Machtpolitik und Koalitionskalkül nicht minder wichtige Rollen: Die Machtteilhabe an den Regierungen Schröder (1998–2005) und an verschiedenen Landesregierungen hat die Grünen ähnlich «machtversessen» wie ihre Konkurrenten gemacht.[34]

Der sozialen Zusammensetzung ihrer Wählerschaft nach zu urteilen, unterscheiden sich die grünen Wähler deutlicher von der Gesamtwählerschaft als die übrigen Parteien. So sind beispielsweise bei den Bundestagswahlen die Anteile der älteren Wähler und der Rentner erheblich niedriger als bei den anderen Parteien.[35] Bei dem Teil der

---

34 «Machtversessen» auf den Wahlsieg und «machtvergessen bei der Wahrnehmung der inhaltlichen und konzeptionellen Führungsaufgabe» seien die politischen Parteien, so hielt ihnen der damalige Bundespräsident Richard von Weizsäcker (1992: 164) vor, vgl. Hofmann/Perger 1992.
35 Berechnungsbasis: Forschungsgruppe Wahlen 2005, 2009a.

«Versorgungsklasse»[36], den die Alterssicherungspolitik geschaffen hat, sind die Grünen demnach relativ schwach, bei dem im Bildungswesen verankerten Teil der «Versorgungsklasse» hingegen relativ stark. Die übrigen Unterschiede zur Gesamtwählerschaft bezüglich ihrer Zusammensetzung hat die grüne Wählerschaft größtenteils mit der Zusammensetzung der FDP-Wählerschaft gemeinsam. Beide Parteien zählen einen überdurchschnittlich großen Anteil von Berufstätigen zu ihren Wählern, beide haben einen unterdurchschnittlichen Anteil an Arbeiterwählern, aber einen überdurchschnittlichen Anteil an Selbständigen. Ferner ist der Anteil von Wählern mit hohem Ausbildungsstand bei den Grünen und – wenngleich etwas abgeschwächter – bei den Liberalen erheblich größer als bei den großen Parteien.[37] Insoweit ist es nicht verwunderlich, dass die Grünen mit ihrem Aufstieg im deutschen Parteiensystem der FDP, der traditionellen Partei des Liberalismus und der Fürsprecher für Freiheit, Bürgerrechte und Markt, Konkurrenz gemacht und Stimmen abgezogen haben.[38] Das war und ist für die FDP besonders schmerzhaft, denn ihre Stammwählerschaft ist so klein, dass die Fünf-Prozent-Hürde bei vielen Wahlen als Damoklesschwert über ihr schwebt.

1.5 Die Linke

Alle Sozialstaatsparteien laufen Gefahr, sich in Zielkonflikte zwischen ehrgeiziger Sozialpolitik und wirtschaftlicher Leistungskraft zu verstricken, statt die erhoffte Einheit von Wirtschafts- und Sozialpolitik zu erzielen. Noch mehr gilt dies für die Partei Die Linke, die 2007 aus der Vereinigung von Die Linkspartei.PDS (ihrerseits die Nachfolge der zunächst als PDS und zuvor als SED/PDS bezeichneten Nachfolgeorganisation der SED, der Staatspartei der DDR) und der WASG, der westdeutschen Protestformation gegen die als «Sozialabbau» gedeuteten Arbeitsmarktreformen der zweiten rot-grünen Bundesregierung, hervorging.[39] Unter den Parteien

36 Siehe Kapitel 3.
37 Berechnungsbasis: Forschungsgruppe Wahlen 2005, 2009a.
38 Dittberner 2005, Lösche/Franz 1996.
39 Olsen 2007.

im vereinigten Deutschland ist Die Linke ganz «linksaußen». In ihrer Programmatik führt Die Linke das Übermaß an Wohlfahrtspolitik und die Wirtschaftsfremdheit fort, die schon die SED geprägt hatten. Dieses Profil hat etliche Beobachter dazu geführt, die Partei Die Linke als einen Kampfverband der Ewiggestrigen mit hoffnungslos veraltetem Wohlfahrtsstaatsdenken nach Art der DDR und des gewerkschaftsnahen Teils der westdeutschen Linken der 1970er Jahre einzustufen.[40]

Dem Anspruch nach ist Die Linke eine postkommunistische, radikaldemokratisch-sozialistische Partei. In der Beobachtung von außen werden sie und ihre Vorgänger hingegen mitunter als linksextremistisch-verfassungsgegnerisch eingestuft. Aus diesem Grunde wird sie als einzige der im Bundestag vertretenen Parteien vom Verfassungsschutz beobachtet. In der Parteienforschung ist die Linkspartei, insbesondere die PDS, als eine modernisierte neokommunistische Partei westlicher Prägung mit hoher personeller Kontinuität zur SED, Kaderparteicharakter und innerparteilichem Pseudopluralismus gewertet worden. Andere Beobachter betonen demgegenüber – neben der vereinigungsbedingten Unzufriedenheit als Grund für die Stimmabgabe für Die Linke – ihre antiwestliche Orientierung, ihre Gegnerschaft zur NATO und mitunter auch zur Europäischen Union. Auch sehen nicht wenige den Markenkern der Linkspartei in der tagespolitischen Agitationsformel ihres einstmaligen Führungsmannes Oskar Lafontaine: «weg mit Hartz IV, raus aus Afghanistan, gegen Rente mit 67, für Mindestlohn». Das reiche, so prophezeite Lafontaine bei seinem Abschied aus dem Führungskader der Partei Die Linke und aus der Bundespolitik, «für fünfzehn Prozent Wählerstimmen bei Bundestagswahlen»[41].

Die Rede vom Markenkern sollte die Heterogenität der Partei Die Linke nicht verdecken. Auffällig ist einerseits ihre überdurchschnittlich starke Verankerung in den neuen Bundesländern. Insoweit ist sie vor allem eine ostdeutsche Protestpartei. Andererseits hat die Erweiterung mit Allianzpartnern aus den westdeutschen Bundesländern die Position der Partei Die Linke auch in den alten Bundesländern

40 Th. Schmid 2005.
41 Beide Zitate aus Küpper 2010: 1.

gestärkt, so jedenfalls bei den Bundestagswahlen von 2005 und 2009 sowie bei den Landtagswahlen insbesondere seit 2007. Erhebliche innerparteiliche Unterschiede sind ebenfalls nicht zu übersehen. Einerseits ist ein Teil der Wähler der Partei Die Linke «Fleisch vom Fleische» der SPD: Sie hat Stimmen von Wählern erhalten, die ihre politischen Positionen nicht grundsätzlich geändert, aber ihre Bindung an die SPD insbesondere in Reaktion auf die Hartz-Reformen aufgegeben haben.[42] Andererseits hat Die Linke auch unbedingte Verstaatlichungsbefürworter, die alles verstaatlichen wollen, «was größer ist als eine Currywurstbude»[43]. Nicht zuletzt hat Die Linke mit dem Stalinismus liebäugelnde Kommunisten in ihren Reihen, die lieber heute als morgen «die Systemfrage» stellen und baldmöglichst den Sturz der Politik- und Wirtschaftsordnung einleiten würden.

Ein Teil der politisch-programmatischen Besonderheiten der Partei Die Linke spiegelt sich in ihrer Wählerschaft wider. Bei der Bundestagswahl 2009 beispielsweise zeigten sich (wie zuvor) besonders auffällige Eigenheiten: Keine andere Partei hatte einen höheren Anteil an Wählern aus den neuen Bundesländern, keine einen größeren Arbeiteranteil (35 Prozent), einen größeren Arbeitslosenanteil (8 Prozent) oder einen höheren Anteil an Konfessionslosen auf ihrer Seite (46 Prozent), und keine andere Partei hat einen geringeren Anteil an Katholiken und an protestantischen Wählern (17 und 28 Prozent).[44] Unterdurchschnittlich repräsentiert war allerdings der Anteil der mindestens 60-Jährigen an ihrer Wählerschaft. Von der Alterung der Gesellschaft wird die Partei Die Linke demnach bislang weniger stark geprägt als die anderen Parteien.

1.6 Parteimitglieder

Deutschlands Parteienlandschaft ist überschaubar. Aber sie ist nicht erstarrt, und wie im dritten Kapitel gezeigt wurde, ist ihre gesellschaftliche Basis vielschichtig. Allerdings haben Deutsch-

---

42 So Spier/Butzlaff/Micus/Walter 2007 mit Bezugnahme auf die Linkspartei.
43 Sigmar Gabriel, SPD-Vorsitzender, über die Linkspartei in Nordrhein-Westfalen (*Financial Times Deutschland* v. 19.4.2010: 27).
44 Berechnungsbasis: Forschungsgruppe Wahlen 2005, 2009a: 109 ff.

lands Parteien eine schwache Parteimitgliederbasis. Der Parteimitgliedschaft nach zu urteilen erscheint Deutschland beinahe als ein «Ohne mich-Land»: Nur noch 2,5 Prozent der Wähler waren 2004 Mitglied einer politischen Partei – mit sinkender Tendenz.[45] 1990 waren es noch 3,8 Prozent.[46] Doch auch diese Zahl war im internationalen Vergleich gering: In den 20 europäischen Demokratien der 1990er Jahre betrug der Parteimitgliederanteil an den Wählern durchschnittlich fünf Prozent.[47] Mehr noch: Der Anteil der deutschen Wähler, der sich von den Parteien nicht vertreten sieht, ist hoch.[48] Das zeugt von Schwächen in den intermediären Organisationen: Dies und die mittlerweile rückläufige Wahlbeteiligung sind Warnsignale. Besonders alarmierend sind die geringe Wahlbeteiligung und der geringe Anteil der Parteimitglieder bei den jüngeren Wählern.

2. Parteiensystem

2.1 Zahl der Parteien, Fragmentierungsgrad, Dominanz und Oppositionsoptionen

Das Parteiensystem der Bundesrepublik Deutschland liegt mit seinen zwei größten Parteien – CDU/CSU und SPD – und den drei kleineren Gruppierungen – Bündnis 90/Die Grünen, FDP und Die Linke – mittlerweile in der Mitte zwischen einem Viel- und einem Zweiparteiensystem. Das Parteiensystem im vereinigten Deutschland ist pluralistischer und stärker fragmentiert als das der 1960er und 1970er Jahre.[49] Damals gaben nur die Unionsparteien, die SPD und die FDP den Ton in der Bundespolitik an, und zwar in einem alternierenden Dreiparteiensystem mit eingebautem Koalitionszwang. Heutzutage hingegen wirken auch die Grünen und die Partei Die Linke mit, wo-

45 Niedermayer 2009b.
46 Gabriel/Völkl 2005: 549f.
47 Mair/van Biezen 2001.
48 Dalton/Weldon 2005: 934ff.
49 Gabriel/Niedermayer/Stöss 2001, Lees 2005, Niedermayer 2010a, von Alemann 2010.

bei Letztere insbesondere in den neuen Bundesländern eine so starke Position hat, dass manche Beobachter dies als Ausdruck eines zweiten Parteiensystems – neben dem westdeutschen – werten. Mittlerweile ist der Stimmenanteil der zwei größten Parteien, ein Anzeiger der Dominanz in einem Parteiensystem, von einem Höchstwert von über 90 Prozent (1972 und 1976) auf 57 Prozent geschrumpft.[50] Gemessen an der von Oskar Niedermayer vorgeschlagenen Typologie hat sich die Parteienlandschaft in Deutschland von der «Zweiparteiendominanz» zu einem «pluralistischen Parteiensystem» gewandelt[51] – ein Vorgang, der westeuropaweit nur in Österreich dupliziert wurde. Niedermayer zufolge herrscht im deutschen Parteiensystem zudem eine in Westeuropa einmalige Akteurskonstellation: Von der Politik der beiden Großparteien enttäuschte «sozialstaatsaffine» oder «wirtschaftsliberale Wähler» haben nicht nur die Option der Nichtwahl, sondern zwei Handlungsoptionen: Nichtwahl *oder* Wahl der Partei Die Linke bzw. der FDP – also «exit» oder «voice» in Albert O. Hirschmans berühmter Typologie.[52]

2.2 Trend zum «polarisierten Pluralismus»?

Das wiedervereinigte Deutschland basiert auf einer heterogeneren Wählerschaft, einem vielfältigeren Parteiensystem und einer heterogeneren politischen Kultur als in der alten Bundesrepublik Deutschland.[53] Beispielsweise kennzeichnet eine beträchtliche Ost-West-Spaltung die politische Kultur. Der Wertewandel hat den Westen Deutschlands voll erfasst, seine östlichen Länder aber nur gestreift, obendrein zeitverzögert. Ferner ist die Wählerschaft der neuen Bundesländer stärker auf den Staat fixiert und hält zum Markt größere Distanz als die Wähler im Westen der Republik. Zudem wertschätzen die ostdeutschen Wähler die Demokratie in geringerem Maße als die Westdeutschen, weil ein Teil von ihnen ein anderes Mo-

50 Vgl. Tabelle 1 in Kapitel 3.
51 Niedermayer 2010a.
52 Hirschman 1970, Niedermayer 2010a.
53 Gabriel 2005, Poguntke 2001. «Ein Staat, zwei Gesellschaften», so spitzte Ritter (1998: 290) die Diagnose der Zweiteilung des vereinigten Deutschlands zu.

dell als prinzipiell akzeptable Alternative deutet: den Sozialismus. Überdies sind viele ostdeutsche Bürger mit der Art und Weise, wie die Demokratie hierzulande funktioniert, viel unzufriedener als die westdeutschen Wähler und die Befragten in den meisten der Demokratien des Westens.[54]

Die politisch-kulturelle Heterogenität äußert sich auch in einer politisch-ideologischen Spannweite im Parteiensystem, die seit der Wiedervereinigung erheblich größer als in den drei Jahrzehnten vor 1990 ist. Unverkennbar ist ein Trend zu einem stärker polarisierten System, um Giovanni Sartoris Typologie der Parteiensysteme aufzugreifen.[55] Im Unterschied zum Italien der 1950er und 1960er Jahre, das Sartori als den klassischen Fall des «polarisierten Pluralismus» deutete, ist die Polarisierung im deutschen Parteiensystem allerdings vergleichsweise gedämpft und asymmetrisch, im Vergleich zu den Jahren vor 1990 aber mit einem höheren Fragmentierungsgrad versehen. Relativ gedämpft ist die Polarisierung, weil Anti-System-Parteien, wie die Kommunistische Partei und die NSDAP der Weimarer Republik, in der Bundesrepublik Deutschland keine Rolle spielen. Und asymmetrisch ist die Polarisierung, weil eine größere Partei der radikal-populistischen Rechten, nach Art beispielsweise der französischen *Front National*, hierzulande fehlt.[56] Die Rechte in Deutschland ist seit 1949 organisatorisch schwach und zersplittert. Sie teilt sich auf verschiedene kleine Parteien auf, zu denen Die Republikaner, die Nationaldemokratische Partei Deutschlands (NPD) und die Deutsche Volksunion (DVU) gehören. Keine dieser Parteien hat bislang bei Bundestagswahlen die Fünf-Prozent-Hürde überwunden. Allerdings nahm die Fragmentierung des Parteiensystems zu – und so wandelte sich dieses vom moderaten zum «fragmentierten Pluralismus».[57]

Deutschlands Parteiensystem fällt nicht nur durch schwache rechtsextreme Parteien auf. In ihm existiert auch keine große marktwirtschaftsorientierte, säkular-konservative Partei nach Art

54 Fuchs/Roller 2008: 397 f., Niedermayer 2009a, Westle/Niedermayer 2009.
55 Sartori 1976: 127.
56 Mudde 2007.
57 Grande 2008: 342 f.

der britischen *Conservative Party*. Somit fehlt in der deutschen Parteienlandschaft ein größerer, betont marktwirtschaftlich ausgerichteter Akteur im Sinne einer zum Wohlfahrtsstaat auf Distanz gehenden «rightist party»[58]. Aus diesem Grund sowie aufgrund der Schwäche der Parteien des rechten Randes und weil nach dem Niedergang und dem Verbot der KPD bis 1990 eine radikale Linkspartei fehlte, lag das politisch-ideologische Gravitationszentrum in Deutschlands Parteiensystem bis in die 1980er Jahre im Zentrum bzw. rechts vom Zentrum – gemessen auf der Links-rechts-Achse. Der Aufstieg der Grünen und das Hinzukommen der PDS bzw. der Partei Die Linke haben seither den Schwerpunkt nach links verschoben. Der auffälligste Ausdruck dieser Linksverschiebung war die rot-grüne Bundesregierung in den Jahren von 1998 bis 2005 und die Stärkung des Lagers der Parteien links von der Mitte. Mit den Bundestagswahlen von 2005 und 2009 ist das Gravitationszentrum des Parteiensystems wieder näher an die Mitte herangerückt. Das deckt sich mit der Platzierung der deutschen Wählerschaft in der Mitte der Links-rechts-Achse.[59]

2.3 Konfliktlinien

Ein Parteiensystem kann ohne seine Konfliktlinien nicht hinreichend verstanden werden. Konfliktlinien sind im Wählerverhalten zutage tretende dauerhafte Koalitionen zwischen konfligierenden gesellschaftlichen Gruppierungen und politischen Parteien. Zwei zentrale Konfliktlinien prägen das Parteiensystem des vereinigten Deutschlands: Die erste ist die ökonomisch-klassenpolitische Spaltungslinie, die im engerem Sinne insbesondere die linksparteienorientierte, gewerkschaftlich organisierte Arbeiterschaft von den zu den bürgerlichen Parteien neigenden Selbständigen trennt und im weiteren Sinne als «Sozialstaatskonflikt» zu verstehen ist, «der als Wertekonflikt um die Rolle des Staates in der Ökonomie zwischen

58 Castles 1982, 1998.
59 Diese basiert auf der durchschnittlichen Positionierung des Medianwählers in den Jahren von 1945 (Deutschland ab 1949) bis 1998, Kim/Fording 2003: 99 f.

marktliberalen und an sozialer Gerechtigkeit orientierten, staatsinterventionistischen Positionen ausgetragen wird».[60] Die zweite zentrale Konfliktlinie ist kultureller Art: Sie trennt im engeren Sinne, als religiöse Konfliktlinie, insbesondere die laizistischen von den religiös orientierten Wählern, die ihren parteipolitischen Ankerplatz hauptsächlich bei der CDU/CSU finden, und umfasst im weiteren Sinne die Spaltung zwischen libertären und autoritär-konservativen Vorlieben für die Gestaltung der individuellen Lebensführung und des Zusammenlebens in der Gesellschaft.[61]

2.4 Policy-Positionen der Parteien

Inwieweit unterscheiden die Policy-Positionen die Parteien? Überwiegen die Unterschiede oder die Gemeinsamkeiten? Diese Fragen werden unterschiedlich beantwortet. Manche Beobachter sehen Differenzen grundsätzlicher Art, andere hingegen meinen, der Wettbewerb um die Wählerstimmen zwinge die Hauptkontrahenten zur Konvergenz.

Verständlicherweise betonen die meisten Politiker aber die Unterschiede zwischen den Parteien. Wer um Machtanteile kämpft und hierfür um Stimmen wirbt, neigt dazu, die Unterschiede zwischen sich und dem politischen Gegner zu dramatisieren, zu dichotomisieren und nur beim Konkurrenten Fehler zu sehen. Ein Beispiel ist Bundeskanzler Konrad Adenauers Zuspitzung im Wahlkampf zur Bundestagswahl von 1957: «Wir glauben, daß mit einem Sieg der SPD der Untergang Deutschlands verknüpft ist»[62]. Die Aussage spiegelte die Härte des politischen Kampfes zwischen der von Adenauer geführten bürgerlichen Koalition und der sozialdemokratischen Opposition in den 1950er Jahren wider. Aber sie war auch ein Ausdruck der fundamentalen politischen Differenzen zwischen

---

60 Niedermayer 2010a: 9.
61 In der Literatur wird mitunter eine dritte, in der Bedeutung deutlich nachrangige Konfliktlinie unterschieden, die die Umweltschutzinteressen von Wirtschaftsinteressen trennt (Weßels 2007). Im Parteiensystem spiegelt sich diese Konfliktlinie in der Trennlinie zwischen Bündnis 90/ Die Grünen und den anderen Parteien wider.
62 Zit. n. Morsey 1987: 51.

Regierung und Opposition beispielsweise in der Wirtschafts- und in der Außenpolitik. Noch stand die SPD in scharfer Gegnerschaft zu einer marktwirtschaftsfreundlicheren Politik (im Unterschied zu ihrer Position seit dem Godesberger Programm von 1959), und noch hatte sie ihren Frieden mit der Politik der Westintegration nicht gemacht, so wie das ab 1960 der Fall sein sollte.

Aber auch schon in den 1950er Jahren sprachen manche vom «Verfall der Opposition» in Deutschland in dem Sinne, dass grundsätzliche Differenzen zwischen den Parteien zunehmend verwischt würden.[63] Die Wende zu einer Partei der gemäßigten Sozialreform, die die SPD mit ihrem Godesberger Programm von 1959 auch nach außen hin sichtbar dokumentierte und spätestens seit 1960 durch die Akzeptanz der Westintegration untermauerte, deuteten Beobachter als Zeichen einer unaufhaltsamen Annäherung der großen Parteien. Otto Kirchheimer hatte in der Bundesrepublik Deutschland sogar ein Paradebeispiel für seine Lehre vom Aufstieg der «Allerweltspartei» gesehen. Die Bildung einer gemeinsamen Bundesregierung aus CDU/CSU und SPD von 1966 bis 1969 schien diese These noch mehr zu stützen als die Entwicklung bis 1966. War Deutschland nicht faktisch zu einem verkappten Einparteienstaat mit zwei schier deckungsgleichen Volksparteien geworden, so die These der radikalen Linken?[64] Tatsächlich waren die erste Große Koalition und auch schon die Jahre vor ihr eine Phase ausgeprägter Kooperation zwischen den Unionsparteien und der SPD. Allerdings währte die Kooperation nicht allzu lange. Der Konsensvorrat und die Kompromissbereitschaft gingen mit zunehmendem Alter der Koalition und mit näher rückendem Termin der nächsten Bundestagswahl zur Neige. Und alsbald nahm die parteipolitische Polarisierung wieder sehr stark zu, insbesondere nach dem Regierungswechsel von der Großen Koalition zur SPD-FDP-Regierung im Jahre 1969.

Das führt zu einer dritten Antwort auf die Frage der Gemeinsamkeiten und der Unterschiede zwischen den Parteien hin, nämlich zu der These, dass die Politikdifferenzen zwischen den Parteien in der

63 Kirchheimer 1967.
64 Agnoli 1968.

Bundesrepublik Deutschland insgesamt beachtlich groß, aber je nach Politikfeld und je nach Zeitspanne von unterschiedlicher Intensität sind. Vor allem Analysen der Policy-Positionen der Parteien haben hierzu instruktive Befunde vorgelegt.[65] Erstens sind die Abstände zwischen den Policy-Positionen der Parteien in den 1950er und 1960er Jahren tatsächlich verringert worden. Allerdings begann anschließend wieder eine Repolarisierung. Noch größer wurden – zweitens – die Unterschiede nach 1990, und zwar insbesondere durch das Hinzukommen einer linkssozialistischen Partei, der PDS bzw. der heutigen Partei Die Linke. Drittens: Auffällig sind große Unterschiede bei den Policy-Positionen der Parteien je nach Politikfeldern.

Hierfür liefern die auf Experteninterviews basierenden Messungen der Policy-Positionen durch Michael Laver und Mitarbeiter besonders instruktive Einsichten. Laver und seine Mitarbeiter warfen die Frage auf, ob die Parteien den weiteren Ausbau öffentlicher Leistungen befürworten, und zwar unter Inkaufnahme höherer Abgaben, oder ob sie für die Senkung der öffentlichen Abgaben eintreten, und zwar unter Inkaufnahme der Kürzung öffentlicher Leistungen. Die Positionen der Parteien zu dieser Frage wurden anhand einer Expertenbefragung auf einer Skala abgetragen, die von 1 bis 20 reichte. «1» stand in diesem Fall für die uneingeschränkte Befürwortung des Ausbaus öffentlicher Leistungen (um den Preis der Steuererhöhung), «20» bedeutet, dass die Verminderung der Abgabenlast uneingeschränkt befürwortet wird (um den Preis der Leistungskürzungen). Diese Messlatte förderte markante Unterschiede zwischen den Parteien zutage. Insbesondere befürwortete die SPD (Position 9 auf der Skala) die Expansion öffentlicher Leistungen weit stärker als die Verminderung der Abgabenlast. Die Unionsparteien (Position 14) und vor allem die FDP (Position 19) hingegen bevorzugten Abgabensenkungen und nahmen hierfür die Kürzung öffentlicher Leistungen in Kauf.

Auf anderen Politikfeldern lagen die Positionen der Parteien teils weiter auseinander, teils näher beieinander. In Fragen einer permissiven Gesellschaftspolitik, beispielsweise hinsichtlich liberaler Regelungen des Schwangerschaftsabbruchs oder der Partnerschaft Gleich-

---

65 Vgl. Benoit/Laver 2006, König 2001, Laver/Hunt 1992.

geschlechtlicher, lagen die Grünen (Position 2), die FDP (5), die PDS[66] (5) und die SPD (7) relativ nahe beieinander – während die CDU/CSU (16) nahe am Gegenpol platziert war. Bei umweltpolitischen Fragen waren die Grünen – wenig überraschend – die Partei, die den Umweltschutz stärker als alle anderen Parteien unterstützten, auch unter Inkaufnahme von Verlusten beim Wirtschaftswachstum (3). Die SPD hielt in dieser Frage eine Mittelposition (11), ähnlich die PDS (9), während die bürgerlichen Parteien sehr viel stärker auf das Wachstum setzten als auf den Umweltschutz, wenn es denn zu einem Zielkonflikt kommt (CDU/CSU: 15 und FDP: 17). Bei der Frage der Immigration und der Wahl zwischen liberalen, migrantenfreundlichen und restriktiveren Regelungen unterschieden sich die Parteien ungefähr so wie bei der permissiven Gesellschaftspolitik. Von diesem Muster wichen aber ihre europapolitischen Positionen ab. Befürworter einer Kompetenzstärkung der EU in verschiedenen Politikfeldern fanden sich vor allem bei den Grünen (7) und der SPD (8). Die bürgerlichen Parteien gingen hingegen auf mehr Distanz zu diesem Vorhaben (jeweils Position 11), während die NPD den Rückbau der Kompetenz der Europäischen Union befürwortete (Position 19).

Fasst man alle Politikfelder zusammen, ergeben sich die folgenden durchschnittlichen Platzierungen der Parteien auf einer im weiteren Sinne definierten Links-Rechts-Achse: Am linken Rand des politisch-ideologischen Spektrums lag die PDS, und etwa so ist auch die heutige Partei Die Linke platziert (Position 4). Am rechten Rand befand sich die NPD (20). Links von der Mitte waren die Grünen (7) und dicht daneben die SPD (8). Rechts von der Mitte lagen auf gleicher Höhe die FDP und die CDU/CSU (Position 13).[67]

Aus diesem Befund und aus den nach Politikfeldern differenzierten Policy-Positionen ergeben sich genauere Informationen über die Distanzen zwischen den Parteien und ihre Gemeinsamkeiten. In grundsätzlichen wirtschafts- und sozialpolitischen Fragen stehen die Linksparteien (SPD, Grüne und PDS bzw. Die Linke) den bürgerlichen Parteien (CDU, CSU und FDP) gegen-

66 Zum Befragungszeitpunkt hieß die Partei Die Linke noch PDS.
67 Die Befunde stimmen mit denen von Laver/Hunt 1992 der Tendenz nach überein.

über – allerdings sind hierbei die Differenzen zwischen SPD und CDU/CSU nicht unüberwindbar groß. Bei soziokulturellen Wertfragen hingegen verläuft die Haupttrennlinie zwischen den Unionsparteien auf der einen Seite und den Linksparteien sowie der FDP auf der anderen Seite. Das ist ein weiterer Hinweis auf eine ausgeprägte Zweidimensionalität des Parteiensystems der Bundesrepublik Deutschland. Es hat nicht nur eine klassische ökonomische Links-rechts-Dimension, sondern zugleich auch eine hierzu quer stehende sozialkulturelle Dimension, die von einer konservativen zu einer progressiven Wertorientierung verläuft. Betrachtet man die Positionen der Parteien im Hinblick auf beide Dimensionen, dann wird besser verständlich, warum die Parteien auf Bundesebene bislang so koalierten wie bis heute: Die politischen Distanzen zwischen ihnen waren nicht unüberbrückbar. Dadurch wird auch besser nachvollziehbar, warum alle anderen theoretisch denkbaren Koalitionen jedenfalls auf Bundesebene graue Theorie blieben: Sie hätten die Überbrückung von außerordentlich großen Distanzen erfordert.

2.5 Koalitionen

Die politisch-ideologischen Unterschiede zwischen den deutschen Parteien sind beträchtlich, doch schließen sie Koalitionen nicht aus – im Unterschied zum Zeitalter der Weltanschauungsparteien auf Klassenbasis oder religiöser Grundlage. Dafür, dass Koalitionen zur Regierungsbildung in der Bundesrepublik bislang fast immer erforderlich waren, gibt es zwei Gründe. Erstens gewann in der Regel keine Partei bei einer Bundestagswahl die Mehrheit der Parlamentssitze – die Ausnahme ist die CDU/CSU bei der Wahl von 1957.[68] Zweitens sind hierzulande Minderheitsregierungen verpönt – im Unterschied zu Skandinavien. Dem Koalitionsbildungszwang beugten sich die deutschen Parteien und stellten dabei eine beachtlich breite Koalitionsfähigkeit unter Beweis. Davon zeugen alleine im Bund die Regierungsbündnisse von CDU/CSU, FDP und

---

68 Dennoch gingen die Unionsparteien eine Koalition mit der Deutschen Partei ein.

anderen kleineren Parteien in den 1950er Jahren, die bürgerlich-liberale Koalition aus Unionsparteien und FDP von 1982–1998 und seit 2009, die erste und die zweite Große Koalition aus CDU/CSU und SPD (1966–1969 und 2005–2009), die sozialliberale Koalition aus SPD und FDP von 1969 bis 1982 sowie die rot-grüne Koalition aus SPD und Bündnis 90/Die Grünen von 1998 bis 2005. Noch vielgestaltigere Koalitionen kommen in den Ländern zustande, in denen die SPD und die Partei Die Linke koalieren, beispielsweise in Berlin, oder die CDU und die Grünen, wie von 2008 bis 2010 in Hamburg, oder die CDU, die FDP und die Grünen, wie im Saarland seit 2009.

Die Koalitionsbildungschancen haben sich grundlegend gewandelt. Im vereinten Deutschland sind sie asymmetrisch zugunsten der SPD und zulasten der Unionsparteien verteilt – unter sonst gleichen Bedingungen:[69] Die SPD konnte mit den Grünen, der FDP, der CDU/CSU und – bislang auf der Länderebene – mit der PDS bzw. der Partei Die Linke koalieren. Die Unionsparteien hingegen können auf Bundesebene nur auf die FDP und unter Umständen auf die SPD zählen, während Koalitionen mit den Grünen im Bund derzeit wenig wahrscheinlich sind, weil große programmatische Unterschiede, beispielsweise in der Atompolitik, und beträchtliche Differenzen im Habitus beide Parteien trennen.[70] In den 1950er und 1960er Jahren hatten hingegen die Unionsparteien koalitionspolitisch die besseren Karten: Als potenzielle Koalitionspartner standen damals für sie die FDP, andere kleine Parteien und später die SPD bereit. Im vereinigten Deutschland aber haben die Unionsparteien und das bürgerliche Lager insgesamt im Prinzip ungünstigere Koalitionschancen als zuvor. Darüber sollte auch die 2009 gebildete Bundesregierung aus Unionsparteien und FDP nicht hinwegtäuschen. Sie basiert auf einer knappen Mehrheit und ist nur eine von mehreren rechnerisch möglichen Koalitionen.

69 Kielmansegg 2002.
70 Vgl. Kapitel 4.2.4.

2.6 Regierungswechsel

Im Unterschied zu den «ungewöhnlichen Demokratien»[71], in denen eine Partei das politische Leben dominiert und die Regierungszusammensetzung nahezu monopolisiert, wie in Japan die Liberale Partei bis 2009 und in Italien die *Democrazia Cristiana* bis zu ihrem Auseinanderbrechen im Jahre 1994, variiert die parteipolitische Zusammensetzung der Bundesregierungen. Im Bund folgten auf die CDU/CSU-geführten Regierungen die erste Große Koalition aus CDU/CSU und SPD (1966 bis 1969) und von 1969 bis 1982 das sozialliberale Bündnis aus SPD und FDP. 1982 kam der Machtwechsel zur bürgerlich-liberalen Koalition aus Unionsparteien und FDP zustande. Sechzehn Jahre später, 1998, folgte der Regierungswechsel zur rot-grünen Koalition aus SPD und Bündnis 90/Die Grünen. Im Jahr 2005 gingen die Unionsparteien und die SPD die zweite Große Koalition ein, und diese wurde 2009 erneut von einer Koalition aus CDU/CSU und FDP abgelöst.

Regierungswechsel kamen auch in den Bundesländern häufig zustande. Zu ihnen gehörte die Bildung neuartiger Koalitionen: rotgrüne Koalitionen, wie in Hessen (1985–1987 und 1991–1999), Nordrhein-Westfalen (1995–2005 und seit 2010) und in Schleswig-Holstein (1996–2005), und ihre Auflösung während der Regentschaft der rot-grünen Bundesregierung. Ins Gewicht fielen auch andere Machtwechsel, beispielsweise der Regierungswechsel im lange SPD-regierten Hessen zu einer CDU/FDP-Koalition im Jahre 1999 und zur CDU-Alleinregierung im Jahre 2004. Schmerzlich für die SPD waren ferner der Regierungswechsel im Saarland 1999, der zu einer CDU-Alleinregierung führte, der Verlust Hamburgs zugunsten von CDU-geführten Regierungen (2001, 2004 und 2008) und die Wahlniederlagen in Niedersachsen 2003 und 2008 sowie in Nordrhein-Westfalen, dem Stammland der SPD, im Jahre 2005.

Allerdings kamen auch Gegenbewegungen zustande. So verlor die CDU 1988 die Führungsposition in Schleswig-Holstein für ganze 17 Jahre an die SPD, 1990 folgte Niedersachsen bis 2003, und 1991 musste die CDU ihre Regierungsposition in Rheinland-Pfalz

71 Pempel 1990.

bis heute – Stand 2010 – an die SPD abgeben. Bei der sächsischen Landtagswahl 2004 büßte die CDU ihre Position als alleinregierende Kraft ein und regiert seit 2009 in einer Koalition mit der SPD und der FDP. In Nordrhein-Westfalen ging die SPD nach der Landtagswahl 2010 erneut eine Koalition mit den Grünen ein, diesmal in Form einer Minderheitsregierung.

Eine beachtliche Anzahl von Regierungswechseln kennzeichnet demnach Deutschlands Parteiensysteme im Bund und in den Ländern. Diese erweisen sich als alternierende Parteiensysteme – typischerweise mit eingebautem Koalitionszwang. Insbesondere im Bund ist das Parteiensystem seit der Einheit durch mehr «Komplexität, Flüssigkeit und Offenheit»[72] gekennzeichnet als zuvor. Davon zeugen der sinkende Prozentsatz der Stimmen für die zwei größten Parteien, die zunehmende Anzahl der Parteien im Parlament und der Wandel der Koalitionschancen mit einer Asymmetrie zulasten der Unionsparteien.

72 Padgett/Saalfeld 1999: 5.

Kapitel 5 Intermediäre Organisationen: Interessenverbände und Massenmedien

In Deutschland sind die Parteien besonders wichtige Vermittler zwischen den Bürgern und der Politik. An der Artikulation und Bündelung der politischen Interessen der Bürgerschaft sind aber auch die Interessenverbände und die Massenmedien beteiligt. Von diesen intermediären Gewalten handelt das fünfte Kapitel. In ihm wird auch gefragt, ob die Verbände und die Massenmedien womöglich zum Zentrum der politischen Macht gehören. In diese Richtung deuten jedenfalls Thesen wie die vom «Verbändestaat» und von den Massenmedien als «Vierte Gewalt».

1. Die organisierte Gesellschaft

Deutschlands Vereins- und Verbändemitgliedschaftsdichte übertrifft die Parteimitgliedschaftsdichte, bei der das Land am unteren Ende einer Skala der westlichen Demokratien liegt, um ein Vielfaches.[1] Das hat Tradition. Deutschland ist seit alters her eine hochorganisierte Gesellschaft. Ihre älteren Wurzeln reichen bis zu den Bünden und Zünften im Heiligen Römischen Reich Deutscher Nation zurück, ihre jüngeren sind im Deutschen Reich von 1871 zu suchen, vor allem nach der Wende zum 20. Jahrhundert.

Max Weber war ein Kronzeuge der hohen Organisationsdichte im Deutschen Reich von 1871. In seiner Rede auf dem ersten Deutschen Soziologentag in Frankfurt 1910 hob er hervor, dass der «heutige Mensch (...) unzweifelhaft neben vielem anderen ein Vereinsmensch in einem fürchterlichen, nie geahnten Maße»[2] sei. Webers Diagnose des «Vereinsmenschen» als einer prägenden Sozialfigur

---

1 Mair/van Biezen 2001, Niedermayer 2006, Statistisches Bundesamt u. a. 2008: 393 ff., vgl. Kapitel 4.
2 Weber 1988b: 442.

spiegelte den steilen Anstieg der Zahl der Vereins- und Interessen-verbandsgründungen im Deutschen Reich von 1871 wider. Vorangetrieben wurde dieser Prozess vor allem von der wirtschaftlichen Entwicklung, der Einführung der reichsweiten Sozialgesetzgebung, dem außen- und binnenwirtschaftlichen Protektionismus, vom Konflikt zwischen Arbeit und Kapital sowie der umfangreichen Verbands- und Vereinsgründung im katholischen Milieu.[3]

Rund ein Jahrhundert nach Webers Rede scheint der «Vereins-mensch» allgegenwärtig zu sein. Der Allgemeinen Bevölkerungs-umfrage der Sozialwissenschaften zufolge betrug der Bevölke-rungsanteil der Mitglieder von politischen, wirtschaftlichen oder sozialen Organisationen in Westdeutschland in den 1980er und 1990er Jahren rund 60 Prozent und in Ostdeutschland in den 1990er Jahren zwischen 53 und 41 Prozent.[4] Aber auch im ersten Jahrzehnt des 21. Jahrhunderts nahmen die Mitgliederzahlen der Vereine und Verbände insgesamt weiter zu – mit Ausnahme der Gewerkschaften und Parteien, die in den letzten 20 Jahren drasti-sche Mitgliederverluste hinnehmen mussten.[5] Insgesamt erreicht Deutschland einen der höchsten Organisationsgrade in Westeu-ropa, der nur noch in Nordeuropa und den Niederlanden über-troffen wird.[6] Die «Durchdringung der Gesellschaft durch das Vereinswesen»[7] und durch Interessenverbände ist sogar ein Mar-kenzeichen des Landes. Allein die Zahl der rechtsfähigen Vereine in Deutschland belief sich zu Beginn des 21. Jahrhunderts auf mehr als 500000, und die der Bürgerinitiativen wird auf derzeit rund 1000 bis 1500 veranschlagt.[8] Und der Allgemeinen Bevölkerungs-umfrage der Sozialwissenschaften zufolge mobilisieren die ver-

3 Reutter 2001: 76.
4 Statistisches Bundesamt u. a. 2008: 391 ff.
5 Dathe/Priller/Thürling 2010.
6 Schwedens Organisationsdichte lag bei 90 Prozent. Alle Zahlen aus Reut-ter 2001: 16. Auch im Vergleich mit den Gesellschaften der «liberalen Marktökonomien» (Hall/Soskice 2001) sticht der Organisationsgrad Deutschlands hervor, Weßels 2007: 89.
7 Klein 2001: 706.
8 *FAZ* Nr. 228 v. 1. 10 .2001: 11 (Umfrage der V&N-Services, Konstanz), Guggenberger 2009a: 41. Allerdings variieren die Schätzwerte sehr stark (Guggenberger 1980, 2009a: 43).

schiedenen Freizeitvereine 58 Prozent der westdeutschen und 22 Prozent der ostdeutschen Bevölkerung,[9] allen voran die Sportvereine, sodann die Gesangsvereine und die Vereine der Heimat- und Brauchtumspflege.[10] Zahlreiche Vereine verfolgen karitative Zwecke. Dort wirken mehrere Millionen Bürger ehrenamtlich mit.[11]

Eine noch höhere Organisations- und Mitgliedschaftsdichte ergibt sich, wenn die Kirchenmitgliedschaft berücksichtigt wird. 2008 gehörte jeweils knapp ein Drittel der Bevölkerung in Deutschland der evangelischen Kirche oder der katholischen Kirche an. Die muslimische Bevölkerung ist die drittstärkste Religionsgruppe im Lande. Sie umfasste 2005 rund 3,2 Millionen oder vier Prozent der gesamten Bevölkerung. Etwa zwei Millionen (2,5 Prozent) bekannten sich zu einer anderen christlichen Gemeinschaft, beispielsweise zu einer evangelischen Freikirche.[12]

Mit der Organisationskraft der Kirchen und der Mitgliederentwicklung der Freizeitvereinigungen können die spezielleren Interessenverbände nicht mithalten. Doch sind immerhin 40 Prozent der Bürger in den alten Bundesländern und 29 Prozent in den neuen Ländern Mitglieder in Gewerkschaften, Berufsverbänden, sozialen Verbänden und politisch wertgebundenen Vereinigungen.[13] In den neuen Bundesländern ist die Bindekraft der Interessenverbände generell geringer.[14] Davon zeugt auch der starke Mitgliederschwund der Gewerkschaften. Auch die Organisationskraft der ostdeutschen Arbeitgeberverbände liegt gemessen an Niveau und Wandel unter der Organisationsdichte ihrer westdeutschen Partner. In beiden Teilen Deutschlands ist allerdings der Anteil der in Freizeitvereinigungen organisierten Bürger gewachsen.[15]

9 Klein 2001: 707, Statistisches Bundesamt u. a. 2008: 393, Datenstand: 1998.

10 Klein 2001: 707, Statistisches Bundesamt u. a. 2008: 393.

11 Schmid 1996.

12 Statistisches Bundesamt u. a. 2008: 388 ff., Statistisches Bundesamt 2010: 69 f.

13 Statistisches Bundesamt u. a. 2008: 392 f. (Stand 1998).

14 Niedermayer 1996, Streeck 2009.

15 Statistisches Bundesamt u. a. 2008: 393.

Besonders hoch ist der Zuwachs der Mitglieder in Umweltorganisationen.[16]

Die Zahl der Interessenverbände im engeren Sinne, ohne die Freizeitvereinigungen, ist viel kleiner als die Zahl der Vereine. In den frühen 1980er Jahren wurden auf Bundesebene rund 5000 Interessenverbände gezählt und auf Bundes- und Länderebene zusammen ungefähr 20000.[17] Genaue Daten sind nur für die beim Deutschen Bundestag registrierten Verbände verfügbar – die Registrierung der Spitzenorganisation eines Verbandes ist eine Voraussetzung für die Zulassung zu parlamentarischen Anhörungen. Der «Lobbyliste» zufolge, so die Kurzform für die «Öffentliche Liste über die Registrierung der Verbände und ihrer Vertreter», betrug die Anzahl der politischen Interessenverbände im Jahre 2010 2186.[18]

Zu diesen Verbänden gehören ältere und jüngere Gruppierungen, hochgradig spezialisierte und solche mit Allgemeininteressen, politisch weniger wichtige und sehr wichtige Organisationen. Zu den Verbänden zählen zudem kooperierende und gegnerische Interessenorganisationen mit auffälligen Parallelen zwischen der Verbändelandschaft und dem Parteiensystem: Die Struktur der Konflikte zwischen den organisierten Interessen «spiegelt und reproduziert dabei in großen Teilen die in den Parteiensystemen Westeuropas vorzufindenden zentralen politischen Konfliktlinien»[19]: Zu ihnen werden traditionell der Kapital-Arbeit-Konflikt und die religiöse Konfliktlinie gezählt sowie – seit den 1980er Jahren – der ökologische Konflikt. Unter den Interessenverbänden ragen, einer einflussreichen Studie zufolge, die «Großen Vier» heraus, so Edingers Formel aus den 1960er, 1970er und 1980er Jahren für die aus seiner Sicht besonders wirkungsmächtigen Wirtschaftsverbände, Gewerkschaften, Kirchen und Interessenorganisationen der Bauern.[20]

---

16 Dathe/Priller/Thürling 2010: 3 f.
17 Schätzwerte nach Weber 1981: 91.
18 Ständig aktualisierte Fassung der öffentlichen Liste über die Registrierung der Verbände und ihrer Vertreter (Stand 16. Juli 2010) (www.bundestag.de). 1974 wurden in der Lobbyliste nur 635 Verbände gezählt (Sebaldt/Straßner 2004: 94).
19 Weßels 2007: 114.
20 Edinger 1986: 194 ff.

2. Herrschaft der Verbände?
Die Lehre von den «Großen Vier»

Zur ersten wichtigen Interessenverbandsgruppe, den Wirtschaftsverbänden, zählte Edinger die Bundesvereinigung der Deutschen Arbeitgeberverbände (BDA), den Bundesverband der Deutschen Industrie (BDI) und den Deutschen Industrie- und Handelstag (DIHT), der seit 2001 Deutscher Industrie- und Handelskammertag (DIHK) heißt. Alle drei haben in der gesamten Nachkriegsgeschichte tatsächlich eine wichtige Rolle gespielt.[21]

Die BDA ist die Spitzenorganisation der Arbeitgeberverbände der Bundesrepublik Deutschland, die einen Organisationsgrad von rund 75 bis 80 Prozent erreicht. Der BDA gehören 56 nach Wirtschaftszweigen gegliederte Bundesfachverbände und 14 Landesverbände an. Sie nimmt vor allem gemeinschaftliche sozialpolitische Anliegen der Arbeitgeber wahr, insbesondere tarifpolitische Angelegenheiten ihrer Mitgliederverbände. In dieser Rolle ist die BDA ein zentraler Akteur der Selbstregulierung der Arbeitsbeziehungen und zugleich ein wichtiger Partner und Kontrahent der Gewerkschaften im System der Tarifautonomie. Überdies ist die BDA hierdurch einer der Nutznießer des «Wohlfahrtskorporatismus», der in Deutschland aus dem Zusammenspiel von Tarifautonomie und Sozialpolitik erzeugt wurde.[22]

Der BDI hingegen ist die Spitzenorganisation der Industriefachverbände der Bundesrepublik Deutschland. Er vertritt nach eigenen

21 Bührer/Grande 2000, Schroeder/Weßels 2010.
22 «Wohlfahrtskorporatismus» ist eine Staat-Verbände-Beziehung, die sich von der angebots- und nachfrageseitigen Variante des Korporatismus durch eine enge, asymmetrische Verknüpfung von Sozialpolitik und Arbeitsbeziehungen auszeichnet, insbesondere durch Abwälzung von Kosten korporatistischer Arbeitsbeziehungen auf die Sozialpolitik. Die Sozialpartner nutzen somit den Sozialstaat als funktionales Äquivalent des Keynesianismus und können dadurch beschäftigungsschädliche Wirkungen ihrer Tarifpolitik kompensieren – nicht durch Steigerung der gesamtwirtschaftlichen Nachfrage (wie im Keynesianismus), sondern durch Frühverrentung und andere arbeitsmarktentlastende, den Steuerzahler aber belastende Maßnahmen. Vgl. Streeck 2005, 2009.

Angaben bis zu 90 Prozent der industriellen Unternehmen in der Bundesrepublik Deutschland.[23] Dem BDI obliegen vor allem die Vertretung der wirtschaftlichen und wirtschaftspolitischen Interessen der Industrie in Politik und Gesellschaft im In- und Ausland sowie die Beratung der Mitglieder in unternehmerischen Angelegenheiten, jedoch nicht in der Sozial- und Tarifpolitik, für die die BDA zuständig ist. Dem BDI, der sich viel stärker als die BDA als politischer Kampfverband versteht, wird ein erheblicher Einfluss auf den politischen Willensbildungs- und Entscheidungsprozess zugeschrieben.

Man hat den BDI sogar als Deutschlands «effektivste Lobby»[24] und als eine politisch besonders einflussreiche und effektive Interessenorganisation gewertet: «Alle wesentlichen Maßnahmen deutscher Regierungen auf dem Gebiet der Wirtschafts- und Steuerpolitik sind von ihm beeinflusst, wenn nicht sogar angeregt worden», so war in der Fachliteratur zu lesen.[25] Fritz Berg, der BDI-Präsident von 1949 bis 1971, hat sich sogar gerühmt, «er brauche nur zu Bundeskanzler Adenauer zu gehen, und die Vorschläge von Bundeswirtschaftsminister Erhard seien vom Tisch»[26].

Das war arg übertrieben, auch wenn der BDI, vor allem in der Ära Adenauer, in wirtschaftspolitischen Fragen engen Kontakt zur Bundesregierung hielt. Allerdings war dem BDI dabei keineswegs immer Erfolg beschieden. Die Einführung der Montanmitbestimmung (1951) und das Gesetz zur Wettbewerbskontrolle (1957) waren alles andere als BDI-Projekte. Die DM-Aufwertung von 1961 beispielsweise wurde von der Regierung Adenauer gegen den heftigen Widerstand des BDI und seines Präsidenten beschlossen. Mehr noch: Adenauer hatte Berg, den scheinbar so mächtigen BDI-Präsidenten, noch nicht einmal zu den entscheidenden Beratungen über die Aufwertung der DM eingeladen, und zwar mit dem Argument, man wisse ja sowieso, wie «der Berg» denke und brauche ihn deshalb auch nicht eigens anzuhören.[27] Gleichwohl verfügt der BDI,

23 Mann 1994: 41, vgl. auch Bührer/Grande 2000, Sebaldt/Straßner 2004: 104 ff.
24 Kommers 1997a: 181 (Übersetzung des Verfassers).
25 Sontheimer/Bleek 2004: 208 f., vgl. Mann 1994.
26 Zit. n. Sontheimer/Bleek 2004: 208.
27 So der ehemalige Bundesbankpräsident Emminger 1986: 125.

wie auch andere Unternehmerverbände, über beachtliche Machtressourcen, weil seine Mitglieder einen Wirtschaftsbereich dominieren, von dessen Funktionieren es abhängt, ob politisch begehrte Güter bereitgestellt werden: Arbeitsplätze, Löhne und besteuerbare Einkünfte aus Unternehmer- und Arbeitnehmertätigkeit.

Der DIHT, der heutige Deutsche Industrie- und Handelskammertag (DIHK), ist der dritte Wirtschaftsverband, den Edinger zur ersten Säule der «Großen Vier» zählte. Der DIHK ist der Zusammenschluss der Industrie- und Handelskammern auf Bundesebene, dem insbesondere die Interessenvertretung der in den Industrie- und Handelskammern zusammengefassten gewerblichen Wirtschaft der Bundesrepublik Deutschland obliegt. Die Industrie- und Handelskammern sind Körperschaften des öffentlichen Rechts mit teils verbandlichen, teils staatlichen oder halbstaatlichen Aufgaben. Sie sind ein Zwitter aus Interessenverband und Behörde – ein Fall der «privaten Interessenregierung»[28] unter Staatsaufsicht. Konjunktur, Haushalt und Steuern, Binnenhandel, Regionalstruktur und Wettbewerbsrecht, aber auch Berufsbildung, Berufs- und Fachschulen, Bestellung von Gutachtern und Schlichtung von Wettbewerbsstreitigkeiten zählen zu den Bereichen, mit denen sich der DIHK politisch hauptsächlich befasst. In Westdeutschland beträgt sein Organisationsgrad nach eigenen Angaben 100 Prozent.

Die Gewerkschaften sind die zweite Hauptgruppe unter den «Großen Vier». Wie die Wirtschaftsverbände der Arbeitgeber sind auch die Gewerkschaften in hohem Maße organisations- und konfliktfähig. Die Organisationsfähigkeit misst das Ausmaß, in dem der potenzielle Mitgliederkreis eines Verbandes tatsächlich organisiert wird. Die Konfliktfähigkeit ist das Machtpotenzial, das ein Interessenverband in die Waagschale werfen kann. Dazu gehört insbesondere die Fähigkeit, die Verweigerung systemwichtiger Leistung glaubhaft anzudrohen, beispielsweise die Drohung, zu streiken anstatt zu arbeiten. Im Unterschied zu den Wirtschaftsverbänden haben die Gewerkschaften allerdings weniger Marktmacht, dafür aber mehr Wählerstimmenmacht. Denn mit ihren Millionen zählenden Mitgliedern verfügen sie über wahlpolitisch

28 Streeck/Schmitter 1985.

einflussreiche Heerscharen, die sie für den Kampf der Parteien um Wählerstimmen mobilisieren können.[29] Allerdings schrumpft der Organisationsgrad der deutschen Gewerkschaften: 1992 betrug er, ohne Berücksichtigung der Ruheständler unter den Gewerkschaftsmitgliedern, noch 31,3 Prozent, elf Jahre später lag er bei nur noch 19,7 Prozent – mit weiter fallender Tendenz.[30]

Einen abnehmenden Organisationsgrad haben auch die Kirchen zu verzeichnen, die dritte Gruppe von Edingers «Großen Vier». Insbesondere die Evangelische Kirche und die Katholische Kirche zählen, wie oben schon erwähnt, jeweils rund ein Drittel der Bevölkerung zu ihren Mitgliedern. Allerdings haben die Säkularisierung und der Wertewandel beide Konfessionen schwer getroffen, die evangelische Kirche allerdings mehr als die katholische Kirche, die den Großteil des Verlustes durch die Zuwanderung von Personen katholischer Konfession wettmachen konnte.[31] Von der Säkularisierung zeugen ansonsten die zunehmende Zahl der Kirchenaustritte sowie die rückläufige Zahl der Kirchgänger und der kirchlichen Trauungen. Auch bei den Katholiken schrumpfte die Zahl der Teilnehmer am sonntäglichen Gottesdienst, und zwar von rund 12 Millionen im Jahr 1960 auf rund 3,6 Millionen im Jahr 2006.[32] Zudem nahm die Zahl der kirchlichen Trauungen ab – von 214 000 (1960) auf 48 000 (2008). Nur bei Bestattungen legen die Bürger, gleichviel ob gottesgläubig oder nicht, nach wie vor größten Wert auf kirchlichen Beistand. Die Zahl der kirchlichen Bestattungen ist seit fast 50 Jahren ziemlich stabil – bei den Katholiken ebenso wie bei den Protestanten.[33]

Trotz Säkularisierung und Wandel von den Pflicht- und Akzeptanzwerten hin zu den Selbstverwirklichungswerten haben die Kirchen in Deutschland im öffentlichen Leben eine starke Stellung behalten. Die Kirchen werden weiterhin staatlicherseits kräftig un-

29 Armingeon 1985, 1994.
30 Streeck 2009: 47, Statistisches Bundesamt u. a. 2008: 395.
31 Statistisches Bundesamt 2006a: 173; Statistisches Bundesamt u. a. 2008: 388 ff.
32 Statistisches Bundesamt u. a. 2008: 389.
33 Statistisches Bundesamt u. a. 2008: 389 f., Statistisches Bundesamt 2010: 70.

terstützt. Ihre Finanzierung basiert in hohem Maße auf der Kirchensteuer, die von den Finanzämtern durch einen Zuschlag auf die Lohn- und Einkommenssteuer erhoben wird. Zudem wirken die Kirchen nach wie vor im Willensbildungs- und Entscheidungsprozess mit. In sozial- und kulturpolitischen Angelegenheiten ist ihre Mitwirkung sogar laut Verfassung oder Gesetz im Bund und in den Ländern vorgesehen. So haben die Kirchenvertreter eine Stimme im Bildungswesen, ferner sitzen sie in den Aufsichtsräten der öffentlich-rechtlichen Rundfunkanstalten. Auch stehen sie in meist engem Kontakt mit den für Kirchenangelegenheiten besonders wichtigen Ministerien, insbesondere den Sozial-, den Familien- und den Bildungsministerien. Dies ist Teil eines privilegierten Zugangs der Kirchen zum politischen System: «Die formale Organisation des politischen Systems (in der Bundesrepublik Deutschland)», so schrieb Edinger zu Recht, «offeriert den offiziell anerkannten kirchlichen und religiösen Interessen extensive Gelegenheiten, ihr Anliegen in den Willensbildungsprozess einzuspeisen und den Entscheidungsträgern vorzutragen.»[34] Verstärkend wirken die Verbindungen zwischen den Kirchen und den politischen Parteien. Dabei kommen unterschiedliche Allianzen zustande: Die katholische Kirche hält engere Kontakte mit den Unionsparteien als mit den anderen Parteien. Umgekehrt gibt es insgesamt mehr Verbindungslinien zwischen der SPD und der evangelischen Kirche als mit der katholischen Kirche. Untermauert wird all dies durch die gesellschaftliche und politische Parität, die zwischen Katholiken und Protestanten in Deutschland mittlerweile weitgehend gegeben ist, im Unterschied zur Vorrangstellung der Protestanten noch bis zum Ende des Deutschen Reiches von 1871.

Die vierte Interessengruppe unter den «Großen Vier» sind die Verbände der Bauern, insbesondere der Deutsche Bauernverband (DBV). Der DBV versteht sich als der wichtigste Interessenverband der beruflichen Interessen des land- und forstwirtschaftlichen Sektors und der 855 000 Arbeitnehmer, die in diesem oder verwandten Wirtschaftssektoren ihr Einkommen erzielen.[35] Der Bauernver-

---

34 Edinger 1986: 213 (Übersetzung des Verfassers).
35 Der Fischer Weltalmanach 2010: 172, Stand 2007.

band, der dominante Verband in der «agrarischen Dreieinigkeit»[36] aus DBV, Verband der Landwirtschaftskammern und dem Raiffeisenverband, gilt als einer der bestorganisierten Interessenverbände in Deutschland. In der Fachliteratur wertete man den DBV lange als das Musterbeispiel eines besonders erfolgreichen Interessenverbandes, der eine «regelrechte Symbiose»[37] mit dem Agrarministerium des Bundes einging und das von ihm umworbene Ministerium zu einem «Verbandsherzogtum»[38] umzuformen wusste.

Allerdings sind diese Diagnosen einzuschränken. Der DBV hat den rasanten Strukturwandel von der Agrar- zur Industrie- und Dienstleistungsgesellschaft nicht aufhalten können. Er konnte nur darauf hinwirken, die Schrumpfung der Landwirtschaft zu verlangsamen und durch massive sozialpolitische und andere «amtswirtschaftliche» Marktkorrekturen abzufedern.[39] Das geschah durch eine «robuste Interessenpolitik»[40] in den Ländern, im Bund und in der Europäischen Union. Diese brachte den Bauern umfangreiche Subventionen ein und bescherte den verbleibenden Agrarbetrieben eine doch beachtliche Lebensfähigkeit. Doch all dies war in einen unaufhaltsamen Vorgang der Bedeutungsminderung der Land- und Forstwirtschaft eingebettet.

Hinzu kamen politische Veränderungen. Auch der Bauernverband und die gesamte «Grüne Front», so der Spitzname für die agrarwirtschaftlichen Interessenverbände insbesondere der 1950er und 1960er Jahre, wurden mit dem Aufstieg des Postmaterialismus, der Aufwertung des Konsumentenschutzes und Regierungswechseln, die die Partei der Grünen an die Regierung brachten, konfrontiert. Zu den für die «Grüne Front» traditionell günstigen Rahmenbedingungen gehörte ein christdemokratischer oder ein freidemokratischer Agrarminister. Von dieser Konstellation profitierten die Bauernver-

36 Eschenburg 1955: 65.
37 Heinze 1981: 127, Heinze 1992.
38 von Beyme 2004: 208, vgl. Eschenburg 1989: 138, der angesichts des Bestrebens der Agrar- und der Gewerkschaftsverbände, die «Chefpositionen des Ernährungs- und Arbeitsministeriums zu besetzen», von «Verbandsherzogtümern» sprach.
39 Rieger 2006.
40 Sontheimer 1984: 179.

bände in besonderem Maße – und konnten sie in der Regel durch das Wahlverhalten der Landwirte honorieren: Diese wählen bis heute mit großer Mehrheit die Unionsparteien und die FDP. Die Wende zeichnete sich mit dem Amtsantritt der rot-grünen Bundesregierung im Jahre 1998 ab und wurde mit Ablösung des SPD-Agrarministers Karl-Heinz Funke durch Renate Künast, eine führende Politikerin der Grünen, im Januar 2001 vollzogen und bis zum Ende der Koalition aus SPD und Bündnis 90/Die Grünen durchgehalten: Die neue Agrarministerin verschrieb sich hauptsächlich der Aufwertung der ökologischen Landwirtschaft und des Konsumentenschutzes und geriet damit in Gegnerschaft zu den traditionellen Interessenverbänden der Agrarwirtschaft.[41]

Allein das Schicksal des Bauernverbandes zeigt, dass die Lehre von den «Großen Vier» der Korrektur bedarf. Sicherlich sind die «Großen Vier» nach wie vor einflussreich. Doch Deutschlands System der Interessenverbände hat sich gewandelt.[42] Es ist vielgliedriger als in früheren Perioden. Dafür ist vielerlei verantwortlich, insbesondere der Wandel zur Dienstleistungs- und Wissensgesellschaft, der Wertewandel, Säkularisierungsprozesse, die Europäisierung eines Teils der Staatstätigkeit und teils staatsgesteuerte, teils autonome Vorgänge der Liberalisierung der Ökonomie.[43] Auch kann das Parteiensystem sich unter bestimmten Bedingungen gegenüber den Verbänden stärker abschotten, beispielsweise wenn wichtige politische Angelegenheiten zur «Chefsache» erklärt und dem Einfluss von Verbandsvertretern entzogen werden.[44] Auf diese Weise hatten die Gewerkschaften in den Jahren der rot-grünen Bundesregierung (1998–2005) ein Wechselbad der Gefühle erlebt – von der privilegierten Berücksichtigung ihrer Interessen (wie in den ersten Monaten von

41 Renate Künast blieb bis zum Ende der rot-grünen Bundesregierung im Herbst 2005 im Amte. Mit ihren Nachfolgern – Horst Seehofer (CSU) und ab 2008 Ilse Aigner (CSU) – schwang das Pendel der parteipolitischen Couleur des Agrarministeriums wieder in die «Normallage» zurück.
42 Bührer/Grande 2000, Pappi/König/Knoke 1995, Sebaldt 2007, Sebaldt/Straßner 2004, Schroeder/Weßels 2003, 2010, von Alemann 1987, von Alemann/Wessels 1997.
43 Sebaldt/Straßner 2004, Streeck 2009.
44 Trampusch 2005.

Rot-Grün und im Falle der Reform des Betriebsverfassungsgesetzes 2002) bis zur weitgehenden Umspielung und Nichtbeachtung ihrer Forderungen, so insbesondere bei «Hartz IV», d. h. der Zusammenlegung von Sozialhilfe und Arbeitslosenhilfe.

Zum Wandel der Verbändelandschaft gehört der gewachsene Einfluss von Interessenorganisationen jenseits der «Großen Vier». Wie es die Theorie des kollektiven Handelns[45] erwarten lässt, haben etliche hochgradig spezialisierte Verbände ihr Anliegen ebenfalls wirkungsvoll einbringen können, beispielsweise die typischerweise hochorganisierten Interessenverbände des Gesundheitswesens[46] und Interessenvertretungen kleiner Gruppen wie Fluglotsen oder Piloten. Doch auch Verbände mit breiterem Adressatenkreis können erfolgreich sein, so die durch spektakuläre Umweltschutzaktionen bekannt gewordene Organisation Greenpeace.

Globalisierung und Europäisierung haben die Beziehungen zwischen Staat und Verbänden ebenfalls gehörig durcheinandergewirbelt.[47] Die Interessenrepräsentation auf supra- und internationaler Ebene hat an Gewicht gewonnen. Damit wächst der Druck auf die Verbände, sich einer dualen Strategie zu bedienen, die die Interessenvertretung auf nationaler und auf internationaler Ebene einschließt. Zugleich sind die Anforderungen an die Verbände höher geworden. Das gilt sowohl hinsichtlich der «Einflusslogik» als auch hinsichtlich der «Mitgliedschaftslogik»[48], also sowohl hinsichtlich ihrer Einflussmöglichkeiten auf Entscheidungsprozesse,

45 Olson 1965, 1982. Kleine, hochspezialisierte Verbände haben in der Regel eine höhere Organisations- und Konfliktfähigkeit als Verbände mit allgemeineren Interessen, und im Unterschied zu umfassenden Organisationen im Olson'schen Sinn (beispielsweise einer Gewerkschaft mit sehr hohem Organisationsgrad) können sie die gesamtwirtschaftlichen Folgen ihres Handelns ignorieren.

46 Allerdings mit Schwankungen je nach Grad der Autonomisierung des Parteiensystems gegenüber den Verbänden (Trampusch 2004, 2005, 2009) und um den Preis der Einbindung in korporatistische Arrangements der einkommenspolitischen Selbstbeschränkung (Döhler/Manow 1997).

47 Beyers/Eising/Maloney 2010, Eising/Kohler-Koch 2005, Streeck/Grote/Schneider/Visser 2006.

48 Schmitter/Streeck 1999.

die eine differenzierte und grenzüberschreitende Qualität angenommen haben, als auch hinsichtlich ihrer Mitgliedschaft, deren Interessen infolge von internationalen Einflüssen tendenziell heterogener werden.

Die daraus erwachsenden Muster sind unübersichtlich. Die Interessenpolitik in der Europäischen Union (EU) ist ein Beispiel. Einerseits interagiert die Europäische Kommission häufig mit europaweit verankerten Interessenverbänden und ist besonders zugänglich für Unternehmen, die hochspezialisierte Informationen anbieten können. Andererseits fördert die Europäische Kommission europarelevante vernachlässigte Interessen, um den politischen Prozess offener und interaktiver zu machen und zugleich potenzielle Bündnispartner zu gewinnen. Zudem ist das Europäische Parlament ein wichtiger Adressat und Partner insbesondere von Konsumenten-, Umweltschutz- und Menschenrechtsgruppen geworden und hat hierdurch traditionell organisationsschwache Interessen aufgewertet. Der Ministerrat und der Ausschuss der Ständigen Vertreter der Mitgliedstaaten (COREPER = *Comité des Représentants Permanents*) hingegen sind vor allem an Informationen aus dem Kreis der nationalen Interessenverbände interessiert.

Die EU ist mittlerweile selbst eine Arena des gesteigerten Lobbyismus. Bezeichnenderweise entspricht die Zahl der Lobbyisten in der EU ungefähr der Zahl der EU-Politiker und Beamten: «Auf jeden Politiker und Beamten im Europäischen Parlament, im Rat oder in der Kommission kommt in Brüssel ein Lobbyist (…) Seit 1985 hat sich die Zahl derer, die [in Brüssel – der Verfasser] Einfluss nehmen, verdreifacht (…) Jedes größere Unternehmen hat mittlerweile eine eigene Vertretung in Brüssel, und jene Politiker, die in wichtigen Ausschüssen sitzen, können sich vor Einladungen kaum retten»[49]. Die Forschung zum EU-Lobbyismus bestätigt diesen Befund im Wesentlichen.[50]

---

49 Pfister 2002: 22.
50 Vgl. Sebaldt/Straßner 2004: 254 ff., Sturm/Pehle 2005: 252 ff., van Schendelen 2002, Woll 2006.

3. Teils korporatistische, teils pluralistische Staat-Verbände-Beziehungen – aber kein «Verbändestaat»

Wie weit reicht die Macht der Interessenverbände? Haben sie womöglich den Staat so im Griff, dass dieser nur noch eine von der Wirtschaft und der Gesellschaft weitgehend abhängige Variable, ein «Verbändestaat» ist? Und hat der Staat womöglich durch den Korporatismus[51] seine autonome Steuerungsfähigkeit verloren?

Diese Fragen werden insbesondere von konservativer und wirtschaftsliberaler Seite aufgeworfen und bejaht. Für etliche Beobachter war der «Verbändestaat» schon längst Wirklichkeit geworden. Ernst Forsthoffs Abhandlung «Der Staat der Industriegesellschaft»[52] ist ein Beispiel: Forsthoff zufolge war für die Verfassungswirklichkeit der Bundesrepublik «die Tatsache von entscheidender Bedeutung, daß nicht nur der Staat in die gesellschaftlichen Abläufe hinein interveniert, sondern daß die Gesellschaft sich über die Verbände des Staates bemächtigt hat. Damit wurde der Staat selbst zum Schauplatz des Ringens der gesellschaftlichen Kräfte. Das hat zur Folge, daß die Machtverhältnisse im Ringen der organisierten gesellschaftlichen Gruppen das staatliche Handeln bestimmen.»[53] Von dort aus ist der Weg zur Lehre von der Steuerung der Politik durch Verbände – und im Grenzfall zur Diagnose der «Unregierbarkeit» – nicht mehr weit. Just in diese Richtung argumentiert ein wichtiger

51 Korporatismus ist die institutionalisierte, freiwillige Kooperation von Staat und Verbänden, insbesondere Wirtschaftsverbänden, bei der Formulierung und der Ausführung von Politik (im Sinne von «policy»). Im Unterschied zur pluralistischen Interessenvermittlung und zur klassischen «Pressure-group»-Politik von Verbänden werden die Verbände im Korporatismus in die Politikentwicklung inkorporiert und somit in eine Stellung gerückt, in der sie nicht nur die Interessen ihrer Mitglieder gegenüber dem Staat, sondern auch die Regierungspolitik gegenüber ihrer Mitgliederbasis zu vertreten haben. Im Korporatismus sind die Verbände folglich mit Repräsentations- und Steuerungsaufgaben betraut und mit Input- wie auch Outputfunktionen. Vgl. Lehmbruch/Schmitter 1982, Schmitter/Lehmbruch 1979.
52 Forsthoff 1971.
53 Forsthoff 1971: 119.

Teil der Literatur insbesondere zur Verbändeforschung und zur Frage der Regierbarkeit in Demokratien mit starken Interessengruppen.[54]

Dass Interessenverbände hierzulande politisch wichtige Größen sind, steht außer Frage. Dafür spricht allein, dass Deutschland ein vielfältiges, gut organisiertes Verbändewesen eigen ist und dass die Verbände in nicht wenige politische Willensbildungs- und Entscheidungsprozesse eingebunden sind. Zwar ist die Kolonisierung der Staatsverwaltung durch Verbände in Deutschland nicht die Regel, doch zum Aufbau eines «Verbandsherzogtums» – so Eschenburgs Begriff – hat die Kraft manches Interessenverbandes mitunter ausgereicht. Als Verbandsherzogtümer galten in der Bundesrepublik lange das Bundeswirtschaftsministerium als Hort marktwirtschaftsnaher Wirtschaftsverbände, das Landwirtschaftsministerium des Bundes als Erbhof des Deutschen Bauernverbandes, das ehemalige Vertriebenenministerium als Domäne der Vertriebenenverbände und das Bundesministerium für Arbeit und Sozialordnung, ein Vorgänger des heutigen Bundesministeriums für Arbeit und Soziales, als Stützpunkt der Gewerkschaften und der großen Koalition der Sozialpolitiker aller Parteien.

Die deutschen Interessenverbände sind außerdem, wie Edingers Vergleich mit den Vereinigten Staaten zeigt, «inklusiver, fester organisiert und mit einer privilegierteren Position im Willensbildungs- und Entscheidungsprozess ausgestattet als ihre amerikanischen Gegenstücke»[55]. Amerikanische Politiker können «ihre Aufmerksamkeit dem Anliegen eines Interessenverbandsvertreters schenken, wenn sie das wollen», die politisch Verantwortlichen in Deutschland aber sind verpflichtet, die Interessenverbände anzuhören.[56] Tatsächlich schreibt die Gemeinsame Geschäftsordnung der Bundesministerien den Anspruch von fachlich betroffenen Interessenverbänden auf Anhörung zu den Gesetzesvorhaben eines Ministeriums vor. Dieses Privileg haben Fachleute als die «Magna Charta des

---

54 Vgl. Hennis/Kielmansegg 1977, Steinberg 1985, ferner Böckenförde 1976, Offe 1979, Schäfer 2009.
55 Edinger 1986: 184.
56 Edinger 1986: 187.

Verbandseinflusses»[57] gewertet. Das Privileg spiegelt sich auch im Urteil von Lobbyisten wider. Ihnen zufolge sind Bundesministerien für die Lobbytätigkeit am wichtigsten – und liegen in der Bedeutung für die Lobbyisten vor den Medien und Verbänden mit ähnlichen oder identischen Interessen, den Ausschüssen des Deutschen Bundestages, den Länderministerien und vor den Bundestagsfraktionen.[58]

Für die These von den einflussreichen Verbänden wird auch die «Verbandsfärbung»[59] des Parlaments und die Präsenz von Interessenorganisationen in den Parlamentsausschüssen angeführt. Sind nicht manche Parlamentsausschüsse ebenfalls «Verbandsherzogtümer»[60]? Herrschen nicht im Parlament, der Verbandsmitgliedschaft der Abgeordneten nach zu urteilen, eher die Interessenverbände als die nur ihrem Gewissen folgenden Abgeordneten? Spricht es nicht Bände, dass in den verschiedenen Wahlperioden bis zu rund 60 Prozent der Bundestagsabgeordneten Verbandsvertreter waren?[61] Und soll es folgenlos geblieben sein, dass die Zahl der gewerkschaftlich organisierten Abgeordneten in der Hälfte aller Bundestage von 1949 bis 2009 mehr als 50 Prozent betrug?[62]

Für einflussreiche Verbände – und wie manche meinen: für die Herrschaft der Verbände – spricht zudem die Existenz korporatistischer Staat-Verbände-Beziehungen, die in Deutschland, wie der internationale Vergleich lehrt, von mindestens mittlerer Stärke sind.[63] Als Beleg für starke Verbände und – wie manche glauben – für Verbändeherr-

---

57 Harnoß 1970: 100. Kritisch hierzu Sebaldt/Straßner 2004: 143 f., die die ursprünglich mit der Geschäftsordnung bezweckte Beschränkung und Kanalisierung des Verbändeeinflusses betonen.
58 Sebaldt/Straßner 2004: 152 ff., 158 f.
59 Weber 1981: 317 ff., Speth 2010a: 272.
60 Vgl. Eschenburg 1989, Sebaldt/Straßner 2004, Trampusch 2003: 95 ff.
61 Sebaldt/Straßner 2004: 163 ff.
62 Berechnet auf der Basis von Feldkamp 2009: 94 f.
63 Lehmbruch 1984, Schmidt 1982: 182, 195 ff., Siaroff 1999: 198. Ein Teil der Literatur argumentiert mit der These der tendenziellen Ersetzung korporatistischer durch pluralistische Strukturen, vgl. Sebaldt 2007, Streeck 2009. Dagegen spricht allerdings das beträchtliche Maß an Kontinuität der staatlichen Sozialpartnerschaftsförderung und der sozialstaatlichen Inkorporierung der Wirtschaftsverbände.

schaft zählt schließlich die Delegation öffentlicher oder halböffentlicher Aufgaben an die Interessenverbände der Gesellschaft. Unter den Adressaten der Delegation finden sich die Arbeitgeberverbände und die Gewerkschaften. Sie sind im Rahmen der Tarifautonomie zuständig für die Regelung von Löhnen und Arbeitsbedingungen. Sie sind aber auch zuständig für die Regelung der beruflichen Bildung sowie für die betriebliche und überbetriebliche Mitbestimmung. Noch älter ist der Brauch, einen erheblichen Teil der gemeinschaftlichen sozialpolitischen Aufgaben zu delegieren, und zwar insbesondere an die Institutionen der mittelbaren Staatsverwaltung, die in Selbstverwaltung, unter der Rechtsaufsicht durch den Staat, tätig werden. Hierzu gehören bis heute vor allem die Träger der Sozialversicherungen, insbesondere die Rentenversicherungsträger, die Gesetzlichen Krankenkassen, die Träger der Unfallversicherung sowie die für die Arbeitslosenversicherung und die Arbeitsmarktpolitik zuständigen Agenturen für Arbeit mit der Bundesagentur für Arbeit an der Spitze.

Aus der Delegation staatlicher Aufgaben erwächst für die betroffenen Interessenverbände eine beachtliche Macht hinsichtlich Form und Inhalt des Politikvollzugs. Von der Nutzung dieser Macht spricht auch die weiter oben schon erwähnte Lehre vom Wohlfahrtskorporatismus.[64]

Dass die Verbände wichtige politische Akteure sind, ist unstrittig. Strittig ist allerdings die Steigerung dieser Beobachtung zur These von der «Herrschaft der Verbände» oder vom «Verbändestaat». Diese These, so zeigen die Hauptbefunde der Forschung, überschätzt die politische Gestaltungsmacht der Verbände und die Stärke des Korporatismus in Deutschland und unterschätzt die relative Autonomie der staatlichen Politik. Die Ergebnisse der Forschung stützen insoweit die weitsichtige Abhandlung von Theodor Eschenburg, der die These von der «Herrschaft der Verbände» in seinem 1955 veröffentlichten gleichnamigen Buch mit einem Fragezeichen versehen hatte – und es beim Fragezeichen beließ.[65] Dafür sprechen in der Tat viele Gründe.

Erstens ist der politische Wirkungsradius auch von mächtigen In-

64 Siehe Anm. 22 in diesem Kapitel.
65 Eschenburg 1955.

teressengruppen begrenzt. Verantwortlich dafür sind nicht zuletzt ihre Statur und ihr Status. Wie die politischen Parteien sind auch die Verbände intermediäre, zwischen Bürgern und Politik vermittelnde Organisationen. Doch im Unterschied zu Parteien, insbesondere zu den Großparteien, zielen die Interessenverbände in der Regel nur auf spezialisierte, häufig partikulare Interessen von kleineren Segmenten der Gesellschaft. Zudem sind auch die mächtigsten Interessengruppen nicht Vetospieler, sondern bestenfalls Mitregenten – also einflussreiche, aber nicht mit einem unaufschiebbaren Vetorecht ausgestattete Akteure. Ferner sind sie nicht direkt und unmittelbar am Regieren beteiligt. Außerdem stellen sie sich weder dem Votum des Parlaments noch dem der Wähler. Sie laborieren demnach an eingeschränkter Handlungs- und Legitimationsfähigkeit.

Zweitens sind Interessenverbände nur eine Gruppe von politischen Akteuren unter vielen anderen. Zu den anderen Mitwirkenden zählen neben Regierung und Opposition insbesondere die Parlamente und die Parteien, die mit zunehmendem Parteienstaatscharakter weiter an Gewicht gewinnen. Und die Parlamentarier, die zugleich Verbandsvertreter sind, finden sich in der Regel in Rollen wieder, die von der Interessenposition der Verbände weit wegführen: Sie sind primär Partei- bzw. Fraktionsmitglieder, aber meist nur an nachrangiger Stelle Verbandsvertreter. Zudem sind der politische Prozess und das Regieren in einer liberalen Demokratie mit einer polyzentristischen politischen Struktur und einer funktionsfähigen Öffentlichkeit viel zu komplex, als dass sie nur von einer Akteursgruppe wie den Interessenverbänden direkt oder indirekt gesteuert werden könnten.

Drittens: Die Einflusschancen eines Verbandes sind je nach Umständen verschieden. Sie variieren beispielsweise mit der politischen Zusammensetzung der Regierung. Die Anhörungs- und die Einwirkungschancen sind tendenziell größer, wenn ein Verband auf eine politisch-ideologisch ihm nahestehende Regierung zählen kann. Tendenziell – eine Garantie gibt es nicht, wie etwa die DGB-Gewerkschaften am Beispiel der von ihnen abgelehnten Arbeitsmarktreformen der zweiten rot-grünen Bundesregierung (2002–2005), insbesondere am Fall von «Hartz IV», erlebten.[66]

66 Vgl. das Kapitel 16.

Viertens: Die Stärke von Verbänden hängt ferner von politischen Großwetterlagen ab. So ist die Kapazität der deutschen Wirtschaftsverbände zur autonomen Regulierung von potenziell öffentlichen Aufgaben seit der Wiedervereinigung kleiner geworden. Davon zeugen der nachlassende Organisationsgrad der Wirtschaftsverbände und die Rekrutierungsschwierigkeiten, denen sie und auch die Gewerkschaften sich gegenübersehen.[67]

Gegen die Lehre von der «Herrschaft der Verbände» spricht – fünftens – dass Korporatismus und Delegation zweiwertig sind: Delegation öffentlicher oder halböffentlicher Aufgaben an Verbände, ergänzt um die Rechtsaufsicht durch den Staat, wie im Falle der deutschen Sozialversicherung,[68] bedeutet nicht notwendig Kontrollverlust für den Staat, wie die Vertreter der Verbändestaatsthese meinen, sondern vielmehr Staatsentlastung. Und wie der internationale Vergleich zudem zeigt, verursacht der oft geschmähte Korporatismus nicht notwendig einen Steuerungsverlust des Staates. Er kann vielmehr durch Inpflichtnahme von Interessenverbänden für allgemeine Belange bessere Ergebnisse als im Falle einer hierarchischen Steuerung erzielen.[69]

Schlussendlich spricht ein politik- und staatstheoretisches Argument gegen die These von der Herrschaft der Verbände und vom Verbändestaat. Diese These gründet auf einer übermäßig vereinfachenden Sicht auf den Staat. Sie betrachtet den Staat und das Staatshandeln im Wesentlichen nur als Resultante von Sonderinteressen, so die gruppenpluralistische Theorie, oder als geschäftsführenden Ausschuss von Partikularinteressen, dem wesentlich nur eine passive Rolle zukommt, so die an die Marx'sche Lehre vom Staat angelehnte Sicht. Doch dieses Bild vom Staat passt nicht zu einem Befund, der für stabil verwurzelte Demokratien wie die Bundesrepublik Deutschland gesichert ist: der Befund der relativen Autono-

---

67 Vgl. Statistisches Bundesamt u. a. 2008: 393 ff., Speth 2010a, 2010b, Streeck 2009: 39, 47.
68 Vgl. Sebaldt/Straßner 2004: 210 ff.
69 Sofern die korporatistische Steuerung im «Schatten der Hierarchie» des Staates erfolgt, so ist zu präzisieren, vgl. Lehmbruch/Schmitter 1982, Scharpf 2000, Schmidt 1982: 195 ff., 209 ff. Ist dies nicht der Fall, droht allerdings die Umformung zum Wohlfahrtskorporatismus.

mie der Politik gegenüber den Sonderinteressen. Überdies sind der Staat und seine Entscheidungszentren in den Parlamenten und den Regierungen in Bund und Ländern keineswegs nur auf passive Entgegennahme von Forderungen aus der Gesellschaft beschränkt. Vielmehr agieren sie teils aktiv, teils passiv, und zwar maßgeblich nach dem Eigensinn, den das Streben nach Machterwerb und Machterhalt, die Regelgebundenheit des Politikmachens und vielfach auch die Pfadabhängigkeit der Problemlösungen vorschreiben. Dieser Eigensinn kann aber von dem Wollen der Interessengruppen und ihrer Neigung zur «pressure group»-Politik, zur Politik des «Druckmachens», in aller Regel nicht überspielt werden.

Aus all diesen Gründen lautet die Diagnose: Deutschland ist kein Verbändestaat. Auch ist keine allgemeine «Herrschaft der Verbände» in Sicht. Trotz Bedeutungsaufschwung des Lobbyismus im Mehrebenengeflecht aus Europäischer Union und nationalstaatlicher Politik[70] kann auch nicht ernsthaft von strukturbestimmender «Herrschaft der Lobbyisten» die Rede sein. Das schließt verbände- und lobbyismusfreundliche Konstellationen nicht aus. Ebenso wenig ausgeschlossen sind Schulterschlüsse zwischen politischen Parteien und Interessenverbänden insbesondere vor Wahlen. Ferner ist die Mitwirkung von Verbänden an der Politikformulierung und -durchführung, also ihre sektorale Mitregentschaft, zweifellos ein Teil der Verfassungswirklichkeit in Deutschland. Deutschlands Staatsstrukturen umfassen bekanntlich auch den de-

---

70 Das schließt strukturelle Abhängigkeiten der Politik von der Wirtschaft insgesamt oder von einzelnen systemisch hochrelevanten Sektoren der Wirtschaft, wie etwa dem Finanzmarkt, nicht aus. Die 2007 ausbrechende Finanzmarktkrise und der gewaltige Anpassungsdruck auf die Politik, finanziell aufwendige Rettungsschirme für den vom Kollaps bedrohten Bankensektor aufzuspannen, sind Beispiele. Hierbei handelt es sich allerdings nicht um mehr oder minder gezielte Einflussnahme oder «Druckausübung» seitens eines Verbandes oder mehrerer Verbände, sondern vielmehr um strukturelle, anonyme Macht, die auf dem systemisch relevanten «Desorganisations-Potential» (Offe 1975: 17) des Finanzmarkts beruht. Für die Erfassung solcher Abhängigkeiten ist die strukturell-funktionale systemtheoretische Politikforschung besser geeignet als die überwiegend einfluss- und handlungstheoretisch ausgerichteten Lehren von den Interessenverbänden.

legierenden Staat. Zur deutschen Verbändelandschaft zählt außerdem seit langem das Muster des «private interest government» im Sinne von Interessenorganisationen, die als Interessenverband und Behörde eine Doppelrolle spielen. Nach dem vorherrschenden Typus der Interessenvermittlung zu urteilen, verkörpern Deutschlands Staat-Verbände-Beziehungen eine Mischform: Sie sind teils korporatistisch und teils pluralistisch. Der Korporatismus in Deutschland hat, der internationale Vergleich lehrt es, mittlere Reichweite und ist im Wesentlichen auf einige sozialstaatliche Politiksektoren beschränkt. Gewiss unterscheidet der mittelstarke Korporatismus Deutschland von Ländern mit weitgehend pluralistischen, überwiegend bilateralen Staat-Verbände-Beziehungen, wie die angloamerikanischen Demokratien. Doch unterscheidet er Deutschland auch vom weit ausgebauten, die Lohn-, Preis- und Wirtschaftspolitik erfassenden Korporatismus, wie insbesondere im Österreich der 1960er, 1970er und 1980er Jahre.[71]

4. Massenmedien als «Vierte Gewalt»?

In einer Gesellschaft, in der die politische Kommunikation zwischen Bürgern und Politik größtenteils durch Massenmedien erfolgt, sind die Medien die «Vierte Gewalt» – neben der Exekutive, der Legislative und der Judikative. So lautet eine populäre These. Sie findet auch bei Politikern großen Anklang. Viele von ihnen befolgen sie in ihrem Reden und Handeln.[72] Der Lehre von der «Vierten Gewalt» zufolge hat die Massenkommunikation mittels Fernsehen, Rundfunk und Printmedien heutzutage weit größere Bedeutung für die Politik als je zuvor: Sie forme sowohl die Bürger und die Politiker als auch die politischen Willensbildungs- und Entscheidungsprozesse. Die Massenmedien beeinflussten nicht nur den Inhalt von Politik, so besagt die These weiter, sondern auch die Art und Weise, wie Politik gemacht und dargestellt werde. Mehr noch: Die Massenmedien konstruierten in gewisser Weise erst Realität – ganz im Sinne

71 Lang 1978.
72 Vgl. als Überblick von Alemann 2001: 474 ff.

von Niklas Luhmanns These: «Was wir über unsere Gesellschaft, ja: über die Welt, in der wir leben, wissen, wissen wir durch die Massenmedien»[73].

Nicht wenige Beobachter schreiben den Massenmedien eine große gesellschaftliche und politische Bedeutung zu. Davon zeugen Schlüsselbegriffe wie «Mediokratie», «Mediengesellschaft» oder «Mediendemokratie». Mit «Mediokratie» ist eine Ordnung gemeint, in der die Massenmedien als «Vierte Gewalt mitherrschen»[74], möglicherweise sogar «eine Art Übergewalt» gewonnen haben.[75] Das geschehe vor allem dadurch, dass die Medien die politische Agenda sowohl für die Politiker als auch für die Wähler bestimmten und die politischen Akteure zur Inszenierung von Politik, zu Theatralik, nicht zuletzt auch zu seichter Unterhaltung veranlassten – auf Kosten sachgerechter Problemlösung. Von einer Formbestimmung der Gesellschaft durch die Medien geht auch die These von der «Mediengesellschaft» aus. Ihr zufolge prägen Massenmedien die modernen Gesellschaftssysteme in Form, Prozess und Inhalt.[76] Verwandt mit dieser These ist die Lehre von der «Mediendemokratie»[77]. Mit ihr ist eine demokratische Herrschaftsordnung gemeint, in der die Massenmedien, insbesondere das Fernsehen und der Boulevardjournalismus, einen so großen Wirkungsgrad haben, dass ihre Weichenstellungen, insbesondere der Vorrang für kurzfristig mobilisierende Nachrichten, für dramatisierende Berichterstattung und Bewertung, für Personalisierung, Dichotomisierung und die Bevorzugung von schlechten Nachrichten, auch struktur- und prozessprägend sind für das Tun und Lassen der Politiker und des Demos.

«Mediendemokratie», «Mediengesellschaft» und «Mediokratie» sind Diagnosen, die allesamt auf der Annahme von starken Medien und schwachen Empfängern gründen. Doch nicht alle Befunde stützen die These von den starken Medien und den schwachen Massen. Nicht wenige Beobachter diagnostizieren eher Wechselwirkungen zwischen den Medien und den Medienkonsumenten, beispielsweise

73 Luhmann 2009: 9.
74 Zit. n. von Alemann 2001: 474 ff., vgl. Meyer 2001.
75 Beide Zitate aus dem Referat dieser Position bei von Alemann 2001: 474.
76 Sarcinelli 2009a: 37 ff., 300 ff.
77 Marcinkowski/Pfetsch 2009, 149 ff.

symbioseartige Beziehungen zwischen Sendern und Empfängern von Massenkommunikation.[78] Manche meinen sogar, die Medien seien in Wirklichkeit relativ schwach.[79] Wer prüfen will, wie stark oder schwach die Massenmedien sind, muss ihre unterschiedlichen Wirkungsfelder und -weisen im Blick haben.

Politisch allgegenwärtige Massenmedien, wie sie heutzutage in Deutschland und anderen modernen Demokratien gang und gäbe sind, wirken tatsächlich massiv auf die Informationsausstattung der Bürger und durch ihre Bewertung der Politik auf die öffentlichen Willensbildungs- und Entscheidungsprozesse. Eine Wirkungskette läuft über das Agenda-Setting: Die Massenmedien beeinflussen durch die relative Wichtigkeit, die sie bestimmten Themen beimessen, die Tagesordnung der öffentlichen Debatte. Mehr noch: Die Medien bieten Bewertungen der Topthemen der öffentlichen Diskussion an. Sie tun dies unter anderem durch sogenannte «Frames», also durch Rahmung des Beobachteten oder durch die Blickwinkel, von denen aus beobachtet und bewertet wird. So interessiert bei der Berichterstattung über den Parteienwettbewerb beispielsweise oftmals nur die Frage, wer sich in einem Streit wie profiliert und wer gewinnt oder verliert, während der Gegenstand des Streites hintangestellt wird. Andererseits dienen die Massenmedien auch der kognitiven Mobilisierung politisch interessierter Wähler. Insoweit stärken sie die Kompetenzen von partizipationswilligen und -fähigen Bürgern.

Ähnlich zweiseitig sind die Wirkungen der Massenmedien auf die politischen Organisationen und den Großteil der Politiker. Auf der einen Seite sind sie eine Bühne, auf der sich Politiker aus Regierungs- und Oppositionskreisen dazu verleiten lassen, Politik für die Galerie zu betreiben, nicht selten zulasten von Sachpolitik. Zudem prämieren die Erfolgskriterien auf dieser Bühne vor allem die Medienfitness von Politikern, insbesondere medienverträgliche Qualifikation und medienwirksame Präsentation, nicht aber die Sachkenntnis, die Integrität und die Vertrauenswürdigkeit. Der öffentlichkeitswirksame Tauschwert zählt hier vor allem, nicht der sachbezogene Gebrauchswert. In die gleiche Richtung wirkt die

78 Von Alemann 2001: 480 ff., Vowe 2009.
79 Beispielsweise Newton 2006.

«Medialisierung»[80], die Überformung der Politik durch die Logik der Massenmedien. «Medialisierung» meint insbesondere «die Institutionalisierung von Medienregeln im politischen System». Entscheidend ist dabei nicht, dass eine «politikfremde», wesentlich kommerziell fundierte Medienlogik «die Auswahlkriterien und Regeln dessen, was als Politik öffentlich wird,» diktiert. Entscheidend ist vielmehr, «dass die politischen Akteure diese Regeln und medialen Formatkriterien verinnerlichen bzw. in ihrem Handeln antizipieren»[81].

Andererseits sind die Massenmedien unverzichtbar für die Entwicklung und Aufrechterhaltung einer «funktionierenden Kommunikationsstruktur»[82], die ihrerseits eine Funktionsvoraussetzung von leistungsfähigen Demokratien ist. Zudem wirken die Massenmedien oft als Frühwarnsysteme, die über gesellschaftliche Probleme, Präferenzen und Forderungen seitens der Bürger und über Konfliktpotenziale berichten. In dieser Hinsicht erweisen sich die Massenmedien als Stabilisatoren der Politik in der Demokratie. Das macht verständlicher, warum die politische Kommunikation in postindustriellen Demokratien mitunter als ein «Tugendkreislauf»[83] bezeichnet wird.

Der Wirkungsgrad der Massenmedien hängt von vielem ab. Zu den wichtigen Stellgrößen gehören drei «Selektoren»[84]: die «Sendebereitschaft» seitens der Organisationen, die die Kommunikation der Massenmedien in Unkenntnis der Zumutbarkeit und der Akzeptanz der Kommunikationsinhalte produzieren, das «Einschaltinteresse» des Publikums und dessen eigenständige Sortierung und Bewertung des Informationsflusses.[85] Die «Sendebereitschaft» entscheidet darüber, ob – und wenn ja: was – in den Medien kommuni-

80 Pfetsch/Marcinkowski 2009, Sarcinelli 2009a: 314 ff.
81 Alle Zitate aus Pfetsch/Marcinkowski 2009: 16.
82 Kaase/Pfetsch 2010: 577.
83 Norris 2000.
84 Alle Zitate aus Luhmann 2009: 10.
85 Die klassische These zu diesem Sachverhalt findet sich in der kritisch-distanzierenden Sicht auf die (irreführende) Lehre von den starken Propaganda- und Werbefeldzugeffekten bei Lazarsfeld u. a. 1944: 95–100. Vgl. als Überblick Gibson/Römmele 2008: 418 ff.

ziert wird. Vom «Einschaltinteresse» hängt es ab, ob eine Mitteilung überhaupt aufgenommen wird. Erst wenn das gegeben ist, kommen die Filter der Informationsverarbeitung und die Bewertungskriterien der Rezipienten hinzu.

Allein das Einschaltinteresse und die Informationsverarbeitungsfilter der Kommunikationsadressaten mildern die politische Durchschlagskraft der Massenmedien. Zudem sind die politischen Regelungen der Medienlandschaft zu bedenken, die das Tun und Lassen der Massenmedien mittelbar oder direkt steuern. Deutschlands Massenmedien werden nach einem Muster reguliert, das, dem internationalen Vergleich zufolge, zum Typus des demokratisch-korporatistischen Mediensystems gehört.[86] Seine Kennzeichen sind ein größerer, allerdings gemäßigter Staatsinterventionismus einerseits – ablesbar etwa an der starken Position von öffentlich-rechtlichen Rundfunkanstalten – und ein begrenzteres Spiel der Marktkräfte als im liberalen, marktorientierten Mediensystem wie in den USA oder Großbritannien andererseits.[87] Allerdings haben die Marktkräfte insbesondere seit den 1980er Jahren auch bei Deutschlands Massenmedien an Stärke hinzugewonnen. In den 1980er Jahren wurden die Weichen so gestellt, dass aus dem ursprünglich dualen System einer privat organisierten Presse und eines öffentlich-rechtlichen Rundfunks eine Medienlandschaft wurde, in der eine nach wie vor privatwirtschaftliche Presse und eine dualisierte – öffentlich-rechtliche und privatkommerzielle – Rundfunk- und Fernsehlandschaft koexistieren.

Bei der medienpolitischen Regulierung in Deutschland fällt die Fragmentierung der Befugnisse von Bund und Ländern auf. Die Fragmentierung spiegelt teilweise die medienpolitischen Vorgaben der westlichen Besatzungsmächte wider, die auf Dezentralisierung und Machtaufsplitterung setzten und dafür auch die Unterstützung der Länder hatten, denen bis heute die Gesetzgebung über Presse- und Rundfunkangelegenheiten als Bestandteil der Kulturhoheit zu-

---

86 Vgl. Tenscher 2008: 417 ff. in Weiterführung von Hallin/Mancini 2004.
87 Ein dritter Typ sind die (staats- und elitenzentrierten) polarisiert-pluralistischen Mediensysteme nach Art der südeuropäischen Demokratien, ein vierter die transformatorischen, überwiegend in Mittel- und Osteuropa beheimateten Mediensysteme (Tenscher 2008: 417 ff.).

steht. Der Bund hat im Pressewesen jedoch Zuständigkeiten in der ausschließlichen Gesetzgebung. Ferner kommt ihm im Rundfunkwesen die ausschließliche Gesetzgebungskompetenz für das Postwesen und die Telekommunikation zu. Ansonsten führen aber die Fragmentierung der Kompetenzen von Bund und Ländern sowie die Verteilung der Kompetenzen auf einzelne Ministerien auf Bundesebene auch in der Medienpolitik zu einer hochgradigen Politikverflechtung. Zugleich regiert das Bundesverfassungsgericht in der Medienpolitik mit. Davon zeugt etwa das Erste Rundfunkurteil zum sogenannten Fernsehstreit vom Februar 1961, durch das das Bestreben der damaligen Bundesregierung unter Führung von Bundeskanzler Adenauer (CDU), Einfluss auf den Rundfunk zu gewinnen, gestoppt und überdies die Rundfunkfreiheit verfassungsrechtlich verankert wurde. Spätere Urteile des Karlsruher Verfassungsgerichts schrieben dem öffentlich-rechtlichen Rundfunk eine Grundversorgungsfunktion mit Bestandsgarantie zu, ließen aber Raum für den Bedeutungszuwachs des privatkommerziellen Rundfunk- und Fernsehwesens.

Vor allem von der privatkommerziellen Rundfunk- und Fernsehlandschaft hatten Kritiker aus dem konservativen und dem linken Spektrum massive politische Einflussnahme zugunsten von marktfreundlicher, liberaler Politik befürchtet. Doch faktisch liegt das Haupttätigkeitsfeld der privatkommerziellen Rundfunk- und Fernsehanbieter nicht in der Politik, sondern in der Produktion und Verteilung eines Kommunikationsangebots, das den Erwartungen an Unterhaltung und an eine vitale «Erlebnisgesellschaft»[88] zugute kommt.

Hinsichtlich des politischen Wirkungsgrades der Massenmedien ergibt sich ein vielschichtiges Bild. Zweifelsohne sind die Massenmedien politisch einflussreiche intermediäre Instanzen. Doch we-

---

88 Das Leitziel für das Agieren der Mitglieder der Erlebnisgesellschaft ist ein als lohnend empfundenes Leben auf der Grundlage hochgradig individueller, weitgehend autonomer Lebensführung. Die Erlebnisorientierung ist hier die unmittelbarste Form der Suche nach Glück – im Unterschied zum Handlungsmuster der aufgeschobenen Bedürfnisbefriedigung, das erwerbsorientierte Gesellschaften kennzeichnet. Vgl. Schulze 2005.

nig spricht für die These, dass bei ihnen das eigentliche Machtzentrum der Politik zu suchen sei. Das wäre der Fall, wenn die Medien wirklich die Tagesordnung der Politik dominierten, wenn ihre «Framing-» und «Priming»-Funktionen alles andere überlagerten, wenn sie zugleich die Informationshaushalte, die Problemwahrnehmung, die Kalküle und die Bewertung der Bürger bestimmten und die wichtigsten politischen Handelnden jederzeit zur Inszenierung von Politik und zu Theatralität anstifteten – gleichviel, ob dies sachlich zuträglich oder unzuträglich ist. Doch all dies ist nicht in einem strukturbestimmenden Ausmaß gegeben.

Unbestritten sind Massenmedien aber wichtige Mitwirkende in der Politik: als Produzenten von Mitteilungen und Bewertungen, als Türsteher für den Informationsfluss, als Tagesordnungs-Setter und als Mitwirkende bei der Beobachtung und Zensierung von Politikern und Politik. Unbestritten haben die Massenmedien das Informationsangebot zu politischen Themen enorm vergrößert und mitunter bis zur Informationsüberlastung gesteigert. Zudem stellen die Medien höhere Anforderungen an die Informationsverarbeitungskapazität der Politik, an die Fähigkeit zum «Regieren durch Diskussion»[89] und an die Gabe zur «Darstellungspolitik»[90]. Die Demokratie wird dadurch keineswegs notwendig unterminiert. Allerdings gewinnt in ihr die Erlebnisgesellschaft an Gewicht. Doch das dient der Unterhaltung der Bürger und mindert nicht notwendig die Attraktivität der Demokratie.

Allerdings ist ein beachtlicher Preis für diese Leistung zu entrichten. Die Massenmedien verleiten die Politik in den modernen Demokratien, auch in Deutschland, zu fortwährender Miteinbeziehung der Medienwirkung ihrer Handlungen, und sie stellen die Politik unter eine immerwährende Medienaufsicht.[91] Medienfestigkeit wird nunmehr von der Politik gefordert. Die Medienfestigkeit erzeugt nicht nur «medialen Stress»[92] für das politische System. Sie wirkt zudem als «Selektor»[93] der Problemwahrnehmung und der Problemlösung.

89 Sarcinelli 2009b: 489 (im Original: «Government by discussion»).
90 Korte/Hirscher 2000, Sarcinelli 2009a: 121 ff.
91 Sarcinelli 2009a: 315.
92 Sarcinelli 2009a: 322.
93 Luhmann 2009: 10.

Ferner zieht sich die Zeitspanne zusammen, innerhalb der ein Problem bzw. ein Thema erläutert oder diskutiert wird. Wer etwa eine Reform der Rentenformel in der gesetzlichen Rentenversicherung nicht in zwanzig Sekunden erklären und für sie werben kann, wird nicht gehört. Damit verkürzt die Medienfestigkeit den ohnehin schon kurzen Zeittakt der Demokratie noch weiter. Das alles sind zusammengenommen politisch gewiss gewichtige Weichenstellungen. Sie stützen die These, dass die Massenmedien in den modernen Demokratien, auch in der Bundesrepublik Deutschland, von politisch großer Bedeutung sind. Dass in ihnen aber überhaupt das Zentrum der Macht zu suchen sei, ist angesichts der Grenzen und der Gegenkräfte der Massenmedien weit übertrieben.

Kapitel 6   Vom «negativen Parlamentarismus» zum parlamentarischen Regierungssystem

Die Vergleichende Regierungslehre gliedert moderne Demokratien in parlamentarische und präsidentielle Regierungssysteme.[1] Ein parlamentarisches Regierungssystem erkennt man an der Abberufbarkeit der Regierung durch das Parlament und an der zweiköpfigen Spitze der Exekutive: Das Amt des Regierungschefs und das des Staatsoberhauptes sind nicht in einer Person vereint, wie beim Präsidenten der Vereinigten Staaten von Amerika, sondern zweigeteilt – in Deutschland auf den Bundeskanzler und den Bundespräsidenten.

I. Ein parlamentarisches Regierungssystem der republikanischen Form – mit Parteiendominanz

Die Abberufbarkeit der Regierung ist hierzulande verfassungspolitisch durch das konstruktive Misstrauensvotum nach Artikel 67 des Grundgesetzes geregelt: Ihm zufolge kann die Regierung nur auf konstruktivem Wege abberufen werden, nämlich durch die Wahl eines Nachfolgers des amtierenden Bundeskanzlers mit der Kanzlermehrheit, der Mehrheit der Mitglieder des Bundestags. Im Lichte der Abberufbarkeit der Regierung und der zweiköpfigen Spitze der Exekutive erweist sich die Bundesrepublik Deutschland, wie fast alle EU-Mitgliedstaaten, als ein parlamentarisches Regierungssystem, und zwar als ein parlamentarisches Regierungssystem der republikanischen Form.[2] Das unterscheidet Deutschland vom Präsidentialismus (wie dem der USA), vom Semipräsidentialismus (wie in Frankreich) und vom parlamentarischen Regierungssystem der monarchischen Form wie in Großbritannien oder den Niederlanden.

Im politischen Willensbildungs- und Entscheidungsprozess eines

1 Lijphart 1992, Steffani 1979, 1992.
2 Schüttemeyer/Siefken 2008.

parlamentarischen Regierungssystems spielt das Parlament eine zentrale Rolle. So ist das auch im Falle des Deutschen Bundestags. Der Bundestag ist die Vertretung des deutschen Volkes und die «Entscheidungsmitte»[3] der repräsentativen Demokratie. Er ist das autonome oberste Staatsorgan, das keiner Aufsicht unterliegt, an keine Weisung gebunden ist und seine eigenen Angelegenheiten selbst regelt. Der Bundestag ist «Der Gesetzgeber»[4] – im Sinne der wichtigsten politischen Arena und des wichtigsten Organs der Gesetzgebung des Bundes. Ferner hat der Bundestag die Hoheit über den Bundeshaushalt. Überdies wählt er den Bundeskanzler und ist zuständig für die Kontrolle der Bundesregierung und der ihr zugeordneten Verwaltung. Auch bei der Wahl von Mitgliedern anderer oberer Staatsorgane wirkt der Bundestag mit, so bei der Wahl des Bundespräsidenten und bei der Wahl der Bundesverfassungsrichter. Außerdem hat der Bundestag das Recht der Präsidentenanklage vor dem Bundesverfassungsgericht. Auch kann er beim Bundesverfassungsgericht beantragen, eine Partei als verfassungswidrig einzustufen. Nicht zuletzt ist der Bundestag das zentrale Organ zur Feststellung des Spannungs- und Verteidigungsfalles. Selbst wenn er am Zusammentreten verhindert ist, stellt der Bundestag doch zwei Drittel der Mitglieder des Gemeinsamen Ausschusses, der im Verteidigungsfall unter bestimmten Umständen viele Befugnisse des Parlaments übernimmt.[5]

Besondere Parlamentsrechte schützen den Bundestag bei der Wahrnehmung seiner Aufgaben, allen voran die Immunität und Indemnität der Bundestagsabgeordneten, also der besondere Schutz vor Strafverfolgung und die Gewährleistung strafrechtlicher Verantwortungsfreiheit für Abstimmungsverhalten und Äußerungen der Abgeordneten im Parlament und in Parlamentsausschüssen. Zudem verleiht das restriktive Verfahren der Parlamentsauflösung

3 Kirchhof 2004: 242.
4 von Beyme 1997.
5 Der Gemeinsame Ausschuss ist das 1968 dem Grundgesetz hinzugefügte Verfassungsorgan nach Artikel 53a, das die Funktion eines «Ersatz-» oder «Notparlaments» hat, das an die Stelle von Bundestag und Bundesrat tritt und deren Rechte einheitlich wahrnehmen soll. Er besteht zu zwei Dritteln aus Abgeordneten des Bundestags und zu einem Drittel aus Mitgliedern des Bundesrates.

nach Artikel 68 Grundgesetz (Vertrauensfrage) dem Parlament einen gewissen Schutz vor der Neigung zur «Gouvernementalisierung»[6] in Verfassung und Verfassungswirklichkeit.

Bei all seinen Aktivitäten wird der Bundestag nicht von einer monarchischen Exekutive in Schach gehalten, wie der Reichstag im Deutschen Reich von 1871 bis 1918, oder vom «Führerstaat» zum Akklamationsorgan degradiert, wie der Reichstag von 1933 bis 1945. Seinen Kompetenzen nach zu urteilen ist der Deutsche Bundestag ein vollwertiges Parlament – im Unterschied zum Europäischen Parlament, das nur begrenzte Budget- und unvollständige Mitwirkungsrechte bei der Wahl der politischen Führung hat.

Allerdings bedeutet vollwertiges Parlament nicht notwendig vollständige Parlamentssouveränität wie im Westminster-Modell. Der Deutsche Bundestag wirkt vielmehr in einem Kräftefeld mit einflussreichen «Mitregenten»[7], unter ihnen der Bundesrat, das Bundesverfassungsgericht und die Europäische Union. Außerdem heißt parlamentarisches Regierungssystem in den modernen Demokratien nicht Vorherrschaft eines aus autonomen Abgeordneten bestehenden Parlaments, sondern «im Wesentlichen parlamentarische Parteiregierung»[8] auf der Grundlage des Mit- und Gegeneinanders dreier Hauptakteure: Regierung, Parlamentsfraktionen der Regierungsparteien und Fraktionen der parlamentarischen Opposition. Im Unterschied zur älteren Gewaltenteilungslehre, die von der säuberlichen Trennung von Exekutive und Legislative ausging, verläuft die Front im parlamentarischen Regierungssystem der Gegenwart nicht zwischen der Exekutive und dem Parlament insgesamt, sondern zwischen der Regierung und der sie stützenden Parlamentsmehrheit auf der einen und der parlamentarischen Opposition auf der anderen Seite. Weil Regierung und Opposition in den modernen Demokratien von den Parlamentsfraktionen der politischen Parteien gestellt werden, prägt der Parteienwettbewerb das parlamentarische Regierungssystem und verwandelt die Legislative in ein

6 Guggenberger 2009b: 49, zur Parlamentsauflösung im internationalen Vergleich Patzelt 2006.
7 Jäger 1987: 51 ff., vgl. Kapitel 1.
8 Oberreuter 2009: 96, vgl. von Beyme 1999.

«Fraktionenparlament»[9] – im Unterschied zu einem aus autonomen Repräsentanten bestehenden «Honoratioren»- oder «Abgeordnetenparlament».

Die Vollwertigkeit des Parlaments und seine parteipolitische Überformung sind Ergebnisse der jüngeren politischen Geschichte Deutschlands. In der konstitutionellen Monarchie des Deutschen Reiches war das Parlament noch schwach. Vor allem konnte der Reichstag die Regierung weder wählen noch abwählen. Deutschlands Parlamentarismus dieser Zeit war ein «negativer Parlamentarismus», der zur Vorherrschaft einer bloß «negativen Politik» beitrug: Das Land wurde gut verwaltet, aber politisch schlecht geführt, innen- wie außenpolitisch. So lautete Max Webers Diagnose aus den Jahren 1917 und 1918. Daraus gab es, Weber zufolge, nur diesen Ausweg: Parlamentarisierung, also auch Entmachtung des monarchischen Staatsoberhauptes, Demokratisierung des Wahlrechts und Direktwahl des Reichspräsidenten. «Plebiszitäre Führerdemokratie» mit einem starken Parlament – das schien Weber das Erfolgsrezept zu sein.[10]

Mit der Weimarer Reichsverfassung von 1919 erhielt Deutschland zum ersten Mal ein parlamentarisches Regierungssystem und ein demokratisches Wahlrecht für Männer und Frauen. Doch der Parlamentarismus der Weimarer Republik war fragil. Bedrängt wurde er von dem starken, plebiszitär gewählten Reichspräsidenten und der Möglichkeit des Plebiszits über Sachfragen. Unter extremen Druck geriet er durch den Aufstieg zweier Anti-System-Parteien, der Nationalsozialistischen Deutschen Arbeiterpartei (NSDAP) auf der rechten und der Kommunistischen Partei Deutschlands (KPD) auf der linken Seite, und durch die Schwäche der prodemokratischen Kräfte. Tödlich getroffen wurde die Weimarer Republik, als der Reichspräsident von Hindenburg Adolf Hitler, den Führer der NSDAP, zum Kanzler einer Koalitionsregierung berief, von der aus alsbald der Weg in den nationalsozialistischen «Führerstaat»[11] führte. In diesem Staat spielte der Parlamentarismus keine Rolle mehr – und seine Parteien wurden, bis auf die NSDAP, aufgelöst.

9 Schüttemeyer 1998, 2009, vgl. Saalfeld 1995.
10 Weber 1972: 157, Weber 1988a, 1988c.
11 Frei 2002a.

Zur Blüte gelangte der Parlamentarismus erst in der Bundesrepublik Deutschland. Nun schlug er erstmals in der politischen Geschichte des Landes auch tiefe Wurzeln. Damit begann der Wandel vom «negativen Parlamentarismus» zum positiven Parlamentarismus, um an Webers Begriff anzuknüpfen.

2. Die soziale und die parteipolitische Zusammensetzung des Deutschen Bundestags

Im Zuge dieses Wandels gewann das Parlament an Statur und Bedeutung. Auch änderten sich seine soziale und seine parteipolitische Zusammensetzung.[12] Der Deutsche Bundestag ist zwar nach wie vor ein männerdominiertes Parlament. Allerdings ist der Frauenanteil unter den Abgeordneten höher als je zuvor und auch im internationalen Vergleich ansehnlich: Von den 622 Abgeordneten des Bundestages waren zu Beginn der 17. Wahlperiode (2009) 418 männlich (67,2 Prozent) und 204 (32,8 Prozent) weiblich.[13]

Der Altersstruktur seiner Abgeordneten nach zu urteilen, ist der Deutsche Bundestag weder ein jugendliches noch ein gerontokratisches Parlament. Das Durchschnittsalter aller Abgeordneten des Deutschen Bundestages von der 1. bis zur 17. Wahlperiode liegt bei 49 Jahren.[14]

Die Mehrheit der Abgeordneten gehört seit 2002 zu den Geburtsjahrgängen ab 1950, also zu den Personen, die – mit Ausnahme der überschaubaren Zahl an Zugewanderten unter den Abgeordneten (derzeit 16 an der Zahl) – in der Bundesrepublik oder im Ostteil des geteilten Deutschlands sozialisiert wurden. Das ist ein auffälliger Unterschied zum Bundestag vor 1990, in dem die politischen Generationen den Ton angaben, die durch Kriegs- und Nachkriegsjahre, NS-Staat, Weimarer Republik oder das Deutsche Reich vor 1918 politisch sozialisiert worden waren.[15]

12 Patzelt 1995.
13 Feldkamp 2009: 79, 2010: 7, Siaroff 2000: 199.
14 Berechnet auf der Basis von Feldkamp 2009: 80, 2010: 7.
15 Bürklin/Rebenstorf u. a. 1997: 396, Feldkamp 2010: 7.

Die Bildungsexpansion hielt vor den Toren des Parlamentes nicht an. Das zeigen die Ausbildungsabschlüsse der Bundestagsabgeordneten. Die Universitätsausbildung ist mittlerweile ein Markenzeichen der meisten Parlamentarier. Doch mit ihm wurde der Abstand zu den Ausbildungsabschlüssen der Wähler sehr groß: So haben allein rund 60 Prozent der Abgeordneten in der 2009 begonnenen 17. Wahlperiode einen Universitäts- oder Hochschulabschluss, aber nur 17 Prozent der Wähler.[16] Spiegelbildlich dazu ist der Anteil der Abgeordneten mit Volks- oder Hauptschule als höchstem Abschluss drastisch geschrumpft: von 41 Prozent 1949 auf 2 Prozent 2009. Das ist ein weiterer Unterschied zur Wählerschaft, in der dieser Anteil 2009 38 Prozent betrug.[17]

Der Wandel von der Industrie- zur Dienstleistungs- und Wissensgesellschaft sowie die Bildungsexpansion trugen auch zu bemerkenswerten Änderungen der Berufe der Bundestagsabgeordneten bei. Vor allem der Anteil der Beamten und der Angestellten des Öffentlichen Dienstes nahm von 40,5 Prozent in der 1. Wahlperiode auf 50,2 Prozent im Jahre 2009 zu, der Anteil von Angestellten der Wirtschaft kletterte von 6 auf 13 Prozent und derjenige der Freiberuflichen von 9 auf 15 Prozent. Selbständig waren in der 3. Wahlperiode 24 Prozent der Abgeordneten, 2009 aber nur noch 8 Prozent. Und der immer schon geringe Arbeiteranteil unter den Parlamentariern schrumpfte von 1949 bis 2009 von 2 auf 0,5 Prozent.[18] Das sind Belege für einen Befund, der auch für die politischen Eliten in anderen modernen Demokratien gilt: die schier gesetzmäßige Disproportion zwischen der sozialen Zusammensetzung der politischen Führungsgruppen und der Masse der Bevölkerung.[19]

Die Daten zeigen auch einen Professionalisierungstrend unter den Parlamentariern an, einen wachsenden Anteil von Abgeordneten, die die Politik als Beruf praktizieren und von ihr leben. Den Berufspolitiker gibt es in allen Parteien: Helmut Kohl (CDU), der

16 Feldkamp 2009: 84.
17 Statistisches Bundesamt 2010: 131. www.bundestag.de/bundestag/abgeordnete/index.jsp.
18 Auf- und Abrundungen auf der Basis von Feldkamp 2009: 91.
19 Blondel/Müller-Rommel 2009: 822. Putnam (1976: 37) hatte sogar vom «Gesetz der zunehmenden Disproportion» gesprochen.

Bundeskanzler der Jahre von 1982 bis 1998, verkörperte ihn ebenso wie Joschka Fischer (Bündnis 90/Die Grünen) oder Gerhard Schröder (SPD), der Regierungschef der rot-grünen Koalition im Bund. Andererseits zeigen genaue Längsschnittstudien zu den Karrieren von Parlamentariern in Deutschland seit 1848, wie vergänglich das Dasein als Politiker sein kann.[20] Diesen Untersuchungen zufolge lässt sich der Beruf des Politikers eher als «ein prekäres Beschäftigungsverhältnis, nicht aber als Profession charakterisieren». Dieser Beruf ist «ungesichert, episodisch, unscharf in der Bestimmung des Berufsfeldes, der qualifikatorischen Voraussetzungen und des Karriereverlaufs»[21]. Viele Abgeordnete erlangen nicht den erstrebten sicheren Stand. Nicht wenige verlieren scheinbar sichere Positionen durch die Niederlage in einer Parlamentswahl oder in einer innerparteilichen Abstimmung oder aufgrund eines durch die öffentliche Meinung erzwungenen Rücktritts.

Auf eine nicht sonderlich befestigte Existenz als Berufspolitiker deutet auch die durchschnittliche Mandatsdauer der Abgeordneten des Bundestages hin: Seit den 1960er Jahren schwankt sie zwischen 9 und 11 ½ Jahren.[22] Im Vergleich zum US-amerikanischen Kongress ist der Anteil wiedergewählter Abgeordneter im Bundestag sogar geringer. Allerdings ermöglicht das Ende der Karriere als Abgeordneter des Bundestags in der Regel die Rückkehr in den alten Beruf. Das macht die meisten Abgeordneten heutzutage unabhängiger als ihre Vorgänger in der Weimarer Republik: Unter diesen waren viele Partei- und Verbandsfunktionäre, deren Schicksal von Gnade und Ungnade ihrer Arbeitgeber abhing.

Nicht nur sozialstrukturelle Variablen helfen bei der Erkundung von Kontinuität und Wandel in der Zusammensetzung des Deutschen Bundestags. Von noch größerer Bedeutung sind im Zeitalter des parteipolitisch geprägten Parlamentarismus parteipolitische Größen, insbesondere die Parteimitgliedschaft der Parlamentarier.

Der reinen Theorie nach sind die Abgeordneten bei Abstimmungen im Parlament unabhängig und nur ihrem Gewissen verpflichtet.

---

20 Best/Cotta 2000, Best/Hausmann/Schmitt 2000, Best/Jahr 2006.
21 Alle Zitate aus Best/Jahr 2006: 79.
22 Feldkamp 2009: 82.

Der Geist dieser Theorie durchweht auch das Grundgesetz. Seine Verfassungswirklichkeit ist komplizierter: In ihr dominieren das partei- und das fraktionenpolitische Moment – wie in allen modernen parlamentarischen Regierungssystemen.

Fast alle Abgeordneten sind Mitglieder einer politischen Partei und für die meisten von ihnen hängt die weitere Karriere in der Legislative oder der Exekutive wesentlich von langjähriger Bewährung in ihrer Partei ab. Den Spielregeln im Parlament zufolge stimmen die Abgeordneten nicht in vollständiger Autonomie ab, sondern in der Regel auf der Basis der Willensbildung in den Parlamentsfraktionen und im Rahmen der Fraktionsdisziplin der Parteien. Der Abgeordnete, der wiederholt von den Beschlussvorgaben der Fraktionsdisziplin abweicht, riskiert seine Wiederwahl. Parlamentarisch fast ohnmächtig wäre am Ende derjenige Abgeordnete, der in allen Entscheidungen ohne Rücksicht auf seine Fraktion abstimmt und von dieser ausgeschlossen würde. Das mag man bedauern, aber die Wirklichkeit eines parlamentarischen Regierungssystems mit komplexen Gesetzgebungsaufgaben einerseits und Kampf zwischen Regierung und Opposition um Machterwerb und Machterhalt andererseits lässt keine grundlegende Alternative zur Parteienbindung und Fraktionsdisziplin der Abgeordneten offen. Ohne diese droht, die Geschichte der Vierten Republik Frankreichs (1946–1958) lehrt es, fortwährende politische Instabilität.[23]

Gemessen an der parteipolitischen Zusammensetzung des Deutschen Bundestags haben die Wähler bei allen Bundestagswahlen Kandidaten der CDU/CSU, der SPD und der FDP gewählt. Kleinere Parteien kamen in den ersten drei Legislaturperioden hinzu, die Kommunistische Partei Deutschlands, die Deutsche Partei und der GB – BHE (Gesamtdeutscher Block – Block der Heimatvertriebenen und Entrechteten) beispielsweise, 1983 folgten die Grünen und seit 1990 Abgeordnete der PDS, der Partei Die Linke. PDS bzw. der Partei Die Linke.[24]

Bei 16 von 17 Bundestagswahlen hat keine der Parteien die Mehrheit der Parlamentssitze gewonnen. Die Ausnahme ist die Bundes-

23 Gallagher/Laver/Mair 2006: 82.
24 Vgl. Feldkamp 2005: 65 ff., 2006a, Schindler 1999, Bd. I: 158 ff.

tagswahl von 1957. In ihr gewann die CDU/CSU 278 der insgesamt 518 Mandate.[25] Ansonsten waren für die Kanzlermehrheit bislang Koalitionen zwischen mindestens zwei Parteien zwingend erforderlich. Auch hier stehen die Weichen auf Machtaufteilung, nicht auf Machtkonzentration. In die gleiche Richtung weist die Sperrminorität der beiden großen Parteien in Deutschland. Die CDU/CSU ging aus allen Bundestagswahlen mit mehr als einem Drittel der Mandate hervor, die SPD hatte diese Sperrminorität in der 3. Wahlperiode (1957–1961) erlangt, bei der Bundestagswahl 2009 aber verloren. Um die Tragweite dieses Verlustes zu ermessen, muss man sich dies vor Augen führen: Sperrminorität bedeutet eine Vetospielerposition bei Abstimmungen mit Zweidrittelmehrheit, wie im Falle von Grundgesetzänderungen. Ohne Sperrminorität ist diese Vetoposition dahin. Ferner konnte bis Dezember 2009 ein Drittel der Abgeordneten (seither ist es ein Viertel) einen Antrag auf abstrakte Normenkontrolle beim Bundesverfassungsgericht stellen (siehe Kapitel 9).

Die relativ stärkste Fraktion im Bundestag wurde in 14 von 17 Bundestagwahlen die CDU/CSU und dreimal die SPD (1972–76, 1998–2002 und 2002–2005). Aus diesem Grunde fiel das Amt des Bundestagspräsidenten in den meisten Legislaturperioden den Unionsparteien zu – mit Ausnahme der Jahre von 1972 bis 1976 und von 1998 bis 2005, in denen die SPD mit Annemarie Renger bzw. Wolfgang Thierse den Bundestagspräsidenten stellte.

In allen Wahlperioden ermöglichte die Mandatsverteilung im Bundestag rein rechnerisch einen Regierungswechsel während der Legislaturperiode. Zweimal wurde von dieser Gelegenheit Gebrauch gemacht: 1966 trat die Große Koalition aus Unionsparteien und SPD an die Stelle einer CDU/CSU-geführten Regierung, und 1982 brachte das konstruktive Misstrauensvotum gegen Bundeskanzler Helmut Schmidt (SPD) eine Koalition aus CDU/CSU und FDP unter Führung von Helmut Kohl (CDU) an die Macht. Die anderen Machtwechsel kamen direkt im Anschluss an Bundestags-

25 Vgl. Tabelle 3. Auch ohne die bis zum 8.6.1990 nicht voll stimmberechtigten Berliner Abgeordneten besaß die Union in dieser Wahlperiode die Mehrheit der Mandate (270 von 497).

Tabelle 3: Die Mandatsverteilung im Deutschen Bundestag seit 1949

Wahlperiode	CDU/CSU	FDP	Bündnis 90/Die Grünen	PDS bzw. Die Linke	SPD	Andere	Zahl der Mandate	... davon Überhangmandate
1 (1949–53)	142	53			136	79	410	2
2 (1953–57)	250	53			162	44	509	3
3 (1957–61)	278	43			181	17	519	3
4 (1961–65)	251	67			203		521	5
5 (1965–69)	251	50			217		518	0
6 (1969–72)	250	31			237		518	0
7 (1972–76)	234	42			242		518	0
8 (1976–80)	254	40			224		518	0
9 (1980–83)	237	54			228		519	1
10 (1983–87)	255	35	28		202		520	2
11 (1987–90)	234	48	44		193		519	1
12 (1990–94)	319	79	8	17	239		662	6
13 (1994–98)	294	47	49	30	252		672	16
14 (1998–02)	245	43	47	36	298		669	13
15 (2002–05)	248	47	55	2	251		603	5
16 (2005–09)	226	61	51	54	222		614	16
17 (2009)	239	93	68	76	146		622	24

Die Zahlen geben die Zahl der Sitze jeweils zu Beginn der Wahlperiode an (einschließlich der Berliner Abgeordneten, die erst ab dem 8. Juni 1990 volles Stimmrecht hatten). Zur Aufteilung der Berliner Abgeordneten auf die Fraktionen: Schindler 1999, Bd. I: 903.

Quellen: Schindler 1999 Bd. I: 291, 381 f., 904 f., Bd. III: 4344, Feldkamp 2010: 5, Forschungsgruppe Wahlen 2009a.

wahlen zustande: 1969 löste die sozialliberale Koalition aus SPD und FDP die Große Koalition ab, 1998 gingen die SPD und Bündnis 90/Die Grünen die rot-grüne Koalition ein, 2005 fanden sich die Unionsparteien und die SPD zur zweiten Großen Koalition auf

Bundesebene zusammen, und 2009 löste ein neuerliches schwarz-gelbes Bündnis die Große Koalition ab.

3. Abstimmungsregeln – Parteienpolitik zwischen Mehrheitsdemokratie und Großer Koalition

Bei Abstimmungen im Deutschen Bundestag gilt das Mehrheitsprinzip – allerdings mit unterschiedlich hohen Mehrheitsschwellen. Verfassungsänderungen erfordern jeweils die Zweidrittelmehrheit im Bundestag und im Bundesrat. Zur Wahl des Bundeskanzlers hingegen genügt die Kanzlermehrheit. Das ist die Mehrheit der gesetzlichen Mitglieder des Parlaments, nicht nur die Anwesendenmehrheit. Die Kanzlermehrheit gilt auch bei der Vertrauensfrage des Bundeskanzlers nach Artikel 68 des Grundgesetzes und beim konstruktiven Misstrauensvotum. Bei der Gesetzgebung liegen die Hürden meist niedriger. Die zweite Lesung eines Gesetzentwurfs oder die Schlussabstimmung über einen Gesetzesantrag setzt die Mehrheit der abgegebenen Stimmen voraus. Will der Bundestag eine Mehrheit im Bundesrat gegen ein Einspruchsgesetz, d. h. ein nicht zustimmungspflichtiges Gesetz, überstimmen, kann er dies ebenfalls mit der Mehrheit der abgegebenen Stimmen tun. Hat der Bundesrat aber mit Zweidrittelmehrheit Einspruch gegen ein Gesetz erhoben, erfordert die Überstimmung im Bundestag ebenfalls die Zweidrittelmehrheit, mindestens die Mehrheit der Mitglieder des Bundestages (Artikel 77 IV Grundgesetz).

Die Zweidrittelmehrheit schreibt die Verfassung zudem für parlamentarische Entscheidungen zur Anklage des Bundespräsidenten für willentliche Verletzung des Grundgesetzes oder eines anderen Bundesgesetzes vor, und zwar eine Zweidrittelmehrheit der gesetzlichen Mitglieder des Bundestags oder eine Zweidrittelmehrheit der Stimmen im Bundesrat.[26]

26 Der Antrag auf Erhebung der Anklage kann von mindestens einem Viertel der Bundestagsmitglieder oder einem Viertel der Stimmen des Bundesrates gestellt werden. Der Beschluss auf Erhebung der Anklage hingegen bedarf der Zweidrittelmehrheit im Parlament oder in der Ländervertretungskammer.

Die Abstimmungsregeln im Bundestag wahren Minoritätsrechte. Dazu trägt die Zweidrittelmehrheit etwa bei Verfassungsänderungen ebenso bei wie die Regel, wonach ein Viertel der gesetzlichen Mitglieder des Bundestags berechtigt ist, beim Bundesverfassungsgericht einen Antrag auf Gesetzesüberprüfung in Gestalt der abstrakten Normenkontrolle zu stellen (siehe Kapitel 9).

Neben den Abstimmungsregeln macht auch die Art der Mehrheitsschwellen politisch einen großen Unterschied. Die Abstimmenden- oder die Kanzlermehrheit kann eine kleine Regierungskoalition aus eigener Kraft erreichen. Zur Zweidrittelmehrheit aber ist mehr erforderlich. Solange eine Partei nicht zwei Drittel der Bundestagssitze gewonnen hat, erfordert die Zweidrittelmehrheit die Kooperation der Regierungsparteien und die der wichtigsten Oppositionspartei – entweder in Gestalt einer formellen Großen Koalition oder als fallweise geschmiedete Koalition aus Regierung und Opposition bzw. der größten Oppositionspartei. Weil eine Verfassungsänderung auch die Zweidrittelmehrheit im Bundesrat voraussetzt, ist die Kooperation von Regierung und Opposition ebenso unabdingbar wie die des Bundesrats. Die Zweidrittelmehrheit fügt dem einfachen Mehrheitsprinzip im politischen Betrieb in Deutschland somit ein starkes konkordanzdemokratisches Element hinzu, manche sagen auch: ein starkes verhandlungsdemokratisches Moment. Doch auch bei der Einfachgesetzgebung können konkordanzdemokratische Zwänge wirken, etwa bei Gesetzen, die der Zustimmung der Mehrheit des Bundesrates bedürfen.

Die Abstimmungsregeln im Bundestag haben einen folgenreichen Mechanismus in Gang gesetzt. Einerseits herrschen im Parteienwettbewerb die Regel der absoluten oder relativen Mehrheit, der Konflikt und der dramatisierende Wettstreit mit dem parteipolitischen Gegner vor. Das ist der auf Parteiendifferenzen beruhende «interparty mode of behaviour»[27], der insbesondere den Parlamentarismus in den Mehrheitsdemokratien im Sinne von Lijphart (1999) prägt. Andererseits erfordern die meisten wichtigen Gesetzgebungen in Deutschland, soweit sie zustimmungspflichtig sind, eine formelle oder informelle Große Koalition: eine Koalition aus Bundes-

27 Gallagher/Laver/Mair 2006: 59, 82.

regierung und der Mehrheit der Bundesratsstimmen (und bei einer Grundgesetzänderung die Zweidrittelmehrheit) sowie, im Falle parteipolitisch unterschiedlicher Mehrheiten im Bundestag und im Bundesrat, ein formelles oder informelles Bündnis aus Regierungsparteien und der größten Oppositionspartei. Insoweit entpuppt sich die Bundesrepublik Deutschland in der Regel auch dann als ein «Staat der Großen Koalition»[28], wenn das Land nicht von einem Bündnis aus Unionsparteien und SPD regiert wird. Das ist das Ergebnis des Zusammenwirkens von «interparty mode» und «crossparty or nonparty modes», also parteienübergreifender Verhaltensmodi im Parlament, das vor allem «Konsensusdemokratien» (im Sinne von Lijphart 1999) kennzeichnet.[29]

Wo der institutionelle Kern des «Staates der Großen Koalition» liegt, hängt von der Beschaffenheit der Koalition ab. Bei einer formellen Großen Koalition (wie 1966 bis 1969 und von 2005 bis 2009 auf Bundesebene) ist der Kern in der koalitionsinternen Willensbildung zu suchen. Wenn keine Große Koalition regiert und die Streitparteien im Regierungs-Oppositions-Verhältnis zueinander stehen, oder wenn gravierende Bund-Länder-Gegensätze zu überbrücken sind, liegt der institutionelle Kern des «Staates der Großen Koalition» im Vermittlungsausschuss des Deutschen Bundestags und des Bundesrates gemäß Artikel 77 II des Grundgesetzes. Der Vermittlungsausschuss soll Konflikte lösen, die zwischen der Bundestagsmehrheit und der Bundesregierung einerseits und der Mehrheit der Länder andererseits in der Gesetzgebung bestehen. Der Vermittlungsausschuss besteht seit der Einheit Deutschlands aus 16 (zuvor elf) Vertretern des Bundestags, die proportional zum Anteil der Parteien an den Bundestagssitzen bestellt werden, und 16 Delegierten des Bundesrates (zuvor elf). Faktisch ist der Vermittlungsausschuss eine höchst einflussreiche Instanz der Kompromisssuche und der Entscheidung auf der Basis einer großen Koalition der beteiligten Parteien und der Vertreter der Länderregierungen.

Institution und Praxis des Vermittlungsausschusses gelten, alles

28 Schmidt 2008.
29 Gallagher/Laver/Mair 2006: 59, 82.

in allem, als eine «Erfolgsstory»[30]. Besonders wichtig war seine Rolle in der ersten Legislaturperiode des Parlaments (1949–1953), ferner in den Perioden der rivalisierenden Mehrheiten im Bundestag und Bundesrat, vor allem während der SPD/FDP-Koalition, sodann während der zweiten Hälfte der Kohl-Ära und von 1999 (und mehr noch ab 2002) bis zum Ende der rot-grünen Koalition im Jahre 2005. Im Unterschied dazu schwindet die Bedeutung des Vermittlungsausschusses, wenn die Mehrheiten im Bundestag und Bundesrat in parteipolitischer Hinsicht übereinstimmen, beispielsweise in der ersten Hälfte der «Ära Kohl» zwischen 1982 und 1990 oder im Falle einer Großen Koalition auf Bundesebene.

In den meisten Fällen hat der Vermittlungsausschuss, so die Ergebnisse der bahnbrechenden Studie von Thomas Bauer, die Rolle des Vermittlers und Kompromisssuchers erfolgreich spielen können. Selten wurde er als Instrument zur Blockade des Entscheidungsprozesses genutzt. Typisch war vielmehr die Sicherheitsventilfunktion des Ausschusses im Fall von schweren Konflikten zwischen dem Parlament und dem Bundesrat, wenngleich dies mitunter zu später Nachtstunde das Schmieden von gesetzgebungstechnisch defizitären Kompromissen einschloss. Doch zu seiner Erfolgsbilanz gehört, dass mehr als 90 von 100 Vorschlägen des Vermittlungsausschusses letztendlich vom Bundestag und vom Bundesrat akzeptiert wurden.[31]

Das verweist auf einen größeren, für den politischen Betrieb in der Bundesrepublik Deutschland charakteristischen Zusammenhang: Der Parteienwettbewerb trennt die Streitparteien und verleitet sie zu dichotomisierender und dramatisierender Darstellung. Doch die konkordanz- bzw. verhandlungsdemokratischen Abstimmungsregeln im Parlament und zwischen Bundestag und Bundesrat zwingen die auseinanderstrebenden Streitparteien wieder zusammen – sofern diese nicht die Blockade des Entscheidungsprozesses riskieren, was sie bislang vergleichsweise selten getan haben.

30 Bauer 1998: 216.
31 Bauer 1998: 215 ff.

4. Funktionen des Deutschen Bundestages

Das Grundgesetz verleiht dem Deutschen Bundestag eine zentrale Position im politischen Betrieb des Landes. Verfassung und Verfassungswirklichkeit sind allerdings nicht deckungsgleich. Deshalb müssen beide untersucht werden. Das wirft weiterführende Fragen wie diese auf: Inwieweit meistert oder verfehlt der Bundestag seine Aufgaben? Welche Bedeutung kommt ihm insgesamt zu? Genaueres lässt sich anhand der fünf wichtigsten Funktionen des Parlaments ermitteln: Wahlfunktion, Gesetzgebung, Kontrolle von Regierung und Verwaltung, Mitwirkung bei der Interessenäußerung und politischen Kommunikation sowie Mitwirkung bei der parlamentarischen Opposition.

4.1 Wahlfunktion

Von der Wahlfunktion des Parlaments haben Befürworter der Parlamentarisierung und Demokratisierung viel erwartet. Zu ihnen gehört Max Weber, der sich von einem starken Parlament die Auslesestätte für kompetente politische Führungskräfte und für die Wahl von verantwortungsbewussten Regierungen erhoffte. Heutzutage sieht man die Dinge skeptischer. Der Parlamentarismus bringt nicht automatisch fachkundige politische Führungskräfte hervor. Und einer der charismatischen Führer, der noch in der Weimarer Republik aufstieg und vom Reichspräsidenten von Hindenburg zum Reichskanzler ernannt wurde, hat fürchterliches Unheil gebracht: Adolf Hitler.

Die Wahlfunktion des Deutschen Bundestags allerdings wird weithin positiv gewertet. Manche preisen sie sogar in hohen Tönen. Das ist nachvollziehbar, weil der Bundestag seine Hausaufgaben, unter ihnen die Wahl einer handlungsfähigen Regierung, bislang zuverlässig und meistens zügig erledigt hat.[32] Zudem brachte der Bundestag bislang stabile, auf die parlamentarische Mehrheit gestützte Regierungen zustande. Dafür benötigte er meist eine überschaubare

---

[32] Vgl. Feldkamp 2005: Kapitel 1, 2010: 15, Schindler 1999, Bd. I, Kapitel 1.

Zeit: In der 14. und 15.Wahlperiode betrug die Dauer der Regierungsbildung (gerechnet vom Tag der Bundestagswahl bis zur Vereidigung des Bundeskabinetts) jeweils 30 Tage, während die Bildung der Koalition aus CDU/CSU und SPD nach der Bundestagswahl 2005 mit 65 Tagen ungewöhnlich langwierig war.[33] Doch auch mit dieser Zeitspanne blamiert man sich international nicht. Schneller kam die schwarz-gelbe Koalition 2009 voran: Sie benötigte nur vier Wochen.

Für den Bundestag spricht ferner, dass er in der Regel aus instabilen Lagen Auswege fand, so 1982, als die SPD-Minderheitsregierung von einer CDU/CSU-FDP-Koalition abgelöst wurde. Allerdings gab es auch längeren Leerlauf. Das war 1972 der Fall, als erst eine vorgezogene Neuwahl des Bundestags dem Patt ein Ende bereitete, das durch die Abwanderung von Abgeordneten der sozialliberalen Koalition zur Opposition entstanden und durch das fehlgeschlagene konstruktive Misstrauensvotum der CDU/CSU gegen den amtierenden Kanzler, Willy Brandt (SPD), nicht aufgelöst worden war.

Die meisten Wahlfunktionen bewältigte der Bundestag in der Regel einigermaßen effektiv und effizient. Dazu zählt die Mitwirkung bei der Wahl des Bundespräsidenten in der Bundesversammlung. Gleiches gilt für die Wahl der Repräsentanten im Vermittlungsausschuss und die Wahl der Vertreter des Bundestags im Gemeinsamen Ausschuss gemäß Artikel 53a des Grundgesetzes, dem Reserveparlament im Notstandsfall. Auch die Kooperation bei der Wahl der Richter des Bundesverfassungsgerichts gelingt zumindest leidlich – wenngleich parteipolitisches Taktieren immer wieder vorkommt und mit der Einschränkung, dass Auswahl und Wahl der Richter wenig transparent zustande kommen.

Dass der Bundestag seinen Wahlfunktionen im Wesentlichen nachkam, ist allerdings nicht nur sein Verdienst, sondern auch dem Parteiensystem zuzuschreiben, in dem bislang überwiegend Parteien mit beachtlichem Kooperationspotenzial wirkten. Allerdings hatten die Wahlfunktionen des Bundestags nicht nur integrative, sondern mitunter auch polarisierende Effekte. Infolge der Vor-

33 Feldkamp 2006a: 17.

herrschaft der Parteien bei der Wahl der Abgeordneten und der politischen Führungskräfte ist die Parteimitgliedschaft eine fast unabdingbare Voraussetzung für jeden Kandidaten. Doch die Parteizugehörigkeit polarisiert die Wählerschaft und die Abgeordneten in Gewinner und Verlierer, in Regierung und Opposition. Zudem sind parteipolitische Schlagseiten im Prozess der Kandidatensuche und -auswahl selbst dort nicht auszuschließen, wo Überparteilichkeit in besonderem Maße geboten ist, wie bei der Wahl des Bundespräsidenten oder der Richter des Bundesverfassungsgerichtes.

4.2 Gesetzgebung

Umfragen schmeicheln dem Deutschen Bundestag nicht. Er zählt zu den weniger populären öffentlichen Institutionen, und bei Wählerbefragungen zum Vertrauen in Institutionen schneidet er nicht sonderlich gut ab.[34] Umfragen von 1994, 1998 und 2002 zufolge setzten die Wähler in den alten Bundesländern das meiste Vertrauen in das Bundesverfassungsgericht, gefolgt von der Polizei, Umweltschutzgruppen, den Gerichten und der Bundeswehr. An sechster Stelle erst kam das Parlament, in den neuen Bundesländern nur an siebter Position.[35]

Dem Fleiß nach zu urteilen, verdient der Bundestag allerdings viel bessere Noten. Die prominente Rolle und der hohe Aktivitätsgrad des Parlaments in der Gesetzgebung sind an vorderster Stelle zu nennen. In dieser Funktion hat der Bundestag hohe Anerkennung erworben. Vom Engagement in der Gesetzgebung zeugen auch seine innere Struktur und seine Funktionsweise.[36] Der Bundestag ist eine Mischform aus «Arbeitsparlament» und «Redeparlament». Das «Arbeitsparlament» betont die Ausschussarbeit, die Gesetzgebung und die Kontrolle der Exekutive. Im «Redeparlament» hingegen ist die Profilierung in der parlamentarischen De-

---

34 Gabriel 2005, 501 f.
35 Niedermayer 2005.
36 Feldkamp 2009, Ismayr 2000, Oberreuter/Kranenpohl/Sebaldt 2002, Schindler 1999, Bd. II: Kapitel 11.

batte Trumpf; in ihm sind die expressiven Funktionen des Parlaments zentral. Der Bundestag vereint Merkmale beider Parlamentstypen, doch überwiegt das Arbeitsparlament. Entsprechend groß ist die Bedeutung der Ausschüsse des Deutschen Bundestages. Vom Vorrang des Arbeitsparlamentes zeugt auch die Arbeitszeiteinteilung der Abgeordneten auf Komiteearbeit und Debattentätigkeit. Den Großteil des Zeitbudgets im Parlament konsumiert die Teilnahme an Bundestagsausschusssitzungen. Der Vorrang des Arbeitsparlaments lässt sich zudem daran ablesen, dass das Plenum des Bundestags meist nur als Notar oder als Verkünder von Beschlüssen wirkt, die in den Parlamentsausschüssen und in informellen Abstimmungen zwischen Regierung, Fraktionen und Parteiführungen vorberaten oder schon entschieden wurden.

Die Gesetzgebung weist den Bundestag als ein produktives Parlament aus. So belief sich die Gesamtzahl der beim Bundestag eingebrachten Gesetzesvorhaben in den 16 Legislaturperioden von 1949 bis 2009 auf 10 821 – 6156 davon waren Regierungsvorlagen, 956 vom Bundesrat und 3709 wurden von Mitgliedern des Bundestages eingebracht. Von den 10 821 Gesetzesvorhaben wurden 7037 beschlossen.[37] Auch die vergleichsweise zügige Gesetzgebung deutet auf eine tatkräftige und leistungsfähige Legislative hin. Nach der Zahl der Parlamentsdrucksachen zu urteilen, braucht der Bundestag keinen Leistungsvergleich zu scheuen: Sie belief sich von der 1. Wahlperiode bis zum Ende der 16. Wahlperiode (2009) auf insgesamt 102 351 Drucksachen.[38] Dass der Bundestag zudem durch Vorlagen der Europäischen Union, früher EG-Vorlagen, in großem Umfang beschäftigt wird, liegt auf der Hand. Die Parlamentsstatistik belegt dies eindrucksvoll: Bis zum Ende der 16. Wahlperiode lagen dem Deutschen Bundestag 25 137 EU-Vorlagen vor – die übergroße Mehrzahl davon waren Ratsdokumente, etwas mehr als ein Zehntel entfiel auf Entschließungen des Europäischen Parlaments und ein sehr kleiner Anteil auf im Plenum debattierte Beschlussempfehlungen zu Unionsvorlagen.[39] Ein

37 Feldkamp 2010: 12 f.
38 Feldkamp 2010: 14.
39 Feldkamp 2010: 15. Allerdings handelt es sich um Dokumente unter-

Schelm, wer behauptet, dass alle Abgeordneten all dies hätten lesen können!

Quantität ist nicht gleich Qualität. So war beispielsweise die Zahl der ganz besonders wichtigen Gesetze – die der Grundgesetzänderungen – überschaubar: 57 wurden von 1949 bis 2009 gezählt.[40] Viele der anderen Gesetze waren weniger folgenreich als die Grundgesetzänderungen. Nicht wenige von ihnen reparierten nur Schäden, die frühere Gesetzgebungen verursacht hatten. Aber neben weniger wichtigen und Schaden behebenden Gesetzen sind auch wegweisende Legislativakte unterhalb von Verfassungsänderungen zu nennen. Die Gesetzgebung zum Wiederaufbau des kriegszerstörten Landes in den 1950er Jahren oder zur Integration Deutschlands in die europäische Staatengemeinschaft sind zwei Beispiele. Die Gesetzgebung zum Auf- und Ausbau des Sozialstaates gehört ebenfalls zu den großen, allerdings folgenreichen, weil besonders kostspieligen Aktivitäten des Deutschen Bundestages. Zudem hat die Politik zur deutschen Einheit eine Gesetzgebung verlangt, die in zeitlicher und sachlicher Hinsicht höchsten Ansprüchen genügen musste. Allerdings ist eine Einschränkung angebracht: Die Gesetzgebung zur deutschen Einheit stand im Zeichen der Stunde der Exekutive und wurde in erheblichem Maße abgekoppelt von dem schwerfälligen Prozess des Aushandelns zwischen Bund und Ländern und zwischen Regierung und Opposition.[41] In diesem Fall fanden sich Bundestag und Bundesrat in einer Ratifikationslage wieder, nämlich der Wahl zwischen Zustimmung zur gesamten Gesetzgebung zur Einheit Deutschlands oder Ablehnung des ganzen Werkes.

Die Gesetzgeber im Bundestag haben allerdings auch Fehlsteuerungen zu verantworten. Ein vielfach als überhöht angesehener Regelungsbestand im Steuer- und Sozialrecht gehört dazu. Kein Glanzstück ist ferner die Subventionspolitik. Sie erzeugt ein weitgefächertes, in seiner Effektivität und Effizienz zweifelhaftes Geflecht

schiedlichster Wichtigkeit wie Entwürfe von Richtlinien und Verordnungen der EU, Mitteilungen der Europäischen Kommission sowie Grün- und Weißbücher, vgl. Sturm/Pehle 2005: 63 ff.

40 Feldkamp 2010: 14.

41 Lehmbruch 1990.

von Unterstützungen teils produktiver, teils unproduktiver Art, an denen der Bundesgesetzgeber kräftig mitgewirkt hat. Dass zudem die Regierungspraxis in Deutschland in eine Staatsverschuldung von rund 75 Prozent des Sozialproduktes geführt hat (Stand 2010), wovon knapp zwei Drittel auf den Bund entfallen,[42] resultiert auch aus einer finanziell unsoliden Praxis der Gesetzgebungsmehrheiten im Deutschen Bundestag. An ihr wirkten alle Parteien mit. Die Phasen beschleunigter Verschuldung zeigen das: Besonders rasch wuchs die Staatsverschuldung in der zweiten Hälfte der 1970er Jahre unter den SPD-FDP-geführten Bundesregierungen, in den 1990er Jahren unter den CDU/CSU-FDP-geführten Regierungen, unter der zweiten Großen Koalition und unter der seit 2009 amtierenden schwarz-gelben Koalition infolge der sich vor allem 2008 und 2009 zuspitzenden weltweiten Finanzmarkt- und Wirtschaftskrise.

Dass der Parteienwettbewerb von größter Bedeutung in der Gesetzgebung ist, kann nicht verwundern. Schließlich sind die Parteien, ihre Fraktionen im Parlament und die von ihren Abgeordneten gewählten Regierungen die zentralen Akteure im politischen Willensbildungs- und Entscheidungsprozess insgesamt und im Parlament im Besonderen. Bemerkenswerter ist schon, dass die Opposition vielfach bei besonders wichtigen Gesetzen zugestimmt hat, wenngleich meist nach langem Tauziehen. Paradebeispiele sind erneut die Gesetzgebungen zur Mitwirkung am Auf- und Ausbau der europäischen Staatengemeinschaft und zum Auf- und Ausbau des deutschen Sozialstaates. Allerdings ist die Gesetzgebung oft in das Räderwerk der parteipolitischen Polarisierung geraten. In der Gesetzgebung in den 1980er Jahren beispielsweise schrumpfte der Anteil der einstimmig verabschiedeten Gesetze im Bundestag sehr stark – ein Ausdruck der scharfen Polarisierung zwischen Regierung und Opposition, die vom Regierungswechsel von 1982 weiter Nahrung erhielt.[43]

Trotz Konfrontation im Parteienwettbewerb kam in der Bundesrepublik Deutschland auch der «kooperative Parlamentarismus»[44] zum Zuge. «Kooperativer Parlamentarismus» bedeutet, dass Regierung und Opposition sich meist dem Kooperationszwang beugen, den Zustimmungspflichtigkeit oder Zweidrittelmehrheit hervorbringen. Der kooperative Parlamentarismus markiert auch einen grundlegenden Unterschied zwischen dem Deutschen Bundestag und dem US-amerikanischen Kongress oder dem britischen Unterhaus, denn dort ist das Mitregieren der Opposition nach deutschem Muster nur im Falle des Notstandes vorstellbar. Die Mitregentschaft der Opposition in Deutschland hingegen wurzelt in dem institutionell erzeugten Kooperationszwang, den der Bundesstaat und die Spielregeln für Verfassungsänderungen hervorbringen, sowie im Arbeitsparlamentscharakter des Bundestags. Denn das Arbeitsparlament verschafft der Opposition mannigfaltige Gelegenheit zur Kooperation und bindet sie in die Verantwortung ein. Beispielsweise werden die Parlamentsausschüsse mit Repräsentanten der Regierungs- und der Oppositionsparteien in Relation zu ihren Parlamentssitzanteilen besetzt. Zudem entfällt ein greifbarer Anteil der Ausschussvorsitzenden auf die Oppositionsparteien. Im Unterschied dazu dominiert im US-amerikanischen Kongress der Grundsatz, dass der Gewinner alles gewinnt und der Verlierer leer ausgeht.

4.3 Kontrollfunktionen

Auch die Kontrollfunktion des Bundestags wird vom Parteienwettbewerb bestimmt. Wie erwähnt, verläuft in den parlamentarischen Regierungssystemen die Front meist zwischen der Regierung und der Parlamentsmehrheit einerseits und der parlamentarischen Opposition andererseits. Ihr Eigeninteresse an einer handlungsfähigen Regierung veranlasst die parlamentarische Mehrheit, das Kontrollpotenzial des Parlaments gegen die Regierung nur in homöopathischer Dosierung zu nutzen. Ob die Opposition den damit verbundenen Verlust an Kontrolle ausgleicht oder überkompensiert, hängt von vielen Faktoren ab. Insgesamt wird die parlamentarische Opposition die Kontrollrechte umso mehr nutzen, je größer die politisch-ideologische Distanz zur Regierung, je größer die Zahl ihrer Mandate und je größer ihre politisch-ideologische Kohäsion ist. Besonders wirksam greifen die Kontrollrechte im Falle eines absoluten Vetos. Zu den Kontrollinstrumenten gehören zudem die Große Anfrage, die die gemeinsame Interpellation von wenigstens fünf Prozent der Abgeordneten voraussetzt, die Kleine Anfrage, d. h. eine Anfrage im Parlament, die von einer Fraktion oder von fünf Prozent der Mitglieder des Bundestages vorgebracht werden kann, ferner die Mündliche Anfrage und die Schriftliche Anfrage, die besonders rege genutzt wird. Das Arsenal der Kontrollinstrumente umfasst zudem die Beteiligung der Opposition an Gesetzesinitiativen des Bundestags, die Herbeirufung von Regierungsmitgliedern, die Einbringung von Missbilligungs- und Entlassungsanträgen gegen Regierungsmitglieder, Aktuelle Stunden und nicht zuletzt die Einsetzung eines parlamentarischen Untersuchungsausschusses, der im Zeichen des Parteienwettbewerbs allerdings meist zu einer «Arena für politische Kämpfe im Justizgewand»[45] mutiert. Ferner können parlamentarische Anhörungen anberaumt werden. Zudem gibt es das mächtige Kontrollinstrument des konstruktiven Misstrauensvotums.[46]

Alle erwähnten Kontrollinstrumente sind im Bundestag eingesetzt worden[47] – überwiegend von der Opposition, manchmal mit Erfolg, wie im Falle des konstruktiven Misstrauensvotums von 1982, manchmal erfolglos, wie im Falle des fehlgeschlagenen Misstrauensvotums von 1972. Manche Kontrollinstrumente werden extensiv genutzt, so die Interpellation, andere weniger häufig, beispielsweise der parlamentarische Untersuchungsausschuss.[48]

4.4 Interessenartikulation und Kommunikation

Der Beitrag des Deutschen Bundestags zur Interessenartikulation und zur politischen Kommunikation mit den Bürgern wird weniger gut benotet als seine Gesetzgebungs- und Wahlfunktionen. Beim Kampf um Aufmerksamkeit in einer von Massenmedien geformten Öffentlichkeit hat der Bundestag – wie andere Parlamente – keine guten Karten. Mitverantwortlich dafür sind unter anderem die wi-

45 Prantl 2002:4.
46 Vgl. Feldkamp 2010: 15.
47 Vgl. Feldkamp 2005: Kapitel 11, Feldkamp 2010, Schindler 1999, Bd. II: Kapitel 12.
48 Vgl. Feldkamp 2005, 2010, Schindler 1999.

dersprüchlichen Rollen der Bundestagsabgeordneten: Sie sind hin- und hergerissen zwischen den Rollen «Wahlkreiskönig» und «Parlamentsstar». Doch wer «Wahlkreiskönig» sein will, gerät in zeitlicher, sachlicher und sozialer Hinsicht in Konflikt mit dem, was der «Parlamentsstar» tun und lassen müsste. Hinzu kommen zwei weitere Rahmenbedingungen: Die Abgeordneten sind nicht nur Volksvertreter, sondern auch Mitglieder einer politischen Partei und einer Bundestagsfraktion dieser Partei. Sie sind nicht nur Repräsentanten des ganzen Volkes und nur ihrem Gewissen unterworfen, so der Artikel 38 I des Grundgesetzes, sondern auch Teil einer parteipolitischen Maschinerie mit harter Fraktionsdisziplin, deren Verletzung empfindlich sanktioniert werden kann, insbesondere durch Minderung oder Entzug der Wiederwahlchancen. Widersprüchliche Erfordernisse erwachsen den Abgeordneten zudem aus der dualen Struktur des Bundestags. Sein Arbeitsparlamentscharakter verlangt den qualifizierten Experten. Sein Redeparlamentscharakter aber prämiert rhetorische Qualifikation, geschickte Inszenierung und Befähigung zu medienwirksamer «Darstellungspolitik»[49]. Doch diese Fähigkeiten können mit der parteipolitischen Ausrichtung der parlamentarischen Kommunikation in Konflikt geraten. Denn das Machtstreben der Parteien und sein Abdruck in der parteipolitischen Kommunikation verleiten die Abgeordneten dazu, komplexe Sachverhalte parteipolitisch allzu sehr zu simplifizieren, zu dichotomisieren, zu moralisieren und die Schuld für Mängel immer nur beim Gegner zu suchen. Doch dies und der konfliktbetonende Stil des Vortrags entwerten nicht nur die Kommunikation im Parlament, sondern auch die Kommunikation zwischen Parlament und Öffentlichkeit. Für das Publikum wirkt diese Form des parteipolitisch aufgeladenen parlamentarischen Streites oft öde. Mitunter wirkt sie einschläfernd, wie der Witz insinuiert, der über Dänemarks *Folketing*, dem dänischen Parlament, kursiert: Wer etwas wirklich geheim halten wolle, müsse es im Parlament verkünden, denn dort höre niemand zu.[50]

Eine weitere Spannung kommt hinzu. Die Qualifikationen, die

49 Korte/Hirschner 2000.
50 Gallagher/Laver/Mair 2006: 81.

dem Abgeordneten zur Nominierung als Kandidat und zum Mandatserwerb verhelfen, unter anderem die Allgegenwärtigkeit in den Medien und das nimmermüde Händeschütteln, prädestinieren ihn nicht schon zu qualifizierter parlamentarischer Arbeit. Auch deshalb ist es kein Zufall, dass die Bundestagsabgeordneten sich häufig nur durch hastiges «training on the job» in die Materien einarbeiten können, über die sie abstimmen. Die Abgeordneten handeln dabei oft auf einer schmalen Informationsbasis und nehmen die wissenschaftliche Beratung meist nur in kleiner Dosierung auf – obwohl mittlerweile die parlamentarischen Hilfsdienste für die Abgeordneten nach dem Vorbild des US-amerikanischen Kongresses weit ausgebaut sind.

4.5 Oppositionsfunktion

Die Qualität eines demokratischen Parlaments zeigt sich auch an den Spielräumen und den Beteiligungsmöglichkeiten, die es der parlamentarischen Opposition gibt – zumal diese im parlamentarischen Regierungssystem der eigentliche Gegenspieler der Regierung und der Parlamentsfraktionen der Regierungsparteien ist.

In dieser Hinsicht verdient der Deutsche Bundestag erneut gute Noten und zudem weit bessere als es Kirchheimers These vom «Verfall der Opposition»[51] nahelegen könnte. Der Bundestag verkörpert nämlich den Fall einer «parlamentszentrierten Opposition mit starken Mitwirkungs- und Vetorechten»[52]. Das unterscheidet Deutschland von Großbritannien, wo eine parlamentszentrierte Opposition ohne größere Mitwirkungs- und Vetorechte wirkt; von Frankreich, wo ein «parlamentarisch-präsidentielles Oppositionsmodell» in Kraft ist; von den USA, wo die Opposition die Gestalt eines «Dualismus zwischen Legislative und Exekutive» annimmt; und von der Schweiz, die für ein «direktdemokratisches Oppositionsmodell» steht.[53]

Die zahlreichen Mitwirkungschancen und Vetorechte der Oppo-

51 Kirchheimer 1967.
52 Helms 2002: 40 f.
53 Helms 2002: 70 ff., 96 ff., 127 ff., 155 ff., 2007.

sition in Deutschland betreffen nicht nur den Teil der parlamentarischen Arbeit, der durch das «Redeparlament» geprägt ist – wie die öffentliche Aussprache über Gesetzesvorhaben der Regierungsparteien, die Debatten anlässlich von Regierungserklärungen, die Anhörungen, die Anfragen an die Regierungen oder die Herbeirufung von Regierungsmitgliedern. Noch wichtiger sind die mannigfaltigen Mitwirkungschancen, die der Arbeitsparlamentscharakter des Bundestags der Opposition gibt. Dazu gehört die auch aus international vergleichender Perspektive bemerkenswerte Möglichkeit eines Viertels der Abgeordneten, die Einsetzung eines Untersuchungsausschusses zu verlangen. Dass es sich hierbei zudem um verfassungsrechtlich verbrieftes Oppositionsrecht handelt (Artikel 44 I des Grundgesetzes), verdient besondere Erwähnung. Hinzu kommt die beträchtliche Anzahl von Mitwirkungs- und Vetorechten der parlamentarischen Opposition in Deutschland. Dabei handelt es sich insbesondere um dreierlei: erstens um das uneingeschränkte Gesetzesinitiativrecht der Opposition, zweitens um ihre proporzmäßige Berücksichtigung bei der Vergabe des Vorsitzes in den ständigen Bundestagsausschüssen und drittens um die Vetoposition, die der parlamentarischen Opposition aus der Zweidrittelmehrheit bei Grundgesetzänderungen erwächst,[54] sofern sie eine Sperrminorität von einem Drittel der Stimmen hat. Dass die Opposition mit dem Verfassungsinstitut des konstruktiven Misstrauensvotums überdies auf eine potenziell besonders scharfe Waffe zurückgreifen kann, sofern sie für dieses Votum eine parlamentarische Mehrheit zusammenbringt, soll gleichfalls genannt werden.

Außerdem haben die Oppositionsparteien auf Bundesebene außerhalb des Bundestags Einwirkungschancen. Eine wurzelt im Recht der Opposition auf Anrufung des Bundesverfassungsgerichtes. Das verleiht der parlamentarischen Minderheit das Recht, in Verfahren der abstrakten Normenkontrolle die Verfassungskonformität von Gesetzen überprüfen zu lassen (siehe Kapitel 9). Das Quorum für einen entsprechenden Antrag liegt allerdings bei einem Viertel der Mitglieder des Bundestags – bis Dezember 2009 war es ein Drittel. Hat die Opposition weniger als ein Viertel (bzw. vor Dezemer 2009

54 Helms 2002: 45 f.

ein Drittel) der Sitze des Parlaments auf ihrer Seite, wie im 16. Bundestag, ist dieser Weg der Oppositionspolitik versperrt.

Die parlamentarische Opposition in Deutschland profitiert überdies vom Bundesstaat. Sofern sie ein Drittel bzw. die Mehrheit der Bundesratsstimmen auf ihre Seite bringen kann, liegt eine Einwirkungschance der Opposition in der potenziellen Blockademacht des Bundesrates im Falle von Grundgesetzänderungen bzw. von zustimmungspflichtigen Gesetzen. Überdies ermöglicht die föderalistische Struktur Deutschlands den Oppositionsparteien, im Falle des Erfolgs bei Landtagswahlen «zumindest auf Länderebene Regierungserfahrung zu sammeln und auf diese Weise entsprechend geschultes Personal zu rekrutieren»[55]. Hinzu kommt das auch im internationalen Vergleich ungewöhnliche Recht von Mitgliedern des Bundesrates, im Bundestag sprechen zu dürfen und dort jederzeit gehört zu werden. Auch davon profitiert die Opposition, sofern sie im Bundesrat vertreten ist. Ferner ist für die alltägliche Oppositionsarbeit die Ressortorientierung der Ausschüsse im Bundestag wichtig. Aufgrund der spiegelbildlichen Ausrichtung der Bundestagsausschüsse auf die Bundesministerien eröffnet sich für die Ausschussmitglieder die «Chance der längerfristigen fachlichen Spezialisierung», und zwar für Vertreter von Regierungs- wie von Oppositionsparteien. Das schult nicht nur die Experten der Oppositionsparteien für die Oppositionsarbeit und für eine mögliche zukünftige Regierungspraxis. Es schafft auch ein Klima der Kooperation zwischen den Fachleuten von Regierung und Opposition, das «eine Annäherung in Sachpositionen zwischen Ausschussmitgliedern beider Seiten potenziell begünstigt»[56].

Ihre vielen Mitwirkungs- und Vetochancen hat die parlamentarische Opposition im Deutschen Bundestag tatkräftig genutzt und in der alltäglichen Oppositionsarbeit umgesetzt.[57] Dabei hat sich die Opposition mitunter sogar als politisch «innovative Kraft»[58] erwiesen. Deutschlands politisches System ist demnach nicht nur durch

55 Helms 2002: 49.
56 Helms 2002: 49.
57 Oberreuter/Kranenpohl/Sebaldt 2002, Sebaldt 1992.
58 Sebaldt 1992.

die Koexistenz von Parteienwettbewerb und den «Staat der Großen Koalition» geprägt, sondern auch dadurch, dass die parlamentarische Opposition beim Kampf um die Machtverteilung eine wichtige Rolle spielt.

5. Das mächtigste Parlament auf dem Kontinent?

Der Deutsche Bundestag steht im Zentrum des politischen Geschehens in der Bundesrepublik Deutschland und ist zweifelsohne die wichtigste politische Arena im Land.[59] Somit hat sich die skeptische These vom «machtlosen Parlament» nicht bewahrheitet, die Karl Loewenstein in den 1950er Jahren in der Annahme vertreten hatte, die starke Persönlichkeit des ersten Bundeskanzlers und die institutionelle Dominanz des Amtes des Regierungschefs würden das Parlament politisch degradieren.[60] Das war nicht der Fall. Der Bundestag ist auch heute weder das Anhängsel des Kanzlers noch ein «hinkendes Parlament», das sich hinter einem übermächtigen Präsidenten dahinschleppt. Auch laboriert der Bundestag nicht mehr am «negativen Parlamentarismus» des Reichstags bis 1918. Und im weiteren Unterschied zum Reichstag im Deutschen Reich von 1871 bis 1918 kennt der Bundestag nicht die Unterordnung unter die Oberhoheit der Krone.

Zudem ist der Bundestag in mancherlei Hinsicht gestärkt worden. Die verbesserte Ausstattung des Parlaments mit personellen und sachlichen Ressourcen hat seine Gestaltungskraft vergrößert. In die gleiche Richtung wirkt die zunehmende Professionalisierung der Abgeordneten. Ferner ist die Aufwertung des Bundestages in der Außen- und Sicherheitspolitik zu bedenken (vgl. Kapitel 12).[61] Dazu hat auch das Bundesverfassungsgericht beigetragen, das dem Bundestag wiederholt den Rücken stärkte. So hat das Bundesverfassungsgericht verschiedentlich, zuletzt in seinem Urteil vom 30. Juni 2009 zum Vertrag von Lissabon, die Mitwirkungschancen des Bun-

59 Conradt 2005.
60 Loewenstein 1959: 93 f.
61 Schüttemeyer 2009.

destages (und des Bundesrates) insbesondere in EU-Angelegenheiten aufgewertet: Bundestag und Bundesrat, so gaben die Karlsruher Richter dem Gesetzgeber bei der Zustimmung zum Vertrag von Lissabon vor, müssten stärker als bislang geschehen an europapolitischen Entscheidungen beteiligt werden, und zwar insbesondere durch Informations-, Unterrichtungs- und Vetorechte. Allerdings müsse der Bundestag, so schrieben ihm die Karlsruher Verfassungsrichter in einem beispiellosen Weckruf ins Stammbuch, von seinen Rechten in der Europapolitik selbstbewusster und in größerem Umfang Gebrauch machen und gegebenenfalls der EU Einhalt gebieten, wenn diese etwa gegen das Prinzip der limitierten Einzelermächtigung verstoße, das die Befugnisse der EU auf die im europäischen Vertragswerk ausdrücklich genannten Politikfelder begrenzt – eine Begrenzung, die die EU nicht selten zu durchbrechen versucht.

Der Deutsche Bundestag ist eine politisch zentrale Einrichtung, aber er ist weder omnipräsent noch omnipotent. Vielmehr hat er es mit mehr «Mitregenten» und «Vetospielern»[62] zu tun als andere Parlamente in Europa außer dem Schweizerischen Nationalrat. Zu diesen Mitregenten und Vetospielern (im Sinne von Kollektivakteuren) gehören vor allem Koalitionsparteien, der Bundesrat, die Länderregierungen, die autonome Zentralbank, die Verfassungsgerichtsbarkeit sowie die Delegation von Staatsaufgaben an gesellschaftliche Assoziationen und öffentlich-rechtliche Einrichtungen mit starken Selbstverwaltungstendenzen.[63] Sie alle engen den Spielraum des Bundestags ein. Außerdem ist der Deutsche Bundestag seit seinem Bestehen ein Parlament mit Souveränitätsbeschränkungen. Bis zum Deutschlandvertrag von 1955 begrenzte das Besatzungsstatut die Souveränität des Parlaments. Anschließend blieben bis 1990 Vorbehaltsrechte der Siegermächte des Zweiten Weltkrieges als Souveränitätseinschränkungen in Kraft. Noch dauerhafter und gewichtiger sind die Souveränitätstransfers an internationale und an supranationale Organisationen, insbesondere an die Euro-

62 Vgl. Kapitel 1, Anm. 60.
63 Zum internationalen Vergleich der Mitregenten- und Vetospielerdichte Schmidt 2010d: 351 ff.

päische Union (EU). Wie in anderen EU-Mitgliedstaaten wirkt das europäische Recht auf die Gesetzgebung in Deutschland ein, und zwar so stark, dass Fachleute mittlerweile von einem «neuen», einem «europäisierten Regierungssystem» in Deutschland sprechen.[64] Tatsächlich ist der EU-Impuls in der deutschen Gesetzgebung groß. Schon 1987 waren rund 20 Prozent der Gesetze, die der Bundestag verabschiedete, Transformationen europäischen Rechts in die deutsche Gesetzgebung. In Politikfeldern mit hohem Vergemeinschaftungsgrad, wie in der Agrarpolitik und zunehmend in der Wirtschaftspolitik, überschritt der Anteil der europagesteuerten Bundesgesetze schon früh die 20-Prozent-Marke. Gleiches gilt für die Legislativtätigkeit des Bundesrates. Mittlerweile liegt der Anteil der Gesetze mit EU-Impuls laut Schätzungen von A. E. Töller bei knapp 40 Prozent.[65]

Doch nicht nur die Politik auf EU-Ebene und das europäische Recht begrenzen die Autonomie des Deutschen Bundestags, sondern auch die starke Stellung der Judikative in der Bundesrepublik, insbesondere die im Bundesverfassungsgericht institutionalisierte Verfassungssouveränität, auch wenn diese mitunter die Position des Parlamentes aufgewertet hat. Andere Kräfte wirken allerdings in die Gegenrichtung, unter ihnen die große, tendenziell zunehmende Bedeutung der Ministerialbürokratie in der Gesetzgebung, die den stärkeren staatlichen Eingriff in die Gesellschaft und die Wirtschaft sowie die größere Komplexität der meisten Politikmaterien widerspiegelt. Überdies engt der Bundesrat in der Gesetzgebung den Manövrierraum des Deutschen Bundestags beträchtlich ein.[66] Außerdem begrenzen viele fachbruderschaftsartige Bund-Länder-Gremien die Autonomie und Souveränität des Bundestags. Hinzu kommt die Ratifikationslage, in die der Bundestag häufig infolge von politischen Entscheidungen auf europäischer Ebene und Kompromissen zwischen Bund und Ländern gerät. «Ratifikationslage» bedeutet, dass das Parlament nur noch zwischen vollständiger Annahme oder vollständiger Ablehnung der ausgehandelten Kompro-

64 Sturm/Pehle 2005.
65 Töller 2008, vgl. Weiler 1999, Sturm/Pehle 2005.
66 Lehmbruch 2000.

misse wählen kann – und angesichts dieser Zwangslage meist die erste Option favorisiert.

Diese Begrenzungen des Parlaments haben manche Beobachter zu der zugespitzten These verleitet, der Bundestag sei von einer Stätte der «transparenten und verantwortlichen Gesetzesproduktion» zu einer intransparenten «Regulierungs- und Abstimmungsmaschinerie»[67] mutiert. Doch diese These wie auch andere Diagnosen des «Niedergangs des Parlaments» idealisieren die Vergangenheit des Bundestags und kritisieren seine gegenwärtige Verfassung zu scharf.[68] Denn in Wirklichkeit ist der Bundestag, wie auch andere Parlamente in nichtpräsidentiellen politischen Systemen, als formeller institutioneller Sitz der Volkssouveränität nicht nur das «Stempelkissen», das die Vorentscheidungen im extraparlamentarischen Raum ratifiziert, sondern auch ein «Rahmen für die Koordinierung der Netzwerke von Akteuren aus Parlamentariern, Parteistrategen, Interessengruppen, Ministerialbeamten» und die föderativen Einheiten.[69] Überdies ist der Bundestag die Arena, in der gesamtstaatlich verbindliche Entscheidungen getroffen werden.

Allerdings sind die Restriktionen des Parlaments gewichtig. An ihnen kann man ablesen, dass der Spielraum des Deutschen Bundestags erheblich geringer ist als angesichts des Wandels vom «negativen» zum «positiven Parlamentarismus» zu erwarten war. Insoweit bekommt das Lob, der Deutsche Bundestag sei «das Herzstück unserer Demokratie»[70], einen schalen Beigeschmack. Besser passt die These, dass der Bundestag (wie auch andere Parlamente in modernen Demokratien) zwar kein Monopol auf die Herstellung gesamtstaatlich bindender Entscheidungen mehr beanspruchen könne, aber ein unverzichtbarer Hersteller demokratischer Legitimation sei und insbesondere «als symbolische Inkarnation des institutionellen Sitzes der Volkssouveränität» auch in Zukunft unersetzbar bleiben werde.[71]

67 Scholz 2004: 109.
68 Schüttemeyer 2009.
69 Zitate aus von Beyme 1999: 539.
70 Feldkamp 2009: 5, ähnlich Helms (2007: 136), der im Bundestag «die demokratische Herzkammer des gezähmten Leviathan» sieht.
71 Von Beyme 1999: 544, vgl. Schüttemeyer 2009, Schüttemeyer/Siefken 2008: 508.

Der begrenzte Spielraum des Parlaments spricht im Übrigen nicht für die These, der Bundestag sei der vielleicht mächtigste Gesetzgeber in Europa.[72] Das ist er nicht – das britische Unterhaus beispielsweise ist mächtiger, weil es weniger Mitregenten und Vetospieler gegen sich hat. Aber im Vergleich mit der politischen Geschichte vor 1949 erweist sich der Deutsche Bundestag als das einflussreichste Parlament, das Deutschland je hatte.[73]

72 Die These stammt von Aberbach/Putnam/Rockman 1981: 231.
73 Best/Cotta 2000, Demuth 2005, Loewenberg 1969, Patzelt 2005.

Kapitel 7   **Regieren im «halbsouveränen Staat»:**
Struktur, Machtressourcen und politische
Zusammensetzung der Exekutive
des Bundes

Die Bundesrepublik Deutschland hat als parlamentarisches Regierungssystem eine doppelköpfige Exekutive. Diese besteht aus dem Bundeskanzler als Regierungschef der Bundesregierung und dem Bundespräsidenten als Staatsoberhaupt.

I. Die Bundesregierung

I.I Amt und Person der Bundeskanzler

Das Amt des Bundeskanzlers bekleideten bislang Konrad Adenauer (CDU, Amtszeit 1949–1963), Ludwig Erhard (Kandidat der CDU/ CSU, 1963–1966), Kurt Georg Kiesinger (CDU, 1966–1969), Willy Brandt (SPD, 1969–1974), Helmut Schmidt (SPD, 1974–1982), Helmut Kohl (CDU, 1982–1998), Gerhard Schröder (SPD, 1998–2005) und seit Herbst 2005 Angela Merkel (CDU). Die parteipolitische Zugehörigkeit der deutschen Bundeskanzler und die Dauer ihrer Regentschaft – fünf CDU-Kanzler mit einer Regierungszeit von 41 Jahren und drei SPD-Kanzler mit 20 Jahren, so der Stand Ende 2010 –, unterstreichen die Stärke der christdemokratischen Parteienfamilie in Deutschland, die auch im internationalen Vergleich auffällt. Beiden Messlatten zufolge nimmt die SPD, wie auch beim Stimmen- und Mandatsanteil, den zweiten Platz hinter den Unionsparteien ein.

Im internationalen Vergleich sticht die relativ kleine Zahl der deutschen Regierungschefs seit 1949 – acht – hervor. In Italien bekleideten im Zeitraum von 1949 bis Ende 2010 24 Personen das Amt des Regierungschefs, etliche von ihnen mehrfach, in Japan waren es 27 und in Großbritannien 13. Die Zahl der Präsidenten der Vereinigten Staaten von Amerika seit 1949 beträgt 12.

Bundeskanzler wurden Persönlichkeiten mit Herkunft, Werdegang und Regierungsstil unterschiedlichster Art.[1] Adenauer gilt bis heute als die Personifizierung der «Kanzlerdemokratie»[2], ja: als «Patriarch»[3]. Erhard, der langjährige populäre Bundeswirtschaftsminister, erwies sich als ein schwacher Bundeskanzler. Wirtschaftspolitisch war er «Optimist»[4], doch fehlten ihm die machtpolitische Härte und die Verwurzelung in der CDU. Kiesinger wirkte als «Vermittler», als der «wandelnde Vermittlungsausschuss»[5], so sein Regierungssprecher Conrad Ahlers. Das reflektierte sowohl Kiesingers Naturell als auch die Handlungszwänge der ersten Großen Koalition aus CDU/CSU und SPD, der er vorstand. Brandt hingegen, der mit der «Politik der Inneren Reformen» und der «Neuen Ostpolitik» gleich zwei grundlegende Kurswechsel anstrebte, stuften Knopp und Merseburger als «Visionär» ein.[6] Passender wäre «Reformer» – denn wer Visionen hat, so könnte man mit Schmidt, Brandts Nachfolger im Amt, sagen, sollte zum Arzt gehen, nicht in die Politik. Zutreffend eingestuft wurde Brandt auch als «ein Mann der Deutung und Interpretation (...) und der allgemeinen, symbolisch orientierten Linienbestimmung»[7]. Schmidt wurde von Knopp als «Lotse»[8] charakterisiert, als tatkräftiger Krisenmanager, und Kohl war für ihn ein «Patriot»[9]. Doch beides ist zu eng. Schmidt verstand sich nicht nur als «Lotse», sondern auch als «Weltökonom». Und Kohl war zugleich Patriot und Europäer – für die deutsche Einheit *und* für das vereinte Europa schlug sein Herz. Schröder lässt sich schwerer auf einen Begriff bringen. Er war mehr als alle anderen Bundeskanzler «ein Spieler»[10] und für überraschende Schachzüge gut: einerseits mit den Amerikanern (wie beim Feldzug

1 Dreher 1998, Gassert 2006, Helms 2005a: 70 ff., 110 ff., Hentschel 1996, Merseburger 2002, Roll 2005, Schwarz 1986, 1993, von Sternburg 2006.
2 Niclauß 2004.
3 Knopp 2000: 19.
4 Knopp 2000: 87.
5 Zit. n. Rudzio 2006: 243.
6 Knopp 2000: 235, Merseburger 2002.
7 Raschke/Tils 2007: 493.
8 Knopp 2000: 299.
9 Knopp 2000: 371.
10 Raschke/Tils 2007: 526.

gegen den internationalen Terrorismus), andererseits gegen sie (wie im Irak-Krieg), gestern der Einkassierer von Reformen der Vorgängerregierung (wie 1998 und 1999) und morgen der Reformstaatsmann, der mit dem Sozialstaatsumbau der «Agenda 2010» die Gewerkschaften und einen beträchtlichen Teil der SPD gegen sich aufbrachte. Und Angela Merkel? Ist sie die Neoliberale, womöglich die Maggie Thatcher aus der Uckermark? Von Neoliberalismus ist bei Merkel als Kanzlerin wenig zu spüren, viel aber von eiserner Arbeitsdisziplin, Abwartenkönnen, Machtbewusstsein und dem Ziel, die «Erste»[11] zu sein und zu bleiben. Als «Meisterin in den Königsdisziplinen Machterhalt und Machtgewinnung»[12] ist sie deshalb bezeichnet worden. Allerdings haben viele unterschätzt, dass sie als Regierungschefin einer Großen Koalition, wie von 2005 bis 2009, in größerem Maße als Vermittlerin zwischen den Koalitionären tätig werden musste, als ihr lieb gewesen sein dürfte.[13] Nach außen hin zurückhaltend führte Merkel aber auch die bürgerlich-liberale Koalition ab 2009, so zurückhaltend, dass der Vorsitzende der oppositionellen SPD, Sigmar Gabriel, sich zu der spitzen Bemerkung veranlasst sah, Frau Merkel leite die Bundesregierung wie die «Geschäftsführerin einer Nichtregierungsorganisation»[14].

Wie wird man Bundeskanzler? Dafür gibt es kein Rezept. Zu den notwendigen Voraussetzungen gehört aber eine Person, die in drei Arenen aufzutreten weiß: in der parlamentarischen Arena als Umarmungskünstler, in der politischen Exekutive als Macher oder zumindest als führungsstarker Koordinator und in der Öffentlichkeit als telegene Führungskraft. Diese Qualifikationen setzen eine extrem belastbare, führungsstarke, machtbewusste Person voraus – und in der Regel eine erfolgreiche Karriere in einer der großen Parteien und im Staat, häufig im Amt eines Regierungschefs auf Länderebene. So war das bei Gerhard Schröder, der vor seiner Kanzlerschaft als Ministerpräsident in Niedersachsen amtierte. Gleiches gilt für Helmut Kohl, der vor seiner Wahl zum Bundeskanzler die Op-

---

11 Roll 2005.
12 Holl 2010: 1.
13 Vgl. Helms 2006b.
14 *FAS* Nr. 9 v. 26.2.2010: 1.

position im Deutschen Bundestag führte und zuvor das Amt des rheinland-pfälzischen Regierungschefs innehatte, für Helmut Schmidt, der sich im Stadtstaat Hamburg und später als Bundesverteidigungs- und Bundesfinanzminister verdient machte, für Willy Brandt, der als Regierender Bürgermeister von Berlin und in der ersten Großen Koalition als Außenminister wirkte, und für Kurt Georg Kiesinger, der vor seiner Kanzlerschaft Ministerpräsident von Baden-Württemberg war. Konrad Adenauer, Ludwig Erhard und Angela Merkel hingegen kamen nicht aus der Landespolitik, sondern aus der Kommunalpolitik, so Adenauer, oder aus der Bundesregierung, so Erhard, oder von der Spitze der CDU und mit Erfahrung als Bundesministerin, so Merkel.

Die Wahl des Bundeskanzlers ist in der Verfassung geregelt. Gewählt wird der Bundeskanzler auf Vorschlag des Bundespräsidenten vom Bundestag in geheimer Abstimmung, und zwar ohne Aussprache. Der Bundestag entscheidet bei der Kanzlerwahl autonom. Faktisch aber spielt die «plebiszitäre Komponente der Kanzlerdemokratie»[15] mit, nämlich die Vorentscheidung der Wahl des Bundeskanzlers durch den Ausgang der vorangegangenen Bundestagswahl. Die Kanzlerwahl erfolgt für die Dauer einer üblicherweise vierjährigen Legislaturperiode. Gewählt ist, so bestimmt der Artikel 63 II Grundgesetz, wer die Kanzlermehrheit auf sich vereinigt, das heißt die Stimmen der Mehrheit der Mitglieder des Bundestages – nicht etwa nur die Mehrheit der Anwesenden. Laut Verfassung ist der Gewählte vom Bundespräsidenten zu ernennen. Das ist ein Zeichen eines – trotz seines Vorschlagsrechts – institutionell schwachen Präsidenten.

Verfehlt der vom Bundespräsidenten vorgeschlagene Kandidat im ersten Wahlgang die Kanzlermehrheit, tritt einer der vielen Konfliktlösungsmechanismen des Grundgesetzes in Kraft. Nun kann der Bundestag binnen 14 Tagen einen Bundeskanzler wählen. Bei dieser Wahl – oder, falls mehrere Wahlgänge erforderlich sind, bei diesen Wahlen – kommen die Wahlvorschläge aus der Mitte des Parlaments. Das Präsidialvorschlagsrecht nach Artikel 63 I des Grundgesetzes ist nunmehr verbraucht – ein weiteres Zeichen dafür, dass

15 Helms 2007: 171, Anm. 134.

der Verfassungsgeber einen schwachen Präsidenten anstrebte. Bei den erwähnten Wahlgängen können mehrere Kandidaten beteiligt sein. Allerdings werden dabei laut Geschäftsordnung des Deutschen Bundestages nur Wahlvorschläge berücksichtigt, die von einem Viertel der Mitglieder des Bundestages oder einer Fraktion, die mindestens ein Viertel der Bundestagsabgeordneten umfasst, unterzeichnet wurden, also in der Regel nicht mehr als vier Kandidaten. Entscheidend für die Wahl des Bundeskanzlers ist allerdings wiederum die Kanzlermehrheit.

Ist ein dritter Wahlgang erforderlich, wird diese Regel gelockert. Kommt innerhalb der 14-Tage-Frist eine Kanzlerwahl nicht zustande, findet nach Artikel 63 IV Grundgesetz unverzüglich ein neuer Wahlgang statt. Nun ist laut Verfassung gewählt, «wer die meisten Stimmen erhält». Jetzt reicht die relative Mehrheit zur Wahl aus. Hat der Gewählte jedoch die Kanzlermehrheit hinter sich, muss der Bundespräsident ihn ernennen. Vereint der Gewählte aber nur die relative Mehrheit der Stimmen auf sich, muss der Bundespräsident binnen sieben Tagen eine folgenreiche Entscheidung treffen: Entweder ernennt er den Gewählten zum Bundeskanzler oder er löst den Bundestag auf und schreibt Neuwahlen aus.[16]

So sieht es das verfassungsrechtliche Regelsystem für die Wahl des Bundeskanzlers vor. In der Verfassungswirklichkeit sind allerdings sowohl die Bundestagswahlen als auch der Parteienwettbewerb und die Koalitionsbildung weitere zentrale Weichensteller der Kanzlerwahl. Erst auf ihrer Grundlage kommen die zuvor erwähnten verfassungsrechtlichen Bestimmungen zum Zuge. Faktisch entscheidet der Wahlausgang, vor allem die Kräfteverhältnisse zwischen den Parteien oder den Koalitionen, über die Wahl des Bundeskanzlers. Tatsächlich ist der Spielraum des Bundespräsidenten bei der Wahl des Kanzlers normalerweise gering. Gewählt wird am Ende, wer eine handlungsfähige Mehrheit von Abgeordneten im Bundestag hinter sich zu bringen vermag, gleichviel, ob darunter die

16 Bei Stimmengleichheit zweier Kandidaten hat der Bundespräsident die Wahl zwischen Parlamentsauflösung oder Anberaumung eines neuerlichen Wahlganges oder mehrerer Wahlgänge, bis ein Kandidat die relative Mehrheit der Stimmen auf sich vereinigt.

stimmenstärkste Partei ist oder nicht, und unabhängig davon, ob dem Bundespräsidenten die Person und Partei des Kanzlerkandidaten zusagt oder nicht. Erneut sind die Weichen zugunsten des Kanzlers und des Parlaments und gegen Alleingänge des Bundespräsidenten gestellt.

Bislang wurden alle Bundeskanzler im ersten Wahlgang gewählt. Mitunter geschah das mit knapper Mehrheit. Besonders gering fiel der Stimmenvorsprung bei der Kanzlerwahl im ersten Deutschen Bundestag aus. Bei ihr war Adenauers eigene Stimme vonnöten, um ihn im ersten Wahlgang zum Kanzler zu küren. Doch auch später kamen mitunter hauchdünne Mehrheiten zustande – bei der Wahl Brandts 1969, der Wahl Schmidts 1976 und der Wahl Schröders im Jahre 2002. Überdimensionierte Mehrheiten hatten Adenauer bei seiner zweiten Wahl sowie Kiesinger und Merkel als Kandidaten für den Vorsitz einer Großen Koalition auf ihrer Seite (vgl. Tabelle 4).

1.2 Eine «Kanzlerdemokratie»?

Die politische Exekutive des Bundes ist zweiköpfig. Doch haben die Verfassungsgeber die Köpfe eindeutig gewichtet, und zwar zugunsten des Bundeskanzlers. Ein starker Kanzler und ein institutionell relativ schwacher Bundespräsident kennzeichnen das parlamentarische Regierungssystem der Bundesrepublik – im Unterschied zur Weimarer Republik, dem Fall des parlamentarischen Regierungssystems mit Präsidialdominanz. Der Bundeskanzler hat auch gegenüber dem Parlament eine starke Position, soweit es um die Abwehr parlamentarischer Angriffe geht. Der Kanzlersturz beispielsweise erfordert mehr als nur eine zur Abwahl entschlossene Mehrheit im Parlament. Ein Bundeskanzler kann – im Unterschied zur Weimarer Republik – nur durch das konstruktive Misstrauensvotum nach Artikel 67 des Grundgesetzes gestürzt werden: durch die Wahl eines neuen Kanzlers mit der Kanzlermehrheit, der absoluten Mehrheit der Stimmen der Mitglieder des Parlaments. Das ist eine innovative Regelung der Nachfolgeproblematik. Sie hat auch international viel Aufsehen erregt und wurde vielerorts übernommen, weil sie von bloß destruktiver Demontage des Regierungschefs abhält und für stabilitätsorientierte Regierungswechsel sorgt.

Tabelle 4: Die Bundeskanzlerwahlen seit 1949

Gewählter Bundes-kanzler (Parteimit-gliedschaft)	Geburtsjahr des Kanzlers	Tag der Wahl	Anlass der Wahl	Oppositionskandidat	Ja-Stimmen aller Ab-geordneten (in %)	Ausschöpfung des Stimmpotenzials der Koalition (in %)
Konrad Adenauer (CDU)	1876	14.8.1949	Bundestags-wahl	Kurt Schumacher (SPD)	50,2	96,7
Konrad Adenauer (CDU)	1876	6.9.1953	Bundestags-wahl	Erich Ollenhauer (SPD)	62,6	91,3
Konrad Adenauer (CDU)	1876	15.9.1957	Bundestags-wahl	Erich Ollenhauer (SPD)	55,1	95,4
Konrad Adenauer (CDU)	1876	17.9.1961	Bundestags-wahl	Willy Brandt (SPD)	51,7	83,4
Ludwig Erhard (CDU)	1897	16.10.1963	Adenauers Rücktritt	Willy Brandt (SPD)	55,9	90,6
Ludwig Erhard (CDU)	1897	19.9.1965	Bundestags-wahl	Willy Brandt (SPD)	54,8	92,5
Kurt Georg Kiesinger (CDU)	1904	1.12.1966	Erhards Rücktritt	Willy Brandt (SPD)	68,5	78,1
Willy Brandt (SPD)	1913	28.9.1969	Bundestags-wahl	Kurt Georg Kiesinger (CDU)	50,6	98,8
Willy Brandt (SPD)	1913	19.11.1972	Bundestags-wahl	Rainer Barzel (CDU)	54,2	99,3
Helmut Schmidt (SPD)	1918	16.5.1974	Brandts Rücktritt	Helmut Kohl (CDU)	53,8	98,5
Helmut Schmidt (SPD)	1918	3.10.1976	Bundestags-wahl	Helmut Kohl (CDU)	50,4	98,8
Helmut Schmidt (SPD)	1918	5.10.1980	Bundestags-wahl	Franz-Josef Strauß (CSU)	53,5	98,2
Helmut Kohl (CDU)	1930	4.10.1982	Misstrauens-votum	Helmut Schmidt (SPD)	51,5	91,8
Helmut Kohl (CDU)	1930	6.3.1983	Vorgezogene Wahl	Hans-Jochen Vogel (SPD)	54,4	97,5
Helmut Kohl (CDU)	1930	25.1.1987	Bundestags-wahl	Johannes Rau (SPD)	50,9	94,1

Gewählter Bundeskanzler (Parteimitgliedschaft)	Geburtsjahr des Kanzlers	Tag der Wahl	Anlass der Wahl	Oppositionskandidat	Ja-Stimmen aller Abgeordneten (in %)	Ausschöpfung des Stimmpotenzials der Koalition (in %)
Helmut Kohl (CDU)	1930	2.12.1990	Bundestagswahl	Oskar Lafontaine (SPD)	57,1	95,0
Helmut Kohl (CDU)	1930	16.10.1994	Bundestagswahl	Rudolf Scharping (SPD)	50,3	99,1
Gerhard Schröder (SPD)	1944	27.9.1998	Bundestagswahl	Helmut Kohl (CDU)	52,7	99,7
Gerhard Schröder (SPD)	1944	22.9.2002	Bundestagswahl	Edmund Stoiber (CSU)	50,6	99,7
Angela Merkel (CDU)	1954	18.9.2005	Vorgezogene Wahl	Gerhard Schröder (SPD)	64,7	88,6
Angela Merkel (CDU)	1954	27.9.2009	Bundestagswahl	Frank-Walter Steinmeier (SPD)	52,8	97,3

Quellen: Spalten 1–6: Schindler 1999, Bd. I: 1025 ff., 1117 ff., 1221 ff., Bd. III: 4359; Feldkamp 2005: 277, Bundestags-Plenarprotokoll 16/3, 22. 11. 2005, S.66 C., Feldkamp 2006a, Forschungsgruppe Wahlen 2009a. Spalte 7: Thaysen 2006b: 476, *FAZ* Nr. 231 v. 29. 10. 2009: 1f.

Der Verfassung zufolge hat der Bundeskanzler das organisatorische Kabinettbildungsrecht: Er ist weitgehend frei, die Anzahl der Bundesministerien festzulegen und ihren Geschäftsbereich sowie ihre Bezeichnung zu bestimmen. Das ist nicht nur für die Kabinettspostenverteilung unter den Regierungsparteien wichtig, sondern auch für die Patronage insgesamt.

Mit dem organisatorischen Kabinettbildungsrecht haben der Bundeskanzler und faktisch auch die ihn tragende Parlamentsmehrheit die Chance, das Kabinett auf Bedarfslagen zuzuschneiden, die sich aus Gesichtspunkten politischer Planung ergeben. So könnten beispielsweise komplexe Problemlagen, die mehrere Politikfelder übergreifen, durch einen entsprechenden problemfeldübergreifenden Zuschnitt der Ministerien innerorganisatorisch besser abgebildet werden. So geschah das beispielsweise im Falle der Zusammenlegung des Bundeswirtschaftsministeriums und zweier Abteilungen des Bundesministeriums für Arbeit und Sozialordnung zum Bundesministerium für Wirtschaft und Arbeit in der 15. Legislaturperiode (2002–2005). Dass diese Zusammenlegung in der 16. Wahlperiode zurückgenommen wurde, war, wie im Kapitel 16 gezeigt wird, parteipolitisch bzw. koalitionsarithmetisch bedingt. Mitunter verzichten neue Regierungen gänzlich auf einen neuen Zuschnitt der Ministerien. Hierzu gehört auch das erste Kabinett Kohl vom Oktober 1982, das mit einem unveränderten Zuschnitt der Bundesministerien eine fundamentale Wende im Verhältnis von Staat und Markt einleiten und insbesondere mehr Markt und weniger Staat erreichen wollte.

Der Bundeskanzler ist formell auch hauptzuständig für die Auswahl der Bundesminister. Die Bundesminister werden nur auf seinen Vorschlag vom Bundespräsidenten ernannt und entlassen. Das Parlament bleibt hierbei passiver Beobachter (Artikel 64 Grundgesetz). Auch diese Bestimmungen zeigen erneut die Liebe des Verfassungsgebers zum Amt des Bundeskanzlers und die Neigung, die Freiheitsgrade des Bundespräsidenten wie auch die des Parlaments im Verhältnis zum Kanzler geringer zu halten.

Ferner kommt dem Bundeskanzler die Richtlinienkompetenz zu, die verfassungsrechtlich garantierte Befugnis, die grundsätzlichen Ziele der Innen- und Außenpolitik seiner Regierung zu bestimmen. Das Recht zieht eine Pflicht nach sich: Der Bundeskanzler trägt für die Innen- und Außenpolitik seiner Regierung die Verantwortung gegenüber dem Parlament. Die Richtlinien legen Grundsätze für das Tun und Lassen der Bundesministerien fest. Erst innerhalb dieses Rahmens kommen das Ressortprinzip und das Kabinetts- oder Kollegialprinzip zum Zuge.[17] Faktisch ist das Kabinettsprinzip allerdings zwischen der Richtlinienkompetenz und dem Ressortprinzip eingeklemmt.[18] Wichtiger als das Kabinettsprinzip sind das

17 Das sind die Prinzipien der gleichberechtigten gemeinsamen Ausübung der Regierungsgewalt bzw. der eigenverantwortlichen Leitung des Aufgabenbereichs eines Bundesministeriums durch den zuständigen Minister.

18 von Beyme 1997: 139, Helms 2005a: 189 f.

Kanzler- und das Ressortprinzip und nicht zuletzt auch die informellen Koalitionsgremien.

In diesem Institutionengeflecht verbleibt dem Bundeskanzler eine starke Position. Davon zeugt auch die Befehls- und Kommandogewalt über die Streitkräfte, die bei Verkündigung des Verteidigungsfalles auf den Bundeskanzler übergeht, nicht auf den Präsidenten wie in der Weimarer Republik (Artikel 115b Grundgesetz). Ein weiteres Zeichen seiner Macht ist darin zu sehen, dass der Bundeskanzler zusammen mit dem Bundesfinanzminister das Einspruchsrecht gegen Beschlüsse des Parlaments hat, durch welche über- oder außerplanmäßige Ausgaben entstehen oder die im Bundeshaushaltsplan enthaltenen Ausgaben erhöht oder die dort aufgeführten Einnahmen vermindert werden (Artikel 112 und 113 Grundgesetz).

Verfassungsrechtlich sind die Weichen zugunsten eines starken Regierungschefs gestellt. Doch wie verhält sich dazu die Verfassungswirklichkeit? Schon ein kursorischer historischer Vergleich zeigt, dass es starke und schwache Kanzler gab. Adenauer war insgesamt ein starker Kanzler. Auf seine Amtszeit passt deshalb die Lehre von der «Kanzlerdemokratie» besonders gut. Andere Regierungschefs waren schwächer, Erhard beispielsweise. Der internationale Vergleich zeigt zudem, dass die Position des Bundeskanzlers nicht so stark wie die des britischen Premiers ist.[19] Im Unterschied zum britischen Premier fehlt dem Bundeskanzler die weitreichende Patronagemacht, über die der Regierungschef eines weitgehend zentralisierten Einheitsstaates gebietet. Ferner steht dem Bundeskanzler nicht das Recht der Parlamentsauflösung zu. Auch kann er nicht den Termin für die nächste Bundestagswahl festlegen und dabei einen Zeitpunkt wählen, der für seine Wiederwahl besonders günstig wäre.

Nur mittelbar kann der Bundeskanzler auf die vorzeitige Auflösung des Bundestages und vorgezogene Neuwahlen hinwirken: Im Fall einer abgelehnten Vertrauensfrage im Parlament kann er dem Bundespräsidenten die Auflösung des Bundestages vorschlagen, worüber dieser dann entscheidet. Wie der Bundespräsident diese politisch äußerst wichtige Position nutzt, ist prinzipiell offen. Bis-

19 Helms 1996, 2005b.

lang haben die Bundespräsidenten sich den Anträgen der Bundeskanzler auf vorzeitige Auflösung des Bundestages im Anschluss an eine fehlgeschlagene Vertrauensfrage nicht verschlossen, wie die Vorgänge von 1972 (Brandt), 1982 (Kohl) und 2005 (Schröder) zeigen.

Greift die Richtlinienkompetenz in der Verfassungswirklichkeit? Auch hier sind Abstriche zu machen: Vor allem in Koalitionen mit jeweils starken Partnern herrscht eine beträchtliche Spannung zwischen der Richtlinienkompetenz und den im Koalitionsvertrag festgeschriebenen oder in informellen Koalitionsausschüssen getroffenen Vereinbarungen zwischen den Regierungsparteien.

Allerdings können die Bundeskanzler bei der Nutzung ihrer Machtressourcen auch vieles in die Waagschale werfen, was verfassungsrechtlich nicht normiert ist: Neben ihrem «Küchenkabinett», einem kleinen Kreis von einflussreichen Beratern, und einer geschulten Ministerialbürokratie in den Ministerien haben bislang alle Kanzler vor allem auf das Bundeskanzleramt zählen können.[20] Das Bundeskanzleramt ist das Zentrum der Organisationsmacht des Kanzlers, die Leitzentrale des Regierungschefs und die «Schaltzentrale»[21] des parlamentarischen Systems. Von ihm und von der Arbeit seiner rund 500 Mitarbeiter hängt für den Kanzler vieles ab: Auf die Voraussicht des Bundeskanzleramts kommt es an, seine Frühwarnfunktion, seine Koordination der Ministerien und seine Organisation der Beziehungen zwischen Kanzler, Ministerien und Bundestagsfraktion der Regierungsparteien. Einen großen Unterschied macht es, ob dem Kanzler ein fähiger, allseits anerkannter und nicht auf Eigenprofilierung bedachter Kanzleramtschef zur Seite steht. Diese günstigen Umstände kennzeichneten beispielsweise die Kanzlerschaft Gerhard Schröders, insbesondere seit dem 1999 erfolgten Amtsantritt von Frank-Walter Steinmeier, dem Nachfolger von Bodo Hombach. Nicht alle Kanzler hatten solches Glück wie Schröder oder wie Adenauer mit Hans Globke, dem fachlich fähigen, politisch wegen seiner Mitherausgeberschaft des Kommentars

<hr>

20 Helms 2005b: Kapitel 5,6 und 8, Müller/Walter 2004, Murswieck 2004, Schnapp 2001, Walter/Müller 2002.
21 Walter/Müller 2002: 474, vgl. auch BMI 1998.

zu den Nürnberger Gesetzen von 1935 («Gesetz zum Schutz des deutschen Blutes und der deutschen Ehre») allerdings umstrittenen Kanzleramtsleiter. Helmut Kohl, Schröders Vorgänger, hatte lange, vor allem in der für seine angestrebte Wendepolitik entscheidenden Zeit, mit Waldemar Schreckenberger als Staatssekretär des Bundeskanzleramtes einen renommierten Professor für Verwaltungswissenschaft, aber nicht die Idealbesetzung für das Kanzleramt gewonnen. Für Willy Brandt schließlich war der umtriebige Kanzleramtschef Horst Ehmke, der danach strebte, die Bundesministerien am kurzen Zügel der vom Kanzleramt gesteuerten und koordinierten politischen Planung zu führen, keineswegs nur ein Wegbereiter und Problemlöser, sondern mitunter auch ein Problemerzeuger.

Der Bundeskanzler und die Bundesregierung insgesamt sind außerordentlich einflussreiche Akteure. Allerdings unterliegt auch ihr Handeln Begrenzungen: Beispielsweise können ihnen parteipolitische Schachzüge in die Quere kommen oder koalitionspolitische Konstellationen, die Berichterstattung in den Medien, außenpolitische Zwangslagen, Wirtschaftskrisen und leere Staatskassen oder alles gleichzeitig.[22] Ferner kann der Bundesrat aufgrund seiner starken Stellung im Gesetzgebungsprozess der Bundesregierung Kompromisse abringen oder sie sogar blockieren. Sodann muss die Bundesregierung sich im Beziehungsgeflecht der Europäischen Union zurechtfinden. Überdies läuft ihre Politik mitunter schon im Vorfeld an verfassungsrechtlichen Barrieren auf. Nicht selten werden ihre Entscheidungen auch nachträglich durch Beschlüsse des Bundesverfassungsgerichtes korrigiert.

Zu den Bestimmungsgrößen der Macht der Bundeskanzler gehört ihre relative Stärke gegenüber den Kabinettsmitgliedern und den Regierungsparteien, insbesondere den Bundestagsfraktionen. Zudem ist wichtig, ob der Kanzler einen Draht zu den wichtigsten Führungsleuten in den Bundestagsfraktionen der Regierungsparteien hat. Bei Adenauer war dies vorhanden, ebenso in der ersten Großen Koalition in dem als «Kreßbronner Kreis» bezeichneten Koalitionsausschuss, ferner im «System Kohl», im Großen und

---

22 Vgl. Derlien/Murswieck 1999, Hartwich/Wewer 1990–1993, Helms 2005b, 2007, Schmidt 1992a.

Ganzen auch im Kabinett Schröder und bei Merkel insbesondere in den Jahren der zweiten Großen Koalition.[23]

Wichtig ist auch die Koalitionslage. Wenn große politisch-ideologische Differenzen die Regierungsparteien spalten, wie in der Endphase der SPD-FDP-Regierung, insbesondere 1981 und 1982, oder in der zweiten Großen Koalition insbesondere in sozial- und wirtschaftspolitischen Fragen, ist der Spielraum des Bundeskanzlers viel kleiner als im Falle weitgehender Homogenität der Koalitionsparteien. Wenn jede Koalitionspartei organisatorisch und ideologisch kohäsiv ist und die Politikdistanzen zwischen ihnen groß sind, ist der Handlungsspielraum des Bundeskanzlers ebenfalls kleiner als bei intern zerstrittenen Koalitionären.

Obendrein zählt, wie gut der Kanzler und wie gut die Bundesminister jeweils in ihrer Partei verankert sind, und ob Letztere ihre Ressortverantwortlichkeit auszuspielen gedenken. Sind die Minister innerparteilich fest verwurzelt und populär, und werden sie gar als mögliche Nachfolger des amtierenden Kanzlers gehandelt, hat der Bundeskanzler einen schwierigeren Stand als im Falle von schwachen Ministern. Im ersten Fall steht der Kanzler unter anhaltendem kurzfristigen Bestätigungs- und Erfolgszwang. Das macht ihn verletzlich. Adenauer litt daran, vor allem in seinen letzten Regierungsjahren, Brandt war davon vor allem nach 1972 nicht unberührt, und auch Brandts Vorgänger, Kiesinger, hatte mit diesen Widrigkeiten zu kämpfen.

Auch die Persönlichkeit des Bundeskanzlers prägt seinen Handlungsspielraum. Größer ist normalerweise der Spielraum für «Macher» als für die Kanzler, die eher die Rolle des Vermittlers einnehmen, wie Kiesinger. Macher waren hingegen Adenauer, der unangefochtene Vorsitzende einer CDU, die zum damaligen Zeitpunkt nur wenig mehr als ein Kanzlerwahlverein war, und der selbstbewusste, führungsstarke Helmut Schmidt. Doch Schmidt hatte im Gegensatz zu Adenauer in zentralen militärpolitischen Fragen seine Partei, die SPD, nicht hinter sich, so insbesondere im Falle der Nachrüstung der NATO gegen die SS-20-Raketen-Rüstung der

23 Helms 2005a, 2005b, Hildebrand 1984: 272 ff., Kropp 2004, Manow 1996, Stüwe 2006.

Sowjetunion, die Westeuropa bedrohte. Ein Macher war auch Helmut Kohl, wie nicht zuletzt sein Einsatz für die deutsche Einheit ebenso zeigt wie sein unbeirrtes Eintreten für Europa, einschließlich der Einführung des Euro, auch gegen das Widerstreben der Mehrheit der deutschen Bevölkerung, die der Deutschen Mark, dem Symbol der Leistungsfähigkeit der Bundesrepublik Deutschland, anhing und ihr noch lange nachtrauerte. Auch Gerhard Schröder, der Kanzler der rot-grünen Bundesregierungen der Jahre von 1998 bis 2005, weist ähnliche Züge auf, wenngleich ihm der Rückhalt seiner Partei bei weitreichenden Sanierungsreformen, wie der «Agenda 2010», fehlte.

Den Gegenpol zum Macher unter den Bundeskanzlern bilden am ehesten Erhard, der schwache Nachfolger Adenauers, Kiesinger, der Kanzler der ersten Großen Koalition, und Angela Merkel als Regierungschefin der zweiten Großen Koalition, die in der Innenpolitik eher zur Vermittlerrolle neigte. Zwischen beiden Polen steht Brandt, zunächst Reformer und Entspannungspolitiker, später ein amtsmüde wirkender Regierungschef.

2. Der Bundespräsident

Die politische Exekutive Deutschlands ist zweiköpfig: Sie besteht aus dem Bundeskanzler und dem Bundespräsidenten, dem Staatsoberhaupt. Elf Persönlichkeiten bekleideten bislang das Amt des Bundespräsidenten.[24] Der erste Bundespräsident war Theodor Heuss, ein Mitglied der FDP. Ihm folgte von 1959 bis 1969 Heinrich Lübke (CDU). Mit Gustav Heinemann, im Amt von 1969 bis 1974, wurde erstmals ein Sozialdemokrat Bundespräsident. Sein Amtsnachfolger wurde in den Jahren von 1974 bis 1979 Walter Scheel (FDP). Karl Carstens (CDU), Scheels Nachfolger, bekleidete das Präsidentenamt von 1979 bis 1984, gefolgt von Richard von Weizsäcker (CDU, 1984–1994) und Roman Herzog (CDU, 1994–1999), dem früheren Präsidenten des Bundesverfassungsgerichtes. Im Jahre 1999 wurde mit Johannes Rau zum zweiten Mal ein SPD-Po-

24 Siehe Tabelle 5.

litiker Bundespräsident. Fünf Jahre später folgte ihm Horst Köhler (CDU) im Amte. Er wurde 2009 wiedergewählt. Am 31. Mai 2010 trat er überraschend zurück – als Konsequenz aus mangelndem Respekt für sein Amt, so Köhlers Begründung.[25] Bis zur Wahl von Köhlers Nachfolgers übernahm der amtierende Bundesratspräsident, Jens Böhrnsen (SPD), Bremens Bürgermeister, kommissarisch die Amtsgeschäfte des Bundespräsidenten. Als neuer Bundespräsident wurde Christian Wulff (CDU), bis dahin Ministerpräsident Niedersachsens, am 30. Juni 2010 gewählt (siehe Tabelle 5).

Der Bundespräsident ist der oberste Repräsentant der Bundesrepublik Deutschland nach innen und außen. Er ist ferner der Staatsnotar, also der oberste Urkundsbeamte und zuständig für die Unterzeichnung der Bundesgesetze und ihre Verkündung im Bundesgesetzblatt, sofern sie verfahrensrechtlich korrekt zustande gekommen und verfassungskonform sind. Das verleiht dem Bundespräsidenten bei strittigen Fällen den Status eines «Vetospielers» im Sinne der Vetospielertheorie. Auch obliegen ihm auf Beschluss des Parlaments die Ernennung und Entlassung des Bundeskanzlers. Zudem ernennt und entlässt er – auf Vorschlag des Bundeskanzlers – Bundesminister. Überdies ernennt er Bundesrichter, höhere Bundesbeamter und höhere Offiziere. Außerdem übt der Bundespräsident für den Bund das Recht der Begnadigung aus.

Das sind wichtige Funktionen. Manche Bundespräsidenten haben sie stärker genutzt, etwa Richard von Weizsäcker und Horst Köhler, als andere, beispielsweise Walter Scheel. Doch hat der Verfassungsgeber den Bundespräsidenten zu einem politisch relativ schwachen Staatsoberhaupt gemacht – im Vergleich zur Weimarer Republik und zu den präsidentiellen Regierungssystemen. Der Bundespräsident hat weder den Oberbefehl über die Streitkräfte, noch besitzt er nennenswerte Gestaltungsmacht in der Außenpolitik. Im Gegensatz zum Reichspräsidenten der Weimarer Republik stehen ihm zudem weder die Diktatorialgewalt noch ein Notverordnungsrecht zu. Auch nur unter besonderen Bedingungen wirkt der Bundespräsident als Krisenmanager, als «Reservegewalt» (Theodor Eschenburg) in einer verfassungspolitischen Krise, beispiels-

25 Strohmeier/Wittlinger 2010.

weise im Falle eines Gesetzgebungsnotstandes nach Artikel 81 des Grundgesetzes oder im Falle eines Antrags des Bundeskanzlers auf Parlamentsauflösung infolge einer fehlgeschlagenen Vertrauensfrage, wie etwa 1983 auf Antrag von Bundeskanzler Kohl, oder 2005 auf Antrag von Bundeskanzler Schröder. Normalerweise liegt die politische Bedeutung des Amtes des Bundespräsidenten jedoch in repräsentativen, zeremoniellen Funktionen.

Im Unterschied zum Reichspräsidenten der Weimarer Republik wird der Bundespräsident nicht plebiszitär gewählt. Ihn wählt die Bundesversammlung, in der Vertreter von Bund und Ländern gleichberechtigt zusammenkommen. Die Details schrieben die Verfassungsgeber im Artikel 54 II des Grundgesetzes nieder. Ihm zufolge besteht die Bundesversammlung aus den Mitgliedern des Bundestages und einer gleichen Anzahl von Mitgliedern, die von den Parlamenten der Länder nach den Grundsätzen der Verhältniswahl gewählt werden.[26]

Das Grundgesetz bestimmt ferner, dass der Kandidat für das Amt des Bundespräsidenten auf fünf Jahre gewählt ist, der die Stimmen der Mehrheit der Mitglieder der Bundesversammlung erhält (Artikel 54 VI Grundgesetz). Wird die absolute Mehrheit in zwei Wahlgängen von keinem Bewerber erreicht, so ist gewählt, wer in einem abschließenden dritten Wahlgang die meisten Stimmen, also die relative Mehrheit, auf sich vereinigt. Partei- oder koalitionspolitische Mehrheiten bestimmten bisher die Wahl des Bundespräsidenten. In der Mehrzahl der Wahlen profitierten hiervon die Kandidaten der Unionsparteien oder der Liberalen – und in zwei Wahlen Kandidaten der SPD (siehe Tabelle 5).

Die Bundesversammlung entspricht der föderalistischen Struktur der Bundesrepublik Deutschland: Mit ihr sind die Parlamente des Bundes und der Länder an der Wahl des Staatsoberhauptes gleichberechtigt beteiligt. Die Institution Bundesversammlung unterstreicht zudem die repräsentativdemokratische Ausrichtung der Bundespolitik: Im Gegensatz zur Wahl des Reichspräsidenten der Weimarer Republik oder zu der des österreichischen Bundespräsidenten wird der deutsche Bundespräsident nicht vom Volk gewählt,

26 Feldkamp 2005: Kapitel 16, Schindler 1999, Bd. III, Kapitel 19.

Tabelle 5: Die Wahl der Bundespräsidenten seit 1949

Tag der Wahl	Kandidaten	1. Wahlgang	2. Wahlgang	3. Wahlgang	Stimmenanteil im entscheidenden Wahlgang (in %)
12.9.1949	Abgegebene Stimmen	803	800		
	Theodor Heuss (FDP)	377	416		
	Kurt Schumacher (SPD)	311	312		52,0
	Rudolf Amelunxen (Zentrum)	28	30		(Heuss)
	Andere	9	2		
	Enthaltungen	76	37		
	Ungültige Stimmen	2	3		
17.7.1954	Abgegebene Stimmen	987			
	Theodor Heuss (FDP)	871			
	Alfred Weber (SPD)	12			88,2
	Andere	6			(Heuss)
	Enthaltungen	95			
	Ungültige Stimmen	3			
1.7.1959	Abgegebene Stimmen	1031	1033		
	Heinrich Lübke (CDU)	517	526		
	Carlo Schmid (SPD)	385	386		50,9
	Max Becker (FDP)	104	99		(Lübke)
	Enthaltungen	25	22		
	Ungültige Stimmen	0	0		
1.7.1964	Abgegebene Stimmen	1024			
	Heinrich Lübke (CDU)	710			
	Ewald Bucher (SPD)	123			69,3
	Enthaltungen	187			(Lübke)
	Ungültige Stimmen	4			
5.3.1969	Abgegebene Stimmen	1023	1023	1023	
	Gustav Heinemann (SPD)	514	511	512	50,0
	Gerhard Schröder (CDU)	501	507	506	(Heine-
	Enthaltungen	5	5	5	mann)
	Ungültige Stimmen	3	0	0	
15.5.1974	Abgegebene Stimmen	1033			
	Walter Scheel (FDP)	530			
	Richard von Weizsäcker (CDU)	498			51,3
	Enthaltungen	5			(Scheel)
	Ungültige Stimmen	0			
23.5.1979	Abgegebene Stimmen	1032			
	Karl Carstens (CDU)	528			
	Annemarie Renger (SPD)	431			51,2
	Enthaltungen	72			(Carstens)
	Ungültige Stimmen	1			

Tag der Wahl	Kandidaten	1. Wahlgang	2. Wahlgang	3. Wahlgang	Stimmenanteil im entscheidenden Wahlgang (in %)
23.5.1984	Abgegebene Stimmen	1028			
	Richard von Weizsäcker (CDU)	832			80,9
	Luise Rinser	68			(von
	Enthaltungen	117			Weizsäcker)
	Ungültige Stimmen	11			
23.5.1989	Abgegebene Stimmen	1022			
	Richard von Weizsäcker (CDU)	881			86,2
	Gegenstimmen	108			(von
	Enthaltungen	30			Weizsäcker)
	Ungültige Stimmen	3			
23.5.1994	Abgegebene Stimmen	1319	1319	1320	
	Roman Herzog (CDU)	604	622	696	
	Johannes Rau (SPD)	505	559	605	
	Hildegard Hamm-Brücher (FDP)	132	126	–	52,7
		62	–	11	(Herzog)
	Jens Reich	12	11	7	
	Hans Hirzel (Republikaner)	2	0	1	
	Enthaltungen	2	1		
23.5.1999	Abgegebene Stimmen	1333	1333		
	Johannes Rau (SPD)	657	690		
	Dagmar Schipanski (CDU)	588	572		51,8
	Uta Ranke-Heinemann (PDS)	69	62		(Rau)
	Enthaltungen	17	8		
	Ungültige Stimmen	2	1		
23.5.2004	Abgegebene Stimmen	1193			
	Horst Köhler (CDU)	604			50,2
	Gesine Schwan (SPD)	589			(Köhler)
23.5.2009	Abgegebene Stimmen	1224			
	Horst Köhler (CDU)	613			
	Gesine Schwan (SPD)	503			
	Peter Sodann (Die Linke)	91			50,1
	Frank Rennicke (NPD)	4			(Köhler)
	Enthaltungen	10			
	Ungültige Stimmen	2			
	Nichtanwesende Mitglieder	1			
30.6.2010	Abgegebene Stimmen	1242	1239	1242	
	Christian Wulff (CDU)	600	615	625	
	Joachim Gauck[a]	499	490	494	
	Lukrezia Jochimsen[b]	126	123	–	50,3
	Frank Rennicke (NPD)	3	3	–	(Wulff)
	Enthaltungen	13	7	121	
	Ungültige Stimmen	1	1	2	

* Stimmenanteil des Gewählten im entscheidenden Wahlgang, a) Wahlvorschlag von SPD, Bündnis 90/Die Grünen und SSW, b) Wahlvorschlag der Partei Die Linke.

Quelle: Schindler 1999, Bd. III. 3186–3189, Feldkamp 2005: 724, *FAZ* v. 24.5.2004, *FAZ* v. 1.7.2010.

sondern von Delegierten der Parlamente im Bund und in den Ländern. Das soll ein mögliches Wiederaufleben der Präsidialdominanz mit eigenständiger, hervorgehobener Legitimationskette – wie in der Weimarer Republik – verhindern.

In parteipolitischer Hinsicht stimmte das Parteibuch des Präsidenten meist mit der politisch-ideologischen Färbung der Bundesregierung überein. Drei Fälle der Nichtübereinstimmung zeigten nahende Regierungswechsel an: 1969 signalisierte die Wahl von Heinemann (SPD) mit Hilfe der FDP die Bereitschaft der Liberalen für eine Koalition mit der SPD. 1979 war die Wahl von Carstens (CDU) das Zeichen der zunehmenden Macht der Bundestagsopposition in den Ländern und ein Vorbote des drei Jahre später erfolgenden Regierungswechsels. Und von 2004 bis zu ihrem Ende im Jahre 2005 hatte die rot-grüne Koalition mit einem Präsidenten aus den Kreisen der Unionsparteien zu tun – mit Horst Köhler.

3. Machtressourcen und Machtbegrenzungen
   der Bundesregierung

Die institutionelle Schwäche des Bundespräsidenten vergrößert das Gestaltungspotenzial des Bundeskanzlers. Gesteigert wird das Gestaltungspotenzial durch die strukturellen Machtressourcen der Bundesregierung, insbesondere der des Bundeskanzlers. Allerdings sind auch die Machtbegrenzungen zu bedenken, denen sich die Bundesregierung mit dem Kanzler an der Spitze gegenübersieht.

3.1 Strukturelle Machtressourcen: Kompetenzen, Teilhabe an den Staatsfinanzen, Verwaltungsführung

Zu den strukturellen Machtressourcen der Bundesregierung und der sie tragenden Fraktionen im Parlament gehört die Gesetzgebungskompetenz des Bundes und somit der Mehrheit im Deutschen Bundestag.[27] Potenziell besonders große Spielräume haben der Bund bzw. die Parlamentsmehrheit in der ausschließlichen Gesetzgebung des Bundes nach Artikel 71 und 73 Grundgesetz.[28] Zur ausschließlichen Gesetzgebung des Bundes gehören vor allem die auswärtigen Angelegenheiten, die Verteidigungspolitik, die Staatsangehörigkeit im Bunde, das Währungs-, Geld- und Münzwesen, das Postwesen und die Telekommunikation sowie die Zusammenarbeit des Bundes mit den Ländern in der Kriminalpolizei und in Angelegenheiten des Verfassungsschutzes.

Hinzu kommen die Gestaltungsmöglichkeiten des Bundes in der konkurrierenden Gesetzgebung. Hier haben normalerweise die Länder Vorfahrt, sofern der Bund nicht von seiner Gesetzgebungszuständigkeit Gebrauch gemacht hat. Doch das setzt voraus, dass eine bundesgesetzliche Regelung im gesamtstaatlichen Interesse zwingend erforderlich ist, um gleichwertige Lebensverhältnisse im

27 Hesse/Ellwein 2004, Ismayr 2008b.
28 «Ausschließliche Gesetzgebung» bedeutet, dass die Gesetzgebungskompetenz beim Bund liegt, es sei denn, den Ländern würde durch ein Bundesgesetz ausdrücklich die Befugnis in einem der im Artikel 73 Grundgesetz näher bezeichneten Gebiete übertragen.

Bundesgebiet herzustellen oder um die Rechts- und Wirtschaftseinheit zu wahren. Faktisch war die konkurrierende Gesetzgebung lange – bis das Bundesverfassungsgericht 2004 und 2005 die Zügel stärker anzog und die Föderalismusreform 2006 den Katalog der konkurrierenden Gesetzgebung neu gestaltete[29] – das «trojanische Pferd der Zentralisierung»[30]. Mit ihm regiert der Bund weit in Politikfelder der Länder oder in neue, von den Ländern bislang nicht bestellte Bereiche hinein: Umweltpolitik, Wirtschaftsrecht, Atomenergie, Arbeitsrecht, Wohnungswesen und sozialpolitische Arrangements sind Beispiele. Zur Kompensation bekamen die Länder gesicherte Mitwirkungsrechte an der Bundesgesetzgebung. Außerdem wurden hierdurch ihre Ministerpräsidenten aufgewertet: Diese wandelten sich von Regierungschefs mit lediglich regionaler Bedeutung zu bundespolitisch einflussreichen «Landesfürsten» mit zukünftigen Karrierechancen in der Bundespolitik. Die Föderalismusreform I von 2006 hat daran nichts geändert. Vermindern aber soll sie, so die Hoffnung ihrer Fürsprecher, den Anteil der zustimmungspflichtigen Gesetzgebung. Ob dies gelingt, ist derzeit offen.

Der Bund wirkt an der Finanzierung von Angelegenheiten der Länder mit – und ist insoweit Mitgestalter der Länderpolitik. Besonders intensiv geschah dies in den Jahren von 1969 bis zur Föderalismusreform 2006, mit der die 1969 beschlossene enge Verzahnung von Bund und Ländern insbesondere bei den Gemeinschaftsaufgaben und den Finanzhilfen des Bundes wieder gelockert wurde. Außerdem konnte der Bund bis zur Föderalismusreform 2006 in bestimmten Feldern Rahmenvorschriften erlassen. Diese konnten die Länder in Zugzwang bringen, beispielsweise bei der Regulierung der Rechtsverhältnisse der Personen, die im Öffentlichen Dienst der Länder und der Gemeinden beschäftigt sind, oder bei der Regelung der allgemeinen Grundsätze des Hochschulwesens.

In der Personalpolitik haben die Bundesregierung und die sie tragenden Parlamentsfraktionen bis heute beträchtliche Gestaltungsmöglichkeiten: Die Besetzung der Ministerien und der Spitzenpositionen im Parlament sowie die der Leitungspositionen in Behörden,

29 Vgl. Kapitel 8.8.
30 Ellwein 1983: 71.

die den Bundesministerien nachgeordnet sind, gehören dazu. Sicherlich ist der Großteil der Verwaltung Sache der Länder. Das begrenzt die Patronagemacht der Bundesregierung. Doch kann sie bereichsweise auf eigene Vollzugsorgane zählen, vor allem im Auswärtigen Dienst, in der Verwaltung der Bundeswehr und in der Bundesfinanzverwaltung. Obendrein gibt es begehrte Spitzenpositionen in nachgeordneten Bundesoberbehörden wie dem Bundeskriminalamt oder der Bundesanstalt für Flugsicherung, um nur zwei Beispiele zu erwähnen.

Die Regierungsparteien und die Bundesregierung wirken außerdem bei der Wahl der Hälfte der Mitglieder des Bundesverfassungsgerichtes mit – die andere Hälfte wird vom Bundesrat gewählt –, sodann bei der Wahl der Richter der obersten Gerichte in Deutschland und bei vielen anderen personalpolitischen Entscheidungen, beispielsweise bei der Benennung von Kandidaten für die EU-Kommission und den Europäischen Gerichtshof, für die Deutsche Bundesbank und die Europäische Zentralbank.

Die Verfügungsgewalt über begehrte Güter und Leistungen gehört ebenfalls zu den Machtmitteln jeder Bundesregierung. Das umfasst nicht nur die Verfügung über Ressourcen wie Geld, Personal und Instrumente der Regulierung. Gute Verbindungen gehören ebenso dazu. Ferner sind die Koordination mit wichtigen Verbänden bzw. einzelnen Unternehmen oder auch «Runde Tische», an denen Regierung und Interessenvertreter sitzen, von Bedeutung. Dies sind nur einige Beispiele für vielfältige Interaktionen von Bundesregierung und gesellschaftlichen Interessen, die die Gestalt eines «paktierenden Staates»[31] annehmen.

Zu den Machtressourcen der Bundesregierung gehört zudem der privilegierte Zugang zum Bundesverfassungsgericht. Die Bundesregierung ist autorisiert, vor dem Bundesverfassungsgericht, einem der weltweit mächtigsten Gerichte, zu klagen. Der direkte Weg zum Bundesverfassungsgericht steht der Bundesregierung über vier Wege offen: die abstrakte Normenkontrolle, die Streitschlichtung zwischen Staatsorganen sowie zwischen dem Bund und den Ländern, den Antrag auf Einstufung einer politischen Partei als verfas-

31 Grimm 2001: 323.

sungswidrig und den Antrag auf Verwirkung von Grundrechten (siehe Kapitel 9).

Die Machtressourcen der Bundesregierung schließen überdies finanzpolitische Instrumente und Manövriermassen ein. Dazu zählt die Gesetzgebung zur Steuerpolitik, auch wenn der Bund dabei im Wesentlichen auf die Kooperation des Bundesrates angewiesen ist. Hinzu kommen die Gesetzgebung zu den Sozialabgaben, die Verfügungsgewalt über einen gewichtigen Teil der öffentlichen Ausgaben, und die Chance, einen Teil der Staatsaufgaben durch Verschuldung zu finanzieren – innerhalb von verfassungspolitisch und europapolitisch näher definierten Begrenzungen.

Schließlich ist die Verwaltungsführung zu bedenken.[32] Sie ist ebenfalls eine Machtressource der Bundesregierung – allerdings ist die Verwaltungspraxis größtenteils Sache der Länder. Immerhin kann die Bundesregierung allgemeine Verwaltungsvorschriften für den Vollzug von Bundesgesetzen durch die Länder festlegen. Außerdem übt die Bundesregierung die Aufsicht darüber aus, dass die Bundesgesetze in den Ländern dem geltenden Recht gemäß vollzogen werden.

3.2 Machtbegrenzungen – warum Alleingänge für Bundesregierungen schwierig sind

Kein Zweifel: Die Bundesregierung und ihre Leitung verfügen über erhebliche Machtmittel. Doch sind auch ihre Machtbegrenzungen zu bedenken.

Die wichtigste Begrenzung liegt in der verfassungsstaatlichen Zügelung der Politik: Die Bundesregierung muss als Exekutive eines liberalen Verfassungsstaates den eng gezogenen Spielraum respektieren, den ihr die Verfassung, die Gesetze und die richterliche Kontrolle der öffentlichen Gewalten vorschreiben. In Shanghai können Regierung und Stadtverwaltung die Trasse für den Transrapid in weniger als zwei Jahren planen und bauen lassen – notfalls durch rasche Räumung von Wohngebieten und Abriss von Gebäuden, die im Wege stehen, und durch Missachtung von Bürger- und von

32 Bogumil/Jann 2005, Voigt/Walkenhaus 2006.

Eigentumsrechten. In der Bundesrepublik Deutschland hingegen benötigt man mitunter mehrere Dekaden zum Verkehrswegebau, nicht zuletzt wegen zeitraubender politischer Willensbildung und langwieriger Auseinandersetzungen über Enteignungs- und Entschädigungsfragen.

Zwei weitere Machtbegrenzungen wurden weiter oben schon erwähnt: Erstens haben die Verfassungsgeber das Amt des Bundeskanzlers stark gemacht, und doch ist der jeweilige Amtsinhaber weniger mächtig als der britische Premier im Normalfall einer Alleinregierung. Dieser hatte bislang im Unterschied zum Bundeskanzler das Recht der unmittelbaren Parlamentsauflösung und konnte deshalb innerhalb der Grenzen der Wahlperiode den Termin der nächsten Parlamentswahl vorgeben. Zweitens schmälert der föderative Charakter Deutschlands die Patronagemacht des Bundeskanzlers: Sie verblasst vor der Patronage, über die der Regierungchef eines zentralisierten Einheitsstaates gebieten kann.

Überdies regiert die Bundesregierung nicht allein. Das gilt zweifach: koalitionspolitisch und in der Gesetzgebung. Koalitionspolitisch, weil die Bundesregierungen sich fast ausschließlich aus Bündnissen von mindestens zwei Parteien zusammensetzen. Dadurch sitzt in Deutschland fortwährend mindestens ein «Vetospieler»[33] am Tisch der Gesetzgebung. Hinsichtlich der Gesetzgebung sind die vielfältigen Interdependenzen von Bund und Ländern zu bedenken: Gesetzgeberische Alleingänge des Bundes sind nicht ausgeschlossen, aber sachlich begrenzt. Weil der Bundesrat in der Gesetzgebung mitregiert, sind mit Ausnahme der Felder, in denen der Bund die ausschließliche Gesetzgebung besitzt, wie im Falle des Ausstiegs aus der Atomenergie, die Spielräume für den Bund eng. In der Bildungspolitik und in Fragen der Inneren Sicherheit hingegen geben die Länder den Takt vor. Hier kämpfte der Bund oft vergebens um die Ausweitung seines Einflusses, wovon auch die rotgrüne Regierung Schröder namentlich bei ihren bildungspolitischen Bestrebungen ein Lied singen konnte. Und bis zum Inkrafttreten

33 Ein Vetospieler ist ein (Individual- oder Kollektiv-)Akteur, dessen Zustimmung unabdingbar für eine Abkehr vom Status quo (z. B. durch ein neues Gesetz) ist (Tsebelis 2002).

der Föderalismusreform 2006 waren die Bundesregierung und die sie tragende Bundestagsmehrheit bei rund 60 Prozent aller Gesetze auf die Zustimmung des Bundesrates angewiesen. Seither ist dieser Prozentanteil geringer. Dennoch ist der Bundesrat auch weiterhin in vielen wichtigen Angelegenheiten ein Vetospieler oder zumindest ein einflussreicher Mitregent. Auch ist die Blockade von Gesetzesvorhaben im Bund-Länder-Beziehungsgeflecht nicht ausgeschlossen. Zudem stoßen alle auf Verfassungsänderung gerichteten Bestrebungen weiterhin auf hohe Konsenshürden (siehe Kapitel 13). Denn Verfassungsänderungen erfordern faktisch die Zustimmung der Opposition – aufgrund der Zweidrittelmehrheiten in Bundestag und Bundesrat. Die Zustimmung der Opposition ist auch für zustimmungspflichtige Gesetze erforderlich – sofern die Opposition die Mehrheit im Bundesrat auf ihre Seite bringt. Selbst wenn die Opposition im Bundesrat nur die Minderheit der Stimmen führt, hat die Bundesregierung oft größte Mühe, die im Falle von zustimmungspflichtigen Gesetzen gebotene Zustimmung einer Mehrheit in der Länderkammer zu gewinnen. Die Bundesratsmehrheit ist bei Grundgesetzänderungen und bei zustimmungspflichtigen Gesetzen neben dem Koalitionspartner der zweite Vetospieler, von dessen Zustimmung die Abkehr vom Status quo abhängt.

Dass die Bundesregierung auch international nicht im Alleingang regieren kann, versteht sich in Zeiten der Internationalisierung und Globalisierung fast von selbst. Infolge der Mitgliedschaft in der Europäischen Union aber wirkt die Bundesregierung überdies an einem komplizierten, bürokratisierten Mehrebenensystem mit, das auf dem Dualismus von supranationalem Regieren und intergouvernementaler Kooperation basiert. Auch das schränkt den Spielraum für Alleingänge weiter ein.[34]

Zudem muss die Bundesregierung mit den allgegenwärtigen Massenmedien rechnen, die mittlerweile besonders wichtige Mitwirkende an der Politik sind.[35]

---

34 Allerdings können EU-spezifische Konsensbildungszwänge mitunter als Hebel für die Durchsetzung von Reformen im Nationalstaat genutzt werden, vgl. Kohler-Koch/Jachtenfuchs 2003.
35 Vgl. Kapitel 5.4.

Hinzu kommt ein finanzpolitisch beengter Spielraum der Bundesregierung. Alleingänge sind ihr und den sie tragenden Parteien meist auch bei den Staatsfinanzen verwehrt. Die 14,4 Prozent des Sozialproduktes, die beispielsweise 2009 durch den Bundeshaushalt bewegt wurden, sind im internationalen Vergleich nicht viel. Die meisten Zentralstaaten haben größere Budgets – Frankreich, Großbritannien, Schweden beispielsweise. Ähnliches gilt für den Anteil der Ausgaben des Bundes an der Gesamtheit aller öffentlichen Ausgaben, der sich auf rund 30 Prozent beläuft.[36] Auch er zeigt an, dass die Bundesregierung in der Haushaltspolitik kein reicher Onkel ist, sondern ein relativ armer Vetter, der obendrein beträchtlich verschuldet ist. Gering ist die autonome Beweglichkeit des Bundes zudem in der Steuerpolitik, denn in ihr sind Bund und Länder bei der Gesetzgebung und der Steueraufteilung besonders eng miteinander verflochten. Nicht zufällig greifen Bundesfinanzminister angesichts solcher Schranken zur Finanzierung aus Kreditmarktmitteln und stemmen sich mitunter dagegen, die Defizitbegrenzungen, die der Europäische Stabilitäts- und Wachstumpakt den EU-Mitgliedstaaten auferlegen soll, allzu ernst zu nehmen.

Eine engmaschige einnahmen- und ausgabenpolitische Verflechtung kennzeichnet die bundesstaatliche Finanzverfassung. Das erfordert schon im Alltagsgeschäft ein hohes Maß an Koordination der Haushalte der Länder und des Bundes. Noch größer ist der Koordinationsbedarf im Falle von Gesetzesänderungen. Hier herrscht Kooperationszwang – es sei denn, Bund und Länder nähmen die wechselseitige Lähmung in Kauf. Der Zwang zur Einigung verhindert Alleingänge des Bundes und der Länder, verlangt Kompromisse und bringt die Beteiligten oft dazu, komplexere Entscheidungen aufzuschieben oder auszuklammern. Vorfahrt bekommen oft nur die Vorhaben, die dem kleinsten gemeinsamen Nenner der Interessen aller Beteiligten entsprechen. Doch der kleinste gemeinsame Nenner schließt vielfach Problemlösungen aus, die einen längeren Atem oder größere Umverteilung von Besitzständen und Innovationen verlangen.

36 2009: 30,3 Prozent. Alle Daten berechnet auf der Basis von Statistisches Bundesamt 2010: 567.

Wie begrenzt die Macht der Bundesregierung ist, zeigt sich ferner daran, dass die Verwaltung der öffentlichen Angelegenheiten größtenteils Sache der Länder ist. Die Personalstatistik spiegelt diesen Sachverhalt näherungsweise wider: 2009 waren nur 10,1 Prozent der insgesamt 4,55 Millionen Beschäftigten des Öffentlichen Dienstes beim Bund beschäftigt, 42,3 Prozent bei den Ländern, 27,2 Prozent in den Gemeinden, und 18,2 Prozent waren in der mittelbaren Staatsverwaltung tätig, insbesondere bei den Sozialversicherungsträgern.[37] In der Bundesrepublik Deutschland gibt es keine zentralisierte Einheitsverwaltung – im Unterschied zu Großbritannien oder Frankreich. Im Unterschied zu den USA verfügt der Bund in den meisten Politikfeldern nicht über einen eigenen Verwaltungsunterbau. Das verschafft den Ländern im Gesetzesvollzug Spielräume und erweitert ihr Handlungsrepertoire. Weil die Länder hauptzuständig für die Verwaltung sind, zählt ihre Sicht der Dinge auch schon bei der Planung und Beratung der Gesetzgebung. Das verschafft den Ländern weitere Einflussmöglichkeiten. Diese gilt es aufzuwiegen mit den Einwirkungschancen des Bundes, der die Länder mit finanziellen Beteiligungsangeboten, wie im Fall der Gemeinschaftsaufgaben oder sonstigen Finanzzuwendungen, zum Beispiel Bundesergänzungszuweisungen für finanzschwache Gliedstaaten, locken kann.

Was folgt aus all dem für das politische Gestalten in Deutschland? «Semisouveränität» – im Sinne einer massiv eingeschränkten Handlungskapazität der Exekutive insbesondere des Bundes![38] Hinsichtlich der Machtmittel können die Bundesregierungen und die sie tragenden Parteien insgesamt nur auf sehr eingeschränkte Handlungsspielräume bauen. In der Gesetzgebung gilt das, in der Steuerpolitik ebenso, faktisch auch bei den öffentlichen Ausgaben und aufgrund der zunehmenden Europäisierung der Staatsaufgaben mittlerweile auch in vielen anderen Politikfeldern. Die halbierte Souveränität (im Sinne von Katzensteins Souveränitätsbegriff) wird aber auch daran deutlich, dass die Bundesrepublik Deutschland der Staat der besonders zahlreichen Vetospieler und Mitregenten ist.

37 Statistisches Bundesamt 2010: 600. 2,2 Prozent entfallen auf Zweckverbände und das Bundeseisenbahnvermögen.
38 Katzenstein 1987.

Bekanntlich wirken in der Bundesrepublik viele Kräfte in der Politik mit: die Parteien, oft auch die Verbände, überall die Massenmedien. Mitunter kommt das Bundesverfassungsgericht hinzu. Bis zu ihrer weitgehenden Ablösung durch die Europäische Zentralbank war auch die Deutsche Bundesbank eine dermaßen einflussreiche Einrichtung, dass Rudolf Wildenmann die Zentralbank und das Karlsruher Verfassungsgericht, deren Repräsentanten er als Eliteforscher sehr gut kannte, als «contre-gouvernement»[39] einstufte, als Gegenregierung. Das war eine mutige, aber doch zu scharfe Hypothese.[40] Doch unbestritten wirkt an der Politik in Deutschland eine große Schar von Mitregenten und Vetospielern mit.

Der internationale Vergleich lehrt sogar, dass Deutschland ein Staat mit einer der höchsten Vetospieler- und Mitregentendichte ist.[41] Das liegt vor allem an dem Ineinandergreifen von zwölf Strukturmerkmalen. Es sind dies 1) ein parlamentarisches Regierungssystem, das die Regierung im Vergleich zum Präsidentialismus verletzlicher gegen parlamentarische Vetokräfte macht; 2) Koalitionsregierungen anstelle von Alleinregierungen – und folglich meist höhere Entscheidungskosten der regierungsinternen Konsensbildung; 3) hohe Barrieren für Verfassungsänderungen; 4) richterliche Nachprüfbarkeit aller Akte der Staatsgewalten; 5) ausgebauter Minderheitenschutz hauptsächlich durch verfassungsrechtlich garantierte Grundrechte; 6) weitreichende Delegation öffentlicher Aufgaben auf Experteninstitutionen wie die autonome Zentralbank; 7) Delegation öffentlicher Funktionen an Verbände der Gesellschaft, wie im Falle der Tarifautonomie, und an Selbstverwaltungseinrichtungen wie in der Sozialpolitik; 8) Selbstverwaltung auch auf lokaler Ebene und im Bildungs- und Wissenschaftswesen; 9) ausgeprägte vertikale Machtaufteilung mit starkem Kooperationszwang für Bund und Länder; 10) ein starker Bikameralismus mit oft divergierenden Mehrheiten im Bundestag und Bundesrat;

39 Wildenmann 1969.
40 Vgl. Kapitel 9.
41 Schmidt 2010d: 351 ff., vgl. Kapitel 1, Anm. 60.

11) eine tendenzielle Dauerwahlkampfatmosphäre infolge der zahlreichen Landtagswahlen von jeweils bundespolitischer Bedeutung sowie 12) Souveränitätstransfers an internationale und supranationale Organisationen.

Deutschlands hohe Vetospieler- und Mitregentendichte hat zwei Hauptwirkungen: Erstens befestigt sie die eigentümliche Mischung aus Mehrheits- und Verhandlungsdemokratie. Zweitens verlangt sie von den Regierenden einen hohen Koordinations- und Kooperationsaufwand. Der Spielraum für politische Gestaltung ist deshalb in der Regel schmal und kann nur durch beträchtliche Anstrengungen vergrößert werden. Doch die hierfür erforderliche Konsensbildung hat meist einen hohen Preis: langwierige Entscheidungsprozesse und sonstige hohe Entscheidungskosten, einschließlich unzureichender Problemlösung vor allem bei Problemen, die tiefere Einschnitte in lieb gewordene Besitzstände erfordern. Überdies führen die wechselseitigen Abhängigkeiten von Bund und Ländern sowie von Regierung und Opposition dazu, dass die Türen zu großen Reformen oft geschlossen sind oder nur mit Brachialgewalt geöffnet werden können. All dies addiert sich zu beträchtlichen Begrenzungen des Regierens. Politische Gestaltung wird dadurch erschwert. Das ist der reale Kern der These vom «Reformstau» oder vom «politischen Immobilismus» in Deutschland.

4. Bildung, Stabilität und Auflösung von Bundesregierungen

1949 traute kaum ein Beobachter der neu gegründeten Bundesrepublik das zu, was eines ihrer Markenzeichen wurde: hohe politische Stabilität einschließlich geordneter Machtwechsel zwischen Regierung und Opposition. Von Stabilität und geordnetem Machtwechsel zeugen die vergleichsweise zügig erfolgende Bildung von Regierungen im Bund und in den Ländern, ihre beträchtliche Lebensdauer, das Ausbleiben langwieriger Verfassungskrisen und die geordnete Auflösung der Parlamente und der Regierungen am Ende der Legislaturperioden.

Stabilität war ein Markenzeichen fast aller Bundesregierungen. Auch die Dauer der Regierungsbildung kann sich international sehen lassen: Man braucht für sie meist nicht sonderlich lange.[42] Ferner amtierten die meisten Bundesregierungen bis zum Ende der Legislaturperiode. Allerdings wurden vier der insgesamt 17 Bundestagswahlen vorgezogen: die Wahl von 1972 (infolge des Verlustes der Parlamentsmehrheit der sozial-liberalen Koalition), die 1983er Wahl (infolge der vorgezogenen Neuwahl nach dem Machtwechsel von der SPD- zur CDU/CSU-FDP-Regierung am 1. Oktober 1982), die Wahl von 1990, die aufgrund der deutschen Einheit vorzeitig anberaumt wurde, und die Parlamentswahl vom 18. September 2005, die durch Kanzler Schröders Vertrauensfrage und die vom Bundespräsidenten Köhler hierauf verfügte Auflösung des Bundestages und Anberaumung von Neuwahlen zustande kam.

Die Bundesregierungen konnten sich bislang hoher Stabilität rühmen. Auch ist die Verweildauer der Bundesminister im Amte in Deutschland erheblich länger als beispielsweise in Großbritannien.[43] Zudem zeigen auch andere Indikatoren beträchtliche politische Stabilität an: In den 16 Wahlperioden von 1949 bis 2009 wurden nur zwei konstruktive Misstrauensvoten, fünf Vertrauensfragen des Bundeskanzlers, vier Missbilligungsanträge gegen den Bundeskanzler, 19 Missbilligungs- und Tadelsanträge gegen Bundesminister, 15 Anträge auf Entlassung eines Bundesministers und zwei Entlassungsanträge gegen Parlamentarische Staatssekretäre gezählt.[44]

Zudem konnte eine größere Zahl von Bundesregierungen lange auf eine beachtliche Wählerstimmenmehrheit bauen. Allerdings schrumpft diese Mehrheit der Tendenz nach.[45] Bis zur Bundestagswahl von 1990 vereinten die Regierungskoalitionen erheblich mehr als 50 Prozent aller Wählerstimmen auf sich. Erst 1994 fiel der Stimmenanteil der Regierungsparteien – in diesem Fall CDU, CSU und FDP – unter 50,0 auf 48,3 Prozent, doch infolge des Wahlsystems[46] reichte dies zu einer Mehrheit der Mandate aus. Die rot-grüne Koalition erzielte noch niedrigere Stimmenanteile: 1998 47,6 und 2002 47,1 Prozent. Auch die seit 2009 amtierende bürgerlich-liberale Ko-

42 Feldkamp 2006a: 17, 2010, Thaysen 2006a: 473 f.
43 Helms 2001, 2005a: 77 ff.
44 Feldkamp 2006a: 18, 2006b: 20 ff.
45 Siehe Tabelle 1 (Kapitel 3).
46 Vgl. Kapitel 2.

alition erreichte nur 48,4 Prozent, und nur die zweite Große Koalition kam naturgemäß auf komfortablere Stimmenpolster. Noch genauer erfasst wird der Schwund der Legislativmehrheiten außerhalb der Großen Koalition, wenn nicht nur in Richtung der abgegebenen Wählerstimmen prozentuiert wird, sondern auf alle Wahlberechtigten (Tabelle 1). Dann zeigt sich, dass beispielsweise die rot-grüne Bundesregierung 2002 nur die Stimmen von 37,3 Prozent der Wahlberechtigten und die schwarz-gelbe Koalition ab 2009 nur von 34,3 Prozent der Wahlberechtigten gewonnen haben. Gemessen am Anteil an den Stimmen aller Wahlberechtigten erreichten nur vier Bundesregierungen in Deutschland Mehrheiten: die CDU/CSU-geführten Regierungen von 1957 bis 1961 und von 1961 bis 1965 und die Großen Koalitionen von 1966 bis 1969 und von 2005 bis 2009.

5. Die parteipolitische Zusammensetzung der Bundesregierungen

Die Unionsparteien und die SPD sind die wichtigsten Parteien der Bundesrepublik – gemessen am Stimmen- und Mandatsanteil und an der Regierungsbeteiligung. Beide gehören auch im internationalen Vergleich jeweils zu den größten Parteien ihrer jeweiligen Parteienfamilie. Allerdings waren beide Parteien in der Regel nicht stark genug, um auf Bundesebene allein zu regieren. Gleiches gilt, von wenigen Ausnahmen abgesehen, in den Ländern. Mit Ausnahme der 50,2 Prozent der CDU/CSU-Zweitstimmen in der Bundestagswahl 1957 erreichte keine der Parteien bislang im Bund die absolute Mehrheit der Stimmen und der Sitze. Deshalb gingen auch Gewinner einer Bundestagswahl immer Koalitionen ein.

Vor 1998 war die Regierungsbeteiligung auf Bundesebene fast ausschließlich eine Angelegenheit der CDU/CSU, der SPD und der Liberalen. Nach der Zahl der Jahre zu urteilen war die FDP, obgleich die kleinste der drei etablierten Parteien, länger an der Führung der Regierungsgeschäfte in der Bundesrepublik Deutschland von der ersten bis zur 16. Wahlperiode (1949–2009) beteiligt als irgendeine andere Partei, nämlich 40 Jahre und drei Monate. Die CDU/CSU brachte es in diesem Zeitraum auf 40 Jahre und einen

Monat (1949–1969, 1982–1998 sowie 2005–2009), die SPD auf 26 Jahre und zehn Monate (1966–1982 und 1998–2009) und Bündnis 90/Die Grünen auf sieben Jahre (1998–2005).[47]

Die Kabinettssitzanteile zeigen die parteipolitische Färbung der Bundesregierungen noch deutlicher an: Auf die christdemokratischen Parteien entfielen von September 1949 bis zum Ende des Jahres 2009 auf Tagesbasis berechnet 48,9 Prozent der Kabinettssitze, auf die SPD 30,6 und auf die FDP 14,9 Prozent. Die restlichen 5,6 Prozent kommen durch andere Parteien oder parteilose Minister zustande.[48]

Die langfristige parteipolitische Zusammensetzung seit 1950 unterscheidet Deutschland beträchtlich von anderen Ländern. Nur in wenigen Ländern sind die christdemokratischen Parteien so stark an der Regierung beteiligt wie in Deutschland – nur die Christdemokraten in Belgien (43,9 Prozent 1950–2009), Italien (53,6), Luxemburg (51,0) und den Niederlanden (52,8) können mithalten.

Hinsichtlich ihres Kabinettssitzanteils von 30,6 Prozent liegt die SPD im internationalen Vergleich der Jahre von 1950 bis 2009 auf einem Mittelplatz – mit deutlichem Abstand insbesondere zu den sozialdemokratischen Parteien in den nordischen Ländern: Dänemark (47,5 Prozent), Norwegen (65,9) und Schweden (74,9), zu Österreich (49,8) und Großbritannien (42,2).

Der Kabinettssitzanteil der FDP hingegen ist überdurchschnittlich hoch – relativ zum Abschneiden anderer liberaler Parteien. Der 14,9-Prozent-Kabinettssitzanteil der FDP wird von liberalen Parteien nur in sechs Ländern übertroffen: in Belgien (21,4 Prozent), Dänemark (31,3), Island (40,9), Luxemburg (20,1), den Niederlanden (24,3) und der Schweiz (31,2).

Gemessen an der Regierungsbeteiligung ökologischer Parteien sind die grünen Parteien nirgendwo einflussreicher als in Deutschland – auch wenn sie im Vergleich zu den etablierten Parteien auf einem weit abgeschlagenen Platz liegen.

Nicht weniger wichtig ist eine weitere Vergleichszahl: Im Lichte des summierten Kabinettssitzanteils der beiden großen Familien der

47 Feldkamp 2010: 16.
48 Basis dieser und der nachfolgenden Befunde: Schmidt 2010e.

Sozialstaatsparteien – der sozialdemokratischen und der christ-demokratischen Parteien – entpuppt sich Deutschland als ein Staat, in dem diese Parteien bisher mehr als drei Viertel der Kabinettssitze kontrollierten, nämlich 79,5 Prozent von 1950 bis Ende 2009. Einen ähnlich hohen Prozentanteil erreichen nur wenige andere Länder: Österreich (89,6 Prozent), Belgien (75,7), Italien (74,1), Luxemburg (79,9), die Niederlande (73,8) und die sozialdemokratisch domi-nierten Staaten Norwegen (73,1) und Schweden (76,4). Dass diese Länder ebenso wie Deutschland ihre Sozialpolitik weit ausgebaut haben, ist angesichts der parteipolitischen Zusammensetzung ihrer Regierungen nicht verwunderlich: Hier sind starke sozialstaats-freundliche Parteien am Werk.[49]

49 Siehe Kapitel 16.

Kapitel 8   **Regieren im «halbsouveränen Staat»:**
Politik im Bundesstaat

Wer die Bundesrepublik Deutschland politisch führen will, so zeigt
das Kapitel 7, muss sich in der Kunst des Regierens in einem «halbsouveränen Staat» üben: Die Handlungsspielräume der Legislative
und der Exekutive sind hierzulande eng begrenzt – aufgrund stren-
ger Machtaufteilung und einer großen Zahl an Mitregenten und
Vetospielern. Hierbei kommt dem Föderalismus eine besonders
wichtige Rolle zu.

I. Die Bundesländer

Einheitsstaaten wie Frankreich, Großbritannien oder Schweden haben nur eine Regierung. In der Bundesrepublik Deutschland aber
sind siebzehn Regierungen am Werke: eine im Bund und sechzehn
in den Ländern. Auch das unterstreicht, dass Machtaufteilung statt
Machtkonzentration ein Markenzeichen der Bundesrepublik ist.

Jedes Bundesland hat die Attribute der Staatlichkeit: eine eigenständige Regierung mit landeseigener Verwaltung, ein Landesparla-
ment, eine Verfassung und eine eigene Verfassungsgerichtsbarkeit.
Ansonsten aber sind Deutschlands Bundesländer von unterschiedlicher Statur: Flächenstaaten und Stadtstaaten (Berlin, Bremen und
Hamburg) gehören zu ihnen, kleine und große Länder, wirtschafts-
starke und -schwache Gliedstaaten sowie CDU/CSU- und SPD-
regierte Gemeinwesen.[1] Bremen ist mit rund 660 000 Einwohnern
ein Kleinststaat. Doch Nordrhein-Westfalen mit knapp 18 Millionen, Bayern mit mehr als zwölf Millionen und Baden-Württemberg
mit rund elf Millionen Einwohnern sind bevölkerungsstärker als die
meisten Mitgliedstaaten der Europäischen Union. Neben wirt-

---

1 Gunlicks 2003, Wehling 2004, Leunig 2007, Freitag/Vatter 2008, vgl. Tabelle 6.

schafts- oder finanzschwachen Ländern mit hohen Arbeitslosen-quoten – allen voran die neuen Bundesländer – existieren struktur-starke Gliedstaaten wie Bayern, Baden-Württemberg und Hessen. Diese sind mit Hamburg und bis auf 2008 und 2010 auch Nord-rhein-Westfalen seit Jahr und Tag Geberländer im Länderfinanz-ausgleich.[2] Sie führten 2009 6,9 Milliarden Euro an die übrigen, allesamt ausgleichsberechtigten Länder ab.[3]

Auch kulturelle Gegebenheiten unterscheiden die Bundeslän-der. Zu ihnen gehören überwiegend protestantische Länder, vor allem im Norden Deutschlands, und überwiegend katholische Gliedstaaten wie Bayern und das Saarland, ferner konfessionell ge-mischte Länder und seit der Wiedervereinigung die ostdeutschen Bundesländer mit einer größtenteils konfessionslosen Bevölke-rung.

Markante Unterschiede kennzeichnen zudem die parteipolitische Zusammensetzung der Regierungen in den Ländern. Mitte 2010 beispielsweise stand eine Mehrheit von CDU- bzw. CSU-geführten Regierungen (Bayern, Baden-Württemberg, Hamburg, Hessen, Niedersachsen, Saarland, Sachsen und Schleswig-Holstein) einer Minderheit von SPD-dominierten Regierungen gegenüber (Berlin, Brandenburg, Rheinland-Pfalz und seit Juli 2010 wieder Nord-rhein-Westfalen). Hinzu kommen die Koalitionen aus CDU und SPD in Mecklenburg-Vorpommern, Sachsen-Anhalt und Thürin-gen. Die FDP war Mitte 2010 in sechs Ländern an der Regierung beteiligt: in Baden-Württemberg, Bayern, Hessen, Niedersachsen, im Saarland und in Sachsen. Die parteipolitische Zusammensetzung von 2010 weicht von der langfristigen Parteifärbung der Länder-regierungen ab, wie sich an der letzten Spalte der Tabelle 6 ablesen lässt: Die durchschnittlichen Kabinettssitzanteile der Parteien in den Ländern seit 1949 zeigen im Westen und im Osten Deutsch-lands eine tendenzielle Nord-Süd-Spaltung an. Die Unionsparteien sind in Süddeutschland sowie in Sachsen und Thüringen die domi-nierenden Regierungsparteien. Die SPD hingegen ist insgesamt die

2 Bayern war bis 1986 ein Empfängerland und ist seit 1989 (bis auf 1992) ein Geberland.
3 Statistisches Bundesamt 2010: 575.

stärkste Regierungspartei im Norden Deutschlands (außer in Schleswig-Holstein), in Nordrhein-Westfalen und in Hessen. In den neuen Ländern ist die SPD in Brandenburg und in Berlin die stärkste Regierungspartei – und mit Abstrichen auch in Sachsen-Anhalt und Mecklenburg-Vorpommern.

2. Mitregent und Vetospieler: der Bundesrat

Die Bundesländer und die Ministerpräsidenten an ihrer Spitze spielen eine so wichtige politische Rolle, dass die Bundesrepublik Deutschland als «Republik der Landesfürsten»[4] eingestuft wurde. Ohne die «Landesfürsten», die Ministerpräsidenten der Länder, geht im Beziehungsgeflecht von Bund und Ländern in der Tat wenig voran. Besonders großen Einfluss erlangen die Länder auf die Bundespolitik durch den Bundesrat, ihre Vertretung auf Bundesebene. Durch den Bundesrat wirkt insbesondere die Exekutive der Länder maßgebend bei der Gesetzgebung und der Verwaltung des Bundes mit – und seit 1992 sogar in Angelegenheiten der Europäischen Union. Das hatten sich die Länder im Gegenzug zu ihrer Zustimmung zum Vertrag über die Europäische Union erstritten und waren damit erstmals in die bis dahin allein vom Bund regierte Domäne der Außenpolitik eingebrochen.

Der Bundesrat ist weder eine Ständevertretung noch ein Parlament und auch keine zweite Kammer des Parlaments.[5] Er ist vielmehr ein einflussreiches, mit erheblicher Vetomacht ausgestattetes «Verfassungsorgan sui generis»[6], ein bürokratischer Rat, der sich aus Mitgliedern der Regierungen der Länder zusammensetzt, die mit imperativem Mandat ausgestattet sind. In den Bundesrat entsenden die Länderregierungen Vertreter der Exekutive, nicht Vertreter des Volkes wie im Ständerat der Schweiz oder im Senat der Vereinigten Staaten von Amerika. Derzeit beträgt die Gesamtzahl

---

4 Steffani 1997: 56 f. Schneider (2001: 371) hingegen hielt die «Republik des Kanzlers und der Landesfürsten» für die genauere Bezeichnung.
5 Riescher/Ruß/Haas 2010.
6 von Beyme 2006: 64.

der Stimmen im Bundesrat 69.[7] Die Zahl der Stimmen, die jedes Land im Bundesrat führt, variiert mit der Bevölkerungsgröße der Länder (siehe Tabelle 6) – im weiteren Unterschied zur Schweiz und zu den USA, in denen jeder Gliedstaat mit der gleichen Anzahl von Repräsentanten im Ständerat bzw. im Senat vertreten ist. In Deutschland führt jedes Land im Bundesrat mindestens drei Stimmen, so schreibt es der Grundgesetzartikel 51 II vor. Länder mit mehr als zwei Millionen Einwohnern haben vier, Länder mit mehr als sechs Millionen fünf und Gliedstaaten mit mehr als sieben Millionen Einwohnern seit 1990 sechs Stimmen.[8] Die hierfür erforderliche Grundgesetzänderung gab den bevölkerungsstärksten Ländern – Bayern, Baden-Württemberg, Niedersachsen und Nordrhein-Westfalen – je eine Stimme mehr und verschaffte ihnen eine Ein-Drittel-Sperrminorität gegen die befürchtete Majorisierung durch die kleineren Länder.

Deutschlands politische Klasse rekrutiert sich fast ausschließlich aus politischen Parteien. Auch deshalb werten viele Beobachter die Bundesrepublik als «Parteienstaat». Folgerichtig zählt für sie der deutsche Bundesstaat als «Parteienbundesstaat»[9]. Zu Recht, denn die politischen Parteien spielen in ihm eine herausragende Rolle. Allein deshalb ist die parteipolitische Zusammensetzung des Bundesrates von größter Bedeutung. Häufig divergieren die parteipolitischen Mehrheiten im Bundesrat und im Bundestag.[10] So hatten die Regierungen Brandt und Schmidt im Bundesrat keine eigene

7 Seit dem Beitritt des Saarlandes zur Bundesrepublik im Januar 1957 betrug die Zahl der Stimmen im Bundesrat 45 und infolge der Wiedervereinigung bis Ende 1995 68. Hessen führt seit 1. Januar 1996 fünf statt vier Stimmen, weil die Zahl seiner Einwohner auf über sechs Millionen stieg. Dadurch erhöhte sich die Gesamtzahl der Bundesratsstimmen auf 69.
8 Zur Stimmenverteilung nach Ländern siehe Tabelle 6. Bremen ist weit überproportional vertreten, Nordrhein-Westfalen, Baden-Württemberg und Bayern sind unterrepräsentiert: Jede Bundesratsstimme Bremens steht für rund 220 000 Bremer, jede Bundesratsstimme Nordrhein-Westfalens repräsentiert mehr als drei Millionen und jede Bundesratsstimme Bayerns und Baden-Württembergs jeweils rund zwei Millionen Einwohner.
9 von Beyme 2004: 343.
10 Bauer 1998: 79 ff., 94 ff.

Mehrheit auf ihrer Seite. Gleiches widerfuhr der Regierung Kohl ab Mai 1990 und – nach kurzer Unterbrechung – von 1991 bis 1998. Besonders ungünstig waren die Mehrheitsverhältnisse im Bundestag und Bundesrat für die rot-grüne Koalition im Bund. Sie verlor schon kurz nach ihrer Bildung die Mehrheit in der Länderkammer, und zwar durch die Niederlage bei der Landtagswahl in Hessen im Februar 1999. Seit der Landtagswahl in Sachsen-Anhalt von 2002 bis zum Ende ihrer Amtszeit hatte es die rot-grüne Koalition gar mit einer Bundesratsmehrheit aus CDU- und CSU-dominierten Ländern zu tun. Der Nachfolger von Rot-Grün, die Große Koalition aus CDU/CSU und SPD, hatte ebenfalls ab der Landtagswahl in Hessen im Februar 2009 keine Mehrheit mehr im Bundesrat. Auch die seit Herbst 2009 amtierende Koalition aus CDU/CSU und FDP fand sich alsbald einer gegnerischen Mehrheit im Bundesrat gegenüber: Mit der Niederlage bei der Landtagswahl in Nordrhein-Westfalen 2010 verloren die Unionsparteien und die FDP ihre Mehrheit im Bundesrat. Seither regiert die Opposition, insbesondere die SPD, über den Bundesrat wieder in der Bundespolitik mit.

Ein auffälliges Muster zeigt auch die Verteilung der Bundesratsstimmen nach der Finanzkraft der Länder an: Im vereinigten Deutschland stellen die finanzschwächeren, beim Länderfinanzausgleich ausgleichsberechtigten Länder eine starke Mehrheit. Sie kontrollieren 2010 49 von 69 Stimmen – ein in seiner Bedeutung kaum zu unterschätzender Unterschied zur Lage bis Mitte 1990.[11] Die reicheren Länder haben mit ihren 26 Stimmen zwar eine Sperrminorität, die sie beispielsweise im Falle von Grundgesetzänderungen einsetzen

11 Noch Ende Mai 1990 hatten die ausgleichspflichtigen Länder mit 22 Stimmen eine knappe Mehrheit im Bundesrat – gemessen an den 41 vollberechtigten Stimmen des Bundesrates dieser Tage, also ohne Berlin. Berlin besaß aufgrund des Vorbehaltes der Alliierten bis Mai 1990 kein volles Stimmrecht im Bundesrat und führt erst seit Juni 1990 vier vollberechtigte Stimmen. Zählte man Berlin aufgrund seiner Subventionsabhängigkeit zu den finanzschwächeren Ländern, kippten die Mehrheitsverhältnisse im Bundesrat infolge des vollen Stimmrechts von Berlin im Juni 1990: Nun besaßen die finanzschwächeren Länder eine Mehrheit von 23 zu 22. Der Beitritt der ostdeutschen Länder zur Bundesrepublik am 3. Oktober 1990 verschob die Gewichte weiter zugunsten der finanzschwächeren Gliedstaaten.

Tabelle 6: Die Bundesländer im Vergleich

Bundesland	BIP	Einwohnerzahl	Wirtschaftskraft (BIP pro Einwohner)	Arbeitslosenquote	Katholikenanteil	Stimmen im Bundesrat	Zahler im LFA	Parteipolitische Zusammensetzung der Regierung am 1.Dezember 2010	Stärkste Regierungspartei 1949–2009 (Kabinettssitzanteil)
Baden-Württemberg	343,7	10 744 383	31 982	5,1	36,9	6	Ja	CDU+FDP	CDU (76,1)
Bayern	429,9	12 494 781	34 397	4,8	55,6	6	Ja	CSU+FDP	CSU (89,9)
Berlin	90,1	3 429 525	26 265	14,1	9,4	4	Nein	SPD+Die Linke	SPD (55,5)
Brandenburg	53,9	2 517 726	21 422	12,3	3,1	4	Nein	SPD+Die Linke	SPD (69,4)
Bremen	26,8	661 166	40 529	11,8	12,5	3	Nein	SPD+Grüne	SPD (73,5)
Hamburg	85,8	1 775 333	48 229	8,6	10,2	3	Ja	CDU	SPD (68,6)
Hessen	216,5	6 060 841	35 731	6,8	25,0	5	Ja	CDU +FDP	SPD (63,6)
Mecklenburg-Vorpommern	35,2	1 659 023	21 264	13,6	3,3	3	Nein	SPD+CDU	SPD (44,3)
Niedersachsen	205,6	7 937 280	25 877	7,8	17,6	6	Nein	CDU+FDP	SPD (45,3)
Nordrhein-Westfalen	521,7	17 904 653	29 159	8,9	42,0	6	Nein	SPD+Grüne	SPD (58,7)
Rheinland-Pfalz	102,2	4 020 917	25 511	6,1	45,7	4	Nein	SPD	CDU (57,5)
Saarland	28,9	1 027 700	28 133	7,7	64,1	3	Nein	CDU+FDP	CDU (60,3)
Sachsen	92,9	4 183 404	22 228	12,9	3,6	4	Nein	CDU+FDP	CDU (90,3)
Sachsen-Anhalt	51,5	2 373 485	21 744	13,6	3,5	4	Nein	CDU+SPD	SPD (44,5)
Schleswig-Holstein	73,4	2 830 889	25 935	7,8	6,0	4	Nein	CDU+FDP	CDU (55,4)
Thüringen	48,9	2 261 236	21 653	11,4	7,8	4	Nein	CDU+SPD	CDU (84,0)
Deutschland (Bund)	2407,0	81 882 342	29 406	8,2	30,7	–	–	CDU/CSU +FDP	CDU/CSU (48,9)

Spalte 1: Ländername.
Spalte 2: Bruttoinlandsprodukt in Milliarden Euro 2009 (http://www.vgrdl.de/Arbeits-kreis_VGR/tbls/tab01.asp, Zugriff am 5. Mai 2010).
Spalte 3: 30. März 2009 (Statistisches Bundesamt, Pressemitteilung Nr. 407 vom 4.11.2009).
Spalte 4: Bruttoinlandsprodukt je Einwohner in Euro 2009 (http://www.vgrdl.de/Arbeits-kreis_VGR/tbls/tab01.asp, Zugriff am 5. Mai 2010).
Spalte 5: Arbeitslose in Prozent der zivilen Erwerbspersonen 2009 (Statistik der Bundes-agentur für Arbeit, http://www.pub.arbeitsagentur.de/hst/services/statistik/interim/statis-tik-themen/index.shtml, Arbeitslose Jahreszahlen, Zugriff am 5. Mai 2010).
Spalte 6: Katholiken in Prozent der Bevölkerung 2008 (Deutsche Bischofskonferenz (http://www.dbk.de/imperia/md/content/kirchlichestatistik/bev-kath-l-nd-2008.pd, Zugriff am 5. Mai 2010).
Spalte 7: Stand 2009.
Spalte 8: Zahler im horizontalen Länderfinanzausgleich (LFA) 2010.
Spalte 9: Regierungsparteien am 1. Dezember 2010.
Spalte 10: Kabinettssitzanteil der Parteien auf Tagesbasis vom 1. Januar 1949 bis 31. Dezem-ber 2009 außer Baden-Württemberg (ab 1. Januar 1953), Berlin (ab 1. Januar 1952, ab 3. Ok-tober 1990 West- und Ost-Berlin), Brandenburg (ab 1. Januar 1991), Mecklenburg-Vorpom-mern (ab 1. Januar 1991), Saarland (ab 1. Januar 1957), Sachsen (ab 1. Januar 1991), Sachsen-Anhalt (ab 1. Januar 1991), Thüringen (ab 1. Januar 1991) und die Bundesrepublik (ab 15. September 1949).

können. Allerdings können die reicheren Länder von den finanz-schwächeren Gliedstaaten überstimmt werden. Das ist für die ärme-ren Länder der entscheidende Hebel, mit dem sie Reformen, die in eine für sie unliebsame Richtung führen könnten, beispielsweise zu-gunsten eines Wettbewerbsföderalismus, verhindern können.

2.1 Mitwirkung der Länder an der Gesetzgebung

Divergierende Mehrheiten im Bundesrat und Bundestag sind fol-genreich: Die Bundestagsopposition kann nämlich im Verein mit der Bundesratsmehrheit an Vorhaben der Bundesregierung mit-regieren, wenn sie die Länderregierungen ihrer parteipolitischen Färbung auf ihre Seite bringt und die Bundesregierung kompro-missbereit ist. Doch auch die Blockade der Gesetzgebung durch die Bundesratsmehrheit ist unter diesen Bedingungen möglich. Des-halb gerät der deutsche Föderalismus des Öfteren in den Ruf eines «Blockadeföderalismus». Zur Ehrenrettung der Beteiligten ist al-lerdings hinzuzufügen: Blockierungen der Gesetzgebung kommen vor, aber sie sind nicht der Normalfall. Allerdings werden hochwahrscheinliche Blockaden von der gesetzgebenden Mehrheit im Bundestag antizipiert und führen bisweilen zu «faulen Kompromissen». Mitunter türmt die Bundesratsmehrheit aber auch unüberwindbare Hindernisse auf. Ein spektakuläres Beispiel ist die Blockade der Steuerreformvorhaben der Regierung Kohl, die die SPD-Opposition unter ihrem damaligen Führer Lafontaine im Bundesrat 1997 herbeiführte. Ein weiteres Exempel statuierten die unionsgeführten Länder und die Opposition, als sie in der 15. Wahlperiode der rot-grünen Bundesregierung die Zustimmung zu den von Bundesfinanzminister Hans Eichel (SPD) vorgeschlagenen Subventionskürzungsvorhaben unter anderem bei der Eigenheimförderung und bei der steuerlichen Absetzbarkeit von Fahrten zum Arbeitsplatz verweigerten.

Die Bundesländer spielen über den Bundesrat in der Bundesgesetzgebung eine sehr wichtige Rolle – eine auch international außergewöhnliche Konstellation. Wie stark der Bundesrat an der Bundesgesetzgebung mitregiert, hängt allerdings davon ab, ob eine Grundgesetzänderung, ein Zustimmungsgesetz oder ein Einspruchsgesetz zu beschließen ist.

Eine Verfassungsänderung erfordert die Zustimmung der größten Oppositionspartei, weil keine der Bundesregierungen im Parlament über eine eigene Zweidrittelmehrheit verfügt. Zudem macht die Zweidrittelmehrheit der Bundesratsstimmen die Länderkammer zu einem Vetospieler, von dessen ausdrücklicher Zustimmung die Verfassungsänderung abhängt.

Damit nicht genug: Auch bei Zustimmungsgesetzen hat der Bundesrat eine Vetoposition. Zustimmungspflichtig sind Bundesgesetze, welche die bundesstaatliche Grundlage der Bundesrepublik Deutschland oder Hoheitsrechte der Länder berühren. Am Anfang der Bundesrepublik waren dies nur rund 40 Prozent der Bundesgesetze. Später stieg der Anteil auf 50, mitunter auf mehr als 60 Prozent, unter ihnen die meisten der besonders wichtigen Gesetze. Dabei blieb es bis zur Föderalismusreform 2006, von der erwartet wird, dass sie den Anteil der zustimmungspflichtigen Gesetze erheblich reduziert.[12] Ein Zustimmungsgesetz erfordert die ausdrückliche

12 Siehe Kapitel 8.8.

Zustimmung der Mehrheit der Stimmen des Bundesrats, andernfalls ist das Gesetz gescheitert. Auch diese Regel macht die Länderkammer zu einem Vetospieler. Doch im Unterschied zur Grundgesetzänderung, die eine Zweidrittelmehrheit verlangt, genügt in diesem Fall die einfache Mehrheit der Bundesratsstimmen.

Handelt es sich nicht um zustimmungspflichtige Gesetze, sondern um Einspruchsgesetze, sind die Mitregierungschancen des Bundesrates geringer. In diesem Falle kann der Bundesrat gegen das vom Bundestag beschlossene Gesetz Einspruch einlegen.[13] Erfolgt der Einspruch nur mit der Mehrheit der Bundesratsstimmen, kann der Bundestag ihn mit der Kanzlermehrheit, der Mehrheit der gesetzlichen Mitgliederzahl, zurückweisen. Hat der Bundesrat den Einspruch aber mit Zweidrittelmehrheit beschlossen, bedarf die Zurückweisung sowohl der Kanzlermehrheit als auch der Zweidrittelmehrheit der Abstimmenden.[14] Andernfalls ist das Einspruchsgesetz gescheitert.

Diesen Regelungen zufolge würde eine Oppositionspartei, die auf zwei Drittel der Stimmen im Bundesrat zählen kann, eine Mehrheitswaffe führen, mit der sie die gesamte Gesetzgebung der Bundesregierung und der sie tragenden Parteien vollständig lahmlegen oder die Regierung in allen Gesetzgebungen zur Kooperation zwingen könnte. So weit kam es in der Bundesrepublik Deutschland bislang nicht. Zudem ist es dem Bundestag fast immer gelungen, die Einsprüche des Bundesrates zurückzuweisen, sodass am Ende nur wenige Gesetze wegen eines Einspruchs scheiterten.[15]

Gleichwohl herrscht in der Gesetzgebung ein starker Kooperationszwang für Bund und Länder sowie für Regierung und Opposition. Die Gesetzgebung in Deutschland erfordert insgesamt ein

13 Das kann wie ein suspensives Veto wirken, wenn der Einspruch vom Bundestag überstimmt wird, und wie ein Veto, wenn der Einspruch nicht überstimmt wird.

14 «Hat der Bundesrat den Einspruch mit einer Mehrheit von mindestens zwei Dritteln seiner Stimmen beschlossen, so bedarf die Zurückweisung durch den Bundestag einer Mehrheit von zwei Dritteln, mindestens der Mehrheit der Mitglieder des Bundestages» (Art. 77 IV Satz 2 Grundgesetz).

15 Ziller 2006: 12.

hohes Maß an Kooperation zwischen der Bundesregierung und der sie tragenden Bundestagsmehrheit einerseits und der Mehrheit im Bundesrat andererseits – vor und nach der Föderalismusreform von 2006.[16] Vor allem verlangen zustimmungspflichtige Gesetze und Verfassungsänderungen die Kooperation zumindest der größten Oppositionspartei mit den Regierungsparteien. Doch je größer die Mehrheit der Stimmen im Bundesrat ist, auf die die Opposition im Bundestag zählen kann, desto größer sind ihre Vetochancen und ihre Chance des Mitregierens. Der Gewinner einer Bundestagswahl kann unter diesen Bedingungen nicht «durchregieren», so wie das der Wahlsieger in einem Staat mit einem Einkammerparlament tun kann, wie Schweden seit 1971. Der Sieger einer Bundestagswahl könnte nur «durchregieren», wenn er eine kooperationswillige parteipolitische Mehrheit seiner Couleur oder ähnlicher Färbung im Bundesrat auf seiner Seite hätte. Doch das kam nicht allzu häufig vor. Zuletzt war diese Konstellation von 1982 bis zur Mitte des Jahres 1990 gegeben, also in der ersten Hälfte der «Ära Kohl»[17], ferner vom Amtsantritt der rot-grünen Bundesregierung im Herbst 1998 bis zur Regierungsbildung in Hessen nach der Landtagswahl vom 7. Februar 1999, während der zweiten Großen Koalition und in den ersten Monaten der CDU/CSU-FDP Koalition von 2009 bis zur Regierungsbildung in Nordrhein-Westfalen nach der Landtagswahl von 2010.[18] Doch selbst in diesen Perioden standen die Interessengegensätze zwischen Bund und Ländern häufig den Vorhaben der Bundesregierung im Wege.[19]

Die Gesetzgebung in Deutschland zwingt Regierungsparteien und Opposition sowie Bund und Länder zur Kooperation, es sei denn, die Beteiligten nähmen Entscheidungsblockaden in Kauf. Die Kooperation bei zustimmungspflichtigen und bei verfassungsändernden Gesetzen aber setzt Kompromisse in einer großen Koalition von Bund und Ländern und einer Koalition zwischen Regie-

16 Benz 2008, Scharpf 2009, Zohlnhöfer 2008.
17 Wewer 1998.
18 Zur Auslotung konvergierender und divergierender Mehrheitsverhältnisse im Bundestag und Bundesrat Andersen/Woyke 2009: 811 ff., König/Bräuninger 1997, Leunig 2006, 2007, Schindler 1999, Bd. II: 2437 ff.
19 Vgl. z. B. Leunig 2003, Schmidt 2005d: 131 ff., Zohlnhöfer 2001.

rung und Opposition voraus. Solange die beteiligten Akteure kooperationswillig und -fähig sind, wird der Entscheidungsprozess nicht grundsätzlich gestört, jedoch meist erheblich verlangsamt. Zudem nimmt er konkordanzdemokratische Formen an. Damit rückt die Konfliktregelung durch Verhandeln in den Vordergrund, die quer zur Konfliktregelung durch Mehrheitsentscheid steht.

Die Mitwirkung der Länder an der Gesetzgebung erstreckt sich auch auf den Vermittlungsausschuss, den gemeinsamen Ausschuss von Bundestag und Bundesrat nach Artikel 77 II des Grundgesetzes. Dieser Ausschuss hat die Aufgabe, im Fall des Streites über den Inhalt einer Gesetzgebung zwischen Bundestag und Bundesrat zu vermitteln. Seit der Einheit Deutschlands besteht der Vermittlungsausschuss aus jeweils 16 Mitgliedern des Bundestages und des Bundesrates. Zuvor waren es jeweils elf. Der Bundestag wählt seine Delegierten für die Dauer einer Legislaturperiode nach dem Stärkeverhältnis seiner Fraktionen. Die Mitglieder des Bundesrates werden von den einzelnen Landesregierungen entsandt. Sie sind im Unterschied zu den Ländervertretern im Bundesrat nicht an Weisungen gebunden. Der Vermittlungsausschuss besitzt den Schlüssel für die Auflösung von Blockaden der Gesetzgebung. Deshalb werten ihn manche als den eigentlichen Gesetzgeber. Das ist übertrieben. Doch vor allem bei unterschiedlichen Mehrheiten im Bundestag und Bundesrat und einem Kräfte-Patt zwischen den parteipolitischen Lagern entscheiden die im Vermittlungsausschuss gebildeten Koalitionen darüber, ob ein Kompromiss über ein Gesetz gefunden wird, das zwischen Bund und Ländern und zwischen Regierung und Opposition strittig ist. Dabei hat sich der Vermittlungsausschuss regelmäßig als vermittlungsfähig erwiesen. In Zeiten übereinstimmender Mehrheiten von Bundestag und Bundesrat wird der Vermittlungsausschuss allerdings nur selten angerufen, so von 1982 bis Mitte des Jahres 1990 oder in den Jahren der zweiten Großen Koalition (2005–2009).

Die Gesetzgebung in Deutschland ist unitarisch – bei gesicherter Mitwirkung der Länder. Die Verwaltung hingegen ist größtenteils Sache der Länder. Sie sind zuständig für den Vollzug der eigenen Gesetzgebung und für die Ausführung der Bundesgesetze als eigene Angelegenheit, soweit das Grundgesetz nichts anderes bestimmt. Bundeseigene Verwaltungen existieren nur in wenigen Bereichen. Insbesondere zu nennen sind der Auswärtige Dienst, die Bundeswehr, die Bundespolizei und die Zoll- und Finanzverwaltung. Die Dominanz in der Staatsverwaltung verschafft den Ländern großen Einfluss, und zwar sowohl durch Gestaltung des Gesetzesvollzugs als auch im Vorfeld, vor allem dadurch, dass das Gewicht der Länder und die Expertise ihrer Verwaltungsfachleute oft schon im Stadium der Planung eines Gesetzentwurfs, spätestens bei der Beratung eines Gesetzes im Bundesrat, berücksichtigt werden.

Die Befugnisse des Bundesrates reichen weit über die Gesetzgebung und die Verwaltung hinaus. Die Länderkammer wirkt auch bei der Wahl wichtiger Entscheidungsträger mit, insbesondere bei der Wahl der Richter des Bundesverfassungsgerichtes[20] und der Richter der obersten Gerichte des Bundes. Außerdem erstrecken sich die Befugnisse des Bundesrates auf den Personalbereich und die Mitwirkung in Aufsichtsorganen des Bundes, beispielsweise durch die Zustimmung zur Ernennung des Generalbundesanwaltes, die Bestellung der Präsidenten der Landeszentralbanken oder durch Entsendung von Vertretern in den Vorstand und den Verwaltungsrat der Bundesagentur für Arbeit. Allerdings sind die Mitwirkungsmöglichkeiten des Bundesrates bei personalpolitischen Entscheidungen geringer als die des US-amerikanischen Senats, der im Unterschied zum Bundesrat Sonderkontrollrechte wie das Vetorecht bei allen wichtigen Personalentscheidungen besitzt.

Andererseits ist der Bundesrat berechtigt, das mächtige Bundesverfassungsgericht anzurufen, wenn er der begründeten Auffassung ist, dass andere Verfassungsorgane ihn in seinen Rechten oder Pflich-

20 Vgl. Kapitel 9.

ten verletzt haben, etwa im Falle eines Streites über die Zustimmungspflichtigkeit eines Gesetzes. Anrufungsberechtigt ist der Bundesrat ferner, wenn der Bundespräsident gegen Grundgesetz oder Bundesrecht verstoßen hat oder wenn eine politische Partei als verfassungswidrig erscheint.[21]

Außerdem sieht die Verfassung vor, dass der Bundesrat bei der Lösung verfassungspolitischer Krisen mitwirkt. So ist die Länderkammer durch die Notstandsverfassung institutionell und verfahrensmäßig in alle Ausnahmemaßnahmen im Notstandsfall einbezogen. Außerdem gehört der Bundesrat zu den drei Hauptakteuren im Falle des Gesetzgebungsnotstandes nach Artikel 81 des Grundgesetzes. Mit dem Gesetzgebungsnotstand kann die Bundesregierung zusammen mit dem Bundesrat und dem Bundespräsidenten unter den im Artikel 81 genannten Voraussetzungen für einen auf sechs Monate begrenzten Zeitraum am Parlament vorbei regieren.

3. Der unitarische Bundesstaat

Der Föderalismus unterscheidet die Staatsorganisation der Bundesrepublik Deutschland nachhaltig von dem von Preußen dominierten «monarchisch-hegemonialen Bundesstaat»[22] des Deutschen Reichs von 1871, aber auch von der Weimarer Republik, die einem dezentralen Einheitsstaat nahe kam, und vor allem vom zentralistischen Einheitsstaat der NS-Diktatur und der DDR.

Auch im Vergleich zu modernen Bundesstaaten springen die Eigenheiten des deutschen Föderalismus nach 1949 ins Auge. Er fällt durch starke Exekutivlastigkeit auf. Zudem hat er vor allem in den ersten drei Jahrzehnten der Bundesrepublik ein hohes Maß an Unitarisierung der Politikinhalte erlangt und eine enge Verflechtung zwischen den staatlichen Ebenen sowie ein hohes Maß an Kooperations- und Konsenserfordernissen hervorgebracht. Hierbei hat der Bund seine Kompetenzen erheblich erweitert. Im Gegenzug wurden die Landesregierungen in entsprechend größerem Maße an der

---

21 Vgl. Kapitel 9.
22 von Beyme 2004: 337.

Bundesgesetzgebung beteiligt. Das vergrößerte ihre Machtstellung und die des Bundesrates, während die Landtage, aber auch der Bundestag an Wirkungskraft verloren.[23] Der «unitarische Bundesstaat»[24] hat Eigenschaften eines Einheitsstaates, insbesondere die Verpflichtung auf bundesweite Rechts- und Wirtschaftseinheit sowie auf Einheitlichkeit oder Gleichwertigkeit der Lebensverhältnisse in den meisten Politikfeldern[25] – ein Gebot, für das sich insbesondere die SPD bei den Beratungen über das Grundgesetz stark gemacht hatte und das auch als Versprechen an die Adresse der rund 12 Millionen Flüchtlinge und Vertriebenen, die sich im Bundesgebiet niederließen, gedacht war. Auf die Einheitlichkeit oder Gleichwertigkeit der Lebensverhältnisse berufen sich seit 1949 mit großem Erfolg vor allem diejenigen Bundesländer, die befürchten, bei der Verteilung staatlicher Finanzmittel zu kurz zu kommen. Wie gut verankert und wirkungsmächtig diese Ländergruppe ist, zeigen die ehrgeizigen Konkretisierungen des «sozialen Bundesstaates», unter ihnen die umfassenden Geldzahlungen von West nach Ost im Rahmen des bis 2019 festgeschriebenen Solidarpaktes.[26]

4. Polyzentrismus, Fragmentierung und Politikverflechtung

Der Föderalismus hat Wesentliches zur Aufteilung politischer Macht in Deutschland beigetragen und einen ausgeprägten Polyzentrismus hervorgebracht. Vom Polyzentrismus zeugen die Existenz einer Bundesregierung und von 16 Landesregierungen sowie die Delegation vieler öffentlicher Aufgaben an halb gesellschaftliche, halb staatliche Verbände und nicht zuletzt die regionale Streuung der Standorte wichtiger politischer Institutionen. Neben Berlin als Hauptstadt und Sitz des Berliner Senats gibt es bundesweit 15 weitere Standorte mit Regierungssitz – von Kiel bis München und von Saarbrücken bis

23 Dieser Vorgang wurde durch die Funktionsweise der Europäischen Union verstärkt.
24 Hesse 1962.
25 Zu den durch die Föderalismusreform 2006 bewirkten Änderungen siehe Kapitel 8.8 und 18.2.5.
26 Vgl. Renzsch 1991, 2005, Wachendorfer-Schmidt 2003.

Dresden. Über das ganze Bundesgebiet verteilt sind ferner die Standorte anderer wichtiger Organe: Das Bundesverfassungsgericht ist in Karlsruhe beheimatet, ebenso der Bundesgerichtshof; das Bundesarbeitsgericht ist in Erfurt zu Hause; der Bundesfinanzhof residiert in München; das Bundessozialgericht in Kassel; das Bundesverwaltungsgericht in Leipzig; die Deutsche Bundesbank und die Europäische Zentralbank haben ihren Standort in Frankfurt am Main; und die Bundesagentur für Arbeit hat ihren – architektonisch eine Kathedrale des Korporatismus symbolisierenden – Sitz in Nürnberg.

Der föderalistische Polyzentrismus ergänzt die ohnehin schon ausgeprägte horizontale Fragmentierung der Staatsorganisation in vertikaler Richtung. Damit vergrößert er den Koordinationsbedarf in Deutschland, und zwar von Bund und Ländern und zwischen den Gliedstaaten. Die Exekutive ist infolge der föderalen Struktur nicht nur horizontal fragmentiert, sondern auch vertikal: Ein Innen-, ein Finanz-, ein Justiz-, ein Wissenschafts- und ein Wirtschaftsministerium gibt es auf Bundesebene und in jedem Bundesland.

Die horizontale und vertikale Fragmentierung erzeugt Dezentralisierungsprobleme. Diese bedürfen der Überbrückung durch Verknüpfung der voneinander getrennten Entscheidungseinheiten. Das geschieht in Deutschland durch eine – auch im internationalen Vergleich – besonders weitreichende «Politikverflechtung»[27]. Damit sind die horizontalen Verknüpfungen der Entscheidungsstrukturen der Länder sowie die Verflechtungen der Exekutive der Länder und des Bundes gemeint. Analoges gilt für Verknüpfungen insbesondere zwischen der Europäischen Union, dem Bund und den Ländern. Die Politikverflechtung erstreckt sich unter anderem auf die Gesetzgebung und auf die Planung und Durchführung der Gemeinschaftsaufgaben von Bund und Ländern, beispielsweise in der regionalen Wirtschaftsförderung und in Gestalt der Finanzhilfen des Bundes für Investitionen nach Artikel 104b des Grundgesetzes und galt bis zur Föderalismusreform 2006 auch in der Finanzierung des Hochschulbaus.

Zudem schließt die Verflechtung von Bund und Ländern die öffentlichen Finanzen ein – bei der Steuergesetzgebung ebenso wie bei

---

27 Scharpf/Reissert/Schnabel 1976, Scharpf 1994, vgl. Kropp 2010, Wachendorfer-Schmidt 2003.

der Aufteilung der Steuern und den Staatsausgaben.[28] Bei allen wichtigen Steuern liegt die Gesetzgebungskompetenz beim Bund. Doch die meisten Steuergesetze und vor allem die gesetzliche Regulierung der ertragreichsten Steuern erfordern die Zustimmung des Bundesrates. Steuerreformen erfordern somit in den meisten Fällen das Einvernehmen zwischen Bund und Ländern. Die Aufteilung der Steuereinnahmen verknüpft das Schicksal des Bundes ebenfalls mit dem der Länder. Die einträglichsten Steuern werden Bund und Ländern nach einem Verbundsystem mit einem Verteilungsschlüssel zugewiesen. Nur wenige wichtige Steuern werden dem Bund oder den Ländern nach dem Trennsystem separat zugeteilt, beispielsweise die Mineralölsteuer, die dem Bund zufließt. Die enge Verflechtung erschwert dem Bund und den Ländern steuerpolitische Alleingänge außerordentlich.

Obendrein sind Bund und Länder auch auf der Ausgabenseite miteinander verflochten. Es bestehen vielschichtige Finanzausgleichssysteme zwischen wohlhabenden und weniger wohlhabenden Ländern sowie Finanzzuwendungen des Bundes für Sonderbedarfe der Länder. Besonders eng verflochten ist die Finanzierung der Gemeinschaftsaufgaben und der Finanzhilfen für Investitionen. Auch die Verpflichtung auf ein stabilitätsorientiertes Finanzgebaren, beispielsweise Obergrenzen für Neuverschuldung, kettet Bund und Länder aneinander.

Die Staatsorganisation hat das Regieren in Deutschland in den meisten Politikfeldern zu einem komplizierten Hin und Her auf mehreren Ebenen gemacht, mit vielen Mitwirkenden und mit großem Koordinationsbedarf. Speziell aus der Verschränkung von Bund und Ländern entstand ein mitunter schwer durchschaubarer, die Verantwortlichkeiten verwischender «Verbundföderalismus». Noch komplizierter wird das politische Gefüge durch die europäische Ebene, die dem nationalstaatlichen Mehrebenensystem ein weiteres Stockwerk hinzufügt und es mit komplexen Wechselwirkungen und Rückkoppelungen konfrontiert.[29]

28 Vgl. Kapitel 14.
29 Benz 2009.

5. Hoher Kooperationsbedarf und Dauerwahlkampf

Die Gliederung in Bund und Länder und die Verschränkung der Exekutive des Bundes und der Gliedstaaten erschweren Alleingänge der Bundesregierung und der einzelnen Länder außerordentlich. Bei den meisten größeren Gesetzesvorhaben und bei Finanzfragen sitzen Bund und Länder in einem Boot. Das erfordert Zusammenstehen und Kooperieren. Doch zwischen Bund und Ländern und unter den Ländern herrschen Spannungen. Die Länder und der Bund sind in vielfältige Interessenkonflikte verstrickt. Diese wurzeln vor allem im Kampf um Befugnisse, in parteipolitischen Differenzen, in Unterschieden der Wirtschafts- und Finanzkraft, in unterschiedlichen Problemkonstellationen, in divergierenden politisch-kulturellen Gegebenheiten und in unterschiedlicher Betroffenheit durch die Europäische Union. Diese Unterschiede sind mit der Vertiefung und Erweiterung der Europäischen Union seit den 1980er Jahren und seit der deutschen Einheit größer geworden. Allein aufgrund der größeren Zahl der Akteure im Bund-Länder-Geflecht sind sie schwieriger zu handhaben. Erschwerend kommt hinzu, dass die Wirtschaft in Deutschland seit den 1990er Jahren nur langsam wächst und die Staatsfinanzen in eine Schieflage geraten sind. Das verschärft die Verteilungskonflikte und vermindert die Chancen ihrer Lösung. Hinzu kommt der Parteienwettbewerb mitsamt seinem auf die Wahltermine geeichten Zeittakt. Im «Parteienbundesstaat» zählen nicht nur sachgerechte Kooperation und Arbeitsteilung, sondern auch Parteienstreit, Profilierung möglichst auf Kosten der Konkurrenz, Streben nach Dominanz, nach Erwerb und Ausbau von Macht.

All dies gerät aber in Konflikt mit dem Koordinations- und Kooperationsbedarf im Verbundföderalismus. Verstärkt wird diese Spannung in Deutschland durch die Dauerwahlkampfatmosphäre. Diese kommt zustande, weil jede Landtagswahl ein bundespolitisch wichtiges Ereignis ist: Jedes Landtagswahlergebnis wirkt auf die Stimmenverteilung im Bundesrat und auf die Verteilung von Macht und Prestige zwischen den Parteien. Somit beeinflusst jede Wahl eines Landtags die Mitwirkungschancen der Länder bei der Bundesgesetzgebung und die Mitgestaltungschancen der Opposition.

Der Dauerwahlkampf aber versetzt das Gemeinwesen in einen Zustand fieberhafter Erregung. Obendrein verkürzt er den ohnehin schon kurzen Zeittakt der Demokratie, der von Regierung und Opposition in kleinen Abständen sichtbare Erfolge oder begründete Aussicht auf baldigen Ertrag verlangt. Dieser Zeittakt fördert die Neigung zu kurzfristiger Politik und verleitet häufig dazu, langfristige Vorhaben mit größerem Verteilungs- und Umverteilungsgehalt hintanzustellen. Es ist deshalb nicht verwunderlich, wenn das Zusammenspiel von Parteienwettbewerb und Bundesstaat als Reformbremse verdächtigt wird.[30] Für den Verdacht spricht auf den ersten Blick einiges: insbesondere die langwierigen Willensbildungs- und Entscheidungsprozesse, die Neigung zu Trippelschrittreformen oder die Einigung auf den kleinsten gemeinsamen Nenner der Beteiligten. Andererseits haben sich der Parteienwettbewerb und der Bundesstaat auch für größere Kursänderungen als durchlässig erwiesen – die Zustimmung zum Aufbau der europäischen Staatengemeinschaft ist ein Beispiel, die Mitwirkung an vielen anderen Grundgesetzänderungen ein weiteres.[31] Überdies sollte nicht übersehen werden, dass über Reformfähigkeit oder Reformstau am Ende nicht die Institutionen des Parteienwettbewerbs und des Bundesstaates entscheiden, sondern die Akteure, die sich ihrer bedienen. Unter diesen Akteuren kommen den Regierungs- und Oppositionsparteien, insbesondere ihrer Kooperationsbereitschaft oder -unwilligkeit, eine herausragende Bedeutung zu.

6. Sozialstaatsföderalismus

Deutschlands Föderalismus kommt in mancherlei Hinsicht einem Sonderfall nahe. Der betont «unitarische Bundesstaat» spricht für diese These, ebenso die Koexistenz von Föderalismus und weit ausgebautem Sozialstaat in Deutschland. Sie widerspricht den geläufigen Erwartungen an die Theorie und Praxis des Föderalismus. Dass der Föderalismus die Staatsgewalten zügeln und dem Staats-

30 Vgl. Busch 2006b, Czada 2003, Lehmbruch 2000.
31 Vgl. Benz 1999, Detzer 2010, Wachendorfer-Schmidt 2003.

interventionismus Einhalt gebieten würde, hatten sich vor allem liberale Theoretiker und Politiker erhofft. Tatsächlich wird in etlichen föderalistischen Staaten die Staatstätigkeit stärker gebremst als in Einheitsstaaten. Die USA und Australien sind Beispiele, lange Zeit auch die Schweiz. Die Staatstätigkeit in Deutschland nahm jedoch einen anderen Weg: Dieser führte zu einem weit ausgebauten Sozialstaat einschließlich eines «sozialen Bundesstaates», eines Sozialstaatsföderalismus mit ausgeprägter interregionaler Umverteilung.[32] Diese Umverteilung transfreriert in großem Stil Finanzmittel von den wirtschafts- und finanzkräftigeren Gliedstaaten und vom Bund auf die wirtschafts- und finanzschwächeren Länder. Ergänzt wird dieser Umverteilungsmechanismus durch interregionale Umverteilungswirkungen der sozialen Sicherungssysteme: Auf die wirtschafts- und finanzschwachen Bundesländer entfällt ein überdurchschnittlich hoher Teil der Sozialleistungen, z. B. die Sozialhilfe, die Frühverrentungsangebote oder das Arbeitslosengeld. Der Einbau von Ausgleichssystemen mit starker interregionaler Verteilung, wie der Risikostrukturausgleich zwischen Krankenversicherungen mit günstigerem und ungünstigerem Risikoprofil, ist ein weiterer Umverteilungsmechanismus des «sozialen Bundesstaates».

7. Deutschlands Bundesstaat im Vergleich

Deutschlands Föderalismus unterscheidet sich markant von dem anderer Bundesstaaten.[33] Vom Lehrbuchföderalismus trennen ihn sein quasi-unitarischer Charakter, die weit vorangeschrittene Politikverflechtung, der Verbundföderalismus, die Exekutivlastigkeit und der ungewöhnlich weitreichende interregionale Umverteilungsmechanismus des «sozialen Bundesstaates». Deutschlands Föderalismus unterscheidet sich ferner vom Trennföderalismus und

---

32 Manow 2005, Obinger/Leibfried/Castles 2005.
33 Benz/Lehmbruch 2002, Braun 2000, Busemeyer 2006, Helms 2006a, Nikolai 2006, Kropp 2010, Schultze 1992, Sturm 2002, 2010, Wachendorfer-Schmidt 2000.

vom dualen Föderalismus, in dem Bund und Gliedstaaten in den meisten Politikfeldern jeweils eigene Zuständigkeiten mit separaten Verwaltungsunterbauten haben. Außerdem hat der höhere Unitarisierungs- und Verflechtungsgrad eng begrenzte Spielräume für eine autonome Politik der Bundesländer zur Folge. Erneut ist der Vergleich mit den USA und der Schweiz instruktiv. Die Gliedstaaten der USA und der Schweiz, die Kantone und Halbkantone, verfügen über weit größere Spielräume für selbständige Politikplanung und autonomen Politikvollzug. Vom amerikanischen und schweizerischen Bundesstaat unterscheidet sich der deutsche Föderalismus zudem durch das Bundesratsprinzip anstelle des Senatsprinzips, das für jeden Gliedstaat eine gleiche Anzahl von gewählten Vertretern in der Länderkammer vorsieht. Deutschlands Föderalismus differiert außerdem durch seine Zentripetalkräfte vom Bundesstaat Kanadas, den Fliehkräfte wie das Sezessionsstreben von Frankokanadiern prägen. Und im Vergleich zum österreichischen Bundesstaat hebt die größere Machtteilhabe der Länder an der Gesetzgebung, aber auch an der Staatsverwaltung, den deutschen Föderalismus hervor.

Überdies ist die hohe Spannung zwischen Kooperationsbedarf und Dauerwahlkampfatmosphäre ein weiteres Kennzeichen des deutschen Bundesstaates. Das weist auf ein allgemeineres Muster hin: Die häufigen Wahlen sowie die mit ihnen einhergehende Dauermobilisierung der Wähler und die Dynamisierung hoher Erwartungen an die Politik bringen das politische System Deutschlands tendenziell in Stress. Ein weiterer Stressfaktor kommt hinzu. Er entstammt der Spannung zwischen dem hohen Koordinations- und Kooperationsbedarf, den Deutschlands politische Institutionen von den beteiligten Akteuren verlangen, und den auf Kampf, Vorteilserlangung, Machterwerb und Machterhalt gerichteten Prinzipien der Politik, insbesondere im Parteienwettbewerb. Beide Stressfaktoren wirken daran mit, dass das Regieren in Deutschland eine besonders aufwändige, zeitraubende Tätigkeit ist. Nicht selten verzögern sich dadurch die Wahrnehmung und die Behandlung politischer Probleme, sofern der Entscheidungsprozess nicht blockiert wird. Das ist der allgemeine Hintergrund der oft zu hörenden Klagen über die Unbeweglichkeit des deutschen Föderalismus. Dass dies aber nicht die ganze Wahrheit ist, zeigen beispielsweise die Theorie des «dynamischen Föderalismus»[34] und Studien, die nachweisen, dass der deutsche Bundesstaat reformfähiger ist, als es die Politikverflechtungstheorie prognostiziert.[35]

8. Die Föderalismusreformen I und II

Die Föderalismusreform I, die von der zweiten Großen Koalition und dem Bundesrat im Sommer 2006 beschlossen wurde,[36] wird unterschiedlich bewertet. Ihre Träger, insbesondere die Große Koalition sowie die Vertreter von Bund und Ländern, werten sie als eine insgesamt erfolgreiche Reform – gemessen vor allem am Ziel der Entflechtung. Andere stufen sie als weitgehend misslungen ein – gemessen am Ziel einer substanziellen Vergrößerung des Handlungsspielraums von Bund und Ländern.[37]

Beide Urteile werden allerdings der Vielschichtigkeit der Föderalismusreform nicht ganz gerecht. Die Föderalismusreform hat einen Teil der engen Verflechtung von Bund und Ländern in der Gesetzgebung, der Planung und Politikdurchführung rückgängig gemacht: Sie löste die Rahmengesetzgebung des Bundes auf und ordnete den Katalog der konkurrierenden Gesetzgebung neu. Zudem verkleinerte sie den Anwendungsbereich der «Erforderlichkeitsklausel» im Artikel 72 des Grundgesetzes.[38] Außerdem erhielten die Länder in bestimmten Politikfeldern das Recht auf eine Abweichungsgesetzgebung. Von diesen Änderungen sind unter anderem der

34 Benz 1985.
35 Vgl. Benz 1985, Jeffery 1999, Ritter 2005: 48 ff., Wachendorfer-Schmidt 1999, 2003.
36 Basis: Deutscher Bundestag 16. Wahlperiode, Drucksache 16/813 v. 7. März 2006, Bundesrat, Drucksache 462/06 v. 30. Juni 2006, vgl. Bundesgesetzblatt, Jg. 2006 Teil I, Nr. 41, Bonn v. 31. August 2006.
37 Beispielsweise Benz 2005, 2008, Burkhart 2008, Scharpf 2009.
38 Ihr zufolge hat der Bund in der konkurrierenden Gesetzgebung das Gesetzgebungsrecht, «wenn und soweit die Herstellung gleichwertiger Lebensverhältnisse im Bundesgebiet oder die Wahrung der Rechts- oder Wirtschaftseinheit im gesamtstaatlichen Interesse eine bundesgesetzliche Regelung notwendig macht» (Artikel 72 II Grundgesetz).

Strafvollzug betroffen, der Großteil des Hochschulrechts, Teile der Umweltpolitik (insbesondere Naturschutz, Landschaftspflege und Wasserhaushalt) und die Besoldung und Versorgung der Landesbeamten und Richter. Bei diesen Materien und vielen anderen Angelegenheiten (wie Ladenschlussrecht und Gaststättenrecht) sind mit Inkrafttreten der Föderalismusreform 2006 die Länder allein zuständig. Hierdurch haben die Länder Befugnisse hinzugewonnen und der Bund hat an Einfluss verloren.

Im Gegenzug wurden aber Kompetenzen auf den Bund verlagert, insbesondere in den Bereichen Terrorismusabwehr und Kernenergie. Hinzu kamen Korrekturen der Finanzverantwortung von Bund und Ländern, die insgesamt den Ländern größere Lasten abverlangten. Das geschah durch den Abbau eines Teils der Mischfinanzierung (wie im Hochschulbau, aus dem sich der Bund zurückzog) und die Einführung eines nationalen Stabilitätspaktes, der nun auch die Länder in die Pflicht nimmt. Er klärt, wie stark Bund und Länder für Verstöße gegen den Europäischen Stabilitäts- und Wachstumspakt und bei der Verletzung supranationaler und völkerrechtlicher Verpflichtungen im Grundgesetz haften: im Verhältnis von 65 zu 35. Schließlich hat die Föderalismusreform die Mitwirkungsrechte des Bundesrates neu geordnet, und zwar durch Abbau der Zustimmungsrechte des Bundesrates nach Artikel 84 Absatz 1, aber auch dadurch, dass Gesetze zustimmungsbedürftig werden, die die Länder mit erheblichen Kostenfolgen belasten.

Die Föderalismusreform soll insgesamt den Anteil der zustimmungspflichtigen Gesetze senken. Schätzungen zufolge ist eine Absenkung auf rund die Hälfte des Anteils in der 14. und 15. Wahlperiode (rund 25 statt 50 bis 55 Prozent) vorstellbar.[39] Doch das ist viel zu optimistisch und muss mit der Ausweitung der Mitwirkungsrechte des Bundesrates bei Gesetzen mit erheblichen Kostenfolgen für die Länder verrechnet werden. Zudem wurde einerseits die Gemeinschaftsaufgabe Hochschulbau aufgelöst, was für die Bildungsfinanzierung wenig Gutes erwarten lässt, weil es den Ländern an Geld mangelt. Andererseits wurde die neue Gemeinschaftsaufgabe

---

39 Georgii/Borhanian 2006, kritisch Burkhart 2008, Burkhart/Manow 2006.

für Wissenschaftsförderung geschaffen. Einfacher wird die Politik im Bundesstaat aber auch nach der Föderalismusreform 2006 nicht. Weil die Länder das Recht erhalten, vom Bund abweichende Regelungen zu treffen, so im Umwelt- und Naturschutz, befürchten etliche Beobachter sogar einen größer werdenden Flickenteppich und mehr Intransparenz.

Gemessen an hochgesteckten Zielen – wie Beseitigung der «Politikverflechtungsfalle»[40], Herstellung weitreichender autonomer Spielräume für den Bund und die Länder oder Herbeiführung einer flexibleren Form der Politikverflechtung – ist das Ergebnis der Föderalismusreform I nicht überzeugend.[41] Auch in der Bildungspolitik, insbesondere der Bildungsfinanzierung, bringt die Föderalismusreform I keine zukunftsweisende Lösung, sondern führt in eine «Sackgasse»[42]. Doch relativ zu den vielen Jahren der Nichtreform des Bund-Länder-Geflechtes umfasst die Föderalismusreform von 2006 eine Reihe beachtlicher Kursänderungen, die sowohl die Ziele als auch die Instrumente und die Regierungsphilosophie berühren. So sorgt die Reform in einigen Politikfeldern für Entflechtung und erweitert den Spielraum insbesondere der Länder keineswegs nur in «Kleinkram»-Angelegenheiten, wie manche Kritiker meinen. Die neuen Länderbefugnisse in der Besoldung und sozialpolitischen Versorgung der Landesbeamten sind keine Kleinigkeit. Zudem bindet die Föderalismusreform den Bund und die Länder in die Haftung für Verstöße gegen den Europäischen Stabilitätspakt ein, und das war überfällig.

Die Föderalismusreform von 2006 lehrt, dass unter bestimmten Bedingungen und in manchen Politikfeldern die «Politikverflechtungsfalle» geöffnet, mitunter auch umgangen werden kann. Das ist mehr, als im Lichte der «Reformstau»-These oder der Lehre vom strukturellen Immobilismus des deutschen Föderalismus zu erwar-

---

40 So der von Scharpf 1985 geprägte Begriff für eine Entscheidungsstruktur, die zwei oder mehrere Ebenen der Staatsorganisation verbindet (z. B. Zentralstaat und Gliedstaaten), systematisch ineffiziente und problemunangemessene Entscheidungen erzeugt und unfähig ist, die institutionellen Bedingungen ihrer Entscheidungslogik zu ändern.
41 Vgl. Scharpf 2009.
42 Schmoll 2010: 1, vgl. Kapitel 17.

ten war. Doch dass die Föderalismusreform auch an Schwächen laboriert, soll ebenfalls bedacht werden. Für diese Reform war ein sehr langer Anlauf notwendig. Außerdem hat die Föderalismusreform 2006 nur einen Teil des Reformbedarfs des deutschen Föderalismus abgearbeitet und insbesondere die bundesstaatliche Finanzverfassung ausgeklammert, ganz zu schweigen von der Länderneugliederung. Gerechtigkeitshalber ist aber dies hinzuzufügen: Mit der Föderalismusreform II von 2009 regelte die zweite Große Koalition zumindest einige Finanzverfassungsfragen.[43] Der Kern der Föderalismusreform II ist die Einrichtung einer Schuldenbremse für die Staatsverschuldung von Bund und Ländern. Ihr zufolge dürfen sich die Länder nach 2020 grundsätzlich nicht mehr verschulden, während die Kreditaufnahme des Bundes ab 2016 auf maximal 0,35 Prozent des Bruttoinlandsproduktes begrenzt wird. Allerdings bleiben konjunkturbedingte Haushaltsdefizite größerer Ordnung möglich, müssen aber in wirtschaftlich besseren Zeiten kompensiert werden. Abweichungen von der Schuldenbremse sind auch im Falle von Naturkatastrophen und anderen außerordentlichen Notlagen möglich – sofern ihnen ein verbindlicher Tilgungsplan zugrunde liegt. Ob dies zur effektiven Schuldenbremsung ausreicht, muss allerdings angesichts der Höhe und der Wachstumstendenz der Schulden insbesondere seit dem Ausbruch der Finanzmarktkrise 2007 bezweifelt werden. Zudem sind die Effekte der «Föderalismusreform III»[44] abzuwarten, die 2019 fällig wird, weil dann der Solidarpakt II und die Regelung des Finanzausgleichs enden und die Übergangsfristen der Mischfinanzierung und der Gemeinschaftsaufgabe Hochschulbau und Hochschulklinikbau auslaufen werden.

43 Deubel 2009, Kropp 2010: 229 ff., Niechoj 2010.
44 Sturm 2010: 208.

Kapitel 9 **Regieren mit Richtern**

Die Bundesrepublik Deutschland gehört zur Länderfamilie der «konstitutionellen Demokratien»[1]. Das unterscheidet Deutschland grundlegend von allen Demokratien mit schwachem oder fehlendem Verfassungsstaat, wie die «Volksdemokratien» der ehemaligen sozialistischen Staaten in Mittel- und Osteuropa. Diese hatten nur im Aushängeschild den Namen «Demokratie» mit den westlichen Ländern gemeinsam und waren in Wirklichkeit autoritäre oder totalitäre Regimes, die von einer Staatspartei mit diktatorischen Mitteln geführt wurde.

I. Verfassungspolitische Grundlagen und Organisation der Judikative

Wie in allen konstitutionellen Demokratien nimmt die rechtsprechende Gewalt, die Judikative, auch in Deutschland eine zentrale Position in Staat, Wirtschaft und Gesellschaft ein. Doch im Unterschied zu den meisten »Verfassungsdemokratien«[2] ragen Deutschlands Judikative und vor allem seine Verfassungsgerichtsbarkeit im politischen Willensbildungs- und Entscheidungsprozess besonders weit hervor.[3] In Deutschland ist die Verfassungsgerichtsbarkeit mehr als in anderen Staaten die «Instanz des letzten Wortes»[4]. Das macht aus der Bundesrepublik eine konstitutionelle Demokratie besonderer Art. Ihre oberste Legitimationsquelle ist die «Verfassungssouveränität». Das unterscheidet die Bundesrepublik Deutschland von einem Staat mit ungebremster «Volkssouveränität», wie der Schweiz, und vom Fall

---

1 Friedrich/Spiro 1953, Friedrich 1966.
2 Vorländer 2006: 230.
3 Kimmel 2008, Stone Sweet 2008.
4 Isensee 1996: 1086, Kielmansegg 2000: 351, 2004: 16.

der «Parlamentssouveränität», wie Großbritannien oder Neuseeland.[5]

Die starke Stellung der rechtsprechenden Gewalt hierzulande
wurzelt teilweise in den Rechtstraditionen der konstitutionellen
Monarchie im Deutschen Reich von 1871 und der Weimarer Republik, resultiert aber größtenteils aus einem politischen Lernprozess,
der im Westen Deutschlands nach dem Ende des Zweiten Weltkriegs einsetzte und im östlichen Teil des Landes mit der politischen
Umwälzung von 1989/90 begann. Den Vorrang von Verfassung und
Gesetz schrieben die Verfassungsgeber im Grundgesetz nieder. Im
Anschluss an klassische Theorien der Aufteilung der Staatsmacht
unterschieden sie zwischen drei Staatsgewalten – Legislative, Exekutive und Judikative – und verknüpften jede von ihnen mit spezialisierten Einrichtungen. Die rechtsprechende Gewalt äußert sich in
der unabhängigen Richterschaft und in dem verfassungspolitischen
Leitmotiv, dass alle Staatsgewalten, also Gesetzgebung, Exekutive
und Rechtsprechung, durch Gesetz und Verfassung gebunden sind.
Unvollständig wäre die rechtsprechende Gewalt, wenn sie nicht im
Bundesverfassungsgericht ihre Spitze und den Sitz der Verfassungssouveränität gefunden hätte.

Die Judikative der Bundesrepublik ist – erstmals in der deutschen
Verfassungsgeschichte – eine echte Dritte Gewalt im Sinne einer der
Legislative und der Exekutive gleichwertigen Einrichtung. Verfassungsrechtlich basiert der Einfluss der Judikative vor allem auf der Unabhängigkeit der Justiz, der richterlichen Kontrolle der Exekutive und
der Legislative und auf dem Grundrechtskatalog des Grundgesetzes.
Dieser Katalog verpflichtet die Judikative ebenso wie die Legislative
und die Exekutive dazu, die Bürgerrechte und die politischen Teilhabe-
rechte gemäß westeuropäischen und nordamerikanischen verfassungsstaatlichen Traditionen einzuhalten. Die Grundrechte des Grundgesetzes basieren, wie das Bundesverfassungsgericht wiederholt betont hat,
auf einer Wertordnung, deren Zentrum die Menschenwürde ist.

5 Die Unterscheidung stammt von Abromeit 1995. Bei der «Parlamentssouveränität» ist das Parlament die oberste Gewalt und die Hauptquelle
der Legitimation. Im Falle der «Volkssouveränität» ist das Stimmvolk der
oberste Herr, und bei der «Verfassungssouveränität» sind das die Verfassung und das oberste Verfassungsgericht.

Der Grundrechtskatalog der Bundesrepublik enthält weitreichende Schutz- und Abwehrrechte für die Bürger. Überdies werden die Grundrechte vom Grundgesetz viel besser geschützt als dies von der Weimarer Reichsverfassung der Fall war. Zu den wichtigsten Instrumenten gehören der Rechtsschutz der Bürger gegen Gesetzgeber und Verwaltung durch Beschreiten des Rechtsweges vor den ordentlichen Gerichten oder den Verwaltungsgerichten, die Verfassungsbeschwerde beim Bundesverfassungsgericht und der Selbstschutz der politischen Ordnung gegen Verfassungsgegner.

Die verfassungsrechtlichen Bestimmungen zur Judikative in Deutschland atmen den Geist eines Rechtsstaates, der weit über den liberalen Rechtsstaat hinausreicht und Elemente des republikanischen, des demokratischen und des sozialen Rechtsstaates umfasst. Die Distanzierung von Alternativordnungen ist unübersehbar, beispielsweise die Abgrenzung vom Polizeistaat und vom autoritären oder totalitären Staat.

2. Die Einrichtungen der Judikative und ihre bundesstaatliche Strukturierung

Die rechtsprechende Gewalt haben die Verfassungsgeber mit dem Artikel 92 Grundgesetz einem besonderen Berufsstand anvertraut, den Richtern, also nicht durch Los gewählten Laienrichtern, wie in der Demokratie des antiken Griechenland. Ausgeübt wird die rechtsprechende Gewalt durch das Bundesverfassungsgericht, die in der Verfassung genannten Bundesgerichte und die Gerichte der Länder. Auch das wurde in West- und Ostdeutschland verwirklicht. Die ostdeutschen Länder übernahmen im Zuge der Wiedervereinigung das westdeutsche System der Judikative und rückten es an die Stelle des alten Justizsystems, das von einer hochgradig politisierten «sozialistischen Gerichtsbarkeit»[6] geprägt war. Diese Anpassung war im Großen und Ganzen Mitte der 1990er Jahre abgeschlossen. Seither gliedert sich die Judikative in ganz Deutschland in fünf Ge-

6 Stolleis 2009.

richtszweige: 1. die ordentliche Gerichtsbarkeit, die für Zivil- und Strafsachen zuständig ist, 2. die Verwaltungsgerichtsbarkeit, 3. die Finanzgerichtsbarkeit, 4. die Arbeitsgerichtsbarkeit und 5. die Sozialgerichtsbarkeit – neben der Verfassungsgerichtsbarkeit und besonderen Gerichtsbarkeiten für Angehörige bestimmter Berufsgruppen, wie Richter und Soldaten.

Den Kopfzahlen nach zu urteilen, verblasst die Judikative in Deutschland beinahe vor der personell aufgeblähten Exekutive. Während die Exekutive im weiteren Sinne, gemessen an der Gesamtzahl der Beschäftigten im Öffentlichen Dienst rund 4,5 Millionen Personen Arbeit und Brot gab, beträgt die Zahl der Richter gerade einmal 20 101. Davon waren bis auf knapp 500 alle im Landesdienst beschäftigt. Bei den diversen Gerichtsbarkeiten waren 5122 Staatsanwälte tätig, ferner rund 144 000 Rechtsanwälte, 6736 Anwaltsnotare und knapp 1600 Notare.[7]

Die Organisation der Gerichte spiegelt die bundesstaatliche Gliederung und die große Bedeutung der Länder wider. Die vertikale Machtaufteilung des Bundesstaates macht auch vor den Toren der Justiz nicht halt! Nur die jeweils obersten Gerichte sind Bundesgerichte: der Bundesgerichtshof in Karlsruhe, das Bundesverwaltungsgericht in Leipzig (zuvor in Berlin), das Bundesarbeitsgericht in Erfurt, das Bundessozialgericht in Kassel und der Bundesfinanzhof in München. Alle anderen Gerichte auf mittlerer oder unterer Ebene sind Gerichte der Länder. Ferner haben die Länder auch eigene Verfassungsgerichte

Diese Arbeitsteilung sichert den Ländern beträchtliche Spielräume, zumal sie über die Verwaltung und die personelle Zusammensetzung und Ausstattung der Gerichte entscheiden. Außerdem ist die Ausbildung der Juristen Ländersache. Überdies sind die Länder die Hauptarbeitgeber für Juristen im Staatsdienst.

7 Alle Zahlen mit Stand vom 31.12.2008 bzw. 1. Januar 2009. Quelle: Statistisches Bundesamt 2010: 271.

3. Das Bundesverfassungsgericht

Auch die Verfassungsgerichtsbarkeit ist föderalistisch gegliedert. Für gesamtstaatliche Belange ist das Bundesverfassungsgericht zuständig, das sich 1951 konstituierte.[8] Das Bundesverfassungsgericht ist das höchste Gericht, verkörpert die Spitze der rechtsprechenden Gewalt und kann sich rühmen, nicht nur der «Hüter der Verfassung», sondern auch ihr «Künder»[9] zu sein.

3.1 Struktur des Karlsruher Gerichts

Das Bundesverfassungsgericht besteht seit 1962 aus zwei Senaten mit jeweils acht Richtern – eine international relativ hohe Zahl.[10] Bis 1956 waren es zwölf Richter pro Senat und anschließend bis 1962 zehn. Ins Amt kommen die Bundesverfassungsrichter durch Wahl, nicht durch Abordnung, Ernennung, Kooptation oder Los, und zwar durch Wahl mit Supermajoritäten – eine im internationalen Vergleich seltene Kombination.[11] Für die Wahl der Bundesverfassungsrichter sind der Bundestag und der Bundesrat zuständig. Die Bundesverfassungsrichter werden je zur Hälfte vom Wahlausschuss des Bundestages und vom Bundesrat jeweils mit Zweidrittelmehrheit gewählt. Die Zweidrittelmehrheit – und die bis 1956 geltende Dreiviertelmehrheit – soll gegen Majorisierung schützen und die Mitwirkung der parlamentarischen Opposition und der großen Mehrheit der Länder an dieser Wahl sicherstellen. Die Regeln zur Wahl der Bundesverfassungsrichter schreiben hohe Schwellen für die Zustimmung vor, so hohe wie für Verfassungsänderungen. Die

---

8 Das Gesetz über das Bundesverfassungsgericht wurde – nach langwierigen Auseinandersetzungen über die Kompetenzen des Gerichts – am 12. März 1951 beschlossen. Das Gericht nahm seine Tätigkeit einige Tage vor dem Festakt zu seiner Eröffnung am 28. September 1951 auf (*FAZ* Nr. 227 v. 29.9.1951: 1).

9 von Brünneck 1992: 187.

10 Hönnige 2008, Kommers 1997a, 1997b.

11 Hönnige 2008: 531 ff.

Wahl durch den Wahlausschuss des Bundestages[12] macht die Bundestagsopposition faktisch zum Vetospieler, und die Zweidrittelmehrheit im Bundesrat stattet zudem eine Minderheit der Länder mit einer Vetoposition aus. Überwindbar sind die hohen Zustimmungsschwellen bei der Wahl der Verfassungsrichter folglich nur durch zwei große Koalitionen: ein Bündnis von Regierungsparteien bzw. Bundestagsmehrheit und Bundesratsmehrheit und außerdem eine Allianz von Regierung und Opposition. Somit befestigen auch die Regeln zur Wahl der Bundesverfassungsrichter eine Eigenheit der Politik in Deutschland: den Zwang zur Kooperation für Regierung und Opposition im Bund und in den Ländern – sofern Blockaden des Entscheidungsprozesses vermieden werden sollen.

Das Prinzip der balancierten Machtverteilung zwischen Bund und Ländern prägt sowohl die Gliederung der Verfassungsgerichtsbarkeit als auch die Wahl des Präsidenten des Bundesverfassungsgerichts: Er wird vom Bundestag und Bundesrat im Wechsel gewählt.

Die Amtszeit der Bundesverfassungsrichter währt mittlerweile zwölf Jahre, längstens bis zur Altersgrenze von 68 Lebensjahren. Die lebenslange Ernennung von Richtern, die heute noch den amerikanischen Verfassungsgerichtshof, den *Supreme Court*, kennzeichnet, wurde 1961 abgeschafft. Die Wiederwahl eines Bundesverfassungsrichters ist ausgeschlossen. Damit befindet sich Deutschland in guter Nachbarschaft mit den meisten EU-Staaten.[13] Diese Regelungen sollen möglicher Einflussnahme von außen und möglicher politischer Selbstbindung der Richter vorbeugen: «vote seeking» und «office seeking» wie seitens der Parteien werden somit im Keim erstickt. Das erhöht die Wahrscheinlichkeit einer sachorientierten Beratung und Entscheidung. Strenge Auflagen fachlicher Art kommen hinzu, allen voran die fachlich nachgewiesene Befähigung zum Richteramt. Das soll für Sachkundigkeit sorgen. Aller-

---

12 Sie wird von Kritikern, z. B. Landfried 2009, als verfassungswidrig eingestuft – weil das Parlament hiermit die Verantwortung an einen Ausschuss delegiert, der hinter verschlossenen Türen intransparente Personalpolitik betreibe, anstatt eine so wichtige Wahl wie die von Verfassungsrichtern zum Gegenstand einer öffentlichen Willensbildung zu machen.

13 Hönnige 2008: 540.

dings sind die meisten Bundesverfassungsrichter Parteimitglieder. Wer darin ein parteipolitisches Element auch bei der Wahl der Verfassungsrichter sieht, irrt nicht.[14] Die Rekrutierung der Bundesverfassungsrichter ist aber nicht nur ein Politikum, sondern «ein Politikum und rechtswissenschaftliches Adelsprädikat»[15] – eine Auszeichnung von in der Regel vorzüglichen Rechtsgelehrten. Allerdings laboriert die Wahl der Richter an geringer Transparenz und expertenherrschaftlicher Verengung des Verfahrens und der Auslese.[16]

Das Bundesverfassungsgericht ist mit weitreichenden Kompetenzen ausgerüstet. Seine «Machtfülle»[17] ragt auch beim Vergleich mit anderen Verfassungsgerichten hervor.[18] Zuständig ist das Bundesverfassungsgericht für 1) Verfassungsstreitfragen zwischen Verfassungsorganen (beispielsweise zwischen Bund und Ländern), 2) Verfahren der abstrakten Normenkontrolle (bei der die Gültigkeit von Rechtsvorschriften gerichtlich überprüft wird, und zwar losgelöst von einem konkreten Verfahren), 3) Verfahren der konkreten Normenkontrolle (hier erfolgt die Überprüfung anhand eines konkreten Gerichtsverfahrens), 4) Verfassungsbeschwerden sowie 5) Demokratie- und Rechtsstaatssicherung (beispielsweise durch Verbot verfassungswidriger Parteien, Richteranklage, Verwirkung von Grundrechten und Amtsenthebungsanklage gegen den Bundespräsidenten).

3.2 Politische Bedeutung des Bundesverfassungsgerichts

Beschlüsse des Bundesverfassungsgerichtes sind besonders wichtige Entscheidungen. Sie binden Regierung und Verwaltung, Parlament

---

14 Vgl. Landfried 1996, 2006: 228 ff., Wagschal 2001. Nur sechs EU-Staaten lassen die Parteimitgliedschaft von Verfassungsrichtern zu (Hönnige 2008: 537 ff.): neben Deutschland auch Österreich, Italien, Spanien, Slowenien und Belgien. In Portugal und Frankreich muss die Parteimitgliedschaft während der Amtszeit ruhen.

15 J. Hartmann 2004: 210.

16 Landfried 2006: 227 ff.

17 Limbach 2001: 16 ff.

18 von Brünneck 1992, Hönnige 2008, Landfried 1988.

und Bundesrat sowie alle Gerichte und Behörden. Weil die Substanz von Politik die Herstellung gesamtgesellschaftlich bindender Entscheidungen ist, kann mit Fug und Recht gesagt werden, dass das Bundesverfassungsgericht ein Politikmacher von größter Bedeutung ist. Allerdings wird das Bundesverfassungsgericht erst auf Anrufung hin tätig. Von einer aktiv-selbständigen Rolle des Gerichts sah der Gesetzgeber ausdrücklich ab, um die Judikative nicht zum Hegemon über die Exekutive und die Legislative zu machen. Das Bundesverfassungsgericht ist seiner Konstruktion nach ein passives Verfassungsgericht – was politisch besonders engagierte Verfassungsrichter mitunter dazu anstachelt, die Exekutive oder Legislative zur Anrufung des Gerichts zu animieren.

Obwohl es ein passives Gericht ist, kann das Bundesverfassungsgericht durch seine Beschlüsse zum Vetospieler werden, also zu einem Akteur, von dessen Zustimmung die Abkehr vom Status quo abhängt. Mehr noch: Das Bundesverfassungsgericht kann überdies als Agendasetter wirken, d. h. als ein Akteur, der die Tagesordnung oder den Aufgabenkatalog der Politik bestimmt.[19] Im Unterschied zu einem Vetospieler, der nur die Einspruchs- oder Abwehrkompetenz gegen Abweichungen vom Status quo hat, kann ein Agendasetter selbst darüber mitentscheiden, wie der Status quo abgeändert wird. Das geschieht insbesondere dadurch, dass er die Themen festlegt, die berücksichtigt werden, deren Reihenfolge und die Modalitäten ihrer Erörterung bestimmt, die Abstimmungsverfahren definiert und zukünftigen Gesetzeswerken sachliche sowie zeitliche Vorgaben diktiert.

Mitunter wirkt das Bundesverfassungsgericht als »Mitregent«[20], so die Wortwahl seines ehemaligen Präsidenten Hans-Jürgen Papier, bisweilen als «Parallelregierung»[21], manchmal als «Reservegesetzgeber»[22], auf jeden Fall als Mitspieler. Beispiele für die Mitregentschaft finden sich insbesondere in Beschlüssen, mit denen das Karlsruher Gericht ein Gesetz für verfassungswidrig erklärte. So er-

19 Lhotta 2003, Tsebelis 1994, 2002.
20 Papier 2000: 15.
21 Helms 2000b: 94.
22 Wefing 2001: 53.

klärte das Bundesverfassungsgericht zwischen 1951 und dem 31. Dezember 2009 441 Gesetze, Verordnungen oder Einzelnormen des Bundes für teilweise oder ganz nichtig oder mit dem Grundgesetz unvereinbar.[23] Das ist angesichts der 7037 Gesetze, die der Bundestag bis zum Ende der 16. Wahlperiode (2009) verabschiedete, nicht wenig.[24] Nicht weniger folgenreich ist die Festlegung von sachlichen oder zeitlichen Vorgaben für den zukünftigen Gesetzgeber. Mit dieser Methode hat das Bundesverfassungsgericht dem Gesetzgeber beispielsweise seit den 1980er Jahren familienpolitische Vorgaben mit erheblichen finanziellen Konsequenzen auferlegt.

Das Bundesverfassungsgericht wird auf Anruf tätig. Die Berechtigung zur Anrufung des Bundesverfassungsgerichts ist je nach Verfahren verschieden. Im Falle von Verfassungsbeschwerden, die den größten Geschäftsanteil des Gerichts ausmachen, ist jedermann antragsberechtigt. Antragsberechtigt zur abstrakten Normenkontrolle hingegen sind die Bundesregierung, die Landesregierungen und ein Viertel (bis Dezember 2009 ein Drittel) der Mitglieder des Deutschen Bundestages, beispielsweise die Mitglieder einer Bundestagsoppositionspartei, sofern diese im Parlament die Sperrminorität hat. Zur konkreten Normenkontrolle hingegen kann jeder Gerichtshof einen Antrag stellen. Anträge auf Einstufung politischer Parteien als verfassungswidrig können vom Bundestag, vom Bundesrat und der Bundesregierung oder von den Länderparlamenten vorgetragen werden (vgl. Tabelle 7).

Das Bundesverfassungsgericht hat die Politik in der Bundesrepublik Deutschland nachhaltig beeinflusst. Das Karlsruher Gericht fasste Beschlüsse nicht nur zu wichtigen innenpolitischen Angelegenheiten, sondern auch zu Fragen von zentraler außenpolitischer Bedeutung, so etwa 2009 zum Lissabon-Vertrag der EU, den das Gericht nur mit massiven Auflagen zugunsten einer stärkeren Stel-

---

23 Bundesverfassungsgericht Jahresstatistik für 1951–2009 (www.bundesverfassungsgericht.de/organisation).

24 Feldkamp 2010: 13, Schindler 1999, Bd. II: 2495–2511. Auch rund 40 Prozent der von K. von Beyme als Schlüsselgesetze eingestuften Gesetze wurden vor dem Bundesverfassungsgericht angefochten, doch wurde das Karlsruher Gericht «kein Friedhof der Schlüsselentscheidungen» (von Beyme 1997: 367, ferner 300 ff., 426).

Tabelle 7: Verfahren des Bundesverfassungsgerichtes, Antragsberechtigte und Adressaten

VERFAHREN	ANTRAGS-BERECHTIGTER	ADRESSAT
Abstrakte Normenkontrolle (Art. 93 I Nr. 2 GG)	Bundesregierung, Landesregierung, mindestens 1/4 der Mitglieder des Bundestages	Gesetzgeber
Konkrete Normenkontrolle (Art. 100 I GG)	Jedes Gericht	Gesetzgeber
Verfassungsbeschwerde nach Art. 93 I Nr. 4a GG	Jedermann	Gesetzgeber
Organstreitigkeiten (Art. 93 I Nr. 1 GG)	Bundestag, Bundesrat, Bundesregierung, Bundespräsident, Bundestagsfraktionen, einzelne Abgeordnete	Verfassungsstreit zwischen staatlichen Organen
Bund-Länder-Streit (Art. 93 I Nr. 2a u. 3, Art. 84 IV 2 GG)	Bundesregierung, Landesregierungen	Verfassungsstreit zwischen staatlichen Organen
Verbot einer verfassungswidrigen Partei (Art. 21 II GG)	Bundestag, Bundesrat, Bundesregierung (u. U. Landtag)	Verfassungsgegnerische Parteien/Schutz der Staatsverfassung
Verwirkung von Grundrechten (Art. 18 GG)	Bundestag, Bundesregierung, Landesregierung	Verfassungsgegner/ Schutz der Staatsverfassung
Anklage gegen den Bundespräsidenten (Art. 61 GG) und gegen Richter (Art. 98 II, V GG)	Bundestag, Bundesrat	Schutz vor Exekutive bzw. Judikative, Schutz der Staatsverfassung
Beschwerde im Wahlprüfungsverfahren des Bundestages(Art. 41 II GG)	Unter anderem der betroffene Abgeordnete (§ 48 BVerfGG)	Demokratieschutz
Verfassungsstreitigkeiten innerhalb eines Landes (Art. 99 GG)	Landesorgane	Verfassungsstreit zwischen staatlichen Organen
Verfassungsbeschwerde von Kommunen (Art. 93 I Nr . 4b GG)	Gemeinden und Gemeindeverbände	Gesetzgeber

lung des Parlaments in EU-Angelegenheiten passieren ließ. Zu den wichtigen außenpolitischen Beschlüssen des Bundesverfassungsgerichts zählt ferner das Urteil zu den Verträgen der SPD-FDP-Bundesregierung mit den osteuropäischen sozialistischen Staaten in der «Neuen Ostpolitik» ab 1969. Nicht minder wichtig waren die Überprüfung der Verfassungsverträglichkeit des Weges zur deutschen Einheit und die höchstrichterliche Beschlussfassung zum Vertrag zur Europäischen Union («Maastrichter Vertrag») von 1992, der den Weg in eine Wirtschafts- und Währungsunion mit einheitlicher europäischer Währung und einer Europäischen Zentralbank ebnete und die engere Zusammenarbeit in der Außen- und Sicherheitspolitik sowie die intensivere Koordination in Feldern der Rechts- und Innenpolitik vorsah.

In seiner Rolle als Wächter und Künder der Verfassung hat das Bundesverfassungsgericht das Grundgesetz weiterentwickelt und seine Rechtsprechung mitunter zur «sekundären Verfassungsgebung»[25] gesteigert. Auch hierdurch wurde das Bundesverfassungsgericht zu einem zentralen Politikgestalter. Die Zielrichtungen schwankten, bisweilen auch in Abhängigkeit vom Zeitgeist,[26] doch zu den Konstanten gehören der Schutz und Ausbau der Menschenrechte. Auch den Föderalismus hat das Karlsruher Gericht in besonderem Maße protegiert und lange in Richtung Verbundföderalismus geformt, oft mit Beschlüssen, die das Leitprinzip des «sozialen Bundesstaates» weiter aufwerteten, beispielsweise durch die Verpflichtung des Bundes zu Finanzzuwendungen für Bundesländer, die zum Teil schuldhaft in Haushaltsnotlagen geraten waren. Seit den Grundgesetzänderungen von 1994, die dem Bund den Durchgriff auf Länderdomänen erschwerten, verwies das Bundesverfassungsgericht den Bund wiederholt in die Schranken, so auch die Regierung Schröder bei ihrem Vorhaben, hochschul- und sonstige bildungspolitische Regelungen gegen die Länder, insbesondere gegen CDU- oder CSU-geführte Länder durchzufechten, wie im Fall der rot-grünen Pro-

25 Kielmansegg 2004: 20 f.
26 Maddaus 2006, Scharpf 2006.

jekte Juniorprofessur, Aushebelung der Habilitation und bundesweites Verbot von Studiengebühren.[27]

Beschlüsse des Karlsruher Gerichts zugunsten der Meinungs- und Pressefreiheit flankieren diese Weichenstellungen. So zogen die Karlsruher Richter sich den Unwillen Adenauers zu, als sie die Pläne zur Einrichtung eines regierungseigenen «Deutschland-Fernsehens» durchkreuzten.

Zu den herausragenden Weichenstellungen des Bundesverfassungsgerichts zählen ferner eine Serie von grundlegenden, auf mehr Transparenz zielenden Regulierungen der Parteienfinanzierung, aber auch umfassende Korrekturen an der Gesetzgebung, wie im Fall der Regelung des Schwangerschaftsabbruchs, die die Mehrheit der Bundesverfassungsrichter als zu permissiv einstufte.[28] Auch in das Wahlsystem griff das Bundesverfassungsgericht folgenreich ein. Sein Beschluss, bei der ersten gesamtdeutschen Bundestagswahl 1990 die Fünf-Prozent-Klausel nicht auf das gesamte Wahlgebiet anzuwenden, sondern getrennt nach den Wahlgebieten West und Ost, prägte die im Bundestag vertretene Parteienlandschaft: Dieser Beschluss öffnete vor allem für die PDS und für die Vertreter von Bündnis 90 den Weg in den ersten gesamtdeutschen Bundestag.

Zudem wurden bislang Fragen der Wirtschaftsverfassung, der Familienpolitik, der Geschlechtergleichheit und der Sozialpolitik dem Karlsruher Gericht vorgelegt. Dabei förderte das Bundesverfassungsgericht die verfassungsrechtliche Gleichstellung von Mann und Frau. Geradezu advokatorisch ist seine Rechtsprechung in Fragen des Sozialschutzes für Familien mit Kindern, aber auch für Alleinerziehende. Ferner sind Bestandsschutz und Ausbau von Bürgerrechten sowie die Stärkung des Status der Bürger gegen die öffentliche Verwaltung ein besonderes Anliegen des Bundesver-

27 Dass insbesondere dieses Urteil und seine (zu Lasten des Bundes) sehr enge Fassung der «Erforderlichkeitsklausel» des Artikels 72 Grundgesetz die gesamte konkurrierende Gesetzgebung des Bundesverfassungsrechtlich prekär machte, zeigt Scharpf 2006, 2009. Dies war auch ein zentraler Anstoß für die Bundesregierung zur Mitwirkung an der Föderalismusreform 2006 (Kapitel 8.8).

28 Vgl. Gindulis 2003, Landfried 1994, 1996, Naßmacher 2000, Vanberg 2005.

fassungsgerichts. Nicht zuletzt aus diesem Grund hat ein Beobachter das Bundesverfassungsgericht als die «späte Realisierung eines liberalen Traums aus dem 19. Jahrhundert»[29] gewertet.

Das Bundesverfassungsgericht hat auch bei der Selbstverteidigung der Demokratie mitgewirkt und zwei Parteien als verfassungsgegnerisch eingestuft: die Sozialistische Reichspartei, eine Nachfolgeorganisation der NSDAP, und die Kommunistische Partei Deutschlands. Den Antrag der rot-grünen Bundesregierung auf ein Verbotsverfahren gegen die NPD wegen Verfassungsfeindlichkeit allerdings stellte das Bundesverfassungsgericht 2003 wegen schwerwiegender Verletzung von Verfahrensregeln ein: Das Verfahren leide unheilbar unter der extensiven nachrichtendienstlichen Beobachtung der NPD.[30]

Dass bei verfassungsrichterlichen Beschlüssen Späne fallen, ist unvermeidlich: «Ein gutes Verfassungsgericht tut weh – vor allem den Regierenden», so hielt der Bundesverfassungsrichter Udo Di Fabio auf dem Juristentag 2004 der Kritik des damaligen Bundestagspräsidenten Wolfgang Thierse (SPD) entgegen, das Bundesverfassungsgericht handele «oft unberechenbar»: Mal schreibe es der Politik detaillierte Vorgaben vor, dann wieder überlasse es ihr die Entscheidung.[31]

Diese Kritik ist nicht von der Hand zu weisen, denn die Karlsruher Richter sind richterlichem Aktivismus überhaupt nicht abgeneigt. Allerdings kommen auch die Verfassungsrichter nicht immer um strategische Interaktion mit der Politik herum. Sie können nicht allein als Juristen urteilen, sondern müssen auch das politische Umfeld ihrer Beschlüsse bedenken.[32] So übten die Verfassungsrichter mitunter auch in politisch brisanten Fragen richterliche Zurückhaltung, etwa beim Kopftuchurteil und 2005 beim Beschluss, die durch den Bundespräsidenten auf Antrag des Kanzlers Schröder ausgesprochene Auflösung des Bundestages gemäß Artikel 68 Grundgesetz (Vertrauensfrage) als rechtens einzustufen.

---

29 Blankenburg 1996: 308 – Übersetzung d. Verf.
30 BVerfG, 2 BvB 1/01 vom 18. März 2003, Absatz Nr. 1–154.
31 *FAZ* Nr. 223 v. 24.9.2004: 6.
32 Vanberg 2005.

Dass das Bundesverfassungsgericht Entscheidungen mit Anspruch auf gesamtgesellschaftliche Verbindlichkeit trifft und somit Politik macht, ist schon gesagt worden. In manchen Fällen wurde das Verfassungsgericht zum zentralen politischen Streitfragenschlichter gemacht – vor allem wenn die politischen Parteien ihm einen Streitfall vorlegten, den sie selber nicht lösen wollten oder konnten. Ein Beispiel ist der Beschluss des Bundesverfassungsgerichtes über die Rechtmäßigkeit des Einsatzes der Bundeswehr in «Out-of-area»-Missionen, also in militärischen Einsätzen jenseits des durch den NATO-Vertrag abgedeckten Verteidigungsgebietes, so im Falle der militärischen Angriffe der NATO auf Serbien in Reaktion auf den Kosovo-Krieg im Jahre 1999.

Nicht selten schreibt das Bundesverfassungsgericht der Gesetzgebung den Inhalt zukünftiger Gesetze vor und bringt durch Weiterentwicklung der Verfassung bisweilen verfassungsändernde Politik zustande. Das ist der Hintergrund für die pointierte These, das Bundesverfassungsgericht sei «der ständige Ausschuss zur Fortentwicklung der Verfassung mit wachsender verfassungsändernder Machtausübung»[33] geworden, und für die nicht minder zugespitzte Kritik, die Karlsruher Richter gerierten sich bisweilen, einem modernen Philosophenkönig mit fehlendem «Danebenliegenkönnensbewusstsein»[34] gleich, als «Lehrmeister der Republik»[35].

Das ist demokratietheoretisch pikant. Noch pikanter ist, dass auch das Bundesverfassungsgericht am Problem der Unbeständigkeit der Zahl laboriert: Schon eine Stimme Mehrheit im zuständigen Senat des Gerichts kann über Verfassungsänderungen entscheiden, für die ansonsten im Parlament und im Bundesrat Zweidrittelmehrheiten erforderlich sind.

Das Bundesverfassungsgericht ist nicht nur mächtig, sondern auch populär. Die meisten Umfragen bescheinigen ihm eine sehr hohe Reputation und zeigen, dass ihm Vertrauen entgegengebracht wird.[36] Der Anerkennung und dem Vertrauensvorschuss nach zu

33 Rüthers 2005: 7.
34 Bahners 2007.
35 Tomuschat 2010: 15.
36 Gabriel 2005: 501, Kneip 2006: 271 f., Landfried 1996.

urteilen, übertrifft das Bundesverfassungsgericht alle anderen politischen Institutionen in Deutschland.[37] Im Unterschied zur Weimarer Republik wird der Justiz in der Bundesrepublik und dem Bundesverfassungsgericht an ihrer Spitze nicht der Vorwurf der «Klassenjustiz» gemacht. Die Anerkennung des Bundesverfassungsgerichtes wird auch daran sichtbar, dass die Politik seine Urteile weithin akzeptiert. Urteilsschelte wird meist nur hinter vorgehaltener Hand geäußert. Öffentliche Beschimpfungen des Bundesverfassungsgerichtes aber sind die Ausnahme, selbst wenn die Beschlüsse des Bundesverfassungsgerichts bei den Regierenden großen Unmut hervorrufen, was wiederholt der Fall war. Von den Blessuren, die sich die Politik mitunter in Karlsruhe geholt hat, zeugt beispielsweise der Konflikt zwischen dem Bundesverfassungsgericht, der Regierung Adenauer und der SPD-Opposition um die verfassungspolitische Behandlung des Antrags von SPD- und FDP-Abgeordneten auf eine vorbeugende Normenkontrollklage gegen die Wiederbewaffnung der Bundesrepublik. Der für seine scharfen Formulierungen bekannte Bundesjustizminister Thomas Dehler (FDP) gab seinen Ärger über das Bundesverfassungsgericht, das die Zulässigkeit dieses Antrags nicht ausschloss, mit der Bemerkung zum Ausdruck, er würde am liebsten «den ganzen Verfassungsgerichtshof eigenhändig in die Luft sprengen»[38].

Manche der Entscheidungen der Bundesverfassungsrichter waren allerdings auch in einer breiteren Öffentlichkeit strittig. Dass die Bundesverfassungsrichter den Auto-Aufkleber mit dem Tucholsky-Zitat «Soldaten sind Mörder» als freie Meinungsäußerung einstuften, kostete sie einiges an Reputation. Beträchtlicher Ansehensverlust ging auch mit dem «Kruzifix-Urteil» einher. Darin hatte das Bundesverfassungsgericht die Auffassung vertreten, ein Kruzifix im Klassenzimmer könne durch seine missionarische Wirkung zur Zumutung für Andersdenkende werden.[39] Typisch sind solche Reputationsverluste allerdings nicht. Auch blieb dem Bundesverfas-

37 Gabriel 2005: 501.
38 Zit. n. Lenz 1989: 268. Dehler wurde nicht zuletzt aufgrund dieser Äußerung und anderer scharfer Attacken nicht mehr zum Bundesjustizminister ernannt, vgl. Wengst 1998: 200 f.
39 Kneip 2006: 274 ff., Köcher 1995.

sungsgericht das Schicksal des US-amerikanischen *Supreme Court* erspart, der häufig in den Sog der Polarisierung zwischen weltanschaulichen Lagern geriet und diese nicht selten anfachte.

Wie tief die Reputation des Bundesverfassungsgerichts ansonsten verankert ist, zeigt seine Wertschätzung in inländischen und ausländischen Fachkreisen.[40] Die Institution Bundesverfassungsgericht wurde sogar ein besonders erfolgreiches politisches Exportgut, das vor allem in den neuen Demokratien, die im Zuge der Demokratisierungswelle von 1989/90 in Mittel- und Osteuropa gegründet wurden, auf Nachfrage stieß.

Ohne die Rechtsprechung des Bundesverfassungsgerichts wäre Deutschland vermutlich ein anderes Land geworden. Mit einigem Recht hat Gerhard Casper in seiner Ansprache zum 50. Geburtstag des Bundesverfassungsgerichts die Bundesrepublik Deutschland deshalb als die «Karlsruher Republik» bezeichnet.[41] Ohne das Bundesverfassungsgericht wäre Deutschland höchstwahrscheinlich ein Staat mit einem viel größeren Aktionsradius der Politik und einem geringeren Ausmaß an Bürgerrechten und Bürgerrechtsschutz geworden – unter sonst gleichen Bedingungen.[42] Auch das stützt die These, dass mit dem Bundesverfassungsgericht eine der seit 1949 wichtigsten politischen Innovationen in Deutschland auf den Weg gebracht wurde.[43]

Dass diese Innovation Nebenwirkungen mit sich brachte, sollte nicht überraschen. Die verfassungspolitische Zähmung der Politik durch das Bundesverfassungsgericht beispielsweise hat gewichtige Folgen. Einerseits bringt sie den Bürgern Rechtssicherheit und schützt dadurch Land und Leute zuverlässig vor Allgegenwärtigkeits- und Allmachtsgelüsten der Politik. Andererseits schränkt sie den Wirkungskreis der demokratisch legitimierten Politik ein, beispielsweise dadurch, dass sie politische Gestaltungen, die Grundrechte verletzen, verbietet und etwa weitreichende entschädigungslose Eingriffe in Eigentumsrechte für unzulässig erklärt. Somit trägt

---

40 Badura/Dreier 2001, Kommers 1997b, Vanberg 2005.
41 Casper 2001: 10.
42 Kerscher 2001.
43 Kielmansegg 2000: 274 ff.

auch das Bundesverfassungsgericht zur Brechung des mehrheitsdemokratischen Prinzips bei, die in Deutschland aufgrund des Föderalismus und des Souveränitätstransfers an inter- und supranationale Organisationen ohnehin schon weit vorangeschritten ist.

3.2. Ein «Richterstaat»?

Die Weichenstellungen des Grundgesetzes, die weitverbreitete Wertschätzung des Rechts und das Wirken des Bundesverfassungsgerichts haben die Judikative hierzulande stärker gemacht als je zuvor. Allerdings stärkten insbesondere die Praxis der abstrakten und der konkreten Normenkontrolle die Juridifizierung der Gesetzgebung sowie die Politisierung der verfassungsrichterlichen Nachprüfung von Handlungen der Legislative und der Exekutive. Die Gleichzeitigkeit von Juridifizierung und Politisierung entfaltete eine besonders tiefe Wirkung: Sie bewirkte eine größere Interdependenz von Legislative und Bundesverfassungsgericht und führte tendenziell zur Dominierung des Politischen durch das Recht.

Richterliche Nachprüfbarkeit des Handelns der Exekutive und der Legislative bedeutet in Wirklichkeit auch Regieren mit rechtlichen Mitteln. Es kann sogar zum «Regieren mit Richtern» und im Grenzfall zum «Regieren durch Richter»[44] mutieren. Wenn nur noch die Richter regierten, hätte sich der «demokratische Gesetzesstaat» in den «oligarchischen Richterstaat» verwandelt.[45] Spuren des Richterstaates sind in Deutschland unübersehbar. Legalistische Traditionen der politischen Kultur kommen hinzu. Ferner stärkt der richterliche Aktivismus das «Regieren durch Richter», beispielsweise durch die Neigung zu mitunter weiter Auslegung verfassungspolitischer Kompetenzen anstelle richterlicher Zurückhaltung bei politisch umstrittenen Fragen.[46] Richterstaatliche Spuren gibt es in Deutschland, doch strukturdominant ist der «Richterstaat» hierzulande nicht geworden, wie insbesondere auch Studien zur Gesetzgebung und Poli-

44 Stone Sweet 2000.
45 Rüthers 2002: 7, 2005: 7.
46 Scharpf 2006.

tikfeldanalysen zeigen.[47] Vielmehr herrscht das «Regieren mit Richtern» vor – nicht das «Regieren durch Richter».

Trotz seiner Macht ist das Bundesverfassungsgericht keine «Gegenregierung»[48]. Es ist – wie schon erwähnt – hauptsächlich ein passives Verfassungsgericht und außerdem ein hinkendes Verfassungsorgan, weil seine Organisation und seine Verfahren nicht in der Verfassung geregelt sind, sondern vom Gesetzgeber beschlossen werden. Ein Schelm, wer hierin nicht ein Einfallstor für die Kontrolle des Bundesverfassungsgerichts durch das Parlament sieht. Zudem kann der Gesetzgeber die Spielregeln für das Bundesverfassungsgericht durch Verfassungsänderungen oder einfachgesetzliche Regelungen ändern. Überdies ist das Bundesverfassungsgericht finanziell von Zuwendungen des Parlaments abhängig. Ferner kann das Karlsruher Gericht weder auf eine eigene Verwaltung noch auf einen eigenen Exekutivapparat zurückgreifen. Die Umsetzung seiner Beschlüsse obliegt anderen Einrichtungen – innerhalb und jenseits der Judikative.

Nicht zuletzt wird die personelle Zusammensetzung des Verfassungsgerichts von der Politik gesteuert. Obwohl mannigfache Sicherungen gegen parteipolitischen Missbrauch in die Wahlregeln eingebaut sind, ist pures parteipolitisches Wahlverhalten möglich. Dass das parteienstaatliche Moment nicht vor den Toren des Verfassungsgerichtes halt macht, zeigt die Parteimitgliedschaft von Bundesverfassungsrichtern: Sie ist um ein Vielfaches höher als in anderen Führungsgruppen außerhalb der politischen Elite im engeren Sinne. Berechnungen von Uwe Wagschal zufolge waren von 1951 bis 2000 28,5 Prozent aller Bundesverfassungsrichter Parteimitglieder der CDU/CSU. Noch etwas höher lag der SPD-Mitgliederanteil mit 34,2 Prozent, während 3,4 Prozent aller Richter Parteibücher der FDP hatten.[49] Nicht zu übersehen ist, dass insbesondere in den 1950er Jahren das Bundesverfassungsgericht «mit vielen Politikern und sonstwie parteipolitisch gebundenen

47 von Beyme 1997, Schmidt/Zohlnhöfer 2006 sowie Kneip 2007 am Beispiel der Gesetzgebung der rot-grünen Bundesregierungen von 1998 bis 2005.
48 Wildenmann 1969.
49 Wagschal 2001.

Juristen besetzt [war], von denen nicht einmal alle über richterliche Erfahrung verfügten»[50].

Unter Umständen gerät das Verfassungsgericht auch an anderer Stelle in das Räderwerk des Parteienwettbewerbs. Der Opposition bieten die Prozeduren des Bundesverfassungsgerichts verlockende Möglichkeiten.[51] Ein Einfallstor für die Oppositionsparteien ist die abstrakte Normenkontrolle: Ein Viertel der Bundestagsmitglieder – vor Dezember 2009 ein Drittel – kann beim Bundesverfassungsgericht ein Verfahren der abstrakten Normenkontrolle anstrengen. Dadurch kann eine Opposition, die mindestens ein Viertel der Parlamentssitze hält, Gesetzgebungswerke der Regierung vor das Verfassungsgericht bringen – in der Hoffnung, auf diesem Weg nachträglich die Regierungspolitik zu korrigieren oder zu durchkreuzen.[52]

Sind das Bundesverfassungsgericht und seine Richter letztlich doch eine abhängige Variable der Politik? Nein, denn es wurden – mit Einschränkungen hinsichtlich der 1950er Jahre – Verfassungsrichter von meist ausgezeichneter Qualifikation gewählt, die aufgrund genauer Beobachtung durch die Fachöffentlichkeit nach fachlich gediegenen Beschlüssen und Begründungen streben müssen. Unter den Bundesverfassungsrichtern gab es glücklicherweise keinen vom Schlage des «Flüssigen Verfassungsrechtlers» wie in Vargas Llosas Roman *Das Fest des Ziegenbocks*.[53] Auch neigte das Bundesverfassungsgericht nie zur Gefälligkeitsjustiz. «Automatische Mehrheiten»[54] zugunsten der Regierung, so wie sie der Oberste Gerichtshof

50 Blasius 2002: 12.
51 Stüwe 2002.
52 Wie Scharpf 2006: 329 zeigt, können Blockierungstendenzen im politischen System verstärkt werden, sofern eine politische Gruppierung im Bundestag und Bundesrat jeweils ein Drittel der Stimmen kontrolliert und zur Absicherung eines vom Verfassungsgericht früher festgeschriebenen Status quo einsetzt.
53 Der «Flüssige Verfassungsrechtler» ist in diesem Roman der Spitzname, mit dem der Diktator der Dominikanischen Republik, Trujillo, Henry Chirinos bedachte, den willfährigen Autor der Verfassung der Diktatur sowie aller Verfassungsänderungen und Gesetzgebungswerke der Regierung Trujillo.
54 «Oberster Richter Argentiniens tritt zurück», in: *FAZ* Nr. 148 v. 30.6.2003: 2.

in Argentinien zugunsten der Regierung Menem fabrizierte, sind dem Bundesverfassungsgericht bis heute fremd geblieben.

Der Streit um das Für und Wider des Bundesverfassungsgerichtes ist Teil eines größeren Themas, nämlich Vor- und Nachteil einer sehr starken Judikative. Der Vorteil einer starken Judikative kann am Falle der Bundesrepublik Deutschland studiert werden: Die grundsätzliche Unabhängigkeit der Justiz, die richterliche Nachprüfbarkeit der Handlungen von Legislative und Exekutive und die herausragende Position des Bundesverfassungsgerichtes haben die Bundesrepublik zu einem Staat gemacht, in dem das Recht allgegenwärtig ist. Das gewährleistet ein hohes Maß an Rechtssicherheit. Manche Beobachter deuten die Entwicklung sogar als «Perfektionierung des Rechtsstaates» und sehen hierin «die eigentlich legitimierende Leistung» der zweiten deutschen Demokratie.[55] Das ist kein geringes Verdienst in einem Land, das lange der Suprematie des Politischen ausgesetzt war – in der nationalsozialistischen Ära und im ostdeutschen Staatssozialismus sowie in der Periode der «kriegerischen Okkupation» von 1945 bis 1949.[56] Allerdings hat die Stärke der Judikative hierzulande auch Nebenwirkungen und Folgeprobleme. Nicht wenige Gerichte sind mittlerweile so überlastet, dass überlange Warteperioden und langwierige Verfahren an der Tagesordnung sind – sofern dem Begehr nach rechtlichem Gehör überhaupt Rechnung getragen wird, was in vielen Bagatellfällen und bei kleinerem bis mittelgroßem Streitwert nicht immer gegeben ist.[57]

Unter Überlastung leidet auch das Bundesverfassungsgericht. Die Zahl der Anrufungen ist übergroß – gemessen am Arbeitspensum. Die Überlast hat Folgen für die interne Arbeitsweise des Bun-

55 Scharpf 1970b: 10.
56 Friedrich/Spiro 1953.
57 Ein Beispiel: Der Bundesgerichtshof (BGH), das oberste Gericht der Bundesrepublik Deutschland im Bereich der ordentlichen Gerichtsbarkeit, wurde als «Hort des Rechts», «Stätte kritischer Vernunft» und – im Unterschied zu seinem Vorgänger, dem Reichsgericht – als «ein Pfeiler demokratischer Gleichheit aller vor dem Recht» gerühmt. Allerdings führte die Überlastung des BGH zu selektiver Behandlung von Rechtssachen. Rechtssachen mit einem Streitwert bis zu DM 60 000, so der Stand 2000, würden ausgeblendet, so erläuterte der Präsident des BGH zum 50. Geburtstag des Gerichtshofs (Geiß 2000).

desverfassungsgerichtes. In ihm ist der sogenannte «Dritte Senat», so der Spottname für seinen Wissenschaftsstab, nicht nur quantitativ, sondern auch qualitativ enorm gewachsen. Der «Dritte Senat» prädeterminiert einen nicht unerheblichen Teil der Beschlüsse, die das Bundesverfassungsgericht zu fällen hat.

Überdies erschweren die Sprachbarrieren zwischen den Juristen und den Normalbürgern die Kommunikation zwischen der rechtsprechenden Gewalt und dem Volk. Ferner passt das Qualifikationsprofil der meisten Juristen nicht recht zum Typus vieler gesellschaftlicher, ökonomischer und politischer Probleme, die im Rechtssystem behandelt werden. Hinsichtlich komplexer politisch-ökonomischer Problemfragen, vor allem bei komplexen Zielkonflikten, erweist sich die Ausbildung der meisten Juristen oftmals als nicht hinreichend. Der Mangel an Expertise in Sachen politischer, sozialer und ökonomischer Verfassungswirklichkeit sowie die unzureichende Sensibilität für Zielkonflikte zwischen rechtspolitischen und ökonomischen Belangen erzeugen oft außerordentlich hohe Kosten des richterlichen Handelns. Das Arbeitsrecht und das Sozialrecht liefern hierfür mannigfache Beispiele, aber auch das Bundesverfassungsgericht ist gegen defizitäre Analyse der regelungsbedürftigen Probleme nicht gefeit.[58]

Dass ferner ein beträchtlicher Teil der politischen Macht in einer konstitutionalisierten Demokratie bei den höchsten Richtern im Staate liegt, gilt dem einen als Entlastung der Demokratie, weil es einen streitfreien Raum absteckt.[59] Andere lehnen die Zügelung der Politik durch die Verfassungsgerichtsbarkeit ab. Wer ein starkes Parlament, das durch ein souveränes Volk gewählt wird, bevorzugt, könnte im «Regieren mit Richtern» und vor allem in den Fällen, in denen es zum «Regieren durch Richter» kommt, Anzeichen eines oligarchischen Staates sehen, bei dem eine kleine Zahl von Experten den politischen Betrieb dominiert. Allerdings ist auch die Alternative angemessen zu bewerten: Eine Demokratie ohne Verfassungsstaat, ohne unabhängige Berufsrichter und ohne richterliche Nachprüfbarkeit der Gesetzgebung und der Exekutive wäre durch

58 Vgl. Landfried 1996, Scharpf 2006.
59 Kielmansegg 2004: 29.

instabile, stetig wandelnde Mehrheiten, Machtmissbrauch durch Politiker, gestaltungssüchtige Politikberater und massenweise Verletzung von Minoritätsrechten gekennzeichnet – es sei denn, engelsgleiche Geschöpfe bevölkerten die Demokratie. Doch auf diese Idee ist selbst der engagierteste Fürsprecher der demokratischen Staatsverfassung noch nicht gekommen.

Bei der Debatte um das Für und Wider der starken Judikative müssen außerdem die Machtbegrenzungen der rechtsprechenden Gewalt in der Bundesrepublik Deutschland bedacht werden, etwa die Tatsache des passiven und des hinkenden Verfassungsgerichtes. Allein dies durchkreuzt im Wesentlichen in der großen Zahl der Fälle das Streben nach einer Rolle als «contre-gouvernement»[60]. Zudem funktioniert das «Regieren mit Richtern» nur, wenn alle anderen am politischen und rechtlichen Prozess Beteiligten sich entsprechend regieren lassen. Obendrein untersteht die richterliche Gewalt genauer Beobachtung und potenziell der Sanktionierung. Unter den hierfür in Frage kommenden Instrumenten ist im Fall des Amtsmissbrauchs die Anklage auf Amtsenthebung eine der schärfsten gesetzlichen Waffen.

Schlussendlich kommt ein Wandel hinzu, den der Aufstieg der Europäischen Union und die Rückwirkung des europäischen Rechtes auf das Recht der Mitgliedstaaten zustande gebracht haben. Die Judikative in der Bundesrepublik Deutschland ist nicht der einzige rechtsprechende Akteur im Lande, sondern sie ist Teil des Rechtes und der Verfassungswirklichkeit des zusammenwachsenden Europas.[61]

4. Die Judikative zwischen Nationalstaat und Europäischer Union

Durch die Rückwirkung des EU-Rechts auf die Nationalstaaten kann der demokratisch entscheidbare Spielraum in den EU-Mitgliedstaaten verringert werden. Mehr Europa hieße in diesem Fall weniger Demokratie – sofern auf europäischer Ebene das national-

60 Wildenmann 1969.
61 Weiler 1999, Wessels 2008a, 2008b.

staatliche Demokratiedefizit nicht kompensiert würde. Von solcher Kompensation ist aber wenig in Sicht, wie vor allem die Lehre vom «europäischen Demokratiedefizit» zeigt.[62] Zudem gibt es erhebliche Konflikte zwischen dem EU-Recht und dem Recht der Mitgliedstaaten, die unter anderem in unterschiedlichen Rechtstraditionen wurzeln. Hier ist insbesondere die Differenz zwischen dem *Common Law* in Großbritannien und dem Recht in der Familie der romanischen Länder, der deutschsprachigen Länder, der nordischen Länderfamilie und der postkommunistischen Staatengruppe wichtig. Ein Konfliktherd ist zudem der potenzielle Zusammenprall von Normen des EU-Rechts und der EU-Praxis einerseits und Fundamentalnormen der Mitgliedstaaten, wie den Grundrechten des Grundgesetzes, andererseits. Ein zweiter Konfliktherd liegt in der Spannung zwischen den Strukturen der EU-Staatlichkeit und dem mit verfassungsrechtlicher Ewigkeitsgarantie versehenen deutschen Föderalismus. Beides erzeugt erhebliche Spannungen zwischen dem europäischen Recht und dem Recht der Bundesrepublik Deutschland und im Besonderen zwischen dem Europäischen Gerichtshof und dem Bundesverfassungsgericht. Dem Grundgesetz zufolge sind die aktive Mitwirkung am Bau des europäischen Staatenverbandes und die Rückwirkung des EU-Rechts nur dann zulässig, wenn beide die Fundamentalnormen des Grundgesetzes nicht verletzen. Doch fraglich ist, die Debatte um das «europäische Demokratiedefizit» zeigt das beispielhaft, ob dies immer der Fall ist.

5. Suprematie des Rechts?

Das Recht ist in der Bundesrepublik Deutschland ein mächtiges Steuerungsmittel geworden. Als solches wird es weithin anerkannt und geschätzt. Insoweit könnte vermutet werden, dass das Recht und die Richter die eigentlichen Herrscher der Bundesrepublik

---

62 Vgl. Kielmansegg 2003, Scharpf 1999, Schmidt 2010d: 399–411. Der Gegenmeinung zufolge sind die Legitimationsketten von den Parlamenten der Mitgliedstaaten zu den Einrichtungen der EU zwar lang, aber ununterbrochen und deshalb hinreichend demokratisch.

Deutschland sind – nicht die Regierung, die Parteien, die Wirtschaft oder die Gesellschaft. Ist das Deutschland von heute also doch ein «Richterstaat» mit demokratischem Unterbau? Dagegen spricht zunächst eine anekdotische Evidenz: Selbst der in seiner Amtszeit so einflussreiche Bundesverfassungsrichter Paul Kirchhof fühlte sich in Karlsruhe beengter als ihm lieb war: «Immer nur das Auto reparieren zu können, statt ein neues zu bauen», das sei ihm zu wenig gewesen, so berichtete die *Süddeutsche Zeitung* über Kirchhofs Rückblick auf Karlsruhe.[63] Gegen die These vom «Richterstaat» in Deutschland spricht sodann, dass die Politik auch die Verfassung ändern kann – und damit das Spielregelwerk sowohl für sich als auch für die rechtsprechende Gewalt. Allerdings müssen diese Änderungen verfassungsverträglich sein, solange sich die Gesetzgeber an Recht und Verfassung halten. Nimmt man alles zusammen, so bleibt am Ende das Fragezeichen hinter der Formel von der «Suprematie des Rechts» stehen. Denn nicht die Suprematie des Rechts und auch nicht die Oberherrschaft der Politik kennzeichnen die Lage in der Bundesrepublik Deutschland, sondern die Machtaufteilung zwischen Politik und Recht – also Regieren mit Richtern, bisweilen durch Richter und mitunter gegen sie.

63 Beise 2003: 3.

1. Wer regiert Deutschland?

Wer regiert die Bundesrepublik Deutschland? Wer steuert letztlich die Politik im Lande? Den Spezialisten der Elitenforschung zufolge wird Deutschland im Wesentlichen von den Akteuren gesteuert, die formale Spitzenpositionen in der Politik innehaben. Diese Diagnose basiert auf Untersuchungen zu Führungskräften in Wirtschaft, Gesellschaft und Politik.[1] Von besonderem Interesse sind die Mannheimer Elitenstudien, die 1968, 1972 und 1981 unter Leitung von Rudolf Wildenmann durchgeführt wurden, und die Weiterführung dieser Analysen in der Potsdamer Elitenstudie des Wildenmann-Schülers Willy Bürklin und seiner Mitarbeiter.[2] Diese Werke informieren über Herkunft, Einstellung, politische Ziele und die Kommunikation der verschiedenen Elitegruppen sowie über Konstanz und Wandel der Eliten in Deutschland.

Der Potsdamer Elitenstudie zufolge zählen knapp 4600 Positionen zur Führungsschicht in Politik, Wirtschaft und Gesellschaft und, nach Abzug von Ämterkumulationen, 3941. Davon entfallen 941 oder 24 Prozent auf die politische Führungsschicht. 60 Prozent der Positionsinhaber wurde in der Potsdamer Studie mündlich befragt.[3]

Zur politischen Elite gehören laut Potsdamer Elitenstudie vor allem die Führungskräfte der Regierungen, der Parlamente und der politischen Parteien. Im Einzelnen sind es insbesondere die Mitglieder der Bundesregierung und der Länderregierungen, die Parlamentarischen Staatssekretäre, leitende Mitglieder des Bundestagspräsi-

---

1 Derlien 1997, Edinger 1960, Meyer 1991, Welzel 1997.
2 Wildenmann 1982a, 1982b, Wildenmann u. a. 1982, vgl. Hoffmann-Lange 1992 und zur Erhebung von 1968 von Beyme 1971, Bürklin/Rebenstorf u. a. 1997, Hoffmann-Lange 2003.
3 Bürklin/Rebenstorf u. a. 1997: 64 f.

diums, die Vorsitzenden und stellvertretenden Vorsitzenden der Bundestagsausschüsse sowie der Bundestags- und Landtagsfraktionen, außerdem Spitzenpositionen in den Parteien (beispielsweise Parteichef, Bundesgeschäftsführer und Schatzmeister), sodann Leitungspositionen in den Kommunen, Spitzenpositionen im Europäischen Parlament und Führungspositionen in den parteinahen Stiftungen.[4]

2. Zusammensetzung und Rekrutierung der Führungsschicht

2.1 Kontinuitätsbrüche

Die Gründung der Weimarer Republik hatte in der Führungsschicht «lediglich eine Verschiebung in den politischen Machtverhältnissen bei weitgehender Kontinuität der Eliten»[5], insbesondere in Gesellschaft, Wirtschaft, Verwaltung und Justiz zur Folge. Der politische Umbruch in Deutschland nach 1945 hingegen brachte sowohl Kontinuität als auch Wandel der Führungsschichten mit sich. In der Sowjetischen Besatzungszone und in der 1949 gegründeten DDR, die beide im Zeichen des Aufbaus einer sozialistischen Diktatur standen, kam ein umfassender Austausch in allen Führungsschichten zustande, auch in der Wirtschaft. Mit ihm wurde die gesamte alte Führungsschicht durch Personen ersetzt, die der KPD oder der – aus der Zwangsverschmelzung von KPD und SPD hervorgegangenen – Sozialistischen Einheitspartei Deutschlands (SED) angehörten oder ihr politisch-ideologisch nahestanden. Bevorzugt wurden dabei insbesondere jene «linientreuen» Kandidaten aus KPD und SED, die der Arbeiter- und der Bauernschaft entstammten.

Im Westen Deutschlands waren die Muster der Elitenrekrutie-

---

4 Bürklin/Rebenstorf u. a. 1997: 41, vgl. Wildenmann 1982a, 1982b. Von der politischen Elite im engeren Sinne unterscheiden Wildenmann und Bürklin/Rebenstorf insbesondere die Führungskräfte in Verwaltung, Justiz, Gewerkschaften, Wirtschaft, Wirtschaftsverbänden, Wissenschaft, Massenmedien und Kultur. Diesem Sprachgebrauch folgt das vorliegende Kapitel.

5 Hoffmann-Lange/Bürklin 2001: 172.

rung nach 1945 komplexer. Auch dort fand ein grundlegender Wechsel in der politischen Führungsschicht und bei den Massenmedien statt. An die Stelle der alten politischen Eliten rückte nach 1945 und insbesondere seit der Gründung der Bundesrepublik Deutschland im Jahre 1949 eine «post-totalitäre Führung»[6]. Ursächlich verantwortlich für den tiefgreifenden Wandel der politischen Führungsschicht waren der Zusammenbruch des NS-Regimes, die «Liberalisierungsdiktatur»[7] der Besatzungsmächte in den Westzonen, einschließlich ihrer Lizenzierungspolitik zugunsten von Personen und Organisationen, die nicht nationalsozialistisch belastet waren, und der Neubau der politischen Institutionen in den Ländern und im Bund. Dieser erfolgte unter tatkräftiger Mitwirkung von Personen, die größtenteils aufgrund innerer Distanzierung oder ihrer Jugend nicht mit dem NS-Staat verstrickt gewesen waren.

Auch im Vergleich zur Weimarer Republik war der Kontinuitätsbruch in der politischen Führungsschicht der Bundesrepublik Deutschland unübersehbar:[8] Nur wenige aus der politischen Führungsschicht der Weimarer Republik kamen nach 1945 und nach der «Wiederherstellung des Parlaments»[9] in politische Spitzenpositionen, sofern sie die Jahre der Zerstörung zwischen 1933 und 1945 überlebt hatten. Ein Indiz ist die Zusammensetzung der Abgeordneten des Bundestages in der ersten Wahlperiode: «Unter den 402 Mitgliedern des Ersten Bundestags hatten nur 61 parlamentarische Erfahrung aus den Jahren vor 1933, und nur 26 von diesen hatten auch Erfahrung aus dem Reichstag»[10].

Der weitreichende Elitenaustausch unterschied die Führungskräfte in der Politik, den Medien und den Gewerkschaften von den übrigen Elitensektoren. In der westdeutschen Wirtschaft, Gesellschaft, Verwaltung und Justiz war auch nach 1945 viel mehr Kontinuität bei der Zusammensetzung der Führungsschicht und der Re-

---

6 Edinger 1960, siehe die bahnbrechende Studie von Zapf 1965.
7 Niethammer 1973: 178, vgl. Gerhardt 2005.
8 Rudzio 2006: 408 f.
9 Loewenberg 1969: 49.
10 Loewenberg 1969: 50 f.

krutierung von Führungskräften zu verzeichnen.[11] Auch die personelle Kontinuität blieb hier zunächst noch hoch, vorausgesetzt, die Führungskräfte aus den Jahren vor 1945 fügten sich der neuen politischen Ordnung. Als besonders veränderungsresistent erwies sich die Rekrutierung zu den Führungspositionen in der Wirtschaft, in der öffentlichen Verwaltung und in den Kirchen.

Bei den politischen Eliten jedoch kam es, der personellen Zusammensetzung nach zu urteilen, zum Kontinuitätsbruch. Doch wie tief reichte dieser Bruch? Veränderte er auch die Rekrutierungsmechanismen der politischen Elite oder blieben, abgesehen von neuen Gesichtern, die alten Mechanismen intakt? Änderten sich auch die Einstellungen und die Verhaltensweisen der Eliten, oder blieb dort das meiste konstant?

2.2 Rekrutierung von männlichen und weiblichen Führungskräften

Wer Antwort auf diese Fragen sucht, stößt auf Kontinuität und Diskontinuität. Kontinuität kennzeichnete beispielsweise lange die Verteilung der Führungspositionen auf Männer und Frauen. Länger als beim Wahlrecht währte es, bis in der politischen Führungsschicht die Gleichstellung von Mann und Frau vorankam. Führungspositionen in der Politik waren auch in den ersten Jahrzehnten der Bundesrepublik Deutschland noch weitgehend eine Angelegenheit von Männern. Noch Anfang der 1980er Jahre sprachen Elitenforscher halb spöttisch, halb ernst vom ehernen Gesetz der Herrschaft durch Männer.[12] Tatsächlich waren 1981 nur drei Prozent aller politischen Führungskräfte in der Bundesrepublik Frauen.[13]

11 Frei 2002b. Zur geringen Zirkulation (im Sinne der Umbesetzung der Positionen durch «personelle Zirkulation» – Wechsel der Positionsinhaber – und der «sozialen Zirkulation», z. B. durch Wandel der Herkunft der Positionsinhaber) auch Zapf 1965, 127 f., 195 (unter Bezugnahme vor allem auf die Wirtschafts- und Verwaltungseliten) sowie Hartmann (1996, 2002, 2007), der die Kontinuität der Spitzenkarrieren in der Wirtschaft betont, und Carstens (2007) hinsichtlich der Nachrichtendienste bis in die 1960er Jahre.
12 Aberbach/Putnam/Rockman 1981: 49.
13 Wildenmann 1982a, 1982b, Wildenmann u. a. 1982.

Allerdings folgt die Verteilung der Führungspositionen auf Männer und Frauen keinem unumstößlichen Naturgesetz. Sie ist vielmehr ein gesellschaftliches Produkt, das grundsätzlich verändert werden kann und sich in den letzten Dekaden stark gewandelt hat. So zeigt allein der Vergleich der Potsdamer Elitestudie mit der Mannheimer Elitenstudie von 1981 einen beachtlichen Wandel an: Der Anteil der Frauen an der Gesamtheit aller Elitenpositionen stieg von drei Prozent 1981 auf 12 Prozent 1995 – mit anhaltender Tendenz, wie der insgesamt wachsende Anteil weiblicher Minister und Abgeordneter zeigt (siehe Kapitel 6). Der «Kampf um die Repräsentanz der Frauen in der politischen Elite»[14], der in den 1980er Jahren begann, hat im Parlament mittlerweile tiefe Spuren hinterlassen und dem Streben nach Gleichstellung großen Erfolg gebracht, auch im internationalen Vergleich.[15] Das ist überwiegend dem Zusammenwirken von Parteienpolitik, Bildungsrevolution und Wertewandel geschuldet.

2.3 Soziale Herkunft – Kontinuität und Diskontinuität

Bei der sozialen Herkunft treten Diskontinuitäten erst auf den zweiten Blick klarer hervor. Auf den ersten Blick scheint Kontinuität vorzuherrschen: Bei der sozialen Herkunft der Führungsschichten insgesamt, also in Politik, Verwaltung, Wirtschaft, Militär, Kultur und Wissenschaft, ist die Mittelschichten- und Oberschichtendominanz unverkennbar. Ein überproportional großer Teil der Führungsschicht stammt aus Elternhäusern, die der Mittel- oder der Oberschicht angehören, oder aus der «oberen Dienstklasse»[16], wie die Elitenforscher im Anschluss an Ralf Dahrendorfs *Gesellschaft und Demokratie in Deutschland* (1965) und neuere klassensoziologische

14 von Beyme 2004: 234.
15 Siaroff 2000, vgl. Kapitel 6.
16 Zur oberen Dienstklasse zählten zum Zeitpunkt der Potsdamer Elite-Studie 6,2 Prozent der Bevölkerung. Diese Klasse setzt sich im Wesentlichen aus dem Kreis der Selbständigen mit mehr als 10 Mitarbeitern, selbständigen Freiberuflern, Angestellten mit Führungsaufgaben und dem Höheren Dienst in der Staatsverwaltung zusammen, vgl. Hoffmann-Lange/Bürklin 2001: 176.

Untersuchungen sagen. Die Eliten rekrutieren sich überproportional aus Kreisen mit einem hohen Ausbildungsabschluss, und rund drei Viertel von ihnen haben ein abgeschlossenes Hochschulstudium. Ferner stammen die Eliten weit überproportional aus Familien mit höherem sozialen Status.[17]

Allerdings kennzeichnen auch Diskontinuitäten die sozialstrukturelle Rekrutierung der Eliten. In fachlicher Hinsicht beispielsweise ist die Ausbildung zum Juristen nicht länger so zentral für den Aufstieg in Führungspositionen wie früher. Ferner spielen Angehörige des Adels und des Großgrundbesitzes bei der Besetzung von Führungspositionen keine nennenswerte Rolle mehr.[18] Die «Besitzklasse» hat demnach auch bei den Eliten an Bedeutung verloren, während die «Erwerbsklasse» an Bedeutung hinzugewonnen hat.[19]

Größere Aufstiegschancen haben mittlerweile auch Katholiken, die in den Führungspositionen in Deutschland bis Mitte des 20. Jahrhunderts noch unterrepräsentiert waren, weil überwiegend Protestanten den Ton angaben. Dennoch ist die Differenz zwischen dem Protestanten- und dem Katholikenanteil in der gesamten Führungsschicht nach wie vor beachtlich: Der Katholikenanteil liegt bei 27 und der Protestantenanteil bei 42 Prozent.[20] Doch der Unterschied ist spürbar verkleinert worden, unter anderem aufgrund der Überrepräsentanz von Katholiken in Führungspositionen der Unionsparteien.

In der Summe ist, so ein Ergebnis der Potsdamer Elitenstudie, beim Aufstieg in die Führungspositionen «die Gesamtdifferenz zwischen Bevölkerung und Elite von 1981 zu 1995 gesunken»[21]. Das schließt auch größere Aufstiegschancen in die gesellschaftlichen Eliten aus Kreisen außerhalb der oberen Dienstklasse ein.

Allerdings gibt es diesbezüglich große Unterschiede zwischen den verschiedenen Führungsschichten. Die Verankerung in der

17 Hoffmann-Lange/Bürklin 2001: 177, vgl. von Beyme 1971: 40 ff., 216 f.
18 von Beyme 1971: Kapitel 1 und 2, Wildenmann u. a. 1982, Hoffmann-Lange 1992.
19 Weber 1972: 177, vgl. Kapitel 3.
20 Bürklin/Rebenstorf u. a. 1997: 108. 28 Prozent sind konfessionell nicht gebunden. Der Rest entfällt auf «Sonstige» und fehlende Werte.
21 Bürklin/ Rebenstorf u. a 1997: 77.

oberen Dienstklasse ist ein Beispiel. Der sozialen Herkunft nach gehören 6,2 Prozent der Bevölkerung zur oberen Dienstklasse, aber 32,8 Prozent der Gesamtelite stammt aus dieser Klasse – mit großen Unterschieden je nach Führungsschicht. Unterdurchschnittlich ist die Rekrutierung aus der oberen Dienstklasse bei den Spitzenpositionen in den Gewerkschaften (8,8 Prozent), der PDS, so der Name der heutigen Partei Die Linke beim Zeitpunkt der Datenerhebung (10,3), den Grünen (21,7) und den Unionsparteien (28,6). Eine nahezu durchschnittliche Quote bei der Rekrutierung aus der oberen Dienstklasse kennzeichnet hingegen die Spitzenpositionen in der SPD (33,1 Prozent), in der Wissenschaft (32,8), den Massenmedien (31,4) und in der administrativen Elite (34,7).[22] Eine überdurchschnittlich hohe Rate bei der Rekrutierung aus der oberen Dienstklasse charakterisiert jedoch vor allem die Führungspositionen in der Wirtschaft (41,0 Prozent), der Kultur (45,0) und dem Militär (36,1) sowie die Spitzenpositionen in der FDP (42,6).

Studien über den Zugang zu Führungspositionen in der deutschen Wirtschaft weisen im Übrigen auf eine besonders starke Dominanz der Oberschichten bzw. der oberen Dienstklasse hin.[23] Diese Studien decken zudem auf, dass das Bildungswesen soziale Ungleichheiten nicht notwendig verringert, sondern mitunter reproduziert. So wirkt sich beispielsweise die soziale Herkunft direkt auf den Aufstieg zu Führungspositionen in der Wirtschaft aus und indirekt, nämlich über den durch die Ausbildung vermittelten Einfluss auf die Aufstiegschancen.[24]

Doch was für die Führungsschicht in der Wirtschaft gilt, ist nicht unbedingt auch für die politische Führungsschicht gültig. Zudem ist die Rekrutierung von politischen Führungskräften in der Bundesrepublik Deutschland egalitärer als in etlichen anderen westlichen Ländern. Das zeigten schon Aberbach, Putnam und Rockman in ihrer viel beachteten Studie aus dem Jahre 1981.[25] Dieser Trend ist in der Politik mittlerweile noch stärker geworden. Dafür sind Eigen-

---

22 Hoffmann-Lange/Bürklin 2001: 176, Bürklin/Rebenstorf u. a. 1997.
23 M. Hartmann 2002, 2004, 2007, Hartmann/Kopp 2001.
24 M. Hartmann 1996, 2002.
25 Aberbach/Putnam/Rockman 1981: 64, 81.

heiten der politischen Elite verantwortlich. Ihre personelle Zusammensetzung und ihre Rekrutierungsmuster variieren mit dem Wandel der Staatsformen und der Struktur des politischen Regimes und das stärker als in anderen Elitensektoren. So ist der Aufstieg zur politischen Elite in den Demokratien in der Regel viel offener als die Aufwärtsmobilität zu Spitzenpositionen in Wirtschaft, Verwaltung und Justiz. Das liegt teilweise an der stärkeren Inanspruchnahme der Aufstiegschancen durch besser ausgebildete Personen aus Aufsteigergruppen und zum Teil an der größeren Zugänglichkeit der Aufstiegswege in der Politik. Insbesondere in der parteipolitischen Führungsgruppe gilt nicht länger das traditionelle Modell der Rekrutierung aus den oberen, tonangebenden und durch klassenspezifischen Habitus scharf abgegrenzten Gesellschaftsschichten. Vielmehr rückt die parteipolitische Führungsschicht in die Nähe einer Klasse aus politischen Unternehmern, die vergleichsweise offen im Zugang ist. Bei ihr entscheiden Qualifikation und Leistung auf dem politischen Markt und die Bürgernähe, insbesondere die Nähe zum Medianwähler, mitunter aber auch die Verbände- und Konfessionszugehörigkeit über Erfolg oder Misserfolg des Aufstiegs.

Dieser Effekt ist in der Bundesrepublik Deutschland besonders stark, weil die Parteiensysteme im Bund und in den Ländern relativ offen für Aufstiegsprozesse sind. Dafür verantwortlich sind der Kontinuitätsbruch in der Elitenrekrutierung nach 1945, das Vorhandensein von kleineren Linksparteien mit beachtlichen Chancen des Aufstiegs aus elitefernen Milieus und vor allem die Existenz zweier großer Volksparteien mit vergleichsweise offenen Rekrutierungsmechanismen: SPD und Unionsparteien.[26] Die politische Elite im engeren Sinn ist deshalb in der Bundesrepublik Deutschland hinsichtlich der sozialen Herkunft repräsentativer als die Verwaltungselite und die übrigen Führungsschichten außerhalb der Politik.[27]

26 Aberbach/Putnam/Rockman 1981: 50 ff.
27 Aberbach/Putnam/Rockman 1981: 81.

2.4 Professionalisierung

Auch die Professionalisierung der politischen Elite zeugt von tief-greifenden Veränderungen. Insbesondere die Spezialisierung von Berufspositionen, vor allem die Ersetzung nebenberuflicher durch hauptberufliche Tätigkeit hat in der Politik zugenommen. Zu den wichtigsten Ursachen zählen der Vormarsch des Parteienstaates und die Attraktivität der Besoldung der Abgeordneten.

Der Anteil der Berufspolitiker wuchs allerdings auf der Basis eines ansehnlichen Sockels. Schon im dritten Bundestag (1957–1961) waren 31,6 Prozent der Abgeordneten Berufspolitiker.[28] Mittlerweile ist der Anteil noch höher.[29] Andererseits sind die Grenzen der Professionalisierung nicht zu übersehen. Vor berufsfeldbezogenen Ausbildungsgängen hat sie haltgemacht. Hinzu treten die Risiken des Politikberufs. Politik als Beruf und das Leben von der Politik sind prekär.[30] Über jeder Politikerkarriere schwebt das Damoklesschwert der Abwahl – Abwahl durch die Wähler oder parteiintern – oder des unfreiwilligen Rücktritts – im Falle von Verfehlungen, mitunter aber auch als Bauernopfer. Für rund die Hälfte der Parlamentarier ist das Leben von der Politik nur eine vorübergehende Karrierephase. Diese beginnt meist relativ spät im Leben – nach Vollendung des 40. Lebensjahres – und wird häufig im fünften Lebensjahrzehnt beendet.[31]

Besondere Qualifikations- oder Persönlichkeitsmerkmale begünstigen den Aufstieg zur politischen Elite. Die berufliche Qualifikation ist wichtig. Nicht minder wichtig ist die persönlichkeitsstrukturelle Affinität zur Rolle des politischen Unternehmers sowie zu den Rollen des «Staatsmanns» und des «Amtsinhabers».[32] Jedoch

28 Loewenberg 1969: 162.
29 von Beyme 2004: 243 f.
30 Best/Jahr 2006, Borchert/Stolz 2003.
31 Best/Jahr 2006.
32 Der «Staatsmann» öffnet aufgrund seiner inneren Souveränität den Wählern den Weg zu einer reicheren Weltbegegnung und einem reiferen Wertengagement, im Unterschied zum «Amtsinhaber», dessen Welterfahrung und Wertengagement nach Ausmaß und Inhalt deckungsgleich mit dem seiner Wähler ist, und im weiteren Unterschied zum Demagogen (Kirsch/Mackscheidt 1985).

kommen für den Aufstieg in die politische Elite, vor allem in die parteipolitische Elite, auch die ehrgeizigen, aufstiegsorientierten «nimmermüden Händeschüttler» in Frage.[33] Allerdings reicht das Händeschütteln alleine nicht. Wer politisch weit nach oben steigen will, muss viel können und noch mehr aushalten: Durchsetzungsstärke ist gefordert, Machtbewusstsein, Artikulationsfähigkeit, ferner die Fähigkeit zur werbewirksamen, aber nicht penetranten Selbstdarstellung, sodann gute Allgemeinkenntnisse und die Begabung, mit einer Vielzahl von Themen und Argumentationen umgehen zu können, zudem die Befähigung, sozial integrativ und zugleich glaubwürdig zu wirken, außerdem Begeisterungsfähigkeit für die Politik, ohne dem «Höhenrausch»[34] anheimzufallen, den die «Droge Politik» hervorrufen kann. Möglichst soll zur allfälligen Gesinnungsethik ein gehöriges Maß an Verantwortungsethik hinzukommen – und zur Befähigung für die Bekämpfung des politischen Gegners auch gegebenenfalls die Fähigkeit zur Kooperation mit ihm, wenn es denn Verfassung oder Koalitionsräson erfordern. Obendrein kommt die Erwartung hinzu, zahllose Kritiken und Kritiker aushalten zu können. Politik als Beruf erfordert mithin ein robustes Multifunktionstalent mit ungewöhnlich großer Belastbarkeit, und sie verlangt eher den Generalisten als den hochgradig spezialisierten Experten.[35]

Dabei kann alles schnell vorbei sein. Denn in Elitepositionen altert man vergleichsweise schnell. «Wer Macht hat, altert rasch im Amte», kommentiert der Projektleiter der 1981er Elitenstudie, Rudolf Wildenmann, die Ergebnisse.[36] Das war wortwörtlich gemeint – der Kräfteverschleiß ist groß – und im übertragenen Sinne: In der Regel verweilt man in einzelnen Führungsämtern oftmals nur kurz, so schloss Wildenmann aus seinen Daten.

Das gilt allerdings nicht für alle Führungskräfte. Manche von ihnen verweilten lange im Amte. Vor allem in Spitzenpositionen kann das Amt viele Jahre währen. Konrad Adenauer war 14 Jahre Bun-

---

33 *FAZ* vom 28.2.1976, zit. n. Rudzio 2006: 416, Anm. 36.
34 Leinemann 2004.
35 So auch Kempf/Merz 2001, 2008.
36 Wildenmann 1982a: 9.

deskanzler, von 1949 bis 1963, und Helmut Kohl 16 Jahre, länger als alle anderen Regierungschefs in einer Demokratie – mit Ausnahme von Sir Robert Gordon Menzies, Australiens Premier von 1939 bis 1941 und von 1949 bis 1966. Auch bei den Ministern kommen mitunter viele Amtsjahre zusammen. Hans-Dietrich Genscher (FDP) kam auf insgesamt 23 Amtsjahre, davon die meisten im Auswärtigen Amt. Hans-Christoph Seebohm (Deutsche Partei, später CDU) leitete 17 Jahre das Bundesverkehrsressort, und Norbert Blüm (CDU) brachte es als Bundesminister für Arbeit und Sozialordnung auf 16 Jahre. Ludwig Erhard schließlich, Adenauers Nachfolger, leitete vor seiner kurzen Kanzlerschaft von 1963 bis 1966 14 Jahre lang das Bundesministerium für Wirtschaft.[37] Das sind beachtliche Zeitspannen, wie auch der internationale Vergleich lehrt: Die Amtsdauer der Bundesminister war – gemessen an den Jahren von 1949 bis 1998 – im europäischen Vergleich «relativ lang»[38].

3. Werte, Gruppenzugehörigkeit und Zielvorstellungen

Welche Werte leiten die Führungskräfte in der Bundesrepublik Deutschland? Nach welchen politischen Zielen streben sie? Zu welchen parteipolitischen und konfessionellen Gruppen und zu welcher politischen Generation gehören sie?

3.1 Wertorientierung und Ziele

Ein tiefgreifender Wandel kennzeichnet die Wertvorstellungen der Führungskräfte in Deutschland. Bei der übergroßen Mehrheit dominieren säkulare Wertvorstellungen. Besonders ausgeprägt ist die rein weltliche Orientierung vor allem bei den politischen Führungskräften der Liberalen, der Linkspartei, der Grünen und der SPD sowie bei den ostdeutschen Eliten. Andererseits ist der Anteil der religiös Gebundenen bei den christdemokratischen Mitgliedern der politischen Führungsschicht besonders hoch. Beides deutet darauf

37 Vgl. für Porträts der erwähnten deutschen Politiker Kempf/Merz 2001.
38 Kempf/Merz 2001: 9, so auch Helms 2001.

hin, dass der Konflikt zwischen säkularisierter und religiöser Wertvorstellung im Parteiensystem festgezurrt ist und insbesondere bei Wertfragen aufbrechen kann.

Tiefe Spuren hat auch der Wertewandel von den «materialistischen» zu den «postmaterialistischen» Werten bei den Eliten hinterlassen.[39] Der Potsdamer Studie zufolge hat Deutschlands Elite mittlerweile einen erstaunlich hohen Anteil an «Postmaterialisten»: 49 Prozent der Führungskräfte zählen in den westdeutschen Ländern zu den Postmaterialisten, weitere 28 Prozent gehören dem gemischt postmaterialistisch und materialistisch orientierten Typ an. Noch größer ist der Anteil der Postmaterialisten in den neuen Bundesländern (55 Prozent). Das steht in krassem Gegensatz zur Schwäche des Postmaterialismus in der ostdeutschen Bevölkerung insgesamt (7 Prozent).[40] Allerdings ist es ein «Postmaterialismus mit zwei Gesichtern»: Dem «freiheitlich-liberalen Postmaterialismus» westdeutscher Prägung steht laut Potsdamer Elitenstudie ein ostdeutscher «partizipatorischer Postmaterialismus» gegenüber, der für mehr Bürgerrechte und weiteren Ausbau der Demokratie eintritt.[41]

Die säkulare Orientierung der Eliten und ihr ausgeprägter Postmaterialismus äußern sich auch bei anderen Werten und Zielen. Hierüber gab schon die Elitenstudie von 1981 Auskunft: Ihr zufolge war die Führungsschicht der Bundesrepublik liberaler und freiheitlicher gestimmt als der durchschnittliche Wähler, nicht illiberal, wie Ralf Dahrendorf in *Gesellschaft und Demokratie in Deutschland* (1965) noch vermutet hatte. Die politischen Eliten beispielsweise hatten liberalere Einstellungen als die Masse der Bürger bei Themen wie Todesstrafe, deren Einführung von den

39 Diese wurden anhand der vier Fragen der einfachen Postmaterialismus-Skala von Inglehart 1977 erfasst, nämlich nach der Wertschätzung und Rangordnung von vier Zielen: 1) Ruhe und Ordnung, 2) stabile Preise, 3) mehr Bürgereinfluss und 4) Meinungsfreiheit. Als «Materialist» wird eingestuft, wer vor allem Ruhe und Ordnung und Preisstabilität präferiert, «Postmaterialisten» sind die Befürworter von mehr Bürgereinfluss und Meinungsfreiheit.
40 Bürklin/Rebenstorf u. a. 1997: 377.
41 Bürklin/Rebenstorf u. a. 1997: Zitate 372, 373.

Führungskräften abgelehnt wurde, oder Bekämpfung des Terrorismus, Toleranz gegenüber abweichendem Verhalten oder Integration ausländischer Arbeitnehmer.[42]

3.2 Parteinähe und Parteimitgliedschaft

Die parteipolitische Verankerung der Elite hierzulande ist auffällig stark. Von der Distanz zu den Parteien, den der Großteil der Führungsschicht der Weimarer Republik wahrte, ist heutzutage wenig zu spüren. Die parteipolitische Verankerung der Führungskräfte in der Bundesrepublik zeigt allein ihr hoher Parteimitgliederanteil: 51,4 Prozent der Führungskräfte außerhalb der Politik sind Parteimitglieder, das ist fast das 20-fache der Parteimitgliedschaftsdichte der Bevölkerung.[43] Außerdem ist die Parteineigung der Eliten «eine zentrale Determinante ihrer politischen Einstellungen zu tagespolitischen Fragen und meist wichtiger als die Sektor- oder Organisationszugehörigkeit»[44].

Die Parteipräferenz der Führungsschicht erfassten die Elitenstudien meist mit der Sonntagsfrage. Mit ihr wird das Wahlverhalten erfragt, das zu erwarten wäre, wenn am nächsten Sonntag eine Bundestagswahl stattfände. Alle Elitenstudien zeigten übereinstimmend eine überdurchschnittlich starke Neigung der Führungskräfte zur CDU, CSU und zur FDP an und eine unterdurchschnittliche Präferenz für die SPD.

Der Potsdamer Studie zufolge stimmten knapp zwei Drittel der Führungskräfte außerhalb der Politik für eine bürgerliche Koalition: 45,5 Prozent ihrer Stimmen entfielen auf CDU/CSU und 19,1 Prozent auf die FDP. Die SPD erreichte 27,1 Prozent, die Partei Bündnis 90/Die Grünen 7,2 und die PDS 0,2 Prozent.[45]

Die Unterschiede je nach Elitensektor waren so groß wie zuvor. Überdurchschnittlich große Mehrheiten zogen die Unionsparteien und die FDP bei den Führungskräften in der Verwaltung

42 Hoffmann-Lange 1992, Wildenmann 1982a, 1982b.
43 Hoffmann-Lange 2003: 216, Niedermayer 2009b.
44 Hoffmann-Lange 2003: 216.
45 Hoffmann-Lange/Bürklin 2001: 179.

(68,1 Prozent), der Wirtschaft (81,9), der Wirtschaftsverbände (93,6), der Wissenschaft (66,2) und dem Militär (93,3) auf sich. Nur bei den Führungsschichten in den Gewerkschaften (88,6 Prozent), den Massenmedien (50,8) und der Kultur (67,0) gewannen die Parteien links von der Mitte die Mehrheit.[46]

3.3 Ost-West-Unterschiede

Die Potsdamer Elitenstudie deckte auch beträchtliche Ost-West-Unterschiede auf. So befürworten die ostdeutschen Eliten durchweg eine viel stärkere und aktivere Rolle des Staates als die westdeutschen Führungskräfte.[47] Auch treten die ostdeutschen Eliten nachdrücklich für die Beibehaltung des Sozialstaates ein, wenn nicht gar für seinen Ausbau. Überdies plädieren die ostdeutschen Führungskräfte stärker als die westdeutschen für die wirksame Bekämpfung von Arbeitslosigkeit. Und ferner votiert zumindest ein Teil der ostdeutschen Eliten in stärkerem Maße für mehr Demokratie als ihre westdeutschen Pendants. Willy Brandts «mehr Demokratie wagen», so seine erste Regierungserklärung von 1969, hat bekanntlich in der damaligen DDR die Herzen der Oppositionellen höherschlagen lassen. Das Echo war noch in der ersten Regierungserklärung der Bundeskanzlerin Angela Merkel vom 30. November 2005 zu hören.[48]

46 Berechnet auf der Basis von Hoffmann-Lange/Bürklin 2001: 179.
47 Bestätigt wird dies in Rohrschneiders Befragungen ostdeutscher Parlamentarier 1992 und 1995 (Rohrschneider 1999).
48 «Ein Vizekanzler einer früheren großen Koalition und späterer Bundeskanzler hat einmal gesagt: Mehr Demokratie wagen (...) Ich weiß, dass dieser Satz viele, zum Teil sehr heftige Diskussionen ausgelöst hat. Aber ganz offensichtlich hat er den Ton der damaligen Zeit getroffen. Ich sage persönlich: Gerade in den Ohren der Menschen jenseits der Mauer klang er wie Musik. Gestatten Sie mir, diesen Satz heute zu ergänzen und uns zuzurufen: Lassen Sie uns mehr Freiheit wagen!» (Plenarprotokoll 16/4, Deutscher Bundestag, Stenographischer Bericht, 4. Sitzung. Berlin, Mittwoch, den 30. November 2005, S. 78D). – Angela Merkel bezog sich auf die Regierungserklärung vom 28. Oktober 1969. In ihr hatte der Kanzler der SPD-FDP-Regierung, Willy Brandt, erklärt: «Wir wollen mehr Demokratie wagen» (Plenarprotokoll Deutscher Bundestag, Stenographischer Bericht. 6. Wahlperiode, 5. Sitzung, 28. Oktober 1969, Bonn, S. 20C).

Nicht überraschend ist, dass die unterschiedlichen Präferenzen und Ziele der Eliten in Ost und West zumindest teilweise durch die Parteineigung erklärbar sind. Doch selbst in den jeweiligen parteipolitischen Lagern gibt es beachtliche Ost-West-Differenzen. Wiederum ist die Frage der Arbeitsteilung zwischen Staat und Markt und die der Sicherung des Sozialstaates von besonderer Wichtigkeit. Die Sicherung der Sozialpolitik steht für die ostdeutsche Elite an der Spitze, für die westdeutsche politische Führungsschicht hingegen ist der Wirtschaftsstandort Deutschland das wichtigste Thema.

Das ist Teil eines allgemeineren Befundes: Die ostdeutsche Elite ist insgesamt etatistischer ausgerichtet. Sie befürwortet eine signifikant aktivere und stärkere Rolle des Staates, während die westdeutsche Führungsschicht dem Markt erheblich größere Bedeutung beimisst und den Staat insgesamt am kürzeren Zügel führen möchte.[49] Instruktiv sind hierfür beispielsweise die folgenden Zahlen aus der Potsdamer Elitenstudie[50]: Die Aussage, der Staat solle Aufgaben abgeben, befürworten 71 Prozent der westdeutschen Eliten, aber nur 44 Prozent der ostdeutschen Führungsschicht. Die Frage, ob der Staat mehr Aufgaben übernehmen solle, befürworten immerhin neun Prozent der Osteliten und nur zwei Prozent der westdeutschen Führungskräfte. Einen Teil der Aufgaben abgeben und andere übernehmen, befürworten 38 Prozent der ostdeutschen Befragten unter den Eliten, aber nur 18 Prozent der westdeutschen Interviewten. Hier zeichnet sich ein beachtlicher Zuwachs an Dissens in den politischen Eliten im wiedervereinigten Deutschland ab. Der Konsens ist «nicht mehr derart umfassend»[51] wie es noch im Spiegel der Mannheimer Elitenstudie von 1981 der Fall zu sein schien.

3.4 Einstellungen zur Demokratie

Zwei weitere Befunde ragen aus der Analyse der Demokratieeinstellungen der Führungsschicht heraus. Erstens: Die Elite der Bundesrepublik Deutschland ist eindeutig prodemokratisch – ein ge-

49 Vgl. Rohrschneider 1999: Kapitel 7 und 8.
50 Bürklin/Rebenstorf u. a. 1997: 340.
51 Bürklin/Rebenstorf u. a. 1997: 339.

Tabelle 8: Der Generationswandel in der Führungsschicht der Bundesrepublik Deutschland

POLITISCHE GENERATION / Jahr der Elitenstudie	1968	1972	1981	1995
Kaiserreich	13	3	0	–
Weimarer Republik	49	36	6	0
«Drittes Reich»	36	49	59	6
Erste Nachkriegszeit	2	10	29	46
«Wirtschaftswunder»	0	2	6	34
Protestgeneration, Neue Soziale Bewegungen	–	–	0	13
Summe	100 %	100 %	100 %	100 %
Zahl der Befragten	808	1824	1740	2069

Quelle: Zusammengestellt aus Bürklin/Rebenstorf u. a. 1997: 396. Aus Gründen der Vergleichbarkeit enthält die Tabelle nur westdeutsche Führungskräfte. Die Werte sind Spaltenprozentwerte. 0 = kleiner als 0,5. – = keine Fälle.

waltiger Unterschied zur Lage bis 1945. Denn damals stand die Führungsschicht in Verwaltung, Justiz, Gesellschaft und Wirtschaft nicht hinter der Demokratie. Zweitens: Mit der deutschen Einheit und dem Wandel im Generationenaufbau der Führungsschicht[52] ist die Divergenz der angestrebten Demokratiemodelle größer geworden.

Allerdings steht nicht die Befürwortung einer rein plebiszitären Demokratie am Ende der Veränderungen, die die ostdeutsche Führungsschicht bevorzugt, sondern die Ergänzung des repräsentativ-demokratischen Modells durch eine stärker wettbewerbs- und beteiligungsorientierte Demokratie.

Unbestritten aber markiert der hierin zum Ausdruck kommende «partizipatorische Postmaterialismus» einen bedeutsamen Wandel. Seine Ursachen haben Bürklin und Mitarbeiter in fünf Faktoren lokalisieren können. Zur stärkeren Befürwortung der wettbewerbs-

52 Siehe Tabelle 8.

und beteiligungsorientierten Demokratie tragen die Positionshöhe, die Amtsdauer, die Zugehörigkeit zu einer politischen Generation, der Elitensektor und die Parteineigung bei. Zu stärker beteiligungs- und wettbewerbsorientierter Demokratie neigen ferner diejenigen, die noch nicht die höchsten Positionen errungen haben und noch nicht sonderlich lange im Amte geprägt worden sind. Besonders viel Zuspruch erfährt das beteiligungsorientierte Demokratiemodell bei den Führungskräften in der Politik und den Medien. Außerdem kommen parteipolitische Faktoren ins Spiel: Die Führungskräfte der SPD und der Grünen neigen stärker zur partizipatorischen Demokratie als die der Unionsparteien und der FDP.

4. Verschiebungen im Aufbau der politischen Generationen

Der Wandel des Demokratiemodells und die stärkere Neigung zur beteiligungsorientierten Demokratie hängen ursächlich mit großen Verschiebungen im Aufbau der politischen Generationen zusammen. Auch dies hat die Potsdamer Elitenstudie aufgedeckt. Der Hauptbefund ist der Tabelle 8 zu entnehmen.

Die Tabelle 8 belegt einen fundamentalen Wandel im Generationenaufbau der Führungsschicht. Noch 1968 war die Mehrheit der Führungskräfte in Deutschland in der Weimarer Republik und im «Dritten Reich» sozialisiert worden. Selbst 1981, im 33. Jahr der Bundesrepublik Deutschland, war nur ein Drittel ihrer Führungskräfte politisch in der Zeit seit 1949 geprägt worden. Eine ganz andere Gestalt hatte der Generationenaufbau 14 Jahre später: In der westdeutschen Elite war 1995 die Gründergeneration der Bundesrepublik Deutschland nicht mehr vertreten, also die Führungskräfte, die im Kaiserreich, in der Weimarer Republik oder im NS-Staat sozialisiert worden waren. Das dürfte, wie Bürklin/Rebenstorf und Mitarbeiter zu Recht hervorheben, politisch-kulturell erhebliche Auswirkungen gehabt haben, denn diese politischen Generationen hatten die politische Ordnung der Bundesrepublik und ihre Wirtschaftsverfassung maßgeblich mitgeformt. «Ihr institutioneller Gestaltungswille war geleitet vom Trauma des Scheiterns der ersten parlamentarischen Demokratie in Deutschland.»[53] Ihre generationsprägenden Erfahrungen umfassten nicht nur zwei Weltkriege und die Weltwirtschaftskrise der frühen 1930er Jahre, sondern auch die politische Instabilität der Weimarer Republik. Die «Gründergeneration» der Bundesrepublik hatte die institutionellen Ursachen des Scheiterns der Weimarer Republik vor allem in den plebiszitären Strukturen des Regierungssystems verortet und in der Schwäche der Regierung, die in der bipolaren Exekutive angelegt war. «Folgerichtig war für sie die institutionelle Antwort auf die Weimarer Verfassung die im Grundgesetz festgeschriebene konsequente Parlamentarisierung der Bundesrepublik. Sie ging einher mit einer Stärkung von Bundeskanzler und Bundesregierung und der Entscheidung für eine stark repräsentativ geprägte Demokratie»[54].

Eine ganz andere Sichtweise entwickelte hingegen die Führungsschicht, die vor allem in den 1960er und 1970er Jahren ihre prägende Sozialisation durchlief. Diese Elite hat weder die generationsprägende Erfahrung der Weltkriege noch die der wirtschaftlichen und politischen Krise der Weimarer Republik gemacht. Auch hegt sie kein Misstrauen gegen Einrichtungen der plebiszitären Demokratie.[55]

Der Befund der Potsdamer Elitenstudie ist von größter Wichtigkeit: In der Führungsschicht in Deutschland haben sich mittlerweile zwei gegensätzliche Demokratievorstellungen herausgebildet – einerseits das Konzept der Repräsentativdemokratie und andererseits eine stärker partizipationsorientierte Demokratie. Das erhärtet einen Befund, der aus dem Vergleich der Potsdamer Elitenstudie mit den älteren Elitenstudien in der Bundesrepublik hervorsticht: Die Unterschiede in der politischen Führungsschicht und in der gesamten Elite der Bundesrepublik Deutschland sind größer geworden. Außerdem ist der Dissens größer geworden und der Konsens kleiner. Deutschland ist demnach auch auf der Ebene seiner Führungskräfte uneinheitlicher und konflikthafter geworden – ein Befund, den die weitere politische Entwicklung seit Mitte der 1990er Jahre stützt.

53 Bürklin/Rebenstorf u. a. 1997: 396.
54 Alle Zitate aus Bürklin/Rebenstorf u. a. 1997: 397.
55 Bürklin/Rebenstorf u. a. 1997: 401.

Unter sonst gleichen Bedingungen wird dadurch der Spielraum für konsensuale Lösungen geringer. Besonders groß ist die Spannung zwischen den Führungskräften mit Parteineigung zur Union und zu den Liberalen einerseits und denjenigen, die zur SPD und zu den Grünen tendieren andererseits, sowie zwischen den west- und den ostdeutschen Führungsschichten. Ins Gewicht fällt außerdem der Unterschied zwischen den verschiedenen politischen Generationen der deutschen Elite.

Auch die Kommunikationsbeziehungen in den Eliten und zwischen den Führungsschichten haben sich gewandelt. Zwar sind die politischen Eliten auf Bundes- und Landesebene mittlerweile enger vernetzt als zuvor.[56] Allerdings haben die politischen Parteien an Bedeutung verloren – zugunsten der Exekutive im Bund und in den Ländern sowie zugunsten der Parlamentsfraktionen. Überdies spielen die Führungskräfte der Interessenverbände – Gewerkschaften und Wirtschaftsverbände – in der Kommunikation der Eliten eine geringere Rolle als in den frühen 1980er Jahren. Dafür gewinnt die Kommunikation mit den Verwaltungseliten an relativem Gewicht. Ob sich damit allerdings wirklich ein robuster Trend zur «abnehmende(n) Einbindung intermediärer Organisationen in Kommunikationsprozesse auf Eliteebene» abzeichnet, der «die Arena der Konsensfindung offenbar immer mehr von Parteiorganisationen und Verbänden weg in den administrativen Bereich der Gesetzesvorbereitung verlagert»[57], ist fraglich und muss angesichts der Stärke der parteipolitischen Determinanten der Staatstätigkeit, die im zweiten Teil dieses Buches nachgewiesen wird, bezweifelt werden.

Gleichwohl ist der Wandel in der Kohäsion und der Kommunikation der Eliten nicht gering. Verallgemeinert man die Befunde einer zunehmenden Divergenz vor allem in der politischen Elite, so sind die Chancen einer konsensualen Politik geringer geworden. Damit ist die Wahrscheinlichkeit einer konfliktiven Politik gestiegen. Die Politik wird insoweit auch unter den politischen Führungskräften voraussichtlich spannungsreicher und konflikthafter. Andererseits

56 Bürklin/Rebenstorf u. a. 1997, Sauer 2002.
57 Kaina 2004: 14 im Anschluss an Sauer 2002.

erfordern die politischen Institutionen in Deutschland Kooperation und Kompromissfähigkeit. Bleibt alles Übrige gleich, wird die Lücke zwischen Kooperationserfordernis und Konfliktorientierung größer – und das verlangt von den Streitparteien in der Politik und von ihren Führungen beträchtliche zusätzliche Anpassungs- und Überbrückungsleistungen.

Kapitel 11   **Zwischenbilanz: Deutschlands politische Institutionen und Willensbildungsstrukturen im Vergleich**

Es ist Zeit für eine Zwischenbilanz. Welcher Art sind Deutschlands politische Institutionen und Willensbildungsstrukturen, und wie sind sie im internationalen Vergleich positioniert? Im Lichte der Befunde der ersten zehn Kapitel dieses Buches lautet die Kurzfassung der Antwort: Die Institutionen und Willensbildungsstrukturen der Bundesrepublik Deutschland zeichnen sich aus durch

– eine entwickelte, fest verwurzelte Demokratie,
– ein parlamentarisches Regierungssystem der republikanischen Form, das zur Kanzlerdominanz neigt,
– eine Repräsentativdemokratie mit direktdemokratischer Ergänzung überwiegend in den Ländern und Gemeinden,
– eine Mischung aus Mehrheits- und Verhandlungsdemokratie,
– eine starke bundesstaatliche, vertikale Fragmentierung der Staatsorganisation, die durch die dichte Politikverflechtung zwischen den Ländern und zwischen Ländern und Bund überbrückt wird,
– ein Mehrebenensystem also, das durch die Europäische Union und die Selbstverwaltung auf lokaler Ebene noch weitere Etagen erhält,
– einen dynamischen, partizipationsfreundlichen politischen «Input»,
– ein gemäßigt polarisiertes Mehrparteiensystem mit zwei großen sozialstaatsfreundlichen Parteien,
– eine hohe Vetospieler- und Mitregentendichte,
– die weit vorangeschrittene verfassungsstaatliche Zügelung der Demokratie,
– die mitunter spannungsreiche Koexistenz unterschiedlicher Konfliktregelungsmuster: Hierarchie, Mehrheitsprinzip und Aushandeln, und
– insgesamt vielschichtige, komplizierte und zeitaufwändige Prozesse der Willensbildung und Entscheidungsfindung.

I. Eine entwickelte, fest verwurzelte Demokratie

Das Grundgesetz schreibt eine demokratische Staatsverfassung vor. Dass diese Vorgabe verwirklicht wurde, zeigen sämtliche Messungen des Demokratiegehalts von Staatsverfassungen. Höchstwerte erzielt Deutschland beispielsweise auf den Skalen der politischen Rechte und der Bürgerrechte von Freedom House, die im Wesentlichen die Strukturen einer liberalen konstitutionellen Demokratie messen.[1] Den Höchstwert erreicht Deutschland auch beim Demokratie-Autokratie-Index von Jaggers, Gurr und Mitchell.[2] Auch aus der Perspektive der Lehre von den «defekten Demokratien» schneidet Deutschland seit dem Ende des Besatzungsstatuts und vor allem seit Erlangung der vollen Souveränität im Zwei-plus-Vier-Vertrag von 1990 positiv ab: Deutschland ist weder eine «exklusive Demokratie» (im Sinne einer Herrschaft, die einen bestimmten Teil des Volkes ausgrenzt), noch eine «Enklavendemokratie» (im Sinne einer Herrschaft, in der demokratisch nicht legitimierte Vetomächte einen Teil des Staatsgebietes autonom regieren), noch eine «illiberale Demokratie» und auch keine «delegative Demokratie» (im Sinne eines mächtigen, populistisch handelnden, quasi-plebiszitär legitimierten Präsidenten, der sich der Verantwortung vor den Kontrollgewalten entzieht).[3] Dass die Bundesrepublik Deutschland eine «geglückte Demokratie»[4] verkörpert und zum relativ kleinen Kreis der etablierten liberalen Demokratien zählt, gehört ebenfalls zu den gesicherten Erkenntnissen der vergleichenden Analyse politischer Systeme.[5]

1 Puddington 2010, Schmidt 2010d: 392 ff.
2 Jaggers/Gurr 1995, Marshall/Jaggers 2008. Geeicht ist diese Messung auf eine Demokratie, in der a) die politische Beteiligung wettbewerblich verfasst ist, (b) die politische Führung in freien, offenen Wahlen rekrutiert wird und (c) die Exekutive institutionell substanziell gezügelt wird, bzw. auf das Gegenstück in Gestalt der Autokratie.
3 Croissant 2010, Merkel 2010.
4 Wolfrum 2006.
5 Almond/Powell/Strom/Dalton 2008, Ismayr 2008a, Jesse/Sturm 2003, Lijphart 1999, Lauth 2010.

2. Parlamentarisches Regierungssystem der republikanischen Form mit Kanzlerdominanz

Der Beziehung zwischen Exekutive und Legislative nach zu urteilen ist Deutschlands Regierungssystem parlamentarisch, nicht präsidentiell. Im parlamentarischen Regierungssystem kann die Regierung durch das Parlament bzw. die Parlamentsmehrheit prinzipiell abberufen werden. Dadurch ist die Regierung auf die Unterstützung der Mehrheit der Abgeordneten oder auf die Tolerierung einer Minderheitsregierung angewiesen. Letzteres kommt in Nordeuropa häufig vor,[6] spielt in Deutschland aber kaum eine Rolle. Weil das Parlament vom Parteienwettbewerb bestimmt wird, bedeutet die Abhängigkeit der Regierung vom Parlament, dass sie der Unterstützung der Parlamentsmehrheit bedarf. Das Staatsoberhaupt, der Bundespräsident, spielt in diesem Regierungssystem im Normalfall eine nachgeordnete Rolle. Auch das unterscheidet Deutschland von den präsidentiellen Regierungssystemen und vom Semipräsidentialismus.[7] Die Form des parlamentarischen Regierungssystems verdient ebenfalls Erwähnung. Im Unterschied zum parlamentarischen Regierungssystem der monarchischen Form, wie in den Niederlanden oder Großbritannien, ist der deutsche Parlamentarismus republikanisch. Und im Unterschied zu einem parlamentarischen Regierungssystem mit Präsidialdominanz, Versammlungsdominanz oder Kompetenzbalance zwischen Regierungschef und Staatsoberhaupt zeichnet sich die deutsche Variante durch Kanzlerdominanz aus.

3. Repräsentativdemokratie mit direktdemokratischer Ergänzung überwiegend in den Ländern und Gemeinden

Überdies haben sich die Verfassungsgeber der Bundesrepublik Deutschland für eine Repräsentativdemokratie entschieden und gegen direktdemokratische Arrangements auf Bundesebene, mit Aus-

6 Strøm 1990.
7 Elgie 1999, Lijphart 1992.

nahme des Plebiszits im Fall der Neugliederung des Bundesgebietes. Der Vorrang der Repräsentativdemokratie ist allerdings kein Alleinstellungsmerkmal Deutschlands, denn die Repräsentativverfassung dominiert in allen modernen Demokratien. Allerdings spielen direktdemokratische Strukturen andernorts eine mitunter größere Rolle als in Deutschland. In besonderem Maße ist das in der Schweizer Referendumsdemokratie der Fall und, wenngleich mit großem Abstand zur Eidgenossenschaft, in Ländern, in denen landesweite Plebiszite relativ häufig stattfinden, wie Italien, Neuseeland, Australien und Irland.[8]

Im Unterschied zur repräsentationsdemokratischen Architektur des Bundes hat die Direktdemokratie in den Verfassungen der Bundesländer und in den Gemeinden ein größeres Gewicht.[9] Davon zeugen vor allem das Initiativrecht und Volksabstimmungen über näher eingegrenzte Gesetzesvorlagen. Die Verfassung des Landes Baden-Württemberg, das in der direkten Demokratie «die längste und ausgeprägteste Tradition in Deutschland»[10] hat, kennt das Initiativrecht auf Einbringung einer Gesetzesvorlage und die Volksabstimmung über diese Vorlage, wenn der Landtag der Gesetzesvorlage nicht unverändert zustimmt. Ferner sieht die Landesverfassung Baden-Württembergs die vorzeitige Landtagsauflösung kraft Volksabstimmung vor. Ähnliche Bestimmungen enthält die Bayerische Landesverfassung, doch untersagt sie ausdrücklich den Volksentscheid über den Staatshaushalt. Plebiszitäre Initiativrechte und Volksentscheid über Gesetzesentwürfe enthalten auch die Verfassung des Landes Hessen und die nordrhein-westfälische Verfassung, deren Artikel 68 das Volksbegehren und den Volksentscheid über Erlass, Änderung oder Aufhebung von Gesetzen regelt. Direktdemokratische Bestimmungen sind zudem in den Verfassungen fast aller anderen Bundesländer verankert. Alle neuen Bundesländer griffen den Gedanken der Volksgesetzgebung auf. In drei von ihnen – Brandenburg, Mecklenburg-Vorpommern und Thüringen –

8 Butler/Ranney 1994, Schmidt 2010d: 341.
9 Gabriel/Hoffmann-Martinot/Savitch 2000, Kost 2005, Schiller/Mittendorf 2002.
10 Wehling 2005: 14.

wurde die Verfassung durch ein Referendum bestätigt. Die Verfassungen der neuen Bundesländer betonen die Direktdemokratie sogar stärker als die der meisten alten Bundesländer. Dadurch sind die 1990er Jahre zu einer Periode der «Expansion der Direktdemokratie in Deutschland»[11] geworden. Hinzu kommt die unmittelbare Bürgerbeteiligung auf kommunaler Ebene. Sie ist weiter verbreitet als auf Landesebene, vor allem seit dem Siegeszug direktdemokratischer Entscheidungsrechte in Gestalt kommunaler Referenden und der Direkt- oder Urwahl des Bürgermeisters und des Landrats. Besonders weit ausgebaut wurde die lokale Direktdemokratie in der Süddeutschen Ratsverfassung, die die Direktwahl des Ersten Bürgermeisters vorsieht.

4. Mischung aus Mehrheitsdemokratie und Verhandlungsdemokratie

Die Bundesrepublik Deutschland verkörpert überdies eine föderative Mischverfassung aus Mehrheitsdemokratie und «Verhandlungs-» oder «Konkordanzdemokratie»[12]. Sicherlich spielt das Mehrheitsprinzip auch in der deutschen Politik eine herausragende Rolle, insbesondere im Parteienwettbewerb und bei Wahlen. Die relative Mehrheit der Erststimmen in Bundestagswahlen beispielsweise entscheidet darüber, welche Kandidaten direkt in den Bundestag gewählt werden. Ferner entscheidet die Mehrheit der gesetzlichen Mitglieder des Bundestages, die Kanzlermehrheit, im Bundestag letztlich über die Wahl des Regierungschefs. Zudem entscheidet die Kanzlermehrheit über Erfolg oder Misserfolg des konstruktiven Misstrauensvotums gegen einen Bundeskanzler. Die Mehrheit der Stimmen gibt überdies bei der Wahl des Bundespräsidenten in der Bundesversammlung den Ausschlag.

Doch Deutschlands Demokratie hat nicht nur mehrheitsdemokratische Züge, sondern auch nichtmajoritäre. Ihren dualen Charakter spiegelt Lijpharts Vergleich der «Mehrheits-» und der «Kon-

11 Scarrow 1997: 451.
12 Lehmbruch 1992, 2000, 2003.

sensusdemokratien» wider.[13] Lijpharts Messungen zufolge liegt die Bundesrepublik Deutschland sogar näher bei der «Konsensusdemokratie» nach Schweizer Vorbild.[14] «Konsensusdemokratische» bzw. verhandlungsdemokratische Praktiken spielen in Deutschland tatsächlich eine wichtige Rolle. Die Zweidrittelmehrheiten für Verfassungsänderungen und vor allem die Abstimmungsregeln im Bundesstaat fügen dem politischen Betrieb in Deutschland eine starke verhandlungsdemokratische Komponente hinzu. Die Bund-Länder-Kooperation, die im Falle von Verfassungsänderungen und zustimmungspflichtigen Gesetzen erforderlich ist, und die Verklammerung von Bund und Ländern beispielsweise in der Finanzpolitik und bei Planung und Vollzug der Gemeinschaftsaufgaben erfordern nichtmajoritäre Konfliktregelungen. Nun zählt nicht länger das Mehrheitsprinzip, sondern die Konfliktregelung durch Aushandeln, durch Herstellung von «Supermehrheiten» oder durch Einstimmigkeit.

Noch komplexer wird dieses Gefüge durch den potenziellen Konflikt zwischen dem Mehrheitsprinzip im Parteienwettbewerb und den nichtmajoritären Regelungssystemen im Bundesstaat. Die vielfältigen Kooperationszwänge im Bundesstaat verlangen zur Bewältigung vieler Probleme und namentlich auch zur Beschlussfassung über die meisten Gesetze die Zustimmung von Bundestag und Bundesrat sowie von Regierung und Opposition. Insbesondere bei parteipolitisch divergierenden Mehrheiten im Bundestag und Bundesrat läuft dies auf das Mitregieren der Opposition hinaus. Bei den meisten besonders wichtigen innenpolitischen Vorhaben in Deutschland ist somit die Bildung einer (formellen oder informellen) großen Koalition zwischen Bundestags- und Bundesratsmehrheit und faktisch zwischen Regierungsparteien und größter Oppositionspartei erforderlich. Das ist die institutionelle Wurzel des «Staates der Großen Koalition»[15], zu dem die Bundesrepublik auch dann tendiert, wenn die beiden großen Parteien kein formelles Bündnis eingehen.

13 Lijphart 1999.
14 Lijphart 1999: 248, 255, 312 ff.
15 Schmidt 2008.

5. Vielebenensystem

Allein die Gliederung in Bund und Länder sorgt in Deutschland für eine ausgeprägte vertikale Fragmentierung der Staatsorganisation. Doch diese teilt Deutschland mit anderen Bundesstaaten, wie Australien, Indien, Kanada, Österreich, der Schweiz und den Vereinigten Staaten von Amerika. Gemessen an der Zahl der Gliedstaaten relativ zur Bevölkerungszahl ist Deutschlands Föderalismus mit 16 Staaten und einer rund 82 Millionen umfassenden Bevölkerung sogar weniger kleinteilig als Österreich und die Schweizerische Eidgenossenschaft mit ihren 26 Kantonen und einer Bevölkerungszahl von etwa 7,5 Millionen.[16] Im Unterschied zu allen anderen Bundesstaaten ist Deutschlands Föderalismus zudem durch eine dichtmaschige Politikverflechtung[17] gekennzeichnet – eine Verflechtung insbesondere der Exekutive der Länder sowie der Exekutive der Länder und des Bundes. Obendrein unterstreicht die – auch im internationalen Vergleich beispiellos starke – Beteiligung der Länder an der Gesetzgebung des Bundes die Besonderheiten des deutschen Bundesstaates.[18] Hinzu kommen der Steuerverbund und der Finanzausgleich, der Bund und Länder aneinanderkettet.

Allein dadurch hat Deutschlands Politikstruktur den Charakter eines differenzierten Mehrebenensystems gewonnen. Doch zum deutschen Mehrebenensystem gehören ein weiteres Untergeschoss und ein zusätzliches Obergeschoss. Das Untergeschoss ist die Selbstverwaltung der Gemeinden, die Verfassungsrang genießt. Sie wurde und wird von den Gemeinden für eine relativ autonome Politik genutzt – im Rahmen des Korsetts der Bundes- und Landesgesetze, der Länder-Kommunen-Verflechtung und des Finanzausgleichs zwischen den Gemeinden. Ein weiteres Obergeschoss kommt durch Deutschlands Mitgliedschaft in der Europäischen Union (EU) hinzu. Durch sie wird die deutsche Politik, wie die der

16 Zahlen für 2008 (Der Fischer Weltalmanach 2010: 143, 438).
17 Scharpf/Reissert/Schnabel 1976.
18 Vgl. Schultze 1992, Sturm 2002, ferner Kapitel 8.

anderen EU-Mitgliedstaaten, in beträchtlichem Maße europäisiert.[19]

Sein besonders vielschichtiges Mehrebenensystem hebt die Bundesrepublik Deutschland nicht nur aus dem Kreis der modernen Demokratien heraus, sondern auch aus dem der Bundesstaaten. Ein der EU vergleichbares Obergeschoss in der Politikorganisation kennt weder der Föderalismus in den USA noch der in Australien, Kanada, Indien oder in der Schweiz. Und mit den vielen Ebenen der Staatsorganisation und der engmaschigen Politikverflechtung ragt Deutschland zudem aus der Gruppe der föderalistischen EU-Staaten hervor, zu denen neben Deutschland Belgien und Österreich sowie, mit größeren Abstrichen, Spanien gehören.

6. Ein gemäßigt polarisiertes Mehrparteiensystem mit zwei Sozialstaatsparteien im Zentrum

Deutschlands Politik findet, soweit die Parteien an ihr beteiligt sind, im Kontext eines mittlerweile gemäßigt polarisierten Mehrparteiensystems statt. Sein Gravitationszentrum liegt in der politischen Mitte, dort wo zwei große Sozialstaatsparteien miteinander konkurrieren: die SPD und die Unionsparteien. Dieses Zentrum und das Fehlen einer marktwirtschaftsorientierten, säkular-konservativen Partei erzeugen im Parteiensystem besonders günstige Bedingungen für einen weitausgebauten und parteipolitisch breit verankerten Wohlfahrtsstaat. Die Struktur des Parteiensystems und die politisch-ideologischen Positionen der Parteien ermöglichen zudem Koalitionsbildungen unterschiedlicher Art. Allerdings sind die Koalitionschancen seit der deutschen Einheit asymmetrisch: Sofern die bürgerlichen Parteien nicht Bündnisse über die Lagergrenzen hinweg eingehen, verlaufen die Koalitionsbildungschancen zulasten der bürgerlichen Parteien und zugunsten der SPD, die von Großen Koalitionen über sozial-liberale Bündnisse und rot-grüne Allianzen bis zu Koalitionen mit der PDS bzw. der Linkspartei ein breiteres Repertoire an Bündnischancen ihr Eigen nennt.

19 Sturm/Pehle 2005.

7. Hohe Mitregenten- und Vetospielerdichte und weit ausgebaute Konstitutionalisierung der Politik

Wie insbesondere die Kapitel 7 und 8 dieses Buches zeigen, ist Deutschland ein Staat mit einer sehr hohen Mitregenten- und Vetospielerdichte. Das vergrößert sowohl den Koordinations- und Kooperationsaufwand in der Politikformulierung, der Gesetzgebung und der Verwaltung als auch die Blockadeanfälligkeit der Politik. Auch das verdeutlicht, dass das Politikmachen in Deutschland ein mitunter sehr aufwändiger und zeitraubender Vorgang ist.

Hinzu kommt die Konstitutionalisierung der Politik. Deutschlands Demokratie ist nicht unbeschränkt, sondern eine durch den liberalen Verfassungsstaat streng gezügelte Herrschaftsordnung. Aufgrund der starken Position der Judikative und des Bundesverfassungsgerichts an ihrer Spitze ist die verfassungsstaatliche Zügelung in Deutschland sogar besonders weit vorangeschritten.[20] Das bringt viele Vorteile mit sich, unter ihnen Rechtssicherheit und Freiheitsschutz, doch sind die Nebenwirkungen nicht zu unterschätzen: Die Konstitutionalisierung verkleinert den Raum, über den demokratisch legitimiert entschieden werden kann.

In die gleiche Richtung wirkt bislang die Mitgliedschaft in der Europäischen Union. Sicherlich können in der EU grenzüberschreitende Probleme tendenziell effektiver gemeistert werden als auf nationalstaatlicher Ebene. Soweit das geschieht, kommt das der EU als «Output-Legitimität» zugute. Dem steht aber eine problematischere Bilanz bei der «Input-Legitimität»[21] gegenüber. Hinsichtlich ihrer politischen Struktur ist die Europäische Union eine Konsoziation der bürokratischen Art[22], die bislang an einem struk-

---

20 Siehe Kapitel 9.
21 Die Input-Legitimität basiert auf der Anerkennungswürdigkeit und faktischen Anerkennung der Qualität des politischen Willensbildungs- und Entscheidungsprozesses. Bei Output-Legitimität hingegen zählen die Anerkennungswürdigkeit und die faktische Anerkennung der Produkte und Ergebnisse des politischen Willensbildungs- und Entscheidungsprozesses.
22 Schmidt 2000a. Eine Konsoziation ist ein Institutionenarrangement oder

turellen Demokratiedefizit laboriert, das insbesondere in der Schwäche einer vitalen europäisierten Erinnerungs-, Erfahrungs und Kommunikationsgemeinschaft begründet ist.[23]

8. Koexistenz unterschiedlicher Konfliktregelungsmuster

Verschiedenartige Konfliktregelungsmuster kommen im politischen System Deutschlands zum Zuge: 1) hierarchisch-autoritative Konfliktregelung (beispielsweise im Falle eines Gesetzesbeschlusses oder eines Beschlusses des Bundesverfassungsgerichtes), 2) Konfliktregelung durch Wettbewerb (z. B. um Wählerstimmen) und Mehrheitsentscheid (wie im Parlament) und 3) Konfliktregelung durch gütliches Einvernehmen oder Aushandeln, gegebenenfalls unter Berücksichtigung von Minderheitenrechten und im Grenzfall auf der Grundlage des Einstimmigkeitsprinzips. Alle drei Konfliktregelungsformen koexistieren in Deutschland – mitunter in verträglicher, bisweilen in spannungsreicher Weise. Aus dem Zusammenwirken mehrerer Konfliktregelungsmuster können komplexe Probleme politischer Steuerung entstehen. Ein Beispiel hierfür ist die Spannung, die durch das Aufeinandertreffen des Mehrheitsprinzips, das den Parteienwettbewerb regelt, und des Konkordanzprinzips, das für die Willensbildung und Entscheidungsfindung im Bundesstaat charakteristisch ist, entsteht. Die offene Flanke der konkordanzdemokratischen Konfliktregelung im Bundesstaat ist der polarisierte Parteienwettbewerb, insbesondere die Kooperati-

eine Regierungsform, die in einem in verschiedene Segmente tief gespaltenen Gemeinwesen oder Staatenverband eine gemeinschaftsverträgliche und zugleich autonomieschonende Regelung der öffentlichen Angelegenheiten organisiert. Das geschieht typischerweise durch 1) Machtteilung, insbesondere gemeinschaftliche Willensbildungs- und Entscheidungsprozesse in Angelegenheiten allgemeiner Bedeutung, und zwar mit gesicherter Beteiligung der Repräsentanten aller wichtigen Segmente, 2) Autonomie jedes einzelnen Segmentes in allen anderen Belangen, 3) Proportionalität der politischen Repräsentation, der Ernennung von Beamten und der Allokation von Fonds sowie 4) gesicherte Vetorechte für die Mitglieder der Konsoziation in allen wichtigen Angelegenheiten.

23 Die Begriffe hat Kielmansegg 2003 (zuerst 1996) geprägt.

onsverweigerung einer Partei oder mehrerer Parteien. Und die offene Flanke der Konfliktregelung nach dem Mehrheitsprinzip besteht darin, dass der Gewinner alsbald in Aushandlungsprozesse mit der Konkurrenz verstrickt werden kann, die ihn dazu zwingen, die Opposition mitregieren zu lassen, sofern er Blockaden des Entscheidungsprozesses vermeiden will. Ein Beispiel ist eine Bundesregierung, die im Bundestag die Mehrheit hinter sich weiß, es im Bundesrat aber mit einer gegnerischen Mehrheit zu tun hat, von deren Kooperation ihre Manövrierfähigkeit in der Gesetzgebung abhängt.

9. Dynamischer politischer Input

Die Strukturen der politischen Willensbildung und Entscheidungsfindung in Deutschland sind komplex, umfassen viele Ebenen und sind von zahlreichen Mitregenten und Vetospielern besiedelt. Zugleich aber ist der Input in das politische System in Deutschland dynamisch – um die in der politikwissenschaftlichen Systemtheorie gebräuchliche Unterscheidung eines politischen Systems in drei Hauptdimensionen aufzugreifen:

– Input (womit insbesondere die Nachfrage der Bürger nach Leistungen der Politik und die Unterstützung der Bürger für die Politik gemeint sind),

– Output (beispielsweise Gesetze oder sonstige politische Entscheidungen),

– und die zwischen Input und Output vermittelnden Konversionsstrukturen (im Sinne der Institutionen und des Ablaufs der politischen Willensbildung und Entscheidungsfindung).

Nicht nur viele Vetospieler und Mitregenten wirken in Deutschlands politischem System, sondern auch dynamische, beteiligungsfreundliche Input-Strukturen. Auffällig ist die große Zahl der Möglichkeiten zur politischen Beteiligung in Deutschland, was auch der internationale Vergleich lehrt.[24] Im Unterschied zu den Staatsbürgern eines Einheitsstaates entscheiden Deutschlands Bürger nicht

24 Schmidt 2010d: 353 ff.

nur in Bundestagswahlen über die Wahl des Parlaments und der Regierung. Sie wählen auch die Landesparlamente und mittelbar die Regierungen der Länder. Hinzu kommen die Partizipationsgelegenheiten bei Gemeindewahlen. Nicht zu vergessen sind die Mitwirkungschancen, die seit 1979 durch die Direktwahl des Europäischen Parlaments bestehen. Ferner sind die Partizipationsgelegenheiten zu bedenken, die sich durch die direktdemokratischen Arrangements in den Ländern und in den Gemeinden auftun. Außerdem kommen die Beteiligungsmöglichkeiten in den verschiedenen Einrichtungen der Selbstverwaltung hinzu, beispielsweise im Schul- und Hochschulbereich. Zudem ist in Deutschland die Mitbestimmung von Arbeitnehmern und ihrer Interessenvertretungen besonders weit ausgebaut. Berücksichtigt man ferner die vitale Vereins- und Verbändegesellschaft sowie die zahllosen Bürgerinitiativen in Deutschland, so tritt das Muster des partizipationsfreundlichen Staates noch deutlicher hervor.

Dynamisiert wird der partizipationsfreundliche Staat durch zwei weitere Vorgänge: Die Vielzahl der Wahlen von direkter oder mittelbarer bundesweiter Bedeutung – eine Bundestagwahl und 16 Landtagswahlen im Zeitraum von vier bis fünf Jahren – erzeugt im Land eine Dauerwahlkampfatmosphäre, von wenigen Ruhephasen abgesehen. Deshalb herrscht eine hohe «Temperatur» in Deutschlands politischem Betrieb. Entsprechend groß ist die Neigung der um die Machtteilhabe kämpfenden Parteien zum Konflikt, zur Simplifizierung, Dramatisierung und Moralisierung der Unterschiede zwischen den Streitparteien und dafür, die Schuld immer nur beim Gegner zu suchen. Obendrein verkürzt die Dauerwahlkampfatmosphäre den ohnehin kurzen Zeittakt der Demokratie noch weiter: Die um die Wählerstimmen werbenden Parteien stehen unter dem Zwang, Erfolgsbilanzen in noch kürzeren Fristen vorzulegen. Hinzu kommt die Wirkung der Massenmedien, die als Instanzen der Dauerbeobachtung, Dauerkommentierung und Dauerbewertung der Politik und der Politiker das Streben nach mediengerechter Inszenierung und nach kurzfristig vorzeigbarer Erfolgsbilanz unterstützen.

Insoweit erweist sich Deutschland als eine Demokratie, die besonders beteiligungsfreundliche, dynamische Input-Strukturen hat.

So gesehen ist Deutschland weitaus beteiligungsfreundlicher als die meisten Mehrheitsdemokratien, wie Großbritannien, Israel, Japan, die Niederlande, Schweden oder Griechenland.

10. Input-Output-Stress?

Allerdings herrscht in Deutschland eine beträchtliche Spannung zwischen dem partizipationsfreundlichen, dynamischen Input und der komplexen Architektur der Willensbildungs- und Entscheidungsprozesse. Der Input transportiert eine besonders große Fülle widersprüchlicher Erwartungen, Forderungen und Ansprüche mit hoher öffentlicher Sichtbarkeit an die Politik. Das vergrößert den Aufgabenkatalog der Politik, die jedoch aufgrund der komplexen Architektur der Willensbildungs- und Entscheidungsprozesse nur begrenzt reaktions- und handlungsfähig ist und infolge der Dauerwahlkampfatmosphäre obendrein in Versuchung gerät, populistischen Entscheidungen oder Nichtentscheidungen Vorrang zu geben. Zudem wirken unterschiedliche Konfliktregelungsmuster – neben der hierarchischen Regelung das Mehrheitsprinzip sowie das Aushandeln im Zeichen von Supermajoritäten oder Einstimmigkeit.

In der Terminologie der Input-Output-Modellierung handelt es sich hier um einen Input-Output-Stress oder unter Umständen um eine Input-Output-Lücke in dem Sinne, dass eine der Input-Dynamik angemessene Verarbeitungs- und Reaktionskapazität der Entscheidungsprozesse fraglich ist. Ob sich allerdings der Input-Output-Stress wirklich als dauerhaft wirkende Bremse oder gar als Blockade des Entscheidungsprozesses entpuppt oder nicht, ist eine Frage, die erst nach Erkundung der Gesetzgebung und der verschiedenen Politikfeldern beantwortet werden kann. Von dieser Erkundung handeln die folgenden Kapitel dieses Buches.

TEIL II
Politikfelder

Einleitung

Welche Politik wählten die verschiedenen Bundesregierungen in der Innen- und in der Außenpolitik? Wie reagierten sie beispielsweise auf wirtschaftliche Probleme, sozialstrukturellen Wandel und Veränderungen im Bevölkerungsaufbau oder auf Folgeprobleme und Nebenwirkungen früherer politischer Entscheidungen? Und was bewirkten Regierungswechsel? Inwieweit machte es einen Unterschied in der Staatstätigkeit, ob Deutschland von einer CDU/CSU-geführten Regierung oder einer sozialdemokratischen Regierung gelenkt wurde? Wie wirkten andere Bestimmungsfaktoren auf die Politik (im Sinne von «policy»), sozialökonomische Problemlagen beispielsweise, politische Institutionen, das Politikerbe oder die internationale Politik?

Diese Fragen leiten die folgenden Kapitel. Sie werden anhand wichtiger Politikbereiche beantwortet. Im Einzelnen geht es dabei vor allem um die Außenpolitik, um Verfassungsänderungen, die Finanz-, die Wirtschafts-, die Sozial-, die Bildungs- und die Umweltpolitik und um die «Politik des mittleren Weges», die zum Markenzeichen der Staatstätigkeit in Deutschland geworden ist. Untersucht werden diese Politikfelder mit Hilfe des erweiterten politisch-institutionalistischen Ansatzes, der sich in der Staatstätigkeitsforschung als tragfähig und zugleich als anschlussfähig für Beobachtungen und Theorien anderer Schulen erwiesen hat.[1]

1 Dieser Ansatz untersucht vor allem die Zusammenhänge zwischen dem «Politik-Output» (z. B. die Gesetzgebung oder sonstige Entscheidungen in Politikfeldern) und dem «Politik-Outcome» (den Politikresultaten, z. B. gesamtwirtschaftliche Resultate der Wirtschaftspolitik, wie die Arbeitslosenquote) einerseits und dem «Politik-Input» und dessen Umfeld

Kapitel 12 **Außenpolitik:**
Vorfahrt für Handelsstaat und Zivilmacht

Die Außenpolitik ist als «eines der letzten Reservate der Exekutive» bezeichnet worden.[2] Allerdings operiert die Außenpolitik jedes Landes im Rahmen komplexer internationaler Interdependenz und innenpolitischer Konstellationen. Die Durchschlagskraft der internationalen Interdependenz und der innenpolitischen Konstellationen variiert von Land zu Land. In der Außenpolitik der Bundesrepublik Deutschland sind beide Faktoren besonders wirkungsmächtig. Vorgaben der Siegermächte des Zweiten Weltkriegs, Souveränitätstransfers an inter- und supranationale Organisationen sowie hohe außenwirtschaftliche Verflechtung gehören ebenso zu den Rahmenbedingungen der deutschen Außenpolitik wie im Innern die auf Machtteilung zielende Staatsverfassung und die zahlreichen Vetospieler und Mitregenten.[3]

Verfassungsrechtlich gehören die auswärtigen Beziehungen größtenteils zur ausschließlichen Gesetzgebung des Bundes (Artikel 73 Grundgesetz). Das gibt der Exekutive des Bundes den Vorrang bei der Führung der Außenpolitik. Allerdings verleiht der Artikel 23 des Grundgesetzes in der Neufassung von 1992 auch den Ländern

andererseits, insbesondere den Rahmenbedingungen des politischen Willensbildungs- und Entscheidungsprozesses, der Struktur der Staatsverfassung, der Machtverteilung zwischen gesellschaftlichen Gruppierungen und politischen Kräften, politisch-kulturellen Größen, sozialökonomischen Rahmenbedingungen politischen Handelns und außenpolitischen oder internationalen Abhängigkeiten. Zur Anwendung kommen vor allem die folgenden Theorien der Staatstätigkeit: die sozialökonomische Lehre, die Machtressourcentheorie, die Parteiendifferenztheorie, der politisch-institutionalistische Ansatz, die Lehre vom Politikerbe und Theorien über die Rückwirkungen internationaler Politik auf die nationalstaatliche Steuerung. Vgl. als Überblick Schmidt/Ostheim/Siegel/Zohlnhöfer 2007.

2 Seidelmann 1994: 47.
3 Hanrieder 1967, Harnisch 2006, 2010, Maull 1990.

Mitwirkungsrechte in der Europapolitik. Damit können die Bundesländer zwar keine Nebenaußenpolitik betreiben, werden aber zu Mitregenten vor allem in der Europapolitik aufgewertet. Ferner unterstehen Auslandseinsätze der Bundeswehr außerhalb von NATO-Bündnisverpflichtungen dem Parlamentsvorbehalt. Parlamentsvorbehalt und Ländermitwirkung engen den außenpolitischen Spielraum der Exekutive sogar mehr ein als in den meisten anderen westlichen Staaten.[4] Überdies steht auch die Außenpolitik im Bannkreis der «Verfassungssouveränität», die Deutschland im Unterschied zur «Parlamentssouveränität» Großbritanniens und zur «Volkssouveränität» der Schweiz kennzeichnet.[5] Davon zeugt insbesondere die Anrufung des Bundesverfassungsgerichtes zur verbindlichen Klärung von grundlegenden außen- oder sicherheitspolitischen Streitfragen, beispielsweise im Falle der Wehrverfassung, der Ostverträge der sozial-liberalen Koalition mit den sozialistischen Staaten Mittel- und Osteuropas, der Bundeswehreinsätze jenseits der NATO-Bündnisverpflichtungen oder in Fragen der Europäischen Union. Dass obendrein die Parteien, insbesondere die Regierungsparteien, eine außenpolitisch einflussreiche Rolle spielen, versteht sich in einem Land mit starken parteienstaatlichen Strukturen fast von selbst.

Die Außenpolitik der Bundesrepublik Deutschland wurde zunächst in besonders hohem Maße von internationalen Abhängigkeiten und Interdependenzen geprägt. Ihre aktive Mitwirkung am Auf- und Ausbau inter- und supranationaler Organisationen, die Politik des «offenen Staates»[6], ist ohne diese Prägung nicht zu verstehen. Hochgradige Abhängigkeit, Interdependenzen und Politik des «offenen Staates» hängen wesentlich – aber nicht ausschließlich – mit der politischen Lage am Ende des Zweiten Weltkrieges und der Nachkriegsgeschichte zusammen. Deutschland war am Ende dieses Krieges «besiegt und zerstört, besetzt und geteilt»[7]. Mehr noch: Als «besiegter Feindstaat»[8] unterstand Deutschland der

4 Hellmann 2006a: 58.
5 Abromeit 1995.
6 Di Fabio 1998.
7 Haftendorn 2001: 9.
8 Vgl. Kapitel 1 sowie Stöver 2006, Wolfrum 2006: 20 ff.

«kriegerischen Besatzung» durch die Siegermächte, der «belligerent occupation»[9]. Gewiss wurde aus der «kriegerischen Besatzung» im Lauf der Jahre ein milderes Besatzungsregime. Außerdem verlief die weitere Entwicklung je nach Besatzungszone höchst unterschiedlich. Über das weitere Schicksal der Ostzone entschieden letztlich die Sowjetunion und ihre ostdeutschen Bündnispartner in der KPD bzw. nach der Zwangsverschmelzung von KPD und SPD in der SED. Beide stellten alsbald die Weichen zum Aufbau einer sozialistischen Diktatur nach sowjetischem Muster und Bauplänen der Kommunisten und Linkssozialisten der Weimarer Republik. Die politische Entwicklung der westlichen Besatzungszonen hingegen wurde außenpolitisch von den Westalliierten, insbesondere den Vereinigten Staaten von Amerika, wesentlich mitgeprägt und im Zusammenwirken mit deutschen Politikern auf den Weg zu einer konstitutionellen bundesstaatlichen Demokratie gebracht.

Gemeinsam war beiden Besatzungsgebieten aber die Steuerung von außen. Zu Recht konnte Helga Haftendorn[10] deshalb die Ausgangslage der deutschen Nachkriegsgeschichte mit den Worten nachzeichnen: «Am Anfang war Potsdam» – gemeint waren die Weichenstellungen des Potsdamer Abkommens der Siegermächte des Zweiten Weltkrieges vom August 1945 –, und später so präzisieren: «Im Anfang waren die Alliierten – und nicht Adenauer»[11], wie es ein Teil der deutschen Zeitgeschichtsschreiber behauptete.[12]

Selbst nach dem Abschluss der «Jahre der Besatzung»[13] von 1945 bis 1949 blieb der Spielraum der deutschen Außenpolitik zunächst noch gering. Das galt für den Weststaat, die Bundesrepublik Deutschland, und mehr noch für die Deutsche Demokratische Republik, die «an der Leine der Sowjetunion»[14] ihrer Wege ging. Das Besatzungs-

9 Litchfield u. a. 1953.
10 Haftendorn 1986: 49.
11 Haftendorn 2001: 17.
12 So Arnulf Baring, der seine Analyse der Außenpolitik in Adenauers Kanzlerdemokratie mit diesen Worten einleitete: «Im Anfang war Adenauer – so läßt sich der Beginn der Bundesrepublik kurz kennzeichnen.» (Baring 1969: 1).
13 Eschenburg 1983.
14 von Bredow 2006: 160.

statut von 1949 gestand der Bundesrepublik Deutschland ein begrenztes Selbstverwaltungsrecht zu. Die oberste staatliche Gewalt in der Bundesrepublik aber blieb zunächst bei den westlichen Besatzungsmächten. Das bedeutete den Vorrang des Besatzungsrechts vor dem innerdeutschen Recht und bevollmächtigte die Besatzungsmächte zum Eingriff auch in verfassungsrechtlich garantierte Grundrechte. Hinzu kamen die Vorbehaltsrechte der westlichen Siegermächte: Sie reichten von der Außen- und der Außenwirtschaftspolitik über Reparationsfragen und Angelegenheiten der Industrie, der Dekartellisierung, der Abrüstung und der Demilitarisierung bis zum Schutz und zur Sicherheit der Streitkräfte der Westalliierten. Außerdem bedurften Änderungen des Grundgesetzes der ausdrücklichen Zustimmung der Hohen Kommissare der Westalliierten. Auch einfache Gesetze unterlagen ihrem Einspruchsrecht.

In den Jahren von 1949 bis 1955 war die Bundesrepublik Deutschland demnach kein souveräner Staat. Von 1949 bis 1952 kam ihr «eine Art Protektoratsstatus» zu und anschließend, insbesondere bis zum Inkrafttreten des Deutschlandvertrages, eine «bedingte Souveränität»[15]. Ihrer Staatsform nach war die Bundesrepublik in diesen Jahren noch keine entwickelte Demokratie, sondern eine «defekte Demokratie»[16], in der ausländische Vetomächte die Oberhoheit über zentrale Domänen hatten. Allerdings war dies eine «defekte Demokratie» der besonderen Art, wie vor allem Wolfram Hanrieders Konzept des «penetrierten politischen Systems» lehrt. Das war der auf die Bundesrepublik der Jahre von 1949 bis 1955 gemünzte Fachausdruck für ein Gemeinwesen, dessen Politik in besonders starkem Maße von externen Akteuren beeinflusst wird und in dem zugleich die am Entscheidungsprozess beteiligten Politiker des Landes den externen Einfluss im Grundsatz akzeptieren.[17] Das war die Lage in der Bundesrepublik Deutschland. Zu ihr sowie zur Strategie Adenauers – Souveränitätszuwachs durch Westintegration einschließlich der Einbindung in inter- und supranationale Organisationen – gab es keine Alternative.

15 Beide Zitate aus Schwarz 1986: 965.
16 Merkel/Puhle/Croissant u. a. 2003.
17 Hanrieder 1967: 35, 229–248.

Gewiss wurden die Zügel des Besatzungsstatuts auch schon vor seiner Außerkraftsetzung gelockert. Das Besatzungsstatut wurde im März 1951 durch die Außerkraftsetzung eines Teils der Vorbehaltsrechte der Alliierten revidiert. Doch seine rechtliche Gültigkeit verlor es erst mit dem Inkrafttreten des Deutschlandvertrages im Jahre 1955.[18] Erst jetzt, zehn Jahre nach Kriegsende und sechs Jahre nach ihrer Gründung, hatte die Bundesrepublik Deutschland einen Großteil der Souveränität über die inneren und äußeren Angelegenheiten erlangt. Erst jetzt erhielt sie auch ein eigenes Außenministerium. Bis dahin war die Außenpolitik die Sache des Bundeskanzleramtes und vor allem des Bundeskanzlers.[19]

Die früheren Besatzungsmächte behielten allerdings wichtige Rechte und Verantwortlichkeiten bei, und zwar bezüglich Berlins und Deutschlands als Ganzem, einschließlich der Wiedervereinigungsfrage, sowie hinsichtlich einer friedensvertraglichen Regelung zwischen den Siegermächten des Zweiten Weltkriegs und Deutschland. Auch bestanden die Westalliierten weiterhin auf ihren Rechten bei der Stationierung ihrer Streitkräfte in der Bundesrepublik und der Sicherheit ihrer Soldaten. Diese Vorbehaltsrechte erloschen erst mit dem Inkrafttreten der Notstandsverfassung von 1968. Die Rechte und Verantwortlichkeiten der Siegermächte wurden nach dem Fall des Eisernen Vorhangs zwischen West- und Osteuropa hinfällig, und zwar durch die außenpolitische Flankierung der Wiedervereinigung im Zwei-plus-Vier-Vertrag vom 12. September 1990, dem «Souveränitätsvertrag».

Mit ihm wurde die Bundesrepublik völkerrechtlich vollständig souverän. Allerdings war ihre Autonomie im Verkehr mit dem internationalen Umfeld schon längst durch freiwillige Einbindung in inter- und supranationale Organisationen und den hierzu gehörenden Transfer von Souveränitätsrechten an diese Organisationen eingeschränkt worden. Durch die 1955 eingegangene Mitgliedschaft in der NATO hatte die Bundesrepublik ihre seit 1956 aufgebauten Streitkräfte, die Bundeswehr, den integrierten Kommandobehörden des Militärbündnisses unterstellt. Mit der Mitgliedschaft in der

18 Vgl. Kapitel 1, Anm. 38.
19 Baring 1969.

Westeuropäischen Union (WEU) hatte die Bundesrepublik zudem auf Herstellung, Besitz und Verfügungsgewalt von ABC-Waffen (atomare, biologische und chemische Waffen) verzichtet – und damit auch formell eine Weichenstellung bekräftigt, welche die Siegermächte schon unmittelbar nach dem Ende des Zweiten Weltkrieges getroffen hatten. Die Unterzeichnung des Atomwaffensperrvertrages durch die SPD-FDP-Koalition am 28. November 1969 besiegelte die Absage an eine durch atomare Bewaffnung unterlegte Machtstaatspolitik.

Der Zwei-plus-Vier-Vertrag verpflichtete Deutschland dazu, seine militärischen Land-, Luft- und Seestreitkräfte bis 1994 auf eine Personalstärke von 370000 Mann zu verringern. Diese Verpflichtungen und weitere Beschlüsse zur Reduktion der militärischen Bewaffnung, die mit dem Vertrag über konventionelle Streitkräfte in Europa (KSE-Vertrag) von 1994 zusammenhingen, wurden in vollem Umfang befolgt und hinsichtlich der Personalstärke alsbald übererfüllt. Überdies wirkte die Bundesrepublik von Anfang an aktiv beim Auf- und Ausbau der Europäischen Staatengemeinschaft mit, wodurch der Souveränitätstransfer an inter- oder supranationale Institutionen auch in vielen nichtmilitärischen Bereichen zustande kam.[20]

I. Außenpolitik im Zeichen des Ost-West-Konflikts und des «Sonderkonflikts» mit der Sowjetunion

Doch zurück zur Lage vor 1990. Von ihrer Gründung im Jahr 1949 bis 1990 war die Bundesrepublik Deutschland ein Frontstaat an der durch den «Eisernen Vorhang» verschlossenen Grenze zwischen Westeuropa einerseits und Mittel- und Osteuropa andererseits. In diesem Zeitraum war die Bundesrepublik in einen Doppelkonflikt verstrickt, der ihre Außenpolitik zutiefst prägte. Zusammen mit den Westmächten war sie in den Ost-West-Konflikt verwoben, den zum «Kalten Krieg» sich steigernden Macht- und Ordnungssystemkonflikt zwischen den westlichen Demokratien und der Sowjetunion

20 Vgl. Schmidt 2005e, Börzel 2006.

mitsamt ihren Satellitenstaaten in Mittel- und Osteuropa. Bis zur deutschen Einheit und dem Fall des Eisernen Vorhangs war die Bundesrepublik außerdem in einen «Sonderkonflikt»[21] mit der Sowjetunion und ihren Satellitenstaaten verwickelt. Dieser Konflikt basierte auf der Teilung Deutschlands und speiste sich aus dem Gegensatz zwischen der Sowjetunion mit ihren Verbündeten, insbesondere der DDR-Führung, und den Bestrebungen auf westdeutscher Seite, die Wiedervereinigungsfrage offenzuhalten und Rechtsvorbehalte wie insbesondere die Nichtanerkennung der DDR und der Oder-Neiße-Grenze geltend zu machen.

Im Unterschied zum allgemeinen Ost-West-Konflikt konnte die Außenpolitik der Bundesrepublik bei ihrem Sonderkonflikt mit der Sowjetunion und den Warschauer-Pakt-Staaten allerdings nicht auf ungeteilte Zustimmung der Westmächte zählen. Mehr noch: Die Akzeptanz der westdeutschen Positionen in diesem Konflikt begann in dem Maße zu bröckeln, in dem der Ost-West-Konflikt durch die Politik der Entspannung der Großmächte USA und Sowjetunion entschärft wurde.

Die Einbindung in den Ost-West-Konflikt und in den Sonderkonflikt mit der Sowjetunion verlangte von der Außenpolitik der Bundesrepublik schwierige, mit großen Folgeproblemen verknüpfte Weichenstellungen. Was aus außen- und gesellschaftspolitischen Gründen nahe lag, die Westbindung, konnte mit dem Streben nach Wiedervereinigung kollidieren. Angesichts der Struktur des Ost-West-Konfliktes und der politischen Präferenzen der Wähler war aber die Westintegration die einzige Karte, die die Politik in der Bundesrepublik realistischerweise und mit Aussicht auf mittelfristigen Gewinn an Eigenständigkeit spielen konnte.

Die Art und Weise der Westbindung und die Geschwindigkeit, mit der sie vollzogen werden sollte, waren jedoch nicht determiniert. Der Ost-West-Konflikt begrenzte den Spielraum der bundesrepublikanischen Außenpolitik und band viele ihrer Kräfte. Aber er entlastete sie an einer zentralen Stelle: Sie hatte nicht länger die gemeinsame Front der Siegermächte gegen sich. Durch kluges Agieren konnte sie sogar die Unterstützung der Westmächte gewinnen und mit ihnen eine sta-

21 Löwenthal 1974: 604 (im Original kursiv).

bile Allianz eingehen. Wie kaum ein anderer Akteur nutzte der erste Kanzler der Bundesrepublik, Konrad Adenauer, die hiermit gegebenen Spielräume für eine entschlossene Politik der militärischen, europapolitischen und wirtschaftlichen Westintegration.

Diese Politik hatte fünf Hauptziele. Vorrang hatte alles, was die Isolierung der Bundesrepublik vermied. Auf keinen Fall durfte es zur Neuauflage der Potsdamer Koalition der Siegermächte des Zweiten Weltkrieges kommen. Andernfalls würde die Bundesrepublik zum Spielball der Interessen der Alliierten werden. Um dies zu verhindern, sollte die Außenpolitik der Bundesrepublik gegen jegliche Neutralisierung ebenso immunisiert werden wie gegen eine Schaukelpolitik zwischen Ost und West.

Die Außenpolitik sollte ferner die noch instabile politische Ordnung der Bundesrepublik stützen, und zwar durch die Bindung an die westlichen Demokratien und durch den wirtschaftlichen Aufschwung, den die Westbindung und eine marktwirtschaftsfreundliche Wirtschaftspolitik schaffen sollten.

Außerdem sollte die Außenpolitik zur Wiedererlangung der Souveränität des Landes beitragen – unter freiwilliger Übernahme der von den Alliierten verfügten Beschränkungen und unter Verzicht auf eine unabhängige Verteidigungspolitik, also durch die «Methode des Souveränitätsgewinns durch Souveränitätsverzicht»[22].

Überdies ging es um die Überwindung der schweren Belastungen, die in den Beziehungen zwischen Deutschland und den westlichen Nachbarn insbesondere durch den Krieg und die Besetzung durch die Wehrmacht entstanden waren. Das sollte auf dem Weg einer engen wirtschaftlichen und politischen Integration Westeuropas geschehen.

Schließlich sollte der Schutz der Bundesrepublik vor militärischer Aggression und vor außengesteuerter politischer Subversion sichergestellt werden. Entscheidend dafür war ein dauerhaftes Bündnis mit den Vereinigten Staaten von Amerika, das durch wirtschaftliche Verflechtung, Aufrüstung und Einbindung der Streitkräfte der Bundesrepublik in ein internationales Militärbündnis untermauert werden sollte.

22 Haftendorn 2001: 436.

So viel grundsätzliche Zustimmung der Weg nach Westen anstelle eines Neutralitätskurses oder gar einer Ostbindung auch bekam, die Westbindungspolitik Adenauers war strittig. Die mit ihr verknüpfte Aufrüstung der Bundesrepublik beispielsweise war weithin unpopulär. Aber auch unabhängig von der Aufrüstungsfrage rief die Westbindung einen vielstimmigen Protest hervor. [23] Die Linke befürchtete politischen Terrainverlust, Konservative werteten sie als Türöffner der «Amerikanisierung» der Lebensverhältnisse, protestantische Kirchenmänner mit antikatholischer und antiamerikanischer Neigung sahen in ihr den Schachzug einer überwiegend katholischen Regierung, der den Protestantismus in Deutschland und Europa entscheidend schwächen würde. Und wieder andere befürchteten, Deutschland verlöre die Option der «Brücke zwischen Ost und West». Fürsprecher einer baldigen Wiedervereinigung schließlich hielten Adenauer «Westabmarsch» [24] vor, der die deutsche Teilung zementiere, so Gustav Heinemann, der spätere Bundespräsident, der aus Protest gegen die Westbindungspolitik aus der Regierung Adenauer austrat.

Außenpolitisch aber erntete die Westbindungspolitik alsbald Früchte: Sie schuf bei den drei Westmächten Vertrauen, namentlich bei den politisch letztlich dominierenden Vereinigten Staaten von Amerika, und sie erreichte überdies nicht wenige ihrer Hauptziele in kurzer Zeit. [25]

Dass die Westintegration allerdings die Wiedervereinigungschancen kurz- und mittelfristig nicht verbessern würde, war abzusehen. Zwar sparte die Bundesregierung nicht mit Bekenntnissen zur Wiedervereinigung, doch diese waren, bei Lichte besehen, größtenteils symbolische Politik, die sich aus innenpolitischen Quellen speiste, insbesondere aus wahlpolitisch gebotenen «Rücksichten auf ge-

23 Vgl. für andere Wolfrum 2006: 103 ff.
24 Heinemann 1966: 34. Heinemann gründete daraufhin eine neue Partei, die Gesamtdeutsche Volkspartei. Diese blieb bei der nächsten Bundestagswahl (1953) jedoch mit 1,2 Prozent der Zweitstimmen weit unter der Fünf-Prozent-Hürde.
25 Vgl. Schwarz 1981, 1983: 368, ferner Haftendorn 1986, 2001, zur Rüstungspolitik Schlotter 1990.

samtdeutsche Gefühle» [26]. Wiedervereinigung im Sinne der Wiederherstellung eines Deutschlands in den Grenzen von 1937 war nach Lage der Dinge nicht realistisch. Auch an eine Vereinigung im Sinne der Zusammenlegung des Staatsgebietes der DDR und der Bundesrepublik konnte solange nicht ernsthaft gedacht werden, wie der Kalte Krieg auf östlicher und westlicher Seite geschürt wurde. Das war den verantwortlichen Politikern ebenfalls klar. Für eine «nicht zu schätzende Zeit» sei der sowjetisch besetzte Teil Deutschlands für den Westen verloren, hatte Adenauer bereits 1945 argumentiert.[27] Auch hierauf gründete sich die Politik der Westbindung.

In der Westpolitik agierten die Regierungen Adenauer insgesamt flexibel. In der Ostpolitik hingegen blieben sie und ihre Nachfolger bis weit in die 1960er Jahre weniger beweglich und konzeptionell unterkomplex. Man setzte auf Verhandlung aus der Position der Stärke. Durch unnachgiebige Außenpolitik und durch wirtschaftlichen und politischen Erfolg im Innern hoffte man auf die DDR und andere osteuropäische Ländern einwirken zu können – so wirkungsvoll, dass das dortige Herrschaftssystem entweder von alleine zusammenbrechen oder von der Sowjetunion unter dem Zwang der Umstände aufgegeben würde.

Doch das waren simplifizierende Konzepte. Sie klammerten die Eigenstabilität sozialer und politischer Systeme ebenso aus wie Systemwandel und außenpolitische Veränderungen. Sie unterschätzten im Übrigen die Macht der Gewohnheit und die der Roten Armee. Zudem schätzten sie die politische Stabilität der stalinistischen und poststalinistischen Regimes in der Sowjetunion falsch ein. Und sie irrten sich auch, was die Bereitschaft der Westalliierten anbelangte, mit «containment» und «roll-back» ernst zu machen.

Auch noch in den späten 1950er und den frühen 1960er Jahren kennzeichnete eine «abweisende, ja bisweilen gedankenarme Haltung»[28] die Ost- und Deutschlandpolitik Adenauers, obwohl sich nunmehr die Anzeichen häuften, dass die Phase der nuklearstrategischen Eskalationsdominanz der USA zu Ende ging und eine Po-

26 Baring 1968: 47.
27 Baring 1968: 46.
28 Hacke 1985: 6, vgl. Hacke 2003: 83 ff.

litik der Entspannung den Ost-West-Konflikt zu entschärfen begann.

Der Außenpolitik der Regierungen Adenauer fiel es sichtlich schwer, sich auf die veränderte internationale Lage einzustellen und mit den autoritären Regimes der sozialistischen Staatenwelt leben zu lernen. So verblieb die Außenpolitik bis zum Ende der «Ära Adenauer»[29] in der Spannung zwischen erfolgreicher Westbindung und unterbelichteter Ostpolitik.

Sicherlich gab es nachvollziehbare Gründe für die «negative Ostpolitik»[30] Adenauers. In einer neuen Ostpolitik sah er keine Chancen, sondern überwiegend Gefahren für das vorrangige Anliegen: die feste Verankerung der Bundesrepublik als Demokratie in der westlichen Staatengemeinschaft. Die Sowjetunion war für Adenauer kein glaubwürdiger Kandidat für eine verlässliche partnerschaftliche Politik. Zu vieles an der Sowjetunion war abstoßend: Ihr extrem autoritärer Staat, das totalitäre Erbe des Leninismus und des Stalinismus, die Intransparenz der Machtkämpfe im Staatsapparat und in der Staatspartei, der KPdSU, die Neigung zu konfrontativer Außenpolitik sowie der rigide Besatzungssozialismus im östlichen Teil Deutschlands und in den übrigen osteuropäischen Staaten. Hier schien kein Anknüpfungspunkt für den Aufbau kooperativer Beziehungen in Sicht zu sein.

Die «negative Ostpolitik» der Adenauer-Ära wird jedoch nur derjenige zureichend verstehen können, der den Zusammenhang von Außen- und Innenpolitik im Blick behält. Die Werbung um Wähler des nationalen und des wertkonservativen Lagers und insbesondere um die Vertriebenen gehörte zu den wahlpolitischen Motiven der «negativen Ostpolitik». Ferner stützte die massenhafte Flucht aus der DDR, die «Abstimmung mit Füßen», die These von der Magnetwirkung der Bundesrepublik. Das bestärkte die Meinung, der ostpolitische Attentismus würde seine Aufgabe schon bewältigen. Außerdem waren diesem außenpolitischen Kurs Prämien sicher: Er konvergierte mit der Außenpolitik der Eisenhower-Administration, insbesondere mit der Philosophie des «roll-back», des

29 Schwarz 1981, 1983.
30 Sontheimer 1989: 313.

«Aufrollens» der sozialistischen Länder durch den Westen, dem sich der amerikanische Außenminister John Foster Dulles, der der Bundesrepublik und insbesondere Adenauers Außenpolitik zugetan war, verschrieben hatte, wenngleich mehr rhetorisch denn real. Obendrein hatte die oppositionelle SPD – trotz ihrer Vorbehalte ost- und deutschlandpolitischer Art – Ende der 1950er Jahre die außenpolitischen Weichenstellungen der Regierungen Adenauer ausdrücklich akzeptiert und damit eine Phase der Annäherung an die Außenpolitik der bürgerlich-liberalen Koalition eingeleitet.

Allerdings währte die außenpolitische Konvergenz nicht allzu lange, ebenso wenig wie der Gleichklang zwischen der amerikanischen und der bundesrepublikanischen Außenpolitik. In den späten 1950er und den frühen 1960er Jahren mehrten sich die Anzeichen eines Kurswechsels der amerikanischen und der sowjetischen Außenpolitik hin zur Entspannungspolitik. Zuspitzungen des Ost-West-Konfliktes – das atomare Patt, das durch die aufholende Nuklearrüstung der Sowjetunion entstanden war, die zweite Berlin-Krise der Jahre 1958 bis 1961, der Mauerbau in Berlin 1961 und die Kuba-Krise von 1962 – hatten die Bestrebungen gestärkt, nach geeigneten Mechanismen der Regelung und Entschärfung des Konflikts zu suchen. Die «querelles allemandes», die Streitereien zwischen und um West- und Ostdeutschland, und die Dynamik des Sonderkonflikts der Bundesrepublik mit der Sowjetunion und ihren Satellitenstaaten entwickelten sich tendenziell zu Störfaktoren im Management des Ost-West-Konfliktes seitens der Westmächte und der Sowjetunion.

Die Umorientierung auf die neue Lage fiel den Bundesregierungen schwer. Die Öffnung der deutschen Außenpolitik zu den neuen Formen des Ost-West-Konfliktes erfolgte, zunächst noch tastend, unter Gerhard Schröder (CDU), dem Bundesminister des Auswärtigen Amtes von 1961 bis 1966. Weitergeführt wurde sie insbesondere in der Deutschland- und Ostpolitik der ersten Großen Koalition, in der mit Willy Brandt erstmals in der Geschichte der Bundesrepublik ein Sozialdemokrat das Auswärtige Amt leitete. Die Regierungsbeteiligung der SPD führte der deutschen Außenpolitik neue Ideen und Strategien zu. Der koalitionsinterne Ausgleich aber erwies sich als schwierig: Dem Kanzler der ersten Großen Koalition, Kurt Georg

Kiesinger (CDU), war es kaum möglich, in der Außenpolitik «die schnellen Pferde der SPD sowie die lahmen Gäule der Unionsfraktion gleichermaßen in Trab und Geschirr zu halten»[31].

Dennoch vermochte die nunmehr ebenfalls auf Entspannung einschwenkende Außenpolitik der ersten Großen Koalition einiges zu ändern: Beispielsweise wurde mit der Aufnahme diplomatischer Beziehungen mit Rumänien im Januar 1967 die Hallstein-Doktrin, der zufolge die Aufnahme diplomatischer Beziehungen mit der DDR von der Bundesrepublik als unfreundlicher Akt interpretiert wurde, gegenüber Osteuropa ausgesetzt. Ferner verweigerte die Bundesregierung nicht länger jeglichen Kontakt mit der DDR-Führung. Das waren Vorboten eines Wandels der Ostpolitik. Noch stieß dieser Wandel an eine obere Grenze, die durch das Bestreben definiert war, den Alleinvertretungsanspruch der Bundesrepublik grundsätzlich aufrechtzuerhalten und kooperative Beziehungen mit der DDR nur unterhalb der Schwelle ihrer völkerrechtlichen Anerkennung aufzunehmen. An dieser Grenzlinie entzündeten sich Konflikte zwischen der CDU/CSU und der SPD und Auseinandersetzungen in den Unionsparteien, in der sich ost- und deutschlandpolitische «Falken» und «Tauben» gegenüberstanden.[32] Die Koalitionsräson hielt die Konflikte zunächst noch im Zaum. Überdies versetzte der Einmarsch der Truppen des Warschauer Paktes in die CSSR im August 1968 den Hoffnungen der Entspannungspolitiker einen gehörigen Dämpfer.

Entspannungspolitik weit unterhalb der Schwelle der De-facto-Anerkennung der DDR und der Oder-Neiße-Linie markierte die obere Grenze der Ost- und Deutschlandpolitik der ersten Großen Koalition. Überschritten wurde die Schwelle erst nach dem Regierungswechsel von 1969, der die sozial-liberale Koalition aus SPD und FDP an die Macht gebracht hatte. Diese Koalition strebte nach einem Interessenausgleich mit den Ostblock-Ländern. Das Konzept hierfür sollte die «Neue Ostpolitik» liefern. Diese sah vor allem die folgenden Schritte vor:[33]

31 Hacke 1985: 6, vgl. Hacke 2003: 83 ff.
32 Vgl. Hacke 1985: 10–13.
33 Griffith 1981.

- Austausch von Gewaltverzichtserklärungen mit der Sowjetunion (ohne De-jure-Anerkennung der DDR),
- Verstärkung der wirtschaftlichen Beziehungen mit der Sowjetunion,
- ein Abkommen mit der Volksrepublik Polen, das die Respektierung der Oder-Neiße-Linie einschließen sollte,
- ein Viermächte-Abkommen über Berlin, das die Zugangswege von und nach Berlin sichern und verbessern sollte und verstärkte Verbindungen zwischen Ost- und West-Berlin sowie zwischen West-Berlin und der DDR anstrebte,
- ein Netzwerk von Verträgen mit der DDR, das «Beziehungen besonderer Art» auf der gemeinsamen nationalen Grundlage unterhalb der Schwelle völkerrechtlicher Anerkennung aufbauen sollte, menschliche Erleichterungen durch Austausch und Reisen sowie Verträge mit anderen Ostblock-Staaten bringen und zur Aufnahme beider deutscher Staaten in die Vereinten Nationen sowie zu ihrer Teilnahme an der Konferenz für Sicherheit und Zusammenarbeit in Europa (KSZE) führen sollte,[34]
- und ein Vertrag mit der Tschechoslowakei, der das Münchner Abkommen von 1939 für nichtig erklärte.

Ein ansehnlicher Teil dieser Ziele wurde erreicht. Zweifellos gelang der SPD-FDP-Regierung die Entschärfung des Sonderkonfliktes mit der Sowjetunion und dem Sowjetblock: Der deutsch-sowjetische Vertrag vom 12. August 1970, die faktische Anerkennung der DDR als Staat unter Staaten und der Verzicht auf Grenzforderungen für alle Zukunft waren entscheidend.[35] Das machte den Weg zu weiteren Verträgen frei, insbesondere zum Viermächte-Abkommen über Berlin, das am 3. September 1971 unterzeichnet wurde, zum «Warschauer Vertrag»[36] und zum «Vertrag über die Grundlagen der Beziehungen zwischen der Bundesrepublik Deutschland und der Deutschen Demokratischen Republik». Der «Warschauer Vertrag»

34 Zur KSZE Schlotter 1999. 1995 wurde die KSZE in OSZE umbenannt.
35 Zur Würdigung des Vertrages aus oppositioneller Perspektive Meissner 1975: 290 f.
36 Vertrag zwischen der Bundesrepublik Deutschland und der Volksrepublik Polen über die Grundlagen der Normalisierung ihrer gegenseitigen Beziehungen von 1970.

brachte zwar nicht die von Polen erhoffte völkerrechtlich verbindliche Anerkennung der Oder-Neiße-Grenze, der Staatsgrenze zwischen Polen und der DDR, durch die Bundesrepublik Deutschland, wohl aber die Feststellung, diese Grenze sei die unverletzliche westliche Staatsgrenze Polens.[37] Das Berlin-Abkommen sorgte für «mehr vertragliche Sicherheit für die Lebensfähigkeit West-Berlins, als es jemals seit dem Krieg besessen hatte»[38]. Der Grundlagenvertrag schließlich war «das für beide Seiten am wenigsten befriedigende Ergebnis» der Vertragswerke der Neuen Ostpolitik geworden.[39] Die Bundesrepublik hatte der DDR erfolgreich die völkerrechtliche Anerkennung verweigert, konnte aber nicht ihr Konzept der Beziehungen besonderer Art durchsetzen. Bisher habe Bonn keine Beziehungen zur DDR gehabt, nun habe es immerhin schlechte Beziehungen, kommentierte Brandts Staatssekretär Egon Bahr die neue Lage.[40]

Die Neue Ostpolitik war innenpolitisch heftig umstritten. Als innovativ und vorausschauend galt sie bei den Anhängern der SPD-FDP-Koalition. «Ausverkauf deutscher Interessen» und «vorschnelle Preisgabe» von Ansprüchen auf Gebiete, die im Krieg verloren gegangen waren, befürchteten hingegen die Anhänger der Opposition. Dass die deutsche Einheit in unerreichbare Ferne rücke, meinten Dritte. Die Praktiker und die Analytiker der Neuen Ostpolitik sahen das anders: Ihr Anliegen war es, mit den Komplikationen aufzuräumen, die mit der Nichtanerkennungspolitik geschaffen worden waren. Dabei würde es wohl unvermeidlich sein, dass eine Politik, die «mit einer zwanzigjährigen Tradition der ostpolitischen Fiktionen brach, die Öffentlichkeit der Bundesrepublik tief aufwühlte»[41].

Besonders schmerzhaft war die Neue Ostpolitik für viele ältere Bürger, die das Deutsche Reich der Zeit vor Hitler aus eigener Erfahrung kannten. Am bittersten war die ostpolitische Wende für die

---

37 Die völkerrechtlich verbindliche Anerkennung der Oder-Neiße-Grenze erfolgte im Zwei-plus-Vier-Vertrag von 1990 (Bundesgesetzblatt, Teil II, 1990: 1317).
38 Löwenthal 1974: 688.
39 Löwenthal 1974: 690.
40 Zit. n. Löwenthal 1974: 690.
41 Löwenthal 1974: 691.

Vertriebenen unter ihnen. Großen Teilen der mittleren und jüngeren Generation, bis weit in die christdemokratischen Parteien hinein, erschien die Neue Ostpolitik jedoch als «Befreiung von überlebtem Ballast». Und als «Hoffnungsschimmer» werteten sie jene, die nahe Verwandte oder Freunde in der DDR hatten und «denen die deutsche Frage nicht Gegenstand nationaler Ansprüche, sondern menschlicher Sorge war»[42].

Der Streit um die Neue Ostpolitik schürte die Polarisierung insbesondere zwischen den großen Parteien. Infolge des Wechsels von Abgeordneten der Regierungsparteien ins Lager der Opposition verlor die sozial-liberale Koalition ihre Mehrheit im Bundestag. Dadurch wurden die Ratifizierung der Verträge von Moskau und Warschau und mittelbar auch das Berlin-Abkommen gefährdet – ihr Scheitern hätte unabsehbaren Schaden für die Glaubwürdigkeit der bundesrepublikanischen Außenpolitik gebracht. Mit einem Kraftakt des damaligen Oppositionsführers Rainer Barzel, der in seiner Partei für die Zustimmung der Ostverträge warb und ihr schließlich die Tolerierung des Vertragswerkes abrang, wurde die Ratifikation des Moskauer und des Warschauer Vertrages am 17. Mai 1972 ermöglicht. Das machte auch den Weg für das Berlin-Abkommen frei, das am 3. Juni 1972 in Kraft trat.

Bis heute wird darüber gestritten, ob die Ostverträge überhastet und zulasten der Bundesrepublik ausgehandelt wurden.[43] Zweifellos haben diese Verträge jedoch die Beweglichkeit der deutschen Außenpolitik vergrößert: gegenüber ihren Verbündeten, als Mitgestalter der Ostpolitik des Westens, vor allem aber gegenüber den sozialistischen Ländern Osteuropas und den Drittstaaten, die die Anerkennung der DDR erwogen oder schon vollzogen und sich hierdurch bis 1968 noch den Bannstrahl der Hallstein-Doktrin eingehandelt hatten. Zudem hatten die Ostverträge eine für Deutschland günstige Fernwirkung: Wie sich in der «Zeitenwende»[44] von 1989/90 erwies, erleichterte die Neue Ostpolitik vor allem den östlichen Verhandlungspartnern die Akzeptanz der

42 Löwenthal 1974: 691.
43 Vgl. Haftendorn 2001, Hacke 2003: 159 ff., Link 1987, Meissner 1975.
44 Stürmer 1989: 732.

deutschen Wiedervereinigung, wie nicht zuletzt der Zwei-plus-Vier-Vertrag zeigte.

Grundsätzlich konnte sich die Neue Ostpolitik auf die Entspannungspolitik berufen, die sich zwischen den Supermächten insbesondere in den 1960er Jahren abzeichnete. Die Neue Ostpolitik weckte allerdings auch auf beiden Seiten des «Eisernen Vorhanges» Besorgnis. Im Osten befürchteten die Machthaber, der «Wandel durch Annäherung», den Brandts ostpolitischer Berater Egon Bahr propagiert hatte, würde womöglich zu weit gehen. Im Westen wuchs die Sorge, Deutschland strebe erneut nach einer Schaukelpolitik zwischen Ost und West. Doch alles in allem herrschte bis Mitte der 1970er Jahre ein relativ starker Gleichklang zwischen der Außenpolitik der Vereinigten Staaten und des westlichen Bündnisses einerseits und der Außenpolitik der Bundesrepublik andererseits.

Dies änderte sich gegen Ende der 1970er Jahre. Die Probleme der internationalen Politik wurden vielfältiger und komplexer. Zu den wirtschaftspolitischen Herausforderungen des ersten Ölpreisschocks von 1973/74 kamen Probleme des Terrorismus und Belastungsproben der Entspannungspolitik hinzu. Ernüchternd fiel die Bilanz der deutschlandpolitischen Wirkungen der Neuen Ostpolitik aus: Die Beziehungen zur DDR kamen nur mühsam voran, und oft blieben sie stecken. Zudem war die Aufrüstungspolitik bedrohlich, die die Sowjetunion in den 1970er Jahren parallel zur Entspannungspolitik in Bereichen aufzubauen begann, die für die militärische Sicherheit der Bundesrepublik Deutschland besonders zentral waren. Insbesondere die sowjetische Aufrüstung mit den auf Westeuropa zielenden SS-20-Raketen, die der Anlass zur Nachrüstung der NATO mit Pershing II und Marschflugkörpern war, und die hierdurch geschürten wechselseitigen Bedrohungswahrnehmungen waren ein brisantes Problem. Bedrohlich war auch die mit der SS-20-Rüstung zum Ausdruck kommende Weigerung der sowjetischen Außenpolitik, die Sicherheitsinteressen der Verbündeten der USA ernst zu nehmen. Hinzu kam die Besorgnis über die expansionistische Militärpolitik, die die Intervention sowjetischer Streitkräfte in Afghanistan anzeigte. Ferner zeichneten sich fundamentale Änderungen in der amerikanischen Außen- und Verteidigungspolitik des von 1981 bis 1989 amtierenden Präsidenten Ronald Reagan ab. [45] Die Reagan-Administration ging gegenüber der Sowjetunion auf Konfliktkurs und propagierte lautstärker und glaubwürdiger als ihre Vorgängerin Eindämmung durch Aufrüstung und eine Politik der Stärke. Das lag quer zur Entspannungspolitik der Bundesregierung und der DDR-Führung. Erst später, während der zweiten Präsidentschaft von Ronald Reagan, im Schatten umfassender Abrüstungsvorhaben der Sowjetunion und der USA und im Kontext der Reformpolitik Gorbatschows, erhielt die bundesdeutsche Ostpolitik wieder mehr Rückhalt.

Doch vorerst waren die Außenpolitik in Washington und die in Bonn disharmonisch. Obendrein geriet die Sicherheitspolitik der Bundesregierung unter Kanzler Helmut Schmidt (SPD) infolge des heftigen, weit ins Regierungslager hineinreichenden innenpolitischen Streits um den Doppelbeschluss der NATO von 1979 in Bedrängnis. Der NATO-Doppelbeschluss sah die Installierung neuer Atomwaffen-Gattungen (Pershing II und Marschflugkörper) auf westeuropäischem Boden für den Fall vor, dass die Sowjetunion nicht innerhalb von vier Jahren durch direkte Abrüstungsverhandlungen mit den USA das in Europa entstandene Ungleichgewicht bei der Rüstung mit Mittelstreckenraketen beseitigen würde.

Im September 1982 zerfiel die sozial-liberale Koalition. Nach einer kurzen Übergangszeit wurde die an ihre Stelle tretende SPD-geführte Minderheitsregierung von einer Koalition aus CDU, CSU und FDP abgelöst. Der Kanzler der neuen Koalition, Helmut Kohl, kündigte alsbald große Veränderungen an – in der Innenpolitik, vor allem in der Wirtschafts- und der Sozialpolitik, und in der Außenpolitik. Die Durchsetzung der NATO-Nachrüstung wurde versprochen und verwirklicht. Wer aber erwartete, die «Wende» würde auch die Neue Ostpolitik erfassen, wurde überrascht: Der Kanzler der neuen Koalition optierte für den «Primat der Kontinuität» [46]. In seiner ersten Regierungserklärung am 12. Oktober 1982 betonte Kohl die Kontinuität seiner Außenpolitik im Ost-West-Konflikt. Das gab der nachfolgenden Regierungspraxis Maß. Für sie hieß es: pacta sunt servanda – Verträge sind einzuhal-

45 Czempiel 1989.
46 Hacke 2003: 309.

ten! Das schloss die Ostverträge ein, die ein Teil der CDU/CSU bis dahin befehdet hatte.

Unübersehbar war der parteipolitische Erfolg, den Bundeskanzler Kohl mit der Einhaltung der Ostverträge einfuhr: Er zog seine Partei, die durch die Ostverträge in eine Zerreißprobe geraten war, «über den entspannungspolitischen Rubikon»[47]. Das erwies sich später, bei den Verhandlungen zur deutschen Einheit, als ein Vorteil. Die Zustimmung der Sowjetunion zur deutschen Einheit wäre ohne die Akzeptanz der Neuen Ostpolitik seitens der CDU/CSU-FDP-Regierung kaum vorstellbar gewesen.

Mit der deutschen Einheit ging die DDR in der Bundesrepublik Deutschland auf – ohne in der Außenpolitik nennenswerte Spuren zu hinterlassen. Wie in vielen Politikfeldern außerhalb der Wirtschafts- und Sozialpolitik blieb auch in der Außenpolitik der Effekt der Bundesrepublik vor 1990 prägend und derjenige der DDR eine zu vernachlässigende Größe.

2. Bilanz der Außenpolitik nach 40 Jahren: die Herausbildung einer «Zivilmacht»

Die inneren und äußeren Rahmenbedingungen der deutschen Außenpolitik bis 1990 führten zwangsläufig eine auch die weitere Entwicklung prägende Weichenstellung herbei: Der Weg in eine «Machtstaatspolitik»[48] nach Art des Wilhelminischen Kaiserreiches war unwiderruflich versperrt. Das öffnete den Weg für Alternativen zum Machtstaat: zur «Zivilmacht»[49] (im Sinne einer auf friedliche Konfliktregelung, internationale Integration und Multilateralismus setzenden Außenpolitik) und zum «Handelsstaat»[50] (im Sinne einer Außen- und Außenwirtschaftspolitik, die auf Wohlfahrts- und Sicherheitsmehrung durch Handel und internationale Kooperation setzt).

47 Hacke 1988: 13.
48 Rosecrance 1986.
49 Harnisch/Maull 2001, Maull 1990, 1992, 2006, Risse 2004.
50 Hellmann 2006a: 79 ff., Rittberger 2001, Rosecrance 1986, Staack 2000.

Die Bundesregierungen nutzten die Rahmenbedingungen und ihre Ressourcen für den allmählichen Auf- und Ausbau einer «Handelsstaats-» und einer «Zivilmachtpolitik». Als tragende Pfeiler der Handelsstaatspolitik erwies sich die aktive Mitwirkung der Bundesrepublik bei der wirtschaftlichen Integration in der europäischen Staatengemeinschaft und bei der Liberalisierung des Welthandels. Den Kern ihrer Zivilmachtpolitik bildeten die engagierte Mitwirkung an internationaler Kooperation und multilateralen Initiativen sowie die Einbindung in inter- und supranationale Organisationen. Aus den Integrationsbestrebungen ragt die Einbindung der militärischen Sicherheitspolitik in die NATO ebenso heraus wie das Engagement der Bundesrepublik beim Auf- und Ausbau der Europäischen Union.

Beides zeigt, dass der «offene Staat» [51], d. h. die Politik des Souveränitätstransfers auf inter- und supranationale Organisationen, in der Bundesrepublik Deutschland besonders viel Anklang fand. Besondere politisch-kulturelle Dispositionen kamen der Handelsstaats- und Zivilmachtpolitik zugute, insbesondere die Nachwirkungen der traumatischen Erfahrungen mit der nationalsozialistischen Diktatur und dem Zweiten Weltkrieg. Diese Nachwirkungen förderten zusammen mit dem Wertewandel das Emporkommen einer Kultur des pazifistisch fundierten «Antimilitarismus» und der Regelung internationaler Konflikte mit friedlichen Mitteln. [52]

3. Rahmenbedingungen und Ressourcen der deutschen Außenpolitik seit 1990

Die Zeitenwende von 1989/90 veränderte den Rahmen der deutschen Außenpolitik von Grund auf. Mit der Einheit Deutschlands, dem Zusammenbruch des Sozialismus in Mittel- und Osteuropa und dem Übergang der meisten sozialistischen Staaten zu Marktwirtschaft und Demokratie waren fundamentale Änderungen im

51 Di Fabio 1998.
52 Zur politisch-kulturellen Fundierung: Berger 1998, Duffield 1999, Longhurst 2004: 2 ff., 137 ff., Malici 2006, zum Wertewandel Inglehart 1977.

internationalen Umfeld der deutschen Außenpolitik und ihrer Perzeption eingeleitet worden. Mit dem Zerfall des Sozialismus in Mittel- und Osteuropa und der Auflösung des Warschauer Paktes ging auch der Ost-West-Konflikt zu Ende – jedenfalls im Sinne der Machtkonkurrenz und des fundamentalen Werte- und Ordnungssystemkonflikts zwischen Ost und West. Nach wie vor trennen allerdings tief verankerte Interessendifferenzen Russland und die GUS-Staaten vom Westen. Ferner bestehen zwischen dem Westen und den Staaten östlich der Europäischen Union weiterhin große Unterschiede in den politischen Regimen. Zudem sind im Osten wie im Westen nach wie vor umfängliche Militärapparate aufgestellt. Zu ihnen gehört ein Potenzial an Nuklearwaffen, das zur mehrfachen Vernichtung der Gegenseite ausreicht.

Dennoch: Der eigentliche Ost-West-Konflikt war 1990 und in den folgenden Jahren zu Ende gegangen. Das entlastete die Außenpolitik aller beteiligten Staaten, auch die der Bundesrepublik Deutschland, und öffnete neue Optionen. Für die deutsche Außenpolitik war mit der deutschen Einheit und mit dem Zerfall der Sowjetunion auch der zweite Konfliktherd im Ost-West-Gegensatz, der Sonderkonflikt mit der Sowjetunion und ihren Satellitenstaaten, beendet worden. Auch das entlastete die deutsche Außenpolitik.

Außerdem veränderten die Einheit Deutschlands und die Auflösung des Eisernen Vorhangs die politisch-geographische Lage der Bundesrepublik Deutschland von Grund auf. Deutschland ist seit 1990 nicht länger ein hochgerüsteter Frontstaat an der Grenze zwischen West- und Osteuropa, die bis dahin zu den am stärksten militarisierten Zonen der Welt gehörte. Mittlerweile ist Deutschland von Staaten umgeben, mit denen es insgesamt gutnachbarliche Beziehungen unterschiedlicher Intensität pflegt. Die Osterweiterung der Europäischen Union von 2004 verschob die politisch-geographische Lage Deutschlands noch weiter ins Zentrum des neuen, nicht länger durch den Systemwettbewerb gespaltenen Europas.

Entsprechend groß war der Wandel der außenpolitischen Perzeptionen im In- und Ausland. Die Einheit Deutschlands und das Ende des Ost-West-Konfliktes werteten nichtmilitärische außenpolitische Fragen weiter auf, während Themen militärpolitischer Sicherheit bei vielen an Bedeutung verloren – so eine in Deutschland besonders weitverbreitete Sichtweise. Tatsächlich sind die militärischen Macht- und Drohpotenziale mit dem Ende des Ost-West-Konfliktes in ihrer relativen Größenordnung bislang verringert worden. Ob allerdings militärische Fragen einschließlich militärischer Sicherheitsgarantien, wie insbesondere die US-amerikanische Nukleargarantie für Westeuropa, an praktischer Relevanz verlieren, wie viele meinen, ist fraglich, weil neue nuklearstrategische Bedrohungskonstellationen nicht ausgeschlossen werden können – weder hinsichtlich des internationalen Terrorismus noch hinsichtlich neuer Atommächte. Gleichwohl haben sich die Wahrnehmungen in der Außenpolitik zugunsten zivilmachtstaatlicher und handelsstaatlicher Politik und zulasten militärpolitischer Anstrengungen gewandelt.

Zu diesem Wandel gehört eine neue Sicht auf das vereinte Deutschland. Nicht wenige ausländische Beobachter werteten die deutsche Einheit eher als Bedrohung denn als überfällige Zusammenführung eines geteilten Landes und Befreiung der ostdeutschen Bevölkerung. Besonders skeptische Beobachter befürchteten sogar, ein «Viertes Reich»[53] würde aus dem wiedervereinigten Deutschland emporsteigen – zu Unrecht, wie sich alsbald herausstellte.

Tatsächlich haben die deutsche Einheit und das Ende des Ost-West-Konflikts Deutschlands Position im internationalen System aufgewertet. Zweifelsohne hat das Land durch den Zwei-plus-Vier-Vertrag volle völkerrechtliche Souveränität erlangt – soweit nicht zuvor schon Souveränitätsrechte freiwillig an inter- und supranationale Organisationen abgegeben worden waren.

Überdies hat das wiedervereinigte Deutschland – gemessen an klassischen Indikatoren der Staatsmacht – seine potenzielle Bedeutung vergrößert. Mittlerweile ist es das bevölkerungsreichste Land in der Europäischen Union. Ferner hat es, wie schon erwähnt, nunmehr eine zentrale politisch-geographische Lage in Europa. Durch sein Gebiet führen die großen Nord-Süd- und West-Ost-Verbindungen. Überdies hat die Vereinigung des Westens mit dem Osten Deutschlands ein größeres Wirtschaftsgebiet, einen größeren Markt und ein größeres Volumen des Sozialproduktes geschaffen.

53 Saña 1990, zur Kritik für andere Görtemaker 2002: 400.

4. Eine neue deutsche Außenpolitik nach 1990?

Die neu erlangte Größe des Landes scheint für eine stärkere Position Deutschlands im internationalen System zu sprechen. Doch dem stehen die Kontinuität der Handelsstaats- und Zivilmachtpolitik und die nach 1990 weiter zunehmende Einbindung der Bundesrepublik in inter- und supranationale Organisationen entgegen. Ein Wiederaufleben eines neuen Deutschen Reiches oder gar der Aufstieg eines «Vierten Reiches» ist auch nach 1990 nicht in Sicht.[54] Davon zeugen die militärpolitischen Restriktionen des Zwei-plus-Vier-Vertrages ebenso wie die abnehmende relative Größe des Militäretats, gleichviel, ob diese am Bruttoinlandsprodukt gemessen wird oder an den gesamten Staatsausgaben.[55] Überdies hat die deutsche Außenpolitik nach 1990 verstärkt auf die Vertiefung und Erweiterung der Europäischen Union hingewirkt – was das relative Gewicht Deutschlands in der EU verminderte und Befürchtungen einer neuen Dominanz Deutschlands entgegenwirkte. Hinzu kommt die wirtschafts- und außenpolitische Bedeutung der Einführung des Euro. Damit wurde die Zuständigkeit für die Geldpolitik im Kreis der Mitglieder der Euro-Zone von den Nationalstaaten auf die Europäische Zentralbank verlagert. Das entmachtete die Deutsche Bundesbank, von der viele Kritiker gemeint hatten, sie würde ganz Europa wirtschaftspolitisch regieren. Auch der Euro verweist auf die seit 1990 stärkere europapolitische Einbindung Deutschlands – ebenso wie die Mitwirkung der Bundesrepublik am Aufbau der «GASP», der Gemeinsamen Außen- und Sicherheitspolitik der Europäischen Union.[56]

Die deutsche Außenpolitik seit 1990 hat die neue Lage nach dem Ende der Teilung Deutschlands und nach der Auflösung des Ost-West-Konfliktes in mancherlei Weise zur Vergrößerung ihres Wirkungskreises genutzt. Das zeigen beispielsweise ihre aktive Mitwirkung an der Integration osteuropäischer Staaten in die Europäische

54 Erb 2003: 230.
55 Wagner/Schlotter 2006.
56 Hellmann 2006a: 100 f., Maull 2006.

Union und in die NATO sowie die Übernahme neuer Verantwortlichkeiten in internationalen Konflikten. Letzteres schloss Auslandseinsätze der Bundeswehr in Out-of-area-Missionen ein, also Einsätze außerhalb der NATO-Bündnisverpflichtungen, zum Beispiel auf dem Balkan. Dies ist ein grundlegender Kurswechsel. Allerdings ist er nicht als Rückkehr des klassischen Machtstaates zu verstehen. Der Wandel kam größtenteils als zögerliche Reaktion auf die Erwartung der westlichen Bündnispartner zustande, dass Deutschland sich an den militärischen Lasten internationaler Einsätze beteilige.[57]

Zur Übernahme neuer internationaler Verantwortung gehört zudem die Beteiligung der Bundeswehr an friedenserhaltenden Einsätzen («Peace-keeping»-Missionen) der Vereinten Nationen. Damit führte die Bundesrepublik ihre Unterstützung der UNO mit finanziellen und diplomatischen Mitteln nun auch mit militärischen Ressourcen weiter – ein tiefgreifender Richtungswechsel,[58] der auch daran ablesbar ist, dass beispielsweise im Jahr 2002 nahezu 10 000 Bundeswehrsoldaten gleichzeitig im Auslandseinsatz waren.[59] Den Auftakt gab die Entsendung von Sanitätssoldaten nach Kambodscha im Jahre 1992. Später kam die Beteiligung an verschiedenen Einsätzen hinzu, in Somalia und auf dem Balkan, sowie die Entsendung von Sanitätssoldaten im Jahre 1999, um im Ost-Timor-Konflikt die Vereinten Nationen zu unterstützen – dies sind nur einige Beispiele. Die Auslandseinsätze der deutschen Streitkräfte schlossen die Mitwirkung bei den Luftangriffen der NATO auf Serbien im Jahre 1999 ein. Zur Übernahme neuer Verantwortungen in der Weltpolitik gehört die Mitwirkung der Bundeswehr an der von der NATO geführten KFOR-Mission im Kosovo (seit 1999) zur Gewährleistung von Sicherheit und Ordnung, an den Stabilisierungseinsätzen der NATO und der EU in Mazedonien (2001 bis 2003), an der Internationalen Schutztruppe ISAF (International Security Assistance) in Afghanistan (seit 2001) und im Nahost-Konflikt durch den Einsatz der Bundesmarine vor der Küste des

57 Webber 2001.
58 Vgl. Wagner/Schlotter 2006.
59 Wagner/Schlotter 2006.

Libanon kraft des Bundestagsbeschlusses vom 20. September 2006 und späterer Verlängerungen des Mandats.[60]

Hat sich die deutsche Außenpolitik nach 1990 grundlegend gewandelt? Gibt es nicht unübersehbare Hinweise auf eine die Eigeninteressen selbstbewusst artikulierende neue deutsche Außenpolitik? Sprechen nicht die Auslandseinsätze der Bundeswehr Bände? Spricht für eine neue deutsche Außenpolitik nicht auch der schwere Konflikt zwischen der Bush-Administration, die das Regime von Saddam Hussein im Irak militärisch besiegte, und der rot-grünen Koalition? Diese hatte der amerikanischen Irak-Politik die Unterstützung verweigert. Und hatte nicht Rot-Grün bei diesem Konflikt mit einer von Paris über Berlin und Moskau und womöglich bis Peking reichenden «Achse» geliebäugelt? Hat die deutsche Außenpolitik seit den Jahren der rot-grünen Koalition eine am Machtstaat ausgerichtete Politik an die Stelle der Zivilmacht gesetzt?

Diese Fragen werden je nach Bewertungsmaßstab unterschiedlich beantwortet, teils zustimmend, teils ablehnend.[61] Gemessen an den Zielen des Handelsstaates und der Zivilmacht im Unterschied zum Machtstaat sowie an den zum Einsatz gelangenden Mitteln und dem proaktiven oder reaktiven Außenpolitikstil, kennzeichnen sowohl Kontinuität als auch Diskontinuität die deutsche Außenpolitik vor und nach 1990. Gleichmäßiger Fortgang charakterisiert die primären außenpolitischen Ziele der Bundesrepublik vor und nach 1990. Die Bundesrepublik «betreibt nach wie vor eine an internationaler Kooperation, Multilateralismus und friedlicher Konfliktbeilegung orientierte Außenpolitik einer ‹Zivilmacht›», so heißt es in einer Bilanz, die für viele andere steht.[62] Gleiches gilt für andere grundlegende Weichenstellungen der deutschen Außenpolitik, insbesondere die zur Staatsräson gewordene enge Einbindung in die europäische Staatengemeinschaft, die Einbindung in die NATO, die

---

60 Der Marineverband hat den Auftrag, Waffenlieferungen über See an die Hisbollah im Libanon zu unterbinden.

61 Zur ersten Position beispielsweise Schöllgen 2005a, zur zweiten Hacke 2003, 2005, Maull/Harnisch/Grund 2003. Vgl. insgesamt Hellmann/Wolf/Schmidt 2007.

62 Risse 2004: 24, ferner Haftendorn 2001, Rittberger 2001, Webber 2001.

tatkräftige Finanzierung der Vereinten Nationen und die Mitwirkung an ihren Aktivitäten.[63]

Allerdings ist die Diskontinuität nicht zu übersehen.[64] Sie macht vor den Zielen der Außenpolitik nicht halt, wie die Werbung der rot-grünen Bundesregierung für die EU-Mitgliedschaft der Türkei zeigt. Diskontinuität kennzeichnet auch die Mittel und die Politikstile der Außenpolitik. Die Mittel der deutschen Außenpolitik haben sich nach 1990 beträchtlich gewandelt. Ein fundamentaler Wandel sind die Auslandseinsätze der Bundeswehr in Gebieten außerhalb der NATO und seit 2006 sogar, was früher undenkbar war, im Nahen Osten, und damit die Abkehr von der strikten Nichtbeteiligung der Bundeswehr an militärischen Einsätzen außerhalb der NATO-Bündnisverpflichtungen. Einen tiefen Einschnitt brachte ferner die Irak-Politik der rot-grünen Bundesregierung mit sich. Der von ihr gewählte Kurs gegen den Irak-Krieg erschöpfte sich nicht in wahltaktischen Überlegungen, im Bundestagswahlkampf 2002 mit Pazifismus und Frontstellung gegen die Außenpolitik der Bush-Administration zu punkten. Hier spielten tiefer liegende Gegensätze zwischen der amerikanischen Machtstaatspolitik und der rot-grünen Zivilmachtpolitik eine Rolle. Härter als jeder andere Bundeskanzler vor ihm beharrte Gerhard Schröder auf der Autonomie der deutschen Außen- und Sicherheitspolitik: «Über die existentiellen Fragen der deutschen Nation wird in Berlin entschieden und nirgendwo anders.»[65] Mehr noch: Schröder bestand darauf, unter keinen Umständen einen Krieg gegen den Irak zu unterstützen, selbst dann nicht, wenn der UN-Sicherheitsrat einem solchen Waffengang zustimmen würde. Hiermit verstieß die Regierung Schröder gegen den ansonsten von ihr hochgehaltenen Multilateralismus und gegen den Grundsatz des Vorrangs für kooperative Integrationspolitik.

Dass die transatlantischen Beziehungen in den Jahren der rot-grünen Bundesregierung in eine Krise gerieten, hängt allerdings

63 Vgl. Harnisch/Katsioulis/Overhaus 2004, Lantis 2002, Longhurst 2004, Maull 2006, Müller-Brandeck-Bocquet 2006, Wagner/Schlotter 2006.
64 Vgl. Hacke 2003, 2005, Schöllgen 2005a.
65 Verhandlungen des Deutschen Bundestages, 14. Wahlperiode. Stenographische Berichte Bd. 213, Berlin 2002: 25583D.

nicht nur mit dem Streit über den Irak-Krieg zusammen. Dieser Streit war Ausdruck eines allgemeineren Konfliktes um «Weltordnungsfragen»[66], der sich auch andernorts in gegensätzlichen Positionen niederschlug: beispielsweise in Rüstungskontrollfragen, der internationalen Umweltpolitik insbesondere im Bereich Klimaschutz, der Menschenrechtspolitik und der Weigerung der USA, sich dem Internationalen Strafgerichtshof zu unterstellen. Bei dem Konflikt um «Weltordnungsfragen» prallten die Positionen der USA als hegemonialer Machtstaat mit starker Neigung zum Unilateralismus und die der Bundesrepublik als mittlere Zivilmacht mit Präferenz für nichtmilitärische Konfliktregelung hart aufeinander. Der außenpolitische Konflikt zwischen der Bush-Administration und der rot-grünen Bundesregierung gewann auch deshalb besonderes Gewicht, weil ihm auseinanderstrebende Missionen zugrunde lagen: Dass die amerikanische Außenpolitik zu «Power and Mission»[67] neigt, zur Kombination von Machtstaatspolitik und missionarischem Eintreten für ihre politischen Grundüberzeugungen, war nicht neu. Neu an der deutschen Außenpolitik war allerdings, dass die rot-grüne Bundesregierung ihre Positionen gegenüber der amerikanischen Seite mit einem missionarischen Unterton vortrug, der zwischen pointierter Zivilmachtphilosophie, Selbststilisierung als «Friedensmacht» und unbefangenem Nationalismus oszillierte, und dass die Bundesregierung vor allem mit Frankreich nach «Gegenpolbildung»[68] zur Macht der Vereinigten Staaten von Amerika strebte. Die Nachfolger der rot-grünen Regierung, die schwarzrote Koalition und ab 2009 Schwarz-Gelb, haben allerdings diese Weichenstellungen alsbald zurückgenommen.

Bei den Außenpolitikstilen vor und nach 1990 ist Kontinuität und Diskontinuität zu verzeichnen. Differenziert man zwischen proaktiven und reaktiven Stilen der Außenpolitik,[69] treten auffällige politikfeldspezifische Unterschiede zutage: Die Europapolitik der Bundesregierung blieb bei besonders wichtigen wirtschaftspolitischen

---

66 Risse 2004: 30.
67 Junker 2003.
68 Fröhlich 2006: 224.
69 Risse 2004.

Entscheidungen in der Regel proaktiv. Davon zeugt etwa ihre Rolle als Vorreiter bei der Einführung des Euro und der gesetzlichen Verpflichtung der Europäischen Zentralbank auf den Vorrang der Preisstabilitätspolitik nach deutschem Muster. Ein reaktiver Politikstil markiert hingegen die neue Militärpolitik der Bundesregierung, die den Weg für Einsätze der Bundeswehr im Ausland freimachte.

Zu den außenpolitischen Stilfragen gehören auch die Art und Weise der Selbstdarstellung und der politischen Inszenierung. In dieser Hinsicht wird insbesondere an der Außenpolitik der rot-grünen Koalition eine weitere Diskontinuität sichtbar: Auffälliger als jede ihrer Vorgängerinnen präsentierte sich die rot-grüne Regierung außenpolitisch als eine selbstbewusste, eigenständige, die eigenen Interessen unverblümt artikulierende Regierung.[70] Zur «Politik der Selbstbeschränkung» waren insbesondere in der Regierung Schröder «verstärkt Gesten der Selbstbehauptung hinzugekommen»[71]. Allerdings erwies sich nicht wenig von dieser neuen Politik am Ende als äußerliche Inszenierung. Von dem «deutschen Weg», von dem Gerhard Schröder als Bundeskanzler mitunter sprach, blieben nach 2005 kaum dauerhaft Spuren übrig.

Insgesamt stehen die Zeichen der deutschen Außenpolitik nach 1990 sowohl auf Kontinuität als auch auf Diskontinuität. Zu dem, was in ihr fortdauert, gehören auch ihre Mängel. Das Streben der deutschen Außenpolitik nach Zivilmacht hatte auch in der Phase der rot-grünen Bundesregierung ein auffälliges Defizit «im Bereich der aktiven und politischen Konfliktprävention und Krisenvorsorge»[72]. Auch war die deutsche Außenpolitik nicht davor gefeit, sich bei Konflikten mit autoritären Regimes mitunter in einer «Diplomatie der Beschwichtigung»[73] zu verfangen. Allerdings spiegeln diese Mängel zumindest teilweise die eigentümliche Rolle wider, die die Bundesrepublik Deutschland übernommen hat: die einer mittle-

---

70 Vgl. Hellmann 2006b, der diese Befunde und andere zur These von der «Renaissance machtpolitischer Selbstbehauptung» der zweiten Amtszeit der rot-grünen Regierung steigert.

71 Haftendorn 2001: 444.

72 Risse 2004.

73 So Hacke 2003: 589 mit Blick insbesondere auf die Haltung der Regierung Schröder zum Irak unter Saddam Hussein.

ren Macht, die ihre insgesamt begrenzten außenpolitischen und ihre noch enger begrenzten militärpolitischen Machtressourcen zurückhaltend nutzt.

5. Parteienwettbewerb, Exekutivmacht und Domestizierung in der Außenpolitik

Welche Rolle spielen die Parteien in der Außenpolitik seit 1949? Bei der Antwort ist zu berücksichtigen, dass die Außenpolitik in mancher Hinsicht untypisch für die Politikfelder in Deutschland ist. Die Außenpolitik ist hauptsächlich Angelegenheit des Bundes. Zugleich ist die Außenpolitik exekutivlastiger als viele andere Politikfelder. Auch wirkten an ihr die Bundeskanzler mitunter in stärkerem Maße mit als in anderen Politikfeldern – ein Engagement, das für internationale und nationale Sichtbarkeit der Regierungschefs sorgt und deshalb von jedem Bundeskanzler gern eingegangen wird. Die bundesdeutsche Außenpolitik der frühen 1950er Jahre ist dafür ein herausragendes Beispiel: Sie wurde im Wesentlichen in einem kleinen Kreis ausgehandelt, der auf deutscher Seite den Bundeskanzler und das Bundeskanzleramt und auf Seiten der Alliierten vor allem die Hohen Kommissare umfasste. [74] Adenauer monopolisierte den Zugang zum «Petersberg», dem Sitz der Hochkommissare der drei westlichen Siegermächte. Und im Unterschied zu späteren Phasen spielten die Parteien und ihre Fraktionen in der Außenpolitik noch keine substanzielle Rolle. Die Bundestagsfraktion der CDU und CSU war auch bis Mitte der 1950er Jahre noch fast vollständig vom Kern des außenpolitischen Entscheidungsprozesses ausgeschlossen. Von der Außenpolitik dieser Phase wurde sogar behauptet, sie sei «in einem innenpolitischen Machtvakuum, einem sozialen Hohlraum» [75], ins Werk gesetzt worden. Das mag übertrieben sein, denn zweifelsohne verfügten die zuständigen Fachleute über einen beträchtlichen Handlungsspielraum – abzüglich der von außen vorgegebenen Handlungssperren und -zwänge.

74 Baring 1969.
75 Baring 1969: 339.

Die Exekutivlastigkeit und der große Einfluss von Führungspersönlichkeiten tragen auch zur Erklärung eines auffälligen Sachverhaltes bei: Größere Kursänderungen in der Außenpolitik sind mitunter leichter vorzubereiten und durchzusetzen als große innenpolitische Wenden. Der Kurswechsel in der Ost- und Deutschlandpolitik zugunsten der Kontinuität der Politik über den Regierungswechsel von 1982 hinweg, den Helmut Kohl der CDU und im Wesentlichen auch Franz Josef Strauß der CSU in den 1980er Jahren abverlangten, zeigt einen beachtlichen Handlungsspielraum an.

Auch die politischen Parteien hinterlassen sichtbare Spuren in der Außenpolitik, vor allem seit das außenpolitische Gewicht des Außenministeriums relativ zu dem des Bundeskanzlers größer wurde und die Außenpolitik viel stärker als in den ersten drei Legislaturperioden ins Zentrum koalitionsinterner Willensbildung rückte. Dabei treten sowohl grundlegende Unterschiede zwischen den Parteien zutage – wie beim Streit um die Westbindung, die Wiederbewaffnung, die «Neue Ostpolitik» und die EU-Mitgliedschaft der Türkei – als auch fundamentale Gemeinsamkeiten. Zu Letzteren gehört der Konsens über den Aufbau, den Ausbau, die Erweiterung und die Vertiefung der europäischen Staatengemeinschaft – mit Ausnahme der Frage eines möglichen EU-Beitritts der Türkei, den Rot-Grün favorisierte und den die Unionsparteien ablehnen. Selbst potenziell explosive Themen wie die Einführung des Euro anstelle der Deutschen Mark haben Regierung und Opposition einvernehmlich beschlossen. Dass dies trotz des herannahenden Bundestagswahlkampfs von 1994 konsensual geschah, verdient besondere Erwähnung. Die außenpolitischen Gemeinsamkeiten der Parteien umfassen mittlerweile auch den Vorrang der auf Zivilmacht und Handelsstaat gerichteten Politik. Und dass die Bundesrepublik in den Vereinten Nationen mitwirkt und dort in der Regel auf multilaterale Lösungen drängt, zeichnete sich schon früh als eine weitere zwischen den Parteien nicht umstrittene Weichenstellung ab.

Etliche außenpolitische Gemeinsamkeiten der Parteien kamen erst nach langem Hin und Her zustande. Das Muster wird klarer, wenn Phasen des Parteienwettbewerbs unterschieden werden. Die Entwicklung der Außenpolitik im Kontext des Ost-West-Konfliktes ist ein Beispiel. Auf die Phase der antagonistischen Konkurrenz der Unionsparteien und der SPD, die bis in die zweite Hälfte der 1950er Jahre reichte, folgte insbesondere bis Mitte der 1960er Jahre eine programmatische Annäherung beider Parteien. Die SPD bewegte sich in dieser Phase auf die außenpolitische Position der CDU/CSU zu. Kirchheimers These vom «Versickern» oder «Verfall der Opposition» [76] fand insbesondere hier Nahrung. Die Phase der gemeinsamen, weitgehend konsensualen Außenpolitik von CDU/CSU und SPD erreichte ihren Höhepunkt in den Jahren von 1961 bis 1966, kam aber am Ende dieses Jahrzehnts zu einem vorläufigen Abschluss. Der Grund dafür lag im Wesentlichen im Auseinanderbrechen der Großen Koalition, im Regierungswechsel von 1969 und im heftigen Streit über die «Neue Ostpolitik». Die Kooperation der Parteien wurde nun erneut von Antagonismen überlagert. Erst mit der Übernahme der Regierungsgewalt im Jahre 1982 und den ost- und deutschlandpolitischen Kehrtwendungen der Unionsparteien wurde die Konfrontationsphase von einer Periode der erneuten Annäherung der Parteien in der Ostpolitik abgelöst. Dabei blieb es im Kern auch bei den Auseinandersetzungen zur deutschen Einheit, wenngleich die Wiedervereinigung auf hinhaltendes Widerstreben des linken Flügels der SPD sowie der Grünen stieß.

Für die Nachzeichnung der Außenpolitik der deutschen politischen Parteien eignet sich das Modell des gleitenden Konsensus.[77] Ihm zufolge übernehmen Parteien, wenn sie aus der Opposition an die Regierung gelangen, die Weichenstellungen der Regierungsparteien aus früheren Entscheidungsrunden, wenngleich mit oftmals erheblicher zeitlicher Verzögerung und inhaltlichen Korrekturen. Der gleitende Konsensus lässt Raum für Kooperation und Konflikt sowie für Gemeinsamkeiten und Unterschiede.

So war das auch in der deutschen Außenpolitik. Die CDU hat man als «die klassische Partei der Westbindung»[78] begriffen. Die CSU hingegen war im Unterschied zur CDU immer schon stärker national ausgerichtet und aufgeschlossener für eine «gaullistische» als für eine «atlantische Außenpolitik», ohne aber die Partnerschaft mit der

---

76 Kirchheimer 1967.
77 Rose 1984: 152 f.
78 Hacke 1988: 5.

Nuklearschirmmacht USA ernsthaft infrage zu stellen. Die CSU hatte jedoch größere Schwierigkeiten als alle anderen Parteien, den Kurswechsel der Ost- und Deutschlandpolitik der Unionsparteien in den 1970er und den 1980er Jahren mitzumachen – trug ihn am Ende aber doch mit.

Die Außenpolitik der SPD orientierte sich vor allem in den 1950er Jahren sehr stark an der nationalen Frage, insbesondere auch an der Offenhaltung der Wiedervereinigungsoption. Sie liebäugelte deshalb mit Neutralitätsoptionen, die ohnehin besser zu ihrem Pazifismus zu passen schienen. Andererseits war der SPD eine zur Union spiegelbildliche Unbeweglichkeit eigen. So wie sich CDU und CSU in ost- und deutschlandpolitischen Fragen lange als unbeweglich zeigten, so tat dies die SPD in sicherheitspolitischen Fragen. Hier erwies sich der parteiinterne Streit über Abschreckung und Entspannung, über Westbindung und Wiedervereinigung und über Auf- und Abrüstung als Bremse für eine Politik aus einem Guss. Auch die Neupositionierung der deutschen Außenpolitik nach 1990, insbesondere die Unterstützung von Auslandseinsätzen der Bundeswehr, fiel der SPD viel schwerer als den bürgerlichen Parteien. Und bis heute treibt ihr innerparteilich starker pazifistischer Flügel die SPD zur Profilierung als «Friedenspartei», die nach Minimierung militärischer Einsätze, nach Hintanstellung rüstungspolitischer Planungen und nach baldmöglichstem Rückzug aus militärischen Verpflichtungen kriegerischer Art, wie dem Afghanistan-Einsatz der Bundeswehr, strebt.

Die FDP wurde in der Literatur als «die interessanteste außenpolitische Formation»[79] im deutschen Parteiensystem bezeichnet: Sie garantiere am ehesten eine Gleichgewichtspolitik gegenüber Ost und West, bürge für berechenbare Außenpolitik und gewährleiste kalkulierbaren Wandel. Zweifelsohne wäre die Wende zur «Neuen Ostpolitik» von 1969/70 ohne die FDP nicht zu verwirklichen gewesen. Und ohne die FDP wäre auch die nachfolgende ost- und deutschlandpolitische Wende der CDU nach dem Regierungswechsel von 1982 schwer vorstellbar. Ohne die FDP und die Entspannungspolitik ihres langjährigen Außenministers Hans-Dietrich

79 Hacke 1988: 5.

Genscher hätte zudem die auf die deutsche Einheit zusteuernde Politik der Bundesregierung von 1989/90 schwerlich das hohe Maß an internationaler Akzeptanz erreicht, das ihr zuteil wurde. Mit dem Ende des Ost-West-Konfliktes aber endete auch ein besonders wählerwirksamer Teil der außenpolitischen Profilierungschancen der Liberalen, wie die FDP zwischen 1990 und 1998 und in der 2009 gebildeten schwarz-gelben Koalition, in der sie mit Guido Westerwelle den Außenminister stellte, erfahren musste.

Die Außenpolitik von Bündnis 90/Die Grünen schillerte stärker, als man angesichts der sehr starken pazifistischen Neigungen der Wähler- und Mitgliederschaft der Grünen erwarten konnte. Einerseits waren genuin grüne Akzente in der Außenpolitik der rot-grünen Koalition unübersehbar. Das zeigt etwa die Migrationspolitik, soweit diese vom Auswärtigen Amt beeinflusst wurde. Die permissive Vergabe von Visa für Bürger aus Nicht-EU-Staaten in der 14. und 15. Legislaturperiode öffnete, ganz im Sinne des auch in der Migrationspolitik und Staatsbürgerschaftsregelung praktizierten grünen Internationalismus, die Tore für den zeitlich beschränkten Aufenthalt mit fließenden Übergängen zur länger währenden oder dauerhaften Zuwanderung. Andererseits rückten die Grünen in der Amtszeit der rot-grünen Bundesregierung von ihrem generalisierten Pazifismus ab. Vor allem die Mitwirkung der Luftwaffe am Krieg gegen Serbien (1999) und der Bundeswehr an den Einsätzen im Kosovo erforderten einen Kurswechsel, der die Partei der bis dahin radikal-pazifistischen Grünen bis zum Zerreißen spannte. Den pazifistischen Flügel der SPD stellte diese Richtungsänderung vor eine kaum weniger schwere Probe. Erst die Rechtfertigung der Militäreinsätze als «humanitäre Intervention», also als ein hartes Mittel, das Schlimmeres wie «ethnische Säuberungen» oder gar einen «Genozid» verhüte, bewirkte ihre Hinnahme.

Mitunter liebäugelte die rot-grüne Außenpolitik mit einem zur klassischen Machtpolitik gehörenden Politikstil. Dabei ist weniger an die im Stil ruppige Abgrenzung vom außenpolitischen Kurs der Bush-Administration zu denken, als vielmehr an die in Form und Inhalt auffällig konziliante, von außenwirtschaftspolitischen Interessen getragene Außenpolitik des Kanzlers Schröder gegenüber Russland unter Präsident Putin und gegenüber der Volksrepublik

China. Davon unterschied sich die Aufwertung von Fragen der Menschenrechtspolitik in der Außenpolitik der auf Schröder folgenden Kanzlerin Angela Merkel.

Der Unterschied verweist auf Parteieneffekte. Dass Parteien an der Regierung tiefe Spuren in der Staatstätigkeit hinterlassen, gehört zu den Kernaussagen der Parteiendifferenztheorie. Diese bewährt sich in Maßen und auf der Grundlage der oben skizzierten Gemeinsamkeiten auch in der Außenpolitik. Allerdings ist auch die «Domestizierung»[80] der Außenpolitik zu bedenken: Vor allem in europapolitischen und sicherheitspolitischen Fragen haben insbesondere seit den 1990er Jahren hauptsächlich das Bundesverfassungsgericht und die Bundesländer an Gewicht gewonnen. Reger und wirkungsmächtiger als zuvor wirken das Bundesverfassungsgericht und die Bundesländer, gestützt auf den neuen Europaartikel 23 des Grundgesetzes, an außenpolitischen Fragen mit. So hat beispielsweise das Bundesverfassungsgericht den Lissabon-Vertrag von 2009 nur unter der Auflage passieren lassen, dass der Gesetzgeber die Position des Bundestages und des Bundesrates in europapolitischen Fragen beträchtlich stärkt. Zudem ist aus der zuvor weitgehend «verwalteten Außenpolitik» (im Sinne einer von Exekutive und Bürokratie bestimmten Außenpolitik) infolge des Parlamentsvorbehaltes bei Out-of-Area-Einsätzen der Bundeswehr in wichtigen sicherheitspolitischen Fragen eine «parlamentarische Außenpolitik» geworden.[81]

Doch trotz vielfältiger Schranken ist der Spielraum für entscheidungsstarke Regierungschefs in der Außenpolitik oft größer als in der Innenpolitik – vor 1990 mehr noch als seither. Den Spielraum haben die meisten Bundeskanzler zu nutzen gesucht um sich hierdurch besonders zu profilieren. Oft mit Erfolg! Die Wertschätzung, die Konrad Adenauer insbesondere in den 1950er Jahren zuteil wurde, gründete in hohem Maße auf außenpolitischen Erfolgen seiner Regierungen. Analoges gilt für Willy Brandt, den Bundeskanzler der sozial-liberalen Koalition. Auch Brandts Nachfolger, Helmut Schmidt, konnte sich außenpolitischer, vor allem außen-

---

80 Harnisch 2006, 2007, Hellmann/Wolf/Schmidt 2007: 24 f.
81 Pilz 2008.

wirtschaftlicher Erfolge rühmen, wie etwa der im Verein ·mit Frankreich erfolgte Aufbau eines europäischen Währungssystems zeigt. Und Helmut Kohls historische Leistung als Bundeskanzler liegt zweifelsohne in seinem überragenden Beitrag zur deutschen Einheit und zur Durchfechtung dieses Kurses auch im internationalen Umfeld. Sein Nachfolger im Amt, Gerhard Schröder, strebte ebenfalls nach außenpolitischer Profilierung und war mehr noch als alle anderen Kanzler vor ihm bereit, einen eigenen Weg – «den deutschen Weg» – zu gehen und dies unüberhörbar zu propagieren.[82] Angela Merkel hingegen wusste ihre Kanzlerschaft alsbald nach Amtsantritt zur Aufbesserung der Beziehungen zu den USA und zur Profilierung als Konfliktmanagerin in der EU zu nutzen.

Aber nicht nur auf die Kanzler kommt es in der Außenpolitik an, wie parteipolitische Traditionen und Vorgänge der «Domestizierung» zeigen. Gewichtig sind auch die Unterschiede des politisch-institutionellen Umfeldes der Außenpolitik, insbesondere Unterschiede des politischen Regimes. Beim Regimevergleich schneidet die Außenpolitik der Bundesrepublik Deutschland besonders erfolgreich ab.[83] Sie kam bislang ohne den übersteigerten Nationalismus und die Machtstaatsambitionen des Deutschen Kaiserreiches aus. Sie vermied darüber hinaus die Schaukelpolitik zwischen Ost und West. Gegenüber den Westmächten setzte sie viel klarere und besser berechenbare Signale als beispielsweise die Außenpolitiker der Weimarer Republik, die zwischen kooperativer Westorientierung und machtpolitischer Revision hin- und hergeschwankt waren. Die Außenpolitik der Bundesrepublik nutzte auch die Schranken und die Chancen der Westbindung zum Auf- und Ausbau eines international kooperierenden Handelsstaates und zur Bildung einer Zivilmacht. Damit erwies sich die Bundesrepublik sowohl für ihre westlichen Nachbarn als auch mit Zeitverzögerung für die östlichen Länder als ein berechenbarer und für kooperative Beziehungen offener Partner.

Zu den Besonderheiten der Außenpolitik der Bundesrepublik ge-

82 Hellmann 2006b, vgl. Hellmann/Weber/Sauer/Schirmbeck 2007.
83 Hellmann/Wolf/Schmidt 2007, Schmidt/Hellmann/Wolf 2007, Schöllgen 2005b.

hört ferner, dass sie, im Schatten des nuklearen Abschreckungs-
gleichgewichts zwischen den Großmächten agierend, sich militärisch zurückhalten und als Zivilmacht profilieren konnte. Das ist ein
gewaltiger Unterschied zum Wilhelminischen Kaiserreich, das in
den Ersten Weltkrieg hineinglitt, und steht im schärfsten Gegensatz
zu dem militärisch auf Eroberung und Vernichtung programmier-
ten NS-Staat. Die Außenpolitik der Bundesrepublik unterließ alles,
was als Rückkehr einer kriegstreiberischen Machtstaatspolitik hätte
gedeutet werden können. Vielmehr dominierten die «Kultur des
Antimilitarismus»[84] und seit 1990 die Kultur einer zurückhaltenden,
im Wesentlichen auf Friedenssicherung zielenden Militärpolitik[85]
die Lage. Daran ändern auch die Auslandseinsätze der Bundeswehr
nichts Grundlegendes, solange diese Einsätze im Rahmen von Friedenssicherung, humanitärer Intervention und Multilateralismus erfolgen. Dass die Außenpolitik überdies durch umfangreiche Souveränitätstransfers an internationale und supranationale Organisationen die Bundesrepublik zu einem «offenen Staat» machte, der sich
in stärkerem Maße zur Zivilmacht entwickelte als andere Mittel-
und Großmächte – auch stärker als die zweite große Zivilmacht
nach 1945: Japan –, unterstreicht den fundamentalen Wandel des
Kontextes und der Substanz der Außenpolitik seit 1949.

Fachleute der Internationalen Beziehungen haben die Außenpolitik der Bundesrepublik Deutschland als eine «Erfolgsgeschichte»[86]
gewertet. Das ist im Lichte des Vergleichs sowohl mit der deutschen
Außenpolitik vor 1945 als auch mit der Lage im Geburtsjahr der
Bundesrepublik einleuchtend. Doch die These von der «Erfolgsgeschichte» ist angesichts der Kehrseite der deutschen Zivilmachtpolitik zuviel des Lobs. Die Kehrseite der Zivilmachtpolitik ist die offene sicherheitspolitische Flanke Deutschlands: Im Falle schwerer
militärischer Bedrohung von außen, insbesondere durch atomare
Waffen, ist Deutschland faktisch, aber ohne Garantie, auf den
Schirm durch die Nuklearmacht USA angewiesen. Und in der EU
ist trotz des allmählichen Aufbaus von militärpolitischen Kapazi-

84 Berger 1998.
85 Maull 1990, 1992, 2006.
86 Für andere von Bredow 2006: 81 ff., Maull 2006.

täten [87] auf viele Jahre hinaus nichts von einem europäischen Schutz-schirm gegen militärische Bedrohungen von außen in Sicht. Das zeugt von einer lückenhaften, riskanten Sicherheitspolitik, zu deren Merkwürdigkeiten gehört, dass die politische Klasse sie noch nicht einmal mehr wahrzunehmen scheint. Innerhalb dieser Begrenzungen ist die Bundesrepublik Deutschland mit ihrer Außenpolitik aber, so kann man mit einer im Schwäbischen üblichen Zurückhaltung sagen, nicht schlecht gefahren.

87 Vgl. Wagner/Schlotter 2006. Die deutsche Sicherheitspolitik schwankt hier allerdings zwischen den Rollen eines «Anführers» und eines «Nach-züglers» (Wagner 2005).

Kapitel 13 Politik mit Zweidrittelmehrheiten: Änderungen des Grundgesetzes

Die Gesetzgebung in Deutschland unterliegt einem komplexen Spielregelwerk. Es verlangt in der Regel ein hohes Maß an Kooperation der Streitparteien, und zwar von Bund und Ländern ebenso wie von Regierungs- und Oppositionsparteien. Zustimmungsbedürftige Gesetze beispielsweise benötigen sowohl die Mehrheit im Bundestag als auch die Mehrheit der Bundesratsstimmen. Noch höhere Schwellen schrieben die Verfassungsarchitekten für Grundgesetzänderungen fest: Diese erfordern die «Zustimmung von zwei Dritteln der Mitglieder des Bundestages und zwei Dritteln der Stimmen des Bundesrates»[1].

1. Zweidrittelmehrheiten und die Praxis der Grundgesetzänderungen

Diese Regeln versperren den Weg für Verfassungsänderungen auf dem Wege einfacher Mehrheitsabstimmungen der gesetzgebenden Körperschaft und stellen hohe Hürden auf, wie allein der Vergleich mit der Weimarer Reichsverfassung lehrt: Änderungen der Reichsverfassung erforderten die Anwesenheit von zwei Dritteln der Mitglieder des Reichstag und die Zustimmung von zwei Dritteln der Anwesenden. Demnach reichte eine Vierneuntelmehrheit für die Annahme einer Verfassungsänderung aus. Die Parlamentsminderheit konnte folglich die Mehrheit der gesetzlichen Mitglieder des Reichstages überstimmen. Die partei- und koalitionspolitischen Implikationen der Zweidrittelmehrheit des Grundgesetzes liegen ebenfalls auf der Hand: Weil bislang keine Partei zwei Drittel der Bundestagsmandate erreicht hat, erfordert die Überwindung der Zweidrittelmehrheitsschwelle bei der Abstimmung im

1 Artikel 79 II Grundgesetz.

Bundestag die Zustimmung einer formellen Großen Koalition oder die Zustimmung eines informellen Bündnisses der Fraktionen der Regierungsparteien und der Fraktion der größten Oppositionspartei. Hinzu kommt die Wirkung der Zweidrittelmehrheit im Bundesrat. Auch diese Mehrheitsschwelle verlangt eine große, die Differenzen zwischen den verschiedenen Parteien und Ländern überbrückende Koalition, einschließlich eines Bündnisses von wohlhabenden und finanzschwächeren Länder. Verfassungsänderungen bedürfen folglich in politischer Hinsicht der Bildung einer – formellen oder informellen – Großen Koalition von Regierung und Opposition und überdies der Zustimmung einer übergroßen Ländermehrheit.

Doch selbst formelle Große Koalitionen sind in ihrem verfassungspolitischen Handeln beschränkt, weil die Verfassungsgeber einige der verfassungspolitischen Weichenstellungen von 1949 mit dem Artikel 79 III des Grundgesetzes für unabänderlich erklärt haben. Nicht zur Disposition der Gesetzgeber stehen die Gliederung des Bundes in Länder, die grundsätzliche Mitwirkung der Länder bei der Gesetzgebung und die in den Artikeln 1 und 20 des Grundgesetzes niedergelegten Grundsätze der staatlichen Ordnung. Nicht zur Disposition stehen demnach die Menschenwürde und die Rechtsverbindlichkeit der Grundrechte einerseits und die Demokratie, der Bundesstaat, der Rechtsstaat, die Republik und das am sozialen Prinzip ausgerichtete Handeln des Staates andererseits.

Innerhalb dieser Schranken sind Verfassungsänderungen zulässig. Ob diese Möglichkeit genutzt wird, hängt wesentlich von den erwähnten formellen oder informellen großkoalitionären Konstellationen ab. Große Koalitionen regierten im Bund von 1966 bis 1969 und von 2005 bis 2009. Aber wann, unter welchen Bedingungen und in welchen Aufgabenbereichen finden die Parteien selbst dann im Parlament zu einer temporären Supermehrheit zusammen, wenn sie unterschiedlichen Lagern angehören – dem der Regierungsparteien und dem der Opposition?

Die Beantwortung dieser Frage setzt die Analyse der Grundgesetzänderungen voraus. Deren Anzahl ist beachtlich – auch im internationalen Vergleich von Verfassungsänderungen.[2] Das Grundgesetz ist von der ersten Legislaturperiode bis Mitte 2010 durch 58 Gesetze geändert worden. Aus einer Verfassung, die ursprünglich aus 146 Artikeln bestand, wurde aufgrund eines Nettozuwachses von 45 Artikeln eine Verfassungsurkunde, die sich nicht nur nach der Anzahl der Verfassungsartikel substantiell vergrößert hat, sondern auch dem Umfang nach: Dieser ist im Vergleich zum Originaltext von 1949 etwa doppelt so groß. Berücksichtigt man nicht nur die Anzahl der verfassungsändernden Gesetze, sondern auch die Anzahl der Änderungen im Text des Grundgesetzes, so der wohlbegründete Vorschlag von Andreas Busch,[3] ergeben sich allein von 1949 bis zur Föderalismusreform I von 2006 insgesamt 247 Änderungen.[4] Weitere Änderungen kamen unter anderem mit der Föderalismusreform II von 2009 zustande, die dem Grundgesetz eine Schuldenbremse hinzufügt. Rund die Hälfte der Änderungen am Text des Grundgesetzes entfiel auf die zwei Legislaturperioden, in denen eine Große Koalition aus Unionsparteien und SPD amtierte. Doch auch in der 12. Legislaturperiode (1990–1994) brachte die Gesetzgebung vor allem zur deutschen Einheit und zur Europäischen Union mit 52 Änderungen eine sehr hohe Anzahl von Grundgesetzänderungen auf den Weg. In allen anderen Wahlperioden, in denen kleine Koalitionen regierten, war die Anzahl der Grundgesetzänderungen gering oder gleich Null – mit Ausnahme der zweiten Wahlperiode von 1953 bis 1957. In drei Wahlperioden kamen keine Verfassungsänderungen zustande: in der Amtszeit der zweiten rot-grünen Bundesregierung (2002–2005) und in den zwei letzten Wahlperioden der SPD-FDP-Regierung (1976–1980 und 1980–1982).

2 Die folgende Darstellung basiert auf eigenen Auswertungen der Grundgesetzänderungen sowie insbesondere auf Busch 1999, Dreier 2007, 2008, Dreier/Wittreck 2009, Feldkamp 2010: 14, Grasl/Detzer 2009 und Schindler 1999 Bd. I: Kapitel 14.

3 Busch 1999: 553 f., 2006. Dieser Indikator wird im Folgenden verwendet.

4 Busch 2006: Tabelle 1. Buschs Auswertung basierte auf den Grundgesetzänderungen bis zum Inkrafttreten der Föderalismusreform 2006 am 1. September 2006.

Diese Daten decken Zusammenhänge zwischen der Änderungsintensität des Grundgesetzes und der koalitions- und parteipolitischen Gestalt der Bundesregierungen auf. Jahre der Großen Koalition sind Perioden intensiver und extensiver Verfassungsänderungen. Auch die Gesetzgebung zur deutschen Einheit und zur Europäischen Union in der 12. Wahlperiode, die auf einer großkoalitionären Struktur beruhte, stützt diese Sicht der Dinge. Bei kleinen Koalitionen ist die Änderungsintensität der Verfassungspolitik um ein Vielfaches geringer. Doch auch bei ihnen treten nennenswerte Differenzen zutage: Insgesamt haben die CDU/CSU-geführten kleinen Koalitionen durchschnittlich doppelt so viele Verfassungsänderungen herbeigeführt wie die SPD-geführten kleinen Koalitionen.[5]

Neue Regelungsbereiche sind zum Grundgesetz von 1949 hinzugekommen. An vorderer Stelle ist die «Wehrverfassung»[6] zu nennen, die 1954 und 1956 die verfassungspolitische Grundlage für die Wiederbewaffnung und die Einführung von zivilen und militärischen Dienstpflichten schuf. Das war eine Kehrtwende von historischer Bedeutung: Ausgeträumt war nun, so ein Kritiker, der «Traum eines nur den Grundsätzen der Humanität, der sozialen Wohlfahrt und des privaten Glücks lebenden, in den Weltgegensätzen allenfalls ideologisch und innenpolitisch Partei nehmenden, die herkömm-

5 Auswertungsbasis Busch 2006: Tabelle 1.
6 Das 1. Wehrverfassungsgesetz, das der Bundestag am 26. Februar 1954 mit Zweidrittelmehrheit, aber gegen die Stimmen der oppositionellen SPD, verabschiedete und das im Bundesrat ebenfalls diese Schwelle überschritt, legte die Zuständigkeit des Bundes in Verteidigungs-, Wehrpflicht- und Zivilschutzangelegenheiten fest. Das 2. Wehrverfassungsgesetz vom 6. März 1956, die sogenannte 2. Wehrergänzung des Grundgesetzes, schuf unter anderem die Voraussetzung für die Einführung der Wehrpflicht für Männer zwischen 18 und 45 Jahren – diesmal mit Unterstützung der SPD, und zwar zwecks Unterstützung einer demokratischen Wehrverfassung (Deutsch/Edinger 1959: 257). Allerdings stimmte die SPD gegen das am gleichen Tag verabschiedete Soldatengesetz, das den Namen «Bundeswehr» festlegte und die Rechte und Pflichten der Berufssoldaten, Zeitsoldaten und Wehrpflichtigen regelte. Das Wehrpflichtgesetz, das den allgemeinen Wehrdienst für alle Männer zwischen dem 18. und 45. Lebensjahr einführte, wurde am 21. Juli 1956 verabschiedet, vgl. Bald 2005.

lichen Attribute wehrhafter Staatlichkeit aber einem wiedervereinigten Deutschland vorbehaltenden Staates»[7].

Hervorhebung verdienen auch die Verfassungsänderungen der Großen Koalition von 1966 bis 1969. Zu ihnen gehören der Einbau der Notstandsverfassung in das Grundgesetz (1968) und die Neuregelung der bundesstaatlichen Finanzverfassung, einschließlich der Gemeinschaftsaufgaben von Bund und Ländern.[8] Nicht zu vergessen sind die Verfassungsänderungen, die den Weg zur Europäischen Union ebneten, die europäische Integration vertieften und die Länder für Kompetenzverluste an die Europäische Union entschädigten, so insbesondere durch den neuen Grundgesetzartikel 23, der die Länder in beachtlichem Umfang an der Europapolitik beteiligt. Den Weg zum «offenen Staat»[9] hatte schon das Grundgesetz in der Fassung vom 23. Mai 1949 gewiesen. Sein Artikel 24 Absatz I ließ ausdrücklich eine durch Gesetz erfolgende Übertragung von Hoheitsrechten auf zwischenstaatliche Einrichtungen zu. Doch die explizite Öffnung hin zur europäischen Staatengemeinschaft und zur aktiven Mitwirkung am Bau des vereinten Europas sowie die Definition der Bedingungen, unter denen diese Mitwirkung verfassungsrechtlich zulässig ist, erfolgte erst auf dem Wege von Änderungen des Grundgesetzes, insbesondere durch den neuen Artikel 23.[10]

Die höchste Änderungshäufigkeit betrifft die «Dauerbaustelle föderaler Kompetenzverteilung»[11]: den Grundgesetzabschnitt VII, der die Gesetzgebung des Bundes normiert, und den Abschnitt X, der die bundesstaatliche Finanzverfassung regelt. Die dort kodifizierten

7 Hofmann 2003: 391.
8 Gemäß Artikel 91a, 91b und 104a in der Fassung des Grundgesetzes vor Verabschiedung der Föderalismusreform von 2006 (siehe Kapitel 8.8).
9 Di Fabio 1998.
10 Er stammt aus dem Jahre 1992 und wurde im Juli 2006 im Zuge der Föderalismusreform konkretisiert. Die Verfassung der Europäischen Union muss den verfassungspolitischen Grundsätzen des Grundgesetzes verpflichtet sein und auch bei zukünftigen Änderungen verpflichtet bleiben, so lautet der Grundgedanke der Verfassung für die Öffnung des Staates.
11 Dreier 2008: 403.

Änderungen des Bund-Länder-Verhältnisses brachten bis zur deutschen Einheit im Wesentlichen einen Wandel zustande, der einen vom «Trennsystem» mitgeformten Föderalismus über die «Mischverwaltung» hin zum «Verbundsystem» eines politikverflochtenen, «kooperativen Föderalismus» führte.[12] In den 1990er Jahren und nach der Jahrtausendwende bekam jedoch der Gedanke der Entflechtung und der partiellen Reföderalisierung mehr Gewicht. Davon zeugen mehr als alle anderen Änderungen die Regelungen der Föderalismusreform 2006.[13]

Wenig oder gar nicht geändert wurden andere Abschnitte des Grundgesetzes. Zu ihnen gehören die Grundgesetzartikel, die der Bundesregierung und dem Bundespräsidenten gewidmet sind. Ihre Stabilität ist zugleich ein Anzeiger der politischen Stabilität der Exekutive. Auch die Regelung der Grundrechte – die Artikel 1 bis 19 des Grundgesetzes – blieb mit der Hälfte der durchschnittlichen Änderungsintensität vergleichsweise stabil.[14] Allerdings sind die Veränderungen zu bedenken, die in den 1990er Jahren zustande kamen, insbesondere die Einschränkung des Asylrechts (1994) und die Einführung des «Lauschangriffs» (1998).[15]

2. Bewertungen der Verfassungsänderungen

Die Verfassungsänderungen werden unterschiedlich bewertet. Während eine Schule eine insgesamt sachgerechte Anpassung der Verfassung an den inneren und äußeren Wandel der Gesellschaft feststellt[16] und ihr «Funktionstüchtigkeit und Zukunftsfähigkeit»[17] bescheinigt, bemängeln andere eine immer weiter voranschreitende Ausdifferenzierung einer ohnehin zur Überregulierung neigenden Verfassung.[18] Und wer nur in einer möglichst kurzen und allgemein

12 So Hofmann 2003: 405 ff.
13 Kapitel 8.8.
14 Busch 2006: Tabelle 2.
15 Grimm 2001: 126 ff., Batt 1996, 2003.
16 Vgl. Bauer 2003: 784, 786 f.
17 Vgl. Scholz 2000: 1377, 2004.
18 Dreier 2008.

gehaltenen Urkunde eine gute Verfassung sieht, wird das Grundgesetz von heute als viel zu umfangreich und viel zu detailliert kritisieren.

In eine andere Kerbe schlugen Vertreter einer gesellschaftskritischen Verfassungskunde, die insbesondere in den 1960er und 1970er Jahren das Wort führten.[19] Ihrer Sicht zufolge fiel der Gesetzgeber mit den Grundgesetzänderungen hinter den Anspruch der Verfassungsgeber von 1949 zurück. Die Verfassungsänderungen hätten «die demokratischen Verfassungspositionen nicht weiterentwickelt, sondern einseitig in Richtung auf Machtzuwachs des Bundes und der Bundesexekutive ausgehöhlt»[20], so urteilte ein Kritiker. Hinzu kämen grundlegende, den Verfassungsrahmen von 1949 sprengende Änderungen. Die kontroverse «Wehrverfassung» hatte dieser Kritiker im Blick, sodann die ebenfalls heftig umkämpfte Notstandsgesetzgebung von 1968 und die Änderung des Artikels 10 von 1968, die die Beschränkung des Post- und des Fernmeldegeheimnisses zulässt. In allen drei Fällen, so die Kritik weiter, «wurde unter Ausnutzung des legalen Machtbesitzes, jedoch außerhalb der Legalität des Grundgesetzes, eine neue Verfassungswirklichkeit geschaffen. Sie galt fortan als Maßstab für die Erfordernisse des Verfassungsrechts, und ihr sollte der Verfassungstext angepasst werden.»[21] In eine ähnliche Richtung ging später die Kritik an der Reform des bis dahin weitgehend uneingeschränkten Asylrechts (1994) und an der Möglichkeit der akustischen Überwachung von Wohnräumen, des «Lauschangriffs» (1998).

Den gesellschaftskritischen Sichtweisen auf die Verfassungsänderungen wurde allerdings heftig widersprochen. Einäugigkeit und normativen Verfassungsidealismus hielt man den Kritikern vor. Sie nähmen nur einen Teil des Verfassungswandels wahr und würden ihn an einer idealisierenden Interpretation der Verfassungsprinzipien von 1949 messen. Überdies missverstehe die Kritik die eigentliche Diktion des Grundgesetzes. Das Grundgesetz sei auf eine grundrechtsbasierte freiheitliche Verfassung zugeschnitten und auf

19 Beispielsweise Abendroth 1966 und Seifert 1974.
20 Seifert 1974: 28.
21 Seifert 1974: 28 f.

eine «Sperre für den Sozialismus»[22] und gegen den autoritären Staat angelegt.

Tatsächlich greift die zitierte Kritik der Grundgesetzänderungen zu kurz. Die Kritiker überschätzten das Ausmaß, in dem die Verfassung der Bundesrepublik für einen grundlegenden politisch-ökonomischen Wandel offen ist. Auch übersahen sie, dass zahlreiche Verfassungsänderungen dem Schutz von Grundrechten dienen. Beispiele für Erweiterungen des Grundrechtsschutzes und der Chancen der politischen Beteiligung sind die Verankerung der Verfassungsbeschwerde im Grundgesetz (Artikel 93 I Ziff. 4b), die Bedenken gegen die Notstandsgesetzgebung entkräften sollte, die 1970 beschlossene Senkung des Wahlalters auf 18 Jahre (Artikel 38 II), die Einrichtung des Wehrbeauftragten (Artikel 45b) oder die des Notparlaments im Rahmen der Notstandsverfassung (Artikel 53a).[23]

Zudem kamen neue regelungsbedürftige Aufgaben auf die Verfassungspolitik zu – allen voran die deutsche Einheit und die Europäische Union. Bei den Rückwirkungen des Rechtes der Europäischen Union könnten allerdings die Kritiker ansetzen. Denn zu diesen Rückwirkungen gehört, dass die Europäisierung des Grundrechtsschutzes «in Teilen eine Absenkung, im Übrigen zumindest Risiken einer Absenkung des bisherigen grundrechtlichen Schutzniveaus»[24] mit sich bringt.

3. Die Politik der Verfassungsänderungen

Änderungen des Grundgesetzes bedürfen der Zustimmung von zwei Dritteln der Bundestagsmitglieder und zwei Dritteln der Stimmen des Bundesrates. Diese Zustimmungshürden kann vor allem eine Große Koalition überwinden. Überwindbar sind die Zustimmungshürden aber auch, wenn sich eine regierende Partei eine Zweidrittelmehrheit im Parlament und in der Länderkammer be-

22 Herzog 1974.
23 von Beyme 2004: 45 f., Hofmann 2003.
24 Bauer 2003: 783.

schaffen kann.[25] Deshalb konnten die Regierungen Adenauer und ihre Parlamentsmehrheit die Zustimmungsschwellen für Verfassungsänderungen in der ersten und vor allem der zweiten Legislaturperiode mehrfach überwinden. Im zweiten Deutschen Bundestag (1953–1957) beispielsweise stellte die Regierungskoalition – unter Führung der CDU/CSU und erweitert um die Stimmen des Bundes der Heimatvertriebenen und Entrechteten (BHE) – gegen heftigen Widerspruch eines Großteils der SPD endgültig die Weichen für die Aufrüstung der Bundesrepublik Deutschland. Das war Teil einer nachgeholten Verfassungsgebung, die einige der Lücken schloss, die der Parlamentarische Rat aufgrund der nationalen und internationalen Machtverhältnisse offen gelassen hatte.

In der ersten Großen Koalition (1966–1969) wurde die Verfassung erneut einschneidend geändert. Doch diesmal basierten die Änderungen auf gütlichem Einvernehmen von CDU/CSU und SPD. Nunmehr standen drei Verfassungsänderungen an. Die erste war die Notstandsverfassung, das innenpolitische Pendant zur «Wehrverfassung» der 1950er Jahre. Die zweite Änderung betraf die Finanzverfassung zwischen Bund, Ländern und Gemeinden. Diese sollte mittels Gemeinschaftsaufgaben und Investitionshilfen des Bundes an die Länder die Politik von Bund und Ländern besser koordinieren und zugleich für mehr Gleichwertigkeit der Lebensverhältnisse im gesamten Bundesgebiet sorgen. Hinzu kam – drittens – die verfassungspolitische Öffnung des Weges zum Stabilitätsgesetz von 1966, das dem Bund größere Befugnisse zur Abwehr konjunktureller und struktureller Wirtschaftskrisen geben und die Bedingungen einer konjunkturgerechten, aufeinander abgestimmten Haushaltswirtschaft von Bund und Ländern verbessern sollte.

Besonders umstritten war die Notstandsverfassung. Ihre Befürworter werteten sie als notwendige verfassungsrechtliche Vorkehrung für die Notstandsgesetze und zugleich als Chance, die Sicherheitsvorbehalte der Alliierten nach Artikel 5 Absatz 2 des Deutschlandvertrages (Schutz der Sicherheit von Streitkräften, die in der Bundesrepublik stationiert sind) abzulösen. Die Kritiker hielten

25 Vgl. Schwarz 1981, 1983, ferner Kapitel 6.

dem entgegen, die Notstandsgesetzgebung schaffe eine neue Verfassung, schränke die Schutzfunktionen von Grundrechten ein, schwäche demokratische Funktionen entscheidend und weiche obendrein die föderalistische Struktur der Bundesrepublik auf.[26]

So grundlegende Verfassungsänderungen wie in den Jahren von 1953 bis 1957 und von 1966 bis 1969 gab es weder in der Periode der SPD-FDP-Regierungen noch unter den Kabinetten Kohl bis zur deutschen Einheit. Die Machtverteilung im Bundestag und Bundesrat und die Polarisierung zwischen CDU/CSU und SPD ließen fundamentale Verfassungsänderungen bis zur Zeitenwende von 1989/90 nicht zu. Dann aber setzte ein neuerlicher Änderungsschub ein. Alleine 52 Änderungen wurden in der 12. Wahlperiode (1990–1994) gezählt. Hierbei handelte es sich unter anderem um verfassungspolitische Anpassungen an die 1990 staatsrechtlich besiegelte Wiedervereinigung einschließlich der Hinzufügung neuer Zielvorstellungen (wie dem Schutz der natürlichen Lebensgrundlagen nach Artikel 20a oder der Verpflichtung im Artikel 3, die «tatsächliche Durchsetzung der Gleichberechtigung von Frauen und Männern» zu fördern und «auf die Beseitigung bestehender Nachteile» hinzuwirken).[27] Hinzu kam die stärkere europapolitische Ausrichtung des Grundgesetzes. Diese äußerte sich insbesondere in dem neuen Artikel 23 (Europäische Union), ferner im Artikel 88, der die «Preisstabilitätspolitik»[28] erstmals auch und gerade für die Europäische Zentralbank verfassungspolitisch festschrieb, und im Artikel 28 I, der in Deutschland ansässigen Staatsangehörigen eines Mitgliedstaates der Europäischen Gemeinschaft bei Wahlen in Kommunen und Kreisen das Wahlrecht verleiht.

Für die jüngsten Höhepunkte der Grundgesetzänderungen war erneut eine Große Koalition verantwortlich – in diesem Fall die von 2005 bis 2009 amtierende Koalition aus Unionsparteien und SPD, die nach einem langen, bis 2003 zurückreichenden Vorlauf und nach heftigem Tauziehen zwischen den Parteien und zwischen den Ländern und dem Bund zwei weitreichende Reformen des Föderalis-

---

26 Seifert 1974: 35.
27 Artikel 3 II Grundgesetz, vgl. Batt 2003: Kapitel 3.
28 Busch 1995.

mus auf den Weg brachte: die Föderalismusreformen I und II von 2006 bzw. 2009 (siehe Kapitel 8.8).

4. Verfassungsänderungen im internationalen Vergleich

Manchen Kritikern zufolge ist die Verfassung der Bundesrepublik Deutschland verstaubt, schwerfällig und eher eine Barriere für Reformen als ein Motor von Anpassungselastizität und Innovationen.[29] Auch haben etliche Beobachter den Schwierigkeitsgrad von Verfassungsänderungen in Deutschland als hoch eingestuft.[30] Doch wie verträgt sich dieses Urteil mit der relativ hohen Änderungsrate des Grundgesetzes im internationalen Vergleich von Verfassungsänderungen? Der 17-Länder-Studie von Donald Lutz zufolge lag die Bundesrepublik Deutschland, der relativen Häufigkeit von Verfassungsänderungen (bis 1992) nach zu urteilen, immerhin auf dem fünften Platz, und zwar hinter Neuseeland, Österreich, Portugal und Schweden, während drei andere föderalistische Staaten am untersten Ende dieser Skala rangierten: die USA, die Schweiz und Australien.[31] Grasls und Detzers Vergleich nach zu urteilen, rangierte Deutschland, gemessen an der durchschnittlichen Änderungshäufigkeit der Verfassung von 1949 bis 2007, immerhin nahe beim Mittelwert von 28 OECD-Mitgliedstaaten und übertraf mit seiner staatlichen Anzahl von Verfassungsänderungen unter anderem die englischsprachigen Staaten und die nordeuropäische Länderfamilie.[32] Das scheint auf den ersten Blick für die These zu sprechen, wonach das Grundgesetz jedenfalls im Vergleich mit anderen Verfassungen «relativ einfach zu ändern ist»[33].

Zweifelsohne sind die Hürden für Verfassungsänderungen in etlichen Ländern sehr hoch, und manche von ihnen sind eindeutig höher als die des Grundgesetzes. Beispielsweise ist in den meisten

---

29 Darnstädt 2003, 2004.
30 von Beyme 2004: 45, Hesse/Ellwein 2004, Lijphart 1999, Schmidt 1992a: 90 ff.
31 Lutz 1994.
32 Grasl/Detzer 2009: 232 f.
33 Busch 1999: 564, so auch Dreier 2008 für andere.

Demokratien eine Verfassungsänderung von der Zustimmung des Volkes abhängig, während das Grundgesetz die verfassungsändernde Gesetzgebung ausschließlich dem Deutschen Bundestag vorbehält, der somit zugleich Gesetzgeber und Verfassungsgestalter ist. In etlichen Staaten ist eine Verfassungsänderung zudem mit der Parlamentsauflösung, der Ausschreibung von Neuwahlen und der Abstimmung über die Verfassungsänderung in dem neugewählten Parlament mit Zweidrittelmehrheit vorgeschrieben, so in den Niederlanden.

Kaum weniger hohe Hürden stehen einer Abänderung der Verfassung der Vereinigten Staaten von Amerika entgegen. Das erklärt größtenteils, warum dort Verfassungsänderungen Seltenheitswert haben. Verfassungsänderungen in den Vereinigten Staaten erfordern ein zweistufiges Verfahren. Eingeleitet wird es entweder dadurch, dass der Kongress, wenn es beide Häuser des Kongresses jeweils mit Zweidrittelmehrheit für notwendig halten, eine Verfassungsänderung vorschlägt, oder dadurch, dass der Kongress auf Ansuchen der Parlamente von zwei Dritteln der Bundesstaaten einen Konvent zur Ausarbeitung von Abänderungsvorschlägen einberuft. Die Verfassungsänderung erlangt Rechtskraft, wenn sie von den Parlamenten oder den Konventen in drei Vierteln der Mitgliedstaaten der USA ratifiziert wird, je nachdem, welche Form der Ratifikation vom Kongress vorgeschlagen wurde.[34]

Im Vergleich dazu sind die Hürden der Verfassungsänderung in Deutschland tatsächlich niedriger. Aber belegt dies wirklich die These vom «Mythos von der schwierigen Änderbarkeit des Grundgesetzes»[35]? Dem steht die Bewertung der Verfassungsänderungen in Deutschland als überdurchschnittlich schwierig entgegen.[36] Sie beruht auf der Tatsache, dass eine Änderung des Grundgesetzes eine spezielle zweifache Supermajorität voraussetzt: die Zweidrittelmehrheit im Parlament (also faktisch eine Zweidrittelmehrheit von Regierung und Opposition oder von den Partnern einer Großen Koalition) und außerdem die Zweidrittelmehrheit im

34 Artikel V der Verfassung der Vereinigten Staaten von Amerika.
35 Busch 1999: 560, Busch 2006.
36 Lijphart 1999: 220, 314.

Bundesrat (was eine Koalition von finanzschwachen und finanzstarken Bundesländern erfordert). Das erzeugt schwer überwindbare Barrieren für reformorientierte kleine Koalitionen. Diese Barrieren mussten sowohl die Regierung Kohl in den 1980er Jahren bei ihrem Streben nach einer «Wende» in der Arbeitsteilung zwischen Staat und Markt akzeptieren als auch die rot-grüne Regierung Schröder seit der Wahlniederlage der SPD bei der Landtagswahl in Hessen im Februar 1999 bis zum Ende ihrer Regierungszeit im Jahre 2005.[37]

Gleichwohl ist der Hinweis berechtigt, dass Deutschlands Verfassung zwar schwierig zu ändern, aber dennoch veränderbar ist – und dass die maßgebenden politischen Akteure in Regierung und Opposition und in den Ländern sich des Öfteren zu Verfassungsänderungen durchgerungen haben. Insoweit sind die Grundgesetzänderungen zugleich ein wichtiger Indikator in der Debatte um die «Reformstau»-These. Träfe sie ins Schwarze, müsste die Änderungsrate beim Grundgesetz gegen Null tendieren. Das ist aber nicht der Fall – abgesehen von den oben erwähnten Legislaturperioden mit kleinen Koalitionen. Auch das spricht gegen die «Reformstau»-These. Zugleich zeugen die grundsätzliche Befähigung zu Verfassungsänderungen und die hierfür notwendige Kooperation zwischen Regierung und Opposition, zwischen Bund und Ländern und zwischen den Ländern von beträchtlicher Kooperationsbereitschaft und -fähigkeit der Parteien und der Exekutive im Bund und in den Ländern.

5. Zeitverzögerungen und Nichtentscheidungen

Verfassungsänderungen sind allerdings auch unter Berücksichtigung von Zeitverzögerungen und von Nichtentscheidungen zu würdigen. Zudem sollten sie vor dem Hintergrund der jeweiligen Problemlast bewertet werden, die in der Gesellschaft, der Wirtschaft und der Politik eines Landes vorhanden ist. Der Blick in die Geschichte

---

37 Egle/Ostheim/Zohlnhöfer 2003, Egle/Zohlnhöfer 2007, 2010, Schmidt 2005c, Wirsching 2006.

der Grundgesetzänderungen lehrt, dass die Zeitverzögerungen bis zur verfassungsrechtlichen Thematisierung eines Sachverhaltes sehr unterschiedlich sein können. Vergleichsweise wenige Jahre erforderte die nachholende Verfassungsgebung bei der «Wehrverfassung». Diese war nach zwei Legislaturperioden abgeschlossen. Mit viel größerer Verzögerung kam die Notstandsverfassung zustande: nach 19 Jahren. Ähnlich lange Zeiträume benötigte der Gesetzgeber für Weichenstellungen zugunsten einer modernen bundesweiten Umweltschutzpolitik und für eine zeitgemäße haushalts- und wirtschaftspolitische Koordinierung. Noch längere Zeitverzögerungen brachten aber die besonders komplizierten Reformen im Bund-Länder-Gefüge mit sich. Dass sich die Große Koalition der 16. Wahlperiode 2006 und 2009 auf Reformen des Föderalismus einigte, ist beachtenswert.[38] Doch zu ihrer Vorgeschichte gehört, gemessen an der Zeitspanne seit der letzten großen Föderalismusreform (1969), ein Zeitraum von rund vier Jahrzehnten. An diesen Beispielen wird erkennbar, dass es in Deutschland mitunter Jahrzehnte braucht, bis ein Reformvorhaben wirklich Gesetzeskraft erlangt.

Zudem sind verfassungspolitische Nichtentscheidungen zu bedenken. Trotz Bereitschaft zur Entflechtung von Bund und Ländern und zum Einbau einer Schuldenbremse klammerte die Große Koalition aus Unionsparteien und SPD in der 16. Wahlperiode die übrigen Fragen der Reform der bundesstaatlichen Finanzverfassung aus. Zu groß war der Dissens in dieser Frage und zu stark waren die Bataillone der ärmeren Länder, die von einer Entflechtung der Finanzverfassung substanzielle Nachteile befürchteten, insbesondere niedrigere Zuwendungen im horizontalen und vertikalen Finanzausgleich und womöglich Schwächung ihres Wirtschaftsstandortes und ihrer Einnahmenbasis. Auch deshalb blieb es bei der Föderalismusreform II bei einer moderaten Regelung, die weniger bei der Finanzverteilung als bei den Verschuldungsgrenzen ansetzte.

Zu den Nichtentscheidungen in der Verfassungspolitik gehört die Sozialstaatsfinanzierung, die reformbedürftig ist.[39] Nichtentschei-

38 Siehe Kapitel 8.8.
39 Siehe Kapitel 16.

dungen sind auch im Bereich der Militärpolitik zu verzeichnen. Noch fehlt die Anpassung des Grundgesetzes an die veränderte Militärpolitik der Bundesrepublik Deutschland, die keineswegs nur Einsätze im Kreis der NATO-Mitgliedstaaten vorsieht, sondern auch militärische Einsätze außerhalb dieses Gebietes. Dass überdies die Verfassungsgeber bislang einen großen Bogen um das Verlangen nach mehr Demokratie, insbesondere nach mehr Direktdemokratie im Bund, gemacht haben, gehört zu den Kontinuitäten der Verfassungspolitik in Deutschland. Gleiches gilt für Reformen, die den parteienstaatlichen Charakter der Politik in Deutschland zurückstufen würden. Auch dafür gab es bislang keine Mehrheiten. Diese Reformen verlangen von den beteiligten Parteien und von den Exekutiven im Bund und in den Ländern, die von den Parteien gestellt werden, die systematische Schwächung der eigenen Machtposition – und dass dies aus freien Stücken geschieht, ist unwahrscheinlich.

Die Struktur des Grundgesetzes und seine Änderungen sind von vielen Kräften und Konstellationen geformt worden. Zu ihnen gehört die Parteipolitik. Allerdings zügeln das Grundgesetz und die Spielregeln für seine Änderungen den Parteienwettbewerb. Grundgesetzänderungen erfordern große Koalitionen zwischen den größten Parteien, zwischen Bund und Ländern sowie zwischen wohlhabenden und weniger wohlhabenden Ländern. Das erzeugt hohen Kooperationsbedarf – ja, Kooperationszwang – in der Politik in Deutschland und steht quer zu den Prinzipien der Konkurrenz und zur Mehrheitsregel, die im Parteienwettbewerb und bei Wahlen vorherrschen.

Kapitel 14 Staatsfinanzen

Vor mehr als 100 Jahren entwickelte Adolph Wagner, Nationalökonom im kaiserlichen Deutschland, das «Gesetz des wachsenden Staatsbedarfs». Diesem Gesetz zufolge führen Industrialisierung, Urbanisierung und Technikentwicklung zu neuen Staatsaufgaben und erzeugen einen in absoluten und relativen Größen zunehmenden Finanzbedarf des Staates. Damit gehe ein Form- und Funktionswandel der Staatszwecke einher, so Wagner. Die Verwirklichung des «Rechts- und Machtzwecks» werde zunehmend durch die Betonung des «Cultur- und Wohlfahrtszwecks»[1] ergänzt. Die langfristigen Trends der Staatsfinanzen zumindest in Friedenszeiten passen mit Wagners Gesetz leidlich zusammen – sofern eine große Spannweite der Staatsausgaben relativ zur wirtschaftlichen Entwicklung konzediert wird. In den USA beispielsweise werden die Staatsausgaben am kürzeren Zügel geführt – bei einem hohen Entwicklungsstand der Wirtschaft. Schwedens Regierungen hingegen bauten den öffentlichen Sektor in der zweiten Hälfte des 20. Jahrhunderts auf einem geringeren Niveau ökonomischer Entwicklung weiter aus als jedes andere westliche Land. Die Staatsausgaben der Bundesrepublik Deutschland entwickelten sich im Vergleich zu den USA oder zu Schweden jedoch geradezu wagnerkonform.[2]

Dem Trend nach zu urteilen, wuchsen in Deutschland nicht nur die nominalen Staatsausgaben von 1950 bis zur Gegenwart, sondern auch die inflationsbereinigten. Mitunter expandierten die öffentlichen Ausgaben schneller als das Sozialprodukt, verhalten noch in den 1960er Jahren, besonders rasch von 1969 bis 1976 unter der Koalition aus SPD und FDP, sodann von der Wiedervereinigung bis 1996 und schließlich im Gefolge der schweren Rezession, die vor allem von der 2007 entstandenen weltweiten Finanzmarktkrise bewirkt wurde.[3] Im

---

1 Wagner 1893: 888, vgl. Wagner 1911, ergänzend Kohl 1985.
2 Kohl 1985, OECD 2010c: 347, Tanzi 2000.
3 Berechnungsbasis Kohl 1985, OECD 1992: 67 f., 2010c: 347, Tanzi 2000: 34.

Ergebnis stieg die Staatsquote (im Sinne des Anteils aller öffentlichen Ausgaben von Bund, Ländern, Gemeinden und Sozialversicherungen am Bruttoinlandsprodukt) in Deutschland von rund 30 Prozent in den 1950er Jahren auf knapp 50 Prozent heutzutage.[4] Ähnliche Trends kennzeichnen die Staatseinnahmen: Der Steuer- und Sozialabgabenstaat (gemessen am Anteil der Steuern und Sozialabgaben am Bruttoinlandsprodukt) nahm zu.[5] Auch die Defizitfinanzierung des Staates ist viel größer als vor drei, vier Dekaden.[6] Mehr Staat – das ist die Haupttendenz der Finanzpolitik in Deutschland. Sie schließt periodenspezifische Plateaus und Phasen moderater Schrumpfung der Staatsquote nicht aus, wie die 1980er Jahre und die Jahre vor dem Beginn der Finanzmarktkrise (2007) zeigen.[7]

1. Wachsende Staatshaushalte: Vom Wiederaufbau zum Wohlfahrtsstaat

Schon die Staatshaushalte der 1950er Jahre hatten einen beachtlichen Umfang, obwohl die Finanzpolitik des Bundes damals fest in der Hand einer wirtschafts- und mittelstandsfreundlichen CDU/CSU-geführten Regierung lag. Im internationalen Vergleich übertraf die Staatsquote im Deutschland der 1950er Jahre sogar die der meisten westlichen Länder.[8] Zudem sorgten die relativ hohen Steuersätze und die Sozialabgaben zusammen mit dem Wirtschaftswachstum bis in die 1970er Jahre für prall gefüllte öffentliche Budgets.

Niveau, Zusammensetzung und Wachstum der Staatsausgaben von 1950 bis ins 21. Jahrhundert zeugen von einem weitreichenden Wandel der Staatstätigkeit. In den 1950er Jahren prägten die Rekonstruktion des kriegsgeschädigten Landes und die Bewältigung seiner Teilung in West- und Ostdeutschland die Staatsfinanzen. In diesen Jahren wurden die öffentlichen Ausgaben vor allem vom

4 Die Staatsquote in den Jahren 2010 und 2011 wird von der OECD auf 47,9 bzw. 46,8 Prozent geschätzt (OECD 2010c: 347).
5 BMAS 2010: 1048, 1054, Kohl 1985: 220, 315, SVR 2009: 368 ff.
6 Wagschal 1996, 2006.
7 Castles 1998, 2007, Schmidt 2005c.
8 Kohl 1985, Lane/McKay/Newton 1997: 71, 76, 79, Tanzi 2000: 34.

Wiederaufbau kriegszerstörter Städte, der Bekämpfung der Wohnungsnot, dem Ausbau der sozialen Sicherungssysteme und der Wiederaufrüstung beherrscht. Mit zunehmender Lebensdauer der Bundesrepublik gewann die Sozialpolitik mehr und mehr Gewicht. Ihr Vorsprung vor anderen öffentlichen Ausgabenbereichen wurde größer und größer. Zunächst rangierten noch die Verteidigungsausgaben längere Zeit auf Platz zwei hinter den Sozialausgaben, gefolgt vom Wohnungswesen und der Raumordnung. Schon in den 1950er Jahren wurden demnach in der Finanzpolitik – im Unterschied zum nationalsozialistischen Regime – nicht «Kanonen statt Butter» gewählt, sondern «Kanonen und Butter», und zwar zunehmend «mehr Butter».[9]

In den späten 1950er und den 1960er Jahren verschoben sich die Rangreihen der Staatsausgaben erneut. Für das Bildungswesen spendierten nun alle Bundesländer, die in diesem Politikfeld bis heute die Hauptzuständigen sind, erheblich mehr als zuvor. Das geschah auch als Antwort auf Warnungen vor einer drohenden «Bildungskatastrophe», in Reaktion auf neue wachstums- und gesellschaftspolitische Ideen wie «Humankapital», «Bildung als Bürgerrecht», aber auch zur «Eindämmung des katholischen Bildungsdefizits» sowie zum Abbau kumulierter Bildungsbenachteiligung wie im Falle des viel zitierten «katholischen Mädchens vom Lande».[10] Die Bildungsausgaben rückten in den 1960er Jahren in der Prioritätenliste der Staatsausgaben nach vorn. Bis Mitte der 1970er Jahre nahmen sie sogar den zweiten Platz in der Rangliste der öffentlichen Ausgaben nach Aufgabenbereichen ein – vor der Verteidigungspolitik, den Ausgaben für Gesundheit, Sport und Erholung und den öffentlichen Geldern für Verkehr und Nachrichtenwesen.[11]

Mittlerweile hat sich die Rangfolge der Staatsausgaben nach Aufgabenbereichen erneut verändert. Besonders stark wuchsen seit Mitte der 1970er Jahre die Ausgaben der Arbeitslosenversicherung und die öffentlichen Gesundheitsausgaben. Zunehmend machte

9 Castles 1998, Cusack 2007.
10 Vgl. Dahrendorf 1965b, Erlinghagen 1964, Picht 1964, Wehler 2008, Wolf 2006a, 2006b.
11 Statistisches Bundesamt 1989: 429. Zur weiteren Entwicklung der Bildungsetats siehe Kapitel 17.

sich auch der Schuldendienst bemerkbar – ein Indikator der Staatsverschuldung, die insbesondere in den Jahren nach dem Wirtschaftseinbruch von 1973/74, sodann im Gefolge der Wiedervereinigung in den 1990er Jahren sowie im Gefolge der 2007 ausbrechenden Finanzmarktkrise zunahm.[12] Gegenwärtig sind die Sozialausgaben mit weitem Abstand der größte Ausgabenposten der öffentlichen Haushalte. Auf ihn entfällt mehr als die Hälfte aller Staatsausgaben (56,3 Prozent). Mit weitem Abstand folgen die öffentlichen Ausgaben für Schulen, Hochschulen und das übrige Bildungswesen (7,9 Prozent), dicht gefolgt von den Kosten der Staatsverschuldung, in die sich die Politik verstrickt hat. Die Nettokreditaufnahme konsumiert 7,4 Prozent aller Staatsausgaben, mehr als die öffentliche Sicherheit und Ordnung sowie der Rechtsschutz (3,3 Prozent), Verteidigung (2,4 Prozent), Verkehrs- und Nachrichtenwesen (2,3 Prozent), Wohnungswesen und Raumordnung (2,1 Prozent), die Wirtschaftsförderung durch die öffentliche Hand (2,2 Prozent) oder Ausgaben für Umwelt, Sport und Erholung (1,4 Prozent).[13] Insgesamt beliefen sich die Ausgaben aller öffentlichen Haushalte 2009 auf 1126 Milliarden Euro oder 13 763 Euro je Einwohner.[14]

12 Wagschal 2007a, 2007b. Die Schuldenquote (Staatsschulden in Relation zum BIP) lag in der Bundesrepublik bis 1970 unter 20 Prozent (1970: 18,6 Prozent). 1980 war sie auf 31,7 Prozent angestiegen und 1989, im letzten Jahr vor der Wiedervereinigung, auf 41,8 Prozent. 2009 hat sie 75,3 Prozent erreicht (SVR 2009: 69, 373). Der größte Teil der Staatsschulden entfällt auf den Bund (61,6 Prozent), 31,0 Prozent entfallen auf die Länder und 7,4 Prozent auf die Gemeinden (Datenstand: 2008, berechnet auf der Basis von SVR 2009: 373).

13 Datenstand 2007 bzw. 2008 (Nettokreditaufnahme). Berechnungsbasis Statistisches Bundesamt 2010: 573. Zugrunde liegen die nach dem Konzept der «Grundzahlen» berechneten Staatsausgaben.

14 Statistisches Bundesamt 2010: 573. Öffentliche Haushalte sind der Bundeshaushalt, der Lastenausgleichsfonds, das ERP-Sondervermögen, der Fonds «Deutsche Einheit» und der Kreditabwicklungsfonds, das Bundeseisenbahnvermögen, der Erblastentilgungs- und der Entschädigungsfonds, die Versorgungsrücklage, der Fonds «Aufbauhilfe», ferner die Budgets der Länder, Gemeinden bzw. Gemeindeverbände, der Sozialversicherungsträger, der Bundesagentur für Arbeit, der Zusatzversorgungskassen und der kommunalen Zweckverbände sowie die Finanzteile der Bundesrepublik an der Europäischen Union.

Deutschland steht mit dem Wachstum der Staatsquote bis zu knapp 50 Prozent des Sozialproduktes nicht allein. Einen tendenziell wachsenden Anteil der öffentlichen Ausgaben verzeichneten alle westlichen Industrieländer. Und mancherorts hat die Staatsquote heutzutage noch höhere Werte als in Deutschland erreicht, so in Schweden (57,0 Prozent) und in Frankreich (55,4 Prozent).[15]

Deutschlands Politik hat die Staatsausgaben kräftig erhöht und damit einen Platz in der Gruppe der Länder des «sozialen Kapitalismus»[16] erreicht. Dabei wurde, wie die Aufgliederung der Staatsfinanzen nach Aufgabenfeldern zeigt, hauptsächlich der Auf- und Ausbau der Sozialpolitik finanziert.

2. Die Finanzierung der Staatsaufgaben: der verschuldete «Steuer-» und «Sozialabgabenstaat»

Finanzpolitisch gehört die Bundesrepublik Deutschland zum Typ des an Produktionsmitteln nahezu besitzlosen, mittlerweile beträchtlich verschuldeten Steuer- und Sozialabgabenstaates.[17] Heutzutage wird etwas mehr als die Hälfte der öffentlichen Ausgaben aus Steuern finanziert (54,3 Prozent im Jahr 2008) und 37,4 Prozent aus Sozialabgaben. Auf sonstige Einnahmen entfallen weitere 8,3 Prozent.[18] Die Defizitfinanzierung der öffentlichen Haushalte, mit der im großen Maßstab Mitte der 1970er Jahre begonnen wurde, ist mittlerweile chronisch. Sie überstieg von 2002 bis 2005 und seit 2009 sogar den Grenzwert von 3,0 Prozent des Bruttoinlandsproduktes, den der Europäische Stabilitäts- und Wachstumspakt, der

15 OECD 2010c: 347, vgl. auch OECD 1992: 67 f. Im Jahre 2010 liegen die Staatsquoten der USA (41,6 Prozent) und Japans (40,8 Prozent) viel näher an Deutschlands Staatsquote (47,9 Prozent) als je zuvor.

16 van Kersbergen 1995, vgl. Hartwich 1970: 54 ff.

17 Den Begriff «Steuerstaat» prägte Schumpeter (1976), der «Sozialabgabenstaat» entstammt der Analyse der deutschen Sozialpolitik.

18 Berechnungsbasis SVR 2009: 368 f. Zu den sonstigen Einnahmen gehören Verwaltungseinnahmen (wie Gebühren und Entgelte), die Einnahmen aus wirtschaftlicher Tätigkeit und Vermögen (z. B. die Gewinnabführung der Bundesbank) und die Erlöse aus Verkäufen.

auf Drängen der Bundesregierung zur Flankierung einer stabilitäts-orientierten Geldpolitik der Europäischen Zentralbank eingeführt worden war, für die jährliche Defizitfinanzierung vorschreibt. Die Kosten der Verschuldung sind hoch: Der Anteil der Nettozinszahlungen auf die Staatsschulden am Bruttoinlandsprodukt schwankt zwischen zwei und drei Prozent.[19] Das entspricht rund vier bis sechs Prozent aller öffentlichen Ausgaben. Die Zinszahlungen binden große Summen, die für die Tilgung der Staatsschuld, niedrigere Abgaben oder Finanzierung anderer Aufgaben dringend benötigt werden und vergrößert somit die Nachhaltigkeitslücke der öffentlichen Finanzen in Deutschland.

Der allergrößte Teil der öffentlichen Aufgaben wird aus Steuern und Sozialabgaben finanziert. Die «staatliche Teilhabe am Erfolg privaten Wirtschaftens»[20] ist demnach die wichtigste Geschäftsgrundlage bei der Finanzierung der Staatätigkeit in Deutschland – im Unterschied zur Finanzierung aus erwerbswirtschaftlicher Tätigkeit (wie im Unternehmerstaat), aus Staatsverschuldung zulasten der Zukunft (wie im kreditfinanzierten Staat), aus stillschweigender Enteignung von Geldeigentümern (wie im Falle des inflationär geldschöpfenden Staates), aus Dienstverpflichtung seiner Untertanen oder aus Kriegsbeute (wie im Falle des erobernden Staates).[21] Allerdings sprudelten die Einnahmequellen des deutschen Steuer- und Sozialabgabenstaates mit unterschiedlicher Stärke. Die relative Größe der direkten und der indirekten Steuern schwankte. Mittlerweile entspricht ihr Zahlenverhältnis (48:52) in etwa wieder der Ausgangslage im Jahre 1950.[22] Drastisch erhöht wurden die Sozialbeiträge. Sie stiegen von 20 Prozent (1950) auf über 40 Prozent des Bruttoarbeitsentgeltes bis zur jeweiligen Bemessungsgrenze (Arbeitnehmer- und Arbeitgeberbeiträge), und zwar erstmals 1996,

---

19 2010 lag sie bei 2,3 Prozent (OECD 2010c: 353).
20 P. Kirchhof (1999: 89) mit Bezugnahme auf die Steuerfinanzierung, die auf die Sozialabgaben erweitert werden kann, wenngleich Letztere im Unterschied zu den Steuern konkrete Leistungsansprüche und Eigentumsrechte schaffen (F. Kirchhof 1999).
21 Schumpeter/Goldscheid 1976, P. Kirchhof 1999: 89.
22 Wagschal 2006: Kapitel 2.1.

und liegen mittlerweile (2009) bei 38,65 Prozent.[23] Gemessen am Sozialproduktanteil sind die Sozialbeiträge in Deutschland (2009: 19,5 Prozent) im internationalen Vergleich traditionell hoch – ähnlich wie in Belgien, in den Niederlanden, Österreich, Frankreich, Schweden, der Slowakei und Tschechien.[24] Die volkswirtschaftliche Steuerquote hingegen blieb in Deutschland relativ niedrig. Sie liegt derzeit bei 24,0 Prozent.[25] Deutschland ist insoweit ein «Steuer- *und* Sozialabgabenstaat». Das qualifiziert das Land in besonderem Maße als Mitglied der «christdemokratisch-kontinentaleuropäischen Besteuerungswelt», die, im Unterschied zur «sozialdemokratisch-skandinavischen Besteuerungswelt», die Finanzierung durch Sozialbeiträge höher bewertet und sich bei der Finanzierung öffentlicher Aufgaben durch hohe Einkommens- und Konsumsteuern zurückhält.[26]

Das Wachstum der Steuern und Sozialabgaben spiegelt größtenteils gezielte Eingriffe des Gesetzgebers wider, war aber teilweise auch dem Zusammenwirken von wirtschaftlicher Entwicklung, Inflation und der Höhe früher festgelegter Abgaben geschuldet. Die gezielten steuerpolitischen Eingriffe des Gesetzgebers trugen jeweils eine charakteristische Handschrift. Jutta Muscheid beschrieb sie auf der Basis einer Studie über rund 35 Jahre Steuerpolitik wie folgt: In den 1950er Jahren hatte die wirtschaftsfreundliche Politik der unionsgeführten Bundesregierungen das konfiskatorisch hohe Besteuerungsniveau, das die Alliierten hinterlassen hatten, vermindert und großzügige Abschreibungsmöglichkeiten geschaffen. In dieser Zeit war Steuerpolitik primär Wachstumspolitik. Zu Beginn der 1960er Jahre richtete sich die Steuerpolitik verstärkt auf «strukturpolitische Ziele». Mitte der 1960er Jahre kamen – rezessionsbedingt – Ziele der Konjunkturstabilisierung hinzu. Mit der sozialliberalen Koalition ab 1969 trat «die Nivellierung der Einkommensverteilung in den Vordergrund», doch seit der zweiten Hälfte der 1970er Jahre «gewann die Wachstumsförderung erneut Gewicht».

23 Berechnungsbasis BMGS 2004, BMAS 2006, 2009b: Tabelle 7.7.
24 BMAS 2009a: Tabelle T9, OECD 2009b: 28, Starke/Obinger 2009: 125.
25 Datenstand: 2009, SVR 2009: 178.
26 Wagschal 2005: 113 ff.

1981/82, am Ende der Untersuchungsperiode der zitierten Studie, wurde die Steuerpolitik der Politik der Haushaltskonsolidierung untergeordnet[27] und in der zweiten Hälfte der 1980er Jahre von einer die Steuerlast absenkenden Reform der Einkommenssteuer ergänzt.[28]

Die deutsche Einheit brachte eine finanzpolitische Kehrtwende: Die auf Rückführung der Staatsquote zielende Politik der Regierungen Kohl vor 1990 wurde nun von einer Politik abgelöst, die Vorfahrt für die Finanzierung der Wiedervereinigung gab. Dafür nahm die CDU/CSU-FDP-geführte Bundesregierung die substanzielle Erhöhung der Staatsquote in Kauf, und zwar hauptsächlich durch zunehmende Verschuldung, Kostenabwälzung auf die Sozialversicherungen und einen steuerlichen Zuschlag, den «Solidaritätszuschlag». Bei diesem Finanzierungs-Mix blieben die nachfolgenden Regierungen – allerdings mit jeweils überraschenden Akzentsetzungen. Zu den Überraschungen der rot-grünen Steuerpolitik zählt die substanzielle Steuerentlastung, die mit der Steuerreform von 2000 eingeleitet wurde. Zu den Überraschungen der schwarz-roten Finanzpolitik von 2005 bis 2009 gehört ferner die kräftige Erhöhung der Abgaben mit Wirkung ab 2007, vor allem die Heraufsetzung des Mehrwertsteuersatzes von 16 auf 19 Prozent und die Anhebung des Beitragssatzes zur gesetzlichen Rentenversicherung von 19,5 auf 19,9 Prozent.[29]

3. Staatsfinanzen im Bundesstaat

Die bisherigen Ausführungen betrafen die Summe der Ausgaben aller öffentlichen Haushalte und die gesamten Staatseinnahmen. Sie schlossen demnach die Haushalte des Bundes, der Länder, der Gemeinden und Gemeindeverbände sowie der Sozialversicherungen

---

27 Alle Zitate aus Muscheid 1986: 200.
28 Zohlnhöfer 2001.
29 Allerdings senkte die Große Koalition den Beitragssatz zur Arbeitslosenversicherung von 6,5 auf 2,8 Punkte. Zur politikwissenschaftlichen Analyse der Finanzpolitik vor und nach 1998 Zohlnhöfer 2001, 2009, Wagschal 2006.

ein, um nur die größten Budgets zu erwähnen. Diese Sichtweise führt allerdings in gewisser Weise irre: Das Aggregationsniveau dieser Daten verdeckt die bundesstaatliche Gliederung Deutschlands und ignoriert die Koexistenz von formell selbständigen, mit divergierenden Interessen verknüpften und sich unterschiedlich entwickelnden Haushalten von Bund, Ländern und Gemeinden, Sozialversicherungsträgern, der Bundesagentur für Arbeit und anderen. Die Trends des Bundeshaushaltes beispielsweise weichen von den Trends der gesamten öffentlichen Ausgaben erheblich ab. So nahm der Anteil des Bundeshaushalts am Bruttoinlandsprodukt seit den 1950er Jahren nicht nachhaltig zu. Vielmehr schwankte er in der alten Bundesrepublik und in den 1990er Jahren zwischen 13 und 16 Prozent und ist auch im Lichte der neuesten Daten mit 13,7 Prozent (2008) nicht höher.[30]

In der Bundesrepublik blieb demnach die finanzpolitische Zentralisierung beim Bund oder beim zentralstaatlichen Haushalt aus, die Finanzfachleute aufgrund von Entwicklungen in der Weimarer Republik als historische Tendenz moderner Staaten prognostiziert hatten. Für den größten Teil des Wachstums der Staatsquote nach 1949 war nicht der Bund verantwortlich, sondern das waren vor allem die Sozialversicherung und die Länder. Davon zeugen auch die Haushalte von Bund, Ländern und Gemeinden. In den frühen 1950er Jahren betrug das Zahlenverhältnis der Ausgaben von Bund, Ländern und Gemeinden rund 50:30:20.[31] Heutzutage liegt es bei 40:37:23.[32] Und die Haushalte der öffentlich-rechtlichen Sozialversicherungen übertreffen mit einem Anteil am Bruttoinlandsprodukt von 19,5 Prozent (2008)[33] den des Bundeshaushaltes deutlich.

Der heutige deutsche Staat ist föderalistisch gegliedert und delegiert wichtige Aufgaben an die Sozialversicherungen und die Bundesagentur für Arbeit. Deshalb gibt es hierzulande kein gesamtstaatli-

---

30 Datenstand 2008, vgl. BMF, Finanzbericht 1981 ff., SVR 2009: 361, 370. Der Anteil des Bundeshaushaltes an allen öffentlichen Ausgaben von Gebietskörperschaften und Sozialversicherungen belief sich 2008 auf 31,4 Prozent (berechnet auf der Grundlage von SVR 2009: 368, 370).
31 Alber 1989: 71.
32 Berechnet auf der Basis von SVR 2009: 370.
33 Berechnet auf der Basis von SVR 2009: 361, 368.

ches Budget, das die Kosten und den Nutzen von haushaltspolitischen Entscheidungen und ihren Alternativen bilanziert. Vielmehr existiert eine Vielzahl von Haushalten und haushaltspolitischen Akteuren mit unterschiedlichen Interessen. Eine rigide Sparpolitik des Bundes beispielsweise würde zwar die Finanzierungsnöte des Bundesfinanzministers lindern, aber den Haushalten der Gemeinden (steigende Sozialausgaben), der Sozialversicherungen (Einnahmeausfälle) und der Bundesagentur für Arbeit (Arbeitslosengeld und Zahlungen für die Arbeitsmarktpolitik) hohe Kosten aufbürden. Und eine forsche defizitfinanzierte Konjunkturpolitik des Bundes wäre zwar für die Bundesfinanzen desaströs, brächte aber im Falle erfolgreicher Wirtschaftsankurbelung attraktive Vorteile für die Haushalte der Gemeinden und der Sozialversicherungen, weil diese von höheren Steuereinnahmen und abnehmenden Ausgaben für Sozialhilfe, Sozialgeld und Arbeitslosigkeit profitieren könnten.[34]

Die Fragmentierung spiegelt wider, dass Bund und Länder in ihrer Haushaltswirtschaft grundsätzlich «selbständig und voneinander unabhängig»[35] handeln. Allerdings wird die institutionelle Fragmentierung der deutschen Finanzpolitik durch steuer- und ausgabenpolitische Verflechtung der Haushalte der Gebietskörperschaften (Bund, Länder und Gemeinden), der Sozialversicherung und der Bundesagentur für Arbeit überbrückt. Diese Verflechtung ist das Ergebnis grundlegender Weichenstellungen in der bundesstaatlichen Finanzverfassung: In ihr wurde seit 1949 ein Mittelweg eingeschlagen – im Unterschied zu den politischen Regimen in Deutschland vor 1949. Im Kaiserreich war das Reich ein Kostgänger der Länder. In der Weimarer Republik hingegen waren die Länder vom Reich finanziell abhängige «Reichspensionäre». Im nationalsozialistischen Staat wurden sie zur Bedeutungslosigkeit verurteilt. Der Mittelweg, der in der Bundesrepublik Deutschland eingeschlagen wurde, räumt Bund, Ländern und Gemeinden einen gleichmäßigeren Anspruch auf die Steuererträge ein, bietet ihnen ergänzende Systeme des Finanzausgleichs und kettet vor allem den Bund und die Länder eng aneinander. Ausgebaut wurden die Bund-Länder-

34 Bruche/Reissert 1985.
35 Artikel 109 I Grundgesetz.

Verflechtung und die Ausgleichssysteme insbesondere in den 1950er und 1960er Jahren sowie durch die Solidarpakte zwischen dem Bund und den west- und den ostdeutschen Ländern. Die Föderalismusreform I hingegen sorgte für eine – wenngleich bescheidene – Entflechtung.

Die Finanzverfassung macht den Bund zum Hauptzuständigen für alle wichtigen Steuern. Allerdings erfordern die meisten Steuergesetze, insbesondere die Gesetze zu den besonders wichtigen Steuern, die Zustimmung des Bundesrates. Sie setzen mithin gütliches Einvernehmen zwischen Bund und Ländern sowie zwischen den Bundesländern voraus. Von der finanziellen Verflechtung von Bund und Ländern zeugen überdies die verfassungsrechtlich vorgeschriebenen Verpflichtungen zur makroökonomischen Koordinierung und zur Haushaltsdisziplin: «Bund und Länder haben bei ihrer Haushaltswirtschaft den Erfordernissen des gesamtwirtschaftlichen Gleichgewichts Rechnung zu tragen», so schrieb bis 2009 der Artikel 109 Absatz 2 des Grundgesetzes vor. Zuständig für die Umsetzung dieser Vorgaben ist unter anderem der Finanzplanungsrat, dem der Bundesminister der Finanzen (Vorsitz), der Bundesminister für Wirtschaft, die Länderfinanzminister und vier Vertreter der Gemeindeverbände angehören, und der für die (rechtlich unverbindliche) Koordinierung der Haushaltswirtschaft zu sorgen hat. Mittlerweile sind durch die Föderalismusreform II die Schuldenbremse und die Maßgabe hinzugekommen, das wirtschaftspolitische Management im Rahmen der Verpflichtung zur Haushaltsdisziplin gemäß Stabilitäts- und Wachstumspakt der EU vorzunehmen, so der neue Artikel 109 II Grundgesetz. Zuständig insbesondere für die Haushaltsdisziplin ist der 2009 ins Grundgesetz aufgenommene Stabilitätsrat, dem die fortlaufende Überwachung der Haushaltswirtschaft von Bund und Ländern obliegt (Artikel 109a).

Zur hochgradigen finanzpolitischen Verflechtung von Bund, Ländern und Gemeinden tragen zudem komplexe Systeme des vertikalen und horizontalen Finanzausgleichs bei. Die bundesstaatliche Finanzverfassung sieht hierfür ein fünffach gestuftes System vor.

Zugrunde liegt seit der Finanzverfassungsreform von 1969 ein steuerpolitisches System, das Trenn- und Verbundelemente verbindet. Es verteilt die Steuereinnahmen nach zwei unterschiedlichen

Verfahren an Bund, Länder und Gemeinden. Die meisten Steuern werden nach dem Trennsystem entweder dem Bund oder den Ländern zugewiesen. Beispielsweise stehen die Mineralölsteuer und die Tabaksteuer dem Bund zu, die Erbschaftssteuer und die Kraftfahrzeugsteuer ausschließlich den Ländern und die Grundsteuer und die Gewerbeertragssteuer ausschließlich den Gemeinden. Über Änderungen dieser Steuern entscheiden Bund, Länder und Gemeinden jeweils autonom.

Die ertragreichsten Steuern aber werden nach dem Verbundsystem auf Bund, Länder und Gemeinden aufgeteilt: die Einkommenssteuer, die Umsatzsteuer und die Körperschaftsteuer – und gesetzgeberische Änderungen dieser Steuern bedürfen jeweils der Zustimmung des Bundestages und des Bundesrates. Die Aufteilung erfolgt nach einem bestimmten – teils verfassungsrechtlich, teils einfachgesetzlich festgelegten – Verteilungsschlüssel. Dieser sah beispielsweise im Jahr 2010 vor, dass von der Lohn- und der veranlagten Einkommenssteuer auf den Bund und die Länder jeweils 42,5 Prozent und auf die Gemeinden 15 Prozent entfallen. Der Ertrag der Körperschaftsteuer hingegen wird jeweils hälftig auf Bund und Länder aufgeteilt. Die Anteile an der Umsatzsteuer werden durch das Finanzausgleichsgesetz, das der Zustimmung des Bundesrates bedarf, festgelegt. Beispielsweise standen dem Bund 2010 53 Prozent der Einnahmen aus der Umsatzsteuer zu, den Ländern 45 und den Gemeinden zwei Prozent.

Zum Trenn- und Verbundsystem – dem primären (ertragszuweisenden) vertikalen Finanzausgleich, der im Artikel 106 Grundgesetz verfassungsrechtlich geregelt ist – kommt auf der nächsten Stufe der Finanzverfassung der primäre horizontale (zwischen den Ländern verlaufende) Finanzausgleich gemäß Artikel 107 des Grundgesetzes hinzu. Dieser Artikel weist den Ländern, abhängig von der Steuerart, die jeweiligen Erträge zu. Dabei werden die Einkommens- und Körperschaftsteuer im Prinzip nach dem örtlichen Aufkommen verteilt, wobei ein eigenes Zerlegungsgesetz in Form eines Bundesgesetzes, das der Zustimmung des Bundesrates bedarf, die Zurechnung regelt. Der Länderanteil an der Umsatzsteuer steht im Grundsatz den einzelnen Ländern gemäß ihrer Einwohnerzahl zu. Allerdings sind bedingte Einschränkungen zugunsten steuerschwacher Länder durch ein Bundesgesetz möglich, das ebenfalls zustimmungspflichtig ist: Höchstens ein Viertel des Länderanteils der Umsatzsteuer kann für Ergänzungsanteile zugunsten steuerschwächerer Länder verwendet werden.

Die dritte Stufe der bundesstaatlichen Finanzverfassung ist der sekundäre (umverteilende) horizontale Finanzausgleich zwischen den Ländern. Er sieht die Umverteilung von den – nach komplizierten Kriterien ermittelten – wohlhabenden, finanzstärkeren «ausgleichspflichtigen» Ländern hin zu den finanzschwächeren «ausgleichsberechtigten» Ländern vor, so die Begriffe im Artikel 107 II Grundgesetz. Mit dem horizontalen Finanzausgleich werden derzeit pro Jahr rund sieben Milliarden Euro umverteilt.

Die vierte Stufe bildet der sekundäre vertikale Finanzausgleich. Mit ihm unterstützt der Bund besonders leistungsschwache Länder, und zwar nach Maßgabe eines im Artikel 107 II näher bestimmten Bundesgesetzes. Auf dieser Stufe kommen seit 2005 drei Arten von Bundesergänzungszuweisungen zum Zuge (im Sinne von Zuweisungen des Bundes «zur ergänzenden Deckung» des «allgemeinen Finanzbedarfs» von «leistungsschwachen Ländern»)[36]: die allgemeinen Bundesergänzungszuweisungen und die Sonderbedarfsergänzungszuweisungen, die in zwei Töpfe getrennt werden – in Ergänzungszuweisungen zum Abbau von teilungsbedingten Sonderlasten, eine Regelung, von der die neuen Bundesländer profitieren, sowie in Sonderbedarfs-Bundesergänzungszuweisungen für die überdurchschnittlich hohen Kosten der politischen Führung in kleinen Bundesländern, eine Regelung, von der ost- und westdeutsche Länder ihren Nutzen haben.

Die fünfte und letzte Stufe ist der «Rettungsanker»[37] für Bundesländer, die in eine extreme Haushaltsnotlage geraten sind. Dieser sieht eine zusätzliche Einstandspflicht des Bundes gemäß des Urteils des Bundesverfassungsgerichtes vom 27. Mai 1992 vor. Bremen und das Saarland haben auf dieser Grundlage bislang milliardenschwere Finanzhilfen des Bundes erhalten.

Doch selbst diese Stufen beschreiben die Architektur des bundes-

36 So Artikel 107 II Grundgesetz.
37 Wagschal 2006: Kapitel 5.

staatlichen Finanzausgleichs nicht vollständig – ganz abgesehen von Finanzbeziehungen zwischen der Bundesrepublik und der EU einerseits und den Systemen des Gemeindefinanzausgleichs andererseits. Der vertikale Ausgleich zwischen Bund und Ländern wird nämlich seit der Finanzverfassungsreform von 1969 durch ein System der Finanzhilfen des Bundes und der Mischfinanzierungen ergänzt. Mit der Föderalismusreform I von 2006 wurde das System der Finanzhilfen und der Mischfinanzierung neu geordnet und im Vergleich zur vorangehenden Periode teilweise entflochten. Gemäß Artikel 104b kann der Bund den Ländern Finanzhilfen für wirtschaftspolitisch besonders bedeutsame Investitionen gewähren. Die Mischfinanzierung erfolgt in Gestalt der Gemeinschaftsaufgaben von Bund und Ländern. Diese sehen die finanzielle Mitwirkung des Bundes bei der Bewältigung von Aufgaben vor, die eigentlich zum Kernbestand der Länderkompetenzen gehören: Die regionale Wirtschaftspolitik und die Verbesserung der Agrarstruktur und des Küstenschutzes zählen vor allem hierzu, ebenso (auf der Basis spezieller Vereinbarungen von Bund und Ländern) Angelegenheiten von Wissenschaft und Forschung.[38]

Das Zusammenwirken von vertikaler Fragmentierung und finanzpolitischer Verflechtung der Haushalte von Bund, Ländern und Gemeinden ist politisch folgenreich: Eine autonome Ausgaben- und Einnahmenpolitik ist jedem der beteiligten Haushalte verwehrt – dem Bund ebenso wie den Ländern und den Gemeinden. Vielmehr erfordern die Einnahmen- und die Ausgabenpolitik ein hohes Maß an Koordination und Kooperationsbereitschaft insbesondere von Bund und Ländern und zwischen den Bundesländern, auch seit Inkrafttreten der Föderalismusreform I. Solche Koordination und Kooperation setzen allerdings viel voraus: den Willen und die Befähigung zum Kompromiss sowie zur Tolerierung von möglicherweise hohen Entscheidungskosten über parteipolitische Trennlinien und Interessenkonflikte zwischen armen und reichen Ländern hin-

38 Die Gemeinschaftsaufgabe Aus- und Neubau von Hochschulen einschließlich der Hochschulkliniken wurde mit der Föderalismusreform 2006 aufgehoben. Andererseits öffnete die Reform des Artikel 91b Grundgesetz neue Wege für die Zusammenarbeit von Bund und Ländern bei der Förderung von Wissenschaft und Forschung (vgl. Kapitel 8.8 und 17).

weg. Diesem Arrangement ist eine spezifische Selektivität eigen: Es ist durchlässig für Politiken mit relativ geringen Konsensbildungskosten (und prämiert insoweit eher die Fortschreibung älterer Verteilungsschlüssel als die grundlegende Veränderung solcher Schlüssel), aber es eignet sich wenig für innovative Politiken, die vorausschauend, umverteilend und langfristiger Natur sind.[39]

Eine Finanzpolitik «aus einem Guss» ist unter diesen Bedingungen kaum machbar. Auch finanzpolitische Alleingänge sind unter solchen Rahmenbedingungen selten. Vielmehr sind Bund und Länder in der Finanzpolitik eng aneinander gekettet. Noch komplizierter werden die wechselseitigen Abhängigkeiten, weil obendrein die Haushalte der öffentlich-rechtlichen Sozialversicherungen für einen beträchtlichen Teil der öffentlichen Leistungen aufkommen. Außerdem sind die Finanzströme zwischen Deutschland und der EU zu bedenken, die, neben Zahlungen an den EU-Haushalt, Rückflüsse insbesondere über die gemeinschaftlichen Agrarausgaben, Mittel aus dem Europäischen Fonds für Regionale Entwicklung und aus dem Europäischen Sozialfonds vorsehen. Überdies kommen seit dem Maastrichter Vertrag zur Europäischen Union (1992) die Begrenzungen der Finanzpolitik durch den Europäischen Stabilitäts- und Wachstumspakt hinzu. Er soll die Mitgliedstaaten der EU dazu anhalten, die jährliche Nettoneuverschuldungsgrenze von drei Prozent des Bruttoinlandsproduktes (BIP) nicht zu überschreiten – und die Obergrenze für den BIP-Anteil der Staatsverschuldung (60 Prozent) einzuhalten. Schließlich muss die Steuerpolitik EU-Vorgaben folgen. Steuererhöhungspläne, die beispielsweise gegen den gemeinsamen Binnenmarkt der EU verstoßen, sind unzulässig, und struktur- oder umweltpolitisch begründete Steuern auf bestimmte Produkte, wie das Dosenpfand, bedürfen der Genehmigung durch die Europäische Kommission.

Angesichts der vielfältigen Abhängigkeiten und Schranken ist zu erwarten, dass die Finanzpolitik in Deutschland normalerweise vergleichsweise schwerfällig ist, nur relativ träge reagiert und für Willensbildung, Beschlussfassung und Implementierung viel Zeit benö-

39 Bruche/Reissert 1985, Knott 1981, Scharpf 1985, Scharpf/Reissert/Schnabel 1976.

tigt. Diese Erwartung wird oft erfüllt. Gleiches gilt für die konjunkturpolitische Reagibilität und die Fähigkeit zur fiskalischen Konsolidierung.[40] Beide werden durch die fragmentierte Staatsorganisation und die hochgradige Verflechtung massiv behindert. Verstärkt wird diese Bremse durch die hohen Kompromissbildungskosten in den Koalitionsregierungen im Bund und in den Ländern. Dass die Finanzpolitik unter diesen Umständen genau das trifft, was sachlich und zeitlich gesamtwirtschaftlich geboten ist, ist wenig wahrscheinlich. Allerdings kann das schwerfällige Arrangement für Stetigkeit und Vorhersehbarkeit sorgen – und mithin eine günstige Voraussetzung für wirtschaftliches Handeln sein. Größere Kurswechsel der Finanzpolitik sind unter diesen Bedingungen wenig wahrscheinlich.

Andererseits ist in einer «politischen Gesellschaft» wie der Bundesrepublik Deutschland aber vieles möglich.[41] Kurswechsel in der Finanzpolitik können vor allem bei fundamentalen Änderungen der Großwetterlage und akutem Handlungsbedarf zustande kommen. Ein Paradebeispiel ist der finanzpolitische Kurswechsel der Regierung Kohl von 1990 und den folgenden Jahren. Anstelle der beim Regierungswechsel vom Oktober 1982 angekündigten «Wende» in der Arbeitsteilung zwischen Staat und Markt zugunsten des Marktes setzte die Regierung Kohl nunmehr im Zeichen der deutschen Einheit auf mehr Staat, obendrein auf höhere Staatsverschuldung. Überdies entschied sie sich dafür, einen Teil der Kosten der Einheit durch höhere Sozialversicherungsbeiträge zu finanzieren. Die 2008 erfolgte Einrichtung eines Rettungsschirms für den vom Kollaps bedrohten Finanzmarkt durch das innerhalb von einer Woche auf den Weg gebrachte und beschlossene Finanzmarktstabilisierungsgesetz ist ein weiteres Beispiel für einen rapiden Kurswechsel in der Finanzpolitik. In die gleiche Kategorie gehört die 2010 erfolgende Einrichtung weiterer milliardenschwerer Rettungsschirme zur Unterstützung des überschuldeten EU-Mitglieds Griechenland einerseits und zur Stabilisierung des Euro andererseits.

40 Armingeon 2010, Scharpf 1985, Wenzelburger 2010.
41 Die «politische Gesellschaft» (Greven 2009), ein Produkt der säkularisierten demokratischen Moderne, zeichnet sich insgesamt dadurch aus, dass in ihr der Möglichkeit nach alles zur politischen Entscheidung steht, auch schon Entschiedenes.

4. Deutschlands Staatsfinanzen im internationalen Vergleich

Mit der Expansion der Staatsfinanzen insbesondere nach 1960 ist Deutschland kein Solitär. In allen wohlhabenden westlichen Ländern ist die Staatsquote seit diesem Zeitpunkt bis in die 1990er Jahre sehr stark gewachsen – mit großen Unterschieden je nach Land und Zeitabschnitt.[42] Insbesondere in den 1990er Jahren und nach der Jahrtausendwende kam das Wachstum des Staates allerdings in den meisten Ländern zum Stillstand, und in einigen Staaten nahm die Staatsquote ab. In allen Ländern aber waren die Sozialausgaben der wachstumsstärkste Posten – ebenfalls mit großen Unterschieden im Ausgangsniveau und Expansionstempo[43] – während der Anteil der Militärausgaben an den gesamten öffentlichen Ausgaben und am Sozialprodukt abnahm.[44] «Butter» statt «Kanonen» kennzeichnet den Haupttrend selbst in Staaten mit größeren militärischen Ambitionen wie den Vereinigten Staaten von Amerika.

Die Staatsquote ist in allen heutigen wohlhabenden Demokratien im 19. und 20. Jahrhundert im Trend gewachsen – und mit besonders hohem Tempo zwischen 1960 und 1990. Überall ist, den langen Wellen nach zu urteilen, der Staat auf dem Vormarsch – zumindest bis in die 1990er Jahre hinein, auch in den USA. Insoweit schien sich Schumpeters Prognose aus den 1940er Jahren zu erfüllen: Der Westen befinde sich auf dem «Marsch in den Sozialismus».[45] Allerdings führte dieser Marsch nicht in den diktatorischen Staatssozialismus, sondern in einen Wohlfahrtsstaat auf demokratischer und verfassungsstaatlicher Grundlage. Zudem wuchs die Staatsquote in sehr unterschiedlichem Tempo und von höchst unterschiedlichen Ausgangsniveaus aus. Besonders kräftig expandierten die öffentlichen Ausgaben in Friedenszeiten vor allem nach dem Zweiten Weltkrieg insbesondere in Skandinavien, lange auch in den Niederlanden und in Belgien. Viel langsamer stieg die Staats-

---

42 Cameron 1978, Castles 1998, 2007, Kohl 1985, Taylor 1983.
43 Schmidt 2005a: 208 ff.
44 Cusack 2007.
45 Schumpeter 1996.

quote hingegen in den englischsprachigen Demokratien, vor allem in den USA.

Bis in die frühen 1960er Jahre lag die deutsche Staatsquote weit über dem Durchschnitt der Staatsquoten vergleichbarer Länder. Doch nach 1960 wuchs der Anteil der öffentlichen Ausgaben am Sozialprodukt in vielen anderen Ländern erheblich schneller als in Deutschland, sodass die Bundesrepublik mittlerweile im internationalen Vergleich der Industrieländer eine Staatsquote von nur noch mittlerer Größenordnung hat.[46]

Zusammensetzung und Entwicklung der öffentlichen Finanzen in Deutschland weisen Parallelen zu anderen westlichen Ländern auf. Allerdings gibt es auch auffällige Unterschiede. Gemessen an der Höhe der Staatsquote gehört die Bundesrepublik zur Gruppe der Länder des «Sozialen Kapitalismus». Bei den Sozialausgaben nimmt sie sogar einen der Spitzenplätze ein. Ähnliches gilt für die öffentlichen Ausgaben zum Umweltschutz. Bei anderen Staatsausgaben aber liegt die Bundesrepublik im Mittelfeld oder im unteren Bereich der Rangordnung, beispielsweise bei der Finanzierung öffentlicher Investitionen und den öffentlichen Ausgaben für das Bildungswesen.

Unterschiedlich ist auch die Finanzierung der Staatstätigkeit, wie insbesondere Wagschals Typologie verschiedener abgabenpolitischer Länderfamilien zeigt. Die Bundesrepublik Deutschland gehört mit Belgien, Frankreich, den Niederlanden und Österreich zur «christdemokratisch-kontinentaleuropäischen Besteuerungswelt». Ihre Kennzeichen sind unter anderem ein breites Besteuerungskonzept, das auf vielen Steuerarten basiert. Die direkten Steuern tragen in diesen Ländern nur unterdurchschnittlich zu den Gesamteinnahmen bei, wohingegen den Sozialabgaben ein besonders hoher Anteil zukommt. Zu den auffälligen Kennzeichen dieser Länderfamilie gehören sodann «die hohe Grenzsteuerbelastung des privaten und gewerblichen Einkommens als auch die hohen tariflichen Steuersätze, deren Wirkung auf die Durchschnittsabgabenlast durch eine eher enge Bemessungsgrundlage geschmälert wird»[47]. Auf der Individu-

46 OECD 2010c: 347, Tanzi 2000: 34.
47 Alle Zitate aus Wagschal 2005: 113.

alebene schließlich dominiert hier die Familienbesteuerung bzw. die gemeinsame Besteuerung der Ehegatten. Damit unterscheidet sich Deutschland deutlich von drei anderen Ländergruppen:

- von der «sozialdemokratisch-skandinavischen» Länderfamilie (deren Hauptkennzeichen die hohe Gesamtabgabenlast vor allem durch die starke Einkommenssteuer- und die überdurchschnittliche Konsumbesteuerung ist),
- von der «liberal-konservativen» Ländergruppe (Schweiz, Japan und die englischsprachigen Demokratien – in ihr dominieren direkte Steuern, während die Sozialabgaben und die Verbrauchssteuern in der Regel eher niedriger sind),
- und von der «peripher-residualen» Steuerwelt, die Ähnlichkeiten mit der christdemokratisch-kontinentaleuropäischen Länderfamilie hat, aber Schwerpunkte bei den Konsumsteuern setzt (insbesondere Italien, Spanien, Griechenland, Portugal und Irland).[48]

Deutschland gehört ferner zum Typus des verschuldeten Steuer- und Sozialabgabenstaates. Seine Staatsschuldenquote ist – wie ebenfalls schon erwähnt – mittlerweile mit über 70 Prozent auf einem hohen Niveau angelangt. Erneut zeigt der internationale Vergleich an, dass Deutschland auch in dieser Hinsicht nicht singulär ist: Seine Staatsschuldenquote und der Anteil der Nettozinszahlungen am Sozialprodukt liegen im Mittelfeld der OECD-Länder.[49] Wenn das Zahlenverhältnis von Staatsverschuldung und Bruttoinlandsprodukt ein «handy thermometer of the health of a government's finance»[50] ist, dann sind Deutschlands Staatsfinanzen gewiss nicht gesund,[51] aber auch nicht todkrank.

48 Wagschal 2005: 105 f.
49 Wagschal 2007a, OECD 2010c.
50 *The Economist*, 14.6.1986: 67.
51 Vgl. Kirchhof 2006, SVR 2005, 2006, Wagschal/Wenzelburger 2006.

5. Determinanten der Staatsquote

Diese Beobachtungen werfen Fragen wie diese auf: Warum liegt Deutschlands Staatsquote mittlerweile bei fast 50 Prozent – und damit auf einem Mittelplatz im internationalen Vergleich westlicher Demokratien? Und warum war die Staatsquote in Deutschland bis in die 1960er Jahre im Vergleich zu anderen Ländern relativ hoch? Warum ist sie seit 1960 gewachsen? Doch warum wuchs sie langsamer als insbesondere in Nordeuropa, den Benelux-Staaten und Frankreich, aber erheblich schneller als in den Vereinigten Staaten von Amerika?

Viele Faktoren wirken auf das Niveau und den Wandel von Staatsausgaben ein. Historisch und international vergleichenden Studien zufolge sind vor allem zehn Bestimmungsfaktoren von besonderem Gewicht, auch für die öffentlichen Ausgaben in Deutschland:[52]

1. tiefverwurzelte Traditionen staatlicher Daseinsvorsorge,
2. die Hinterlassenschaft von Kriegen,
3. der Stand wirtschaftlicher Entwicklung,
4. der Bevölkerungsaufbau, insbesondere die Alterung der Gesellschaft,
5. die Demokratie,
6. die besondere Nachfrage nach staatlichen Leistungen infolge von Wirtschaftsschwäche und Arbeitslosigkeit,
7. Inflations- bzw. Deflationseffekte,
8. die «Kostenkrankheit» des öffentlichen Sektors,
9. parteipolitische Größen und
10. politisch-institutionelle Rahmenbedingungen der öffentlichen Finanzen.

Dass Deutschlands Staatsquote bis in die zweite Hälfte des 20. Jahrhunderts auch im internationalen Vergleich einen überdurchschnittlich hohen Stand erreicht hatte, hängt mit spezifischen entwicklungsgeschichtlichen Konstellationen zusammen. Zu ihnen gehört

---

52 Vgl. Anm. 42, ferner Schmidt 2005a, 2005c, Tanzi 2000, Wagschal 2006.

eine besonders lange Tradition der Staatsintervention. Schon im Prozess der Industrialisierung kam dem Staat in Deutschland eine maßgebende Rolle zu. Im Unterschied zu Großbritannien und den USA ging hier der Aufstieg der Staatsbürokratie sogar der Industrialisierung voraus. Hierdurch wurde die Wirtschaft von der Bürokratie stärker geformt als in den angloamerikanischen Ländern. Ferner waren weite Bereiche des öffentlichen Lebens durch absolutistische und merkantilistische Traditionen geprägt. Die staatliche Verwaltung verfügte über «eine große Rechtsmasse nichtliberaler, obrigkeitsstaatlicher, wohlfahrtsstaatlicher Art»[53], etwa im Versicherungs- und Armenrecht. Zudem waren die Traditionen paternalistischer Herrschaftsordnungen lebendig. Speziell der lutherische Protestantismus verpflichtete die Obrigkeit darauf, für die Wohlfahrt ihrer Untertanen zu sorgen. Und dass die Wohlfahrt ein Staatszweck ist, darüber bestand in Deutschland, wo der Liberalismus als Regierungsphilosophie nie recht Fuß fassen konnte, kein ernsthafter Zweifel.[54]

Der nationalsozialistische Staat baute den Etatismus noch weiter aus – insbesondere in Gestalt einer aggressiven, zerstörerischen Militärpolitik und der Vernichtung von Gruppen, die aus politischen und rassistichen Gründen zum «Feind» erklärt wurden. Die Hinterlassenschaften des NS-Staates stärkten den Bedarf an staatlichen Leistungen. Die Kriegszerstörungen, der Zusammenbruch weiter Teile der Gesellschaft und Wirtschaft, die Aufgabe der Wiedereingliederung der Soldaten und der Kriegsgefangenen, die Notlage von mehr als neun Millionen Flüchtlingen und Vertriebenen und vieles andere schufen eine gewaltige Nachfrage nach Leistungen, die nicht allein vom Markt und den sozialen Netzen der Kirchen und der Familien gedeckt werden konnten, sondern auch vom Staat zu decken und aus den öffentlichen Kassen zu finanzieren waren.

Mit dem Wiederaufbau des kriegszerstörten Landes begannen neue Kräfte auf die Staatstätigkeit zu wirken. Wie in vielen wirtschaftlich aufstrebenden Ländern nahm auch in der Bundesrepublik Deutschland mit zunehmendem wirtschaftlichen Entwicklungs-

53 Stolleis 1980: 158.
54 Vgl. Maier 1980, Stolleis 1988, 1992, 1999, 2003.

stand das Volumen der staatlichen Leistungen zu – und zwar nicht nur absolut, sondern auch relativ zum Sozialprodukt.

Expansiv wirkte außerdem die Wiedereinsetzung der Demokratie auf die Staatsaufgaben und -ausgaben. Die Demokratie setzte mit dem Parteienwettbewerb um Wählerstimmen das großflächige Werben um Bundesgenossen und Gefolgschaft in Kraft und verlieh auch denjenigen Bürgern eine Stimme, die weniger oder nichts hatten. Auch das steigerte die Nachfrage nach staatlichen Leistungen und legte den konkurrierenden Parteien nahe, mit großzügigeren Angeboten an öffentlichen Produkten die Wähler zu umwerben. «Wir wollen doch Wahlen gewinnen»[55], pflegte Konrad Adenauer zu sagen, wenn er, zwischen Wiederwahlchancen und Abwehr von Forderungen der Interessengruppen abwägend, sich regelmäßig für Wiederwahl und Interessengruppen entschied. Auch der Blick auf mögliche Startvorteile oder -nachteile der Konkurrenz konnte für den finanzpolitischen Kurs wichtig werden: Wir sollten «uns nicht zu Tode sparen und dann einer nachfolgenden SPD-Regierung einen ausgeglichenen Haushalt in die Tasche geben»[56], so hielt Hans Katzer (CDU), der Bundesarbeitsminister der Großen Koalition von 1966 bis 1969, Kanzler Erhard entgegen, als dieser für einen ausgeglichenen Bundeshaushalt eintrat.

Verschiebungen im Bevölkerungsaufbau wirkten ebenfalls auf die Staatsaufgaben und -ausgaben ein. Vor allem der Alterungsprozess, der allmählich wachsende Anteil der Älteren an der Bevölkerung, schlug sich in den Staatsfinanzen nieder, insbesondere in den Alterssicherungssystemen, im Gesundheitswesen und in der Pflegeversicherung.

Ökonomische und finanzwirtschaftliche Entwicklungen kamen hinzu. Ausgabensteigernd wirkte der Kostendruck des öffentlichen Sektors. Das ist der Kostenschub, der dadurch entsteht, dass bei der Ausrichtung der Entlohnung von Staatsdienern an den Löhnen des privatwirtschaftlichen Sektors die Personalausgaben auch bei kons-

55 Zit. n. Schwarz 1981: 157.
56 Zit. n. Buchstab 2005: 226. Der Kontext war die Debatte im CDU-Bundesvorstand vom 11. Juli 1966 über die nordrhein-westfälische Landtagswahl vom Vortage.

tanter Leistung wachsen – aufgrund der niedrigeren Produktivität und der geringeren Produktivitätssteigerungschancen im öffentlichen Sektor.

Nachlassendes Wirtschaftswachstum und Arbeitslosigkeit, die aus großflächig angelegten Arbeitslosenversicherungssystemen finanziert wird, entpuppten sich ebenfalls als Motoren der Staatsausgaben. Expansiv wirkten außerdem Inflationsschübe, restriktiv aber schlugen abnehmende Inflationsraten zu Buche.

Ohne politische Wirkfaktoren lässt sich aber der Anstieg der Staatsausgaben in Deutschland und anderen Demokratien nicht verstehen. Unter diesen Faktoren verdienen Parteieneffekte besondere Erwähnung. Expansiv auf die Staatsausgaben wirkte in Deutschland die Regierungsbeteiligung der SPD – so wie Linksregierungen auch anderswo: Beim Kampf um die «Erweiterung des Staatskorridors»[57] stand die SPD mit an der vordersten Front. Vor allem in den Ländern setzten die SPD-Regierungen in größerem Maß auf Defizitfinanzierung als die CDU/CSU-Regierungen, während im Bund sowohl SPD- als auch CDU- bzw. CSU-geführte Regierungen Hauptverantwortliche für die zunehmende Staatsverschuldung sind. Zum Linksparteieneffekt kam in Deutschland ein expansiver christdemokratischer Parteieneffekt auf die Staatshaushalte hinzu, vor allem in den 1960er Jahren, sodann im Zeichen der deutschen Einheit und beim Krisenmanagement der destabilisierten Finanzmärkte ab 2008. Auch dies trug zum Wachstum des Staatshaushaltes bei, weil sich die Unionsparteien ebenfalls als Sozialstaatsparteien definierten und über großzügig dotierte Sozialpolitik nach Linderung sozialer und wirtschaftlicher Risiken und politischer Vorteilsgewinnung strebten. Selbst die wirtschaftsliberale FDP trug viele Jahre lang die spendable Ausgabenpraxis mit – wenngleich nur halbherzig und mit zwei spektakulären Ausnahmen, die jeweils einen Regierungswechsel einleiteten: 1966 verließ die FDP nicht zuletzt aufgrund des schweren Streits über die Finanzpolitik das Bündnis mit der CDU/CSU, und 1982 kündigte die FDP auch wegen finanzpolitischen Zwistes die Koalition mit der SPD auf. Auch die Regierungsbeteiligung der Grünen änderte am großen Trend der Staatsfi-

57 Ullmann 2006.

nanzen wenig. Nur bei der rot-grünen ökologischen Steuerreform war eine grüne Handschrift erkennbar.[58]

Zu bedenken sind auch die Gegenkräfte zur Expansion der öffentlichen Ausgaben. Die Begrenzungen der Mehrheitsherrschaft, die in Deutschland besonders zahlreich und einflussreich sind, bremsten die Staatsausgaben – die fragmentierte Finanzverfassung, die hohen Kosten der Koordination und Kooperation von Bund, Ländern und Gemeinden und die autonome Zentralbank, um nur einige Aspekte zu nennen. Hinzu kamen Rückwirkungen der Globalisierung und der Europäisierung der Politik, insbesondere seit den 1990er Jahren. Obergrenzen für die Nettoneuverschuldung (3,0 Prozent des Bruttoinlandsproduktes (BIP)) und die Staatsschuldenquote (60 Prozent des BIP), wie im Europäischen Stabilitäts- und Wachstumspakt festgelegt, dämpften die Staatsausgaben zwar nicht durchgängig, hatten aber eine spürbare Bremswirkung.

Diese Bestimmungsfaktoren können das Wachstum der deutschen Staatsquote weitgehend erklären und die Frage beantworten, warum Deutschlands Staatsquote bis Mitte des 20. Jahrhunderts überdurchschnittlich hoch war. Die spezielle politische Geschichte des Landes und seine besonders tief verankerten etatistischen Traditionen waren dafür ebenso mitverantwortlich wie der frühe Einstieg in die reichsweite Sozialgesetzgebung. Dass nach 1960 andere Staaten ihren öffentlichen Sektor sehr viel stärker ausbauten, hängt mit besonderen politischen Konstellationen zusammen. Besonders weit wurden die staatlichen Leistungen dort ausgebaut, wo Linksparteien die Regierungsgeschäfte lenkten und nur wenige Schranken gegen sich hatten, allen voran in den nordeuropäischen Ländern. Mehr Markt und weniger Länder kennzeichnen hingegen die Staaten, in denen die breite Masse der Bevölkerung weniger Sicherheitsansprüche an den Staat richtet, und in denen marktfreundlichere Parteien die Regierungsgeschäfte dominieren, wie in den USA und in Australien oder in Großbritannien in der Periode des Thatcherismus (1979–1990).

58 Wagschal 2006.

6. Schlussfolgerungen

Die Staatsfinanzen sind «einer der besten Angriffspunkte der Untersuchung des sozialen Getriebes, besonders (...) des politischen», weil sie «ein wichtiges Element des Ursachenkomplexes jeder Veränderung» in der Gesellschaft und der Politik sind und weil alles, was in Politik und Gesellschaft geschieht, «sich in der Finanzwirtschaft ausdrückt». Mit dieser These begründete Joseph Schumpeter seine «Finanzsoziologie»[59]. Besonders eigne sich dieser Ansatz zur Erkundung krisenhafter Wendeepochen, so Schumpeter, der vor allem den verschuldeten Steuerstaat am Ende des Ersten Weltkrieges vor Augen hatte. Doch passt die finanzsoziologische Perspektive auch für andere Länder und Zeiten, beispielsweise für Staaten wie die Bundesrepublik Deutschland, in denen der Kampf der politischen Parteien um Wählerstimmen, Staatsmachtteilhabe und Finanzierung der Sozialpolitik und anderer öffentlicher Aufgaben ein viel größeres Gewicht als zu Schumpeters Zeiten hat.[60]

Der finanzsoziologische Blickwinkel zeigt beispielsweise an, dass sich die Bundesrepublik durch einen im internationalen Vergleich eher kleinen «Steuerstaat» auszeichnet, dafür aber durch einen relativ großen «Sozialabgabenstaat» – wiederum relativ zu anderen wirtschaftlich wohlhabenden Demokratien. Ferner deckt der internationale Vergleich auf, dass Deutschlands Staatseinnahmen und -ausgaben beträchtlich zugenommen haben. Doch ihrer Größe nach liegt die Staatsquote in Deutschland mittlerweile nur noch im Mittelfeld der OECD-Länder. Weil aber zugleich der «Sozialabgabenstaat» so groß ist, sind die Spielräume für steuerfinanzierte öffentliche Leistungen erheblich geringer als in Ländern mit größerem Steuerstaat. Das verknappt den Spielraum zur Finanzierung der steuerfinanzierten Aufgabenfelder in Deutschland und kann zur finanziellen Vernachlässigung ganzer Politikfelder führen. Davon zeugen das unterfinanzierte Bildungswesen, vor allem das Hoch-

59 Alle Zitate aus Schumpeter 1976: 332.
60 Vgl. Schmidt 1990.

schulwesen, die Militärpolitik, die Forschung und Entwicklung und Teile der öffentlichen Infrastruktur.[61]

Der genauere Blick auf die öffentlichen Finanzen in Deutschland deckt überdies ein Muster auf, das eine Parallele zu dem Staat hat, den Schumpeter bei der Abfassung seiner finanzsoziologischen Aufsätze vor allem im Auge hatte: den besitzlosen verschuldeten Steuerstaat. Besitzlos und verschuldet ist auch der Staat in der Bundesrepublik Deutschland – aber nicht aus Kriegsgründen, sondern größtenteils aufgrund eines überaus ehrgeizigen Sozialinterventionismus.

Ferner beleuchtet die finanzsoziologische Perspektive den «mittleren Weg», der für die Wirtschafts- und Sozialpolitik in Deutschland nach 1949 typisch geworden ist.[62] Das gilt nicht nur hinsichtlich der Mittellage, die Deutschlands Staatsquote inzwischen im internationalen Vergleich einnimmt, sondern auch hinsichtlich der Verwendung der öffentlichen Finanzmittel: In großem Umfang finanzieren sie Geldzahlungen – von Sozialtransfers bis zu Subventionen – und den Kauf von Gütern und Dienstleistungen. Gewiss fallen auch die Zahlungen der Löhne, der Gehälter und der Alterssicherung des Staatsdienerheers in erheblichem Umfang ins Gewicht. Doch ist das Staatsdienerheer hierzulande – 10,5 Prozent aller Erwerbstätigen sind im Öffentlichen Dienst vollzeit- oder teilzeitbeschäftigt – im internationalen Vergleich nicht überdurchschnittlich groß.[63]

Aufschlussreiche Einblicke verschafft die finanzsoziologische Perspektive auch in die Bestimmungsfaktoren der öffentlichen Finanzen und in zugehörige Theorien der Determinanten der Finanzpolitik. Innergesellschaftliche, binnenwirtschaftliche und vor allem politische Faktoren erweisen sich als besonders wirkungskräftige Einflussgrößen – viel wichtiger als internationale Bestimmungsgrößen. Zu den bedenkenswerten Einsichten gehört, dass das Wachstum der öffentlichen Finanzen, aber auch Perioden des Innehaltens und des begrenzten Rückbaus der öffentlichen Finanzen, sowohl

61 Castles 2007, Schmidt 2004.
62 Vgl. Kapitel 19.
63 Zahlen für 2009. Berechnet aus Daten des Statistischen Bundesamtes 2010: 82, 600.

unter CDU/CSU-geführten Regierungen als auch unter SPD-gelenkten Koalitionen zustande kamen. Auch dies ist ein Hinweis auf ein allgemeineres Muster: Die SPD und die Unionsparteien haben in ihrer Regierungspraxis mitunter erheblich mehr gemeinsam, als aufgrund ihrer programmatischen Unterschiede und ihres unterschiedlichen Sozialprofils zu erwarten ist.

Schließlich deckt die Analyse der öffentlichen Finanzwirtschaft in Deutschland seit 1949 ein weiteres Muster auf: Hochgradige Fragmentierung und hohe Verflechtung prägen Deutschlands Finanzverfassung. Auch sie durchweht der Geist der Machtaufteilung, der die gesamte Staatsorganisation der Bundesrepublik kennzeichnet. Kein Teil des Staates kann ohne Mitwirkung anderer Teile finanzpolitisch Größeres unternehmen. Keiner könnte einen Alleingang lange durchhalten – weder die Bundesregierung noch die Länder oder die Kommunen. Die Machtaufteilung in der Finanzverfassung erschwert zudem eine Politik aus einem Guss, durchkreuzt die rasche Reaktion auf Veränderungen des Umfeldes, steht einer Politik des Durchregierens im Wege, wirkt als Schranke für große Wendemanöver und als Barriere einer keynesianischen Finanzpolitik. Diese ist britischen Ursprungs und funktioniert am ehesten in einem vom Westminster-Modell geprägten Kontext. Auch von diesen Begrenzungen können alle Regierungen im Bund und in den Ländern berichten – SPD-geführte Regierungen ebenso wie CDU/CSU-gelenkte.

Für Parteien oder einzelne Politiker, die sich vom Machterwerb die Chance der großen, kühnen, wegweisenden Gestaltung der öffentlichen Finanzen erhoffen, hält die Finanzverfassung Deutschlands größtenteils nur Frustrationen bereit. Ein britischer Premier oder ein schwedischer Ministerpräsident würde in der deutschen Finanzpolitik wohl alsbald verzweifeln. Durchregieren wäre ihm verwehrt. Und für das Erfolgsrezept des ehemaligen schwedischen Regierungschefs Göran Persson – bei Reformen müsse man «rüde, ehrlich und schnell» handeln[64] – fehlen hierzulande jedenfalls in zeitlicher Hinsicht die Voraussetzungen. Die Finanzverfassung Deutschlands verlangt für weitreichende Reformen vielmehr Quali-

64 Digitales Volksheim, in: Der Spiegel, Nr. 19 (2000), 188–194, Zitat S.190.

fikationen, die in der schnelllebigen Welt der demokratischen Politik und der Mediengesellschaft nicht allzu oft gegeben sind: einen langen Atem, Abwartenkönnen, hohe Frustrationstoleranz, Befähigung zur einigungsorientierten Kooperation und Willensbildung mit gegnerischen Interessen in der Opposition und in den Ländern. Hinzu kommt die Fähigkeit, sich, mit Max Weber gesprochen, auf das lange «Bohren dicker Bretter» einzulassen – und zu alldem gute Miene zu machen.

Kapitel 15 **Wirtschaftsverfassung und
wirtschaftspolitische Ergebnisse**

Welche Wirtschaftsverfassung hat die Bundesrepublik Deutschland? Welche Erfolge kann sich ihre Wirtschaftspolitik[1] auf die Fahnen schreiben, und welche Misserfolge hat sie zu verzeichnen – gemessen an politisch besonders sensiblen wirtschaftlichen Indikatoren wie Arbeitslosenquote und Inflationsrate? Von diesen Fragen handelt das vorliegende Kapitel.

1. Die Wirtschaftsverfassung

Die Spielregeln der Wirtschaftspolitik in der Bundesrepublik Deutschland, ihre «Wirtschaftsverfassung», werden von vielen Kräften geprägt. Tief verwurzelte Traditionen einer von Staatsintervention und korporatistischer Interessenvermittlung geprägten Marktwirtschaft gehören ebenso zu ihr wie Vorgaben des Grundgesetzes. Zwar schreibt das Grundgesetz nicht eine bestimmte Wirtschaftsverfassung zwingend vor, doch ist es in Fragen der Wirtschaftsordnung nicht wertneutral.[2] Verfassungsrangige Ordnungsprinzipien wie die Würde des Menschen (Artikel 1), Vereinigungs- und Koali-

1 Im Sinne eines Handelns, das darauf gerichtet ist, Konflikte über drei Objektbereiche verbindlich zu regeln: die Wirtschaftsverfassung und die Koordination der einzelwirtschaftlichen Tätigkeit (Ordnungspolitik), die Struktur der Wirtschaft und ihrer Untergliederungen (gesamtwirtschaftliche bzw. selektive Strukturpolitik) und den Ablauf des Wirtschaftsprozesses (Ablaufpolitik).
2 Zum Für und Wider der Lehre der wirtschaftspolitischen Neutralität oder Wertgebundenheit des Grundgesetzes Müller-Graf (1984: 266 ff.), Rupp (1974), R. Schmidt (2006), ferner Krüger (1971: 129 ff.), der die Neutralitätsthese vertrat, Nipperdey (1965: 4), der im Grundgesetz die «Entscheidung (…) für die soziale Marktwirtschaft» festgeschrieben sah, und Abendroth (1966), der die Offenheit des Grundgesetzes auch für Radikalreformen unterstellte.

tionsfreiheit (Artikel 9), Freizügigkeit (Artikel 11), freie Berufswahl (Artikel 12) sowie die Gewährleistung des Eigentums und des Erbrechts (Artikel 14 Grundgesetz) definieren Prinzipien der Wirtschaftsverfassung und schreiben ihre Grenzen fest. Eine Planwirtschaft beispielsweise wäre mit dem Grundgesetz nicht vereinbar.

Die Wirtschaftsverfassung der Bundesrepublik Deutschland kann man ohne die «außerkonstitutionelle Präjudizierung des Sozialstaatsmodells ‹Sozialer Kapitalismus›»[3] nicht verstehen. Zutiefst geprägt wurde sie durch die marktwirtschaftsorientierten Weichenstellungen in der Bizone, dem vereinigten Wirtschaftsgebiet der amerikanischen und der britischen Besatzungszone. Mit diesen Weichenstellungen wurden die Lenkungssysteme abgebaut, unter ihnen die Bewirtschaftung und Preisbindung, die im Wesentlichen aus der Kriegswirtschaft stammten.[4] Dass in der Bizone die «Liberalisierungspolitik»[5] zum Zuge kam und gemeinwirtschaftliche Zielvorstellungen ebenso hintangestellt wurden wie eine am Keynesianismus[6] ausgerichtete Wirtschaftspolitik, hing eng mit den wirtschaftspolitischen Präferenzen der Besatzungsmächte, insbesondere der USA, zusammen. Doch waren auch innenpolitische Kräftekonstellationen mitverantwortlich.[7] Die schlechte Wirtschaftslage und die Kritik an den offenkundigen Mängeln der Bewirtschaftung und Preisbindung bestärkten die Liberalisierungspolitik. Diese hatte zudem einflussreiche Fürsprecher auf deutscher Seite, unter ihnen den Wirtschaftsflügel der Unionsparteien und, allen voran, Ludwig Er-

3 Hartwich 1970: 61 f.
4 Abelshauser 2004.
5 Zohlnhöfer 2006b: 283.
6 Der keynesianischen Wirtschaftspolitik liegt die Hypothese der strukturellen Instabilität der Marktwirtschaft zugrunde. Staatseingriffe könnten diese kompensieren, insbesondere durch antizyklische Steuerung der gesamtwirtschaftlichen Nachfrage – z. B. durch Steuersenkung und/oder höhere Staatsausgaben in Rezessionszeiten und Einsparungen im Boom (Keynes 1970). Gegenpositionen zum Keynesianismus, wie die neoklassischen Theorien, werten marktwirtschaftliche Systeme als prinzipiell stabil. Destabilisiert würden sie gerade durch keynesianische Stabilisierungspolitiken und Markthemmnisse schaffende Interventionen wie Sozialpolitik oder kartellförmige Lohnpolitik.
7 Abelshauser 2004, Zohlnhöfer 2006b.

hard, 1948/49 Direktor der Wirtschaftsverwaltung des vereinigten Wirtschaftsgebietes der drei Westzonen und von 1949 bis 1963 Bundeswirtschaftsminister.[8]

Die Entscheidung für eine liberale, marktorientierte Wirtschaftsverfassung und alsbald auch für ihre sozialpolitische Flankierung schloss zweierlei Abgrenzungen ein. Die eine war die Frontstellung gegen die Zentralverwaltungswirtschaft nach Art der sozialistischen Länder, die zweite bestand aus der ebenso entschiedenen Absage an eine vom Laissez-faire-Prinzip geprägte altliberale Wirtschaftsordnung. Von einer rein liberalen Marktwirtschaft befürchtete man, sie würde zu Marktvermachtung anstelle von Wettbewerb führen und wichtige wirtschafts- und sozialpolitische Ziele, wie etwa gesellschaftlicher Zusammenhalt, vernachlässigen. Für diesen Weg setzte sich in der wirtschaftspolitischen Debatte in Deutschland der «werbewirksame Begriff»[9] der «Sozialen Marktwirtschaft» durch – ein Begriff, der so bedeutungsoffen ist, dass er Fürsprecher des Marktes ebenso anspricht wie Wortführer des Sozialstaats und Anhänger eines dritten Weges zwischen Kapitalismus und Sozialismus.[10]

Den Kern der Sozialen Marktwirtschaft beschrieb einer ihrer Architekten mit diesen Worten: Sie basiere auf einer «Wettbewerbsordnung, deren konstituierende Prinzipien die Garantie des Privateigentums, Haftungsregeln, Vertrags- und Gewerbefreiheit, Geldwertstabilität, offener Marktzugang sowie eine konstante Wirtschaftspolitik sind»[11]. Flankiert werde diese Wettbewerbsordnung nicht etwa von einem schwachen, sondern von einem «starken Staat»[12]. Stark solle dieser Staat als Gestalter der Rahmenordnung der Wirtschaft sein, nicht als Interventionist und Vormund. Im Unterschied zu einer weitgehend staatsfreien Wirtschaft obliege es dem «etatistischen Liberalismus»[13] der Sozialen Marktwirtschaft, die institutionellen Rahmenbedingungen so zu justieren,

8 Hartwich 2006, Hentschel 1996.
9 Andersen 2009: 614.
10 Hasse/Schneider/Weigelt 2002, Müller-Armack 1966a, Nonhoff 2006, Schlecht/Stoltenberg 2001.
11 Schlecht 2005b: 341.
12 Schlecht 2005b: 341.
13 Buchheim 2007: 9.

dass «einzelwirtschaftliches Handeln nicht in Widerspruch gerät zu sozialen Zwecken und zur Freiheit der anderen»[14]. Zu diesen Rahmenbedingungen gehöre nicht nur die Gewährleistung eines «dynamischen Leistungswettbewerbs»[15], sondern auch ein sozialpolitisches und arbeitsrechtliches Regelwerk, das, auf der Grundlage wirtschaftlicher Leistung, für sozialen Ausgleich sorgen solle. Beim sozialen Ausgleich ist an die Sozialbindung und die Sozialpflichtigkeit von Eigentum und einzelwirtschaftlichen Handlungen gedacht (beispielsweise durch arbeitsschutzrechtliche Regulierung gesundheits- oder sicherheitsgefährdender Produktion), und daran, die Vertragsfreiheit zugunsten wirtschaftlich Schwächerer einzuschränken (beispielsweise durch Kündigungsschutz). Das «Soziale» der sozialen Marktwirtschaft schließlich sehen ihre Architekten in der Lenkung der Produktion nach den Wünschen der Verbraucher, in der Produktivitätssteigerung einer wettbewerblichen Wirtschaftsordnung und – subsidiär – in sozialpolitischen Leistungen wie etwa Renten, Sozialfürsorge, Lastenausgleich und Wohnungszuschüsse.

Marktwirtschaftsorientierte Liberalisierungspolitiken kamen sowohl in der staatlichen Wirtschaftspolitik in den 1950er Jahren zum Zuge, aber auch später, nicht zuletzt als Folge der auf Marktschaffung ausgerichteten Wirtschaftspolitik der Europäischen Union.[16] Von der Wirkkraft des Liberalisierungsprogramms in den 1950er Jahren zeugten beispielsweise die Freigabe von zuvor kontrollierten Preisen und die außenwirtschaftliche Öffnung der Bundesrepublik. Hinzu kam die Liberalisierung der Wohnungsmärkte. Auch das Gesetz gegen Wettbewerbsbeschränkungen von 1957 verdient in diesem Kontext Erwähnung, auch wenn es erst nach langem Ringen und gegen hartnäckiges Widerstreben der Wirtschaft verabschiedet und vielfach als unzureichend kritisiert wurde. Ferner wuchs mit dem durch die Römischen Verträge 1957 beschlossenen Aufbau einer europäischen Staatengemeinschaft ein Staatenverbund heran,

14 Schlecht 2005a: 460.
15 Schlecht 1995: 120.
16 Abelshauser 2004, Höpner/Petring/Seikel/Werner 2009, Höpner/Schäfer 2008, Streeck 2009.

der wirtschaftspolitisch auf einer «offenen Marktwirtschaft mit freiem Wettbewerb» basiert, so der Wortlaut des Artikel 4 des EG-Vertrages, und der insbesondere seit den 1980er Jahren darauf geeicht ist, Wettbewerbshemmnisse zu beseitigen und auf die Schaffung von freien Märkten hinzuwirken.[17] Hinzu kommen vor allem seit der deutschen Einheit Liberalisierungsmaßnahmen unterhalb der Schwelle staatlicher Steuerung durch marktunterstützende Vereinbarungen zwischen Arbeitnehmer- und Arbeitgebervertretungen, z. B. durch lokale oder betriebliche Bündnisse, und durch die abnehmende Bedeutung von Flächentarifverträgen.[18]

Zur Wirtschaftsverfassung der 1950er und auch der 1960er Jahre gehörten – im Unterschied zum Keynesianismus – der Verzicht auf makroökonomische Steuerung sowie das Fehlen einer Industriepolitik und einer die Politikfelder übergreifenden Koordinierung – im Unterschied zur französischen «Planification».[19] Folgerichtig hielten die bürgerlich-liberalen Bundesregierungen der 1950er und 1960er Jahre auch Abstand zu jeglichem autoritativen Eingriff in die Lohnpolitik und begnügten sich mit «Maßhalteappellen», mit denen insbesondere Ludwig Erhard, Bundeswirtschaftsminister und von 1963 bis 1966 Bundeskanzler, die Tarifparteien zu gesamtwirtschaftlich verantwortlicher Tarifpolitik anhalten wollte.

Theorie und Praxis der Sozialen Marktwirtschaft gelten als pragmatisch und flexibel. Dafür spricht auch ihre Selbstbeschreibung als offener Stilgedanke, nicht als geschlossene Theorie. In die gleiche Richtung weist die theorieimmanente Unterscheidung zweier Phasen der Sozialen Marktwirtschaft.[20] Ihre erste Phase war, so die Selbstbeschreibung weiter, von dem Auf- und Ausbau einer Wettbewerbsordnung und dem sozialen Ausgleich im oben erläuterten Sinn bestimmt. Mit ihrer zweiten Phase wurde das Leitbild einer ehrgeizigen Gesellschaftspolitik angedacht: Diese sah sowohl größere öffentliche Leistungen für bis dahin zurückgestellte Staatsaufgaben vor, wie für das Bildungs- und Gesundheitswesen, den Städ-

17 Höpner/Schäfer 2008, Streeck 2009, Zohlnhöfer 2001, 2006a.
18 Streeck 2009.
19 Shonfield 1965.
20 Müller-Armack 1966e, 1966f: 299 ff., Quaas 2000.

tebau und den Umweltschutz, als auch Prozesspolitik, insbesondere Konjunkturpolitik.[21]

Theorie und Praxis sind zwei verschiedene Dinge, so auch im Falle der Sozialen Marktwirtschaft. Nicht all ihre Leitbilder wurden in die Praxis umgesetzt, auch wenn sie im Bundesministerium für Wirtschaft, das von 1949 bis 2010 überwiegend von Ministern aus dem Kreis marktwirtschaftsfreundlicher Parteien geführt wurde, zahlreiche Fürsprecher hatte.[22] Nicht wenige Anhänger der Sozialen Marktwirtschaft beklagen, die Wirtschaftsverfassung Deutschlands entspräche überhaupt nicht dem Ideal der reinen Lehre.[23] Aus der Wettbewerbswirtschaft, der «Basis»[24] der Sozialen Marktwirtschaft, wurden tatsächlich von Beginn an ganze Wirtschaftssektoren ausgeklammert. Der Agrarsektor beispielsweise ist heute mehr noch als früher eine «Amtswirtschaft»[25]. Das Verkehrs- und das Wohnungswesen waren bis in die 1960er Jahre einem strikten Dirigismus unterworfen.[26] Und bis heute fällt die Energiewirtschaft durch fortgeschrittene Marktvermachtung auf. Entgegen dem Credo sorgte die Wirtschaftspolitik nicht für Konkurrenz, sondern auch für wettbewerbshemmende steuerpolitische Anreize – beispielsweise zugunsten der Exportwirtschaft und zum Vorteil der Großunternehmen der Kohle- und Stahlindustrie.[27] Zudem entwickelte die Sozialpolitik schon in den 1950er Jahren eine Dynamik, die den sozialen Ausgleich alsbald weit über die Grenze der Marktkonformität hinaus trieb und entscheidend zum absolut und relativ zunehmenden Gewicht des Staates beitrug.[28]

Auch das unterstreicht, dass die Wirtschaftsverfassung der Bundesrepublik nicht eine lehrbuchkonforme Soziale Marktwirtschaft

21 Müller-Armack 1966e, 1966f: 310 ff.
22 Von einem SPD-Minister wurde das Bundeswirtschaftsministerium von 1966 bis 1982 und von 1998 bis 2005 geführt. In allen anderen Jahren stand ein Minister aus den Reihen der CDU, der CSU oder der FDP an der Spitze des Ministeriums.
23 Schlecht 2005b.
24 Müller-Armack 1966c: 245.
25 Rieger 2006.
26 Heinelt/Egner 2006, Lehmkuhl 2006.
27 Shonfield 1965.
28 Schmidt 2005a: 82 ff., vgl. Kapitel 14 und 16.

verkörpert. Vielmehr sind die staatsinterventionistischen Gegenbewegungen zur wirtschaftlichen Liberalisierung unübersehbar.[29] Diese Gegenbewegung wurde insbesondere durch die Reformen der Wirtschaftsverfassung in den Jahren der Großen Koalition von 1966 bis 1969 weiter gestärkt. Der Kern dieser Reform bestand aus der Verbindung von «Globalsteuerung und Marktwirtschaft», von «Makrodezisionen» der Wirtschafts- und Finanzpolitik einerseits und «Mikrodezisionen» des Marktes und des Wettbewerbs andererseits, so die Worte Karl Schillers, des ersten sozialdemokratischen Bundeswirtschaftsministers, der Gedankengut der keynesianischen Nachfragesteuerung und der liberal-korporatistischen Einkommenspolitik in die Wirtschaftspolitik der Bundesrepublik einführte.[30] Die Reform der Wirtschaftsverfassung spiegelt sich nirgendwo deutlicher wider als im Gesetz zur Förderung der Stabilität und des Wachstums der Wirtschaft vom 8. Juni 1967, dem «Stabilitätsgesetz». Die Grundidee des Stabilitätsgesetzes war die intelligente staatliche Globalsteuerung des wirtschaftlichen Handelns der Marktteilnehmer und der staatlichen Akteure. Das schloss die Koordination der Haushalte von Bund, Ländern und Gemeinden ein. Zudem sollte die staatliche Wirtschaftspolitik mit der Lohnpolitik der Tarifparteien abgestimmt werden. Außerdem war vorgesehen, die konjunkturpolitisch motivierte Variation der Steuer- und Staatsausgabenpolitik mit der Geldpolitik der Deutschen Bundesbank zu koordinieren. Die übergeordneten Ziele der marktwirtschaftsbasierten Globalsteuerung waren in einem Katalog festgeschrieben, der aufgrund seiner mitunter schwer vermeidbaren Zielkonflikte als «magisches Viereck» bezeichnet wurde. Vier gesamtwirtschaftliche Ziele sollten so weit wie möglich erreicht werden: Preisstabilität, hoher Beschäftigungsstand, außenwirtschaftliches Gleichgewicht und stetiges Wirtschaftswachstum.

Stabilitätsgesetz, Globalsteuerung und «magisches Viereck» atmeten den Geist der politischen Planung, des intelligenten Staatsinterventionismus und der Konzertierung von Staat und Wirtschaftsverbänden. Dass die Politik steuerungsfähig und -willig sei und die

29 Borchardt 1982: 147 f.
30 Zit. n. Andersen 2009: 617.

Wirtschaft gesteuert werden könne, schien selbstverständlich zu sein. Allerdings überschätzte diese Sichtweise sowohl die Steuerungsfähigkeit der Politik als auch die Steuerbarkeit von Gesellschaft und Wirtschaft.[31] Das zeigte spätestens Mitte der 1970er Jahre die «Trendwende»[32] von der Wirtschaftsprosperität zu den Jahren des reduzierten Wirtschaftswachstums mit hoher Arbeitslosigkeit und zunächst mit ungewohnt hohen Inflationsraten.

Die ambitionierten Steuerungsvorhaben der Politik kollidierten nicht nur mit der Eigendynamik der Marktwirtschaft, sondern auch mit dem polyzentrischen Machtaufteilungsstaat der Bundesrepublik Deutschland. Die Fiskalpolitik beispielsweise ist, wie das Kapitel 14 zeigt, so sehr in das komplizierte Gefüge des Bundesstaates und der Koalitionspolitik eingezwängt, dass eine reaktionsfähige Finanzpolitik aus einem Guss hierzulande politisch kaum machbar ist, womit eine zentrale Voraussetzung keynesianischer Wirtschaftssteuerung fehlt.

Zudem obliegt die Geldpolitik, die ebenfalls von überragender Bedeutung für die makroökonomische Steuerung ist, in Deutschland nicht der Regierung, sondern einer autonomen Zentralbank, zunächst ab 1957 der Deutschen Bundesbank und seit der Einführung des Euro der Europäischen Zentralbank. Doch die Deutsche Bundesbank wie auch die Europäische Zentralbank zielen geldpolitisch vor allem auf «Preisstabilitätspolitik»[33] – nicht auf Wachstums- und Beschäftigungspolitik. Auch die globale oder selektive Wirtschaftsstrukturpolitik, d. h. das Einwirken auf Branchen, Regionen oder einzelne Unternehmen der Wirtschaft, ist eingezwängt in die vertikale und horizontale Fragmentierung des politisch-administrativen Getriebes des deutschen Bundesstaates und – mit voranschreitender europäischer Integration zunehmend – Teil des Regelwerks des europäischen Mehrebenensystems. Zudem war die Außenwirtschaftspolitik schon frühzeitig im europäischen Staatenverbund

31 Luhmann 1988, 2010, Scharpf 1987. Zuvor schon hatte die gesellschaftskritische Politische Ökonomie auf eine ökonomisch begründete «System-» und «Tätigkeitsgrenze» politischer Eingriffe hingewiesen (Blanke/Jürgens/Kastendiek 1975: 436 ff.).
32 Dahrendorf 1977.
33 Busch 1995.

weitgehend vergemeinschaftet worden. Überdies liegen die Schalthebel der Lohn- und Einkommenspolitik letztlich – trotz einkommenspolitischer Bemühungen vor allem in den 1960er Jahren – jenseits der Reichweite der Regierungen. Denn für die Aushandlung der Löhne und der Arbeitsbedingungen sind die Verbände der Arbeitgeber und die Gewerkschaften im Rahmen der Tarifautonomie zuständig – und diese konnten obendrein mögliche Kosten ihrer Vertragsabschlüsse auf Dritte abwälzen, nicht zuletzt auf die Sozialpolitik.[34]

Diese Strukturen der Wirtschaftsverfassung erschweren den Bundes- und den Länderregierungen wirtschaftspolitische Alleingänge außerordentlich. Vielmehr sind Bund und Länder auch in der Wirtschaftspolitik eng aneinandergekettet und mittlerweile stärker als zuvor in den politischen Betrieb der Europäischen Union eingebunden. Beides dämpft die parteipolitischen Effekte in der Wirtschaftspolitik. Innerhalb dieses Rahmens aber setzten alle Bundesregierungen jeweils charakteristische Akzente. Trotz allem Pragmatismus hatten die unionsgeführten Bundesregierungen der 1950er und frühen 1960er Jahre den Marktwirtschaftsgedanken und die Eigentumsrechte mehr beachtet als die meisten nachfolgenden Regierungen. Die sozial-liberale Koalition aus SPD und FDP hingegen strebte in den Jahren der Kanzlerschaft von Willy Brandt (SPD) in viel stärkerem Maße nach «Inneren Reformen», was größere Eingriffe in Eigentumsrechte und einem weiteren Ausbau staatlicher Daseinsvorsorge mit sich brachte.[35] Eigene Wege ging auch die Koalition aus CDU/CSU und FDP nach dem Regierungswechsel von 1982. Sie wertete die angebotsorientierte Wirtschaftspolitik auf, wagte sich an die Konsolidierung der Staatsfinanzen und an die Deregulierung des Arbeitsmarktes heran, schritt in der Entstaatlichung voran und förderte seit der Wiedervereinigung 1990 in großem Umfang die Wirtschaft in den neuen Bundesländern. Zudem strebte die Bundesregierung aus CDU, CSU und FDP insbesondere in der 13. Legislaturperiode (1994–1998) nach verbesserter Konkurrenzfähigkeit des Wirtschaftsstand-

34 Vgl. Kapitel 16.
35 Geyer 2008, Hockerts 2007, Schmidt 1978.

ortes Deutschland durch Stärkung der Angebotsseite der Wirtschaft.[36] Auch die von 1998 bis 2005 regierende Koalition aus SPD und Bündnis 90/Die Grünen hinterließ in der Wirtschaftspolitik tiefe Spuren. Das geschah nicht nur durch energie- und umweltpolitische Weichenstellungen wie Atomausstieg und Ökosteuer, sondern auch durch das Oszillieren zwischen einem traditionell sozialdemokratischen und einem angebotsorientierten Profil.[37]

Die CDU/CSU-FDP-Koalition der «Ära Kohl» und ihre Nachfolger fanden sich im Unterschied zu ihren Vorgängern vor 1973/74 mit einer weit vorangeschrittenen wirtschaftlichen Globalisierung konfrontiert. Das vergrößerte den internationalen Anpassungsdruck auf die nationalstaatliche Politik und verkleinerte zugleich die innenpolitischen Handlungsspielräume. Auch brachte die Anpassung an den Druck der Globalisierung Verschiebungen im Wirtschaftsgefüge und im Unterbau der Wirtschaftsverfassung mit sich. Zwar entwickelte sich die Wirtschaftsordnung Deutschlands, die noch in den 1970er Jahren von der Bundesregierung als «Modell Deutschland» gerühmt worden war, nicht zum Auslaufmodell, doch waren größere Veränderungen nicht zu übersehen. Die stärkere Weltmarktorientierung der deutschen Großunternehmen, ihre Wende zum Konzept des Shareholder-Value und die damit verknüpfte Loslösung aus binnenwirtschaftlichen und gesellschaftlichen Verpflichtungen[38] gehören ebenso dazu wie die Flexibilisierung von Flächentarifverträgen und die Aufwertung betrieblicher Bündnisse bei der Regelung von Entlohnungs- und Beschäftigungsfragen.

Ferner fanden sich alle seit 1990 amtierenden Regierungen mit Großereignissen konfrontiert, die die Aufgaben der Wirtschaftspolitik vergrößerten und zugleich ihre Willensbildungs- und Entscheidungsprozesse komplizierter machten. Eines dieser Großereignisse ist die Internationalisierung der Wirtschaft und die seit den 1980er Jahren beschleunigte Vertiefung und Erweiterung der europäischen

---

36 Zohlnhöfer 2001, zur Privatisierung der bis 1990 planwirtschaftlich gelenkten ostdeutschen Wirtschaft Seibel 2005.
37 Zohlnhöfer 2006a.
38 Höpner 2003, Streeck/Höpner 2003.

Staatengemeinschaft. Sie ging einher mit einem hohen Grad der Vergemeinschaftung von wirtschaftspolitischen Politikfeldern und führte 2002 mit der vollständigen Europäisierung der Geldpolitik in den Ländern der Eurozone einen weitreichenden Wandel herbei. Beides stärkte den Mehrebenensystemcharakter der Europäischen Union und ihrer Mitgliedstaaten und verringerte den wirtschaftspolitischen Spielraum der bundespolitischen und der länderpolitischen Akteure in Regierung und Opposition noch weiter. [39] Die Europäische Union und ihre Rückwirkungen ergänzten auf diese Weise den innenpolitisch ohnehin schon halbsouveränen Staat der Bundesrepublik durch eine europapolitisch verankerte Semisouveränität.

Ein zweites Großereignis war die deutsche Einheit, die am 3. Oktober 1990 staatsrechtlich besiegelt wurde. Auch sie vergrößerte den Aufgabenkatalog der deutschen Wirtschaftspolitik beträchtlich. Zugleich erschwerte sie die Führung einer im Sinne des magischen Vierecks erfolgreichen Wirtschaftspolitik – aufgrund des steilen West-Ost-Gefälles der Wirtschaftskraft und der höheren Willensbildungs- und Entscheidungskosten im vereinigten Deutschland, für die insbesondere die größere Zahl der Länder und die beträchtlichen politischen Ost-West-Differenzen verantwortlich sind.

Ein drittes Großereignis beschäftigt seit 2007 die Regierungen im Bund und in den Ländern, nämlich die in diesem Jahr einsetzende internationale Finanzmarktkrise, die einerseits an den Rand des Kollapses der Finanzmärkte führte und andererseits die seit den 1930er Jahren schwerste Wirtschaftskrise nach sich zog. In dieser Rezession schrumpfte in der Bundesrepublik Deutschland das Bruttoinlandsprodukt im Jahre 2009 um 4,9 Prozent. [40] Die Finanzmarktkrise und die Krise der Realwirtschaft forderten von der Politik höchste Anstrengungen und rasche Reaktionen. Dass beides zu einem beträchtlichen Teil erfüllt wurde, zählt zu den bemerkenswerten Taten der Wirtschaftspolitik hierzulande. Die wichtigsten Stationen waren insbesondere das Finanzmarktstabilisierungsgesetz vom Oktober 2008, das einen durch umfassende staatliche Garantien gestärkten Rettungsschirm für die Banken einrichtete, fer-

39 Benz 2008b, Scharpf 1999, Wallace/Wallace/Pollack 2005.
40 OECD 2010a: 26.

ner die Bereitstellung umfänglicher Konjunkturprogramme sowie die Erweiterung von Kurzarbeitgeldregelungen, auf deren Höhepunkt rund 1,5 Millionen Arbeitnehmer weiterbeschäftigt wurden.[41]

Auch diese Programme zeugen von einer komplexen Wirtschaftsverfassung, die eine politisch vielfältig regulierte Marktwirtschaft mit einem umfänglichen Staat der Daseinsvorsorge kombiniert. Unverkennbar weicht diese Wirtschaftsverfassung weit von dem Leitbild der Sozialen Marktwirtschaft ab. Viele Beobachter der deutschen Wirtschaftspolitik bevorzugen deshalb statt der Bezeichnung «soziale Marktwirtschaft» alternative Begriffe der Politischen Ökonomie wie «organisierter» oder «sozialer Kapitalismus» (im Unterschied zum «liberalen» oder auch zum «desorganisierten Kapitalismus»), «korporative Marktwirtschaft», «rheinischer Kapitalismus» oder «koordinierte Marktökonomie» (im Unterschied zur unkoordinierten Marktwirtschaft nach angelsächsischer Spielart und zur staatslastigen Wirtschaftspolitik in Frankreich).[42] Bei Lichte besehen haben diese Begrifflichkeiten allerdings im Kern eines mit der Lehre der Sozialen Marktwirtschaft gemeinsam: Sie diagnostizieren für die Wirtschaftsverfassung der Bundesrepublik Deutschland einen Kapitalismus der besonderen Art, einen Kapitalismus mit starken marktwirtschaftsfremden Zügen. Zu den Kennzeichen dieser Wirtschaftsverfassung gehört vielerlei, beispielsweise eine Staatsquote mittlerer Höhe, eine mittlere bis hohe Dichte der Regulierung der Wirtschaft, ein hoher Schutzwall um die Arbeitsplatzbesitzer des primären Arbeitsmarktes, ferner teils korporatistische, teils pluralistische Staat-Verbände-Beziehungen, sodann sozialpartnerschaftliche Arbeitsbeziehungen und die Zuschauer-Rolle des Staates in den Tarifverhandlungen, zudem eine autonome, auf Preisstabilität zielende Geldpolitik, eine relativ straffe Wettbewerbspolitik, andererseits eine zurückhaltende diskretionäre Standortpolitik, eine bestenfalls nur sektorale politische Planung, sowie schließlich ein Qualifikationsprofil, das sowohl im Berufsbildungs-

41 Dümig 2010, OECD 2009c, 2010a: 43.
42 Vgl. Abelshauser 2003, 2004, Altvater/Hoffmann/Semmler 1979, Hall/ Soskice 2001, Hartwich 1970, Iversen 2005, Offe 1985, 2006, Winkler 1974.

wesen als auch in den Hochschulen vor allem spezifische Qualifikationen prämiert – im Unterschied zu den portablen, allgemeinen Qualifikationen, die laut «Varieties of Capitalism»-Literatur die unkoordinierte Marktökonomie kennzeichnen. Deutschlands Wirtschaftsverfassung unterscheidet sich markant von alternativen Wirtschaftsordnungen wie dem «liberalen Kapitalismus» einerseits und dem «Wohlfahrtsstaatskapitalismus» oder gar dem «Staatskapitalismus», insbesondere dem kriegswirtschaftlichen Staatskapitalismus andererseits (siehe Tabelle 9).

2. Wirtschaftspolitische Ergebnisse: Wirtschaftswachstum, Arbeitslosigkeit und Inflation

Unter den Ergebnissen der Wirtschaftspolitik ragen – der Bedeutung und der öffentlichen Aufmerksamkeit nach zu urteilen – das Wirtschaftswachstum, die Arbeitslosigkeit und die Inflationsrate heraus. Das Wirtschaftswachstum informiert über die Entwicklung des Adam Smith'schen «Wohlstands der Nationen» – gemessen an Standardindikatoren der volkswirtschaftlichen Gesamtrechnung. Diesen Anzeigern zufolge hat die Wirtschaft der Bundesrepublik Deutschland eine bemerkenswerte Entwicklung hinter sich. Aus einem Land, das von fürchterlichen Kriegsschäden gezeichnet war und wirtschaftlich darniederlag, wurde einer der weltweit wohlhabendsten Staaten. Wie groß die volkswirtschaftliche Wohlstandssteigerung war, zeigen die Messungen des preisbereinigten Pro-Kopf-Sozialproduktes. Im Jahre 1950 lag es, den Schätzungen von Angus Maddison nach zu urteilen, bei 3881 US-Dollar pro Kopf und 50 Jahre später mit 18 596 US-Dollar pro Kopf um fast ein Fünffaches über dem Wert von 1950.[43] Ohne diese auch im historischen Vergleich ungewöhnlich dynamische wirtschaftliche Entwicklung wäre die enorme Lebensstandardsteigerung in der Bundesrepublik nicht möglich gewesen.

Noch größere öffentliche Aufmerksamkeit als das Wirtschafts-

---

43 Maddison 2003: 62, 64. Dieser Trend setzte sich nach 2000 fort. Vgl. OECD 2010c: 323.

Tabelle 9: Die Wirtschaftsverfassung der Bundesrepublik Deutschland im Vergleich

Indikator	Liberaler Kapitalismus (unkoordinierte Marktökonomie)	Koordinierte Marktökonomie	Staatskapitalismus	Bundesrepublik Deutschland zu Beginn des 21. Jh.s
Staat-Markt-Arbeitsteilung (Staatsquote)	Niedrig	Mittel/hoch	Hoch	Mittlere Höhe
Staat-Markt-Arbeitsteilung (Regulierungsdichte nach Höpner u. a. 2009: 26)	Niedrig	Mittel	Hoch	Mittel
Ausmaß der Job-Protection nach OECD 2004b	Niedrig	Mittel	Hoch	Hoch
Staat-Verbände-Beziehungen	Pluralistisch	Liberaler Korporatismus	Staatskorporatismus	Teils korporatistisch, teils pluralistisch
Arbeitsbeziehungen	Marktdominiert	Sozialpartnerschaftlich	Staatsdominanz	Sozialpartnerschaftlich
Rolle des Staates bei Tarifverhandlungen	Zuschauer	Partner oder Zuschauer	Steuermann	Zuschauer
Autonomiegrad der Geldpolitik	Niedrig oder mittel	Mittel oder hoch	Niedrig	Sehr hoch
Sozialpolitischer Dekommodifizierungsgrad	Gemäßigt	Hoch	Hoch	Hoch
Breite und Tiefe der Planungspolitik	Gering (außer Militär und Rüstung)	Nur sektoral	Sektoral und gesamtwirtschaftlich	Sektoral begrenzt und relativ gering
Diskretionäre Standortpolitik	Schwach	Zurückhaltend	Stark	Schwach
Beziehung zwischen Industrie und Finanzmärkten	Auf Distanz	Enge Beziehung	Staatlich mediatisierte Beziehung	Mittlerweile distanziert
Koordination der Firmen untereinander	Lose	Beträchtliche Vernetzung	Staatlich mediatisiert	Beträchtliche Vernetzung

Indikator	Liberaler Kapitalismus (unkoordinierte Marktökonomie)	Koordinierte Marktökonomie	Staatskapitalismus	Bundesrepublik Deutschland zu Beginn des 21. Jh.s
Primäres Qualifikationsprofil	Portable Fertigkeiten («general skills»)	Spezifische Fertigkeiten («specific skills»)	Gemischt	Spezifische Fertigkeiten
Wettbewerbs-kontrolle	Gemäßigt/ Mittel	Gemäßigt	Gemäßigt	Stark

Anmerkungen: Zusammenstellung auf der Basis insbesondere von Esping-Andersen 1990, Hall/Soskice 2001, Abelshauser 2004, Iversen 2005, Schmidt 2005a, Siegel 2007, Müller 2008, Andersen 2009, Busch 2009, Höpner/Petring/Seikel/Weber 2009, SVR 2009 sowie den Kapiteln 14, 16 und 19 in diesem Buch.

wachstum erregen hierzulande in der Regel aber die Arbeitslosenquote und die Inflationsrate. Die Arbeitslosenquote[44] zeigt die relative Größe der Unterbeschäftigung an. Die Inflationsrate[45] hingegen misst vor allem die Sicherheit von Vermögenswerten bzw. ihre Gefährdung durch Geldentwertung. Während die Arbeitslosenquote über ein Problem der Sozialintegration informiert, unterrichtet die Inflationsrate über ein Strukturproblem der Systemintegration. Hohe Arbeitslosigkeit kann die politische und soziale Integration stören, hohe Preissteigerungen aber treffen die Funktionsweise der Wirtschaft im Kern, nämlich bei der Sicherung und Verwertung von in monetären Größen bewertetem Vermögen. Solche Störungen der Systemintegration rufen in der Regel massive Abwehrreaktionen der Vermögensbesitzer hervor, führen zu wirtschaftlichen Fehlallokationen und veranlassen womöglich die Flucht aus monetären Werten in Sachwerte und im ungünstigsten Fall die Flucht aus der nationalen Währung (bzw. im Falle des Euro aus der Gemein-

44 Die Arbeitslosenquote wird im Folgenden durch den Anteil der als arbeitslos Registrierten an der Gesamtzahl der Beschäftigten und Arbeitslosen gemessen (OECD 2010c: 335 f.).
45 Die Inflationsrate wird im Folgenden durch die jährliche prozentuale Veränderung des Preisindexes für die Lebenshaltung eines Vier-Personen-Arbeitnehmerhaushalts gemessen (OECD 2010c: 340).

schaftswährung) – mit der Folge schwerer wirtschaftlicher Verwerfungen im Lande.

Die Arbeitslosenquote und die Inflationsrate entwickelten sich in der Bundesrepublik Deutschland in einer bemerkenswerten Weise. Die jahresdurchschnittliche Inflationsrate blieb auf einem historisch und international niedrigen Stand. Bei der Preisstabilitätspolitik wurde Deutschland zwischen 1950 und 2010 nur von der Schweiz übertroffen, und auch das nur knapp.[46] Das ist ein bemerkenswerter Stabilitätszugewinn für Deutschland, dessen Bevölkerung traumatische Erfahrungen mit einer Hyperinflation (wie 1924) und einer kriegsbedingten Inflation und ihrer Auflösung in der Währungsreform von 1948 durchlitten hatte. Die durchschnittliche Arbeitslosenquote seit 1949 zeigt hingegen höhere Werte an – auch im internationalen Vergleich. Deutschland ist mittlerweile ein Land mit Arbeitslosigkeit, während es vom Ende der 1950er Jahre bis 1973 zu den Staaten mit Vollbeschäftigung zählte. Die Daten zu Arbeitslosigkeit und Inflation stützen die Diagnose des «mittleren Weges» der Wirtschafts- und Sozialpolitik in Deutschland: Zu seinen Kennzeichen gehört die Vorfahrt für Preisstabilitätspolitik – erforderlichenfalls unter Inkaufnahme von Arbeitslosigkeit.[47] Allerdings variiert die Kombination von Arbeitslosigkeit und Inflation je nach Periode. Obendrein zeigen die Befunde Anomalien an: Die Arbeitslosenquote und die Inflationsrate verliefen in einer Weise, die von gängigen wirtschaftspolitischen Lehrgebäuden mitunter drastisch abwich.

In den 1950er Jahren beispielsweise wurde die Arbeitslosigkeit in Deutschland in einem Wirtschaftsaufschwung mit sehr hohen Wachstumsraten rasch abgebaut – ohne nennenswerte Inflation. Das wi-

46 Basis: Berechnungen des Verfassers anhand von 23 heutzutage etablierten Demokratien aus dem Kreis der Mitgliedstaaten der OECD. Die jahresdurchschnittliche Inflationsrate von 1950 bis 2009 betrug in der Bundesrepublik Deutschland 2,90 Prozent und im Mittelwert der 23 OECD-Demokratien 5,60 Prozent. Die jahresdurchschnittliche Arbeitslosenquote von 1950 bis 2009 lag in Deutschland mit 5,25 Prozent etwas über dem Durchschnitt der 23 etablierten OECD-Demokratien (4,94 Prozent).

47 Vgl. Kapitel 19.

dersprach sowohl der älteren Lehre eines Zielkonfliktes zwischen Vollbeschäftigung und Preisstabilität wie auch der klassischen parteipolitischen Hypothese, der zufolge Mitte-rechts- oder Rechtsregierungen das Vollbeschäftigungsziel der Preisstabilität opferten.[48]

Die zweite Anomalie kam zwischen 1974 und 1982 zustande, als unter einer SPD-geführten Bundesregierung die wirtschaftliche Entwicklung mit einer Beschäftigungskrise einherging, während die Inflationsrate zwar höher als zuvor war, aber aufgrund der Vorfahrt für Preisstabilitätspolitik auf einem niedrigeren Stand als in anderen Ländern gehalten werden konnte. Der relative Erfolg bei der Inflationsbekämpfung und der Misserfolg bei der Bekämpfung der Arbeitslosigkeit widersprachen der Erwartung, wonach Linksregierungen Vorfahrt für Vollbeschäftigung unter Inkaufnahme substantieller Preissteigerungen gäben.

Die dritte Anomalie kam in den Jahren der rot-grünen Bundesregierung von 1998 bis 2005 zustande. In dieser Periode hatte, den makroökonomischen Ergebnissen nach zu urteilen, die Inflationsbekämpfung Vorfahrt unter einer Linksregierung, allerdings im Unterschied zur sozial-liberalen Koalition um den Preis einer hohen Arbeitslosenquote mit einem hohen Anteil an Langzeitarbeitslosen.

Allerdings lassen sich die Anomalien auflösen. Sie spiegeln insbesondere den Vorrang wider, den die «Preisstabilitätspolitik»[49] in Deutschland aus vielerlei Gründen genießt – unter anderem aufgrund der enorm großen Wertschätzung von Preisstabilität bei der Unternehmer- und der Arbeitnehmerschaft, bei den Erwerbstätigen und denjenigen, die ihren Lebensunterhalt aus Renten und sonstigen Sozialleistungen beziehen, bei den Jungen und mehr noch bei den Alten, sowie bei den Regierungsparteien wie auch bei den wichtigsten Oppositionsparteien.[50] Die Anomalien spiegeln zudem die Bereitschaft vieler Wähler wider, die Preisstabilität nötigenfalls um

48 Vgl. Hibbs 1977 und zur Zielkonflikt-These («Phillips-Kurve») Phillips 1958. Zur politikwissenschaftlichen Kritik und Weiterentwicklung Busch 1995, 2003a, Rueda 2007, Schmidt 1982: 110 ff., 170 ff., 1992a: 139 ff.
49 Busch 1995.
50 Vgl. Kapitel 19.

den Preis einer höheren Arbeitslosenquote zu akzeptieren. Nicht zuletzt begünstigen die politisch-institutionellen Bedingungen in Deutschland die Preisstabilitätspolitik; zugleich sind sie ein Hindernis für eine nach Vollbeschäftigung strebende Politik.[51] Für die Preisstabilitätspolitik sprechen zuvorderst die Autonomie der Zentralbank bei ihrer Geldpolitik, ihre primäre Ausrichtung auf Inflationsbekämpfung und die Tatsache, dass ein der Geldpolitik ebenbürtiger Gegenspieler in der Finanzpolitik nicht vorhanden ist. Aufgrund der föderalistischen Gliederung Deutschlands, des relativ kleinen Bundesetats, der Existenz separater Sozialversicherungsfonds und der EU-bedingten Restriktionen nationalstaatlicher Politik ist die Finanzpolitik allein aus institutionellen Gründen kaum in der Lage, eine zeitlich und sachlich optimale wachstums- und beschäftigungsfreundliche Politik zusammenzustellen. Entsprechend groß ist der Spielraum der Geldpolitik. Und entsprechend planlos tappt auch die Lohnpolitik der Gewerkschaften zwischen Zurückhaltung und Expansion hin und her – und neigt am Ende meist zur Hochlohnpolitik. Doch diese nützt nur den Arbeitsplatzbesitzern und ist ungünstig für Arbeitsplatzsucher. Die Kapazitäten der Arbeitsmarktpolitik im engeren Sinne schließlich reichen bei weitem nicht aus, um den Nachrang der Beschäftigungssicherung gegenüber dem Vorrang für Preisstabilität aufzuwiegen.[52]

Die wirtschaftliche Entwicklung seit dem Beginn der weltweiten Finanzmarktkrise im Jahre 2007 hat eine weitere Anomalie hervorgebracht: Der seit Gründung der Bundesrepublik schwerste Abschwung der Wirtschaft im Jahre 2009 ging nicht mit einem steilen Anstieg der Arbeitslosenzahlen einher. Vielmehr nahm die Arbeitslosigkeit nur in geringem Umfang zu. Das verleitete viele Be-

---

51 Ein weiterer Schlüssel zur Erklärung der Anomalie der 1950er Jahre – Wiedergewinnung von Vollbeschäftigung bei Wahrung von relativer Preisstabilität unter den Fittichen einer bürgerlich-liberalen Koalitionsregierung – liegt zudem in der Kombination von ungewöhnlich günstigen angebots- und nachfrageseitigen Konstellationen und günstigen politischen Rahmenbedingungen einer nationalstaatlich gesteuerten wachstumsfreundlichen Wirtschaftspolitik, vgl. Abelshauser 2004, Schmidt 1992a: 144 ff.
52 Siehe Kapitel 19.

obachter zur Diagnose eines neuen Jobwunders. Die Ursachen des neuen Arbeitsmarktwunders sind zahlreich.[53] Eine Hauptursache liegt im Wandel der Arbeitsmarktverfassung: Deutschlands Arbeitsmarkt ist mittlerweile erheblich anpassungsfähiger geworden. Positiv zu Buche schlägt vor allem die – im Vergleich zu den vorangehenden Dekaden – höhere Lohn- und Arbeitszeitflexibilität bei den sogenannten atypischen Beschäftigungsverhältnissen (wie Teilzeitarbeit und Mini-Jobs), aber auch in der regulären Beschäftigung, also im arbeits- und sozialrechtlich gut geschützten primären Arbeitsmarkt. Die höhere Lohn- und Arbeitszeitflexibilität resultiert aus einer Fülle von Anpassungen teils staatlicher, teils nichtstaatlicher Art. Für größere Flexibilität sorgten Lockerungen von Arbeitnehmerschutzrechten und aktivierende Sozialstaatsreformen wie Hartz IV. In die gleiche Richtung wirkten Anpassungen der Löhne, der Arbeitszeiten und der Beschäftigungsdauer durch betriebsbezogene Vereinbarungen zwischen Arbeitgebern und Arbeitnehmern. Die höhere Lohn- und Arbeitszeitflexibilität des Arbeitsmarktes erlaubte selbst in einer tiefen Wirtschaftskrise wie der von 2009 relativ beschäftigungsfreundliche Reaktionen der Arbeitgeber. In die gleiche Richtung wirkten die Anpassungsreserven, die die relativ gemäßigte Lohnentwicklung der Jahre vor Ausbruch der Finanzmarktkrise aufgehäuft hatte. Beides kam sowohl den regulären Beschäftigungsverhältnissen als auch den atypischen Jobs zugute. Hinzu kamen die Wirkungen der konventionellen arbeitsmarktpolitischen Maßnahmen und obendrein der großflächige Einsatz von Kurzarbeit.[54] Die Kurzarbeit schützte beispielsweise Mitte 2009 weit über eine Million Arbeitnehmer vor Entlassungen. Mit der Kurzarbeit konnten Unternehmen insbesondere Stammbelegschaften halten – nicht zuletzt mit dem Kalkül, das Arbeitsvermögen der Stammbelegschaften, ihre Erfahrung und ihre Vertrautheit mit den betrieblichen Besonderheiten beim nächsten Wirtschaftsaufschwung umgehend und kostengünstig nutzen zu können. Soweit dieses Kalkül aufgeht, trägt die sozialpolitisch motivierte Arbeitsmarktpolitik maßgeblich dazu bei, die Folgen der Wirtschaftskrise einzudämmen. In diesem Fall erweist sich die

53 OECD 2010a: 41 ff.
54 Dümig 2010, Bertelsmann Stiftung 2009: 13–20, OECD 2010a: 41 ff.

Sozialpolitik, die in Deutschland weit über das Maß hinaus ausgebaut wurde, das die Architekten der «Sozialen Marktwirtschaft» im Sinne hatten, als ein Problemlöser für die Politik und für die Wirtschaft.[55]

---

55 Diese Seite der Sozialpolitik ist mit ihrem Problemerzeugungspotenzial abzuwägen. Vgl. Schmidt 2005a: 296 ff.

Für Sozialpolitik gibt der deutsche Staat mehr Geld aus als für jedes andere Politikfeld: 754 Milliarden Euro waren es allein im Jahr 2009. Das entspricht knapp 9200 Euro pro Einwohner, rund zwei Dritteln aller öffentlichen Ausgaben oder 31,9 Prozent des Bruttoinlandsproduktes.[1] Mit seinen hohen Sozialausgaben ist Deutschland einer der sozialpolitisch weltweit führenden Staaten[2] – und damit ein entwickelter «Wohlfahrtsstaat» oder «Sozialstaat», so der hierzulande gebräuchlichere Begriff.

1. Strukturen des deutschen Sozialstaats zu Beginn des 21. Jahrhunderts

Deutschlands Sozialpolitik ist vielschichtig. Eine ihrer Hauptschichten ist der «Sozialversicherungsstaat»[3]. Damit ist eine Sozialpolitik gemeint, die überwiegend auf dem Grundsatz der kollektiven Pflichtversicherung der Arbeitnehmer in der gesetzlichen Rentenversicherung, der gesetzlichen Krankenversicherung, der Pflegeversicherung und der Arbeitslosenversicherung beruht. Vom Sozialversicherungsstaat zeugt ein Gutteil der Finanzierung des Sozialbudgets hierzulande: Derzeit werden 60 Prozent der Sozialausgaben in Deutschland aus den Beiträgen von sozialversicherten Arbeitern und Angestellten und ihren Arbeitgebern finanziert.[4]

---

1 BMAS 2009a: Tabelle I-1, Datenstand 2009.
2 BMAS 2010: 1055 ff., Meyer 2006, OECD 2010b: 201, Schmidt 2005a. Im Lichte der «Nettosozialleistungsquote», die auch die sozialpolitischen Effekte der Steuerpolitik und privat erbrachter sozialpolitischer Pflichtleistungen erfasst, liegt Deutschlands Sozialstaat hinter Frankreich und Belgien sogar an weltweit dritter Position (Adema/Ladaique 2009: 48).
3 Riedmüller/Olk 1994, Jochem 2009: 20.
4 BMAS 2009a: Tabelle T-7, 2010: 1052 ff.

Den «Sozialversicherungsstaat» ergänzen allerdings zahlreiche, überwiegend steuerfinanzierte Sicherungssysteme. Fast 40 Prozent des Sozialetats werden aus öffentlichen Haushalten finanziert. Der Löwenanteil davon entfällt auf den Bundeshaushalt, ein jeweils kleinerer Teil auf die Budgets der Bundesländer und der Gemeinden.[5] Der aus öffentlichen Haushalten finanzierte Teil des Sozialetats wird größtenteils nicht nach dem Prinzip der Sozialversicherung verausgabt, sondern nach anderen Grundsätzen: insbesondere Alimentation (wie in der beamtenrechtlichen Fürsorge), Entschädigung (etwa bei Kriegsopfern oder im Lastenausgleich), soziale Hilfe (so in der Jugendhilfe) und Fürsorge (in den Mindestsicherungssystemen wie Arbeitslosengeld II, Sozialhilfe und Sozialgeld, die derzeit für 9,3 Prozent der Wohnbevölkerung in Deutschland die wichtigste Finanzierungsquelle des Lebensunterhaltes sind).[6]

Überdies spielt die «Arbeitspolitik»[7], d. h. gesetzliche Regulierungen der Arbeitswelt, in der deutschen Sozialpolitik eine viel größere Rolle als in den meisten anderen Wohlfahrtsstaaten. Davon zeugen ein hoher Arbeitsschutz, ein weit ausgebauter Kündigungsschutz und die Arbeitnehmermitbestimmung in den Betrieben und in Aufsichtsräten von Unternehmen, die in Deutschland auch im Vergleich mit anderen Staaten besonders weit ausgebaut wurde.[8]

Im Unterschied zum Sozialpolitikverständnis der ehemaligen sozialistischen Staaten Mittel- und Osteuropas zielt der deutsche Sozialstaat nicht auf Vollbeschäftigung, wohl aber auf die Verwaltung der Arbeitslosigkeit, und zwar durch Zahlungen von Arbeitslosengeld, die sogenannte «passive Arbeitsmarktpolitik», durch Qualifizierung von Arbeitslosen (durch die sogenannte «aktive Arbeitsmarktpolitik») und durch das Prinzip des Fordern-und-Förderns in der Grundsicherung für Arbeitslose, dem «Arbeitslosengeld II».

Zu Deutschlands Sozialpolitik gehören ferner – in einem auch international herausragenden Ausmaß – die sozialpolitischen Leis-

5 Datenstand 2009. BMAS 2009a: Tabelle I-1, T1.
6 Hauser 2006, Statistisches Bundesamt 2010: 221, Datenstand: 2008. In den neuen Bundesländern liegt dieser Anteil bei 14,6 Prozent.
7 Jürgens/Naschold 1984, Rosenow/Naschold 1994.
8 Armingeon 1994, Dittrich 1992, Hörisch 2009.

tungen der Wohlfahrtsverbände, die vom Staat finanziell unterstützt werden und darauf einen Rechtsanspruch haben.[9]

Außerdem flankiert ein «sozialer Bundesstaat» die Politik der sozialen Sicherung, so schreibt es der Artikel 20 des Grundgesetzes vor. Zum «sozialen Bundesstaat» gehört ein aufwändiger Finanzausgleich zwischen Bund und Ländern sowie zwischen finanzkräftigen und finanzschwächeren Ländern. Dieser interregionale Umverteilungsmechanismus wird durch innersozialstaatliche Umverteilungssysteme ergänzt, insbesondere im Gesundheitssystem durch den Risikostrukturausgleich zugunsten von Krankenkassen mit – mitgliederstrukturbedingt – ungünstigeren Risiken.

Deutschlands Sozialpolitik wird nachgesagt, sie sei zu sehr auf die Lage von vollzeitbeschäftigten Arbeitnehmern zugeschnitten und verkörpere vorrangig einen Arbeitnehmersozialstaat. Doch das ist verkürzt, weil die deutsche Sozialpolitik mittlerweile einer Staatsbürgerversicherung bzw. einer Staatsbürgerversorgung nahekommt. In ihr wirkt eine Vielzahl von Systemen der sozialen Sicherung: Neben den Kernsystemen – gesetzliche Rentenversicherung, gesetzliche Krankenversicherung, Arbeitslosenversicherung, Pflegeversicherung und Unfallversicherung – sind dies separate Sicherungssysteme beispielsweise für die Beamten, die Landwirte und die Beschäftigten im Bergbau. Ferner sind die Mitversicherung von Familienangehörigen (wie in der Krankenversicherung) und die Erweiterung der Rentenversicherung auch auf Witwen, Witwer und Waisen zu bedenken. Außerdem existieren spezielle sozialpolitische Programme wie das Wohngeld. Nicht zu vergessen sind die Grundsicherung für Alte und dauerhaft Erwerbsunfähige, die Sozialhilfe und seit «Hartz IV» das «Arbeitslosengeld II» und das «Sozialgeld». Das sind Deutschlands Mindestsicherungssysteme für alle Einwohner einschließlich der Asylbewerber – Bedürftigkeit vorausgesetzt. Deshalb irrt, wer Deutschland als «konservativen Wohlfahrtsstaat» einstuft, den vor allem berufsständische Sozialversicherungsstrukturen und eine relativ geringe Umverteilung charakterisierten. In Wirklichkeit ist Deutschlands Sozialpolitik insbesondere seit den 1970er Jahren eine Mischung hauptsächlich aus dem «konservativen

9 Schmid 1996.

Wohlfahrtsstaatsregime» und dem «sozialdemokratischen Wohlfahrtsstaat», der nach Staatsbürgerversorgung und Egalitarismus strebt.[10]

Die Sozialpolitik in der Bundesrepublik Deutschland wurde weit ausgebaut. Davon zeugen die Höhe der Sozialausgaben und das große Heer der Bürger, die Sozialleistungen beziehen oder im Versicherungsfall Rechtsanspruch auf sie haben. Die Bürger, die ihren Lebensunterhalt ausschließlich oder überwiegend aus Sozialleistungen (wie Altersrenten, Pensionen, Leistungen der Arbeitslosenversicherung oder der Sozialhilfe) finanzieren, machen mittlerweile schon rund 40 Prozent der Wahlberechtigten aus.[11] Sie sind als zahlenmäßig größte und weiter wachsende Wählergruppe und aufgrund ihrer Verankerung vor allem in beiden Volksparteien politisch besonders günstig platziert.[12]

2. Entwicklung der Sozialpolitik seit 1949

Die Anfänge der reichsweiten staatlichen Sozialpolitik in Deutschland sind auf die 1880er Jahre des Kaiserreichs zu datieren. Doch der Ausbau der Sozialpolitik zu einem modernen Wohlfahrtsstaat erfolgte im Wesentlichen erst auf demokratischer Grundlage – in der Weimarer Republik und besonders in der Bundesrepublik Deutsch-

10 Zur Terminologie Esping-Andersen 1990, 1999. Zur kritischen Würdigung des einflussreichen Werkes von Esping-Andersen, der allerdings Deutschland irreführend nur als «konservativen Wohlfahrtsstaat» einstuft, Kaufmann 2003, Kohl 2000, Schmidt 2001b, 2005a: 219 ff.

11 Zur Berechnung Schmidt 2005a: 154 f., 2010a: 319 f. auf der Basis der Sozialleistungsempfängerzahlen im Statistischen Jahrbuch der Bundesrepublik Deutschland. Diese Schätzung enthält nicht den Anteil der in der Sozialverwaltung und der sonstigen Sozialpolitik Beschäftigten und der durch Aufträge des Sozialstaats im privatwirtschaftlichen Sektor finanzierten Erwerbspersonen. Addiert man diese Personengruppen zur Sozialstaatsklientel im engeren Sinne, dürfte der Wert über 50,8 Prozent liegen, die Pierson (2001b: 412) für die Größe der Wohlfahrtsstaatsklientel in Deutschland im Jahre 1995 geschätzt hatte.

12 Vgl. Kapitel 3.

land.[13] Die Sozialpolitik nach 1945 stand zunächst noch ganz im Zeichen einer gewaltigen Erblast aus den Jahren des NS-Staates und des Zweiten Weltkrieges. Kriegszerstörungen, millionenfache Flucht und Vertreibung sowie die Wiedereingliederung der Soldaten und der aus der Kriegsgefangenschaft Entlassenen in das zivile Erwerbsleben gehörten ebenso zu diesem Erbe wie eine darniederliegende Wirtschaft. Hinzu kam ein spannungsreicher Konflikt zwischen den CDU/CSU-geführten, marktwirtschaftsorientierten Bundesregierungen und einer Koalition aus oppositioneller SPD und Gewerkschaften, der nicht der Sinn nach Marktwirtschaft stand, sondern nach einem dritten Weg zwischen Kapitalismus und Sozialismus. Zu den herausragenden Erfolgen der Politik hierzulande gehört die Bewältigung dieses Konfliktes noch in den 1950er Jahren. Gewiss spielten dabei der Wirtschaftsaufschwung, der rasche Abbau der Arbeitslosigkeit und die Lohnsteigerungen eine zentrale Rolle. Doch trug auch die Sozialpolitik Wesentliches zur Entschärfung des Konflikts bei, insbesondere durch den Ausbau sozialpolitischer Leistungen und die Einbindung der Gewerkschaften in eine sozialpartnerschaftliche, von Mitbestimmungsregelungen untermauerte Arbeitsverfassung.

Der Wiederaufbau der sozialen Sicherungssysteme und die Bewältigung der Kriegsfolgen standen im Zentrum der Sozialpolitik der ersten beiden Legislaturperioden des Deutschen Bundestages. Aber auch Reformen der Arbeitsverfassung kamen in dieser Phase zustande, insbesondere die Montan-Mitbestimmungsgesetzgebung von 1951, die von den Gewerkschaften als großer Erfolg gefeiert wurde, aber auch das Betriebsverfassungsgesetz von 1952, das die Gewerkschaften zunächst als Rückschlag werteten, das aber langfristig für die einflussreiche Mitwirkung der Betriebsräte und mittelbar auch der Gewerkschaften sorgte. Mit der Rentenreform von 1957, die die Altersrenten drastisch erhöhte und die Rentenanpassungen an den Bruttolohnzuwachs knüpfte («Dynamisierung der

13 Zur Entwicklung der Sozialpolitik in der Bundesrepublik Deutschland insbesondere Alber 1989, BMA/Bundesarchiv 2001, Geyer 2008, Hockerts 1980, 1986, 1998, 2007, Nullmeier/Rüb 1993, Ritter 2007, Ruck/Boldorf 2008, Schmidt 2005a, 2005c, Schulz 2006, Stolleis 2003, Wengst 2001, Zacher 2001, 2004.

Altersrente»), erfolgte eine auch international vielbeachtete Strukturreform der Alterssicherung. Sie signalisierte den Einstieg in den Auf- und Ausbau eines Wohlfahrtsstaates, der weit über die soziale Sicherung gegen unabweisbare Notlagen hinausreichte. An dieser Politik in Richtung «Sozialer Kapitalismus»[14] wirkten beide Sozialstaatsparteien in Deutschland mit – die CDU/CSU und die SPD. Die damaligen Bundesgesetzgeber – CDU/CSU-geführte Koalitionen, die in der Sozialpolitik oft die Unterstützung der oppositionellen SPD fanden – hatte den Grundsatz der Regierung Adenauer, wonach «die beste Sozialpolitik eine gesunde Wirtschaftspolitik ist, die möglichst vielen Arbeit und Brot gibt»[15], undogmatisch ausgelegt: Sie ergänzten die Förderung der Privatwirtschaft um eine ehrgeizige Sozialpolitik. Finanzielle Konsolidierungen des Sozialetats kennzeichneten sodann zunächst die Jahre der ersten Großen Koalition von 1966 bis 1969. Doch alsbald mündeten sozialreformerische Planungspolitiken auch in dieser Zeit in eine weitere Expansionsphase der Sozialpolitik, die insbesondere unter der sozial-liberalen Koalition in den Jahren von 1969 bis 1973/74 ihren Höhepunkt fand und sich im Ausbau sowohl der sozialen Sicherungssysteme als auch der Betriebsverfassung und der Mitbestimmung auf Unternehmensebene niederschlug.

Die wirtschaftliche «Trendwende»[16] von 1974/75 traf allerdings auch die Sozialpolitik mit voller Wucht: Die Ablösung der Jahre der wirtschaftlichen Prosperität durch eine größere Rezession und eine lange Phase mit niedrigem Wirtschaftswachstum, Arbeitslosigkeit und zunächst hohen Inflationsraten beendete das goldene Zeitalter des Wohlfahrtsstaates in Deutschland und anderen westlichen Demokratien. Finanzielle Konsolidierung und institutionelle Reformen kennzeichneten sodann die Lage in den Jahren von 1982 bis 1989, die parteipolitisch im Zeichen einer bürgerlich-liberalen Koalition stand, die programmatisch auf eine «Wende» in der Arbeitsteilung zwischen Staat und Markt zugunsten des Marktes und der

14 Hartwich 1970, van Kersbergen 1995.
15 Bundeskanzler Adenauer in der Regierungserklärung am 20. September 1949 (Verhandlungen des Deutschen Bundestages, I. Wahlperiode, Stenographische Berichte Bd. 1, Bonn 1950: 26B).
16 Dahrendorf 1977.

Selbsthilfe setzte, andererseits aber nach einer kürzeren Phase finanzieller Konsolidierung neue Sozialprogramme auf den Weg brachte, unter ihnen die Anrechnung von Kindererziehungszeiten in der Rentenversicherung.

Sozialpolitik im Zeichen der Einheit, aber auch des Aufbaus der Pflegeversicherung und des intensivierten Standortwettbewerbs sind die Stichworte für die Sozialpolitik in den Jahren von 1990 bis 1998. Diese wurden von sieben Jahren einer rot-grünen Bundesregierung abgelöst, die sich sozialpolitisch zunächst durch Rücknahme einiger Sozialreformen der Regierung Kohl profilierte, alsbald aber durch den Übergang von der ausgabenorientierten Alterssicherungspolitik zur einnahmeorientierten Rentenpolitik einen Paradigmenwechsel einleitete. Flankiert wurde dieser Politikwechsel durch die Einführung der auf dem Kapitaldeckungsprinzip und steuerlicher Subventionierung beruhenden «Riester-Rente» und ab 2002 durch die Arbeitsmarktreformen, die nach dem damaligen Personalrat von VW, Peter Hartz, benannten «Hartz-Reformen». Vor allem die vierte dieser Reformen, «Hartz IV», stand im Zeichen des aktivierenden Sozialstaates, führte aber aufgrund ihrer Unpopularität zu heftigen politischen Protesten, brachte der SPD schwere Wählerstimmenverluste und stärkte die Linkspartei. Abgelöst wurde Rot-Grün von einer schwarz-roten Koalition. Dieses Bündnis, die zweite Große Koalition im Bunde, amtierte von 2005 bis 2009, war durch viel Kontinuität und mitunter sogar Ausbau der Sozialpolitik gekennzeichnet und hielt sich bei Sanierungs- und Umbaumaßnahmen zurück – bis auf die Erhöhung des Renteneintrittsalters («Rente ab 67») und Teile der Gesundheitsreform. Zudem musste sich die zweite Große Koalition einer sozialpolitischen Vorgabe des Bundesverfassungsgerichtes beugen: Die Karlsruher Richter verpflichteten den Gesetzgeber, dafür zu sorgen, dass die Bürger ihre Beiträge zur Kranken- und Pflegeversicherung steuerlich absetzen können, und zwar zumindest bis zur Höhe des Äquivalentes der sozialhilfefinanzierten Kranken- und Pflegeversicherung. Das sollte die Eigenvorsorge steuerpolitisch unterstützen. Wer seine Kranken- und Pflegeversicherung aus eigener Kraft finanziert, soll nicht schlechter gestellt sein als derjenige, der den Sozialschutz der Kranken- und Pflegeversicherung auf Fürsorgebasis erhält.

Zur Regierungspraxis von «Schwarz-Gelb» schließlich, der seit 2009 regierenden Koalition aus CDU/CSU und FDP, gehört zumindest im ersten Jahr ihrer Existenz die Politik der Sozialstaatskontinuität. Das überraschte die Beobachter, die von der bürgerlichen Koalition und der Sozialstaatsumbaurhetorik der FDP eine sparsamere Sozialpolitik erwartet hatten. Nicht überrascht waren aber diejenigen, die um den Sozialstaatscharakter der Unionsparteien wussten und richtigerweise erwarteten, dass wahlpolitische Kalküle die Unionsparteien in ihrem pro-sozialstaatlichen Kurs kräftigen und marktorientierte, liberale Sozialreformbegehren zurückdrängen würden.

3. Antriebs- und Bremskräfte der Sozialpolitik

Viele Kräfte wirkten beim Ausbau der Sozialpolitik in Deutschland mit. Zu ihnen gehörten die Notlagen infolge von Krieg und Nachkriegszeit und der Bedarf, den die Überlastung herkömmlicher lokaler und familiärer Netze der sozialen Sicherung durch wirtschaftliche Entwicklung, Urbanisierung und die Emanzipation der Frau hervorriefen. Die wirtschaftliche Entwicklung zählt seit Anbeginn zu den besonders wichtigen Bestimmungsfaktoren: Einerseits erzeugt sie neuen Bedarf an Sozialprotektion und andererseits schafft sie den Spielraum für die Finanzierung der Sozialpolitik. Auch die Alterung der Gesellschaft vergrößert die Nachfrage nach sozialer Sicherung. Zudem treiben angebotsseitige Determinanten die Sozialpolitik und ihre Ausgabendynamik an. Das Gesundheitswesen ist ein Beispiel: Für steigende Ausgaben sorgen dort bis heute das Zusammenspiel von generöser Finanzierung der Gesundheitsdienstleistungen, rasantem medizinischem Fortschritt, den dadurch verbesserten Möglichkeiten der Diagnostik, Therapie und Rehabilitation sowie von Spezialisierung des Leistungsangebotes, hoher Ärztedichte und oligopolistischen Angebotsstrukturen im medizinisch-technischen Bereich.

Politische Determinanten Die erwähnten Bestimmungsfaktoren erklären den Wiederaufbau und den Ausbau der Sozialpolitik aller-

dings nicht alleine. Ihre Wirkung auf den politischen Entscheidungsprozess entfalten diese Faktoren nur über politische Mechanismen,
die den gesellschaftlichen Bedarf und gesellschaftliche Präferenzen in
Entscheidungsalternativen und Beschlüsse über die Alternativen
übersetzen.

Zu diesen Mechanismen gehören kulturell tief verwurzelte Herr-
schaftstraditionen wie die Verantwortung der wirtschaftlich und
politisch Herrschenden auch für die «kleinen Leute». In die gleiche
Richtung wirken der Auf- und Ausbau einer durch Korpsgeist geprägten Sozialbürokratie und eines Sozial- und Arbeitsrechtes, das
insbesondere in der Bundesrepublik Deutschland zu einem großflä-
chigen, engmaschigen Regulierungssystem erweitert wurde.

Auch das Kalkül der Legitimationssicherung durch Sozialpolitik
kommt hinzu – und zwar in der Demokratie der Weimarer Republik und der Bundesrepublik Deutschland stärker als im Deutschen
Reich vor 1918 und weitaus stärker als im NS-Staat. Die Demokratie
ergänzt somit die Sozialpolitik «von oben» um die Sozialpolitik
«von unten». Die sozialpolitische Neigung der Demokratie ist tief
verwurzelt, weil in ihr alle erwachsenen Staatsbürger wahlberechtigt sind. Das Wahlrecht verleiht auch der großen Masse der «Habe-
nichtse» eine Stimme: den relativ Armen, denjenigen, die weder Sozialabgaben noch Steuern zahlen, und allen anderen, die von der
Sozialpolitik eher Vor- als Nachteile erwarten können. Zudem können demokratische Wahlen in den modernen Wohlfahrtsstaaten in
der Regel nur von Parteien gewonnen werden, die die Mehrheit der
Sozialpolitikklientel mobilisieren. Günstig für die Sozialpolitik ist
ferner der kurze Zeittakt der Demokratie. Regelmäßig stattfindende
Wahlen setzen die Regierenden in den Zugzwang, kurzfristig Erfolge vorzeigen zu können. Dafür eignet sich die Sozialpolitik vor-
züglich: Sie ist gut sichtbar, hat eine flächendeckende Ausstrahlung
und bewährt sich bei der Umwerbung von Bündnispartnern, Gefolgschaft und Wählern, weil sie auf deren ökonomische Interessen
und Sicherheitsinteressen zählen kann.

Überdies kommt der Sozialpolitik in der Bundesrepublik
Deutschland eine sozialstaatsfreundliche Parteienlandschaft zugute: Hierzulande konkurrieren zwei große Sozialstaatsparteien –

CDU/CSU und SPD – miteinander,[17] mittlerweile sogar flankiert von einer radikalen sozialistischen Wohlfahrtsstaatspartei, während im Unterschied zu den angloamerikanischen Demokratien eine große säkular-konservative, marktwirtschaftsfreundliche Partei fehlt. Die relativ kleine liberale Partei in Deutschland, die FDP, gleicht diese Lücke nicht aus – ebenso wenig wie die marktwirtschaftsfreundlichere Linie der Unionsparteien. Diese Linie deuteten die Unionsparteien von Anfang an pragmatisch, flexibel und voller Offenheit für Sozialprotektionismus.

Machtressourcen von Großgruppen und Strukturen des Entscheidungsprozesses Geprägt wird die Sozialpolitik in Deutschland auch von den Machtressourcen, die insbesondere die Wirtschaftsverbände in die Waagschale werfen können. Im «Sozialversicherungsstaat» wirken die Machtressourcen der Verbände vor allem über ihre Inkorporierung in die Verwaltung der Sozialpolitik. Die Finanzierung eines beträchtlichen Teils des Sozialetats aus Sozialbeiträgen begründet die Einbindung der Gewerkschaften und Arbeitgeberverbände in die mittelbare Staatsverwaltung der Sozialversicherungen und in die für die Arbeitsmarktpolitik zuständige Bundesagentur

17 Dabei sind die Unterschiede zwischen den sozialpolitischen Positionen beider Parteien nicht zu vergessen. Die SPD richtet ihre sozialpolitische Programmatik und Praxis meist stärker als die Unionsparteien auf eine umfassend definierte wohlfahrtsstaatliche Politik aus. Sie strebt zudem nach Egalisierung und wertet die Sozialpolitik, einschließlich einer arbeitnehmer- und gewerkschaftsfreundlichen Gestaltung der Arbeitswelt, als unverzichtbare Grundlage einer stabilen Demokratie, einer Sozial-Demokratie. Die Unionsparteien hingegen sind Sozialstaatsparteien, die unter anderem von der katholischen Soziallehre und der katholischen Arbeiterbewegung geprägt sind. Sie ziehen den arbeitnehmerzentrierten «Sozialversicherungsstaat» – unter Einschluss der Familienangehörigen – dem egalitären Staatsbürgerversorgungsstaat vor. Im Unterschied zur SPD halten die Unionsparteien zudem Distanz zu den Gewerkschaften und zu ehrgeiziger sozialpolitischer Gestaltung der Arbeitswelt. Das spiegelt die innere Heterogenität der Unionsparteien wider. Denn diese vertreten nicht nur Sozialstaatsparteigänger, sondern auch den Mittelstand, Unternehmer, Selbständige, Manager, Landwirte und die Mehrheit der gewerkschaftlich nicht organisierten Arbeiter, Angestellten und Beamten.

für Arbeit. Diese Einbindung schreibt die Delegierung öffentlicher Funktionen an die Verbände fest und stabilisiert den Korporatismus, der die Beziehungen zwischen Staat und Verbänden hierzulande so stark prägt.

Allerdings haben Wandlungen der Willensbildungs- und Entscheidungsstrukturen in der Sozialpolitik die Vetopositionen der Gewerkschaften und der Sozialverbände in Parteien, Parlament und Regierung geschwächt. Die politischen Führungen der Parteien und der Bundesregierung besannen sich in Grundsatzfragen der Sozialpolitik stärker als in den Jahren der Sozialstaatsexpansion auf ihre Chancen als Agenda Setter. So war die Sozialpolitik aufgrund der großen Probleme, die ihre Finanzierung mittlerweile mit sich bringt, vor allem in der zweiten rot-grünen Regierung Schröder mehr als zuvor zur «Chefsache» geworden.[18] Grundentscheidungen der Sozialpolitik wurden dort nicht länger überwiegend an die Sozialpolitikexperten in den zuständigen Ministerien, den Bundestagsfraktionen, bei den Sozialpartnern und den Sozialverbänden delegiert. Begünstigt wurde der sozialpolitische Kurswechsel unter Rot-Grün zudem durch die Schwächung der Tarifparteien, deren Selbstregierungskompetenz infolge von Verbandsflucht schrumpfte. Außerdem erleichterte der «Elitenwechsel in der Sozialpolitik»[19] – insbesondere die tendenziell zunehmende Trennung der Sozialpolitiker von den sozialpolitischen Verbänden – die Suche nach und die Wahl von neuen Wegen in der Politik der sozialen Sicherung. Damit hat das Parteiensystem mehr relative Autonomie gegenüber dem Verbändesystem gewonnen und im Wesentlichen behalten.[20]

Verfassung, Föderalismus und Finanzierungsbedingungen Geprägt wird die Sozialpolitik in Deutschland auch von sozialstaatsfreundlichen Vorgaben der Verfassung. Im Unterschied zu den USA hat die Sozialpolitik der Bundesrepublik Deutschland einen Verfassungsauftrag. Zwar enthält das Grundgesetz nicht dem Worte nach ein Sozialstaatsgebot, doch ist dort dem Sinne nach eine Sozial-

18 Trampusch 2005, 2009.
19 Trampusch 2004, 2009.
20 Trampusch 2005, 2009.

staatsklausel festgeschrieben. Die Verfassung verpflichtet die Politik auf das «soziale Staatsziel»[21], das in den Begriffen «sozialer Bundesstaat», «sozialer Rechtsstaat» und «Herstellung gleichwertiger Lebensverhältnisse» im Bundesgebiet konkretisiert worden ist.[22]

Dem Bundesstaat geht der Ruf voraus, ein Hemmschuh der Sozialpolitik zu sein. Vor allem die nordamerikanische Föderalismustheorie legt diese Deutung nahe. Doch der deutsche Föderalismus gehört zu einer Familie von Bundesstaaten, die für wohlfahrtsstaatliche Politik durchlässig sind.[23] Dafür verantwortlich sind nicht nur die Koexistenz der zwei großen Sozialstaatsparteien und die Popularität der Sozialpolitik.[24] Wichtig ist zudem die vorrangige Finanzierung der deutschen Sozialpolitik aus Sozialabgaben. Diese Finanzierungsweise bevorteilt die sozialbeitragsfinanzierten Staatsaufgaben gegenüber den steuerfinanzierten Politikfeldern: Die Erhöhung der Sozialabgaben bedarf größtenteils nur der Zustimmung des Bundestages, nicht auch der Zustimmung des Bundesrates,[25] was politisch schwieriger zu bewerkstelligen ist. Somit ist der Aufwand für die Formierung der erforderlichen Mehrheiten für die Sozialstaatsfinanzierung meist geringer, und die Entscheidungskosten sind meist niedriger als bei hauptsächlich steuerfinanzierten Staatsaufgaben wie der Bildungspolitik.[26]

Der deutsche Bundesstaat stand dem Ausbau der Sozialpolitik

21 Zacher 2001, 2004.

22 So die Grundgesetzartikel 20 I, 28 I und 72 II.

23 Obinger/Leibfried/Castles 2005 zufolge bremst nur ein besonderer Föderalismustyp die Sozialpolitik. Die Sozialpolitik wurde nur dort spät und mit flacherem Profil eingeführt, wo es sich um Bundesstaaten dualer Art und um Demokratien handelte und die Bundesregierungen zunächst wenig finanzielle Potenz und geringe Gestaltungskraft hatten. Früh eingeführt werden konnte die Sozialpolitik in kooperativen Bundesstaaten mit autoritärem Regimekontext und einem finanziell potenten Zentralstaat mit beträchtlicher politischer Gestaltungskraft wie in Deutschland und Österreich (Manow 2005).

24 Zur Popularität insbesondere Roller 1992; mit Hinweisen auf im Niveau immer noch hohe, aber abnehmende Akzeptanz Statistisches Bundesamt u. a. 2008: 289 ff.

25 Die Ausnahmen sind zustimmungspflichtige Verordnungen etwa zur Festlegung der Beitragsbemessungsgrenze in der Rentenversicherung.

26 Schmidt 2004, Wolf 2008b.

kaum im Wege. Allerdings bremst er den Sozialstaatsumbau und -rückbau bei Maßnahmen, die der Zustimmung des Bundesrates bedürfen und ihn somit in die Position eines Vetospielers bringen. Divergierende politische Mehrheiten im Bundestag und Bundesrat verkomplizieren den Sachverhalt, weil in diesem Fall die Opposition über den Bundesrat mitregieren kann. Zudem werden Sanierungsvorhaben durch das Kräfteverhältnis zwischen finanzschwachen und finanzstarken Ländern behindert: Die finanzstarken Länder sind im Bundesrat in der Minderheit. Die Mehrheit bilden die finanzschwächeren Gliedstaaten. Diese neigen aufgrund ihrer Budgetnöte eher dazu, die Sozialpolitik, insbesondere die Kernsysteme der sozialen Sicherung, für die nicht sie zuständig sind, sondern der Bund und die Sozialversicherungsträger, beizubehalten oder auszubauen. Das hat für die Länder den weiteren Vorteil, dass die Sozialprogramme, für deren Finanzierung sie oder ihre Kommunen teilweise oder überwiegend zuständig sind, wie die Sozialhilfe und die auf Kommunen entfallenden Finanzierungsteile des Arbeitslosengeldes II und des Sozialgeldes, finanziell möglichst geschont werden.

Wirkungen der Europäischen Union auf die Sozialpolitik in Deutschland Der Einfluss der Europäischen Union (EU) auf die deutsche Sozialpolitik scheint auf den ersten Blick gering zu sein. Es gibt kein europäisches Sozialrecht. Folglich haben die Bürger der EU-Mitgliedstaaten keine individuellen Leistungsansprüche auf europäische Sozialleistungen. Auch gibt es keine Sozialabgaben oder Steuern, die an den Haushalt der EU abgeführt und für ein europäisches Sozialbudget verwendet würden. Außerdem existiert in der EU keine nennenswerte Sozialstaatsbürokratie. Und dennoch hat die EU ein beachtliches sozialpolitisches Gewicht. Sie wirkt vor allem souveränitäts- und autonomiebeschränkend auf die Sozialpolitik ihrer Mitgliedstaaten.

Drei Formen der EU-Sozialpolitik sind dabei zu unterscheiden: das «Freizügigkeits-Sozialrecht», das «Wettbewerbs-Sozialrecht» und das «originäre Gemeinschafts-Sozialrecht»[27]. Hinzu kommen

27 Haverkate/Huster 1999: 81 ff., 285 ff., 369 ff.

drei Wirkungsketten: die «positive Sozialpolitik», die wettbewerbs-
orientierte «negative Sozialpolitik» und mittelbare Effekte.[28]

Mit «positiver Sozialpolitik» sind die Initiativen gemeint, mit denen sich die EU sozialpolitisch unmittelbar engagiert. Beispiele sind
die vertragliche Verpflichtung zur gleichen Entlohnung für gleiche
Arbeit von Männern und Frauen nach Artikel 141 EGV sowie der
Arbeitsschutz und die gesundheitspolitischen Regelungen nach Artikel 137 EGV. Dieser Teil der EU-Sozialpolitik ist allerdings hochgradig fragmentiert und lückenhaft.

Hinzu kommt die «negative Sozialpolitik». Sie erwächst aus dem
Bestreben, die Marktintegration im europäischen Binnenmarkt
rechtsverbindlich durchzusetzen. Sozialpolitische Regelungen der
Freizügigkeit der Arbeitnehmer gehören zu diesem Komplex, seit
Ende der 1980er Jahre auch die Dienstleistungsfreiheit sowie sons-
tige sozialpolitische Interventionen, die den ungehinderten freien
Verkehr von Kapital, Waren, Arbeitskräften und sozialen Dienst-
leistungen im europäischen Binnenmarkt fördern.

Ferner wirkt die EU durch mittelbare Anpassungszwänge auf
die nationalstaatliche Sozialpolitik ein. Hierunter fallen Maßnahmen, die ein Sozialdumping abwehren sollen, und Bestrebungen,
die die Steuersysteme harmonisieren oder einen gemeinsamen eu-
ropaweiten Markt für private Versicherungen einführen sollen.
Anpassungszwänge für die Sozialpolitik entstehen auch aus dem
Standortwettbewerb der EU-Mitgliedstaaten. Ferner wirken die
Konvergenzkriterien des Maastrichter Vertrages mittelbar auf die
Sozialpolitik: Die finanzpolitische Disziplinierung, die von ihnen
ausgeht, setzt auch die Sozialfinanzen jedenfalls zeitweise unter
Anpassungsdruck.

Die EU hat demnach auch die Sozialpolitik der Mitgliedstaaten
erfasst. Allerdings ist der Vergemeinschaftungsgrad in der Sozialpolitik viel geringer als in der Wirtschafts-, der Agrar- und vor allem
der Geldpolitik.[29] Und selbst die Maßnahmen, die die EU-Sozialpolitik auf den Weg gebracht hat, werden oft nur zeitverzögert und mit
sonstigen Vollzugshemmnissen implementiert. Deutschland gehört

28 Leibfried 2010, Schulte 2003.
29 Leibfried/Obinger 2008, Schmidt 2005e, Wessels 2008a, 2008b.

dabei zu jener Ländergruppe, in der die Umsetzung von EU-Richt-
linien zur Sozialpolitik häufig an Eigenheiten der nationalstaatlichen Politik aufläuft, im Unterschied zu den «gesetzestreueren»
nordeuropäischen Mitgliedstaaten der EU.[30]

In der Sozialpolitik war die EU bislang ein Nachzügler. Dabei
wird es auch weiterhin bleiben, solange die Vorgaben eingehalten
werden, die das Bundesverfassungsgericht 2009 in seinem Urteil
über den Vertrag von Lissabon festgelegt hat. Diesem Urteil zufolge
gehört die soziale Sicherheit zu den Lebensverhältnissen, über die
die EU-Mitgliedstaaten ausreichenden Raum zur politischen Gestaltung behalten müssen.[31]

Politikerbe Die Lehre vom Politikerbe trägt ebenfalls zur Erklärung der deutschen Sozialpolitik bei. Der gegenwärtige Bestand der
Sozialrechtsnormen und ihre Verfassungswirklichkeit werden in
großem Maße vom Bestand in der Vorperiode und von Entscheidungen geprägt, die in der Vergangenheit getroffen wurden. Oft dominieren althergebrachte Lösungsschemata die Problemlösungssu-
che in der Gegenwart, selbst wenn sie nicht mehr zeitgemäß sind.
Und häufig sprechen hohe Umstellungskosten dafür, früher einge-
schlagene Wege der Problemlösung beizubehalten, auch wenn es
technisch leistungsstärkere Alternativen gibt. Solches Beharrungs-
vermögen erzeugt «Pfadabhängigkeit». Manche Beobachter behaupten, Deutschlands Sozialpolitik sei sogar besonders pfadabhängig.
Als Belege gelten Beharrungstendenzen des «Sozialversicherungs-
staats», beispielsweise die Organisierung der Pflegeversicherung unter dem Dach der Gesetzlichen Krankenversicherung oder die nach
wie vor überwiegende Finanzierung der deutschen Sozialpolitik aus
Sozialbeiträgen.

Allerdings sind die Grenzen der Pfadabhängigkeit unübersehbar.
Die Größe des Sozialversicherungsstaates und die des Sozialabgabenstaates sind nicht konstant, sondern veränderlich. Zudem wer-

---

30 Parteipolitische Divergenzen und Konvergenzen machen sich hier –
und bei der Sozialpolitikformulierung in der EU – ebenfalls bemerkbar,
vgl. Falkner/Treib/Hartlapp/Leiber 2005, Manow/Schäfer/Zorn 2006,
Treib 2004.
31 Schnell 2010.

den mittlerweile, wie schon erwähnt, rund 40 Prozent der Sozialausgaben aus Steuermitteln finanziert. Das öffnet dem Gesetzgeber
Spielräume für Problemlösungen jenseits des Sozialversicherungs-
prinzips. Außerdem ist die Sozialversicherung ein weiter Mantel,
der pfadtreue und pfadabweichende Problemlösungen umhüllen
kann. Ein Beispiel: Was früher nur eine Sozialversicherung für Industriearbeiter war, wandelte sich allmählich zu einer Sozialversicherung für alle Arbeiter und alle Angestellten und entpuppte sich
insbesondere in der zweiten Hälfte des 20. Jahrhunderts als eine
auch Familienangehörige umfassende Versicherung mit fließenden
Übergängen zur Staatsbürgerversicherung.

4. Wirkungen

Ihre originären Aufgaben erfüllt Deutschlands Sozialpolitik teils
zufriedenstellend, teils gut und bisweilen sehr gut.[32] Sie schützt zuverlässig gegen materielle Verelendung und in erheblichem Umfang
gegen Risiken, die der Einzelne nicht alleine abdecken kann. Zudem
hat der Sozialstaat krasse gesellschaftliche Ungleichheit beträchtlich
verringert – auch wenn sein Hauptziel die Sicherheit ist, nicht die
Gleichheit. Dennoch vermindern Sozialtransfer und Steuern das
potenzielle Armutsrisiko in großem Umfang.[33] Zudem wurde die

---

32 Vgl. Alber 1989, 2001, BMA/Bundesarchiv 2001, Leibfried/Wagschal
2000, Schmidt 2005a: 255 ff.
33 Das ist das Armutsrisiko, das ohne die Umverteilung von Einkommen
durch Steuern und Sozialtransfers entstünde. Wie weit dieses Risiko reduziert wird, zeigt beispielsweise eine Auswertung von Daten des Statistischen Bundesamtes (Stand 2003) durch das Institut der deutschen
Wirtschaft (IW), der zufolge Steuern und Sozialtransfer konsistent und
substantiell von hohen zu niedrigen Einkommen umverteilen. Ein ge-
ringeres Armutsrisiko wird ermittelt, wenn nur die Verteilungswirkun-
gen von Sozialtransfers berücksichtigt werden. Vgl. «IW: Umverteilung
von oben nach unten funktioniert», in: FAZ Nr. 128 v. 5.6.2009: 13, ferner Schmidt 2005a: Kapitel 3.2 und OECD 2010b: 234 ff. mit weiteren
Belegen. Vom verbleibenden Armutsrisiko sind überproportional Haushalte mit mehreren Kindern und jungen Erwachsenen sowie Alleinerziehende mit minderjährigen Kindern betroffen. Unter der Einkom-

Politik durch den Sozialstaat insgesamt krisenfester gemacht, weil dieser gesellschaftliche und wirtschaftliche Erschütterungen auffangen und ihre Wirkungen buchstäblich zerstäuben kann. Ein Beispiel ist die Rolle des Sozialstaats bei der Bewältigung von sozialen und politischen Folgen der 2007 ausgebrochenen Finanzmarktkrise und der realwirtschaftlichen Krisen in ihrem Gefolge: Der Sozialstaat fungierte hier nicht nur als automatischer Konjunkturstabilisator, sondern auch als ein Mechanismus, der die Krisenfolgen in sozialer Hinsicht individualisierte und insgesamt entschärfte. Das geschah mittels einer Vielzahl von Eingriffen, die von der Kurzarbeit bis zur Frühverrentung reichten. Zudem entlastet die Sozialpolitik die Unternehmen generell von schweren betrieblichen Konflikten um Sozialleistungen. Hinzu kommt ein wirtschaftlicher Vorteil der Sozialpolitik, als sie an der Aufrechterhaltung stabiler Arbeitsbeziehungen mitwirkt und zur Modernisierung der Wirtschaft ansport, weil ihre Kosten die Unternehmen eher zum arbeitssparenden als zum kapitalsparenden technischen Fortschritt anreizen.

Andererseits laboriert Deutschlands Sozialpolitik an Schieflagen. Das Ungleichgewicht zwischen der Wirtschaftskraft und dem sozialpolitischen Aufwand ist mittlerweile groß. Die Sozialleistungsquote in Deutschland ist überdurchschnittlich hoch und seit mehreren Jahrzehnten auch relativ zur Wirtschaftskraft des Landes überdimensioniert.[34]

Ferner besteht mittlerweile ein beträchtliches Ungleichgewicht zwischen der Sozialpolitik und der Beschäftigung. Mittlerweile entspricht die Zahl der Sozialleistungsempfänger in etwa der Zahl der sozialversicherungspflichtig Beschäftigten.[35] Das spiegelt nicht nur Alterungseffekte der Gesellschaft wider, sondern auch den Hemm-

mensarmutsrisikoschwelle gemäß DIW-Studie befanden sich 2008 14 Prozent der Bevölkerung in Deutschland. Diese Schwelle wurde für einen Ein-Personen-Haushalt im Jahr 2008 auf 925 Euro festgelegt, für ein Ehepaar oder Paar ohne Kinder auf 1388 Euro und für ein Ehepaar oder Paar mit zwei Kindern auf 1943 Euro (Deutsches Institut für Wirtschaftsforschung: Wochenbericht 77, Nr. 7/2010).

34 Berechnet aus Adema/Ladaique 2009: 48 und OECD 2006: 12 (Datenstand: 2005).
35 BMAS 2009b: Tabelle 2.6A, Schmidt 2010a: 319f..

schuh, der Deutschlands Sozialpolitik mittlerweile für die Beschäftigung außerhalb des Sozialstaats geworden ist – aufgrund der dichten sozialpolitisch motivierten Arbeitsmarktregulierung[36], der Höhe der Sozialabgaben und der Steuern und infolge der Finanzierung der Sozialpolitik überwiegend aus Sozialbeiträgen, was wie eine Sondersteuer auf den Faktor Arbeit wirkt.

Überdies ist die Sozialpolitik in ein Finanzierungsungleichgewicht verstrickt. Unübersehbar ist die Schieflage zwischen der aufwändigen Sozialstaatsfinanzierung und der meist nur mittelmäßigen Finanzierung anderer Staatsaufgaben, vom Bildungswesen über die Forschung bis zur militärischen Sicherheitspolitik. Die Finanzierungskonkurrenz zwischen der Sozialpolitik und außersozialpolitischen Feldern hat sich sogar weiter zulasten der Letzteren verschoben.[37] Ferner ist die Sozialpolitik der Bundesrepublik Deutschland in erheblichem Umfang auf Pump finanziert worden: Sie ist wesentlich mitverantwortlich für das Anwachsen der Staatsschulden von weniger als 20 Prozent in den 1960er Jahren auf rund drei Viertel des Bruttoinlandsproduktes heutzutage.

Schließlich krankt Deutschlands Sozialpolitik an weiteren Mängeln. Eines ihrer Kennzeichen ist bis heute ein Generationenungleichgewicht zulasten von Kindern, Kindererziehung und jüngeren Bevölkerungsgruppen und zugunsten der sozialen Sicherung der Älteren. Die Sozialpolitik in Deutschland ist ferner sehr stark auf Personen konzentriert, mitunter aber zu wenig auf Institutionen, wie beispielsweise Kindergärten. Zudem sind der Sozialpolitik ungeplante Nebenwirkungen eigen: Die sozialleistungsinduzierte Arbeitslosigkeit gehört dazu, ebenso Anreize für den Alleinerziehendenstatus und Anreize zur sozialpolitisch motivierten Einwanderung, um nur einige Beispiele zu erwähnen.[38] Zu den Nebenfolgen der Sozialpolitik in Deutschland zählt schließlich auch der Anreiz zum Verbleiben in einer überwiegend sozialstaatsfinanzierten Existenz, der trotz «Hartz IV» insbesondere von ihren Mindestsicherungssystemen vor allem auf gering qualifizierte Personen ausgeht.

36 OECD 2004: 61–122.
37 Castles 2007.
38 Vgl. als Überblick Schmidt 2005a: Teil III.

Dass Deutschlands Sozialpolitik trotz ihrer Leistungen in finanzieller Hinsicht ein Sanierungsfall geworden ist, hat viele Ursachen. Mitverantwortlich sind die Parlamentsmehrheiten und die Oppositionsparteien, die Bundesregierungen, aber auch die Landesregierungen, ferner die Sozialpartner, die möglichst viele Kosten ihrer Lohn- und Personalpolitik auf den Sozialstaat abwälzen. Nicht zu vergessen sind die große Wählermehrheit und die übergroße Mehrheit der Sozialstaatsklientel, die von den Kosten und vom Sanierungsbedarf des populären Sozialstaates am liebsten nichts hören wollen. Zu den besonders großen Herausforderungen der Politik in Deutschland gehört es, einen Weg zu finden, der die Balanceverluste der Sozialpolitik abbaut, ihre Nebenwirkungen lindert und Mehrheiten für die erforderlichen Korrekturen des Sozialstaats gewinnt.

Deutschlands Sozialstaat stillt einen beachtlichen Teil des hohen Sicherheitsbedarfs der Bürger und der Politiker des Landes. Doch wo Licht ist, da gibt es auch Schatten. Der Sozialstaat ist davon keine Ausnahme. Einer seiner langen Schatten fällt auf die Bildungspolitik, insbesondere auf die Finanzierung des Bildungswesens. Diese liegt aus vielerlei Gründen im Argen, nicht zuletzt aufgrund von Nebenwirkungen einer ehrgeizigen Sozialpolitik und chronisch knapper Haushalte der Länder, den im Bildungswesen Hauptzuständigen. Davon und von anderen Ursachen der finanziellen Ausstattung des deutschen Bildungswesens handelt das vorliegende Kapitel.[1]

Wie viel ist dem Staat der Dichter und Denker sein Bildungswesen wert? Die Antwort lautet: 97 Milliarden Euro – den neuesten international vergleichbaren öffentlichen Bildungsausgaben zufolge. 97 Milliarden Euro sind zweifelsohne viel Geld. Sie entsprechen 4,0 Prozent des Bruttoinlandsprodukts.[2] Mit den 4,0 Prozent

1 Seine Hauptbasis besteht aus einem DFG-Forschungsprojekt zu den öffentlichen und privaten Bildungsausgaben im inter- und intranationalen Vergleich und den Vor- und Nachfolgestudien zu diesem Werk (Busemeyer 2006, 2007, Nikolai 2006, Schmidt 2004, 2007a, Schmidt/Busemeyer/Nikolai/Wolf 2006, Wolf 2006a, 2008b). Zu den institutionellen und prozessualen Dimensionen der deutschen Bildungspolitik insbesondere Anweiler 2005, 2006, 2007, 2008, Wolf 2006b, 2008a, ferner Schmidt 1980: 89 ff., Thränhardt 1990.

2 Berechnet aus OECD 2010d: 220 und Der Fischer Weltalmanach 2010: 170, Datenstand: 2007. Zu den öffentlichen Bildungsausgaben zählt die OECD die staatlichen Ausgaben für 1) eigentliche Bildungsdienstleistungen, 2) nichtunterrichtsbezogene Dienstleistungen im Bildungsbereich (z. B. Transport der Schüler und Studierenden zur Schule und Unterbringung auf dem Campus) und 3) Forschung und Entwicklung an Hochschulen und sonstigen Bildungseinrichtungen. Berücksichtigt werden die Bildungsausgaben innerhalb und außerhalb von Bildungseinrichtungen (vor allem Schulen, Hochschulen, Bildungsverwaltung und soziale Dienste für Schüler und Studierende einerseits und etwa der private Er-

liegt Deutschland im internationalen Vergleich der Bildungsfinanzierung allerdings weder an der Spitze noch im Mittelfeld, sondern auf dem fünftletzten Platz der OECD-Mitgliedstaaten.[3] Im Durchschnitt geben die OECD-Länder aus öffentlichen Haushalten im Jahr 2007 4,8 Prozent des Sozialproduktes für das Bildungswesen aus. Überdurchschnittlich stark engagierte sich der Staat bei der Bildungsfinanzierung in Dänemark (6,6 Prozent), in Schweden (6,1 Prozent), Belgien (5,9 Prozent) oder in Finnland (5,5 Prozent). Aber auch dort, wo der Staat ansonsten am kürzeren Zügel geführt wird, investierten die Regierungen aus öffentlichen Kassen erheblich mehr in das Bildungswesen als Deutschland – beispielsweise in den USA (5,0 Prozent des Sozialproduktes), Großbritannien (5,2 Prozent) oder der Schweiz (5,1 Prozent).

Warum ist der Anteil der öffentlich finanzierten Bildungsausgaben in der «Bildungsrepublik Deutschland» so niedrig – und obendrein seit Jahren rückläufig – trotz aller Beteuerungen der Politik,

werb von Gütern und Dienstleistungen für Bildungszwecke andererseits). – Aus Gründen der internationalen und historischen Vergleichbarkeit wird in diesem Kapitel die OECD-Bildungsausgabenstatistik im Sinne der «expenditure on educational institutions» zugrundegelegt. Einen etwas höheren Sozialproduktanteil hat das Bildungsausgabenbudget, das zusätzlich zu staatlichen Finanzmitteln, die den Bildungseinrichtungen direkt zukommen, auch öffentliche Subventionen an Haushalte und andere Einheiten für bildungsbezogene Lebenshaltungskosten umfassen (wie Stipendien oder Darlehen für Studierende). Dieser Anteil belief sich 2007 hierzulande nicht auf 4,0 Prozent des Bruttoinlandsprodukt, sondern auf 4,5 Prozent, womit Deutschland mit dem achtletzten Platz aber ebenfalls unter dem Durchschnitt der OECD-Länder liegt, der 5,2 Prozent beträgt (OECD 2010d: 243). Zum Bildungsausgabenvergleich auch Klemm 2008 und die Autorengruppe Bildungsberichterstattung 2010: 30, die allerdings zusätzlich die privaten Bildungsausgaben berücksichtigen. Zu Letzteren siehe die Ausführungen weiter unten.

3 OECD 2010d: 220. Der relative Rückstand der Finanzausstattung des deutschen Bildungswesens trifft alle Stufen des Ausbildungssektors: Unterdurchschnittlich sind die öffentlichen Aufwendungen für den Primar- und den Sekundarbereich des Bildungswesens. Doch auch der Tertiärbereich, im Wesentlichen Universitäten und Hochschulen, erreicht – gemessen an öffentlichen Zuwendungen – nur eine durchschnittliche Höhe und – gemessen an den privaten Bildungsausgaben – eine unterdurchschnittliche Ausstattung (OECD 2010d: 220, Schmidt 2007b).

mehr für Bildung tun zu wollen?[4] Welches sind die politischen, sozialen und ökonomischen Ursachen der noch nicht einmal mehr mittelmäßigen Bildungsfinanzierung hierzulande?

1. Der Einfluss des Politikerbes

Zwei denkbare Erklärungen passen nicht zu den Daten. Nicht bestätigt wird der Verdacht, die unterschiedlichen Bildungsausgaben spiegelten größtenteils Unterschiede in der statistischen Erfassung wider. Dagegen spricht die mittlerweile hohe Qualität und Vergleichbarkeit der Bildungsdaten insbesondere der OECD. Nicht bestätigt wird ferner die Vermutung, dass Deutschlands Bildungswesen womöglich mit unterdurchschnittlicher Finanzierung überdurchschnittliche Leistungen zustande bringe. Das mag für einzelne Spezialgebiete des Bildungswesens zutreffen, beispielsweise für die wissenschaftliche Qualität eines Teils der an deutschen Universitäten Promovierten. Doch strukturbestimmend ist dieses Muster nicht geworden. Dagegen sprechen nicht zuletzt die Befunde des internationalen Vergleichs von Leseleistungen, mathematischen Begabungen und naturwissenschaftlich-technischen Fähigkeiten 15-jähriger deutscher Schüler. Diese liegen – mit großen Unterschieden von Bundesland zu Bundesland – bestenfalls im Mittelfeld nach anfänglich weitgehend unterdurchschnittlichen Leistungen.[5] Mit größerer Effizienz kann, wer Deutschlands niedrige Bildungsausgaben erklären will, mithin ebenfalls kaum argumentieren.

Fündiger wird, wer das Politikerbe und die Pfadabhängigkeit der Bildungspolitik im Blick hat.[6] Deutschlands niedrige öffentliche Bildungsausgabenquote zu Beginn des 21. Jahrhunderts ist ohne ihre Vorgeschichte vor und nach 1949 kaum zu verstehen. Zu dieser Vorgeschichte gehört die traditionell beengte Finanzausstattung des Bildungswesens in Deutschland. Die Knappheit hat ältere, bis ins

4 OECD 2010d: 220 für den Vergleich von 2007 und 1995. Für den internationalen Vergleich über längere Zeiträume Schmidt 2007a.
5 Deutsches PISA-Konsortium 2001, 2003.
6 Zum Folgenden Schmidt 2004 mit weiteren Nachweisen.

19. und frühe 20. Jahrhundert zurückreichende Wurzeln in der Finanznot der bildungspolitisch hauptzuständigen Länder und Kommunen.[7] Gesellschafts- und finanzpolitische Weichenstellungen der nationalsozialistischen Diktatur festigten die Schieflage zulasten des Bildungswesens: Vorfahrt erhielt die Finanzierung der Militärpolitik und der öffentlichen Daseinsvorsorge außerhalb des Bildungswesens. Die Bildungspolitik wurde nachrangig bedient. Nachrangig blieb die Finanzausstattung des Bildungswesens auch in den 1950er Jahren, wenngleich der Anteil der Bildungsausgaben an allen Staatsausgaben in dieser Dekade langsam zu steigen begann. Doch insgesamt standen die 1950er Jahre haushaltspolitisch im Zeichen der Rekonstruktion des vom Krieg schwer geschädigten Landes, des Auf- und Ausbaus des Wohnungs- und Straßenbaus, der sozialen Sicherungssysteme und der militärischen Sicherheitspolitik. Gemessen an den bildungspolitischen Anstrengungen, ablesbar am Sozialproduktanteil der staatlichen Bildungsausgaben, hatte Deutschland noch 1960 mit 2,4 Prozent nur einen der letzten Ränge unter den westlichen Industrieländern eingenommen – weit hinter den nordeuropäischen Ländern und den angloamerikanischen Demokratien.[8]

Allerdings kam das Bildungswesen der Bundesrepublik von den frühen 1960er bis Mitte der 1970er Jahre in den Genuss steigender Finanzmittel. Allein das hohe Wirtschaftswachstum der 1950er und 1960er Jahre hätte auch bei konstanten Ausgabenquoten für steigende Bildungsausgaben gesorgt. Doch nun nahm auch der Anteil der Bildungsausgaben an allen Staatsausgaben zu. Der *Social Expenditure*-Studie der OECD zufolge, stieg die Quote der öffentlichen Bildungsausgaben in Deutschland von 2,4 Prozent im Jahre 1960 auf einen nachher nie mehr erreichten Höchststand von 5,4 Prozent

---

7 Zum Kontext gehört auch das frühe – und zunehmend kostspielige, andere Politikfelder beengende – Engagement des Staates in der Sozialpolitik, zu der in Deutschland die Bildungspolitik in der Regel nicht gezählt wird (Kaufmann 2003).
8 OECD 1985: 81.

im Jahr 1975.[9] In diesem Zeitraum konnte der Ausbau der Bildungsfinanzierung in Deutschland mit anderen bildungspolitisch führenden Ländern mithalten. Begünstigt wurde dieser Ausbau noch dadurch, dass der Wiederaufbau des Landes nun weitgehend abgeschlossen war. Förderlich waren ferner die hohen Wachstumsraten der Wirtschaft, die hohen Steuereinnahmen, die geburtenstarken Jahrgänge und das von allen politischen Parteien geteilte Bestreben, die Früchte der gewonnenen Prosperität weit zu streuen, auch zu Zwecken des Abbaus ungleicher Bildungschancen und zur Wirtschaftswachstumsvorsorge.

Mitte der 1970er Jahre aber hatte die Bildungsfinanzierung in Deutschland das Ende der Ausbaustrecke erreicht. Nunmehr gerieten die Bildungsfinanzen in den Sog von reduziertem Wirtschaftswachstum, Arbeitslosigkeit, steigenden Sozialausgaben und Sozialbeiträgen, chronischen Haushaltsdefiziten in Bund und Ländern sowie intensiviertem Parteienstreit über die Bildungspolitik. Seither nimmt der Anteil der Bildungsausgaben am Sozialprodukt der Tendenz nach ab – trotz zunehmender Bildungsbeteiligung vor allem im tertiären Bildungssektor.[10] Gleiches gilt für den Anteil des Bildungsbudgets an allen öffentlichen Ausgaben: Er sank von 11,4 Prozent im Jahre 1975 bis auf 9,2 Prozent im Jahre 2007.[11] Das führt zum Ausgangsbefund dieses Kapitels zurück: Seit geraumer Zeit erreicht der Anteil der öffentlichen Bildungsausgaben am Sozialprodukt in Deutschland nicht einmal mehr Mittelmaß.

---

9 Berechnungsbasis: OECD 1985: 81 (laufende Preise). Die OECD-Daten von 1985 sind allerdings nur mit Einschränkungen mit den neueren Bildungsbudgetdaten der OECD vergleichbar (Schmidt 2007a).

10 OECD 2010d: 220, 241, Schmidt 2004. Die Ausnahme ist das Bildungswesen der neuen Bundesländer, das im Vergleich zu ihrem niedrigen Sozialprodukt großzügig finanziert wird und relativ zur DDR-Zeit ein besonders dynamisches Wachstum erfahren hat. Ermöglicht wurde dieser Sonderfall durch die massive Umverteilung im horizontalen und vertikalen Finanzausgleich zugunsten der ostdeutschen Länder.

11 Berechnet auf der Basis von OECD 1985: 81 und 2010d: 220, 454.

2. Wirtschaftskraft, Bevölkerung im Ausbildungsalter und Bildungsbeteiligung

Die niedrige Bildungsausgabenquote in der Bundesrepublik Deutschland von heute hat neben ihrem Politikerbe viele andere Gründe. Eine Ursache ist Deutschlands hoher Stand der wirtschaftlichen Entwicklung. Bei hohem wirtschaftlichen Wohlstand kann selbst ein niedriger Sozialproduktanteil der öffentlichen Ausgaben ein größeres Volumen an Bildungsdienst- und Sachleistungen finanzieren als weniger wohlhabende Länder mit gleich hoher oder höherer Ausgabenquote, wie Mexiko, Polen oder Portugal. Dieser Sachverhalt trägt tatsächlich zum besseren Verständnis der niedrigen Bildungsausgabenquote in Deutschland bei. Berücksichtigt man die Wirtschaftskraft durch die Berechnung der Pro-Kopf-Bildungsausgaben der öffentlichen Haushalte sowie durch die Ermittlung der Bildungsausgaben pro Schüler bzw. Student und relativ zum Bruttoinlandsprodukt, rückt Deutschland im OECD-Länder-Vergleich einige Ränge vor, und zwar auf eine Position, die nahe beim OECD-Länder-Durchschnitt liegt. Mehr als Mittelmaß zeigt aber auch diese Berechnung nicht an.[12]

Gesellschaftlich-demographische Größen tragen ebenfalls zur Erklärung der deutschen Bildungsfinanzen bei. Der Bevölkerungsanteil der Schüler und Studierenden sorgt in Deutschland für ein kapitales Nachfragemangelproblem des Bildungswesens: Die wichtigsten Zielgruppen der Bildungspolitik im Lande sind nämlich nur unterdurchschnittlich groß – aufgrund der Alterung der Gesellschaft.[13] Somit ist die objektive Nachfrage nach Ausbildungsleis-

---

12 Berechnungsbasis OECD 2010d: 2003, 206, 220.
13 Größenordnungsmäßig liegen die Bevölkerungsanteile der 5–14-Jährigen, der 15–19-Jährigen und der Altersgruppe von 20 bis 29 Jahren in Deutschland bis zu 25% unter dem Durchschnitt der OECD-Länder (Berechnungsbasis: OECD 2001: 37). Deutschlands überdurchschnittlich hohe Bildungsbeteiligung insbesondere bis zur oberen Sekundarstufe (OECD 2010d: 35) kann den demographisch bedingten Nachfragemangel allerdings nicht kompensieren. Auch das trägt zur Erklärung der niedrigen Bildungsausgabenquote bei.

tungen in Deutschland – und damit auch das wahlpolitische Gewicht des Ausbildungsbereichs – geringer als in Ländern mit einem größeren Bevölkerungsanteil der Altersgruppen zwischen 5 und 29 Jahren, in den USA oder in Südkorea beispielsweise.

Die hohe Wirtschaftskraft, der unterdurchschnittliche Bevölkerungsanteil der Schüler und der Studierenden sowie die Bildungsbeteiligung helfen bei der Erklärung weiter. Offen aber bleibt, warum die öffentliche Bildungsfinanzierung (relativ zu den drei erwähnten Einflussfaktoren) in einigen anderen Ländern erheblicher generöser als in Deutschland ist – in Nordeuropa und in der Schweiz – und warum sie in anderen Staaten unter dem Trend liegt. Daher müssen politiktheoretische Überlegung hinzugezogen werden. Wer Staatsausgaben wie beispielsweise die öffentlichen Bildungsausgaben erklären will, kann sich nicht mit wirtschaftlichen und gesellschaftlichen Bestimmungsfaktoren bescheiden. Diese sind wichtige Fundamente von Politik, determinieren aber nicht den politischen Willensbildungs- und Entscheidungsprozess, der über die Ausgabenentwicklung mitentscheidet. Die Suche nach den Fundamenten der öffentlichen Bildungsausgaben muss vielmehr, über die ökonomischen und sozio-demographischen Ursachen hinausgreifend, genuin politische Mechanismen berücksichtigen.

3. Politisch-kulturelle, arbeitsmarktökonomische und parteipolitische Fundamente der öffentlichen Bildungsausgaben

Zu den Fundamenten der öffentlichen Bildungsausgaben gehören, wie der internationale Vergleich der OECD-Mitgliedstaaten lehrt, viele andere Größen. Der Anteil der staatlichen Bildungsausgaben variiert beispielsweise mit der konfessionellen Zusammensetzung und dem Wertehaushalt der Bevölkerung, mit der Stärke der Gewerkschaften, sodann mit der Frauenerwerbsbeteiligung und mit der politisch-ideologischen Färbung der Regierungsparteien. Diesen Befunden zufolge ist der Anteil der öffentlichen Bildungsausgaben umso höher bzw. niedriger, je höher bzw. niedriger der Anteil der Protestanten an der Bevölkerung, je weiter bzw. geringer vorangeschritten der Säkularisierungsgrad und je stärker bzw. geringer die Regierungsbeteiligung von Linksparteien ist.

Diese Korrelationen deuten auf teils mittelbare, teils unmittelbare Zusammenhänge hin. Der überdurchschnittlich hohe Anteil der staatlichen Bildungsausgaben am Sozialprodukt der protestantischen Länder, vor allem der nordeuropäischen Wohlfahrtsstaaten, wurzelt unter anderem in einem Staatsverständnis, das lutherisch-protestantisch und von der politisch tonangebenden Sozialdemokratie geprägt ist: In Nordeuropa gilt der Staat als Hauptzuständiger für Sozialpolitik und Bildung, nicht die Gesellschaft oder die Kirchen. Nicht weit davon entfernt ist die Sichtweise in den postkommunistischen Staaten, soweit sie vom Erbe der Entkirchlichungspolitik im Sozialismus geprägt sind. Davon unterscheidet sich die Bildungsfinanzierung der katholischen und der konfessionell gemischten Länder, wie der Bundesrepublik Deutschland: Dort ist die relative Bedeutung des Staates als Finanzier der Bildung geringer, die Rolle der gesellschaftlichen Assoziationen und der Individuen hingegen erheblich größer.

Auch der statistische Zusammenhang zwischen öffentlichen Bildungsausgaben und der Erwerbsbeteiligung von Frauen gründet auf tiefer liegenden Mustern. Eine hohe Frauenerwerbsbeteiligung macht aus zuvor unbezahlter Hausarbeit eine entlohnte Tätigkeit im Markt- oder Staatssektor. Dieser Vorgang kennzeichnet auch einen Teil der Bildungsdienstleistungen. Die Verlagerung der Bildungsdienstleistungen vom Haus zum Markt oder Staat erzeugt einen Trend: je höher die Frauenerwerbsquote, desto tendenziell höher die Quoten der öffentlichen Bildungsausgaben insbesondere im Primar- und Sekundarbereich. In Ländern mit hoher Erwerbsbeteiligung von Frauen, wie in Skandinavien, schlägt dieser Trend zugunsten von weit überdurchschnittlich hohen öffentlichen Bildungsausgaben zu Buche; in Staaten, deren Frauenerwerbsquote niedriger ist, wie Deutschland, kommt dieser Trend nur verhaltener zum Zuge.

Gewichtige Wirkungen auf die Bildungsfinanzen haben auch die Regierungsparteien. Dem internationalen Vergleich nach zu urteilen, investieren Linksregierungen tendenziell mehr in das Bildungs-

wesen als Regierungen anderer politischer Richtung.[14] Die Linksregierungen deuten dies als Sozial- und Humankapitalinvestition. So
die Theorie.[15] Allerdings ist einzuschränken: Nicht alle Linksregierungen finanzieren das Bildungswesen in überdurchschnittlichem
Maße. Letzteres gilt vor allem für Linksregierungen in Nordeuropa,
eingeschränkt für kontinentaleuropäische Linksregierungen und
seltener für Regierungen der britischen oder der australischen *Labour Party*, die in harter Konkurrenz mit säkular-konservativen
Parteien stehen, die zu hohen Staatsausgaben Distanz halten.

Der internationale Vergleich zeigt einen statistischen Zusammenhang zwischen Linksregierungen und den Bildungsfinanzen an.
Doch was im internationalen Vergleich gilt, muss nicht innerhalb
einzelner Staaten gelten. Die Bundesrepublik Deutschland ist dafür
ein Beispiel: In der Bildungspolitik der Bundesländer spielen parteipolitische Unterschiede zwar ebenfalls eine beträchtliche Rolle.[16]
Abgeschwächt gilt das auch für die Bildungsfinanzierung. Allerdings liegen in den Bundesländern nicht die SPD-geführten Regierungen beim Bildungsetat vorn, sondern die CDU-geführten Länderregierungen: Wie ein Bundesländervergleich zeigt, geben SPD-
regierte Bundesländer «signifikant weniger»[17] für Bildung aus als
CDU-regierte Gliedstaaten.

Zudem wird der Parteieneffekt in der Bildungsfinanzierung in
Deutschland vom Föderalismus überlagert. Deutschlands «unitarischer Bundesstaat»[18] zielt auf bundesweite Gleichwertigkeit staatlicher Leistungen und ermöglicht sie mit Hilfe eines horizontalen
und vertikalen Finanzausgleichs zugunsten finanzschwächerer Länder. Der Finanzausgleich trägt zu einem erstaunlichen Ergebnis bei:
Die Pro-Kopf-Bildungsausgaben der ostdeutschen Länder und Berlins werden im Wesentlichen (mit der Ausnahme von Brandenburg)
auf westdeutsches Niveau gebracht. Und die ostdeutschen Länder

14 Vgl. Castles 1998, Schmidt 2004, Wolf 2008b mit weiteren Nachweisen.
15 Ansell 2010: 119 ff., Boix 1997, Wolf 2008b: 30 ff.
16 Ellwein 1955, Mahner/Wolf 2010: 383 f., Schmidt 1980: 89 ff., Stern
   2000.
17 Wolf 2006a: 265. Auch der FDP-Kabinettssitzanteil korreliert positiv
   mit der Höhe der Bildungsausgaben (Wolf 2006a: 265).
18 Hesse 1962.

(außer Brandenburg) sowie Berlin konnten ihre Haushalte so aufstocken, dass ihre Anteile der Bildungsausgaben am Bruttoinlandsprodukt die Bildungsausgabenquoten der westlichen Bundesländer übertreffen, auch die der Zahler im Länderfinanzausgleich: Bayern, Baden-Württemberg, Hamburg, Hessen und Nordrhein-Westfalen.[19]

4. Föderalismus und Finanzierungskonkurrenz der öffentlichen Bildungsausgaben

Damit sind weitere Bestimmungsgrößen der deutschen Bildungsfinanzen in Sichtweite geraten: die eigentümliche Struktur des Bundesstaates und die Besonderheiten der Finanzierung der Staatstätigkeit in Bund, Ländern, Gemeinden und Sozialversicherungen. In Einheitsstaaten dominiert meist die zentralstaatliche Ebene die Bildungspolitik. In Bundesstaaten hingegen sind die Gliedstaaten hauptverantwortlich. So ist das auch in der Bundesrepublik Deutschland. Die Kompetenz für Bildungspolitik liegt im Wesentlichen bei den Ländern.[20] Die Finanzierungsquellen der öffentlichen Bildungsausgaben spiegeln die Kompetenzverteilung wider: Rund zwei Drittel der staatlichen Bildungsausgaben finanzieren die Bundesländer, jeweils etwa ein Sechstel entfällt auf den Bund und die Gemeinden. Chronische Geldknappheit kennzeichnet alle bei der Bildungsfinanzierung beteiligten Haushalte. Bei den Länderhaushalten kommt jedoch ein besonderer Engpass hinzu, der Folgen auch für den Bildungsetat hat. Zu den Ursachen der besonderen Finanznot der Länder gehört der hohe Personalkostenanteil, den sie als Hauptzuständige der Staatsverwaltung schultern. Zur Finanznot der Länder trägt ferner bei, dass die Landesgesetzgeber ihre Vorhaben hauptsächlich aus Steuern finanzieren, im Unterschied zur Sozialpolitik, die ihre Finanzmittel derzeit zu rund 60 Prozent aus Sozialbeiträgen bezieht. Die Finanzierung aus dem Steueraufkommen ist aber politisch schwieriger und stieß bislang an engere Grenzen als die Finanzierung aus Sozialabgaben.

19 Mit weiteren Nachweisen Schmidt 2004, Wolf 2008b, 2010.
20 Wolf 2006b.

Vielerlei ist dafür verantwortlich. Erstens sind Steuern nicht populär. Zudem sind sie besonders gut sichtbar. Deshalb ist jeder Versuch, die Finanzierungsbasis durch Steuererhöhung zu erweitern, politisch besonders riskant. Zweitens: Sozialbeitragserhöhungen und Staatsverschuldung sind im Unterschied zur Steuerfinanzierung politisch leichter durchsetzbar. Beitragssatzerhöhungen werden eher akzeptiert, weil viele Bürger von ihnen soziale Gegenleistungen erwarten. Und die Staatsverschuldung verschiebt die Lasten, die zu ihrer Begleichung zu schultern sind, in die Zukunft und kann deshalb beim gegenwartsfixierten Publikum auf mehr Toleranz zählen als Steuererhöhungen. Drittens: Die Einnahmespielräume der Länder sind eng begrenzt, weil ihre Einnahmen größtenteils aus dem Steuerverbund mit dem Bund und nur zum kleineren Teil aus Landessteuern stammen. Änderungen des Steuerverbundes aber bedürfen der Zustimmung des Bundestages und des Bundesrates. Sie erfordern eine abschreckend komplizierte, langwierige Willensbildung, die das Risiko des Scheiterns in sich birgt. Auch dies trägt dazu bei, dass die volkswirtschaftliche Steuerquote in Deutschland vergleichsweise klein bleibt. Sicherlich lindert der zunehmende Anteil der Länder am Steueraufkommen die ärgste Not ein wenig.[21] Doch insgesamt wird der Spielraum für die Bildungsfinanzierung durch den Engpass bei den Einnahmen und den Ausgaben der Länderhaushalte massiv eingeengt. Viertens: Die Föderalismusreform I von 2006 hat den Engpass sogar noch weiter befestigt – eine Weichenstellung, die selbst durch Bestrebungen der Bundesregierungen, mit Hilfe von finanziellen Zuwendungen die Lage des Ausbildungssektors zu verbessern und Deutschland näher an das in der EU vereinbarte Ziel zu bringen, den Sozialproduktanteil aller öffentlichen und privaten Ausgaben für Bildung und Forschung auf 10 Prozent des Bruttoinlandsproduktes zu heben, nur teilweise kompensiert werden konnte.[22]

Hinzu kommt die «Finanzierungskonkurrenz»[23] zwischen den

21 Siehe Kapitel 14 in diesem Buch.
22 Ursprünglich sollte dieses Ziel 2010 erreicht werden. Mittlerweile wurde es auf 2015 verschoben.
23 Lepenies 2003: 4.

Bildungsetats und anderen finanziell aufwändigen Politikfeldern. In Bedrängnis gerieten die Bildungsetats insbesondere durch die aufwändige Sozialstaatsfinanzierung und die steigende Staatsverschuldung. Zur Finanzierung des Ausbaus der Sozialpolitik in Deutschland wurden die Sozialbeiträge wiederholt erhöht. Zudem nahm die Staatsverschuldung seit Mitte der 1970er Jahre tendenziell zu. In ihrem Gefolge wuchsen die Zinslasten der öffentlichen Haushalte. Beides verknappte den Spielraum für weitere überwiegend steuerfinanzierte Staatsaufgaben wie die Bildungspolitik.

Die asymmetrischen Finanzierungsbedingungen der Sozialpolitik und der Bildungspolitik sind in Deutschland in großem Umfang wirksam: Deutschlands Sozialpolitik verbraucht den OECD-Statistiken zufolge fast das Siebenfache der öffentlichen Bildungsausgaben. Kein anderer OECD-Mitgliedstaat, vielleicht mit Ausnahme von Griechenland, hat eine ähnlich schiefe Relation zwischen dem Bildungs- und dem Sozialetat vorzuweisen.[24] Ähnliches zeigt der Anteil der öffentlichen Bildungsausgaben an allen Staatsausgaben an: Auch dieser Anteil ist in Deutschland mit 9,2 Prozent im OECD-Länder- Vergleich sehr niedrig. Unterboten wurde er 2007 nur noch von Italien (8,6 Prozent) und Japan (9,0 Prozent).[25]

Nicht nur eine besonders harte Finanzierungskonkurrenz mit der Sozialpolitik und dem Zinsendienst sowie sehr eng begrenzte Steuerspielräume drängen die Bildungsfinanzen zurück. Ungünstige Finanzierungsbedingungen liegen zudem darin, dass die Bildungsetats in den Ländern mit landespolitisch wichtigen, gut organisierten Politikfeldern im Wettstreit liegen, vor allem mit Polizei und Sicherheit, Landwirtschaft, Wirtschaftsförderung und sozialpolitischen Aufgaben der Bundesländer und der Gemeinden.

24 Datenstand: 2005/06. Berechnet anhand der Zahlenrelation der neuesten verfügbaren OECD-Schätzung der Sozialleistungsquote für 2006 und dem Anteil der öffentlichen Bildungsausgaben am BIP 2006 nach OECD 2009d: 220. Griechenlands Statistik hatte für frühere Jahre eine ähnlich ungünstige Zahlenrelation angezeigt. Neuere Zahlen liegen derzeit für Griechenland, das seine volkswirtschaftliche Statistik in großem Umfang geschönt hat, nicht vor.

25 Berechnet auf der Basis von OECD 2010d: 220, 454. Zum Vergleich: Schweden 11,6 und USA 13,4 Prozent.

All dies bremst die Bildungsfinanzen in Deutschland. Und so blieb die Manövriermasse für die Bildungsfinanzierung seit dem Ende des langen Nachkriegsbooms Mitte der 1970er Jahre gering – geringer als in Staaten, in denen die Bildungspolitik weniger nachteilige Finanzierungsbedingungen vorfindet, wie in Dänemark mit seiner überwiegend steuerfinanzierten Staatstätigkeit oder in föderalistischen Ländern mit größerer finanzieller Eigenständigkeit der Gliedstaaten, wie in der Schweiz.

5. Die Staat-Markt-Arbeitsteilung bei der Bildungsfinanzierung

Der ernüchternden Bilanz der öffentlichen Bildungsfinanzen in Deutschland ist am Ende ein Trostpflästerchen hinzuzufügen: Die Arbeitsteilung zwischen Staat und Markt trägt ebenfalls zur Erklärung der öffentlichen Bildungsausgaben bei. In Nordeuropa ist die Finanzierung der Bildung fast ausschließlich Sache des Staates. Außerhalb Nordeuropas spielen jedoch auch private Bildungsausgaben mitunter eine große Rolle, also Aufwendungen für Bildung und Ausbildung, die von privaten Haushalten, Stiftungen oder privaten Unternehmen finanziert werden. Die privaten Bildungsausgaben variieren von Land zu Land. Am höchsten ist ihr Anteil am Bruttoinlandsprodukt in der Republik Korea.[26] Dort gelten, wie in anderen Ländern Ostasiens, Bildungsausgaben, auch private Bildungsaufwendungen, als zukunftsweisende Investitionen und vielfach als Ersatz für die sozialen Sicherungsinstitutionen westeuropäischer Bauart. Beträchtliches Gewicht haben die privaten Bildungsausgaben zudem in den USA, in Australien, Japan und Kanada, also in den Staaten, die Nachzügler der klassischen staatszentrierten Sozialpolitik sind, dafür aber mehr in die Bildung investieren.

Beachtliche Höhen erreichen die privaten Bildungsausgaben außerdem in der Bundesrepublik Deutschland. Mit einem Anteil am

26 Datenstand 2007. Dicht auf folgen Chile (2,7 Prozent) und die USA (2,6) und mit deutlichem Abstand Japan (1,6), Kanada (1,5), Australien (1,4) und Neuseeland (1,2 Prozent) (OECD 2010d: 220).

Sozialprodukt von 0,7 Prozent lag Deutschland bei den privaten Bildungsfinanzen im Jahre 2007 auf dem zehnten Rang unter den OECD-Ländern. Mehr als die Hälfte der privaten Bildungsausgaben in Deutschland entfällt auf die betriebliche Ausbildung im Rahmen der dualen Bildung, die in Zusammenarbeit von Staat und Wirtschaft, insbesondere von Berufsschulen und Betrieben, erbracht wird. Auf dem zweiten und dem dritten Platz folgen die Aufwendungen für betriebliche Weiterbildung in den Unternehmen der Privatwirtschaft und die private Finanzierung der vorschulischen Erziehung. Die große Masse der privaten Bildungsausgaben in Deutschland kommt demnach – im Unterschied zu den angelsächsischen und den ostasiatischen Staaten – nicht dem Hochschulsektor zugute, sondern dem industrienahen Sekundarbereich und dem familiennahen Primarschulsektor. Die Studiengebühren ändern daran wenig: Sie sind nur ein geringerer Teil der privaten Bildungsausgaben – und obendrein parteipolitisch heftig umstritten: Für sie sind, mehr oder minder halbherzig, die Parteien des bürgerlichen Lagers, und gegen sie, von ganzem Herzen, die Parteien links der Mitte.

6. Bilanz

Die Anteile der öffentlichen und der privaten Bildungsausgaben am Sozialprodukt entwickelten sich in Deutschland unterschiedlich: Die öffentlichen Bildungsausgaben sind relativ zum Sozialprodukt und im internationalen Vergleich niedrig, die privaten Ausgaben aber fast von durchschnittlicher Höhe oder – wie vor 2006 – überdurchschnittlich hoch.

Die Ursachen liegen in Bestimmungsfaktoren, die in verschiedenen Theorieschulen der Staatstätigkeitsforschung identifiziert und zu leistungsfähigen Erklärungsmodellen zusammengefügt wurden. Zu diesen Schulen gehören insbesondere die historisch-institutionalistische Theorie der Staatstätigkeit, vor allem die Lehre von der Prägekraft des Politikerbes, ferner die sozio-ökonomische Schule, überdies die Parteiendifferenztheorie sowie die politisch-institutionelle Richtung.[27] Zu den wichtigsten Schlüsselgrößen dieser Theorien zählen im Fall der Bildungsfinanzen a) das historische Politikerbe der Finanzausstattung des Bildungswesens, b) die Effekte eines hohen wirtschaftlichen Entwicklungsstandes, c) sozio-demographische Konstellationen, vor allem die Größe der Zielgruppen der Bildungspolitik und die Bildungsbeteiligung, d) politisch-kulturelle Traditionen, insbesondere die Staat-Kirchen-Arbeitsteilung und der Wertehaushalt der Gesellschaft, e) parteipolitische Wirkungen, f) politisch-institutionelle Finanzierungsbedingungen, g) die Finanzierungskonkurrenz des Bildungsetats mit anderen finanziell aufwändigen staatlichen Programmen und h) die relative Größe der privaten Bildungsausgaben. Diese Faktoren wirken in Deutschland eher dämpfend als expansiv auf die öffentliche Bildungsfinanzierung. Vor allem aus diesem Grund erreicht der Anteil der öffentlichen Bildungsausgaben am Sozialprodukt hierzulande meist nur mäßige Höhen.

Zugleich aber sind die privaten Bildungsausgaben in Deutschland beachtlich hoch. Auch dafür gibt es viele Gründe – unter ihnen die kulturellen Traditionen einer staatsunabhängigen Bildung. Zu deren Ursachen zählen Weichenstellungen der Familienpolitik, insbesondere ihre Zurückhaltung bei der öffentlichen Finanzierung der Vorschulerziehung. Wichtig ist überdies die Arbeitsteilung zwischen Staat und Wirtschaft und ihre Kooperation bei der beruflichen Bildung.[28] Zentral ist sodann der Spielraum, den die Staat-Markt-Arbeitsteilung für private Finanzierungen offenlässt. Dieser Spielraum ist hierzulande aufgrund der hohen Sozialbeiträge erheblich geringer als in den USA oder in Südkorea, aber weitaus größer als in Nordeuropa, wo die Abgabenquote höher als in anderen Demokratien ist. Ein «mittlerer Weg»[29] zwischen dem nordamerikanischen liberalen Kapitalismus und dem nordeuropäischen «Wohlfahrtskapitalismus» kennzeichnet demnach auch die private Finanzierung des Bildungswesens in Deutschland.

27 Vgl. Schmidt 1996, Schmidt/Busemeyer/Nikolai/Wolf 2006, Wolf 2006a, 2008b.
28 Busemeyer 2009.
29 Vgl. Kapitel 19 in diesem Buch.

Immerhin taucht die Addition der privaten zu den öffentlichen Bildungsausgaben die Bildungsfinanzierung in Deutschland in ein klein wenig milderes Licht. Denn öffentliche und private Bildungsausgaben summierten sich – nach Berücksichtigung von Rundungsfehlern – im Jahre 2007 zu 4,7 Prozent des Sozialproduktes. Allerdings ist auch diese Zahl international von nur unterdurchschnittlicher Höhe. Denn die durchschnittliche Höhe des Sozialproduktanteils der öffentlichen und der privaten Bildungsausgaben belief sich in den OECD-Mitgliedsstaaten in diesem Jahr auf 5,7 Prozent.[30] Auch im Lichte der staatlichen und der privaten Bildungsausgaben liegt Deutschland noch deutlich unter dem Ziel der Europäischen Union, die staatlichen und privaten Ausgaben für Bildung und Forschung auf 10 Prozent des Bruttoinlandsproduktes zu erhöhen.[31]

Ob die Bildungspolitik in ihrer jetzigen Verfassung zu diesem Ziel Substantielles beitragen kann, ist im Lichte der in diesem Kapitel vorgelegten Analyse fraglich. Die Finanzierungsgrundlagen sehen ungünstig aus. Insbesondere die chronisch defizitären Länderhaushalte geben Anlass zur Skepsis. Und weil unschwer abzusehen ist, dass die Bundesländer weiterhin ihre Kompetenz in der Bildungspolitik mit Zähnen und Klauen verteidigen, ist wenig in Sicht, was an den Finanzierungsproblemen der deutschen Bildungspolitik Entscheidendes ändern könnte. Auch die sozialstaatliche Politik, in deren Schatten das Bildungswesen steht, gibt keinen Anlass zum Optimismus: Das Sozialbudget wird womöglich noch einen größeren Teil der gesamten öffentlichen Ausgaben konsumieren als bisher. Die Frage ist höchstens, ob unter Umständen der Bund durch beherztes finanzielles Engagement den Bildungssektor aus seiner Unterfinanzierung herausmanövrieren könnte. In diese Richtung ist der Bund verschiedentlich gegangen – allerdings am Ende mit bescheidener Wirkung. Der Finanzierungsanteil des Bundes an den gesamten öffentlichen Bildungsausgaben ist in der Bundesrepublik Deutschland über einen Höchststand von rund einem Sechstel nicht hinaus-

30 OECD 2010d: 220.
31 Die Regierungschefs von Bund und Länder verständigten sich auf dem Dresdner Bildungsgipfel am 22. Oktober 2008 auf fristgerechte Einhaltung dieses Ziels im Jahre 2015, vgl. *FAZ* Nr. 248 v. 23.10. 2008: 1.

gekommen. Wie erwähnt hat die Föderalismusreform von 2006 die Weichen sogar in eine für den Bund und seine bildungspolitischen Ambitionen ungünstigere Richtung gestellt. Die Föderalismusreform hat die Rahmengesetzgebung des Bundes beseitigt und überdies auch die Gemeinschaftsaufgaben Hochschulbau und Bildungsplanung nach dem alten Artikel 91a bzw. 91b des Grundgesetzes abgeschafft. Und sie hat zudem die bisher im alten Grundgesetzartikel 104a erteilte Ermächtigung des Bundes zu Finanzhilfen an die Länder für Gegenstände der ausschließlichen Gesetzgebung der Länder untersagt. Gewiss gibt es die eine oder andere Mitfinanzierungschance des Bundes auch nach Inkrafttreten der Föderalismusreform von 2006. Die Fördermittel aus der alten Gemeinschaftsaufgabe Ausbau und Neubau wissenschaftlicher Hochschulen laufen gemäß den Übergangsbestimmungen des Artikels 143c des Grundgesetzes erst 2019 aus. Zudem sieht die Föderalismusreform von 2006 ausdrücklich die auf Vereinbarungen basierte Zusammenarbeit von Bund und Ländern in Fällen überregionaler Bedeutung vor. Das gilt insbesondere, so der Artikel 91b, bei der Förderung von «Einrichtungen und Vorhaben der wissenschaftlichen Forschung außerhalb von Hochschulen», sodann bei «Vorhaben der Wissenschaft und Forschung an Hochschulen» und bei «Forschungsbauten an Hochschulen einschließlich Großgeräten». Überdies können Bund und Länder gemäß Grundgesetzartikel 91b «zur Feststellung der Leistungsfähigkeit des Bildungswesens im internationalen Vergleich und bei diesbezüglichen Berichten und Empfehlungen zusammenwirken» – zur «Feststellung», aber nicht zur Sicherstellung!

Einen Teil der hierdurch geschaffenen Einflussmöglichkeiten hat der Bund im Rahmen der schwarz-roten Koalition und unter der CDU/CSU-FDP-Koalition genutzt und hierdurch sowie durch mehrere andere Eingriffe, wie Studienfinanzierung, Begabtenförderung, Förderung der empirischen Bildungsforschung und Beteiligung an der Finanzierung von 200 zusätzlichen Professorenstellen bis 2012 «einen nicht zu unterschätzenden Einfluss in der Hochschulpolitik ausgeübt»[32].

Selbst in der Schulpolitik hat sich der Bund auch nach der Födera-

32 Mahner/Wolf 2010: 394.

lismusreform von 2006 engagiert, auch wenn die Schulpolitik nahezu vollständig der Kompetenz der Länder untersteht. Aber vor allem die Interventionen des Bundes im Bereich der frühkindlichen Bildung einerseits und der beruflichen Bildung andererseits haben die eine oder andere finanzielle Zuwendung trotz Restriktionen der Föderalismusreform von 2006 realisieren lassen.[33]

In der Summe aber reichen die Interventionen und die Finanzzuwendungen des Bundes nicht aus, um die Unterfinanzierung des Bildungswesens in größerem Umfang zu kompensieren. Und zu den beklagenswerten Wirkungen der Föderalismusreform I von 2006 zählt, dass sie die Bildungspolitik finanziell noch mehr als zuvor in eine «Sackgasse» manövriert hat: Während die Länder in der Bildungspolitik, der Verfassung nach, «die Gestaltungsmacht besitzen, fehlt ihnen das dazu nötige Geld. Der Bund hat es, kann es aber in den Ländern nicht einsetzen»[34]. Wenn das 10-Prozent-Ziel der Europäischen Union für staatliche und private Aufwendungen im Bereich Bildung und Forschung denn erreicht werden soll, wird man wohl kaum auf die Länderhaushalte setzen können, sondern – wenn überhaupt – einerseits auf privatwirtschaftliche Aufwendungen und andererseits auf Forschungsgelder des Bundesetats. Ein Ruhmesblatt für den Bundesstaat und für die Bundesländer im Besonderen ist diese Bilanz wahrlich nicht![35]

33 Mahner/Wolf 2010: 386 ff.
34 Beide Zitate aus Schmoll 2010: 1.
35 Entsprechend kritisch fallen die Bilanzen auch in anderer Hinsicht aus – bei Wehler 2008 etwa gemessen an der sozialen Ungleichheit, bei Wurster 2010 gemessen an der Zukunftsfestigkeit. Kaum weniger kritisch urteilen Deutschlands Bürger über das Bildungssystem (Roller 2006: 27).

Kapitel 18 Umweltpolitik

1. Der späte Einstieg in die zentralstaatliche Umweltpolitik

Die Sozialgesetzgebung wurde in Deutschland in den 1880er Jahren eingeführt. Eine deutschlandweite Umweltpolitik hingegen kam erst in der zweiten Hälfte des 20. Jahrhunderts zustande. Allerdings hatte der Umweltschutz im 19. und frühen 20. Jahrhundert Vorläufer – vor allem in Gestalt von Gewerbeordnungen und Regelungen des Gewässer- und des Naturschutzes.[1] Und bevor der Bund umweltpolitisch tätig wurde, hatten die Länder der Bundesrepublik Deutschland lokale oder regionale Umweltschutzmaßnahmen ergriffen. Dass manche Bundesländer mitunter mit Erfolg auch an internationalen Regelungen des Gewässerschutzes mitwirkten, zeigt beispielsweise die Kooperation der Bodensee-Anrainer Baden-Württemberg, Bayern, Vorarlberg und der Schweizer Kantone St. Gallen und Thurgau in den 1950er und 1960er Jahren.[2] Ein Vorläufer der bundesweiten Umweltpolitik ist überdies die erstmalige Thematisierung von Umweltfragen in der Regierungserklärung der Bundesregierung vom 29. November 1961. In ihr hatte der Vizekanzler Ludwig Erhard dem neu gegründeten Bundesministerium für Gesundheit als eine seiner «vordringlichen Aufgaben» aufgegeben, sich «der Fragen der Reinhaltung des Wassers und der Luft sowie der Bekämpfung des Lärms anzunehmen»[3]. Eine bundesweite, eigenständige und integrierte Regelung von umweltrelevanten Aufgaben im Gewässerschutz, in der Luftreinhaltung, dem Lärmschutz, der Abfallwirtschaft, im Naturschutz und im Strahlenschutz be-

1 Wey 1982: 31 f.
2 Drexler 1980, Wermelskirchen 2005.
3 Verhandlungen des Deutschen Bundestages, 4. Wahlperiode, Stenographische Berichte, Bd. 50, Bonn 1962: 24A. Noch wurden umweltpolitische Anliegen belächelt. Das Bundestagsprotokoll verzeichnete an dieser Stelle «Zurufe und Lachen bei der SPD» (ebd.).

gann in der Bundesrepublik Deutschland allerdings erst Ende der 1960er Jahre.

Etabliert wurde die bundesweite Umweltpolitik als eigenständiger Politikbereich nach dem Regierungswechsel von der Großen Koalition zur SPD-FDP-Koalition im Jahre 1969.[4] Vor 1969 war der Begriff Umweltschutz bzw. Umweltpolitik in Deutschland nicht gebräuchlich. Beide Bezeichnungen entstammen der Übersetzung der englischen Begriffe «environmental protection» bzw. «environmental policy» ins Deutsche. Gemeint war damit die Gesamtheit der Bestrebungen, die darauf gerichtet sind, Konflikte über die Schaffung, Wahrung oder Verbesserung der für die Existenz und das menschenwürdige Dasein von menschlichen Lebewesen wichtigen Bereiche der natürlichen Umwelt verbindlich zu regeln.

Umweltpolitik war zunächst Experten-Politik. Den Anstoß zu ihr gaben nicht umweltpolitische Bewegungen, sondern Regierungen, vorsichtig tastend noch die Regierung Adenauer, beherzter die sozial-liberale Koalition. Erst später weckte die Umweltpolitik das Interesse der Allgemeinheit.[5]

Wesentliche Anregungen für die Umweltpolitik kamen von der internationalen Politik. Zu ihnen gehörten Initiativen des Europarates zum Gewässer- und Naturschutz sowie die Vorreiterrolle der Vereinigten Staaten von Amerika in der Umweltpolitik – im auffälligen Unterschied zur Sozialpolitik, in der Amerika zu den Nachzüglern zählt. Überdies begünstigten die Zeitläufte die Umweltpolitik. Nach der Bundestagswahl von 1969 war mit der SPD-FDP-Koalition eine Regierung gebildet worden, die sich durch eine ehrgeizige «Politik der Inneren Reformen» zu profilieren gedachte und dabei auch den Umweltschutzgedanken aufnahm.[6] Auf diese Weise bekam die Umweltpolitik Rückendeckung vom damaligen Chef des Bundeskanzleramtes, Horst Ehmke (SPD), und – noch wichtiger – vom Bundeskanzler, Willy Brandt. Brandt wertete die neue Umweltpolitik als förderungswürdige Fortsetzung von Bestrebungen,

4 Hucke 1990, Müller 1995, Weichold 2006, Weßels 1989.
5 Kaase 1986: 293, Kessel/Tischler 1984.
6 Schmidt 1978.

die er 1961 mit dem Wahlkampfslogan «Blauer Himmel über der Ruhr» zunächst noch ohne Erfolg eingeleitet hatte. Der Akzeptanz der Umweltpolitik war ferner das Interesse förderlich, das der Koalitionspartner FDP und ihr damaliger Bundesinnenminister, Hans-Dietrich Genscher, dem Umweltschutz entgegenbrachten, wofür nicht zuletzt Motive parteipolitischer Profilierung der Liberalen sprachen.[7]

Die Ministerialbürokratie – zuständig war zunächst größtenteils das Bundesministerium des Innern – nahm sich der neuen Aufgabe Umweltschutz tatkräftig an. Dabei ließ man sogar konzeptionelle Vordenker der Umweltpolitik – den «philosophischen Überbau», wie es im hausinternen Jargon hieß – gewähren. Auch das kam dem zügigen Auf- und Ausbau der Umweltpolitik zugute.

2. Phasen der neuen Umweltpolitik des Bundes

Auf- und Ausbau der Umweltpolitik erfolgten in mehreren Etappen.[8] Ihre Etablierungsphase wird auf 1969 bis 1973 datiert, ihre zweite Etappe, die im Zeichen einer Tempoverminderung stand, auf die Zeitspanne von 1974 bis Anfang der 1980er Jahre.[9] Hierauf folgte eine Phase der Erholung, Konsolidierung und bereichsweise der Expansion der Umweltpolitik, die im Wesentlichen bis zum Ende der Koalition aus CDU/CSU und FDP im Jahre 1998 währte. Die rot-grüne Koalition fügte in den folgenden sieben Jahren der Umweltpolitik weitere markante Weichenstellungen hinzu. Die zweite Große Koalition aus CDU/CSU und SPD von 2005 bis 2009 stand weitgehend im Zeichen der Kontinuität der Umweltpolitik. Kontinuität und koalitionsspezifische Kurskorrekturen markierten sodann die Umweltpolitik der christdemokratisch-liberalen Koalition ab 2009.

Die wichtigsten Stationen der Entwicklung des neuen Politikfel-

7 Müller 1995: 65.
8 Hucke 1990, Jänicke 2003, 2006b, 2009, 2010, Müller 1995, Müller-Brandeck-Bocquet 1996, Pehle 1998, Weichold 2006, Weßels 1989.
9 Müller 1989.

des können an der Umweltgesetzgebung abgelesen werden. Zu ihren Hauptwerken gehören das Abfallbeseitigungsgesetz (1972), das Bundes-Immissionsschutzgesetz (1974), das Bundesnaturschutzgesetz, das Wasserhaushalts- und das Wasserabgabengesetz (alle 1976), das Chemikaliengesetz (1980), das Bundes-Bodenschutzgesetz (1998), der Ausstieg aus der Kernenergie unter Rot-Grün und mittelbar auch die Föderalismusreform I sowie die von der CDU/CSU-FDP-Regierung 2010 beschlossene Verlängerung der Laufzeit von Atomkraftwerken.

Der Auf- und Ausbau der Umweltpolitik erforderte Grundgesetzänderungen zur Neuregelung der umweltpolitischen Kompetenzen von Bund und Ländern. Bis dahin waren die Rechtssetzungsvoraussetzungen für die bundesweit einheitliche Umweltschutzgesetzgebung ungünstig: Der Bund hatte nur beim Wasserhaushalt und beim Naturschutz Kompetenzen, und hier nur die Rahmenkompetenz.[10]

2.1 Die Etablierungsphase: 1969–1973

In der Etablierungsphase der Umweltpolitik wurden für Umweltfragen spezialisierte Einrichtungen und Verfahren geschaffen. Die Umweltschutzgesetzgebung dieser Periode zielte insbesondere darauf, die Kompetenzen des Bundes im Umweltschutz zu stärken, der bis dahin, wie in den USA, vorwiegend Ländersache gewesen war. Die zentralstaatlich organisierte Umweltregulierung erforderte Verfassungsänderungen. Zu diesen kam es im Jahre 1972 dadurch, dass die konkurrierende Gesetzgebung im Grundgesetz auf die Abfallbeseitigung, die Luftreinhaltung und die Lärmbekämpfung ausgeweitet wurde. Hiermit schuf der Gesetzgeber den verfassungsrechtlichen Rahmen für konkrete Umweltschutzgesetze, beispielsweise das Benzin-Blei-Gesetz von 1971 und das Abfallbeseitigungsgesetz von 1972. Ein Jahr zuvor war auch ein nationaler Rat von Umweltexperten, der «Rat von Sachverständigen für Umweltfragen», eingerichtet worden – im gleichen Jahr wie die Einrichtung des Umweltsachverständigenrates in den USA

10 Kloepfer 2004: 94 ff.

und drei bzw. vier Jahre nach Einrichtung vergleichbarer Räte in Schweden und Japan.

In dieser Phase fand die Umweltschutzpolitik teils günstige, teils weniger günstige Bedingungen vor. Zu den günstigen Bedingungen gehörte nunmehr die bundesfreundlichere Ordnung der Kompetenzen.[11] Zwar hatte der Bund bei der Schaffung von Umweltrecht nach wie vor keine umfassende Zuständigkeit für Umweltschutz, doch konnte er sich auf Einzelzuständigkeiten berufen. Das schloss im Bereich der konkurrierenden Gesetzgebung bis zur Föderalismusreform 2006 unter anderem das Umweltstrafrecht ein, ferner die Wirtschaftskontrolle, den Strahlenschutz, den Arbeitsschutz, das Bodenrecht, das Gesundheitsrecht, die Abfallbeseitigung, die Luftreinhaltung und die Lärmbekämpfung sowie später auch die Gentechnik. Bis 2006 hatte der Bund zudem Kompetenzen in der Rahmengesetzgebung hinzugewonnen, unter anderem im Naturschutz, in der Landschaftspflege, der Bodenverteilung, der Raumordnung und im Wasserhaushalt. Nicht zu vergessen ist die ausschließliche Gesetzgebungskompetenz des Bundes beispielsweise in der Umweltstatistik. Insgesamt war bei Berücksichtigung der geschriebenen, aber auch der ungeschriebenen Zuständigkeiten des Bundes unübersehbar, dass der Bund in der Umweltgesetzgebung bis zur Föderalismusreform 2006 ein «Übergewicht»[12] erlangt hatte.

Allerdings wurden die Länder für die Konzentration der Gesetzgebung beim Bund entschädigt, und zwar durch ihre Mitwirkung an der Gesetzgebung im Bundesrat. Zudem war auch schon vor 2006 der Vollzug der Umweltgesetze größtenteils Sache der Länder. Mitwirkung an der Gesetzgebung und Herrschaft über den Gesetzesvollzug verschafften den Bundesländern Vetopositionen in der Umweltpolitik – vor und nach der Föderalismusreform 2006.

Zugute kamen der Umweltpolitik in ihrer Einführungsphase das zunehmende politische Interesse an Umweltfragen und die wachsende Nachfrage nach konkreten Umweltschutzmaßnahmen. Vor-

11 Zum Folgenden Kloepfer 2004: 153 ff.
12 Kloepfer 2004: 153 (im Original Hervorhebung). Zu den Änderungen infolge der Föderalismusreform 2006 siehe Unterkapitel 2.5.

teilhaft war ferner das Reformklima der ersten Jahre der sozial-liberalen Koalition. Bis 1973 profitierte der Umweltschutz zudem von der günstigen Entwicklung der deutschen Wirtschaft. Diese erleichterte den umweltpolitisch zunächst skeptischen Arbeitgebern und Gewerkschaften die Akzeptanz der Umweltpolitik, von der sie Kostenbelastungen der Unternehmen und beschäftigungsabträgliche Effekte befürchteten.

Allerdings traf die Umweltpolitik der ersten Phase auch auf Hindernisse. Die Länderregierungen und andere Bundesministerien sorgten dafür, dass die Bäume in der Umweltpolitik des Bundesinnenministeriums nicht in den Himmel wuchsen. Sein umweltpolitischer Aktionsradius wurde auf die Fachaufgabe Umweltschutz begrenzt. Man gestand dem Bundesinnenministerium lediglich die Koordinierung der Umweltprogrammatik zu, verweigerte ihm aber die Federführung für andere wichtige Umweltaufgaben. Umweltpolitisch wichtige Felder blieben somit zunächst noch bei anderen Ministerien angesiedelt. Für den Naturschutz und die Landschaftspflege beispielsweise waren die Agrarministerien in den Ländern und im Bund zuständig. Auch andere Bundesministerien wachten eifersüchtig über ihre umweltpolitischen Tätigkeitsfelder, insbesondere das Bundesverkehrs- und das Verteidigungsministerium sowie das Bundesministerium für Jugend, Familie und Gesundheit.

2.2 Die zweite Phase: 1974–1982

Die zweite Etappe der Umweltpolitik in der Bundesrepublik Deutschland stand im Zeichen der wirtschaftlichen «Trendwende»[13], die mit dem ersten Ölpreisschock von 1973/74 eingeleitet und mit dem zweiten Ölpreisschock von 1981 weitergeführt worden war. Nunmehr geriet die Umweltschutzpolitik unter starken wirtschaftspolitischen Druck. Das reduzierte Wirtschaftswachstum, Preissteigerungen, Arbeitslosigkeit und zunehmende Staatsverschuldung ließen die Unterstützung abbröckeln, die der Umweltpolitik seitens der Unternehmerverbände und der Gewerkschaften

13 Dahrendorf 1977.

bislang zuteil geworden war.[14] Der Umweltschutz geriet nun öfter als zuvor in den Verdacht des Investitions- und Job-«Killers».

Ungünstig für die Umweltanliegen wirkte sich jetzt auch die Zersplitterung der Umweltschutzkompetenzen aus. Als Nachteil erwies sich ferner, dass die Umweltpolitik noch nicht in einem Ministerium institutionalisiert war. Die Aufmerksamkeit des hauptzuständigen Bundesministeriums des Inneren aber war anderweitig absorbiert, vor allem vom Terrorismus jener Zeit. Außerdem zog eine neue politische Wetterlage auf, die dem Umweltgedanken nicht zuträglich war: Die Position des Bundesinnenministers Hans-Dietrich Genscher (FDP) wurde parteiintern infolge des Erstarkens des liberalen Wirtschaftsflügels geschwächt. Das minderte den Stellenwert der Umweltpolitik bei den Liberalen.

Gleichwohl wurden auch in dieser Phase wichtige Umweltschutzgesetze verabschiedet: 1974 das Bundes-Immissionsschutzgesetz, das den Weg für die Luftreinhaltung freimachte, das Bundesnaturschutzgesetz von 1976, das Wasserhaushalts- und das Abwasserabgabengesetz von 1976 sowie das Chemikaliengesetz von 1980 sind hierbei vor allem zu nennen.

Allerdings war die Umweltpolitik in dieser Phase noch ähnlich mängelbehaftet wie in ihrer Etablierungsphase. Experten sagten ihr nach, sie habe im Wesentlichen nur die «Umverteilung von Schadstoffen» zustande gebracht, beispielsweise durch höhere Schornsteine oder Verdünnung von Schadstoffemissionen. Auch der zweiten Phase der Umweltschutzpolitik hielten Fachleute die Politik der «Schadstoffumverteilung» vor, konzedierten aber, dass diese durch «nachgeschaltete end-of-pipe-Maßnahmen des Gewässerschutzes» ergänzt wurden.[15]

Mitte der 1970er Jahre war die Umweltpolitik auf Bundesebene in die Defensive geraten. Dennoch konnte sie ihren Stand im Wesentlichen behaupten. Die Gründe dafür hat insbesondere Edda Müllers wegweisende Studie über die Innenwelt der Umweltpolitik aufgedeckt.[16] Die einflussreiche, angesehene Ministerialverwaltung

14 Weßels 1989.
15 Alle Zitate aus Jänicke 2003: 634.
16 Müller 1995.

des Bundesinnenministeriums verteidigte den Stand der Umweltschutzgesetzgebung und Umweltprogrammatik erfolgreich, wenngleich um den Preis, dass sie allen Konflikten, die dem umweltgesetzgeberischen Status quo abträglich hätten sein können, aus dem Wege ging.

Und doch wurde in dieser Phase die Grundlage für die nachfolgende Etappe der Umweltpolitik geschaffen. Schon die Etablierungsphase der Umweltpolitik hatte die Nachfrage nach Umweltschutz gestärkt und das Umweltbewusstsein in der Bevölkerung geschärft. Dieser Wandel und die spürbare Unzufriedenheit mit den ökologischen Belastungen vor allem der Ballungsräume vergrößerten die Zahl und den politischen Einfluss von aktiven, hauptsächlich in Bürgerinitiativen und Umweltverbänden engagierten Umweltschützern. Hier entstanden auch die Grundlagen der parteiförmigen Organisierung des ökologischen Anliegens, die mit dem Einzug der Partei der Grünen in fast alle Landtage der Bundesländer[17] und seit 1983 in den Bundestag aufsehenerregende Erfolge erlangt hatte.

2.3 Die dritte Phase: 1982–1998

Die neue parteipolitische Konstellation und das umweltfreundlichere Meinungsklima begünstigten die Erholung der Umweltpolitik in der dritten, auf die Jahre von 1982 bis 1998 zu datierenden Phase. Nach dem Regierungswechsel von 1982 zur CDU/CSU-FDP-Koalition schlug die neue Bundesregierung in der Umweltpolitik einen Kurs der Expansion und Intensivierung ein, der viele Beobachter überraschte. Zur umweltpolitischen Profilierung der bürgerlich-liberalen Koalition gehörte «die konsequent durchgesetzte Luftreinhaltung»[18], die auf der Grundlage der Großfeuerungsanlagen-Verordnung erfolgte. Zudem ging die Umweltpolitik nunmehr von der staatslasti-

17 Erstmals zogen die Grünen in Bremen in ein Länderparlament ein (1979). Es folgten Baden-Württemberg 1980, Berlin 1981, Hamburg, Hessen und Niedersachsen jeweils 1982, Bayern 1986, Rheinland-Pfalz 1987, Brandenburg, Nordrhein-Westfalen, Sachsen, Sachsen-Anhalt und Thüringen jeweils 1990, Saarland 1994 und Schleswig-Holstein 1996.
18 Jänicke 2003: 634.

gen, zentralisierten Steuerung zu einem stärker kooperativen Arrangement zwischen Regierung und Industrie über. Ihm kam zugute, dass auch die Interessenvertretungen der Wirtschaft und der Arbeitnehmer ihre jeweilige Philosophie der Umweltpolitik zu revidieren begannen. Wo zuvor der Umweltschutz noch als Arbeitsplatzvernichter und Investitionsbarriere gegolten hatte, wurden Ökologiefragen nun positiver bewertet. Arbeitgeber und Gewerkschaften hatten unter anderem von den Vorreitern der Umweltschutzpolitik insbesondere in Japan, den USA und Schweden die Lektion gelernt, dass sich mit Umweltschutz gute Geschäfte machen und alte Arbeitsplätze erhalten sowie neue schaffen ließen. Tatsächlich entstand mit dem Aufstieg des Umweltschutzthemas eine dynamisch wachsende Umweltschutzindustrie, deren Größenordnung vom Bundesumweltministerium zu Beginn des 21. Jahrhunderts auf rund 1,3 Millionen Beschäftigte geschätzt wurde.[19]

Der Wandel der Meinungen und Gesinnungen wird ohne den Druck nicht verständlich, den die Massenmedien durch die Thematisierung ökologischer Probleme erzeugten. Die ausführliche, intensive, nicht selten dramatisierende Medienberichterstattung über Umweltschäden und der Resonanzboden, den das sensibilisierte Umweltbewusstsein bildete, verwandelten ein älteres, seit Längerem bekanntes, jedoch in der öffentlichen Meinung bislang wenig beachtetes Problem in ein Topthema: das Waldsterben.[20] Hinzu kamen weitere umweltpolitisch spektakuläre Schadensfälle wie Chemieunfälle am Rhein und das Robbensterben in der Nordsee, die umweltpolitisch engagierte Bürger alarmierten. Schließlich führte der Reaktorunfall von Tschernobyl im Jahre 1986 allen vor Augen, welch gewaltiges Risiko die von Menschen gemachten Umweltschäden in sich bergen können.

Tschernobyl war auch der unmittelbare Anlass für die Institutionalisierung des Bundesministeriums für Umwelt, Naturschutz und Reaktorsicherheit.[21] Dieses Ministerium hatte der Bundeskanzler der bürgerlich-liberalen Koalition, Helmut Kohl, unmittelbar nach

19 BMU 2002.
20 Müller 1995: 172, 519, Wirsching 2006: 365.
21 Pehle 1998.

dem Reaktorunfall per Organisationserlass eingerichtet – als Antwort auf die unbefriedigende Art und Weise, in der die Innenministerien in Bund und Ländern auf die Folgen des Kernkraftunfalls in der Ukraine reagiert hatten, und in weiser Voraussicht, dass das Umweltthema auch nach Tschernobyl ein politisches Schwergewicht bleiben würde.

Die Institutionalisierung eines Bundesumweltministeriums bekräftigte eine Weichenstellung der dritten Phase der Umweltpolitik, die viele Beobachter erstaunte: Der Regierungswechsel von der SPD-geführten Bundesregierung zu der unionsgeführten Koalition brachte in der Umweltpolitik keineswegs die von vielen Umweltschützern befürchtete «Wende nach rückwärts» zustande. Vielmehr nahmen das Tempo der Umweltpolitik und ihre Regelungsintensität zu – ablesbar beispielsweise an der Initiative, die Bundesinnenminister Zimmermann zur Eindämmung von Schadstoffemissionen aus Kfz-Motoren startete. Ansonsten war für die Umweltpolitik der CDU/CSU-Koalition «Kontinuität statt Wende»[22] kennzeichnend. Weder hinsichtlich der programmatischen Basis der Umweltpolitik unterschied sich die bürgerlich-liberale Koalition grundlegend von ihrer Vorgängerin noch hinsichtlich der umweltpolitischen Instrumente, des vorrangig regulativen Steuerungsmodus oder der Grundprinzipien der Umweltpolitik – Vorsorge, Verursacherprinzip und Kooperationsprinzip. Mehr noch: In der Klimapolitik setzte die Regierung Kohl sogar «höchst anspruchsvolle klimapolitische Ziele (…) und sowohl Bundeskanzler Kohl als auch die Umweltminister Töpfer und Merkel bekamen für ihr Engagement in der globalen Klimapolitik (…) viel Beifall von den Umweltverbänden»[23]. Auch ist bemerkenswert, dass energiepolitische Weichenstellungen, die bis heute wirksam geblieben sind, beispielsweise die Förderung der Wind- und Solarenergie, in die «Ära Kohl» fallen.[24]

Nicht zuletzt ist die Rolle der Umweltpolitik bei der Wiedervereinigung Deutschlands zu bedenken. Die Übertragung des west-

22 Weidner 1989: 27, vgl. Wirsching 2006: 364 f. und Seeger 2003, der nachwies, dass in der Umweltpolitik der Bundesländer ebenfalls kaum signifikante parteipolitische Unterschiede zustande gekommen waren.
23 Weidner 2005a: 14, 2005b.
24 Wewer 1998, zur Umweltpolitik Weidner 2005a, 2005b.

deutschen Umweltrechtes auf die neuen Bundesländer schuf dort zusammen mit der aufwändigen Finanzierung des Umweltschutzes durch Bund und Länder die Basis für die Bewältigung der katastrophalen Umweltverschmutzung aus der Zeit der DDR.[25] Die Einführung der Staatszielbestimmung Umweltschutz in den Artikel 20a des Grundgesetzes im Jahre 1994 unterstrich die Bedeutung des Umweltschutzes aus verfassungsrechtlicher Perspektive.

Die umweltpolitikfreundliche Linie wurde allerdings in der letzten Legislaturperiode der bürgerlich-liberalen Koalition (1994–1998) schwächer. Zu den Gründen zählt die Aufwertung einer Politik, die den Wirtschaftsstandort Deutschland stärken sollte. Auch die ungünstigere Wirtschafts- und Haushaltslage, mit der sich das wiedervereinigte Deutschland konfrontiert sah, kam der Umweltpolitik in die Quere. Außerdem nahmen die Konflikte zwischen der Bundesregierung und den Bundesländern zu – aus parteipolitischen Gründen, aber auch weil die Länder gegen die Neigung des Bundes, die finanziellen Folgelasten von Umweltgesetzen auf die Länder abzuschieben, opponierten.

Noch wichtiger war ein umweltpolitischer Kurswechsel der Europäischen Kommission, der das Bund-Länder-Gefüge in Deutschland an einer besonders empfindlichen Stelle traf.[26] Zugrunde lag eine neue umweltpolitische Steuerungsphilosophie der Kommission: Sie setzte verstärkt auf den Einsatz verfahrensorientierter Instrumente.[27] Bei der Umsetzung der entsprechenden europarechtlichen Vorgaben, die die Bundesregierung durch ein Veto im Ministerrat nicht hatte verhindern können oder denen sie mitunter blauäugig zugestimmt hatte, war sie faktisch gezwungen, Bundesrecht dort zu setzen, wo ihr die verfassungsrechtliche Ermächtigung fehlte und wo demnach die Länder die entsprechende Kompetenz bestreiten konnten. So war die Bundesregierung wiederholt «faktisch gezwungen, verfahrensrechtliche Regelungen vorzusehen, für deren Erlass nach Artikel 84 Absatz 1 Grundgesetz grundsätzlich die Länder zu-

25 Weichold 2006.
26 Vgl. Pehle 2003: 441 f., Sturm/Pehle 2005: 281 ff.
27 Heinelt u. a. 2000.

ständig sind»[28]. Ausnahmen konnten nur mit Zustimmung des Bundesrates gemacht werden. Doch dies erfolgte in allen Fällen erst «nach langwierigen Verhandlungen und nachdem der Bund erhebliche Abstriche an seinen Entwürfen vorgenommen hatte»[29]. Damit aber geriet die Umweltpolitik des Bundes in die «Zwickmühle»[30] zwischen Europäischer Kommission und Europarecht einerseits und Politik im Bundesrat andererseits. Dies ist mitursächlich für die verspätete und teilweise defizitäre Umsetzung von EU-Umweltrecht in Deutschland.[31] Manche EU-Richtlinie brachte den Bund zudem in die kaum zu bewältigende Zwangslage, seine gesetzgeberischen Kompetenztitel aus der konkurrierenden Gesetzgebung und der Rahmengesetzgebung zu vermischen, so im Fall der medienübergreifend erfolgenden, d. h. Boden, Luft und Wasser gleichermaßen erfassenden Genehmigungsverfahren. Zudem kollidierten die EU-Vorgaben für Umweltverträglichkeitsprüfungen mit den Genehmigungsverfahren, die auf dem deutschen Gewerberecht basierten.

2.4 Rot-grüne Umweltpolitik: 1998–2005

Dass der Regierungswechsel von 1998 zur rot-grünen Koalition auch in der Umweltpolitik tiefe Spuren hinterlassen würde, war zu erwarten. Dafür sprachen sowohl die ökologiezentrierte Programmatik der Grünen, die Übernahme des Bundesumweltministeriums durch einen grünen Politiker, Jürgen Trittin, und der Wille der SPD, eine Politik der «ökologischen Modernisierung der Industriegesellschaft» mitzutragen, als auch die Parteiendifferenztheorie. Die rot-grüne Koalition konnte tatsächlich einen beträchtlichen Teil ihrer umweltpolitischen Vorhaben, insbesondere den Ausstieg aus der Atomenergie und die «Ökosteuer», in Alleingängen der Bundesregierung und des Bundestages ohne Vetochance des Bundesrates durchsetzen. Obendrein hatte die rot-grüne Bundesregie-

28 Pehle 2003: 441.
29 Pehle 2003: 441.
30 Sturm/Pehle 2005: 288. Die Föderalismusreform 2006 linderte das Problem (Maiwald 2006: XVIII).
31 Vgl. Börzel 2003.

rung bis zum Frühjahr 1999 die Mehrheit im Bundesrat auf ihrer Seite.

Tatsächlich verlief die Umweltpolitik vor allem in der ersten rot-grünen Legislaturperiode (1998–2002) weitgehend erwartungsgemäß: So tiefe Spuren hinterließ die Umweltpolitik der rot-grünen Koalition, dass so mancher Beobachter die Bundesregierung auf dem Marsch in den «Grünen Staat» oder den «Umweltstaat» wähnte.[32] Noch im Jahr des Regierungswechsels, 1998, wurde die ökologische Steuerreform beschlossen und das Gesetz zum Vorrang erneuerbarer Energien verabschiedet. Alsbald folgte der Einstieg in den Ausstieg aus der Kernenergie, der folgenreichste umweltpolitische Politikwechsel der rot-grünen Koalition, der allerdings offenließ, wie die Energieversorgung künftig gesichert werden sollte.[33] Die Einführung einer Nachhaltigkeitsstrategie im Jahr 2000 und die Novellierung des Naturschutzgesetzes aus dem Jahre 2003, das den Umweltverbänden die Möglichkeit der Verbandsklage auf Bundesebene einräumte, zählten ebenfalls zu den Weichenstellungen der rot-grünen Bundesregierung. Kurswechsel ließen sich außerdem am beschleunigten Fortschritt der «ökologischen Modernisierung der Industrie» ablesen. Davon zeugte die Integration von Umweltschutzanliegen in umweltwichtige Politik- und Wirtschaftsfelder wie Energie, Verkehr, Landwirtschaft und Bauwirtschaft.

Ökologische Bilanzierungen stützen ebenfalls die Auffassung, dass die erstrebte ökologische Modernisierung der Industriegesellschaft mehr Früchte als zuvor trug. Die Qualität der Umwelt hatte sich insgesamt deutlich verbessert. Und konnte der Erfolg der deutschen Umweltpolitik nicht auch daran abgelesen werden, dass die deutsche Umweltindustrie in den Jahren der rot-grünen Koalition eine führende Position auf dem Weltmarkt erreicht hatte?[34]

Andere Indikatoren zeigen ebenfalls einen tiefgreifenden Wandel

32 Dryzek u. a. 2003, Jänicke 2006b. Der Begriff «Umweltstaat» wurde in Deutschland schon Ende der 1980er eingeführt (vgl. Kloepfer 1989). Er meint einen Staat, der die Umweltschutzpolitik als eine staatliche Grundfunktion begreift und dies durch eine ressortübergreifende ökologieorientierte Politik untermauert.

33 Wurster 2010.

34 Jänicke 2006b.

der Umweltpolitik unter Rot-Grün an.[35] Der Wandel umfasste sowohl Kurswechsel in wichtigen Umweltpolitikfeldern als auch die Kombination von sachorientierter Gestaltung und missionarischem Streben. Der grüne Internationalismus, den vor allem Bündnis 90/ Die Grünen pflegte, schlug sich auch in einer internationalistischen Ausrichtung der Umweltpolitik nieder: Das Bundesumweltministerium strebte mit einigem Erfolg nach möglichst umfangreichen multilateralen Arrangements und internationalen Vereinbarungen in der Umweltpolitik, und die Bundesrepublik Deutschland positionierte sich als Vorreiter in verschiedenen Feldern der internationalen Umweltpolitik, insbesondere in der Klimapolitik.

Allerdings war auch bei der rot-grünen Umweltpolitik nicht alles Gold, was glänzte. «Erlahmen der umweltpolitischen Aktivitäten»[36] hielten manche Beobachter der Umweltschutzpolitik der zweiten Schröder-Regierung von 2002 bis 2005 vor. Mehr noch: Die rot-grüne Regierung habe nach 2002 mitunter als umweltpolitischer Bremser gewirkt, so bei der EU-Regelung zur Rücknahme von Altautos oder bei der Reform der europäischen Chemikalienkontrolle. Beides ist nicht von der Hand zu weisen. Die Gründe der Tempoverlangsamung lagen unter anderem in der neuen Machtkonstellation im Bundesrat, in dem die bürgerlich-liberale Opposition seit der Regierungsbildung in Sachsen-Anhalt nach der Landtagswahl 2002 die Mehrheit der Stimmen hatte und somit die Gesetzgebung, soweit diese zustimmungspflichtig war, blockieren konnte. Überdies schlug die mehrjährige Wachstumsschwäche der deutschen Wirtschaft zulasten der Umweltpolitik zu Buche. Ferner waren die Reibungsflächen zwischen der EU-Umweltpolitik und dem bundesstaatlichen Gefüge nicht geringer geworden. Überdies fehlte in der zweiten rot-grünen Wahlperiode der Koalition ein zugkräftiges neues umweltpolitisches Konzept – den Vorrat an zündenden Ideen für weitere umweltpolitische Politikwenden hatte Rot-Grün in seinen ersten vier Jahren aufgezehrt.

35 Jacob/Volkery 2007, Reiche/Krebs 1999 sowie Kern/Koenen/Löffelsend 2004, die die Umweltpolitik als eine der wenigen «Erfolgsstories» der rot-grünen Koalition werten.
36 Jacob/Volkery 2007: 448.

Die Tempoverlangsamung in der Umweltpolitik hatte aber noch eine weitere Funktion: Sie verminderte den Konfliktgehalt der Umweltpolitik und die durch sie verursachte Polarisierung. Die scharfen Kursänderungen der ersten rot-grünen Koalition im Umweltschutz hatten nämlich nicht nur Beifall gefunden, sondern auch massiven Protest hervorgerufen, insbesondere bei der Opposition und generell bei Kritikern außerhalb des rot-grünen Lagers. Mit dem Atomausstieg positionierte sich die rot-grüne Koalition nicht nur als ein viel beachteter «Vorreiter» in der internationalen Umwelt- und Energiepolitik, so ihre Anhänger, sondern auch als ein Regierungsbündnis, das die energiewirtschaftliche Dimension der Umweltpolitik, auf «ein energiepolitisches Abstellgleis»[37] schob – mit Ungewissheit über die zukünftige Energieversorgung, so das Verdikt ihrer Kritiker.

Obendrein warfen Kritiker der rot-grünen Umweltpolitik vor, sie könne sich zwar zahlreicher Einzelerfolge rühmen, habe aber bis zu ihrem Ende kein integriertes Gesamtkonzept vorgelegt.[38] Zu den Kosten der rot-grünen Umweltpolitik zählten etliche Beobachter außerdem die großen Spannungen zwischen dem Bundesumweltministerium und der Wirtschaft. Bei allen wichtigen Themen der Umweltpolitik von Rot-Grün «herrschte Krieg zwischen Ministerium und Wirtschaftslobby»[39], so urteilten selbst der rot-grünen Regierung zugetane Kritiker. Das war ein auffälliger Unterschied zu der bis dahin weit verbreiteten Auffassung, dass die deutsche Umweltpolitik einen konsensorientierten Stil pflege. Die Abkehr von diesem Stil stützte die Auffassung, dass mit der rot-grünen Bundesregierung letztlich eine Koalition aus einer wirtschaftsfremden Partei – Bündnis 90/Die Grünen – und einer Partei mit großer innerer Distanz zur Marktwirtschaft – die SPD – die Regierungsgeschäfte in einer Weise führte, die sie in Konflikt mit Wirtschaftsinteressen und den Erfordernissen eines leistungsfähigen Wirtschaftsstandortes Deutschland brachte.[40]

37 *FAZ* Nr. 98 v. 27.4.2006: 11, vgl. Huber 2006.
38 Fickinger 2005b: 6 und – am Fall Nachhaltigkeitspolitik – Tils 2005: 131 ff.
39 Bauchmüller 2005: 18.
40 Vgl. Geyer/Smoltczyk 2003.

Relativ viel Kontinuität kennzeichnete die Umweltpolitik der zweiten Großen Koalition. In ihr wurde die Leitung des Bundesumweltministeriums gemäß Koalitionsvereinbarung der SPD zuteil. Bundesumweltminister wurde Sigmar Gabriel, ein bis dahin umweltpolitisch nicht ausgewiesener, umtriebiger Reformpolitiker der jüngeren Generation. Auf Kontinuität wiesen die Koalitionsvereinbarungen und ihre Respektierung in der Regierungspraxis der Großen Koalition hin. Der umstrittene Ausstieg aus der Atomenergie, gegen den die Unionsparteien in der 14. und 15. Wahlperiode des Deutschen Bundestages ins Feld gezogen waren, wurde im Koalitionsvertrag durch Ausklammerung festgeschrieben. Auch viele andere Weichenstellungen der rot-grünen Umweltpolitik der 14. und 15. Legislaturperiode behielt die zweite Große Koalition bei, etwa die zuvor von der Union attackierte Ökosteuer, die bevorzugende Regelung erneuerbarer Energien und die internationale Vorreiterrolle Deutschlands in der Klimapolitik.[41] Somit erwies sich die Große Koalition umweltpolitisch «vorwiegend (als) die Vollstreckerin der Regierung Schröder/ Fischer»[42]. Das hohe Maß an umweltpolitischer Kontinuität spiegelt auch die Nähe der umweltpolitischen Positionen der beiden Koalitionsparteien wider.[43]

Die Parteien der zweiten Großen Koalition einigten sich mit der Föderalismusreform von 2006 zudem auf einen folgenreichen Wandel der Umweltpolitik. Diese Reform befreite die Abfallwirtschaft, die Luftreinhaltung und die Lärmbekämpfung von der Erforderlichkeitsklausel[44] des Grundgesetzartikels 72. Seither ist für den

41 Pehle 2006.
42 Jänicke 2010: 498.
43 Statistisches Bundesamt u. a. 2008: 359 f.
44 Sie verleiht dem Bund das Gesetzgebungsrecht in Feldern der konkurrierenden Gesetzgebung, «wenn und soweit die Herstellung gleichwertiger Lebensverhältnisse im Bundesgebiet oder die Wahrung der Rechts- oder Wirtschaftseinheit im gesamtstaatlichen Interesse eine bundesgesetzliche Regelung erforderlich macht» (Artikel 72 II Grundgesetz).

Bund die Inanspruchnahme der Kompetenz in diesen Umweltpolitikfeldern nicht mehr begründungspflichtig. Mit der Föderalismusreform von 2006 wurde ferner die Rahmengesetzgebung des Bundes abgeschafft. Damit wurden die entsprechenden umweltpolitischen Regelungsmöglichkeiten des Bundes größtenteils in Gesetzesmaterien der ebenfalls neu geordneten konkurrierenden Gesetzgebung umgewandelt. Betroffen sind insbesondere die Politikfelder Naturschutz und Landschaftspflege, Wasserhaushalt und Raumordnung. Sie alle unterliegen nun nach Artikel 74 des Grundgesetzes der konkurrierenden Gesetzgebung des Bundes. Auch diese Umweltpolitikfelder sind von der Erforderlichkeitsklausel des Artikels 72 befreit. Hier kann der Bund also hinfort mit einer Vollgesetzgebung handeln. Der Preis für dieses Privileg ist das Recht der Bundesländer zur «Abweichungsgesetzgebung»[45]. Damit kann jedes Bundesland mit Wirkung ab 2010 eigenständig entscheiden, ob es in den Politikfeldern Naturschutz und Landschaftspflege, Bodenverteilung, Raumordnung und Wasserhaushalt den Regeln des Bundes folgen oder ein eigenes Gesetz erlassen möchte.[46] Von der Abweichungsgesetzgebung erhoffen sich ihre Fürsprecher mehr Länderautonomie, während die Gegner befürchten, die neuen Kompetenzen der Länder hätten einen umweltschutzpolitischen Flickenteppich zur Folge. Ob das eine oder das andere gilt, lässt sich nur wenige Jahre nach der Reform noch nicht hinreichend klar bestimmen.

Die Grenzen der Kompromissfähigkeit von Unionsparteien und SPD in der Umweltpolitik waren allerdings unübersehbar. Der Streit über den Atomausstieg schwelte weiter und auch das Scheitern des Planes, ein Umweltgesetzbuch zu verabschieden und somit ein «Leuchtturmprojekt» auf den Weg zu bringen, so die Worte von Bundeskanzlerin Angela Merkel, spricht Bände.[47] Noch größer sind allerdings die umweltpolitischen Unterschiede zwischen Regierungen mit Beteiligung der Grünen einerseits und Koalitionen mit Be-

45 Pehle 2006: 183. Die verfassungsrechtliche Grundlage ist der 2006 reformierte Artikel 72 III Grundgesetz.
46 Pehle 2009: 332.
47 Pehle 2009: 335.

teilung der Liberalen andererseits. Auch aus diesem Grunde kommen zur Kontinuität der Umweltpolitik seit dem Amtsantritt von Schwarz-Gelb 2009 auch koalitionsspezifische Kurskorrekturen hinzu. Davon zeugen etwa der Beschluss der Koalition, die Laufzeiten der Atomkraftwerke zu verlängern, oder die Kürzung der Subventionen für Solarenergie.

3. Warum die Umweltpolitik viel später als die Sozialpolitik institutionalisiert wurde

Die Institutionalisierung einer bundesweiten eigenständigen Umweltpolitik ist in Deutschland neueren Datums, obwohl Umweltnutzung und Umweltzerstörung keineswegs neu sind. Ihre Dimensionen wurden allerdings mit dem Aufkommen der Industriegesellschaft so groß, dass seither die Naturvereinnahmung selbst in Frage gestellt wird.[48] Spätestens hierdurch entstanden Handlungsanreize und Handlungsdruck für eine Umweltschutzpolitik. Ihre Realisierung ist jedoch an verschiedene Voraussetzungen gebunden.[49] Zu diesen gehören vor allem:

– ein hohes wirtschaftliches Entwicklungsniveau, das Ressourcen für einen anspruchsvollen präventiven bzw. nachsorgenden Umweltschutz bereitstellt,
– Umweltprobleme, die quer zu Klassen und Lebenswelten stehen und tendenziell die gesamte Bevölkerung tangieren,
– eine den Umweltproblemen angemessene Kapazität zur systematischen Informationssammlung, Informationsverarbeitung und Diagnose,
– politisch relevante und für die Mehrheitsbildung wichtige Sensibilität für Umweltprobleme (wie die weite Verbreitung postmaterialistischer Werte),
– politische Mechanismen, die die Artikulation und Bündelung von

48 Ronge 1972.
49 Wegweisend Holzinger/Knill/Aarts 2008, Jahn 1998, 2000a, 2000b, 2006, Jänicke 2006a, 2006b, Jänicke/Mönch 1988, Jänicke/Weidner 1997, Knill/Debus/Heichel 2010, Scruggs 1999, 2003, Stefes 2010, Weidner/Jänicke 2002a, 2002b, Wurster 2010.

Umweltschutzinteressen begünstigen (etwa ein pluralistisches Parteien- und Verbändewesen und ökologisch orientierte politische Unternehmer) und

– eine hohe parteipolitische Organisierung des Umweltschutzanliegens wahrscheinlich machen (was am ehesten im Falle eines Verhältniswahlrechts gegeben ist, nur selten beim Mehrheitswahlrecht).

– Hinzu kommen günstige politisch-institutionelle Möglichkeiten zur Umsetzung der Umweltschutzprogrammatik in landesweite Praxis. Die bundesstaatliche Fragmentierung erweist sich hierfür als Nachteil, es sei denn, sie bildet Mechanismen heraus, die eine bundesweit einheitliche Steuerung ermöglichen – entweder auf dem Wege der Selbstkoordination der Gliedstaaten oder durch Übertragung der Gesetzgebungskompetenzen auf den Zentralstaat (im Austausch für gesicherte Mitwirkungsrechte der Länder bei der Gesetzgebung und in der Verwaltung der Umweltpolitik).

– Schließlich erhielt die Umweltpolitik von Anfang an beträchtliche Anstöße von inter- und supranationalen Organisationen und Prozessen. Ohne das Zusammenwirken von internationaler Kooperation, transnationalen Kommunikationsprozessen und umweltregulatorischem Wettbewerb zwischen den Staaten wäre die Umweltpolitik in den demokratischen Industrieländern nicht so weit gekommen. Besonders kräftig wirkten diese Impulse in der Europäischen Union, deren Umweltpolitik weit über die «Politik des kleinsten gemeinsamen Nenners»[50] hinausreicht.[51]

Die umweltpolitischen Handlungskapazitäten[52] und ihre Rahmenbedingungen waren allesamt erst auf einer weit fortgeschrittenen Stufe der wirtschaftlichen Entwicklung und sozialen Differenzierung gegeben. Hierin liegt ein Schlüssel zur Erklärung der relativen Verspätung der Umweltschutzpolitik im Vergleich zur Sozialpolitik: Die Sozialgesetzgebung wurde schon auf einem relativ niedrigen Stand wirtschaftlicher Entwicklung eingeführt,[53] die Geburts-

50 Holzinger 1994 am Beispiel der EU-Regulierung des Katalysatorautos.
51 Vgl. Eichener 2000, Knill 2008.
52 Jänicke 1998, 2006b, Weidner/Jänicke 2002a.
53 Schmidt 2005a: 181–192.

stunde der Umweltpolitik aber schlug erst auf einem beträchtlich höheren Niveau wirtschaftlicher Entwicklung.[54] Hiermit wird besser verständlich, warum die Umweltpolitik modernen Typus vor allem in den westlichen demokratischen Ländern ins Leben gerufen und leidlich wirksam vollzogen wurde: Das sind diejenigen Länder, die früher als die meisten anderen Staaten so wohlhabend geworden waren, dass sie sich den Einstieg in den aufwändigen Umweltschutz leisten konnten. Entsprechend flach ist das Umweltschutzprofil in Entwicklungsländern.[55]

4. Deutschlands Umweltpolitik im internationalen Vergleich

Wo steht die Bundesrepublik Deutschland im internationalen Vergleich der Umweltpolitik? Einer verbreiteten These zufolge ist sie in der Umweltpolitik spät gestartet – nicht nur relativ zur Sozialpolitik, sondern auch im Vergleich zu anderen Industrieländern. Doch das ist übertrieben.[56] Allerdings wies der Umweltschutz in Deutschland bis Mitte der 1980er Jahre noch erhebliche Mängel auf. Das zeigt vor allem der Vergleich mit den bis dahin als umweltpolitische Spitzenreiter eingestuften Staaten Japan, Schweden und den USA. Zu den Mängeln gehörten beispielsweise das niedrigere Niveau der Abgasregelungen (mit Ausnahme der Regelung des Bleigehalts im Benzin) und die hohen Emissionen der Elektrizitätswirtschaft. Ferner fiel beim Vergleich umweltpolitischer Institutionalisierungen auf, dass die Bundesrepublik, anders als Schweden, die USA und Japan, kein Umweltrahmengesetz hatte. Außerdem existierte im Unterschied zu Schweden und Japan kein nationaler Umweltplan.[57]

In allen anderen Bereichen aber kam die Institutionalisierung der Umweltpolitik in Deutschland nicht oder nur unwesentlich später als in Japan, Schweden und den USA zustande. Gemessen am Jahr der Errichtung eines zentralstaatlichen Umweltministeriums

54 Weidner/Jänicke 2002b: 418 f.
55 Vgl. Muno 2010: 364 ff.
56 Vgl. Pehle 1998: 2.
57 Datenbasis: Weidner/Jänicke 2002b: 418 f.

(1986), gehört Deutschland mit Schweden zur Spitze der umwelt-politisch aktiven Staaten – während ein zentralstaatliches Umwelt-ministerium in den USA nicht existiert und in Japan erst 2001 ge-gründet wurde. Kleinere Verzögerungen gab es in Deutschland bei der Einrichtung eines nationalen Umweltamtes – das war 1974 der Fall, in Schweden hingegen schon 1967 und in den USA 1970 – und bei der erstmaligen Vorlage eines nationalen Umweltberichtes (1976), was in Japan schon 1969 und in den USA ein Jahr später ge-schah. Kaum ins Gewicht fiel schließlich die Verzögerung bei der Einrichtung eines Umweltsachverständigenrates, die in Deutsch-land 1971 erfolgte – im gleichen Jahr wie in den USA, drei Jahre nach Schweden und vier Jahre nach Japan.

Doch für die oben erwähnten Defizite bei der Abgasregelung und bei der Steuerung des Emissionsverhaltens der Elektrizitätswirt-schaft waren alsbald Abhilfen in Sicht. Entscheidende umwelt-schutzpolitische Verbesserungen waren insbesondere durch die Großfeuerungsanlagen-Verordnung, die Novellierung der «TA Luft», der Technischen Anleitung zur Reinhaltung der Luft, und die Abgasgesetzgebung für Personenkraftwagen erreicht worden. Die hierdurch bewirkten Verbesserungen machten die Bundesrepublik in der Luftreinhaltung alsbald zu einem «Vorreiterland zumindest im EU-Maßstab»[58]. Gleiches gilt für die Regelung der Abfallwirt-schaft. Auch bei der Klimaschutzpolitik nimmt Deutschland mittler-weile im internationalen Vergleich eine Führungsrolle ein.[59] Beson-ders große Erfolge wurden bei den erneuerbaren Energien erzielt, deren Förderung insbesondere nach 1998 einen sektoralen Wirt-schaftsaufschwung entfesselt hat, der sich auch außenwirtschaftlich als Erfolg erweist.[60]

Beim Marsch in Richtung «grüner Staat» oder «Umweltstaat» ist Deutschland mittlerweile eindeutig ein Vorreiter mit einer relativ positiven Umweltperformanz und «einem ökologischen Entwick-

58 Jänicke 2003: 639, 2006b, Weidner/Jänicke 2002a.
59 Jänicke 2003: 639, 2006b, Weidner 2005a, 2005b.
60 Jänicke 2003: 639, 2006b.

lungspfad»[61]. Das hebt die Umweltpolitik gegenüber verwandten Feldern mit Zukunftsvorsorgequalität hervor, bei denen Deutschland meist weit schlechtere Bewertungen erhält, beispielsweise bei der Bildungspolitik und der Energiepolitik.[62]

Dass Deutschland ein umweltpolitischer Vorreiter wurde, liegt zu einem beträchtlichen Teil an den oben erläuterten umweltpolitischen Handlungskapazitäten, die hierzulande mittlerweile insgesamt weit entwickelt sind. Zudem sind parteipolitische und parteiensystemspezifische Entwicklungen zu berücksichtigen. Die deutsche Parteienlandschaft und die Struktur des Parteiensystems sind seit den 1980er Jahren vor allem aus drei Gründen zu besonders starken Antriebskräften der staatlichen Umweltpolitik geworden.

Ein Antrieb lag in dem – auch im internationalen Vergleich – frühen Aufstieg einer parteiförmig organisierten ökologischen Bewegung und darin, dass die Partei der Grünen alsbald im Parteienwettbewerb eine wichtige Position gewann und zudem an den Regierungen verschiedener Bundesländer und von 1998 bis 2005 auch an der Bundesregierung beteiligt war.[63] Der zweite Grund für den Aufstieg der Umweltpolitik in Deutschland ist in der Offenheit der beiden Volksparteien – CDU/CSU und SPD – für umweltpolitische Anliegen zu suchen. Für diese Offenheit waren «Ansteckungseffekte» verantwortlich: Der Aufstieg des Umweltthemas und einer grünen Partei setzten neue Maßstäbe beim Kampf um die Mobilisierung von Wählerstimmen und beim Streben nach Machtgewinn und Machterhalt. Die großen Parteien antworteten darauf mit stärkerer

61 Im Sinne von Jahn 1998 und 2006: 152 f. Den «ökologischen Entwicklungspfad» kennzeichnen vor allem die Nutzung alternativer Energiequellen und ein rückläufiger Energieverbrauch – im Unterschied zum «produktionistischen Entwicklungspfad» beispielsweise der englischsprachigen Industrieländer, die eine umweltbelastende «Hochkonsumgesellschaft» prägt (Jahn 2006: 152), und dem «ökoproduktionistischen Entwicklungspfad» (wie in Frankreich oder Schweden), bei dem eine relativ positive Umweltperformanz mit zentralisierter Hochtechnologie wie Kernenergie einhergeht (Jahn 1998: 113, 2006: 152 f.). Zur internationalen Spitzenposition der deutschen Umweltpolitik und ihren Ergebnissen auch Scruggs 1999, 2003.
62 Wurster 2010.
63 Müller-Rommel 1993, Müller-Rommel/Poguntke 2002.

Berücksichtigung von Umweltschutzbelangen. Doch dass beide Parteien sich vom Ökologismus der Grünen anstecken ließen, setzte eine prinzipielle Sensibilität für den Umweltschutz voraus. Das ist der dritte Erklärungsfaktor. Umweltpolitisch sensibel war die SPD vor allem deshalb, weil der Umweltschutz koalitionspolitisch ein neues Parteienbündnis und die lang ersehnte «Mehrheit links von der Mitte» zu ermöglichen versprach – in Gestalt einer rot-grünen Koalition. Außerdem wies der Umweltschutz einen Weg zur Modernisierung der Industriegesellschaft, der für die SPD programmatisch, wirtschafts- und beschäftigungspolitisch sowie aus Gründen der Wählerwerbung attraktiv ist. Der Umweltschutz ermöglicht mit der «ökologischen Modernisierung der Industriegesellschaft» eine Politik, die für die Sozialdemokratie Traditionen, Zukunftsorientierung und Machtteilhabe auf beschäftigungsfreundliche Weise zusammenzuführen verspricht, so die Hoffnung.

Umweltpolitisch ansprechbar sind aber auch die CDU und die CSU. Das hängt vor allem mit drei Faktoren zusammen. Beiden Parteien ist dank ihrer Verankerung im ländlichen Raum und bei den Landwirten der Gedanke des Schutzes natürlicher Ressourcen nicht fremd. Hinzu kommt die wirtschaftliche Attraktivität des Umweltschutzes: Mit ihm kann man, wie der Blick ins Ausland alsbald zeigte, Geschäfte machen – und dies ist für eine Partei besonders zugkräftig, die neben ihrer Verwurzelung in der Landwirtschaft und in der Sozialstaatsklientel eine starke Basis im Mittelstand und in der Unternehmerschaft hat. Überdies sind die religiösen Traditionen der christdemokratischen Parteien zu bedenken. Für ihre umweltpolitischen Fürsprecher geht Umweltschutz nicht im technokratisch gesteuerten schonenden Umgang mit natürlichen Ressourcen auf. Für sie ist Umweltschutz etwas viel Wichtigeres, nämlich Mitwirkung beim Bewahren der Schöpfung.

Die parteipolitischen und parteisystemspezifischen Konstellationen fügen sich zu einem eindeutigen Befund: Die Parteienlandschaft in Deutschland und die Struktur des Parteiensystems hierzulande begünstigen seit den 1980er Jahren das umweltschutzpolitische Anliegen. Sie sind sogar günstiger als in den meisten anderen Ländern. Ursächlich dafür ist vor allem die Existenz von drei Umweltschutzparteien. Eine davon – die Grünen – verkörpert geradezu exemplarisch eine Partei des «Grünen Staates», eine «Umweltstaatspartei». Aber auch in der SPD und den Unionsparteien ist der Umweltschutzgedanke mittlerweile ebenfalls fest verankert. Auch das hebt Deutschland weit aus dem Kreis der meisten anderen wirtschaftlich entwickelten Demokratien heraus. Der umweltfreundliche parteienpolitische Faktor bewirkt, dass die Restriktionen für Umweltpolitik, die in der Struktur des deutschen Föderalismus liegen, durch parteipolitische Effekte teils zurückgestuft, teils überspielt wurden. Auch macht dies besser verständlich, warum Deutschland trotz bundesstaatlicher Fragmentierung in der Umweltpolitik auch im internationalen Vergleich zu einem der Spitzenreiter werden konnte.

5. Ungelöste Aufgaben

Dass dennoch ein größerer umweltpolitischer Handlungsbedarf besteht, ist unübersehbar. Aus Platzgründen müssen an dieser Stelle Stichworte genügen: Zwischen nationalstaatlicher und EU-gesteuerter Umweltpolitik bestehen größere Reibungsflächen. Nicht zuletzt hat sich die deutsche Umweltpolitik in der EU mitunter als schlecht gerüstet und defensiv erwiesen.[64] Dass der Föderalismus, insbesondere die Stellung der Länder, mitunter als Barriere umweltpolitischer Innovationen wirkt, gehört spätestens seit der Föderalismusschelte im Umweltgutachten 2004 des Rats von Sachverständigen für Umweltfragen[65] und der dort favorisierten Stärkung der umweltpolitischen Rolle der Bundesregierung zum Einmaleins der Kritik an der deutschen Umweltpolitik. Zuvor schon hatten Fachleute wiederholt die «insgesamt eher geringe Strategiefähigkeit des deutschen Bundesstaates» als Bremse der Umweltpolitik geortet.[66] Von dieser Schelte wird man angesichts der Föderalismusreform I von 2006 Abstriche machen müssen. Allerdings hat diese Reform manche bundesstaatlich verursachten Mängel der Umweltpolitik vergrößert, beispielsweise durch die Anfälligkeit für eine umwelt-

64 Knill 2008, Pehle 2006: 182, Sturm/Pehle 2005: 275 ff.
65 Rat von Sachverständigen für Umweltfragen 2004: 75.
66 Weidner/Jänicke 1998: 223.

politische Kleinstaaterei mit 16 unterschiedlichen Regimen des Naturschutzes, der Landschaftspflege und des Wasserhaushaltes.

Zu den Mängeln der Umweltpolitik in Deutschland zählen ferner das fragmentierte Umweltrecht und die relativ schwache horizontale Verzahnung des Umweltschutzes mit anderen Politikfeldern. Zur «Negativseite der deutschen Umweltbilanz»[67] gehören zudem defizitäre Bilanzen beim Flächenverbrauch, beim Artenverlust, bei Boden- und Grundwasserbelastungen, aber auch bei den Indikatoren Kohlenstoffdioxidemissionen, Energieproduktivität und Rohstoffproduktivität.[68] Und schwer tut sich die deutsche Umweltpolitik, wenn ihr Erfolgsrezept – anspruchsvolle technische Lösungen (vom Schadstofffilter bis zum energiewirtschaftlich effizienteren Kraftwerk) – nicht greift und wenn Verhaltensänderungen (von den Lebens- und Konsumgewohnheiten bis zu den Siedlungsformen) und infrastrukturpolitische Veränderungen (beispielsweise bei den Verkehrsträgern) erforderlich sind.[69] Nicht leicht fällt es der Umweltpolitik schließlich, wenn sie den Umweltschutz mit Wirtschaftlichkeit und energiepolitischer Versorgungssicherheit in Einklang bringen soll. [70] Relativ zu diesem Erfordernis entpuppen sich etliche Erfolge der Umweltpolitik als Siege, die um den Preis von Zielkonflikten mit wirtschafts- und energiepolitischen Zielen erkauft wurden.

67 Jänicke 2006a: 13.
68 Vgl. Statistisches Bundesamt 2006a: 382 ff., Statistisches Bundesamt u. a. 2008: 347 ff.
69 Jänicke 2006a: 14.
70 Sinn 2008.

Kapitel 19 Die Politik des «mittleren Weges»

1. Der «mittlere Weg»

Deutschland hat mit seiner Außenpolitik der «Zivilmacht» und des «Handelsstaates» ein eigentümliches, für Großstaaten untypisches Profil erworben.[1] Auch in der Innenpolitik hat sich ein Muster herausgeschält, das die Bundesrepublik aus dem Kreis anderer demokratischer Großstaaten hervorhebt: die «Politik des mittleren Weges»[2]. Damit ist nicht vorrangig die Position in der Mitte zwi-

---

1 Siehe Kapitel 12.
2 Erstmals formuliert wurde das Konzept des mittleren Weges in Schmidt 1987 und 1989, weiterentwickelt wurde es insbesondere in Schmidt 2000b, 2010b und 2010c. Der vorliegende Beitrag analysiert den mittleren Weg bis 2010 und erörtert auch die Parallelen und Unterschiede zur Erforschung von Deutschlands Politischer Ökonomie aus dem Blickwinkel der «Varieties of Capitalism»-Literatur (Hall/Soskice 2001). Dort wurde die Bundesrepublik ursprünglich als «coordinated market economy» gewertet. Ob das heutzutage noch gilt, ist strittig. Einer einflussreichen Sichtweise zufolge hat Deutschland sich seit den 1980er Jahren auf den Weg zu einer stärker fragmentierten, dezentralen liberalisierten Politischen Ökonomie gemacht, die in mancherlei Hinsicht eher dem «disorganized capitalism» als dem «organisierten Kapitalismus» ähnele (Martin/Thelen 2007, Streeck 2009). Diese Diagnose stützt sich auf die These, dass eine Fülle von Liberalisierungsprozessen auf der Mikro-, der Meso- und zum Teil auch der Makroebene der Ökonomie sich zu einem transformativen sozialen und ökonomischen Wandel aufsummiert habe. Während diese These den Wandel sozialer und ökonomischer Institutionen sehr stark betont, werden im vorliegenden Kapitel Wandel und Kontinuität berücksichtigt. Dabei zeigt sich, dass Deutschland auch nach 1990 im Wesentlichen dem mittleren Weg folgt (wenngleich mit höheren Kosten) und bei den Liberalisierungsvorgängen im internationalen Vergleich erneut eine Mitteposition einnimmt. – Deutschlands mittlerer Weg unterscheidet das Land markant von anderen demokratischen Großstaaten, doch hat er manches mit einigen europäischen Kleinstaaten wie den Niederlanden oder Österreich gemeinsam. Insoweit zeichnet sich beim mittleren

schen zwei Polen gemeint und auch nicht primär eine Position, die gleichsam dem statistischen Durchschnitt aller wirtschaftlich wohlhabenden Demokratien entspricht. Gemeint ist vielmehr ein Mittelweg, der auf einer eigentümlichen Kombination von christdemokratischen, liberalen und sozialdemokratischen Politiken gründet und zwischen den Polen des «liberalen Kapitalismus»[3] der angloamerikanischen Demokratien und dem Wohlfahrtsstaatskapitalismus skandinavischer Prägung hindurchführt. Vier Komponenten umfasst dieser Mittelweg:

1. Sein erstes Markenzeichen ist die Priorität für «Preisstabilitätspolitik»[4] – erforderlichenfalls unter Inkaufnahme von Arbeitslosigkeit – anstelle des Vorrangs für Vollbeschäftigungspolitik unter Inkaufnahme höherer Inflation, wie in Schweden bis in die frühen 1990er Jahre.

2. Zugleich aber zielt die Politik des mittleren Weges auf wirtschaftliche Effizienz und auf ehrgeizige Sozialpolitik. Das ist insoweit untypisch als Staaten mit ausgeprägter Inflationsbekämpfung normalerweise zu einer liberalen Wirtschaftspolitik mit gedrosselter Sozialpolitik neigen. Die Politik des mittleren Weges aber strebt nach sozialverträglicher Bewältigung des Equality-Efficiency-Zielkonflikts[5] – anstelle unbedingter Priorität für Wirtschaftspolitik oder Vorfahrt für Sozialpolitik.[6]

3. Hinzu kommt die Weichenstellung zugunsten eines Interventions- und Daseinsvorsorgestaates mittlerer Größe, der hauptsächlich aus Steuern und Sozialabgaben finanziert wird, aber im

Weg eine gewisse Parallele zu Katzensteins Theorie ab, wonach die Wirtschafts- und Sozialordnung in Deutschland auffällige Gemeinsamkeiten mit den korporatistischen, zum Weltmarkt offenen Kleinstaaten hat (Katzenstein 1984, 1985, 1987).

3 Hall/Soskice 2001.

4 Busch 1995. Die Vorfahrt für Preisstabilitätspolitik fügt den staatszentrierten Komponenten des mittleren Weges ein mächtiges Konzept liberal-konservativer Herkunft hinzu und stellt insbesondere Disziplinierungsinstrumente gegen preissteigerungsverdächtige Hochlohnpolitiken der Tarifparteien bereit.

5 Okun 1975.

6 Dieser Politik-Mix repräsentiert einen Kompromiss aus liberalen, christdemokratischen und sozialdemokratischen Konzeptionen.

Vergleich zum steuerfinanzierten, beschäftigungsintensiven nord-europäischen Wohlfahrtsstaat ein Staatsdienerheer von lediglich moderater Größe umfasst.[7]

4. Das vierte Hauptmerkmal des mittleren Weges schließlich ist die Delegation vieler gemeinschaftlicher Aufgaben an Expertokratien, beispielsweise an eine autonome Zentralbank und an gesellschaftliche Verbände.[8] Dazu gehört auch die Delegation der Lohnpolitik an die Tarifparteien, die ihrerseits in ein vom Gesetzgeber weit ausgebautes System der Betriebsverfassung und der Mitbestimmung eingepasst sind, und die Delegation eines beträchtlichen Teils der Sozialpolitik an die Sozialversicherungen – anstelle eines Regierungsmonopols über Sozialleistungen.

Die politischen Grundlagen unterscheiden den mittleren Weg der Bundesrepublik Deutschland von seinen Alternativen zur Rechten wie zur Linken. Der liberale Kapitalismus angelsächsischer Spielart gründet parteipolitisch auf der Hegemonie von marktfreundlichen, überwiegend säkular-konservativen Parteien. Zu diesen Parteien gehören insbesondere die US-amerikanischen Republikaner, die Demokratische Partei der USA und die säkularkonservativen Parteien in Australien, Großbritannien und Neuseeland. Den skandinavischen Wohlfahrtskapitalismus hingegen prägen eine politisch dominante Sozialdemokratie, ein organisatorisch zersplittertes Lager der Parteien rechts von der Sozialdemokratie sowie eine hochorganisierte, mächtige, der Sozialdemokratie nahestehende Gewerkschaft. Die Politik des mittleren Weges hingegen hat ihren politischen Schwerpunkt in einem Parteiensys-

7 Dieser Policy-Mix spiegelt im Wesentlichen die Koexistenz unterschiedlich akzentuierter Ansätze der sozialdemokratischen und der christdemokratischen Parteien wider. Letztere favorisieren im Unterschied zum staatszentrierten Ansatz der SPD neben den öffentlichen Leistungen auch das Subsidiaritätsprinzip.

8 Diese Komponente reflektiert die Wirkkraft sowohl von traditionellen, bis ins Deutsche Reich von 1871 zurückreichenden Gepflogenheiten als auch von liberalen Konzeptionen der Arbeitsteilung zwischen Staat und Markt. Mit der Delegation öffentlicher Aufgaben an Expertokratien geht die Distanzierung von radikaldemokratischen Konzeptionen einher: «Unelected leaders» (Vibert 2007) jenseits des Zugriffs des Demos bzw. des Parlaments werden hier in großem Umfang mit Lenkungsaufgaben betraut.

tem, in dem zwei große Sozialstaatsparteien in einem Staat der institutionellen Machtaufteilung koexistieren: die SPD und die Union aus CDU und CSU.[9]

2. Institutionelle Bedingungen und Reproduktionsmechanismen des «mittleren Weges» vor 1990

Die Politik des mittleren Weges gründet auf einem besonderen Regelwerk, das eine ehrgeizige Sozialpolitik und eine ebenso ambitionierte Preisstabilitätspolitik prämiert. Die Beschäftigungspolitik aber bleibt unterinstitutionalisiert und somit fehlt ein entscheidendes Instrument zur Bekämpfung von Arbeitslosigkeit. Der Sozialpolitik kommt zugute, dass sie primär eine Angelegenheit des Bundes ist und gesetzgebungstechnisch im Wesentlichen von der Bundestagsmehrheit gesteuert werden kann. Zudem hat die Sozialpolitik starke politische Bataillone hinter sich: insbesondere die große Mehrheit der Wähler, die großen Parteien und die Gewerkschaften. Außerdem wirkt der Föderalismus hierzulande nicht als Bremser der Sozialpolitik. Sofern die erforderlichen politischen Mehrheiten vorhanden sind und die Finanzen der Länder nicht nennenswert tangiert werden, steht der Föderalismus hierzulande der Finanzierung ehrgeiziger Sozialpolitik nicht im Wege.[10]

Die Preisstabilitätspolitik ist institutionell ebenso komfortabel positioniert wie die Sozialpolitik. Die Preisstabilitätspolitik hat mit der Zentralbank eine Organisation auf ihrer Seite, die handlungsfähig und gegen parteipolitische Einflüsse weitgehend abgeschottet ist.[11] Obendrein kann die Zentralbank im Streben nach Preisstabilität – auch bei Konflikten mit der Bundesregierung – auf die Zustimmung eines Großteils der Wähler zählen: Diese werten Preisstabilität oder zumindest eine niedrige Inflationsrate als ein besonders

9 Zu den historischen Wurzeln des mittleren Weges Schmidt 1989: 80–88.
10 Ausführlicher Kapitel 16.
11 Mit der Sicherung dieses Gutes war zunächst die Bank Deutscher Länder betraut und ab 1957 die Deutsche Bundesbank. Seit 1999 ist es die Europäische Zentralbank.

hohes Gut, als Sicherheitsgarant, ja als «Sozialpolitik auf leisen Sohlen»[12].

Die Finanz- und die Beschäftigungspolitik hingegen haben aus institutionellen Gründen der Geldpolitik nichts Gleichwertiges entgegenzusetzen. Beide Politikfelder sind in Deutschland infolge der Gliederung in Bund und Länder hochgradig fragmentiert.[13] Ihre Aufteilung auf verschiedene Haushalte mit auseinanderstrebenden Interessen und unterschiedlichen Zeithorizonten – Bund, Länder, Gemeinden, Sozialversicherungen und Bundesagentur für Arbeit – durchkreuzt in aller Regel Bestrebungen, die auf eine einheitliche, reaktionsschnelle und nachhaltige Finanz- und Beschäftigungspolitik zielen.[14] Auch insoweit erweist sich der Föderalismus als Antriebskraft des mittleren Weges und dessen Vorrang für Preisstabilitätspolitik.

Das ist Teil eines allgemeinen Befundes: Die politischen Institutionen und die politischen Abläufe in der Bundesrepublik Deutschland begünstigen sowohl die Preisstabilitätspolitik als auch die Sozialpolitik. Doch für eine Vollbeschäftigungspolitik haben sie wenig zu bieten. Die Preisstabilitätspolitik der Zentralbank hat folglich in der Finanz- und der Beschäftigungspolitik des Staates keinen ebenbürtigen Gegenspieler. Das kennzeichnete schon vor 1990 die Lage in Deutschland. Die Übertragung der Geldpolitik auf die Europäische Zentralbank hat diese Konstellation weiter befestigt.

Die lohnpolitischen Konsequenzen dieser Konstellation aber wogen schon vor 1990 schwer, insbesondere seit den 1970er Jahren. Infolge der fehlenden Koordination von Geld-, Finanz- und Beschäftigungspolitik hatten die Gewerkschaften keinen verlässlichen Partner für eine beschäftigungsorientierte Einkommenspolitik etwa nach dem Muster des Austro-Keynesianismus.[15] Insoweit überrascht es nicht, wenn die Gewerkschaften mit ihrer Lohnpolitik hin- und herirrten und am Ende in dem für sie sichersten Hafen lan-

---

12 So die Worte des Bundesarbeitsministers der «Ära Kohl», Norbert Blüm, in der Regierungserklärung am 24. April 1986 (Verhandlungen des Deutschen Bundestages, Stenographische Protokolle, 10. Wahlperiode, Bd. 137, S. 16322D).
13 Vgl. die Kapitel 14 und 15.
14 Vgl. Bruche/Reissert 1985.
15 Lang 1978, Scharpf 1987.

deten: der Hochlohnpolitik für Job-Besitzer, den Arbeitsmarkt-Insidern. Doch diese Lohnpolitik ging zulasten der Arbeitslosen, der Arbeitsmarkt-Outsider. Und obendrein wälzte die Hochlohnpolitik einen weiteren Teil ihrer Kosten auf die Kassen der Arbeitslosen- und der Rentenversicherung ab, beispielsweise durch umfängliche Inanspruchnahme von Arbeitslosengeld, von arbeitsmarktpolitischen Maßnahmen und von Arrangements der Frühverrentung. Zudem bestärkte diese Lohnpolitik die Zentralbank in ihrer auf Preisstabilität bedachten Geldpolitik und bekräftigte somit auch von dieser Seite die Weichenstellungen zugunsten des mittleren Weges.

Die Berücksichtigung der politischen Zusammensetzung der Bundesregierung und des Tuns und Lassens der sie tragenden Bundestagsfraktionen ändert nichts Entscheidendes an den bisher vorgestellten Befunden. In der Bundesrepublik Deutschland hat noch keine der großen Regierungsparteien ernsthaft die Preisstabilitätspolitik in Frage gestellt. Das wäre angesichts der Stabilitätspräferenzen der Wähler politisch höchst unklug. Alle Regierungen der Bundesrepublik haben ferner eine prosozialstaatliche Linie und einen starken Staat der Daseinsvorsorge beibehalten und somit den zweiten und den dritten Pfeiler des mittleren Weges befestigt. Daran änderten die Koalitionen von CDU/CSU oder SPD mit der FDP wenig, selbst wenn die Liberalen in der Regel für einen schlankeren, unternehmerfreundlichen Staat eintreten.

Die eigentümliche Mischung von wirtschaftlicher Effizienz und Sozialorientierung in der Politik des mittleren Weges lässt sich mit der parteipolitischen Zusammensetzung der Bundesregierung gut erklären. Die Bundesregierungen der alten Bundesrepublik bestanden im Wesentlichen aus Koalitionen von CDU/CSU und FDP oder von SPD und FDP und, so 1966–1969, einer Großen Koalition von Unionsparteien und SPD. Diese Koalitionen kommen dem Typus der «Allerweltspartei» im Sinne von Otto Kirchheimer nahe.[16] Und sie ähneln den «umfassenden Organisationen» im Sinne von

16 Kirchheimer 1965 hatte bei seiner «catch-all»-These nur größere Parteien in einigen der westlichen Länder im Sinne. Der echte «catch-all»-Fall ist allerdings erst eine Koalition unter Beteiligung einer der großen Volksparteien, und seine höchste Stufe erreicht er im Fall der Allparteienregierung bzw. in einer Großen Koalition.

Mancur Olson.[17] Solche Organisationen neigen bei näherungsweise rationalem Verhalten zu einer nichtparochialen Politik der Wohlstandssicherung und Wachstumsvorsorge, weil dies die beste Grundlage für die Deckung der Ansprüche ihrer Mitglieder ist. Die Geschäftsgrundlage dafür ist neben der Förderung der Wirtschaft ein Sozialstaat, der nicht vorrangig durch staatliche Dienstleistungen wirkt, wie Großbritanniens staatlicher Gesundheitsdienst, sondern hauptsächlich über Sozialtransfers und mittelbar durch die zuvor schon geschilderte Delegation gemeinschaftlicher Aufgaben auf die Interessenverbände. Die Geschäftsgrundlage ist somit – neben dem delegierenden Sozialstaat – der transferintensive Staat der Daseinsvorsorge, der auf einer beachtlich hohen Staatsquote mit mittelgroßem Staatsdienerheer basiert.

Die Politik des mittleren Weges wird somit von einer Vielzahl von politischen Institutionen und Mechanismen gefördert und reproduziert. Allen voran zu nennen sind das Agieren der Parteien, insbesondere der beiden großen Sozialstaatsparteien, und die Präferenzen der Wähler. Dass beide den Fragen der sozialen und ökonomischen Sicherheit allergrößte Bedeutung beimessen, gehört zu den stärksten Antriebskräften der wohlfahrtsstaatlichen und preisstabilitätspolitischen Ausrichtung des mittleren Weges.[18] In ähnliche Richtung wirken die Verbände. Nicht zu vergessen sind die föderalistische Staatsstruktur und das Mit- und Gegeneinander von Bund und Ländern sowie von Regierung und Opposition, die im «Staat der Großen Koalition»[19] zur Kooperation gezwungen sind, wenn sie größere Gesetze beschließen wollen. Das begünstigte die Entscheidungen, die zum Auf- und Ausbau des mittleren Weges führten und ihn auch bei ungünstigeren Bedingungen beibehalten ließen. In die gleiche Richtung wirken die vielen Vetospieler und Mitregenten im politischen System Deutschlands.[20]

17 Olson 1982: 47 ff., 90 ff.
18 Das ist die politisch-soziale Grundlage der «Suche nach Sicherheit», die für Conze (2009) das Leitmotiv der bundesrepublikanischen Geschichte ist.
19 Schmidt 2008.
20 Vgl. Kapitel 11.

3. Leistungsprofile des «mittleren Weges» vor und nach 1990

Vor der Zeitenwende von 1989/90 waren der Politik des mittleren Weges beträchtliche Erfolge beschieden. Bei der Inflationsbekämpfung beispielsweise übertraf Deutschland alle anderen Staaten – gemessen an den jahresdurchschnittlichen Inflationsraten von den frühen 1950er Jahren bis Ende der 1980er Jahre. Auch das Streben nach wirtschaftlicher Leistungskraft und nach ehrgeiziger Sozialpolitik blieb bis in die frühen 1970er Jahre einigermaßen im Gleichgewicht. Bis dahin sorgte das rasche Wachstum der Wirtschaft für einen raschen Abbau der Arbeitslosigkeit – bis auf die Rezession von 1966. Auch die Einrichtungen des delegierenden Staates erwiesen sich als ertragreich: Sie wirkten in der gewünschten Weise als «Schock-Absorbierer»[21]. Die Geldpolitik der Deutschen Bundesbank beispielsweise trug entscheidend zur Gewährleistung relativer Geldwertstabilität bei. Sie sicherte somit ein Gut, das sich in Deutschland allergrößter Wertschätzung erfreut, nicht zuletzt aufgrund der Erfahrung zweier Hyperinflationen – 1923 und 1948. Auch die Tarifautonomie und die Beteiligung der großen Wirtschaftsverbände an den neokorporatistischen Arrangements der Einkommens- und Sozialpolitik erfüllten im Wesentlichen die Erwartungen. Auch sie fungierten als «Schock-Absorbierer», förderten die Integration der Arbeiterschaft und der Gewerkschaften und entschärften somit den Konflikt zwischen Gewerkschaften und SPD einerseits und bürgerlicher Regierung und Privatwirtschaft andererseits, der noch in den 1950er Jahren zu den großen Problemen der deutschen Sozial- und Wirtschaftspolitik gehört hatte.

Gewiss gab es auch schon vor 1990 Hinweise auf Probleme und Misserfolge des mittleren Weges. Seit dem Ende der langen Prosperitätsphase Mitte der 1970er Jahre mehrten sich die Zeichen einer instabileren, ungleichgewichtigeren Entwicklung des mittleren Weges. Zu den Alarmzeichen gehörten die schrumpfenden Wachstumsraten der Wirtschaft, ferner seit Mitte der 1970er Jahre der Verlust der Vollbeschäftigung und die zunehmende Staatsverschuldung. Unübersehbar

21 Busch 2005.

war nunmehr insbesondere der Gleichlauf von niedriger Inflation und Vollbeschäftigung durch ungünstigere Konstellationen abgelöst worden: zunächst von Stagflation – hoher Inflation und Arbeitslosigkeit – später von niedrigen Preissteigerungsraten und Arbeitslosigkeit.

Im internationalen Vergleich allerdings war die Politik des mittleren Weges bis Ende der 1980er Jahre noch weithin mit überschaubaren Kosten und einer insgesamt vorzeigbaren Bilanz verbunden. An den Makrostrukturen änderte auch der Regierungswechsel von 1982 nichts Grundlegendes, obwohl er mit der Koalition aus Unionsparteien und FDP ein Bündnis an die Regierung brachte, das sich der «Wende» zugunsten einer marktfreundlicheren Arbeitsteilung zwischen Wirtschaft und Staat verschrieben hatte. Am Ende blieb aber auch Deutschlands Wirtschafts- und Sozialpolitik in den 1980er Jahren dem mittleren Weg im Grundsatz treu – in ausdrücklicher Abgrenzung vom Thatcherismus in Großbritannien und den Reaganomics in den USA. «Maggie Thatcher ist kein Modell für Strukturwandel. Unsere Sozialtradition ist Kooperation und Rücksicht.»[22] Mit diesen Worten begründete Norbert Blüm, Bundesarbeitsminister von 1982 bis 1998, die Distanz zum Thatcherismus und zu den Reaganomics. Er sprach damit vielen in der Union aus dem Herzen – auch seinem Kanzler.

Wie entwickelte sich die Wirtschafts- und Sozialpolitik in Deutschland nach 1990 – nunmehr im Zeichen von deutscher Einheit, Europäisierung und Globalisierung?

Die Befunde zur Wirtschafts- und Sozialpolitik Deutschlands nach 1990 zeugen von Kontinuität und Diskontinuität.[23] Die Stich-

22 «Ich mag kein Korsett.» Arbeitsminister Norbert Blüm über Menschenrechte, Steuern und den Kurs der Union, in: Der Spiegel Nr. 29 v. 13.7.1987: 28–32. Zum Kontext Schmidt 2005c.
23 Das Folgende basiert insbesondere auf OECD Economic Surveys: Germany (Paris, jährlich), OECD Economic Outlook (Paris, halbjährlich), OECD Employment Outlook (Paris, halbjährlich), den Jahresgutachten des Sachverständigenrates zur Begutachtung der gesamtwirtschaftlichen Entwicklung (z. B. SVR 2009), ferner auf Green/Paterson 2005, Merkel u. a. 2006, Scharpf/Schmidt 2000, Schmidt 2005a, 2005c, Schmidt/Zohlnhöfer 2006, Siegel 2002, Siegel/Jochem 2000, 2003a, 2003b, Streeck 2005, 2009, Streeck/Trampusch 2005, Zohlnhöfer 2001 und 2009.

worte sind: 1) weiter zunehmendes Ungleichgewicht zwischen Sozial- und Wirtschaftspolitik, 2) Ende der Führungsposition bei der Preisstabilität, 3) Kontinuität des mittelgroßen «Steuer-» und «Sozialabgabenstaates» bei abnehmender Manövrierfähigkeit der Finanzpolitik und rückläufiger Beschäftigung im öffentlichen Sektor, 4) fragilere Delegation sowie 5) mittlere Linie auch bei der Liberalisierungspolitik.

3.1 Ungleichgewicht zwischen Wirtschaftspolitik, Sozialpolitik und Beschäftigung

Wie vor 1990 war auch seit 1990 eine gleichgewichtige Entwicklung ein Ziel der Wirtschafts- und Sozialpolitik. Allerdings war dieses Ziel schon seit Mitte der 1970er Jahre verfehlt worden. Dabei blieb es auch im wiedervereinigten Deutschland. Zu den herkömmlichen innenpolitischen Hindernissen des Balanceaktes zwischen Wirtschafts- und Sozialpolitik gesellten sich nun die – insbesondere finanzpolitisch – hohen Kosten der deutschen Einheit.[24] Hinzu kam der wirtschaftspolitische Steuerungsverlust infolge der Internationalisierung der Kapitalmärkte und des Souveränitätstransfers der Geldpolitik an die Europäische Zentralbank.

Überdies wuchs Deutschlands Wirtschaft, dem Trend nach zu urteilen, mittlerweile erheblich langsamer als in den Jahren bis 1973. Mehr noch: Deutschlands Ökonomie wuchs insbesondere seit dem Einheitsboom langsamer als die Wirtschaft der meisten OECD-Länder: War Deutschlands Wirtschaft von 1950 bis 1975 im Jahresdurchschnittlich und preisbereinigt noch um 5,5 Prozent gewachsen, was der zweithöchsten Wachstumsrate im OECD-Bereich in dieser Zeit entsprach, so expandierte das Bruttoinlandsprodukt von 1976 bis 1990 jahresdurchschnittlich nur noch mit 2,6 Prozent und im Durchschnitt der Jahre von 1991 bis 2009 gar nur mit 1,3 Prozent, der viertniedrigsten Wachstumsrate der OECD-Mitgliedstaaten.[25] Mit dem abnehmenden Tempo des Wirtschaftswachstums be-

24 Ritter 2006, 2007.
25 Berechnet nach OECD 2010c: 323 und früheren Ausgaben des Economic Outlook.

kam die ökonomische Basis des mittleren Weges Risse. Nicht weniger alarmierend sind die Folgen des schwächeren Wirtschaftswachstums, insbesondere die hohe Arbeitslosenquote, der tendenziell schrumpfende Anteil der sozialversicherungspflichtigen Vollzeitjobs an der gesamten Beschäftigung und die Finanzierungslücke zwischen hoher und weiter zunehmender Nachfrage nach öffentlichen Leistungen (insbesondere in der Sozial- und Arbeitspolitik) einerseits und den hinter dem Ausgabenbedarf zurückbleibenden Einnahmen aus Steuern und Sozialabgaben andererseits.

Das tendenziell sinkende Wirtschaftswachstum in Deutschland hat viele Ursachen. Zu ihnen gehört der fortgeschrittene Reifegrad der deutschen Wirtschaft. Reife Ökonomien wachsen langsamer als diejenigen weniger entwickelter Länder, die auf nachholendes Wachstum – Catch-up-Effekte – setzen können. Überdies sind die Sachkapital- und Humankapitalinvestitionen in Deutschland vergleichsweise niedrig.[26] Auch das schwächt die Wachstumsdynamik. Mitursächlich für die abnehmende Wirtschaftswachstumsrate ist zudem die Sozialpolitik. Sie ist hauptsächlich Sozialkonsum und zählt insoweit – abgesehen von der Nachfragestabilisierung – nicht zu den Schubkräften des Wirtschaftswachstums. Außerdem verdrängt die Sozialpolitik in Deutschland Ausgaben in Nichtsozialbereichen wie etwa öffentliche Kapital- und Humankapitalinvestitionen. Hinzu kommt, dass die deutsche Sozialpolitik zu rund 60 Prozent aus Sozialbeiträgen finanziert wird, was in Spannung zu wirtschafts- und beschäftigungspolitischen Zielen steht.

Insgesamt leiden Deutschlands Wirtschaft und Politik mittlerweile an einem größeren Ungleichgewicht zwischen ehrgeiziger Sozialpolitik und erfolgreicher Wirtschaftspolitik. Die Spannung zwischen ökonomischer Effizienz und Sozialprotektion ist größer geworden – zulasten des Wirtschaftswachstums. Damit ist der Preis, der für die Politik des mittleren Weges zu entrichten ist, höher als vor 1990 und insbesondere vor 1974/75.

26 Busemeyer 2007, Iversen/Stephens 2008, Schmidt 2004, Wolf 2008b.

3.2 Verluste bei der Preisstabilitätspolitik

Die Kosten der Priorität für Preisstabilitätspolitik sind ebenfalls höher geworden. Zu den Gründen gehört, dass Deutschland nicht länger der Spitzenreiter bei der Preisstabilitätspolitik ist. Gewiss ist die langfristige Inflationsrate von 1991 bis 2010 in Deutschland mit 2,0 Prozent nach wie vor relativ niedrig.[27] Allerdings hat sich Deutschlands Wettbewerbsposition bei der Inflationsbekämpfung verändert. In dieser Disziplin ist das Land nicht länger der «OECD-Meister der Preisstabilität»[28], sondern nur noch ein erfolgreiches Land unter mehreren erfolgreichen Staaten. Zudem bekämpft eine Reihe von Staaten die Inflation mittlerweile erfolgreicher als Deutschland – unter ihnen Japan, die Schweiz, Schweden und bis zur Einführung des Euro Frankreich. Wenn die Differenz zwischen der nationalen Inflationsrate und den Preissteigerungen in anderen OECD-Ländern ein Anzeiger für komparative ökonomische Effizienz bzw. Ineffizienz ist, dann hat das wiedervereinigte Deutschland bei der Inflationsbekämpfung Verluste erlitten. Ein Zeichen dafür ist zudem der höhere Realzins in Deutschland, weil seine Inflationsrate deutlich unter der durchschnittlichen Inflationsrate des Euro-Raums liegt und weil der Nominalzinssatz der Europäischen Zentralbank in der Regel über dem Niveau verharrt, das für Deutschlands Wirtschaft erforderlich ist. Insoweit ist die Zinspolitik der Europäischen Zentralbank aus deutscher Sicht wirtschaftspolitisch restriktiver als erforderlich. Sie ist somit eher ein Hemmschuh für Wirtschaftswachstum und Beschäftigungsentwicklung in Deutschland.

Ein weiteres Problem der Preisstabilitätspolitik seit 1990 ist die sich verfestigende Koexistenz von niedriger Inflationsrate und hoher Arbeitslosenquote anstelle des Gleichlaufs von relativer Preisstabilität und Vollbeschäftigung wie in der zweiten Hälfte der 1950er und in den 1960er Jahren.

Natürlich erklärt die statistische Assoziation zwischen monetärer Stabilität und Arbeitslosigkeit nicht die relativ hohe Arbeitslosen-

27 Berechnet auf der Basis verschiedener Ausgaben des OECD Economic Outlook.
28 Busch 2005: 103 (Übersetzung des Verfassers).

quote in Deutschland nach 1990. Die Beziehung zwischen Arbeitslosigkeit und Inflationsrate ist komplizierter. Zu ihr gehört das Streeck'sche «Trilemma von Tarifautonomie, monetärer Stabilität und Beschäftigung»[29]. Streeck zufolge kann dieses Trilemma unter den institutionellen Bedingungen der deutschen Wirtschaft nur zulasten des Beschäftigungsziels gelöst werden. Der Grund: Die monetäre Stabilität ist bei der politisch autonomen und politisch unantastbaren Europäischen Zentralbank verankert, und die Tarifautonomie, also die freie Aushandlung der Löhne und Arbeitsbedingungen durch Gewerkschaften und Arbeitgeberverbände, wird in Deutschland weithin ebenfalls als unberührbar gehandelt. Aus diesem Grunde schlagen sich die zentralen Weichenstellungen der beteiligten Akteure – die Weichenstellung zugunsten einer Hochlohnpolitik seitens der Sozialpartner (einschließlich der Kostenabwälzung auf Dritte, wie auf die Kassen des Sozialstaates) und die Preisstabilität als oberster Richtwert der Zentralbank – bei wirtschaftlich ungünstigeren Bedingungen in hoher Arbeitslosigkeit nieder, zumindest in schwächerem Beschäftigungswachstum.

Um diese Lösung des Trilemmas zu verstehen, sind allerdings weitere Faktoren in Betracht zu ziehen.

Viererlei trägt zu diesem Trilemma bei, so ist Streecks Diagnose zu ergänzen. Dem Trilemma liegt – erstens – die hohe Popularität zugrunde, die der Sozialstaat bei der großen Mehrheit der Wählerschaft genießt und die ihn, zusammen mit den Mechanismen des Parteienwettbewerbs um Wählerstimmen, gegen forsche Um- und Rückbaumaßnahmen schützt. Zweitens haben die Tarifparteien die Option, beschäftigungsabträgliche Folgen von Tarifverträgen, beispielsweise der Hochlohnpolitik, auf die Einrichtungen der Sozialpolitik abzuwälzen. Dafür kommen insbesondere die Arbeitslosenversicherung und Frühverrentungsprogramme in Betracht. Diese Option steht – das ist der dritte Faktor – auch den Akteuren der Geldpolitik offen. Auch sie können beschäftigungsabträgliche Kosten der Geldpolitik, beispielsweise einen stabilisierungspolitisch induzierten Anstieg der Arbeitslosenzahlen, auf die Sozialpolitik abwälzen und somit die politische Sprengkraft dieser Kosten ent-

---

29 Streeck 2005a: 140 (Übersetzung des Verfassers).

schärfen. Am Trilemma freier Tarifverhandlungen, monetärer Stabilität und Beschäftigung wirkt – viertens – die Obergrenze der Steuer- und Sozialabgaben in Deutschland mit. Im Unterschied zur «sozialdemokratischen Welt der Besteuerung» basiert der Interventions- und Daseinsvorsorgestaat in Deutschland, einem Mitglied der kontinentalen «christdemokratischen Familie der Besteuerung»[30], auf einer niedrigeren Abgabenquote und hohen Sozialbeiträgen. Abgabenerhöhungen, vor allem Steuererhöhungen, sind nicht grundsätzlich ausgeschlossen, aber politisch riskant. Sie kollidieren mit der weitverbreiteten Überzeugung, dass die Abgabenlast und im Besonderen der «Steuerkeil»[31] in Deutschland schon längst viel zu groß seien. Obendrein fallen für Steuererhöhungen hohe Entscheidungskosten an, weil sie in der Regel die Zustimmung der Mehrheit im Bundestag und im Bundesrat erfordern.

Das Zusammenwirken dieser Faktoren versperrt in Deutschland einen beschäftigungspolitischen Weg, den vor allem die skandinavischen Länder beschritten haben: den Ausbau der Beschäftigung im öffentlichen Sektor bis zu rund einem Drittel der Gesamtbeschäftigung. Weil auch dieser Weg in Deutschland blockiert ist, wird das Streeck'sche Trilemma zulasten der Beschäftigung gelöst. Die theoretisch denkbare Alternative – die Lösung des Trilemmas durch radikale Kürzungen von lohnrelevanten Sozialleistungen und Liberalisierung von Arbeitnehmerschutzrechten – ist aus Gründen fehlender politischer Machbarkeit graue Theorie.

3.3 Kontinuität des «Steuer-» und «Sozialabgabenstaates» – mit kleinerem Staatsdienerheer und Nebenfolgen

Auch vom «Steuer-» und «Sozialabgabenstaat» ist seit 1990 ebenfalls Stetigkeit und Diskontinuität zu berichten. Die Staatsquote, der Anteil der öffentlichen Ausgaben am Bruttoinlandsprodukt, war in Deutschland im Jahre 2007 mit 43,8 Prozent fast genauso

---

30 Wagschal 2005.
31 Das ist die Differenz zwischen den gesamten Bruttoarbeitskosten (einschließlich der Sozialabgaben der Arbeitgeber) und dem Nettokommen der Arbeitnehmer.

groß wie 1990 (43,6 Prozent) und ist durch die Finanzmarktkrise und die von ihr geschürte Wirtschaftskrise wieder angestiegen.[32] Die Manövrierfähigkeit der Finanzpolitik ist allerdings geringer als in den Jahren bis 1990. Das ist auch eine Folge von «Baumols Krankheit», also der steigenden Kosten öffentlicher Dienstleistungen, die entstehen, wenn die Entlohnung der öffentlich Bediensteten den Standards des produktiveren privatwirtschaftlichen Sektors folgt. Auch die höheren Kosten des Schuldendienstes für die Staatsverschuldung haben die Manövrierfähigkeit der Finanzpolitik verringert. In die gleiche Richtung wirkt der schrumpfende Spielraum für Staatsausgaben jenseits des kostspieligen Sozialbudgets.[33]

Seit 1990 ist auch der Anteil der Beschäftigung im Staatssektor an der Gesamtbeschäftigung gesunken.[34] Dafür sorgten hauptsächlich die Privatisierung der Eisenbahn, der Postdienstleistungen und der Telekommunikation einerseits und der Wandel der ostdeutschen Planwirtschaft zu einer Marktwirtschaft andererseits.

Der Abbau von Arbeitsplätzen im öffentlichen Sektor ist ambivalent. Einerseits vermindert er die Staatsausgaben für Beschäftigung. Insoweit wirkt er als ein Mittel gegen die Finanzkrise des Staates. Andererseits vergrößert die abnehmende Zahl der Arbeitsplätze im Staatssektor das Beschäftigungsproblem, an dem Deutschlands Wirtschaft und Politik seit Mitte der 1970er Jahre laborieren. Insoweit trägt das kleiner gewordene Staatsdienerheer sein Scherflein dazu bei, das oben erwähnte Trilemma von Tarifautonomie, monetärer Stabilität und Beschäftigung zulasten des Beschäftigungsziels zu lösen.

3.4 Fragilere Strukturen des delegierenden Staates

Vom vierten Pfeiler der Politik des mittleren Weges, dem delegierenden Staat, ist ebenfalls Kontinuität und Diskontinuität zu berichten. Auch nach 1990 blieb es bei der Weichenstellung, einen be-

32 Quelle: OECD 2009: 62.
33 Castles 2007.
34 Bundesarbeitsblatt Nr. 1, 2000, Statistisches Bundesamt (Hg.), Statistisches Jahrbuch für die Bundesrepublik Deutschland (verschiedene Ausgaben).

achtlichen Teil der öffentlichen Aufgaben an Expertokratien und an Verbände der Gesellschaft abzugeben. Allerdings geriet ein Teil dieser Organisationen mittlerweile «unter Stress»[35]. Die scheinbar allmächtige Deutsche Bundesbank musste mit der Übertragung der Geldpolitik an die Europäische Zentralbank ihre wirkungsvollsten Politikinstrumente abgeben. Gewiss versteht sich auch die Europäische Zentralbank als Hüter der Währung. Allerdings betreibt sie ihre Geldpolitik ohne hinreichende Koordination mit der Finanz- und der Lohnpolitik, die weiterhin vorwiegend auf nationalstaatlicher Ebene ausgehandelt werden, und ohne die Möglichkeit, differenziert auf die unterschiedlichen geldpolitischen Erfordernisse der EU-Mitgliedstaaten einzugehen.

Die eigentliche Schwächung des delegierenden Staates liegt allerdings im Wandel der Arbeitsteilung zwischen dem Staat und den Interessenorganisationen von Arbeit und Kapital. Die Arbeitsbeziehungen sind in Deutschland nach wie vor zentralisierter und korporatistischer als im angloamerikanischen Kapitalismus.[36] Doch unübersehbar ist hierzulande ein Wandel hin zu einer flexibleren, stärker dezentralisierten Koordinationsweise der Ökonomie. Besondere Bedeutung kommt dabei der abnehmenden Steuerungskapazität der Interessenverbände in den Arbeitsbeziehungen zu. Geringer geworden ist die Kapazität der Sozialpartner zum Konfliktmanagement. Und zudem sind sie weniger als zuvor befähigt, sich an den wirtschaftlichen und sozialen Wandel in einer Weise anzupassen, die typisch für die koordinierte Marktökonomie ist.[37] Wichtiger wurden hingegen dezentralisierte Arrangements und Anpassungsleistungen, beispielsweise unternehmensbasierte Bündnisse für Arbeit und betriebliche Lohnverhandlungen anstelle von branchen- oder regionenweiten Verhandlungen und Bündnissen für Arbeit.[38] So schrumpften die Anteile der Beschäftigten und der Arbeitsstätten, für die industrieweite Kollektivverhandlungen gelten, in Westdeutschland zwischen 1995 und 2006 von 72 auf 57 Prozent

35 Busch 2005: 94 f.
36 Traxler/Blaschke/Kittel 2001.
37 Fickinger 2005a, Streeck 2009, Streeck/Hassel 2004, Streeck/Trampusch 2005.
38 Streeck 2009: Kapitel 2.

bzw. von 53 auf 37 Prozent.[39] Ferner spielen Öffnungsklauseln eine viel größere Rolle als noch vor wenigen Jahren: Von ihnen wurde 2005 in 75 Prozent aller Arbeitsstätten, die durch industrieweite Kollektivverträge geregelt werden, Gebrauch gemacht – ein kräftiger Zuwachs im Vergleich mit den 22 Prozent 1999/2000.[40] Besonders dramatisch wandelten sich die Arbeitsbeziehungen in den neuen Bundesländern. Dort zahlen weniger als 50 Prozent aller Unternehmen Löhne und Gehälter in Übereinstimmung mit industrieweiten Entlohnungsregelungen. In die gleiche Richtung weist die abnehmende Reichweite von Mitbestimmungspraktiken in west- und ostdeutschen Unternehmen.[41]

Der abnehmende Organisationsgrad der Gewerkschaften und der Arbeitgeberverbände zeugt ebenfalls davon, dass die Regulierungskraft der Sozialpartner geringer als in den Jahren bis 1990 ist. Der Organisationsgrad der Gewerkschaften beispielsweise sank von 31,3 Prozent im Jahre 1992 auf 19,7 Prozent im Jahre 2003 – mit weiter rückläufiger Tendenz in den folgenden Jahren.[42]

Zu den Hauptursachen der abnehmenden Steuerungskapazität der Sozialpartner in den Arbeitsbeziehungen gehören die höheren Kosten des wirtschaftlichen Handelns. Dieser Kostenanstieg ist ohne die hohen Löhne, einschließlich der hohen Sozialbeiträge, und ohne die umfassenden arbeits-, sozial- und umweltrechtlichen Regelungen des Wirtschaftslebens in Deutschland nicht zu verstehen. Die größere Fragilität der Sozialpartnerschaft ist insoweit auch ein Preis, der für die ehrgeizigen Ziele der Wirtschaft-, Sozial- und Umweltpolitik in Deutschland zu entrichten ist.

Der Wandel der Arbeitsbeziehungen in Deutschland hat weitreichende Folgen. Deutschlands Arbeitsbeziehungen sind nun fragmentierter und pluralistischer als vor zwei Jahrzehnten.[43] Deutschlands Sozialpartner heutzutage sind zudem in geringerem Maße «umfassende Organisationen» im Sinne von Mancur Olson.[44] Sie tendieren

39 Streeck 2009: 39.
40 Streeck 2009: 48.
41 Bericht der Kommission Mitbestimmung 1998, Streeck 2009: Kapitel 2.
42 Streeck 2009: 47, Statistisches Bundesamt u. a. 2008: 395.
43 Streeck 2009: 38 ff.
44 Olson 1982: 47 ff., 90 f.

mehr noch als zuvor zu «rent seeking», das heißt zu egoistischer Vorteilsergatterung. Wer ein eindrückliches Beispiel sucht, findet es in der Transformation der deutschen Arbeitsbeziehungen von einem investitionsorientierten Korporatismus zu einem «Wohlfahrtskorporatismus»[45]. Damit ist ein Netzwerk aus Gewerkschaften, Arbeitgeberverbänden sowie Personalabteilungen von Unternehmen und Betriebsräten gemeint, die gelernt haben, den Sozialstaat als funktionales Äquivalent einer keynesianischen makroökonomischen Politik zu nutzen. Nunmehr werden beschäftigungsabträgliche Wirkungen der Tarifautonomie, insbesondere der Hochlohnpolitik, nicht durch zunehmende gesamtwirtschaftliche Nachfrage kompensiert, sondern durch Vereinbarungen, die darauf zielen, den Arbeitsmarkt von überflüssigen Arbeitskräften zu räumen und die dafür anfallenden Kosten auf die Kassen des Sozialstaates abzuwälzen. Frühverrentungsarrangements sind hierfür besonders beliebte Mechanismen, ebenso länger anhaltende höhere Arbeitslosenversicherungsleistungen sowie großzügig definierte Berufsunfähigkeits- und Erwerbsminderungsregeln.

Auch die vierte Hauptkomponente des mittleren Weges, die Delegierung von gemeinschaftlichen Angelegenheiten an Expertokratien und Verbände der Gesellschaft, ist somit fragiler als vor 1990.

3.5 «Mittlerer Weg» oder Liberalisierung des deutschen Kapitalismus?

Deutschland folgt auch nach 1990 der «Politik des mittleren Weges». Die Hauptpfeiler des Mittelweges existieren weiterhin, wenngleich weniger balanciert und mit einem geringeren Koordinationsgrad in den Arbeitsbeziehungen. Zudem sind die Unterschiede zwischen dem deutschen «mittleren Weg» auf der einen Seite und dem skandinavischen Wohlfahrtskapitalismus sowie dem anglo-amerikanischen liberalen Kapitalismus auf der anderen nach wie vor auffällig.[46] Allerdings wurde der «mittlere Weg» durch Ne-

---

45 Streeck 2005: 141 ff., 2009: 56 ff.
46 Vgl. etwa OECD 2007: 162 f., Schmidt 2005b, Siegel 2007a, 2007b, Traxler/Blaschke/ Kittel 2001, Wagschal 2005.

benwege ergänzt. Doch die Nebenwege führen in unterschiedlichste Richtungen – und nicht nur in eine Richtung, wie die Vertreter der Liberalisierungsthese meinen.[47] Gewiss reichen einige Nebenwege näher an den «liberalen Kapitalismus» heran als an die «koordinierte Marktökonomie» alten Stils, so das Vokabular der «Varieties of Capitalism»-Literatur.[48] Beispiele für solche Liberalisierungspfade finden sich im zunehmenden Anteil der privaten Sozialausgaben am Bruttoinlandsprodukt von 1980 bis 2003 oder in der Liberalisierung der gesamtwirtschaftlichen Produktmarktregulierung.[49] Unübersehbar ist außerdem die Liberalisierung der Beschäftigungssicherung. Diese trifft allerdings nicht primär die reguläre Beschäftigung, sondern die zeitlich befristeten Beschäftigungsverhältnisse.[50] Zu den Standardbeispielen der Liberalisierungsthese gehört sodann der Abbau der «Deutschland AG».[51] Zudem ist an die Vielzahl von Reformen auf Mikro- und Mesoebene der Arbeitsbeziehungen zu erinnern, die in Streecks Analyse der deutschen Politischen Ökonomie eine so große Rolle spielen.[52] Allerdings führen etliche Nebenwege nicht zum liberalen Kapitalismus, sondern in Richtung eines sozialdemokratischen Wohlfahrtsstaatsregimes im Sinne von Esping-Andersen (1990). Dazu zählen beispielsweise die Einführung einer allgemeinen sozialversicherungsbasierten Pflegeversicherung ab 1995 oder die Einrichtung einer Grundrente im Zuge der Rentenreform 2001. Zudem gründen manche Pfade auf einem Policy-Mix aus konservativ-liberalen und sozialdemokratischen Komponenten. Dafür steht etwa die «Riester-Rente», der Aufbau einer freiwillig kapitalbasierten Säule der Alterssicherung, die der Staat großzügig subventioniert. Beispiele finden sich auch bei «Hartz IV», der politisch umstrittenen vierten Reform der Dienstleistungen auf dem Arbeitsmarkt seitens der rot-grünen Regierung im Jahre 2004, die eine einheitliche Grundsicherung für Arbeitssuchende zustande brachte. Zudem liegt Deutschlands Weg bei der Liberalisierung der

47 So insbesondere Streeck 2009.
48 Hall/Soskice 2001.
49 OECD 2007: 161 f., Siegel 2007a: 255 f.
50 Siegel 2007b: 265–268.
51 Streeck/Höpner 2003.
52 Streeck 2009.

Ökonomie größtenteils erneut in der Mitte der Verteilung der OECD-Länder: Er ist weder besonders radikal noch besonders behutsam.[53]

4. Warum weiter auf dem «mittleren Weg»?

Insgesamt ist die «Politik des mittleren Weges» nach 1990 aufwändiger als zuvor. Von ihren höheren Kosten zeugen insbesondere der härtere Konflikt zwischen Sozialschutz und wirtschaftspolitischer Leistung, das Trilemma von Tarifautonomie, monetärer Stabilität und Beschäftigung, die geringere Manövrierfähigkeit der Finanzpolitik und die Schwächung des delegierenden Staates. Das wirft die Frage auf, warum der Mittelweg in Deutschland trotz höheren Aufwands weiterhin begangen wird. Eine erste Antwort darauf gibt die Lehre von der Pfadabhängigkeit. Ohne Zweifel wäre ein klarer Richtungswechsel für rational kalkulierende Entscheidungsträger riskant, letztlich zu ungewiss und teuer.[54] Eine zweite Antwort basiert auf der Kontinuität der politisch-institutionellen Bedingungen und den Reproduktionsmechanismen des «mittleren Weges».[55]

Viererlei ist dabei wichtig. Aufrecht erhalten wird der «mittlere Weg» – erstens – durch Deutschlands hohe Vetospieler- und Mitregentendichte. Weil jeder Vetospieler und Mitregent – gleichviel ob Bundesrat, Koalitionspartner, Zentralbank oder Bundesverfassungsgericht – ein unmittelbares Interesse an mindestens einem wichtigen Bestandteil des «mittleren Weges» hat, tragen ihre Vetos und ihre Mitregentschaft wesentlich dazu bei, den Mittelweg zu reproduzieren.

Reproduziert wird der «mittlere Weg» – zweitens – durch den «Staat der Großen Koalition»[56], der Bund und Länder sowie Bundestagsmehrheit und Bundesratsmehrheit zur Kooperation zwingt. Das führt zu dem dritten Reproduktionsmechanismus des «mitt-

53 Vgl. OECD 2007: 162 f., Höpner u. a. 2009, Siegel 2007b.
54 Pierson 2000.
55 Siehe Kapitel 19.2.
56 Schmidt 2008: 145, 458 f.

leren Weges». Der Staat der Großen Koalition schließt große Reformvorhaben nicht aus. Doch große Reformen erfordern die Zustimmung von jeweils sehr breiten Mehrheiten in der Wählerschaft, im Bundestag, im Bundesrat und unter den Regierungen in den Ländern. An keiner dieser Stellen ist allerdings derzeit in Deutschland eine Mehrheit in Sicht, die für die Auflösung des «mittleren Weges» oder auch nur für die Auflösung wichtiger Teile des Mittelweges eintreten würde. Im Gegenteil: Die wichtigsten Säulen des «mittleren Weges» sind populär. Der Sozialstaat beispielsweise kann auf die politische Unterstützung seitens der meisten Wähler zählen, die obendrein potenzielle Zielkonflikte zwischen Sozial- und Wirtschaftspolitik ausklammern oder als unwichtig einstufen. Ähnlich reagiert der Großteil der politischen Klasse, insbesondere die der großen und kleinen Sozialstaatsparteien.

Nicht weniger populär ist bis auf den heutigen Tag die Preisstabilitätspolitik. Für eine große Mehrheit der Wählerschaft ist die Angst vor höheren Preissteigerungen groß und in der Regel sogar größer als andere Sorgen. Das gilt selbst für den Fall der Kollision von monetärer Stabilität und Beschäftigungspolitik – ein Zusammenhang, der sich allerdings dem Großteil der Wählerschaft und offenbar auch vielen Politikern nicht erschließt.

Ferner werten die meisten Wähler und die meisten Politiker eine hohe Staatsquote als ein geradezu selbstverständliches Erfordernis von ehrgeizigem Sozialschutz und gelingender Daseinsvorsorge. Schlussendlich eint die Meinung, dass Expertokratien und Tarifautonomie besser als alle alternativen Arrangements seien, eine große Mehrheit von Bürgern und von Mitgliedern der politischen Klasse.

Weil die Präferenzen so beschaffen sind wie eben beschrieben, wirken auch demokratische Wahlen und die Struktur des Wählerstimmenmarktes bei der Reproduktion des «mittleren Weges» mit. Aufgrund des weit ausgebauten Sozialstaates und der fortgeschrittenen Alterung der deutschen Gesellschaft ist die Wohlfahrtsstaatsklientel hierzulande mittlerweile die auf dem Wählerstimmenmarkt größte Gruppe.[57] Dass die Wohlfahrtsstaatsklientel an einer starken Sozialpolitik elementar interessiert ist und eher für Reproduktion

57 Vgl. das Kapitel 16.

oder weiteren Ausbau der Sozialpolitik als für Sozialstaatsabbau eintritt, ist nachvollziehbar. Im Parteienwettbewerb wird dieses Interesse zugunsten der Aufrechterhaltung des wohlfahrtstaatlichen Pfeilers des «mittleren Weges» systematisch reproduziert, und zwar insbesondere durch die Konkurrenz von zwei großen Sozialstaatsparteien.

Zu guter Letzt ist der Beinahe-Dauerwahlkampf zu erwähnen, der Deutschlands Politik zu kurzfristig vorzeigbarem Erfolg zwingt und langfristige Problemlösungen erschwert. Der kurze Zeittakt aber prämiert eher die Beibehaltung überlieferter Politikprioritäten als politische Neuerungen aller Art.

Deshalb basiert die Politik des «mittleren Weges», so kann zusammenfassend gesagt werden, auf politischen Rahmenbedingungen und Reproduktionsmechanismen, die für weitgehende Kontinuität auch dann noch sorgen, wenn die Kosten dieses Weges mittlerweile beträchtlich höher sind als in der alten Bundesrepublik, also vor 1990.

TEIL III
Bilanz

Kapitel 20 **Leistungen und Mängel der Politik in Deutschland**

I. Einleitung

Welche Erfolge und welche Mängel sind dem politischen System der Bundesrepublik Deutschland zuzuschreiben? Was leisten Deutschlands politische Institutionen, und wie schneidet die Politik seiner Regierungen ab? Welche Aufgaben blieben bislang ungelöst? Diesen Fragen geht das abschließende Kapitel dieses Buches nach. In ihm werden Stärken und Schwächen der Politik hierzulande politikfeldübergreifend betrachtet,[1] im Soll-Ist-Vergleich und im Lichte von Befunden des internationalen und des historischen Vergleichs. Zu den hierfür verwendeten Indikatoren gehören insbesondere

– institutionen- und prozessbezogene Messlatten der «politischen Produktivität»[2], einschließlich verfassungsrechtlicher Vorgaben für die Staatsverfassung, und

---

1 Politikfeldspezifische Bewertungen dominierten im Teil II dieses Buches.
2 «Politische Produktivität» ist ein insbesondere von Almond/Powell (1996) geprägter Fachbegriff für die Leistungskraft politischer Systeme. Je nach normativ-analytischer Fundierung wird die Produktivität durch universelle, weitgehend regimeunspezifische Indikatoren erfasst (z. B. Sicherheit, Gesundheit oder Wohlstand) oder durch regimespezifische Messlatten, im Falle von Demokratien beispielsweise Partizipation, Freiheit oder Kontrolle der Exekutive. Vgl. Roller 2005.

– Indikatoren des Politik-Outputs und -Outcomes,[3] einschließlich der Reformfähigkeit der Politik und ihrer Fehlerkorrektur-, Lern- und Zukunftsfähigkeit.

2. Leistungen und Defizite: institutionen- und prozessbezogene Messlatten

2.1 Vorgaben des Grundgesetzes

Der Lehre von der politischen Produktivität zufolge kann die Qualität eines politischen Systems anhand von institutionen- und prozessbezogenen Indikatoren der Politik erfasst werden. Zu diesen Messlatten gehören die verfassungsrechtlichen Vorgaben für die Staatsorganisation der Bundesrepublik Deutschland. Diese Vorgaben sind, wie die Kapitel dieses Buches zeigen, im Wesentlichen befolgt worden. Die Bundesrepublik Deutschland qualifiziert sich auch in der Verfassungswirklichkeit als ein sozialer Rechtsstaat, eine Republik, eine Demokratie, ein Bundesstaat, ein zur Inter- und Supranationalität hin «offener Staat» und ein weit ausgebauter Sozialstaat.

Dass die Vorgaben des Grundgesetzes Verfassungswirklichkeit wurden, hat den Bürgern des Landes jeweils besondere Vorteile verschafft. Der Rechtsstaat beispielsweise gewährleistet insgesamt ein hohes Maß an Rechtssicherheit und schützt vor Willkür der Staatsgewalten. Die Republik ist ebenfalls anerkannt und stabil verankert. Eine Monarchie oder das Wiederaufleben der untergegangenen DDR wünschen sich nur noch Minderheiten und nur wenige sind so verblendet, dass sie sich nach einem neuen NS-Staat sehnen. Auch der Nutzen einer konstitutionellen Demokratie wurde der Bundesrepublik zuteil. Das Recht zur freien Meinungsäußerung, Interessenartikulation und Interessenbündelung sowie zur Mitwirkung bei der Wahl und Abwahl politischer Repräsentanten gehört ebenso zu den Vorteilen der Demokratie wie die Chance, in Parteien und Verbänden mitzuwirken, und die begründete Erwartung, dass die Re-

3 Zur Begriffserläuterung Teil II, Anm. 1.

gierungen die Rechte der Wähler respektieren und Rechenschaft über ihr Handeln ablegen.

Die Vorzüge des Bundesstaates liegen ebenfalls auf der Hand. Er teilt insbesondere die politische Macht wirkungsvoll in vertikaler Richtung auf, bindet die verschiedenen Länder und ihre Bevölkerungen ein und sorgt obendrein dafür, dass die Opposition im Bundestag durch die Chance von Wahlerfolgen in den Landtagswahlen besser integriert wird als in einem Einheitsstaat.

Vom sozialen Staatsziel profitieren ebenfalls viele. Mittlerweile bestreiten sogar schon mehr als 40 Prozent der Wähler ihren Lebensunterhalt überwiegend aus Sozialleistungen oder aus der Beschäftigung im Sozialstaat und seinen Zulieferern.

Der «offene Staat» schließlich hat Deutschland international wieder salonfähig gemacht und als eine anerkannte «Zivilmacht» etabliert, die aus dem für sie versperrten Weg zur Machtstaatspolitik eine Tugend gemacht hat.

Den vielen Vorteilen der Staatsverfassung in Deutschland stehen allerdings auch Nachteile und Schwächen gegenüber. Der Rechtsstaat beispielsweise ist zu einem Rechtswegestaat ausgebaut worden, der dem Anspruch nach lückenlos ist. Faktisch aber hat der Rechtsschutz doch Lücken – unter anderem bei einem Streitwert unter rund 30000 Euro.[4] Zu den Kosten des Rechtsstaates gehört ferner, dass er mit einem hohen Maß an Juridifizierung der Politik einhergeht und mitunter richterstaatliche Züge annimmt. Auch wird der Rechtsstaat, so meinen manche Kritiker, bisweilen vom Streben nach präventiver innerer Sicherheit allzu sehr bedrängt.[5]

Der Republik sind ebenfalls Ambivalenzen eigen. Sie ist anerkannt und unstrittig. Aber fehlt ihr nicht ein wenig der Zauber der zeremoniellen Funktionen der Monarchie?

Und die Demokratie? Laboriert sie nicht auch in Deutschland an den typischen Schwächen der Volksherrschaft?[6] Zu ihren Mängeln gehören doch pfadabhängige Ergebnisse (in dem Sinne, dass schon geringe Variationen der Spielregeln, z. B. bei den Abstimmungsmo-

4 Vgl. Kapitel 9, Anm. 57.
5 Vgl. z. B. Müller-Heidelberg u. a. 2006, Prantl 2006.
6 Vgl. Schmidt 2010d: 489–538.

dalitäten oder der Stimmenverrechnung, über Sieg oder Niederlage entscheiden können). Zu den Schwächen der Demokratie zählt ferner ein Zeittakt, der von Regierung und Opposition rasch vorzeigbare Erfolge verlangt und eine kurzatmige Politik prämiert. Nicht selten gewinnt in der Demokratie das Streben der Streitparteien nach Machterwerb und Machterhalt Vorrang vor Sachpolitik. Außerdem neigen die Politiker und Wähler auch in Deutschlands Demokratie dazu, viele Kosten ihrer Entscheidungen auf zukünftige Generationen abzuwälzen. Die Staatsverschuldung ist nur ein Beispiel dafür. Und schließlich ist in Deutschland der Anteil der sogenannten «unzufriedenen Demokraten» auch im internationalen Vergleich groß.[7]

Auch der Bundesstaat wird kritisiert – trotz seiner Verdienste bei der Machtaufteilung oder der Einbindung der Opposition und der Länder. Exekutivlastigkeit hält man ihm vor, Intransparenz, Schwerfälligkeit beim Umgang mit lösungsbedürftigen Problemen, Langwierigkeit, Effizienzmängel durch Überverflechtung, Nivellierung der Finanzausstattung von reichen und armen Ländern und Mitverantwortlichkeit für die Dauerwahlkampfatmosphäre im Lande.

Schließlich werden der Sozialstaat und der «offene» Staat sowohl gepriesen als auch kritisiert: der erste für die hohen Kosten, die er verursacht, und die Zielkonflikte, in die er sich verheddert, und der zweite dafür, dass der mit ihm verknüpfte Souveränitätstransfer auf inter- und supranationale Organisationen den Kreis demokratisch entscheidbarer Materien verkleinert.

Auf der anderen Seite ist die Bundesrepublik Deutschland nach wie vor ein beteiligungsfreundlicher Staat. Gewiss genießen Deutschlands Bürger nicht so umfang- und folgenreiche Mitwirkungschancen wie die Bürger der Schweiz. Doch gemessen an den Möglichkeiten politischer Beteiligung jenseits der Direktdemokra-

7 Statistisches Bundesamt u. a. 2008: 401. «Unzufriedene Demokraten» sind mit den Spielregeln der Demokratie einverstanden, aber mit dem Funktionieren der Demokratie in ihrem Lande nicht zufrieden. Andererseits ist der Anteil der Demokratiegegner in der Bundesrepublik Deutschland sehr niedrig – auch im internationalen Vergleich. Fuchs (2009: 168) hat für die «Non-democrats» in Deutschland einen Anteil von gerade einmal 3,0 Prozent ermittelt.

tie nach Schweizer Art gehört die Bundesrepublik zu den partizipationsfreundlichsten Staaten.[8] Hauptverantwortlich dafür sind die vielen politischen Wahlen – Bundestags-, Landtags-, Gemeinderats- und Europa-Wahlen –, ferner die Selbstverwaltung der Gemeinden, im Bildungswesen, in der Sozialversicherung und in der Wirtschaft, sodann die Mitbestimmung in der Arbeitswelt, überdies die Direktdemokratie in den Ländern und Gemeinden und nicht zuletzt die Beteiligung im Vereins- und Kirchengemeindewesen.[9] Hinzu kommt die sogenannte unkonventionelle politische Partizipation, etwa das Engagement in Bürgerinitiativen oder bei Demonstrationen. Die meisten Bürger der Bundesrepublik nehmen viele dieser Beteiligungsmöglichkeiten wahr – ihre Wahlbeteiligung beispielsweise ist im internationalen Vergleich immer noch überdurchschnittlich hoch. Weit weniger beteiligungsfreundlich sind die meisten Mehrheitsdemokratien. Und wenn diese gar einheitsstaatlich verfasst sind, wie Frankreich, Großbritannien oder Schweden, haben ihre Bürger erheblich weniger Chancen, an Entscheidungen über öffentliche Anliegen mitzuwirken, als das Stimmvolk einer nichtmajoritären Demokratie mit bundesstaatlicher Gliederung, wie Deutschland, oder zusätzlich mit ausgebauter Direktdemokratie, wie die Schweiz. Das vergrößert zugleich die Legitimitätsbasis der Politik in der Schweiz und in Deutschland und erleichtert obendrein die Akzeptanz der Abstimmungsergebnisse: Wer bei einer Abstimmung verliert, kann mit guten Gründen hoffen, bei einem der nächsten Urnengänge zu den Gewinnern zu gehören.

2.2 Politische Unterstützung

Ihre Beteiligungsmöglichkeiten nutzen die Bürger der Bundesrepublik mehrheitlich und alles in allem rege. Vor allem tun sie dies mit überwältigender Mehrheit in verfassungsverträglicher Weise. Im Unterschied zum Reichstag der Weimarer Republik sind im Deutschen Bundestag seit dem Parteiverbot der Sozialistischen Reichspartei (1952) und der Kommunistischen Partei Deutschlands (1956)

8 Vgl. Schmidt 2010d: 373 ff.
9 Kost 2005.

keine Anti-System-Parteien vertreten. Der NSDAP und der KPD vergleichbare Gruppierungen sind nicht in Sicht. Gleiches gilt für die Landtage. Die Parteien, die der Verfassungsgegnerschaft verdächtigt werden, wie die NPD, sind in der Bundesrepublik klein und ohne größeren Einfluss geblieben. Im weiteren Unterschied zu den 1950er Jahren liebäugelt nur eine kleine Minderheit mit der Idee und Praxis des Nationalsozialismus. Auch die Monarchie könnte nicht mehr auf den Zuspruch zählen, der ihr noch in den frühen 1950er Jahren zuteil war. 1950/51 befürwortete ein Drittel der befragten Bürger der Bundesrepublik die Wiederherstellung der Monarchie, ein Drittel war dagegen und ein weiteres Drittel unentschieden. Für ein Einparteisystem votierte zur selben Zeit immerhin ein Viertel der Befragten, während die Hälfte ein Mehrparteiensystem vorzog.[10]

Das aber ist Vergangenheit. Im Westen Deutschlands sind auch die Tage vorbei, in denen die meisten Befragten nur eine passive Akzeptanz der Demokratie zu erkennen gaben.[11] Studien zur politischen Kultur zufolge war das Problem des Legitimitätsdefizits der politischen Ordnung in der Bundesrepublik spätestens Anfang der 1970er Jahre gelöst: «Wie die verfügbaren Daten zeigen, werden die Werte und Normen des demokratischen Regimes der Bundesrepublik und die zentralen Institutionen, die die Zusammenhangsstruktur der Autoritätsrollen im wesentlichen konstituieren (Parlament, Mehrparteiensystem, Grundgesetz), von der überwiegenden Mehrheit der Bevölkerung akzeptiert.»[12] In den neuen Bundesländern hingegen sind die Skepsis gegenüber der Demokratie in Deutschland und die generelle Distanz zur Demokratie größer, und dort ist die Zustimmung zur Idee des Sozialismus, wenn sie denn nur richtig ausgeführt würde, viel stärker.[13]

10 Schwarz 1985: 130.
11 Fuchs 1987: 357, 1989.
12 Fuchs 1987: 375, 1999.
13 Statistisches Bundesamt u. a. 2008: 397 ff.

2.3 Machtwechsel

Samuel Huntingtons Faustregel zufolge ist eine Demokratie erst dann zweifelsfrei stabil, wenn sie mindestens zwei Regierungswechsel (im Sinne der Machtübernahme durch die Opposition oder der Regierungsbeteiligung der Opposition) ordnungsgemäß vollzogen hat. Folgt man dieser Regel und würden nur die Bundesregierungen berücksichtigt und die Regierungswechsel in den Ländern ausgeklammert, hätte die Bundesrepublik Deutschland den Stabilitätstest erst im Jahre 1969 bestanden, und zwar mit der Bildung der SPD-FDP-Regierung, dem zweiten Regierungswechsel nach dem Wechsel zur ersten Großen Koalition im Jahr 1966. In Wirklichkeit aber schlug die Demokratie in der Bundesrepublik schon in den 1950er Jahren stabile Wurzeln.[14] Zudem kamen nach 1969 weitere Regierungswechsel hinzu: 1982 durch die Bildung der Koalition aus CDU, CSU und FDP, 1998 durch die Bildung des rot-grünen Regierungsbündnisses, 2005 durch den Regierungswechsel zur zweiten Großen Koalition und 2009 durch die Übergabe der Regierungsgeschäfte an Schwarz-Gelb. Diese Machtwechsel wurden von den Verlierern im Wesentlichen akzeptiert – mit mehr oder minder schweren Blessuren und mitunter erst nach verzögerter Wahrnehmmung der Wahlniederlage.

Eine der schwierigen Bewährungsproben jeder Herrschaftsordnung – den Machtwechsel geordnet, verfahrensgenau und ohne Blutvergießen zu vollziehen – hat die Bundesrepublik Deutschland allein auf Bundesebene demnach schon sechs Mal bestanden. Damit hat sich Deutschlands Demokratie auch im internationalen Vergleich und selbst bei strengsten Bewertungsmaßstäben als eine ro-

---

14 Dabei spielte die «Output-Legimität», insbesondere der Stolz auf den erreichten Wohlstand, eine beträchtliche Rolle, vgl. die «Civic Culture»-Studie von Almond/Verba 1963 und ihre Weiterführung in Almond/Verba 1989. Wichtig ist auch der wohlgeordnete Vollzug von Regierungswechseln in den Bundesländern der 1950er Jahre, z. B. in Nordrhein-Westfalen der Wechsel von der CDU- zur SPD-geführten Landesregierung 1956 und der Wechsel in umgekehrter Richtung 1958 oder die Regierungswechsel in Niedersachen 1955 und 1957 sowie in West-Berlin 1953 und 1955.

buste, zur Herrschaftsbestellung und zum Herrschaftswechsel befähigte Ordnung profiliert. Zwar ist die Zahl der Machtwechsel andernorts größer – in den meisten englischsprachigen Demokratien, in den Niederlanden und Belgien sowie in den nordischen Ländern sind Machtwechsel (im Sinne eines Wechsels der Person des Regierungschefs und der parteipolitischen Zusammensetzung der Regierung) häufiger als in Deutschland. Doch im Vergleich mit der These vom «Verfall der Opposition», so Kirchheimers Diagnose in den 1950er Jahren,[15] oder vom «Ende des Parteienstaats» und den «im Amte unschlagbaren Regierungsparteien»[16] sind die sechs Machtwechsel auf Bundesebene höchst beachtlich – zumal eine große Anzahl von Regierungswechseln in den Ländern hinzukommt. Auch aus diesem Blickwinkel erweist sich Deutschland als eine gefestigte Demokratie.[17]

Somit hat die Demokratie der Bundesrepublik auch die Nagelprobe auf das «Losers' consent»-Problem[18] bestanden: Die Wahlverlierer haben ihre Niederlage hingenommen. Sie sind nicht ausgewandert, sind nicht in die innere Emigration gegangen und sie haben nicht zu den Waffen gegriffen. Gestärkt wird die Akzeptanz von Wahlniederlagen dadurch, dass die Regierungswechsel in der Regel nur gebremste, moderate Kursänderungen der Politik zur Folge haben. So schließt sich der Kreis zum Machtaufteilungsstaat der Bundesrepublik: Die Steuerungshemmnisse der Politik, die so manchen Steuerungstheoretiker umtreiben, haben insoweit einen beachtlichen demokratietheoretischen Vorteil. Und für die Parteiendifferenztheorie[19] ergibt sich damit eine interessante Weiterentwicklung: Moderate Parteiendifferenzen in der Staatstätigkeit kommen der Bewältigung des «Losers' consent»-Problems zugute, sehr scharfe Parteiendifferenzen aber vergrößern dieses Problem.

15 Kirchheimer 1967.
16 Krippendorf 1962: 68.
17 So auch ein robuster Befund der vergleichenden Demokratieforschung, vgl. Lijphart 1999.
18 Anderson/Blais/Bowler/Donnovan/Listhaug 2005.
19 Schmidt 1996.

2.4 Integration der Opposition

Dass die Machtwechsel in der Bundesrepublik insgesamt geordnet vollzogen wurden, hängt zudem mit der Einbindung der parlamentarischen Opposition zusammen. Für ihre Integration sind, wie das sechste Kapitel zeigt, nicht nur die oppositionsfreundlichen Strukturen des Deutschen Bundestags verantwortlich, sondern auch die tendenzielle Symmetrie der Wahlchancen von Regierungs- und Oppositionsparteien: Bei Bundestagswahlen kann die Opposition im Grundsatz damit rechnen, bei einer der nächsten Wahlen an die Regierung zu gelangen – wenn nicht durch eigene Kraft, dann durch Schwäche der Konkurrenz oder dank eines Bündnispartners oder mehrerer Koalitionspartner. Überdies bietet der Föderalismus dem Verlierer einer Bundestagswahl eine weitere Integrationschance: Die unterlegene Partei kann bei einer der nächsten Landtagswahlen reüssieren, anschließend über den Bundesrat an der Bundesgesetzgebung mitwirken und so womöglich als Vetospieler in der Bundespolitik mitregieren. Die vielen Wege zur Einbindung der Opposition lindern die Intensität des Kampfes um Machterwerb und Machterhalt im Bund. Der Nullsummenspielcharakter einer Bundestagswahl – der Verlust der einen Partei ist der Gewinn der anderen – wird infolge der neuen Spielrunden in den anschließenden Landtagswahlen und in der nächsten Bundestagswahl relativiert. Auch dies ist eine Stärke der politischen Institutionen im heutigen Deutschland.

2.5 Machtaufteilung und Machtfesselung

Die Bundesrepublik Deutschland hat sich, wie das 12. Kapitel zeigt, international als Zivilmacht profiliert – nicht als Machtstaat. Das innenpolitische Korrelat der Zivilmacht ist die Machtaufteilung und Machtfesselung, die hierzulande besonders weit gediehen ist, wie insbesondere das siebte, das achte und das neunte Kapitel in diesem Buch zeigen. Der Unterschied zum NS-Staat und zum SED-Staat im Osten Deutschlands von 1949 bis 1990 könnte nicht größer sein.

Von der strengen Zügelung der Exekutive und Legislative in der Bundesrepublik Deutschland zeugt auch der synchrone Staatenvergleich. Einschlägiges dazu haben insbesondere Arend Lijphart und Gerhard Lehmbruch beigesteuert – Lijphart durch die Erforschung der Mehrheits- und der Konsensusdemokratien und Lehmbruch durch Studien zur Koexistenz von Konkordanzdemokratie und Parteienwettbewerb. Von der starken Zügelung von Regierung und Parlament in Deutschland künden auch der «constitutional structure»-Index, der Institutionen-Index, der die politisch-institutionellen Restriktionen der Mehrheit in der zentralstaatlichen Legislative und Exekutive misst,[20] und der Index der Vetospieler und Mitregenten,[21] die beide vom Verfasser dieses Buches entworfen wurden. Diesen Indikatoren zufolge werden die Legislative und die Exekutive in drei Staaten besonders streng gezügelt: in den USA, in der Schweiz und in der Bundesrepublik Deutschland. Auch das macht verständlich, warum in Deutschland größere politische Kurswechsel in der Regierungspolitik nur mit besonders großem Aufwand zu bewerkstelligen sind. Viel lockerer sind die Zügel für die Exekutive und ihre Legislativmehrheit hingegen in den Mehrheitsdemokratien, so in Großbritannien, Irland, Israel, Neuseeland und Schweden. Deshalb können die Regierungen in diesen Staaten häufiger als in Deutschland große politische Kurswechsel planen und vollziehen.

20 Der Institutionen-Index basiert auf der ungewichteten additiven Verknüpfung von sechs Variablen: Barrieren infolge der Politikharmonisierung in der Europäischen Union, Grad der Zentralisation der Staatsstruktur, starker Bikameralismus, Schwierigkeitsgrad der Verfassungsrevision, Zentralbankautonomie und häufiges Referendum (Schmidt 2010d: 330 ff.).

21 Zu den Begriffen siehe Kapitel 1, Anm. 60. Der Index basiert auf der ungewichteten Addition von zehn Indikatoren: Konkordanzdemokratie, Föderalismus, Zentralbankautonomie, Lijpharts Index der richterlichen Kontrolle des Gesetzgebers nach Lijphart 1999: 314, EU-Mitgliedschaft, ausgeprägter Minderheitenschutz, Zweikammersystem, Koalitionsregierung, Selbstverwaltungsstrukturen in der Sozialpolitik und ausgebaute Direktdemokratie (Schmidt 2010d: 353 ff.).

3. Politikproduktion und Politikresultate

Stärken und Schwächen des politischen Systems in Deutschland wurden bis zu dieser Stelle anhand von institutionen- und prozessbezogenen Messlatten erörtert. Hinzu kommen nunmehr Indikatoren der politischen Steuerung und der Politikresultate. Wie schneidet die Politik in Deutschland in ihrem Lichte ab, auch im Vergleich mit anderen Staaten? Inwieweit erweist sich Deutschlands Politik als reform-, lern-, problemlösungs- und zukunftsfähig? Und welche Probleme harren immer noch ihrer Lösung?

3.1 Freiheit, Sicherheit und Wohlfahrt

Die Bundesrepublik Deutschland gehört mit den westeuropäischen und nordamerikanischen Demokratien, Australien, Neuseeland und Japan zu jenem überschaubaren Kreis von Staaten, deren Bürger seit mehreren Dekaden ein hohes Maß an Freiheit und Sicherheit genießen. Insbesondere das Zusammenwirken von stabiler Demokratie und intaktem Rechtsstaat gewährleistet in dieser Ländergruppe politische Teilhabechancen und Beteiligungsrechte in größerem Maße als anderswo und sorgt zudem für ein hohes Maß an Schutz vor staatlicher Willkür und Gewalt. Davon zeugen sowohl zahllose Spezialstudien als auch international vergleichende Untersuchungen, unter ihnen die seit 1972 veröffentlichten Jahresberichte von Freedom House zum Zustand der Freiheit in allen souveränen Staaten. Freedom House bündelt die Erhebungen zu Skalen der politischen Rechte und der Bürgerfreiheiten.[22] Diesen Erhebungen zufolge hält die Bundesrepublik Deutschland seit Berichtsbeginn einen der vordersten Plätze der insgesamt jeweils sieben Ränge umfassenden Skalen. Alternative Messungen unterstützen diesen Befund.[23] Nur wenige Stimmen, überwiegend

22 Vgl. Puddington 2010.
23 Als Überblick Schmidt 2010d: Kapitel 22, ferner Helms 2010a, 2010b.

aus dem Lager des angelsächsisch geprägten Liberalismus, relativieren ihn.[24]

In der Bundesrepublik Deutschland kommt nicht nur die Freiheit zum Zuge. Auch elementare Sicherheitsbedürfnisse ihrer Bürger werden im Wesentlichen gewährleistet. Das gilt sowohl in außen- und verteidigungspolitischer Hinsicht als auch hinsichtlich der inneren Sicherheit und der Sozialpolitik. All dies zählt zu den berichtenswerten Leistungen der Bundesrepublik.

Hinsichtlich der Wohlfahrt ihrer Bürger schneidet die Bundesrepublik Deutschland ebenfalls vorteilhaft ab. Zwar gibt es auch in ihr beträchtliche soziale Unterschiede – beispielsweise zwischen Arm und Reich, Zugewanderten und Einheimischen sowie Arbeitgebern und Arbeitnehmern. Insoweit hat auch Deutschland eine «gespaltene Gesellschaft»[25]. Doch viele Spaltungen sind weniger scharf als in anderen Ländern oder in früheren Zeiten.[26] Das ist zumindest teilweise ein Resultat des Wohlfahrtsniveaus, das heutzutage höher als in allen anderen früheren Regimen in Deutschland ist. Ablesbar ist das allein schon am klassischen Anzeiger von Adam Smiths «Wohlstand der Nationen»: dem preisbereinigten Pro-Kopf-Bruttoinlandsprodukt. Dieses ist heutzutage höher als je zuvor in der deutschen Geschichte.[27] Von dem beachtlichen Wohlstandsniveau der deutschen Bürger künden aber auch ein hohes Maß an öffentlicher Daseinsvorsorge, die engmaschigen Netze der sozialen Sicherungssysteme und der Rechtsanspruch eines jeden Bürgers auf sozi-

24 So Dahrendorf 1965a und auch 40 Jahre später mit der These, ihm fehle in Deutschland «die Atemluft der Freiheit» – aufgrund zu weitgehender «bürokratischer Zumutungen» (Interview in: FAZ Nr. 71 v. 26.3.2005: 36).
25 Lessenich/Nullmeier 2006, vgl. auch die kritische Sicht auf die soziale Ungleichheit in Deutschland bei Wehler 2008, der allerdings die Verminderung der Ungleichheit infolge der Sozialpolitik unterschätzt.
26 Vgl. Flora/Alber/Eichenberg u. a. 1983, Hradil 2009b, Statistisches Bundesamt u. a. 2008.
27 Maddison (2003: 276) zufolge stieg es in der Bundesrepublik Deutschland von 3881 Dollar 1950 (gemessen anhand der preisbereinigten «International Gheary-Khamis Dollars») auf 17 799 Dollar im Jahr 2003.

alpolitische Leistungen sowie viele Sozialindikatoren, beispielsweise die hohe Lebenserwartung.[28]

Einen instruktiven Einblick in das politische Leistungsprofil Deutschlands vermitteln zudem die Messlatten «politischer Effektivität», mit denen Edeltraud Roller die 21 reichsten Demokratien insbesondere im letzten Viertel des 20. Jahrhunderts untersucht hat.[29] Roller zufolge schneidet Deutschland bei der Mehrzahl der Messlatten «politischer Effektivität» mehr oder minder überdurchschnittlich ab. Das gilt vor allem für

– die innere Sicherheit, insbesondere den Schutz vor Gewaltdelikten,
– die beträchtliche wirtschaftliche Wohlfahrt,
– die Erfolge beim Umweltschutz
– sowie für wichtige Dimensionen sozioökonomischer Sicherheit und Gleichheit, insbesondere für große Erfolge bei der Armutsbekämpfung (gemessen an der Einkommensarmut).[30]

Allerdings erzielt Deutschland bei manchen Indikatoren nur durchschnittliche Werte, beispielsweise bei der Bekämpfung der Kindersterblichkeit, und bei einigen Messgrößen reicht es nur zu unterdurchschnittlichen Ergebnissen. Beispiel dafür ist die Häufigkeit von Eigentumsdelikten.

Zudem deuten wirtschaftspolitische Kennziffern auf Schwächen in Deutschlands wirtschaftlicher Bilanz hin, so ist Rollers Bilanz zu ergänzen. Das Wirtschaftswachstum sinkt, dem Trend nach zu urteilen, von einem Wirtschaftszyklus zum anderen. Und im internationalen Vergleich betrachtet, wuchs Deutschlands Wirtschaft in den letzten Dekaden nur noch langsam: Von 1990 bis 2009 liegt die deutsche Wirtschaft im OECD-Länder-Vergleich mit einer jahresdurchschnittlichen Wachstumsrate von 1,6 Prozent an viertletzter Stelle – vor der Schweiz, Japan und Italien. Dem mittelfristig niedrigen Wachstum entspricht eine mittlerweile relativ hohe jahresdurchschnittliche Arbeitslosenquote in Deutschland: Zwischen 1990 und

28 Vgl. Statistisches Bundesamt 2006a, für den internationalen Vergleich OECD 2010b.
29 Roller 2005: 29, 35 ff., 70.
30 Rollers Messlatten erfassen «policy outcomes», nicht «policy outputs», vgl. Roller 2005: 70, Appendix.

2009 lag sie mit 8,0 Prozent über dem Durchschnitt von 30 OECD-Ländern (7,2 Prozent).[31] Andererseits ist Deutschland so wohlhabend, dass es den Lebensunterhalt von mehreren Millionen Arbeitslosen sichern kann – ganz abgesehen von der Finanzierung der gesamten Sozialstaatsklientel, die rund 40 Prozent der Wählerschaft ausmacht.[32] Dass sich hinter diesen Zahlen Ungleichheit und schwere Konflikte zwischen sozial- und wirtschaftspolitischen Zielen verbergen, wurde bereits im Kapitel 16 dargelegt und soll hier in Erinnerung gerufen werden.[33] Deutschland gilt deshalb etlichen kritikfreudigen Beobachtern nicht als Modell,[34] sondern als erschöpfter, stagnierender, grundlegend reformbedürftiger Staat,[35] mitunter als der «kranke Mann Europas»[36] oder, aufgrund des «Sozialetatismus» und «Arbeitskorporatismus», gar als «DDR light», als West-Variante der untergegangenen Deutschen Demokratischen Republik.[37]

3.2 Zur Problemlösungsfähigkeit der Politik in Deutschland

Machtaufteilung, Polyzentrismus und Konfliktregelung durch Mehrheitsprinzip und Verhandeln kennzeichnen die politischen Institutionen und die Willensbildungs- und Entscheidungsprozesse in Deutschland. Daraus entstand eine föderalistische Mischform aus Mehrheits- und Konkordanzdemokratie. Diese Mischform und die Zügelung der Politik durch die Judikative haben Deutschland zu ei-

31 Berechnet auf der Basis verschiedener Ausgaben des OECD Economic Outlook.
32 Vgl. Kapitel 16.
33 Vgl. Kapitel 16.4.
34 Zum «Modell Deutschland», ein ursprünglich aus der Wahlkampfwerbung der SPD von 1976 stammender Begriff, Jochem/Siegel 2003, Scharpf 1987, Siegel 2004.
35 So *The Economist* unter Bezugnahme auf Streecks These, dass Deutschland seine Mittel erschöpft habe (Waiting for a Wunder 2006: 18).
36 *The Economist*, 21.9.2002. So auch der Tendenz nach Miegel 2002, Sinn 2003, Zimmermann 2006. Zur Gegenthese, wonach Deutschland besser als sein Ruf ist, etwa Bofinger 2005, Bull 2005 und die Lehre von der bundesrepublikanischen «Erfolgsgeschichte» (z. B. Wehler 2010, Wolfrum 2006).
37 Alle Zitate aus Huber 2005.

nem auch innenpolitisch «halbsouveränen» Staat gemacht. Gewiss ist auch die Bundesrepublik Deutschland eine «politische Gesellschaft»[38], in der grundsätzlich alles entschieden werden kann. Doch die Spielregeln der Politik hierzulande verhindern die volle Nutzung des Potenzials der politischen Gesellschaft. Allein aus diesen Gründen tut sich die Politik in Deutschland mit beherzten Reformen schwer. Besonders große Barrieren türmen sich ferner auf, wenn die parteipolitischen Mehrheiten im Bundestag und Bundesrat divergieren.

Doch auch im Falle Großer Koalitionen kann der Handlungsspielraum auf den kleinsten gemeinsamen Nenner schrumpfen. Das geschieht vor allem dann, wenn die Situationsdeutungen, die Regierungsphilosophien und die bevorzugten Therapien der Koalitionäre weit auseinander liegen, wie im Falle der zweiten Großen Koalition (2005–2009) im Unterschied zur ersten von 1966 bis 1969. In diesem Fall dominieren parteipolitische Kalküle, Machterwerbs- und Machterhaltsstreben sowie das Schielen auf die beste Ausgangsposition bei der nächsten Bundestagswahl alles andere – und dabei gerät die Sachpolitik unter die Räder.

Die engen Spielräume der Regierungen im Bund und in den Ländern sind der tiefere Grund für die Meinung, dass die Politik in Deutschland an unzureichender Anpassungsfähigkeit laboriere und dass sie anfällig sei für «politischen Immobilismus»[39] oder gar für «Reformstau», so das Wort des Jahres 1997 der Gesellschaft für deutsche Sprache.

Allerdings eignen sich weder die Reformstau-These noch die Lehre vom Immobilismus zur Verallgemeinerung, sondern nur zur Diagnose einer eingegrenzten Klasse von Fällen.[40] Kein Zweifel: Reformstau gab und gibt es in Einzelfällen. Die Blockierung der Steuerreform der CDU/CSU-FDP-Koalition im Jahre 1997 durch den SPD-dominierten Bundesrat zeigt das ebenso wie die Blockade der von der rot-grünen Koalition beabsichtigten Abschaffung der Eigenheimzulage durch die Bundesratsmehrheit der unionsgeführten

38 Greven 2009.
39 Scharpf 1977.
40 Vgl. z. B. Lessenich 2003, Schmidt 2005b, 2010c, Schmidt/Zohlnhöfer 2006, Wachendorfer-Schmidt 1999, 2003, Wagschal 2009.

Länderregierungen. Zweifelsohne stützen so manche verzögerte Problemwahrnehmung und manche dilatorische Problembehandlung die Annahme, dass beidem ein tief verankerter Immobilismus zugrunde liege. Und unbestritten spiegeln etliche Kompromisse zwischen Regierung und Opposition und zwischen Bund und Ländern weniger sachangemessene Lösungen wider, sondern den Geist parteipolitischer Profilierung und schlauer Gegnerbekämpfung. Doch im Bundesrat ist dieses Muster nicht strukturbestimmend. Vielmehr speist sich der Großteil der dort auftretenden Konflikte aus sach- und parteipolitisch gegensätzlichen Interessen von Bund und Ländern, nicht aus genuin parteipolitischen Differenzen zwischen den Parteien, die im Bund regieren und den Oppositionsparteien im Bundestag.[41] Das ist Teil eines allgemeinen Befundes: Von einem generellen Problemlösungsstau und von allgemeiner politischer Unbeweglichkeit kann keine Rede sein. Dagegen sprechen auch zu viele Reformen erster, zweiter und dritter Ordnung.[42]

Zweifelsohne laboriert Deutschlands Politik aber häufig an einem mitunter gemächlichen Tempo der Problemwahrnehmung und der Problembewältigung. Das gilt vor allem für Politikfelder, in denen die Bundesländer in nennenswertem Umfang beteiligt sind. Viele größere politische Richtungswechsel benötigen deshalb einen sehr langen Vorlauf. Die Politik in der Bundesrepublik neigt aus diesem Grund in der Regel zu langsamer Reaktion und zu verzögerter, oft nur scheibchenweise erfolgender Problembehandlung. Das erinnert an die «helvetische Verzögerung», die langwierige Willensbildung der Schweizerischen Verhandlungsdemokratie.[43] Im ungünstigsten Fall verstreichen mehrere Jahrzehnte, bis Strukturprobleme in der

41 Bräuninger/Gschwend/Shikano 2010.
42 Hall 1993, vgl. die Kapitel 12 bis 19 in diesem Buch.
43 Erneut gilt: Keine Regel ohne Ausnahme. Die Politik, die 1989/90 zur deutschen Einheit führte, legte ein sehr hohes Tempo vor und nutzte die Handlungsspielräume offensiv. Sie stand im Zeichen der Stunde der Exekutive, gewann fast alle Mitregenten und Vetospieler als Bündnisgenossen, brachte sie in die Ratifikationslage oder überspielte sie, so das Schicksal, das der Deutschen Bundesbank widerfuhr. Damit stieg allerdings spätestens in der Implementationsphase die Wahrscheinlichkeit improvisierter «Schnellschüsse» mit hohen Kosten. Vgl. Grosser 1998, Jäger 1998, Lehmbruch 1990, Ritter 2006, 2007.

Politik wahrgenommen werden. Dass die Alterung der deutschen Gesellschaft ein großes Problem für Wirtschaft, Gesellschaft und Politik werden könnte, ist seit mehreren Dekaden bekannt. Doch die Politik reagierte auf die Alterung der Gesellschaft mit großer Verzögerung, gemächlich, mit Hinhaltemanövern, in Trippelschritten und mitunter bis heute mit einer Vogel-Strauß-Politik.

Lange Zeitverzögerungen kennzeichnen in der Regel auch die Problembehandlung. Sicherlich hat die Föderalismusreform von 2006 für moderate Entflechtung gesorgt – der regelungsbedürftige Tatbestand der übermäßigen Verflechtung von Bund und Ländern aber war seit mehr als drei Dekaden bekannt. Außerdem griff die Föderalismusreform zu kurz: Die überfällige Reform der bundesstaatlichen Finanzverfassung klammerte sie aus, von der Neugliederung der Länder ganz zu schweigen.[44] Und dass die deutschen Universitäten und Hochschulen, insbesondere die der alten Bundesländer, mittlerweile in großem Umfang unterfinanziert sind, ist ebenfalls nicht neu, sondern ein seit der zweiten Hälfte der 1970er Jahre bekannter Sachverhalt. Auf ihn hat die Politik bislang im Wesentlichen nur mit einer Mischung aus wohlklingenden bildungsfreundlichen Parolen, fortschreitender Öffnung der Universitäten und Hochschulen für Studierwillige, weiterhin zurückhaltender Finanzierung und später Suche nach nur mäßig ergiebigen externen Finanzierungsquellen wie Studiengebühren reagiert. Ferner sind die Staatsfinanzen insgesamt und die meisten Sozialsysteme in Deutschland im Besonderen mittlerweile eine Dauerbaustelle.

Vielerlei ist verantwortlich für die oft verzögerte Problemwahrnehmung und Problembehandlung. Zweifelsohne sind daran die üblichen Verdächtigen mitbeteiligt: die vielen Mitregenten und Vetospieler, die hohen Kooperationserfordernisse im bundesstaatlichen Beziehungsgeflecht, die institutionell vorgegebene Machtaufteilung und die Profilierungsbedürfnisse von 17 Regierungen, eine davon im Bund, weitere 16 in den Ländern. Nicht zu vergessen ist die Sicherheitsfixierung der Wähler, die die Politiker vor kühneren Reformvorhaben zurückschrecken lässt. Hinzu kommt die

---

44 Immerhin wurde aber mit der Föderalismusreform II von 2009 ein Teil der Aufgaben nachgeholt.

Dauerwahlkampfatmosphäre, die durch die häufigen Wahlen mit jeweils bundesweiter Bedeutung zustande kommt. Der Dauerwahlkampf sorgt für eine hohe politische Betriebstemperatur. Doch gibt es andernorts noch höhere Temperaturen, wie die Vereinigten Staaten von Amerika lehren. Dort ist, so die Sichtweise eines ehemaligen Beraters von Bill Clinton, Präsident der USA von 1994 bis 2001, jeder Tag Wahltag.[45]

Auch verwaltungskulturelle Eigenheiten Deutschlands können sich zu Reformbarrieren verdichten. Die bundesrepublikanische «Verwaltungskultur» beispielsweise ist im Unterschied zur schwedischen «Kontaktkultur» und zur britischen «Verhandlungskultur» eine politisch-administrative «Regelungskultur»: Ihre Kennzeichen sind Fragmentierung, detaillierte, komplizierte, immobile, am Status quo orientierte und formalisierte Vorgehensweisen sowie Konflikt und Misstrauen.[46] Deutschlands Verwaltungskultur wirkt eher als Bremse denn als Motor von Reformen – im Unterschied zur politisch-administrativen «Kontakt-» und zur «Verhandlungskultur».

Deutschland ist aber nicht nur das Land der Reformbremsen oder gar der Staat, der im Dauerreformstau steht. Denn trotz Machtaufteilung und vieler Vetospieler und Mitregenten kam eine Vielzahl von politischen Kursänderungen zustande, die sich zu erheblicher Flexibilität und Anpassungsfähigkeit addierten. Das zeigte schon Peter Katzenstein, der die Formel vom «semisouveränen Staat» der Bundesrepublik geprägt hat.[47] Immerhin war der «halbsouveräne Staat» aber stark genug, um grundlegende Reformen zu planen und zu vollziehen – das wurde von Katzensteins Schlüsselbegriff nicht hinreichend erfasst und wurde in der «Reformstau»-These ausgeblendet. Schlüsselentscheidungen in der Adenauer-Ära zur Beteiligung an der NATO und der damit erforderlichen Aufrüstung der Bundesrepublik sind Beispiele für grundlegende Politikänderungen. Gleiches gilt für die Mitwirkung am Auf- und Ausbau der Eu-

45 «Each day is election day in modern America.» (Morris 1999: 75).
46 Jann 1983. Schwedens Verwaltungskultur hingegen, der Prototyp der «Kontaktkultur», ist, Jann zufolge, integriert, offen, übersichtlich, innovativ, langfristig und kooperativ und wird von Konsens und Vertrauen geprägt. Vgl. Bogumil/Jann 2009.
47 Katzenstein 1985, 2005.

ropäischen Union. Als Strukturreform ist auch der Ausbau der Sozialpolitik der kargen Jahre zu einem umfassenden Sozialstaat zu werten. Die erste Große Koalition auf Bundesebene, im Amt von 1966 bis 1969, kann sich ebenfalls Strukturreformen zuguteschreiben.[48] Sie reformierte die bundesstaatliche Finanzverfassung, modernisierte das Arsenal der Wirtschafts-, Finanz- und Arbeitsmarktpolitik und fügte dem Grundgesetz die Notstandsverfassung hinzu. Ihre Nachfolgerin, die SPD-FDP-Koalition von 1969 bis 1982, brachte ihrerseits politische Neuerungen zustande, unter ihnen die «Neue Ostpolitik» und die «Politik der Inneren Reformen».[49] Dass die Politik zur deutschen Einheit und zum Zwei-plus-Vier-Vertrag viele Weichen grundlegend neu stellte, bedarf keiner weiteren Erläuterung.[50] Ferner verkörpert die Ablösung der Deutschen Mark durch den Euro eine epochale wirtschaftspolitische Reform. Und dass die rot-grüne Bundesregierung folgenreiche Politikänderungen zustande brachte, ist ebenfalls offensichtlich.[51] Die Reform der Staatsbürgerschaft 1998 und der Ausstieg aus der Atomenergie sind Kurswechsel von größter Wichtigkeit. Zu den folgenreichen Reformen gehört auch der forcierte Übergang von der rentenniveaufixierten zur einnahmenorientierten Alterssicherung in der ersten und zweiten Regierung Schröder – ebenso das gegen heftigen Protest der Gewerkschaften und des linken SPD-Flügels vorgesehene Reformpaket der «Agenda 2010». Zudem zählt die Föderalismusreform 2006 der zweiten Großen Koalition – ungeachtet vieler Nichtentscheidungen – zu den erwähnenswerten Neuordnungen in der Bundesrepublik. Der «halbsouveräne Staat», so zeigen diese Beispiele, war stark genug um Reformen erster, zweiter und mitunter auch dritter Ordnung zustande zu bringen.

48 Hildebrand 1984, Hockerts 2007, Schönhoven 2004.
49 Geyer 2008, Hockerts 2007, Jäger/Link 1987, Schmidt 1978.
50 Rödder 2009.
51 Egle/Ostheim/Zohlnhöfer 2003, Egle/Zohlnhöfer 2007, Egle 2009, Hennecke 2003.

Ob die Politik problemlösungsfähig ist, entscheidet nicht nur ihre Reformfähigkeit. Ihre Problemlösungsfähigkeit ist auch daran zu messen, ob die Politik eine ausreichende Lern- und Fehlerkorrekturfähigkeit besitzt und zukunftstauglich ist.

Einer weitverbreiteten Meinung zufolge löst keine Demokratie das Strukturproblem, das schon Alexis de Tocqueville in seiner Schrift «Über die Demokratie in Amerika» diagnostiziert hatte: Die Demokratie neige dazu, den «Bedürfnissen des Augenblicks» Vorrang zu geben und die der Zukunft zu vernachlässigen.[52] Gilt das auch für die Bundesrepublik Deutschland? Auf den ersten Blick scheint es so. Ist Deutschland nicht eine «Risikogesellschaft»[53]? Ist es nicht ein Land mit allen Schattenseiten, Zerstörungspotenzialen und Selbstgefährdungen einer modernen Gesellschaft – zutiefst geprägt von schweren Beschädigungen der Umwelt und von Großrisiken chemischer, gentechnischer und atomarer Art? Laboriert Deutschland somit nicht an Risiken, die im Unterschied zu den alten Gefährdungen weder räumlich noch zeitlich eingrenzbar sind, ferner nicht zurechenbar nach geltendem Verständnis von Kausalität, Schuld oder Haftung und zudem nicht versicherungsfähig? Und spricht für die Vernachlässigung der Zukunft nicht auch das Wirtschaften und Haushalten zulasten zukünftiger Generationen? Ein unübersehbares Zeichen dafür ist die Staatsverschuldung. Fehlt dem Land nicht viel von dem, was eine «investive Gesellschaft» mit «Vorleistungen» für die Zukunft und für die Mobilisierung ihrer Ressourcen in «bürgerlicher Selbstverantwortung ebenso wie in gemeinschaftlicher Solidarität» auszeichnet?[54] Plagt Deutschland nicht ein Mangel an Nachhaltigkeit? Wie hieß es doch im Gutachten des Wissenschaftlichen Beirats des Bundesfinanzministeriums von 2001 zum Thema Nachhaltigkeit in der Finanzpolitik? Die deutsche Finanzpolitik entspreche nicht dem Erfordernis der Nachhaltigkeit, weil sie den Belastungen der öffentlichen Haushalte durch die Alte-

---

52 Tocqueville 1976: 258.
53 Beck 1986.
54 Zitate aus Nolte 2006: 9, vgl. Nolte 2006: 298 ff.

rung der Gesellschaft weder auf der Ausgaben- noch auf der Einnahmenseite gebührend Rechnung trage. Auf Dauer müsste die Ausgabenquote um drei bis sechs Prozent des Bruttoinlandsproduktes gesenkt oder die Abgabenquote entsprechend erhöht werden, um die zu erwartenden Finanzierungslücken zu schließen.[55] Doch eine solche Politik war 2001 nicht in Sicht. Auch heute ist von ihr nichts zu sehen.

Ist also die Bundesrepublik Deutschland wie andere Demokratien dabei, Politik zulasten zukünftiger Generationen zu machen? Ja und Nein! Ja, weil in zukunftsrelevanten Feldern wie der Bildungspolitik die Bundesrepublik im internationalen Vergleich meist nur mittelmäßig abschneidet – gemessen etwa an der Bildungsfinanzierung, der Qualifikation von Schülern, der Reputation seiner Universitäten und der Abhängigkeit der Bildungschancen von der Herkunft.[56] Ja, weil die Finanzpolitik Deutschlands mittlerweile zweifelsohne ein Nachhaltigkeitsdefizit hat. Doch die Fairness gebietet es, hinzuzufügen, dass das Nachhaltigkeitsdefizit ohne die vielen Einschnitte bei den Sozialleistungen und ohne die Sozialbeitrags- und Steuererhöhungen seit Mitte der 1970er Jahre erheblich größer wäre als das Defizit von heute.[57] Zudem wird man dem Staat der Daseinsvorsorge gutschreiben können, dass seine Investitionen beispielsweise für den Verkehrswegebau und sonstige Infrastrukturprojekte auch Früchte für nachkommende Generationen tragen. Und selbst die aufwändige Alterssicherung bringt den jüngeren Altersgruppen manche Vorteile: Sie wissen die Älteren in leidlich gesicherter, leidlich armutsfester Position.

Den entwickelten Demokratien hat die Demokratietheorie eine beachtliche Fähigkeit zur Fehlerwahrnehmung und zur Fehlerkorrektur zugutegehalten. Die Demokratie bringe zwar viele schlechte Gesetze hervor, so heißt es beispielsweise in Tocquevilles «Über die Demokratie in Amerika», doch die dabei begangenen Fehler seien «gutzumachende» Fehlleistungen.[58] Missratene Gesetze könnten

55 Wissenschaftlicher Beirat des Bundesfinanzministeriums 2001.
56 Ebner/Nikolai 2010, Schmidt 2007a, Wolf 2008b, Wurster 2010.
57 Vgl. dazu nur Siegel 2002, Schmidt 2005c.
58 Tocqueville 1976: 327.

beispielsweise aufgrund der relativ kurzen Amtsdauer der Machtinhaber alsbald widerrufen werden. Auch auf diese Lern- und Korrekturmöglichkeit konnte die Demokratie in der Bundesrepublik bislang bauen. Zudem können in ihr Gesetze am Bundesverfassungsgericht scheitern. Hinzu kommen die Lernchancen durch die vielen Frühwarnsysteme in der Politik und in der Gesellschaft – von den Wahlen über Bürgerinitiativen bis zu Wächterfunktionen der Wissenschaft und der Medien.

Für die potenzielle Zukunftsfähigkeit der Demokratie spricht zudem, dass ihre Neigung zur vorrangigen Bedienung der Gegenwart durch kluge Institutionenreformen gelindert werden kann. Mit Gesetz und Verfassung kann auch verhindert werden, dass der Mehrheitswillen womöglich tyrannisch wird. Gesetzesherrschaft und verfassungsstaatliche Zügelung der Demokratie können zukunftsverträgliche Weichenstellungen ermöglichen, beispielsweise durch Minderheitenschutz, verfassungsrechtlichen Schutz für nachkommende Generationen oder zukunftsorientierte Vorgaben für den Gesetzgeber wie im Falle einer familien- und kinderfreundlichen Rechtsprechung des Verfassungsgerichtes. Auch dies ist in der Bundesrepublik Deutschland geschehen – Letzteres vor allem seit den ausgehenden 1970er Jahren.

Dass Deutschland zukunftsfähiger ist als es die Lehre von der Risikogesellschaft nahelegt, hatten schon international vergleichende Studien zur Persistenz und zum Leistungsprofil von Demokratien angedeutet. Ihnen zufolge ist Deutschland eine der leistungsstarken Demokratien. Das sind im Wesentlichen diejenigen Demokratien, die wirtschaftlich wohlhabend und verfassungsstaatlich organisiert sind, seit Längerem ohne nennenswerte Gefährdung von innen oder außen existieren und sich mitverantwortlich für die Wohlfahrt ihrer Bürger zeigen, entweder auf marktwirtschaftlichem oder wohlfahrtsstaatlichem Wege oder mit einer Mischung aus beidem.[59]

Ferner weisen erste international vergleichende Analysen der Zukunftsfähigkeit auf eine insgesamt passable Leistung der Bundesrepublik Deutschland hin. Das zeigt beispielsweise eine Studie, die die

59 Vgl. Lijphart 1999, Roller 2005, Schmidt 2010d: 534 ff.

Zukunftsfähigkeit an quantitativen Indikatoren einer längerfristig ausgerichteten Politik misst. [60]

Wer diese Messlatten an die wirtschaftlich entwickelten Demokratien am Ende des 20. und zu Beginn des 21. Jahrhunderts anlegt und die Messresultate zu einem additiven Index der Zukunftsfähigkeit bündelt, fördert fünf Hauptbefunde zutage. Erstens: Die Zukunftsfähigkeit variiert von Land zu Land. Am zukunftsfähigsten erweisen sich die nordischen Länder, gefolgt von Österreich, den USA, Japan und der Schweiz. Zweitens: Zu den am wenigsten zukunftsorientierten Staaten gehören insbesondere Länder an der europäischen Peripherie, vor allem Griechenland, Spanien, Italien und Portugal. Drittens: Beim Vergleich der Zukunftsfähigkeit erhält die Bundesrepublik Deutschland den Rang sieben, einen Platz im oberen Mittelfeld.[61] Viertens: Unter den vielen Bestimmungsfaktoren des Grades der Zukunftsfähigkeit ragen zwei heraus: Ein hoher Stand der wirtschaftlichen Entwicklung und ein hoher Grad der Politikkonzertierung (messbar durch Korporatismus- und Konzertie-

---

60 Schmidt 2005 f. Dieser Studie zufolge ist ein Land umso zukunftstauglicher, je mehr es die folgenden Bedingungen erfüllt: 1) eine tragfähige wirtschaftliche Basis (gemessen durch das langfristige Wirtschaftswachstum), 2) die Gewährleistung kalkulierbarer ökonomischer Rahmenbedingungen (gemessen an einer langfristig niedrigen Inflationsrate), 3) die Nutzung der verfügbaren Arbeitskräfte (gemessen an einer niedrigen Arbeitslosenquote), 4) eine Finanzpolitik, die den nachwachsenden Generationen nicht hohe Zinszahlungen auf die Staatsschulden hinterlässt (gemessen an einem niedrigen Anteil der Zinslasten am Bruttoinlandsprodukt), 5) ein hohes Engagement für Bildung und Ausbildung (gemessen an der Summe des Anteils öffentlicher und privater Bildungsausgaben am Bruttoinlandsprodukt), 6) die nachdrückliche Förderung von Forschung und Entwicklung (gemessen am Anteil öffentlicher und privater Forschungs- und Entwicklungsausgaben am Bruttoinlandsprodukt), 7) eine familienfreundliche Politik (gemessen an dem von Wilensky (2002: 274 ff.) entwickelten Index) und 8) Engagement im Umweltschutz (gemessen am Sozialproduktanteil umweltdienlicher Ausgaben).

61 Dass Deutschlands Politik in der Forschungs- und Umweltpolitik in Sachen Zukunftsfähigkeit überdurchschnittlich gut abschneidet, in der Bildungspolitik aber weit unterdurchschnittlich, zeigt Wurster 2010. Wurster zufolge sind auch an der Zukunftsfähigkeit der deutschen Energiepolitik erhebliche Abstriche zu machen.

rungsindikatoren) sorgen in der Regel für eine relativ hohe Zukunftsfähigkeit. Fünftens führen verschiedene Wege zu einer relativ hohen Zukunftsfähigkeit: ein marktorientierter Pfad, wie in den Vereinigten Staaten von Amerika, und ein wohlfahrtsstaatlich ausgerichteter Weg, wie in Nordeuropa.

3.4 Lernfähigkeit

Ob die Politik gestaltungsfähig ist und – wenn ja – bis zu welchem Grad, kann man nicht an kurz- oder mittelfristigen Versäumnissen ablesen. Entscheidend ist auch nicht, ob eine Regierung die Armutsquote kurzfristig von 15 auf 12 Prozent verringern kann oder ob sich die Arbeitslosenquote bei zehn oder bei sieben Prozent einpendelt. Die entscheidende Prüffrage für die Gestaltungsfähigkeit der Politik muss tiefer ansetzen. Sie lautet: Ist die Politik dauerhaft ausreichend lernfähig, um aus eigenen Fehlern und Fehlern anderer angemessene Lehren zu ziehen, und vermag sie diese Lehren in sachangemessene Programme umzusetzen?

Das kann das politische System der Bundesrepublik Deutschland nicht garantieren. Allerdings kommen seiner Lernfähigkeit just die institutionellen und prozessualen Eigenheiten zugute, die die politische Steuerung behindern: Die Proportionalität des Wahlsystems, die Nutzung von Wahlen als Experimentierfeld und die Sensibilität von Bund und Ländern für Verschiebungen der Kosten-Nutzen-Verteilungen im Bundesstaat beispielsweise vergrößern die Sensibilität für neue Themen und neue Anliegen der Bürgerschaft. Der Aufstieg des Umweltschutzthemas seit den 1970er Jahren ist ein Beispiel, die zunehmende Sensibilität für Fragen von gesellschaftlich verursachter Geschlechterungleichheit ein zweites und die Thematisierung der Pflegebedürftigkeit als ein politisches Problem im Bund-Länder-Beziehungsgeflecht ein drittes.[62] Die Offenheit für neue Anliegen ist in der Bundesrepublik sogar tendenziell größer als in den Demokratien, deren politische Klasse sich mit Hilfe des Mehrheitswahlrechtes und mit dem zentralisierten Einheitsstaat im Rücken gegen neue Themen abschotten kann. Föderalismus, Kon-

62 Vgl. Alber/Schölkopf 1999: Kapitel 6, Müller-Rommel 1993.

sensussuche im Bund-Länder-Geflecht und die vielen Partizipationsgelegenheiten im Lande sind nicht nur Politikbremsen und Reformsperren, sondern auch Mechanismen, die offen für Experimente, fürs Lernen und für Innovationen sein können.

In die gleiche Richtung wirkt ein weiterer Aspekt der Machtaufteilung in Deutschland: Das Bundesverfassungsgericht hat seine starke Position mitunter auch dafür genutzt, dem Gesetzgeber Innovationen abzuverlangen. Die Aufwertung der Familienpolitik und die stärkere Berücksichtigung von Kindern im Sozial- und im Steuerrecht sind Beispiele einer umfangreichen Palette von Neuerungsimpulsen seitens des Bundesverfassungsgerichtes.[63] Auch das kam der Lernfähigkeit der Politik in der Bundesrepublik zugute.

Allerdings ist der Befund der Lernfähigkeit einzuschränken. Erstens währt die Umsetzung einer Problemtherapie hierzulande meist relativ lange. Zweitens kommt bei der Problemwahrnehmung und bei seiner Therapie die Neigung zum Parochialismus hinzu, zu einer über den eigenen Kirchturm kaum hinausschauenden Politik: Das Lernen aus international vergleichender Evaluation ist in der Politik in Deutschland unterentwickelt. Zwar gibt es in einigen Politikfeldern kompetente Analysen und Bewertungen. Zwei Beispiele sollen hier genügen: Die Jahresgutachten des Sachverständigenrates zur Begutachtung der gesamtwirtschaftlichen Entwicklung enthalten kundige Berichte und Evaluationen insbesondere zur Wirtschaftspolitik, und der Rat von Sachverständigen für Umweltfragen legt mit seinen Umweltgutachten wichtige Bilanzierungen der Umweltpolitik vor. Aber selbst bei diesen Räten vermisst man den systematischen Vergleich mit anderen Ländern und das systematische Lernen aus deren Stärken und Schwächen.

In vielen anderen Politikfeldern fehlen aber Berichts- und Bewertungssysteme gänzlich. Geradezu skandalös ist die Lücke in der Sozialpolitik, dem mit weitem Abstand finanziell kostspieligsten Politikfeld. Ein Staat, der Sozialausgaben in einer Größenordnung von rund einem Drittel des Sozialproduktes tätigt, ist gut beraten, «wenn er über diesen Aufwand regelmäßig in einem Jahresbericht Rechenschaft ablegt, der 1) alle Felder des Sozialstaates und alle mit seiner

63 Vgl. Kapitel 9.

Durchführung beauftragten Einrichtungen in Bund, Ländern und Kommunen umfasst, 2) die sozialen, politischen und ökonomischen Aspekte der sozialen Sicherung gleichermaßen abdeckt, 3) die sozialpolitischen Erfahrungen anderer Länder würdigt und sie auf ihre Eignung für Deutschlands Sozialpolitik prüft und 4) systematisch über Stand, Verlauf, Wirksamkeit, Effizienz und Verteilungsgerechtigkeit der Sozialpolitik sowie über ihre Bewertung in der Bevölkerung berichtet»[64]. Doch davon ist nichts in Sicht. Somit ist in diesem zentralen Politikfeld wenig vorhanden, was die Schieflage verringern könnte, die *The Economist* in seinem Deutschland-Survey von 2006 mit den Worten geißelte, dem Lande fehlten die Sensoren für optimale Input-Output-Bilanzen: Es sei Input-orientiert und unterlasse die Analyse des Outputs.[65]

Insoweit ist teils Optimismus, teils Skepsis angebracht. Die Bundesrepublik ist aufgrund ihrer politischen Institutionen einerseits relativ gut gerüstet, um neue Themen wahrzunehmen und auf die Tagesordnung der Politik zu setzen. Zudem erleichtern die beteiligungsfreundlichen Strukturen des Staates den neuen Themen den Zugang zum Willensbildungsprozess. Andererseits erschweren institutionelle und machtpolitische Gründe die zügige Umsetzung der Lernergebnisse in eine der regelungsbedüftigen Sache angemessene Politik. Ferner ist einzuschränken: Die Politik in Deutschland hat das institutionalisierte Lernen aus systematischer Berichterstattung, Bewertung und dem Vergleich mit anderen Ländern nur bereichsweise zufriedenstellend organisiert und genutzt.

64 Leibfried/Müller/Schmähl/Schmidt 1998: 561.
65 Waiting for a Wunder 2006: 11. Die weiteren Hauptmängel Deutschlands sah *The Economist* vor allem im Vorrang des «rent seeking» (d. h. des Strebens nach Vorteilsergatterung infolge einer die Markteffizienz verzerrenden Position in Wirtschaft oder Politik) vor der Wohlstandsproduktion, sodann in zu vielen Vetopunkten im politischen System und schließlich in der Unbeweglichkeit des Föderalismus.

4. Ungelöste Probleme

Überdies hat die Politik in Deutschland etliche drängende Probleme nicht oder nur unzureichend gelöst. Zu ihren Schwächen gehört, wie in diesem Buch wiederholt erwähnt wurde, ein eigentümlicher Zeittakt. Die Politik hierzulande oszilliert zwischen dem Zwang zum kurzfristig vorzeigbaren Erfolg, der insbesondere vom Zeitrhythmus der Wahlen ausgeht, und der Neigung, komplexe Probleme durch langwierige Willensbildung und scheibchenweise erfolgende Problembehandlung anzugehen.

Ferner tragen die zuvor erörterten Mängel bei der Informationsbeschaffung zu der «Schwachstelle» bei, die Roland Czada der in Deutschland lange vorherrschenden Strategie des «selektiven Korporatismus» bescheinigt hat. Die Schwachstelle liegt nach Czada «im Unvermögen jeder Bundesregierung, eigene Problemlösungsstrategien mit Hilfe geeigneter Beratungsinstitutionen zu entwickeln und gegen Veto-Spieler im politischen System durchzusetzen»[66]. Diese Schwäche komme heutzutage besonders zum Tragen, weil ungünstige Voraussetzungen im Parteiensystem vorlägen, insbesondere eine relativ schwache Verankerung der Regierungen in der Wählerschaft, und weil die finanzpolitischen Spielräume aufgrund der Kosten der deutschen Einheit, der Politik des «Aufbaus Ost» und der Kosten des Sozialstaates erschöpft seien. Das im langjährigen Durchschnitt nur noch geringe Wirtschaftswachstum verstärkte diese Malaise.

Zudem traf die Politik mitunter gänzlich unkoordinierte, im Effekt widersprüchliche Entscheidungen. Für den Auf- und Ausbau der Atomenergie mochte es gute Gründe geben. Doch dass Atomkraftwerke ausgerechnet in erdbebengefährdeten Gebieten oder nahe bei Großstädten gebaut wurden, ist unter dem Aspekt der Krisenvorsorge schwer begreiflich. Und dass man dies in Zeiten des Kalten Krieges tat und keinen glaubwürdigen Schutz gegen militärische Attacken auf Kernkraftwerke gewährleisten konnte, ist eine krasse Fehlleistung der Energie- und Sicherheitspolitik. Aber auch

66 Czada 2003: 39.

der Ausstieg aus der Atomenergie ist ein fragwürdiges Unternehmen – solange eine gesicherte alternative Energieversorgung nicht in Sicht ist.

Außerdem zählt die zögerliche Haltung gegenüber der Massenarbeitslosigkeit, der Achillesferse des deutschen Sozialstaates, zu den notorischen Schwächen von Regierung, Opposition und Wirtschaftsverbänden. Mit Ausnahme weniger Schachzüge der Regierungen Kohl und der Regierungen Schröder schreckten die meisten Bundesregierungen bislang davor zurück, die erforderliche Liberalisierung der Arbeitsmärkte in Angriff zu nehmen, die Steuer-, Sozial- und Arbeitszeitpolitik beschäftigungsfreundlich zu ordnen, die Überreglementierung des Wirtschaftsstandortes Deutschland energisch zu vermindern und die Neigung der Tarifparteien, sich zulasten Dritter zu einigen, zu sanktionieren.

Auch in der Regulierung der Zuwanderung sind Steuerungsprobleme unübersehbar.[67] Bei der Integration der zahlreichen Zuwanderer nach Deutschland hat die Politik ihre Aufgaben lange nur selektiv wahrgenommen. Gar zu lange vertraute sie mehrheitlich, bestärkt von kurzsichtigen Arbeitgeberinteressen an billigen Arbeitskräften, auf dem Rotationsprinzip einer «Gastarbeiterpolitik» mit überwiegend gering qualifizierten Arbeitskräften. Und bis heute haben sich die meisten Regierungen in Bund und Ländern vor selbstbewusstem Fördern und Fordern von Zuwanderern gedrückt und insbesondere integrationsunwillige Migranten weitgehend gewähren lassen. Viele Angehörige der politischen Klasse unterschätzen zudem die Folgeprobleme, die das Zusammenwirken von Sozialstaat und Zuwanderung erzeugt: Für nicht wenige Zuwanderer, insbesondere formal gering qualifizierte Migranten aus ärmeren Ländern mit unzulänglichen Kenntnissen der deutschen Sprache, und ihre Nachkommen wirken die relativ hohen Mindestsicherungssysteme der deutschen Sozialpolitik und das Kindergeld einerseits sowie die für Ausländer besonders hohen Zugangssperren

---

67 Vgl. nur Green 2004, 2006, Hofmann 2007 und aus der insbesondere durch die viel beachtete, kontrovers diskutierte Streitschrift von Sarrazin (2010) intensivierten Debatte im Jahre 2010 etwa Bartsch/Dahlkamp/Fleischhauer u. a. 2010.

zum Arbeitsmarkt andererseits als starker Anreiz für die Einrichtung in eine überwiegend sozialstaatsfinanzierte Existenz. Und spiegelbildlich zu der – vor allem in der Mitte und im Mitte-rechts-Spektrum verankerten – Lehre von der «Gastarbeiterpolitik» und zum Glauben, Deutschland sei kein Einwanderungsland, haben Politiker vor allem des linken und des grünen Spektrums die Chancen des multikulturellen Miteinanders weit überschätzt und die dort herrschenden Konflikte zwischen Zuwanderern und Alteingesessenen in erheblichem Maße unterschätzt.

Auch bei den öffentlichen Finanzen besteht Handlungsbedarf. Deutschlands Steuer-, Sozialabgaben- und Gebührenzahler haben sich offenbar mit einer Staatsquote von knapp unter 50 Prozent leidlich abgefunden. Damit ist eine Obergrenze für die relative Größe von ausgabenintensiven Staatsaufgaben festgeschrieben. Da aber alle Regierungen im Verein mit der großen Wählermehrheit zugleich eine ehrgeizige Sozialpolitik mit weiter steigenden Kosten präferieren, entfällt ein großer und höchstwahrscheinlich weiter zunehmender Teil der öffentlichen Ausgaben in Deutschland auf die Finanzierung des Sozialstaats. Die Kehrseite ist die Unterfinanzierung vieler Aufgabenfelder jenseits der Sozialpolitik, z. B. des Bildungswesens, es sei denn, diese würden in großem Umfang alternativ finanziert, durch private Bereitstellung oder Gebühren beispielsweise. Obendrein werden die Staatsfinanzen durch den Schuldendienst belastet, der derzeit jährlich 2,3 Prozent des Bruttoinlandsproduktes konsumiert, was knapp fünf Prozent aller öffentlichen Ausgaben entspricht.[68]

Zudem ist wenig in Sicht, was den Reformbedarf stillen könnte, der sich an anderen Stellen des politischen Betriebes zeigt. Die Intransparenz des Steuerrechtes ist nur ein Beispiel. Eine Dauerbaustelle wird überdies die Ungleichheit zwischen Zugewanderten, insbesondere den Ausländern unter ihnen, und den Nichtmigranten bleiben. Die Spannung zwischen Deutschen und Ausländern gilt im Urteil der Bevölkerung im Übrigen seit Längerem als zweitwichtigste gesellschaftliche Konfliktlinie in Deutschland – nach der Spannung zwischen Arm und Reich und vor den Konflikten zwi-

68 Datenstand 2010, OECD 2010c: 353.

schen Arbeitgebern und Arbeitnehmern, Ost- und Westdeutschen, Jung und Alt sowie zwischen Frauen und Männern.[69]

Diese Defizite und andere zeigen einen weiteren Mangel der Politik in Deutschland an. Sie war hinreichend stark, um im Zeichen hohen Wirtschaftswachstums und voller öffentlicher Kassen Aufbau- und Ausbaureformen voranzubringen. Bei den nunmehr fälligen Kurswechseln und Sanierungsreformen tut sich die Politik allerdings schwer. Sanierungsreformen erfordern Umbau, Rückbau und Abbau, und nur selten und meist nur für kleinere Gruppen Ausbau – und sie erzeugen allesamt mehr oder minder gut sichtbare Verlierer-Gewinner-Konstellationen, die sich in der Dauerwahlkampfatmosphäre, die hierzulande herrscht, als Risiko für Wahlkämpfer erweisen. Zwar werden manche Sanierungsreformen angegangen, z. B. die Beseitigung der Wehrungerechtigkeit durch die ab 2011 vorgesehene Aussetzung der Wehrpflicht, doch war ihre Dosierung relativ zum Regelungsbedarf bislang zu knapp. Am weitesten vor wagten sich bislang bei Sanierungsreformen zwei Regierungen: die Regierung Kohl in den erstens zwei bis drei Jahren nach dem Regierungswechsel von 1982 und die zweite rot-grüne Regierung Schröder mit ihrer «Agenda 2010-Politik».[70] Insoweit laboriert Deutschlands politisches System insbesondere in der politischen Steuerung an beträchtlichen Schwächen. Diese Schwächen werden voraussichtlich nicht kleiner, zumal Größe und Gewicht der regelungsbedürftigen Probleme kaum geringer werden, sondern wachsen, beispielsweise die Alterung der Gesellschaft, die Bevölkerungsschrumpfung, die Zuwanderung oder die Staatsverschuldung.

5. Fazit

Die Schwächen des politischen Systems in Deutschland müssen allerdings mit seinen Erfolgen verrechnet werden. Zu diesen gehören vor allem institutionelle und prozessuale Dimensionen der Poli-

69 Forschungsgruppe Wahlen 2006b: 4, 2009a: 4.
70 Vgl. Schmidt 2005c, SVR 1997: Ziffer 239, Egle/Zohlnhöfer 2007.

tik. Dass «Bonn nicht Weimar ist»[71] und in der Bundesrepublik eine verfassungsstaatlich gezügelte Demokratie heranwuchs und aufrechterhalten wurde, ist bemerkenswert – zumal dem Land aufgrund des Zivilisationsbruchs des NS-Staates der Rückhalt einer «zustimmungsfähigen Vergangenheit»[72] fehlt. Bemerkenswert ist auch die große politische und gesellschaftliche Stabilität der Bundesrepublik, eindrucksvoll die Einbindung der parlamentarischen politischen Opposition und überaus erfolgreich die Aufteilung und Zügelung politischer Macht, die den Staat der Bundesrepublik zu einem Machtaufteilungsstaat gemacht hat. Dem entspricht eine Außenpolitik, die aus der Not eine Tugend machte und mit ihrem Streben nach «Zivilmacht» und «Handelsstaat» anstelle des Machtstaates Zeichen setzte. Auch dadurch wirkt die Politik im heutigen Deutschland nicht zerstörerisch oder selbstzerstörerisch – im Unterschied zur NS-Diktatur, zum DDR-Sozialismus oder zu korrupten Autokratien der Gegenwart.

Viele Beobachter werten angesichts dieser und anderer Erfahrungen das politische System der Bundesrepublik Deutschland als «geglückte Demokratie» und als «Erfolgsgeschichte»[73]. Das leuchtet besonders dem Beobachter ein, der die Bundesrepublik mit allen anderen politischen Regimen in Deutschland seit Gründung des Deutschen Reiches von 1871 vergleicht[74] und den Ausgangspunkt von 1945 erinnert: die «Besatzungskolonie»[75].

Angesichts der Schwächen der Politik bei der Wahrnehmung und bei der Bewältigung politischer Probleme ist das Prädikat «Erfolgs-

71 Vgl. Allemann 1956, insbesondere 411 ff.
72 Kielmansegg 2000: 429.
73 Vgl. Wolfrum 2006: 13, 2005. Von einer «Erfolgsstory» sprechen auch Dalton 1993: 4, Conradt 2005: xvi und von Beyme 2004: 432. Eine «Erfolgsgeschichte» bilanzieren zudem insgesamt auch Conze 2009, Glaeßner 2006, Jesse 2010b, Kaase/Schmid 1999, Lepsius 1990a, Oberreuter 2010, Ritter 1998, Rödder 2004, Schwaabe 2005: 493, Smith 2006, Sontheimer/Bleek 2004, Steiniger 1996–2002, Wehler 2010 und Wirsching 2006: 696 ff. – um nur einige Namen zu nennen. Teils kritische, teils lobende Bilanzierungen finden sich unter anderem in Blanke/Wollmann 1991, Czada/Wollmann 2000 und Wehler 2008.
74 Fulbrook 2004.
75 So die Worte von Allemann 1956: 15, vgl. Kapitel 1.

geschichte» allerdings zuviel des Lobs. Zweifelsohne verdient das politische System der Bundesrepublik Deutschland insgesamt viel bessere Noten als ihm 1949 selbst die kühnsten Optimisten zutrauten. Man sollte aber, wie auch sonst bei Zeugnissen, je nach Leistungsfach und Leistungsvermögen abstufen können. Die Bundesrepublik Deutschland verdient insgesamt gute Noten für ihre politischen Institutionen im Allgemeinen,[76] zwischen «gut» und «ausreichend», selten «sehr gut» und «mangelhaft» schwankend für seine politische Steuerung und höchstes Lob im Besonderen für die über alle Maßen erfolgreiche Machtaufteilung und Machtfesselung.[77]

76 Zu den Maßstäben dieser Bewertung siehe Unterkapitel 20.2 und die Kapitel 1 bis 11 in diesem Band. Wer andere Maßstäbe anlegt und Deutschlands Politik beispielsweise vorrangig aus dem Blickwinkel der Lehre eines alles andere überlagernden «Parteienstaates» mit einer macht- und geldgierigen «politischen Klasse» sieht, z. B. von Arnim (2000, 2008), kommt zu überwiegend negativen Bewertungen. Und wer als Maßstab überwiegend oder ausschließlich Policy-Variablen heranzieht, wie der Tendenz nach Scharpf (1987, 1999, 2009), wird Deutschlands politische Institutionen kritischer bewerten, nämlich vorrangig als Barriere für eine handlungsfähige, weitsichtige, aktiv gestaltende Politik. Vollständiger ist aber eine Politikbewertung, die, wie in diesem Buch geschehen, den politischen Input und den Output getrennt voneinander evaluiert und zudem sowohl die Befähigung zu aktiver Politik als auch die Qualität ihres Inputs und die verfassungsstaatliche Zügelung als Werte betrachtet. So werden Schwächen und Stärken, Schatten und Licht, aber auch die vielen Grautöne des politischen Systems Deutschlands besser sichtbar. In demokratietheoretischer Hinsicht versteht sich dieses Bewertungsprogramm als konsequente Anwendung der «komplexen Demokratietheorie» (Scharpf 1970a, vgl. die Würdigung bei Schmidt 2010d, Kapitel 16), d. h. einer Demokratietheorie, welche die Input- und die Output-Seite der Politik empirisch-analytisch und normativ-analytisch erfasst, auf die Verfassungswirklichkeit der Bundesrepublik Deutschland.

77 Sie und die mit ihnen verbundene «Überkomplexität» (Wirsching 2006: 700) sind allerdings mitverantwortlich für die Steuerungsschwierigkeiten der Politik in Deutschland. Diese verkörpern gewissermaßen die politischen Kosten der außerordentlich erfolgreichen Zügelung und Aufteilung politischer Macht in der Bundesrepublik Deutschland.

Verzeichnis der Literatur

Häufig verwendete Abkürzungen

APSR	=	American Political Science Review
APuZ	=	Aus Politik und Zeitgeschichte – Beilage zu «Das Parlament»
Art.	=	Artikel
Bd./Bde.	=	Band/Bände
BJPS	=	British Journal of Political Science
BMA	=	Bundesministerium für Arbeit und Sozialordnung
BMAS	=	Bundesministerium für Arbeit und Soziales
BMF	=	Bundesminister für Finanzen
BMGS	=	Bundesministerium für Gesundheit und Soziale Sicherung
BMI	=	Bundesministerium des Innern
BMU	=	Bundesministerium für Umwelt, Naturschutz und Reaktorsicherheit
E. A.	=	Erstausgabe
EGV	=	Vertretung zur Gründung der Europäischen Gemeinschaft
EJPR	=	European Journal of Political Research
FAS	=	Frankfurter Allgemeine Sonntagszeitung
FAZ	=	Frankfurter Allgemeine Zeitung
GG	=	Grundgesetz
GP	=	German Politics
GWP	=	Gesellschaft – Wirtschaft – Politik
Hg.	=	Herausgeber
HStR	=	Handbuch des Staatsrechts der Bundesrepublik Deutschland
i. E.	=	im Erscheinen
KZfSS	=	Kölner Zeitschrift für Soziologie und Sozialpsychologie
MPIfG	=	Max-Planck-Institut für Gesellschaftsforschung (Köln)
MWG	=	Max Weber Gesamtausgabe
Nr.	=	Nummer, Heftnummer
OECD	=	Organisation for Economic Co-operation and Development
PVS	=	Politische Vierteljahresschrift
SZ	=	Süddeutsche Zeitung
SVR	=	Sachverständigenrat zur Begutachtung der gesamtwirtschaftlichen Entwicklung
VfZ	=	Vierteljahrshefte für Zeitgeschichte
WEP	=	West European Politics
WZB	=	Wissenschaftszentrum Berlin für Sozialforschung
ZSR	=	Zeitschrift für Sozialreform
ZParl	=	Zeitschrift für Parlamentsfragen
ZSE	=	Zeitschrift für Staats- und Europawissenschaft
ZUMA	=	Zentrum für Umfragen und Methoden

Verzeichnis der zitierten Quellen und Literatur

Abelshauser, Werner 2003: Kulturkampf. Der deutsche Weg in die Neue Wirtschaft und die amerikanische Herausforderung, Berlin

Abelshauser, Werner 2004: Deutsche Wirtschaftsgeschichte seit 1945, Berlin

Abendroth, Wolfgang 1966: Das Grundgesetz, Pfullingen

Aberbach, Joel D./Putnam, Robert D./Rockman, Bert A. 1981: Bureaucrats and Politicians in Western Democracies, Cambridge MA – London

Abromeit, Heidrun 1995: Volkssouveränität, Parlamentssouveränität, Verfassungssouveränität: Drei Realmodelle der Legitimation staatlichen Handelns, in: PVS 36, 49–66

Adema, Willem/Ladaique, Maxime 2009: How Expensive is the Welfare State? Gross and Net Indicators in the OECD Social Expenditure Database (SOCX) (OECD Social, Employment and Migration Working Papers, No. 92), Paris

Agnoli, Johannes 1968: Die Transformation der Demokratie, in: Agnoli, Johannes/Brückner, Peter (Hg.), Die Transformation der Demokratie, Frankfurt a. M., 3–88

Alber, Jens 1989: Der Sozialstaat in der Bundesrepublik Deutschland 1950 bis 1983, Frankfurt a. M. – New York

Alber, Jens 2001: Hat sich der Wohlfahrtsstaat als soziale Ordnung bewährt?, in: Mayer, Karl Ulrich (Hg.), Die beste aller Welten? Marktliberalismus versus Wohlfahrtsstaat. Eine Kontroverse, Frankfurt a. M. – New York, 59–111

Alber, Jens/Schölkopf, Martin 1999: Seniorenpolitik. Die soziale Lage älterer Menschen in Deutschland und Europa, Amsterdam

Albert, Michel 1992 (franz. 1991): Kapitalismus contra Kapitalismus, Frankfurt a. M. – New York

Allemann, Fritz René 1956: Bonn ist nicht Weimar, Köln – Berlin

Allmendinger, Jutta/Leibfried, Stephan 2003: Bildungsarmut, in: APuZ Nr. 21–22, 12–18

Almond, Gabriel A./Powell, G. Bingham, Jr. [6]1996: Comparative Politics Today. A World View, New York

Almond, Gabriel A./Powell, Bingham G. Jr./Strøm, Kaare/Dalton, Russel J. [9]2008: Comparative Politics Today. A World View, New York u. a.

Almond, Gabriel A./Verba, Sidney 1963: The Civic Culture. Political Attitudes and Democracy in Five Nations, Boston

Almond, Gabriel A./Verba, Sidney (Hg.) 1989: The Civic Culture Revisited, Newbury Park – London – New Dehli

Altvater, Elmar/Hoffmann, Jürgen/Semmler, Willi 1979: Vom Wirtschaftswunder zur Wirtschaftskrise. Ökonomie und Politik in der Bundesrepublik, Berlin

Andersen, Uwe (Hg.) 2009: Der Deutsche Bundestag. Eine Einführung, Schwalbach

Andersen, Uwe/Woyke, Wichard (Hg.) [6]2009: Handwörterbuch des politischen Systems der Bundesrepublik Deutschland, Opladen.

Anderson, Christopher J./Blais, André/Bowler, Shaun/Donovan, Todd/

Listhaug, Ola 2005: Losers' Consent: Elections and Democratic Legitimacy, Oxford

Ansell, Ben W. 2010: From the Ballot to the Blackboard. The Redistributive Political Economy of Education, Cambridge u. a.

Anweiler, Oskar 2005: Bildungspolitik, in: Schmidt (Hg.), Bundesrepublik Deutschland 1982–1989, 563–600

Anweiler, Oskar 2006: Bildungspolitik, in: Hockerts (Hg.), Bundesrepublik Deutschland 1966–1974, 709–754

Anweiler, Oskar 2007: Bildungspolitik, in: Ruck/Boldorf (Hg.), Bundesrepublik Deutschland 1957–1966, 611–642

Anweiler, Oskar 2008: Bildungspolitik, in: Geyer (Hg.), Bundesrepublik Deutschland 1974–1982, 693–731

Armingeon, Klaus, 1988: Die Entwicklung der westdeutschen Gewerkschaften 1950–1985, Frankfurt – New York

Armingeon, Klaus 1994: Staat und Arbeitsbeziehungen: Ein internationaler Vergleich, Opladen

Armingeon, Klaus 2010: National fiscal responses to the economic crisis: Domestic politics and international organizations, International Conference of the Council of European Studies, Bern (Manuskript)

Arnim, Hans Herbert von 2002: Wählen wir unsere Abgeordneten unmittelbar?, in: Juristenzeitung 57, 578–588

Arnim, Hans Herbert von ³2008: Die Deutschlandakte. Was Politiker und Wirtschaftsbosse unserem Land antun, München

Autorengruppe Bildungsberichterstattung 2010: Bildung in Deutschland 2010. Ein indikatorengestützter Bericht mit einer Analyse zur Perspektive des Bildungswesens im demographischen Wandel, Bonn – Berlin

Badura, Peter/Dreier, Horst (Hg.) 2001: Festschrift 50 Jahre Bundesverfassungsgericht, Tübingen, 2 Bde.

Bahners, Patrick 2007: Hassemers Urteil in eigener Sache, in: FAZ Nr. 259, 7.11.2007, 41

Bald, Detlef 2005: Die Bundeswehr. Eine kritische Geschichte 1955–2005, München

Baring, Arnulf 1968: Die westdeutsche Außenpolitik in der Ära Adenauer, in: PVS 9, 45–55

Baring, Arnulf 1969: Außenpolitik in Adenauers Kanzlerdemokratie. Bonns Beitrag zur Europäischen Verteidigungsgemeinschaft, München – Wien

Bartsch, Matthias/Dahlkamp, Jürgen/Fleischhauer, Jan u. a. 2010: Bündnis der Weggucker, in: Der Spiegel Nr. 39, 13.9.2010, 21–28

Batt, Helge Lothar 1996: Die Grundgesetzreform nach der deutschen Einheit. Akteure, politischer Prozess und Ergebnisse, Opladen

Batt, Helge Lothar 2003: Verfassungsrecht und Verfassungswirklichkeit im vereinigten Deutschland. Die Dichotomie des Grundgesetzes zwischen limitierend-formalem und dirigierend-materialem Verfassungsverständnis, Opladen

Bauchmüller, Michael 2005: Der Streit als Mittel der Fortbewegung, in: SZ Nr. 300, 29.12.2005, 18

Bauer, Hartmut [3]2003: Die Verfassungsentwicklung des wiedervereinigten Deutschlands, in: Isensee/Kirchhof (Hg.), HStR I. Historische Grundlagen, 699–789

Bauer, Thomas 1998: Der Vermittlungsausschuß: Politik zwischen Konkurrenz und Konsens, Universität Bremen: Dissertation

Beck, Ulrich 1986: Risikogesellschaft. Auf dem Weg in eine andere Moderne, Frankfurt a. M.

Becker, Michael/Zimmerling, Ruth (Hg.) 2006: Politik und Recht (PVS Sonderheft 36), Wiesbaden

Becker, Winfried/Buchstab, Günter/Doering-Manteuffel, Anselm/Morsey, Rudolf (Hg.) 2002: Lexikon der Christlichen Demokratie in Deutschland, Paderborn u. a.

Beise, Marc 2003: Seiltanz mit der ganz großen Nummer, in: SZ Nr. 259, 11.11.2003, 3

Benoit, Kenneth/Laver, Michael 2006: Party Policy in Modern Democracies, London – New York

Benz, Arthur 1985: Föderalismus als dynamisches System. Zentralisierung und Dezentralisierung im föderativen Staat, Opladen

Benz, Arthur 1999: Der deutsche Föderalismus, in: Ellwein/Holtmann (Hg.), 50 Jahre, 135–153

Benz, Arthur 2005: Kein Ausweg aus der Politikverflechtung? Warum die Bundesstaatskommission scheiterte, aber nicht scheitern musste, in: PVS 46, 204–214

Benz, Arthur 2008: From Joint Decision to Over-regulated Federalism: Adverse Effects of a Successful Constitutional Reform, in: GP 17, 440–456

Benz, Arthur 2009: Politik in Mehrebenensystemen, Wiesbaden

Benz, Arthur/Lehmbruch, Gerhard (Hg.) 2002: Föderalismus. Analysen in entwicklungsgeschichtlicher und vergleichender Perspektive (PVS Sonderheft 32), Wiesbaden

Benz, Wolfgang [5]1999: Die Gründung der Bundesrepublik. Von der Bizone zum souveränen Staat, München

Berger, Thomas U. 1998: Cultures of Antimilitarism: National Security in Germany and Japan, Baltimore

Berg-Schlosser, Dirk/Müller-Rommel, Ferdinand [4]2003: Vergleichende Politikwissenschaft, Opladen

Bericht der Kommission Mitbestimmung 1998: Mitbestimmung und neue Unternehmenskulturen. Bilanz und Perspektive, Gütersloh – Düsseldorf

Bertelsmann Stiftung 2009: Standortcheck Deutschland II/2009

Best, Heinrich/Cotta, Maurizio (Hg.) 2000: Parliamentary Representatives in Europe 1848–2000. Legislative Recruitment and Careers in Eleven European Countries, Oxford

Best, Heinrich/Hausmann, Christopher/Schmitt, Karl 2000: Challenges, Failures, and Final Success: The Winding Path of German Parliamentary Leadership Groups towards a Structurally Integrated Elite 1848–1999, in: Best/Cotta (Hg.), Parliamentary Representatives, 138–195

Best, Heinrich/Jahr, Stefan 2006: Politik als prekäres Beschäftigungsverhältnis: Mythos und Realität der Sozialfigur des Berufspolitikers im wiedervereinten Deutschland, in: ZParl 37, 63–79

Beyers, Jan/Eising, Rainer/Maloney, William A. (Hg.) 2010: Interest Group Politics in Europe. Lessons from EU Studies and Comparative Politics, London – New York

Blanke, Bernhard/Jürgens, Ulrich/Kastendiek, Hans 1975: Kritik der Politischen Wissenschaft. Analysen von Politik und Ökonomie in der bürgerlichen Gesellschaft, Frankfurt a. M.

Blanke, Bernhard/Wollmann, Hellmut (Hg.) 1991: Die alte Bundesrepublik. Kontinuität und Wandel, Opladen

Blankenburg, Erhard 1996: Changes in Political Regimes and Continuity of the Rule of Law in Germany, in: Jacob, Herbert/Blankenburg, Erhard/Kritzer, Herbert M. u. a. (Hg.): Courts, Law, and Politics in Comparative Perspective, New Haven – London, 249–314

Blasius, Rainer 2002: Feuertaufe für Verfassungsrichter, in: FAZ Nr. 26, 31.1.2002, 12

BMA/Bundesarchiv (Hg.) 2001: Grundlagen der Sozialpolitik, in: Geschichte der Sozialpolitik in Deutschland seit 1945, Bd. 1, Baden-Baden

BMAS (Hg.) 2006: Übersicht über das Sozialrecht. Ausgabe 2006, Nürnberg

BMAS (Hg.) 2009a: Sozialbericht 2009, Bonn

BMAS (Hg.) 2009b: Statistisches Taschenbuch 2009, Bonn

BMAS (Hg.) [7]2010: Übersicht über das Sozialrecht, Nürnberg

BMF 1981 ff.: Finanzbericht, Bonn und Berlin

BMGS (Hg.) 2004: Statistisches Taschenbuch 2004. Arbeits- und Sozialstatistik, Bonn

BMI (Bundesministerium des Innern unter Mitwirkung des Bundesarchivs), (Hg.) 1998: Dokumente zu Deutschland. Deutsche Einheit. Sonderedition aus den Akten des Bundeskanzleramtes 1989/90. Bearbeitet von Hans-Jürgen Küsters und Daniel Hofmann, München

BMU 2002: Perspektiven für Deutschland. Unsere Strategie für eine nachhaltige Entwicklung in Deutschland, Berlin

Blondel, Jean/Müller-Rommel, Ferdinand 2009: Political Elites, in: Dalton/Klingemann (Hg.), Political Behavior, 818–832

Böckenförde, Ernst-Wolfgang 1976: Die politische Funktion wirtschaftlich-sozialer Verbände und Interessenträger in der sozialstaatlichen Demokratie, in: Der Staat 15, 457–483

Böckenförde, Ernst-Wolfgang 2004: Demokratie als Verfassungsprinzip, in: Isensee/Kirchhof (Hg.), HStR II. Verfassungsstaat, 429–496

Bofinger, Peter 2005: Wir sind besser, als wir glauben. Wohlstand für alle, München

Bogumil, Jörg/Jann, Werner [2]2009: Verwaltung und Verwaltungswissenschaften in Deutschland. Eine Einführung in die Verwaltungswissenschaften, Wiesbaden

Boix, Carles 1997: Political Parties and the Supply Side of the Economy: The

Provision of Physical and Human Capital in Advanced Economies, 1960–90, in: American Journal of Political Science 41, 814–845

Boix, Carles 1998: Political Parties, Growth and Equality: Conservative and Social Democratic Economic Strategies in the World Economy, Cambridge

Bolgherini, Silvia/Grotz, Florian (Hg.) 2010: Germany after the Grand Coalition. Governance and Politics in a Turbulent Environment, New York

Borchardt, Knut 1982: Die Bundesrepublik Deutschland in den säkularen Trends der wirtschaftlichen Entwicklung, in: Borchardt, Knut (Hg.), Wachstum, Krisen, Handlungsspielräume der Wirtschaftspolitik: Studien zur Wirtschaftsgeschichte des 19. und 20. Jahrhunderts, Göttingen, 125–150

Borchert, Jens/Stolz, Klaus 2003: Die Bekämpfung der Unsicherheit. Politikerkarrieren und Karrierepolitik in der Bundesrepublik Deutschland, in: PVS 44, 148–173

Börzel, Tanja 2003: Environmental Leaders and Laggards in Europe. Why There is (Not) A ‹Southern Problem›, Ashgate

Börzel, Tanja 2006: Europäisierung der deutschen Politik?, in: Schmidt/Zohlnhöfer (Hg.), Regieren, 457–475

Braun, Dietmar (Hg.) 2000: Public Policy and Federalism, Aldershot u. a.

Bräuninger, Thomas/Gschwend, Thomas/Shikano, Susumu 2010: Sachpolitik oder Parteipolitik? Eine Bestimmung des Parteidrucks im Bundesrat mittels bayesianischer Methoden, in: PVS 51, 223–249

Bredow, Wilfried von 2006: Die Außenpolitik der Bundesrepublik Deutschland. Eine Einführung, Wiesbaden

Brettschneider, Frank 2005: Bundestagswahlkampf und Medienberichterstattung, in: APuZ Nr. 50–51, 19–26

Bruche, Gert/Reissert, Bernd 1985: Die Finanzierung der Arbeitsmarktpolitik. System, Effektivität, Reformansätze, Frankfurt a. M. – New York

Brünneck, Alexander von 1992: Verfassungsgerichtsbarkeit in den westlichen Demokratien. Ein systematischer Verfassungsvergleich, Baden-Baden

Buchheim, Christoph 2007: Soziale Marktwirtschaft, in: FAZ Nr. 141, 21.6.2007, 9

Buchstab, Günter (Bearbeiter) 2005: Kiesinger: «Wir leben in einer veränderten Welt». Die Protokolle des CDU-Bundesvorstandes 1965–1969, Düsseldorf

Bührer, Werner/Grande, Edgar (Hg.) 2000: Unternehmerverbände und Staat in Deutschland, Baden-Baden

Bull, Hans Peter 2005: Absage an den Staat? Warum Deutschland besser ist als sein Ruf, Berlin

Bulmer, Simon/Jeffery, Charlie/Padgett, Stephen (Hg.) 2010: Rethinking Germany and Europe. Democracy and Diplomacy in a Semi-Sovereign State, Basingstoke

Burkhardt, Simone/Manow, Philip 2006: Was bringt die Föderalismusreform? Wahrscheinliche Effekte der geänderten Zustimmungspflicht, Köln (MPIfG Working Paper 06/6)

Burkhart, Simone 2008: Ursachen und Folgen von »Divided Government« in Deutschland, Frankfurt a. M.

Bürklin, Wilhelm 1984: Grüne Politik. Ideologische Zyklen, Wähler und Parteiensystem, Opladen

Bürklin, Wilhelm/Rebenstorf, Hilke u. a. 1997: Eliten in Deutschland. Rekrutierung und Integration, Opladen

Busch, Andreas 1995: Preisstabilitätspolitik. Politik und Inflationsraten im internationalen Vergleich, Opladen

Busch, Andreas 1999: Das oft geänderte Grundgesetz, in: Merkel, Wolfgang/Busch, Andreas (Hg.), Demokratie in Ost und West: für Klaus von Beyme, Frankfurt a. M., 549–574

Busch, Andreas 2003: Die politische Ökonomie der Inflation, in: Obinger/Wagschal/Kittel (Hg.), Politische Ökonomie, 175–197

Busch, Andreas 2005: Shock-Absorbers under Stress: Parapublic Institutions and the Double Challenges of German Unification and European Integration, in: Green/Paterson (Hg.), Governance, 94–114

Busch, Andreas 2006: Verfassungspolitik in der Bundesrepublik Deutschland, in: Schmidt/Zohlnhöfer (Hg.), Regieren, 33–56

Busch, Andreas 2008: Warum ist Reformpolitik in der Bundesrepublik so schwierig? Die Interaktion von Föderalismus, Parteiensystem und Semisouveränität, in: Jesse, Eckhard (Hg.), Neues Deutschland? Eine Bilanz der deutschen Wiedervereinigung, Baden-Baden, 107–124

Busch, Andreas 2009: Banking Regulation and Globalization, Oxford

Busemeyer, Marius R. 2006: Die Bildungsausgaben der USA im internationalen und intranationalen Vergleich, Wiesbaden

Busemeyer, Marius R. 2007: Determinants of Public Education Spending in 21 OECD Democracies, in: Journal of European Public Policy 14, 582–610

Busemeyer, Marius R. 2009: Wandel trotz Reformstau. Die Politik der beruflichen Bildung seit 1970, Frankfurt a. M. – New York

Butler, David/Ranney, Austin (Hg.) 1994: Referendums around the World. The growing use of direct democracy, Washington D. C.

Cameron, David R. 1978: The Expansion of the Public Economy. A Comparative Analysis, in: APSR 72, 1243–1261

Capoccia, Giovanni 2002: Political Consequences of Electoral Laws: The German System at Fifty, in: WEP 25, Nr. 3, 171–202

Caramani, Daniele (Hg.) 2008: Comparative Politics, Oxford

Carstens, Peter 2007: SS-Seilschaften prägten das BKA bis weit in die sechziger Jahre hinein, in: FAS Nr. 39 v. 30.9.2007, 6–7

Casper, Gerhard 2001: Laudatio auf die Karlsruher Republik, in: SZ Nr. 225, 29.9.2001, 10

Castles, Francis G. 1982: The Impact of Parties on Public Expenditure, in: Castles, Francis G. (Hg.), The Impact of Parties: Politics and Policies in Democratic Capitalist States, London, 21–96

Castles, Francis G. 1998: Comparative Public Policy: Patterns of Post-war Transformation, Cheltenham

Castles, Francis G. 2007 (Hg.): The Disappearing State? Retrenchment Realities in an Age of Globalisation, Cheltenham, UK-Northampton, MA

Castles, Francis G./Leibfried, Stephan/Lewis, Jane/Obinger, Herbert/Pierson, Christopher (Hg.) 2010: The Oxford Handbook of the Welfare State, Oxford

Conradt, David P. [8]2005: The German Polity, New York u. a.

Conze, Eckart 2009: Die Suche nach Sicherheit: Eine Geschichte der Bundesrepublik Deutschland von 1949 bis in die Gegenwart, Berlin

Cortina, Kai S./Baumert, Jürgen/Leschinsky, Achim/Mayer, Karl Ulrich/Trommer, Luitgard [2]2008: Das Bildungswesen der Bundesrepublik Deutschland, Reinbek bei Hamburg

Croissant, Aurel 2010: Analyse defekter Demokratien, in: Schenk, Klemens H./Soldner, Markus (Hg.), Analyse demokratischer Regierungssysteme, Wiesbaden, 93–114

Cusack, Thomas R. 2007: Military Spending, in: Castles (Hg.), The Disappearing State?, 103–132

Czada, Roland 2003: Konzertierung in verhandlungsdemokratischen Politikstrukturen, in: Jochem, Sven/Siegel, Nico A. (Hg.), Konzertierung, Verhandlungsdemokratie und Reformpolitik im Wohlfahrtsstaat, Opladen 35–69

Czada, Roland 2006: Im Osten nichts Neues. Parasitäre Ökonomie und politische Entwicklung in den neuen Bundesländern, Osnabrück (Manuskript)

Czada, Roland/Wollmann, Hellmut (Hg.) 2000: Von der Bonner zur Berliner Republik. 10 Jahre Deutsche Einheit (Leviathan Sonderheft 19), Wiesbaden

Czempiel, Ernst-Otto 1989: Machtprobe. Die USA und die Sowjetunion in den achtziger Jahren, München

Dabringhaus, Sabine 2008: Geschichte Chinas im 20. Jahrhundert, München

Dahrendorf, Ralf 1965a: Gesellschaft und Demokratie in Deutschland, München

Dahrendorf, Ralf 1965b: Bildung ist Bürgerrecht. Plädoyer für eine aktive Bildungspolitik, Hamburg

Dahrendorf, Ralf (Hg.) 1977: Trendwende – Europas Wirtschaft in der Krise, Wien – München – Zürich

Dalton, Russell J. [2]1993: Politics in Germany, New York

Dalton, Russell J. [5]2008: Citizen Politics. Public Opinion and Political Parties in Advanced Industrial Democracies, Washington D. C.

Dalton, Russell J./Klingemann, Hans-Dieter (Hg.) 2009: The Oxford Handbook of Political Behavior, Oxford

Dalton, Russell J./Wattenberg, Martin P. 2000: Parties without Partisans: Political Change in Advanced Industrial Democracies, Oxford

Dalton, Russell J./Weldon, Steven A. 2005: Public Images of Political Parties: A Necessary Evil?, in: WEP 28, 931–951

Darnstädt, Thomas 2003: Die verstaubte Verfassung, in: Der Spiegel Nr. 20, 34–49; Nr. 21, 52–65; Nr. 22, 56–66

Darnstädt, Thomas 2004: Die Konsensfalle. Wie das Grundgesetz Reformen blockiert, Stuttgart

Dathe, Dietmar/Priller, Eckhard/Thürling, Marleen 2010: Mitgliedschaften und Engagement in Deutschland, WZBrief Zivilengagement 02, August 2010, Berlin: WZB

Der Fischer Weltalmanach 2010 (2009): Zahlen – Daten – Fakten, Frankfurt a. M.

Der Spiegel 2005: Wahlsonderheft '05, Hamburg

Derlien, Hans-Ulrich 1997: Elitezirkulation zwischen Implosion und Integration. Abgang, Rekrutierung und Zusammensetzung ostdeutscher Funktionseliten 1989–1994, in: Wollmann, Hellmut u. a. (Hg.), Transformation der politisch-administrativen Strukturen in Ostdeutschland, Opladen, 329–415

Derlien, Hans-Ulrich/Murswieck, Axel (Hg.) 1999: Der Politikzyklus zwischen Bonn und Brüssel, Opladen

Detzer, Sandra 2010: Reformen finanzföderaler Beziehungen zwischen Bund und Gliedstaaten. Erfassung, Analyse und Determinanten im internationalen Vergleich, Dissertationsschrift Universität Heidelberg

Deubel, Ingolf 2009: Die Föderalismusreform II: eine sinnvolle Weiterentwicklung der Verschuldungsgrenzen, in: ZSE 7, 231–249

Deutsch, Karl W./Edinger, Lewis J. 1959: Germany Rejoins the Powers. Mass Opinion, Interest Groups, and Elites in Contemporary German Foreign Policy, Stanford CA

Deutsches PISA-Konsortium (Hg.) 2001: PISA 2000. Basiskompetenzen von Schülerinnen und Schülern im internationalen Vergleich, Opladen

Deutsches PISA-Konsortium (Hg.) 2003: PISA 2000 – Ein differenzierter Blick auf die Länder der Bundesrepublik Deutschland, Opladen

Di Fabio, Udo 1998: Das Recht offener Staaten. Grundlinien einer Staats- und Rechtstheorie, Tübingen

Dietrich, Stefan 2005: Reform ohne Rendite, in: FAZ Nr. 61, 14.3.2005, 1

Dingeldey, Irene/Rothgang, Heinz (Hg.) 2009: Governance of Welfare State Reform. A Cross National and Cross Sectoral Comparison of Policy and Politics, Cheltenham, UK – Northampton, MA

Dittberner, Jürgen 2005: Die FDP. Geschichte, Personen, Organisation, Perspektiven. Eine Einführung, Wiesbaden

Dittrich, Walter 1992: Mitbestimmungspolitik, in: Schmidt (Hg.), Die westlichen Länder, 252–260

Döhler, Marian/Manow, Philip 1997: Strukturbildung von Politikfeldern. Das Beispiel bundesdeutscher Gesundheitspolitik seit den fünfziger Jahren, Opladen

Dose, Nicolai 1999: Der deutsche Rechtsstaat, in: Ellwein/Holtmann (Hg.), 50 Jahre, 118–134

Dreher, Klaus 1998: Helmut Kohl. Leben mit Macht, Stuttgart

Dreier, Horst (Hg.) ²2007: Grundgesetz Kommentar, Bd. II (Art. 20–82) – Supplementum 2007, Tübingen

Dreier, Horst 2008: Verfassungsänderung leicht gemacht, in: ZSE 3, 399–407

Dreier, Horst/Wittreck, Fabian (Hg.) ⁴2009: Grundgesetz, Tübingen

Drexler, Albert-Maria 1980: Umweltpolitik am Bodensee Baden-Württemberg. Regionalpolitik, Gewässerschutz, Verkehrsplanung, Landschaftspflege und Naturschutz, Konstanz

Dryzek, John S./Downes, David/Hunold, Christian u. a. 2003: Green States and Social Movements: Environmentalism in the United States, United Kingdom, Germany and Norway, Oxford

Duffield, John S. 1999: Political Culture and State Behavior: Why Germany Confounds Neorealism, in: International Organisation 53, 765–803

Dümig, Katrin 2010: Ruhe nach und vor dem Sturm: Die Arbeitsmarkt- und Beschäftigungspolitik der Großen Koalition, in: Egle/Zohlnhöfer (Hg.), Große Koalition, 279–301

Ebbinghaus, Bernd 2002: Dinosaurier der Dienstleistungsgesellschaft? Der Mitgliederschwund deutscher Gewerkschaften im historischen und internationalen Vergleich, Köln: MPIfG

Ebner, Christian/Nikolai, Rita 2010: Schlechtes Zeugnis für Deutschland. Europa und die Bildungs-Benchmarks der Lissabon-Strategie – eine Zwischenbilanz, in: WZBrief Bildung Nr. 13

Edinger, Lewis. J. 1960: Post-totalitarian Leadership: Elites in the German Federal Republic, in: APSR 54, 58–82

Edinger, Lewis J. ³1986: West German Politics, New York

Egle, Christoph 2009: Reformpolitik in Deutschland und Frankreich. Wirtschafts- und Sozialpolitik bürgerlicher und sozialdemokratischer Regierungen, Wiesbaden

Egle, Christoph/Ostheim, Tobias/Zohlnhöfer, Reimut (Hg.) 2003: Das rot-grüne Projekt. Eine Bilanz der Regierung Schröder 1998–2002, Wiesbaden

Egle, Christoph/Zohlnhöfer, Reimut (Hg.) 2007: Ende des rot-grünen Projektes. Eine Bilanz der Regierung Schröder 2002–2005, Wiesbaden

Egle, Christoph/Zohlnhöfer, Reimut (Hg.) 2010: Die zweite Große Koalition: Eine Bilanz der Regierung Merkel 2005–2009, Wiesbaden

Eichener, Volker 2000: Das Entscheidungssystem der Europäischen Union. Institutionelle Analyse und demokratietheoretische Bewertung, Opladen

Eising, Rainer/Kohler-Koch, Beate (Hg.) 2005: Interessenpolitik in Europa, Baden-Baden

Elgie, Robert (Hg.) 1999: Semi-Presidentialism in Europe, Oxford – New York

Ellwein, Thomas 1955: Klerikalismus in der deutschen Politik, München

Ellwein, Thomas ⁵1983: Das Regierungssystem der Bundesrepublik Deutschland, Opladen

Ellwein, Thomas/Holtmann, Everhard (Hg.) 1999: 50 Jahre Bundesrepublik Deutschland. Rahmenbedingungen, Entwicklungen, Perspektiven (PVS-Sonderheft 30), Opladen

Emminger, Otmar 1986: D-Mark, Dollar, Währungskrisen. Erinnerungen eines ehemaligen Bundesbankpräsidenten, Stuttgart

Erb, Scott 2003: German Foreign Policy. Navigating a New Area, Boulder CO

Erhard, Ludwig 1957: Wohlstand für alle, Düsseldorf

Erlinghagen, Karl 1964: Katholisches Bildungsdefizit in Deutschland, Freiburg i. Br.

Eschenburg, Theodor 1955: Herrschaft der Verbände? Stuttgart

Eschenburg, Theodor 1983: Jahre der Besatzung 1945 bis 1949, Wiesbaden – Stuttgart

Eschenburg, Theodor 1989: Das Jahrhundert der Verbände. Lust und Leid organisierter Interessen in der deutschen Politik, Berlin

Esping-Andersen, Gøsta 1990: The Three Worlds of Welfare Capitalism, Cambridge

Esping-Andersen, Gøsta 1999: Social Foundations of Postindustrial Economies, Oxford

Falkner, Gerda/Treib, Oliver/Hartlapp, Miriam/Leiber, Simone 2005: Complying with Europe. EU Harmonisation and Soft Law in the Member States, Cambridge

Falter, Jürgen 1982: Bayerns Uhren gehen wirklich anders. Politische Verhaltens- und Einstellungsunterschiede zwischen Bayern und dem Rest der Bundesrepublik, in: ZParl 13, 504–521

Falter, Jürgen/Schoen, Harald 1999: Wahlen und Wählerverhalten, in: Ellwein/Holtmann (Hg.), 50 Jahre, 454–470

Falter, Jürgen/Schoen, Harald (Hg.) 2005: Handbuch Wahlforschung, Wiesbaden

Feldkamp, Michael F. 2005: Datenhandbuch zur Geschichte des Deutschen Bundestages: 1994 bis 2003. Eine Veröffentlichung der Wissenschaftlichen Dienste des Deutschen Bundestages, Baden-Baden

Feldkamp, Michael F. 2006a: Deutscher Bundestag 1987 bis 2005: Parlaments- und Wahlstatistik, in: ZParl 37, 3–19

Feldkamp, Michael F. 2006b: Chronik der Vertrauensfrage des Bundeskanzlers am 1. Juli 2005 und der Auflösung des Deutschen Bundestages am 21. Juli 2005, in: ZParl 37, 19–28

Feldkamp, Michael F. 2009: Der Deutsche Bundestag – 100 Fragen und Antworten, Baden-Baden

Feldkamp, Michael F. 2010: Deutscher Bundestag 1990–2009: Parlaments- und Wahlstatistik für die 12. bis 17. Wahlperiode, in: ZParl 41, 3–17

Fickinger, Nico 2005a: Der verschenkte Konsens. Das Bündnis für Arbeit, Ausbildung und Wettbewerbsfähigkeit 1998–2002. Motivation, Rahmenbedingungen und Erfolge, Wiesbaden

Fickinger, Nico 2005b: Feldhamster gegen Kohlekraftwerk. Nur Ansätze einer ökologischen Modernisierung: Trittin kann Einzelerfolge, aber kein integriertes Gesamtkonzept vorweisen, in: FAZ Nr. 188, 15.8.2005, 6

Flora, Peter/Alber, Jens/Eichenberg, Richard u. a. 1983: State, Economy, and Society in Western Europe 1815–1975. Bd. I: The Growth of Mass Democracies and Welfare States, Frankfurt a. M. – London – Chicago

Forschungsgruppe Wahlen 2003: Wahl in Bayern. Eine Analyse der Landtagswahl vom 21. September 2003, Mannheim

Forschungsgruppe Wahlen 2005: Bundestagswahl. Eine Analyse der Wahl vom 18. September 2005, Mannheim

Forschungsgruppe Wahlen 2006a: Wahl in Rheinland-Pfalz. Eine Analyse der Landtagswahl vom 26. März 2006, Mannheim.

Forschungsgruppe Wahlen 2006b: Politbarometer Oktober II 2006, Mannheim

Forschungsgruppe Wahlen 2009a: Bundestagswahl. Eine Analyse der Wahl vom 27. September 2009, Mannheim

Forschungsgruppe Wahlen 2009b: Politbarometer November II 2009, Mannheim

Forsthoff, Ernst 1971: Der Staat der Industriegesellschaft. Dargestellt am Beispiel der Bundesrepublik Deutschland, München

Frei, Norbert 72002a: Der Führerstaat. Nationalsozialistische Herrschaft 1933 bis 1945, München

Frei, Norbert (Hg.) 2002b: Karrieren im Zwielicht. Hitlers Eliten nach 1945, Frankfurt a. M. – New York

Freitag, Markus 1996: Wahlbeteiligung in westlichen Demokratien. Eine Analyse zur Erklärung von Niveauunterschieden, in: Schweizerische Zeitschrift für Politikwissenschaft 2, Nr. 4, 101–134

Freitag, Markus/Vatter, Adrian (Hg.) 2008: Die Demokratien der deutschen Bundesländer, Opladen – Farmington Hills

Frey, Timotheos 2009: Die Christdemokratie in Westeuropa: Der schmale Grat zum Erfolg, Baden-Baden

Friedländer, Ernst 2006 (E. A. 1949): Verabschiedung des Grundgesetzes. «Und neues Leben blüht aus den Ruinen», in: Die Zeit (Hg.), Welt- und Kulturgeschichte, Bd. 20, Hamburg, 516–522

Friedrich, Carl Joachim 21966: Demokratie als Herrschafts- und Lebensform, Heidelberg

Friedrich, Carl J./Spiro, Herbert 1953: The Constitution of the German Federal Republic, in: Litchfield u. a. (Hg.), Governing Postwar Germany, 117–151

Fröhlich, Stefan 2006: Außenpolitik: Mehr als nur ein Stilwechsel?, in: Sturm/Pehle (Hg.), Wege, 221–238

Fromme, Friedrich Karl 31999: Von der Weimarer Verfassung zum Bonner Grundgesetz: Die verfassungspolitischen Folgerungen des Parlamentarischen Rates aus Weimarer Republik und nationalsozialistischer Diktatur, Berlin

Fuchs, Dieter 1987: Trends politischer Unterstützung in der Bundesrepublik, in: Berg-Schlosser, Dirk/Schissler, Jakob (Hg.), Politische Kultur in Deutschland. Bilanz und Perspektiven der Forschung (PVS Sonderheft 18), Opladen, 357–377

Fuchs, Dieter 1989: Die Unterstützung des politischen Systems der Bundesrepublik Deutschland, Opladen

Fuchs, Dieter 2009: The Political Culture Paradigm, in: Dalton/Klingemann (Hg.), Political Behavior, 161–184

Fuchs, Dieter/Roller, Edeltraud 2008: Einstellungen zur Demokratie, in: Statistisches Bundesamt u. a. (Hg.), Datenreport 2008, 397–402

Fulbrook, Mary 22004: A Concise History of Germany, Cambridge

Gabriel, Oscar W. 2005: Politische Einstellungen und politische Kultur, in: Gabriel/Holtmann (Hg.), Handbuch, 459–522

Gabriel, Oscar W./Hoffmann-Martinot, Vincent/Savitch, Hank V. (Hg.) 2000: Urban Democracy, Opladen

Gabriel, Oscar W./Holtmann, Everhard (Hg.) ³2005: Handbuch Politisches System der Bundesrepublik Deutschland, München – Wien

Gabriel, Oscar W./Kropp, Sabine (Hg.) ³2008: Die EU-Staaten im Vergleich. Strukturen, Prozesse, Politikinhalte, Wiesbaden

Gabriel, Oscar W./Niedermayer, Oskar/Stöss, Richard (Hg.) ²2001: Parteiendemokratie in Deutschland, Bonn

Gallagher, Michael/Laver, Michael/Mair, Peter ⁴2006: Representative Government in Modern Europe. Institutions, Parties, and Governments, New York, NY

Gassert, Philipp 2006: Kurt Georg Kiesinger 1904–1988. Kanzler zwischen den Zeiten, München

Geiß, Karlmann 2000: Im Dienste der Einheit und der Fortbildung des Rechts. Die Geschichte des Bundesgerichtshofs als Spiegel der Entfaltung des Rechts- und Sozialstaates, in: FAZ Nr. 27, 2.2.2000, 10

Geißler, Rainer ⁴2006: Die Sozialstruktur Deutschlands. Zur gesellschaftlichen Entwicklung mit einer Bilanz zur Vereinigung, Wiesbaden

Georgii, Harald/Borhanian, Sarab 2006: Zustimmungsgesetze nach der Föderalismusreform. Wie hätte sich der Anteil der Zustimmungsgesetze verändert, wenn die vorgeschlagene Reform bereits 1998 in Kraft gewesen wäre?, Berlin: Wissenschaftliche Dienste des Deutschen Bundestages

Gerhardt, Uta 2005: Soziologie der Stunde Null. Zur Gesellschaftskonzeption des amerikanischen Besatzungsregimes in Deutschland 1944–1945/1946, Frankfurt a. M.

Geyer, Martin H. (Bandherausgeber) 2008: Bundesrepublik Deutschland 1974–1982. Neue Herausforderungen, wachsende Unsicherheit. Geschichte der Sozialpolitik in Deutschland seit 1945, Bd. 6, hg. v. BMAS/Bundesarchiv, Baden-Baden

Geyer, Matthias/Smoltczyk, Alexander 2003: Die Dosenrepublik, in: Der Spiegel Nr. 32, 4.8.2003, 38–54

Gibson, Rachel K./Römmele, Andrea 2008: Political Communication, in: Caramani (Hg.), Comparative Politics, 473–491

Gindulis, Edith 2003: Der Konflikt um die Abtreibung. Die Bestimmungsfaktoren der Gesetzgebung zum Schwangerschaftsabbruch im OECD-Ländervergleich, Wiesbaden

Glaeßner, Gert-Joachim 2006: Politik in Deutschland, Wiesbaden

Göbel, Heike 2010: Was schiefläuft in der FDP, in: FAZ Nr. 147, 29.6.2010, 9

Gohr, Antonia 2001: Was tun, wenn man die Regierungsmacht verloren hat? Die Sozialpolitik der SPD-Opposition in den 80er Jahren, Universität Bremen (Dissertation)

Görtemaker, Manfred 2002: Kleine Geschichte der Bundesrepublik Deutschland, München

Grande, Edgar 2008: Globalizing West European politics: the change of cleavage structures, parties and party systems in comparative perspective, in: Kriesi u. a. (Hg.), Globalization, 320–344

Grasl, Maximilian/Detzer, Sandra 2009: Das Grundgesetz im Wandel – Die institutionelle Reformfähigkeit Deutschlands im internationalen Vergleich, in: Wagschal (Hg.), Deutschland, 227–248

Green, Simon 2004: The Politics of Exclusion: Institutions and Immigration Policy in Contemporary Germany, Manchester

Green, Simon 2006: Zwischen Kontinuität und Wandel: Migrations- und Staatsangehörigkeitspolitik, in: Schmidt/Zohlnhöfer (Hg.), Regieren, 113–134

Green, Simon 2010: Beyond Semi-Sovereignty? Economic Governance in Germany, in: Bulmer u. a. (Hg.), Rethinking Germany and Europe, 85–96

Green, Simon/Paterson, William E. (Hg.) 2005: Governance in Contemporary Germany. The Semisovereign State Revisited, Cambridge

Greven, Michael Th. ²2009: Die politische Gesellschaft. Kontingenz und Dezision als Probleme des Regierens und der Demokratie, Opladen

Griffith, William 1981: Die Ostpolitik der Bundesrepublik Deutschland, Stuttgart

Grimm, Dieter 2001: Die Verfassung und die Politik. Einsprüche in Störfallen, München

Grosser, Dieter 1998: Das Wagnis der Währungs-, Wirtschafts- und Sozialunion: Politische Zwänge im Konflikt mit ökonomischen Regeln, Stuttgart

Grundgesetz für die Bundesrepublik Deutschland (zuletzt geändert durch Gesetz vom 21.7.2010 BGBl. I S. 994), www.juris.de (abgerufen am 11.8.2010)

Guggenberger, Bernd 1980: Bürgerinitiativen in der Parteiendemokratie. Von der Ökologiebewegung zur Umweltpartei, Stuttgart u. a.

Guggenberger, Bernd 2009a: Bürgerinitiativen, in: Andersen/Woyke (Hg.), Handwörterbuch, 39–45

Guggenberger, Bernd 2009b: Bundeskanzler, in: Andersen/Woyke (Hg.), Handwörterbuch, 47–51

Gunlicks, Arthur 2003: The Länder and German Federalism, Manchester

Hacke, Christian 1985: Von Adenauer zu Kohl: Zur Ost- und Deutschlandpolitik der Bundesregierung 1949–1985, in: APuZ Nr. 51–52, 3–22

Hacke, Christian 1988: Traditionen und Stationen der Außenpolitik der Bundesrepublik Deutschland von 1949 bis 1987, in: APuZ Nr. 3, 3–15

Hacke, Christian 2003: Die Außenpolitik der Bundesrepublik Deutschland. Von Konrad Adenauer bis Gerhard Schröder, Frankfurt a. M.–Berlin

Hacke, Christian 2005: Die Außenpolitik der Regierung Schröder/Fischer, in: APuZ Nr. 32–33, 9–15

Haftendorn, Helga ²1986: Sicherheit und Entspannung. Zur Außenpolitik der Bundesrepublik Deutschland 1955–1982, Baden-Baden

Haftendorn, Helga 2001: Deutsche Außenpolitik zwischen Selbstbeschränkung und Selbstbehauptung 1945–2000, Stuttgart – München

Hall, Peter 1993: Policy Paradigms, Social Learning, and the State. The Case of Economic Policymaking in Britain, in: Comparative Politics 25, 275–296

Hall, Peter A./Soskice, David (Hg.) 2001: Varieties of Capitalism. The Institutional Foundations of Comparative Advantage, Oxford

Hallin, Daniel C./Mancini, Paolo 2004: Comparing Media Systems. Three Models of Media and Politics, Cambridge

Hanns-Seidel-Stiftung (Hg.) 1995: Geschichte einer Volkspartei: 50 Jahre CSU, 1945–1995, München

Hanrieder, Wolfram F. 1967: West German Foreign Policy 1949–1963. International Pressure and Domestic Response, Stanford

Harnisch, Sebastian 2006: Internationale Politik und Verfassung. Zur Domestizierung des sicherheits- und europapolitischen Prozesses der Bundesrepublik Deutschland, Baden-Baden

Harnisch, Sebastian 2007: Grenzerfahrungen. Deutsche Europapolitik und Europäischer Verfassungsvertrag, in: Zeitschrift für Politikwissenschaft 17, 61–77

Harnisch, Sebastian 2010: Die Große Koalition in der Außen- und Sicherheitspolitik: die Selbstbehauptung der Vetospieler, in: Egle/Zohlnhöfer (Hg.), Große Koalition, 503–529

Harnisch, Sebastian/Katsioulis, Christos/Overhaus, Marco (Hg.) 2004: Deutsche Sicherheitspolitik. Eine Bilanz der Regierung Schröder, Baden-Baden

Harnisch, Sebastian/Maull, Hanns W. (Hg.) 2001: Germany as a Civilian Power? The Foreign Policy of the Berlin Republic, Manchester–New York

Harnoß, Hans 1970: Parlamentarische Demokratie und Verbände in der Bundesrepublik Deutschland, in: Verbände und Herrschaft. Pluralismus in der Gesellschaft (Handbücher der Politischen Akademie Eichholz, Bd. 3), Bonn, 63–114

Hartmann, Jürgen 2004: Das politische System der Bundesrepublik Deutschland im Kontext. Eine Einführung, Wiesbaden

Hartmann, Michael 1996: Topmanager. Die Rekrutierung einer Elite. Frankfurt a. M.–New York

Hartmann, Michael 2002: Der Mythos von den Leistungseliten. Spitzenkarrieren und soziale Herkunft in Wirtschaft, Politik, Justiz und Wissenschaft, Frankfurt a. M.–New York

Hartmann, Michael 2004: Eliten in Deutschland, in: APuZ Nr. 10, 17–24

Hartmann, Michael 2007: Eliten und Macht in Europa. Ein internationaler Vergleich, Frankfurt a. M.–New York

Hartmann, Michael/Kopp, Johannes 2001: Elitenselektion durch Bildung oder durch Herkunft? Promotion, soziale Herkunft und der Zugang zu Führungspositionen in der deutschen Wirtschaft, in: KZfSS 53, 436–466

Hartwich, Hans-Hermann 1970: Sozialstaatspostulat und gesellschaftlicher Status quo, Köln–Opladen

Hartwich, Hans-Hermann/Wewer, Göttrik (Hg.) 1990–1993: Regieren in der Bundesrepublik Deutschland, 5 Bde., Opladen

Hasse, Rolf H./Schneider, Hermann/Weigelt, Klaus (Hg.) 2002: Lexikon Soziale Marktwirtschaft. Wirtschaftspolitik von A bis Z, Paderborn u. a.

Hauser, Richard 2006: Alternativen einer Grundsicherung – soziale und ökonomische Aspekte, in: GWP 55, 331–448

Haverkate, Görg/Huster, Stefan 1999: Europäisches Sozialrecht. Eine Einführung, Baden-Baden

Heinelt, Hubert u. a. 2000: Prozedurale Umweltpolitik der EU. Umweltverträglichkeitsprüfungen und Öko-Audits im Ländervergleich, Opladen

Heinelt, Hubert/Egner, Björn 2006: Wohnungspolitik, in: Schmidt/Zohlnhöfer (Hg.), Regieren, 201–218

Heinemann, Gustav A. 1966: Verfehlte Deutschlandpolitik. Irreführung und Selbsttäuschung, Frankfurt a. M.

Heinze, Rolf G. 1981: Verbändepolitik und «Neokorporatismus». Zur politischen Soziologie organisierter Interessen, Opladen

Heinze, Rolf G. 1992: Verbandspolitik zwischen Partikularinteressen und Gemeinwohl – Der Deutsche Bauernverband, Gütersloh

Hellmann, Gunther 2006a (unter Mitarbeit v. Rainer Baumann u. Wolfgang Wagner): Deutsche Außenpolitik. Eine Einführung, Wiesbaden

Hellmann, Gunther 2006b: «…um diesen deutschen Weg zu Ende gehen zu können.» Die Renaissance machtpolitischer Selbstbehauptung in der zweiten Amtszeit der Regierung Schröder-Fischer, in: Egle/Zohlnhöfer (Hg.): Ende des rot-grünen Projektes, 453–479

Hellmann, Gunther/Weber, Christian/Sauer, Frank/Schirmbeck, Sonja 2007: «Selbstbewusst» und «stolz». Das außenpolitische Vokabular der Berliner Republik als Werte einer Neuorientierung, in: PVS 48, 650–679

Hellmann, Gunther/Wolf, Reinhard/Schmidt, Siegmar 2007: Deutsche Außenpolitik in historischer und systematischer Perspektive, in: Schmidt/Hellmann/Wolf (Hg.), Außenpolitik, 15–46

Helms, Ludger 1996: Das Amt des deutschen Bundeskanzlers in historisch und international vergleichender Perspektive, in: ZParl 27, 697–711

Helms, Ludger (Hg.) 2000a: Institutions and Institutional Change in the Federal Republic of Germany, Basingstoke

Helms, Ludger 2000b: The Federal Constitutional Court: Institutionalizing Judicial Review in a Semi-Sovereign Democracy, in: Helms (Hg.), Institutions, 84–104

Helms, Ludger 2001: Kabinettsminister und Kabinettsumbildungen in der Bundesrepublik Deutschland und in Großbritannien (1945/49–2000), in: Die Verwaltung 34, 561–571

Helms, Ludger 2002: Politische Opposition. Theorie und Praxis in westlichen Regierungssystemen, Opladen

Helms, Ludger 2005a: Regierungsorganisation und politische Führung in Deutschland, Wiesbaden

Helms, Ludger 2005b: Presidents, Prime Ministers, and Chancellors. Executive Leadership in Western Democracies, Basingstoke

Helms, Ludger 2006a: Föderalismus und Bundesstaatlichkeit in Deutschland: Eine Analyse aus der Perspektive der vergleichenden Politikwissenschaft, in: Europäisches Zentrum für Föderalismus-Forschung Tübingen (Hg.),

Jahrbuch des Föderalismus 2006. Föderalismus, Subsidiarität und Regionen in Europa, Baden-Baden, 115–135

Helms, Ludger 2006b: The Grand Coalition. Precedents and Prospects, in: German Politics and Society 24, Nr. 1, 47–66

Helms, Ludger 2007: Die Institutionalisierung der liberalen Demokratie. Deutschland im internationalen Vergleich, Frankfurt a. M. – New York

Helms, Ludger 2010a: Ist die Bundesrepublik eine »Post-Demokratie"? Eine Analyse am Schnittpunkt von Demokratieforschung und vergleichender Regierungslehre, in: ZSE 8, 202–227

Helms, Ludger 2010b: Modelldemokratie im Gegenwind? Die Bundesrepublik Deutschland in der vergleichenden Politikwissenschaft, in: ZParl 41, 207–221

Hennecke, Hans Jörg 2003: Die dritte Republik. Aufbruch und Ernüchterung, Berlin

Hennis, Wilhelm 1998: Auf dem Weg in den Parteienstaat. Aufsätze aus vier Jahrzehnten, Stuttgart

Hennis, Wilhelm/Kielmansegg, Peter Graf (Hg.) 1977: Regierbarkeit, Stuttgart

Hentschel, Volker 1996: Ludwig Erhard. Ein Politikerleben, München – Landsberg

Hermens, Ferdinand A. ²1968 (engl. 1941): Demokratie oder Anarchie? Untersuchung über die Verhältniswahl, Köln – Opladen

Herzog, Roman 1974: Sperre für den Sozialismus, in: Die Zeit, 29.3.1984

Hesse, Joachim Jens/Ellwein, Thomas ⁹2004: Das Regierungssystem der Bundesrepublik Deutschland, Berlin

Hesse, Konrad 1962: Der unitarische Bundesstaat, Karlsruhe

Hibbs, Douglas A., Jr. 1977: Political Parties and Macroeconomic Policy, in: APSR 71, 1467–1487

Hildebrand, Klaus 1984: Von Erhard zur Großen Koalition 1963 bis 1969, Wiesbaden – Stuttgart

Hildebrandt, Achim/Wolf, Frieder (Hg.) 2008: Die Politik der Bundesländer. Staatstätigkeit im Vergleich, Wiesbaden

Hilmer, Richard 2010: Bundestagswahl 2009: Ein Wechsel auf Raten, in: ZParl 41, 147–180

Hirschmann, Albert O. 1970: Exit, Voice, and Loyalty. Responses to Decline in Firms, Organizations, and States, Cambridge

Hobbes, Thomas 1984 (engl. E. A. 1651): Leviathan oder Stoff, Form und Gewalt eines kirchlichen und bürgerlichen Staates, hg. v. Iring Fetscher, Frankfurt a. M.

Hobbes, Thomas 1991 (engl. E. A. 1682): Behemoth oder Das Lange Parlament, Frankfurt a. M.

Hockerts, Hans Günter 1980: Sozialpolitische Entscheidungen im Nachkriegsdeutschland. Alliierte und deutsche Sozialversicherungspolitik 1945 bis 1957, Stuttgart

Hockerts, Hans Günter 1986: Integration der Gesellschaft. Gründungskrise und Sozialpolitik in der frühen Bundesrepublik, in: ZSR 32, 25–40

Hockerts, Hans Günter (Hg.) 1998: Drei Wege deutscher Sozialstaatlichkeit: NS-Diktatur, Bundesrepublik und DDR im Vergleich, München

Hockerts, Günter (Bandherausgeber) 2007: Bundesrepublik Deutschland 1966–1974. Eine Zeit vielfältigen Aufbruchs. Geschichte der Sozialpolitik in Deutschland seit 1945, Bd. 5, hg. v. BMAS/Bundesarchiv, Baden-Baden

Hoffmann-Lange, Ursula 1992: Eliten, Macht und Konflikt in der Bundesrepublik, Opladen

Hoffmann-Lange, Ursula 2003: Eliten, in: Jesse/Sturm (Hg.), Demokratien, 203–231

Hoffmann-Lange/Bürklin, Wilhelm [2]2001: Eliten, Führungsgruppen, in: Schäfers/Zapf (Hg.), Handwörterbuch, 170–182

Hofmann, Franziska 2007: Zuwanderungspolitik in der Bundesrepublik Deutschland 1949 bis 2006. Eine Politikfeldanalyse, Magisterarbeit (Universität Heidelberg)

Hofmann, Gunter/Perger, Werner A. (Hg.) 1992: Die Kontroverse. Weizsäkkers Parteienkritik in der Diskussion, Frankfurt a. M.

Hofmann, Hasso [3]2003: Die Entwicklung des Grundgesetzes von 1949 bis 1990, in: Isensee/Kirchhof (Hg.), HStR I. Historische Grundlagen, 355–422

Holl, Thomas 2010: Kochs Leistungen, in: FAZ Nr. 200, 30.8.2010, 1

Holzinger, Katharina 1994: Politik des kleinsten gemeinsamen Nenners? Umweltpolitische Entscheidungsprozesse in der EG am Beispiel der Einführung des Katalysatorautos, Berlin

Holzinger, Katharina/Knill, Christoph/Aarts, Bas (Hg.) 2008: Environmental Policy Convergence in Europe: The Impact of International Institutions and Trade, Cambridge

Hönnige, Christoph 2007: Verfassungsgericht, Regierung und Opposition. Die vergleichende Analyse eines Spannungsdreiecks, Wiesbaden

Hönnige, Christoph 2008: Verfassungsgerichte in den EU-Staaten: Wahlverfahren, Kompetenzen und Organisationsprinzipien, in: ZSE 6, 524–553

Höpner, Martin 2003: Wer beherrscht die Unternehmen? Shareholder Value, Managerherrschaft und Mitbestimmung in Deutschland, Frankfurt a. M. – New York

Höpner, Martin/Petring, Alexander/Seikel, Daniel/Werner, Benjamin 2009: Liberalisierungspolitik. Eine Bestandsaufnahme von zweieinhalb Dekaden marktschaffender Politik in entwickelten Industrieländern, Discussion Paper 09/7 MPIfG, Köln

Höpner, Martin/Schäfer, Armin (Hg.) 2008: Die Politische Ökonomie der europäischen Integration, Frankfurt a. M. – New York

Hörisch, Felix 2009: Unternehmensmitbestimmung im nationalen und internationalen Vergleich. Entstehung und ökonomische Auswirkungen, Berlin

Hradil, Stefan 2002: Der Wandel des Wertewandels: Die neue Suche nach Sicherheit, Ordnung und Gemeinschaft in einer individualisierten Gesellschaft, in: GWP 51, 409–420

Hradil, Stefan [3]2009a: Soziale Ungleichheit in Deutschland, Opladen

Hradil, Stefan ³2009b: Die Sozialstruktur Deutschlands im internationalen Vergleich, Wiesbaden

Huber, Joseph 2005: Unsere kleine West-DDR, in: FAS Nr. 30, 31.7.2005, 5

Huber, Joseph 2006: Jenseits des Öls. Deutschland betreibt eine krisenanfällige Energiepolitik, in: FAS Nr. 13, 2.4.2006, 15

Huber, Evelyne/Ragin, Charles/Stephens, John D. 1993: Social Democracy, Christian Democracy, Constitutional Structure, and the Welfare State, in: American Journal of Sociology 99, 711–749

Hucke, Jochen 1990: Umweltpolitik: Die Entwicklung eines neuen Politikfeldes, in: von Beyme/Schmidt (Hg.), Politik, 382–398

Inglehart, Ronald 1977: The Silent Revolution. Changing Values and Political Styles among Western Publics, Princeton NJ

Inglehart, Ronald 1989: Kultureller Umbruch, Frankfurt a. M. – New York

Ipsen, Jörn 2009: Der Staat der Mitte. Verfassungsgeschichte der Bundesrepublik Deutschland, München

Isensee, Josef 1996: Bundesverfassungsgericht – quo vadis?, in: Juristenzeitung 51, 1085–1093

Isensee, Josef/Kirchhof, Paul (Hg.) 1987 ff.: Handbuch des Staatsrechts der Bundesrepublik Deutschland, 10 Bde., Heidelberg

Isensee, Josef/Kirchhof, Paul (Hg.) ³2006: HStR IV. Aufgaben des Staates, Heidelberg

Ismayr, Wolfgang 2000: Der Deutsche Bundestag im politischen System der Bundesrepublik Deutschland, Opladen

Ismayr, Wolfgang (Hg.) 2008a: Gesetzgebung in Westeuropa. EU-Staaten und Europäische Union, Wiesbaden,

Ismayr, Wolfgang 2008b: Gesetzgebung im politischen System Deutschlands, in: Ismayr (Hg.), Gesetzgebung, 383–430

Ismayr, Wolfgang (Hg.) ⁴2010: Die politischen Systeme Osteuropas, Opladen

Iversen, Torben 2005: Capitalism, Democracy, and Welfare, Cambridge

Iversen, Torben/Stephens, John D. 2008: Partisan Politics, the Welfare State, and Three Worlds of Human Capital Formation, in: Comparative Political Studies 41, 600–637

Jachtenfuchs, Markus/Kohler-Koch, Beate (Hg.) ²2003: Europäische Integration, Opladen

Jacob, Klaus/Volkery, Axel 2007: Nichts Neues unter der Sonne? Zwischen Ideensuche und Entscheidungsblockade – die Umweltpolitik der Bundesregierung Schröder 2002–2005, in: Egle/Zohlnhöfer (Hg.), Ende des rotgrünen Projektes, 431–452

Jäger, Wolfgang 1987: Die Innenpolitik der sozial-liberalen Koalition 1974–1982, in: Jäger/Link (Hg.), Republik im Wandel, 7–272

Jäger, Wolfgang 1998: Die Überwindung der Teilung: Der innerdeutsche Prozeß der Vereinigung 1989/90, Stuttgart

Jäger, Wolfgang/Link, Werner (Hg.) 1987: Republik im Wandel. Bd. 2: 1974–1982. Die Ära Schmidt, Stuttgart – Mannheim

Jaggers, Keith/Gurr, Ted Robert 1995: Tracking Democracy's Third Wave with the Polity III Data, in: Journal of Peace Research 32, 469–482

Jahn, Detlef 1998: Environmental Performance and Policy Regimes: Explaining Variations in 18 OECD-Countries, in: Policy Sciences 31, Nr. 2, 107–131

Jahn, Detlef 2000: Die Lernfähigkeit politischer Systeme. Zur Institutionalisierung ökologischer Standpunkte in Schweden und der Bundesrepublik Deutschland, Baden-Baden

Jahn, Detlef 2000: Patterns and Correlates of Environmental Politics in the Western Democracies, in: Young, Stephen (Hg.), The Emergence of Ecological Modernization: Integrating the Environment and the Economy?, London, 153–171

Jahn, Detlef 2006: Einführung in die vergleichende Politikwissenschaft, Wiesbaden

Jänicke, Martin 2003: Umweltpolitik, in: Andersen, Uwe/Woyke, Wichard (Hg.) ⁵2003: Handwörterbuch des politischen Systems der Bundesrepublik Deutschland, Opladen, 631–640

Jänicke, Martin 2006a: Mehr Umweltstaat! Politikintegration unter Rot-Grün, in: Altner, Günther/Leitschuh-Fecht, Heike/Michelsen, Gerd u. a. (Hg.), Jahrbuch Ökologie 2006, München, 46–56

Jänicke, Martin 2006b: Umweltpolitik – auf dem Weg zur Querschnittspolitik, in: Schmidt/Zohlnhöfer (Hg.), Regieren, 397–410

Jänicke, Martin 2009: Umweltpolitik, in: Andersen/Woyke (Hg.), Handwörterbuch, 699–705

Jänicke, Martin 2010: Die Umweltpolitik der Großen Koalition, in: Egle/Zohlnhöfer (Hg.), Große Koalition, 487–502

Jänicke, Martin/Mönch, Harald 1988: Ökologischer und wirtschaftlicher Wandel im Industrieländer-Vergleich: Eine explorative Studie über Modernisierungskapazitäten, in: Schmidt, Manfred G. (Hg.), Staatstätigkeit. International und historisch vergleichende Analysen (PVS Sonderheft 19), Opladen, 389–405

Jänicke, Martin/Weidner, Helmut (Hg.) 1997: National Environmental Policies. A Comparative Study of Capacity-Building, Berlin u. a.

Jann, Werner 1983: Staatliche Programme und «Verwaltungskultur». Bekämpfung des Drogenmißbrauchs und der Jugendarbeitslosigkeit in Schweden, Großbritannien und der Bundesrepublik Deutschland im Vergleich, Opladen

Jeffery, Charly (Hg.) 1999: Recasting German Federalism: The Legacies of Unification, London

Jesse, Eckhard 1985: Wahlrecht zwischen Kontinuität und Reform. Eine Analyse der Wahlsystemdiskussion und der Wahlrechtsänderungen in der Bundesrepublik Deutschland 1949–1983, Düsseldorf

Jesse, Eckhard 2006: Die «Partei der Nichtwähler» existiert nicht, in: Das Parlament Nr. 14, 3.4.2006, 2

Jesse, Eckard 2010a: Die Bundestagswahl 2009 im Spiegel der repräsentativen Wahlstatistik, in: ZParl 41, 91–101

Jesse, Eckhard 2010b: Systemwechsel in Deutschland. 1918/19 – 1933 – 1945/49 – 1989/90, Köln – Weimar – Wien

Jesse, Eckhard/Sturm, Roland (Hg.) 2003: Demokratien des 21. Jahrhunderts im Vergleich. Historische Zugänge, Gegenwartsprobleme, Reformperspektiven, Opladen

Jochem, Sven 2009: Reformpolitik im Wohlfahrtsstaat. Deutschland im internationalen Vergleich, Berlin

Jochem, Sven/Siegel, Nico A. (Hg.) 2003: Konzertierung, Verhandlungsdemokratie und Reformpolitik im Wohlfahrtsstaat. Das Modell Deutschland im Vergleich, Opladen

Jung, Matthias/Schroth, Yvonne/Wolf, Andrea 2009: Regierungswechsel ohne Wechselstimmung, in: APuZ Nr. 51, 12–19

Junker, Detlef 2003: Power and Mission. Was Amerika antreibt, Freiburg i. Br.

Jürgens, Ulrich/Naschold, Frieder (Hg.) 1984: Arbeitspolitik. Materialien zum Zusammenhang von politischer Macht, Kontrolle und betrieblicher Organisation der Arbeit, Opladen

Kaase, Max 1986: Die Entwicklung des Umweltbewußtseins in der Bundesrepublik Deutschland, in: Wildenmann, Rudolf (Hg.), Umwelt, Wirtschaft, Gesellschaft – Wege zu einem neuen Grundverständnis, Gerungen, 289–316

Kaase, Max 1992: Massenmedien, in: Schmidt (Hg.), Die westlichen Länder, 236–242

Kaase, Max/Pfetsch, Barbara 2010: Massenkommunikation, in: Nohlen, Dieter/Schultze, Rainer-Olaf (Hg.), Lexikon der Politikwissenschaft, Bd. 1, München, 576–580

Kaase, Max/Schmid, Günther (Hg.) 1999: Eine lernende Demokratie: 50 Jahre Bundesrepublik Deutschland, Berlin

Kaina, Viktoria 2004: Deutschlands Eliten zwischen Kontinuität und Wandel, in: APuZ Nr. 10, 8–15

Katzenstein, Peter J. 1984: Corporatism and Change. Austria, Switzerland, and the Politics of Industry, Ithaca – London

Katzenstein, Peter J. 1985: Small States in World Markets. Industrial Policy in Europe, Ithaca – London

Katzenstein, Peter J. 1987: Polity and Politics in Western Germany: The Growth of a Semisovereign State, Philadelphia

Katzenstein, Peter J. 2005: Conclusion: Semisovereignty in United Germany, in: Green/Paterson (Hg.), Governance, 283–306

Kaufmann, Franz-Xaver 2003: Varianten des Wohlfahrtsstaats. Der deutsche Sozialstaat im internationalen Vergleich, Frankfurt a. M.

Kaufmann, Franz-Xaver 2005: Schrumpfende Gesellschaft. Vom Bevölkerungsrückgang und seinen Folgen, Frankfurt a. M.

Kempf, Udo/Merz, Hans-Georg (Hg.) 2001: Kanzler und Minister 1949–1998. Biographisches Lexikon der deutschen Bundesregierungen, Wiesbaden

Kempf, Udo/Merz, Hans-Georg (Hg.) 2008: Kanzler und Minister 1998–2005. Biografisches Lexikon der deutschen Bundesregierungen, Wiesbaden

Kepplinger, Hans Mathias/Maurer, Marcus 2005: Abschied vom rationalen

Wähler. Warum Wahlen im Fernsehen entschieden werden, Freiburg i. Br. – München

Kern, Kristine/Koenen, Stephanie/Löffelsend, Tina 2004: Red-Green Environmental Policy in Germany: Strategies and Performance Patterns, in: Reutter (Hg.), Germany, 183–206

Kerscher, Helmut 2001: Das Gericht der Republik, in: SZ Nr. 224, 28.9.2001, 4

Kessel, Hans/Tischler, Wolfgang 1984: Umweltbewußtsein. Ökologische Wertvorstellungen in westlichen Industrienationen, Berlin

Keynes, John Maynard 1970 (E. A. 1936): The General Theory of Employment, Interest and Money, London – Basingstoke

Kielmansegg, Peter Graf 2000: Nach der Katastrophe. Eine Geschichte des geteilten Deutschland, Berlin

Kielmansegg, Peter Graf 2002: Mehrheiten sind nicht mehr garantiert, in: FAZ v. 23.8.2002, 9

Kielmansegg, Peter Graf 2003: Integration und Demokratie (mit Nachwort zur 2. Aufl.), in: Jachtenfuchs/Kohler-Koch (Hg.) Europäische Integration, 49–84

Kielmansegg, Peter Graf 2004: Die Instanz des letzten Wortes. Verfassungsgerichtsbarkeit und Gewaltenteilung in der Demokratie, Stuttgart: Stiftung Bundespräsident-Theodor-Heuss-Haus

Kießling, Andreas 2004: Die CSU. Machterhalt und Machterneuerung, Wiesbaden

Kim, Heemin/Fording, Richard C. 2003: Voter ideology in Western democracies: an update, in: EJPR 42, 95–105

Kimmel, Adolf 2008: Verfassungsrechtliche Rahmenbedingungen: Grundrechte, Staatszielbestimmungen und Verfassungsstrukturen, in: Gabriel/Kropp (Hg.), EU-Staaten, 62–88

Kirchheimer, Otto 1965: Der Wandel des westeuropäischen Parteiensystems, in: PVS 6, 20–41

Kirchheimer, Otto 1967: Deutschland oder Der Verfall der Opposition, in: Kirchheimer, Otto: Politische Herrschaft. Fünf Beiträge zur Lehre vom Staat, Frankfurt a. M., 58–91

Kirchhof, Ferdinand 1999: Finanzierung der Sozialversicherung, in: Isensee/Kirchhof (Hg.), HStR IV. Finanzverfassung – Bundesstaatliche Ordnung, 395–423

Kirchhof, Paul 1999: Staatliche Einnahmen, in: Isensee/Kirchhof (Hg.), HStR IV. Finanzverfassung – Bundesstaatliche Ordnung, Heidelberg, 87–233

Kirchhof, Paul 2004: Das Parlament als Mitte der Demokratie, in: Brenner, Michael/Huber, Peter M./Möstl, Markus (Hg.), Der Staat des Grundgesetzes – Kontinuität und Wandel, Tübingen, 237–262

Kirchhof, Paul 2006: Das Gesetz der Hydra. Gebt den Bürgern ihren Staat zurück!, München

Kirsch, Guy/Mackscheidt, Klaus 1985: Staatsmann, Demagoge, Amtsinhaber. Eine psychologische Ergänzung der ökonomischen Theorie der Politik, Göttingen

Klein, Hans Joachim 2001: Vereine, in: Schäfers/Zapf (Hg.), Handwörterbuch, 705–716

Klein, Markus 2005: Die Entwicklung der Beteiligungsbereitschaft bei Bundestagswahlen. Eine Mehrebenenanalyse auf der Grundlage der Politbarometer-Trenderhebungen der Jahre 1977 bis 2002, in: KZfSS 57, 494–522

Klein, Markus/Falter, Jürgen 2003: Der lange Weg der Grünen. Eine Partei zwischen Protest und Regierung, München

Klemm, Klaus 2008: Bildungsausgaben: Woher sie kommen, wohin sie fließen, in: Cortina u. a., Bildungswesen, 245–280

Klingemann, Hans-Dieter/Kaase, Max (Hg.) 2001: Wahlen und Wähler: Analysen aus Anlass der Bundestagswahl 1998, Wiesbaden

Klingemann, Hans-Dieter/Volkens, Andrea 2001: Struktur und Entwicklung von Wahlprogrammen in der Bundesrepublik Deutschland 1949–1998, in: Gabriel/Niedermayer/Stöss (Hg.), Parteiendemokratie, 507–527

Kloepfer, Michael (Hg.) 1989: Umweltstaat, Berlin – Heidelberg – New York

Kloepfer, Michael unter Mitarbeit v. Malte Kohls u. Volker Ochsenfahrt ³2004: Umweltrecht, München

Kneip, Sascha 2006: Demokratieimmanente Grenzen der Verfassungsgerichtsbarkeit, in: Becker/Zimmerling (Hg.), Politik und Recht, 259–281

Kneip, Sascha 2007: Anschieber oder Bremser? Das Bundesverfassungsgericht und die Reformpolitik der rot-grünen Bundesregierung, in: Egle/Zohlnhöfer (Hg.), Ende des rot-grünen Projekts, 215–240

Knill, Christoph 2008: Europäische Umweltpolitik: Steuerungsprobleme und Regulierungsmuster im Mehrebenensystem, Wiesbaden

Knill, Christoph/Debus, Marc/Heichel, Stephan 2010: Do parties matter in internationalized policy areas? The impact of political parties on environmental policy outputs in 18 OECD countries, 1970–2000, in: EJPR 49, 301–336

Knopp, Guido 2000: Kanzler. Die Mächtigen der Republik, München

Knott, Jack H. 1981: Managing the German Economy. Budgetary politics in a federal state, Lexington MA

Köcher, Renate 1995: Hüter oder Herrscher? Die öffentliche Wahrnehmung des Bundesverfassungsgerichtes ändert sich, in: FAZ Nr. 248, 25.10.1995, 5

Kohl, Jürgen 1982: Zur langfristigen Entwicklung der politischen Partizipation in Westeuropa, in: Steinbach, Peter (Hg.), Probleme politischer Partizipation im Modernisierungsprozeß, Stuttgart, 473–503

Kohl, Jürgen 1985: Staatsausgaben in Westeuropa, Frankfurt a. M. – New York

Kohl, Jürgen 2000: Der Sozialstaat. Die deutsche Version des Wohlfahrtsstaates – Überlegungen zu seiner typologischen Verortung, in: Leibfried/Wagschal (Hg.), Sozialstaat, 115–152

Kommers, Donald 1997a: The Government of Germany, in: Curtis, Michael u. a.: Western European Government and Politics, New York u. a., 153–201

Kommers, Donald P. ²1997b: The Constitutional Jurisprudence of the Federal Republic of Germany, Durham NC

König, Thomas 2001: Bicameralism and Party Politics in Germany: An Empirical Social Choice Analysis, in: Political Studies 49, 411–437

König, Thomas/Bräuninger, Thomas 1997: Wie wichtig sind die Länder für die Politik der Bundesregierung bei Einspruchs- und Zustimmungsgesetzen?, in: ZParl 28, 605–628

Kornelius, Bernhard/Roth, Dieter 2006: Bundestagswahl 2005: Machtwechsel bleibt aus. Verlierer bilden die Regierung, Mannheim – Heidelberg (Manuskript)

Korte, Karl-Rudolf/Hirschner, Gerhard (Hg.) 2000: Darstellungspolitik oder Entscheidungspolitik? Über den Wandel von Politikstilen in den westlichen Demokratien, München

Kost, Andreas (Hg.) 2005: Direkte Demokratie in den deutschen Ländern. Eine Einführung, Wiesbaden

Kriesi, Hanspeter/Grande, Edgar/Lachat, Romain/Dolezal, Martin/Bornschier, Simon/Frey, Timotheos (Hg.) 2008: West European Politics in the Age of Globalization, Cambridge

Krippendorff, Ekkehard 1962: Das Ende des Parteienstaates?, in: Der Monat Nr. 160, 64–70

Kropp, Sabine 2004: Gerhard Schröder as «Coordination Chancellor»: The Impact of Institutions and Arenas on the Chancellor's Style of Governance, in: Reutter (Hg.), Germany, 67–88

Kropp, Sabine 2010: Kooperativer Föderalismus und Politikverflechtung, Wiesbaden

Krüger, Herbert 1971 (E. A. 1951): Staatsverfassung und Wirtschaftsverfassung, in: Scheuner, Ulrich (Hg.), Die staatliche Einwirkung auf die Wirtschaft, Frankfurt a. M., 125–143

Küpper, Mechthild 2010: Rote Linien, in: FAZ Nr. 23, 28.1.2010, 1

Landeszentrale für politische Bildung Baden-Württemberg 1993: Theodor Heuss (Deutschland und Europa, Heft 26), Stuttgart

Landfried, Christine (Hg.) 1988: Constitutional Review and Legislation. An International Comparison, Baden-Baden

Landfried, Christine ²1994: Parteifinanzen und politische Macht, Baden-Baden

Landfried, Christine ²1996: Bundesverfassungsgericht und Gesetzgeber, Baden-Baden

Landfried, Christine 2006: Die Wahl der Bundesverfassungsrichter und ihre Folgen für die Legitimität der Verfassungsgerichtsbarkeit, in: von Oyen, Robert/Möllers, Martin (Hg.), Das Bundesverfassungsgericht im politischen System, Wiesbaden, 223–235

Landfried, Christine 2009: Es fehlen Frauen und Transparenz, in: FAZ Nr. 198, 27.8.2009, 8

Lane, Jan-Erik/McKay, David/Newton, Kenneth (Hg.) ²1997: Political Data Handbook. OECD Countries, Oxford

Lang, Werner 1978: Kooperative Gewerkschaften und Einkommenspolitik. Das Beispiel Österreichs, Frankfurt a. M.

Lange, Erhard H. M. 1975: Wahlrecht und Innenpolitik. Entstehungsgeschichte und Analyse der Wahlgesetzgebung und Wahlrechtsdiskussion im westlichen Nachkriegsdeutschland 1945–1956, Meisenheim am Glan

Lantis, Jeffery S. 2002: Strategic Dilemmas and the Evolution of German Foreign Policy since Unification, Westport–London

Lauth, Hans-Joachim (Hg.) ³2010: Vergleichende Regierungslehre. Eine Einführung, Wiesbaden

Laver, Michael/Hunt, Ben 1992: Policy and Party Competition, New York–London

Lazarsfeld, Paul Felix/Berelson, Bernard R./Gaudet, Hazel 1944: The People's Choice: How the Voter Makes up his Mind in a Presidential Campaign, New York

Lees, Charles 2005: Party Politics in Germany. A Comparative Politics Approach, Basingstoke

Lehmbruch, Gerhard 1967: Proporzdemokratie: Politisches System und politische Kultur in der Schweiz und in Österreich, Tübingen

Lehmbruch, Gerhard 1984: Concertation and the Structure of Corporatist Networks, in: Goldthorpe, John H. (Hg.), Order and Conflict in Contemporary Capitalism, Oxford, 60–80

Lehmbruch, Gerhard 1990: Die improvisierte Vereinigung: Die Dritte Deutsche Republik, in: Leviathan 18, 462–486

Lehmbruch, Gerhard 1992: Konkordanzdemokratie, in: Schmidt (Hg.), Die westlichen Länder, 206–211

Lehmbruch, Gerhard ³2000: Parteienwettbewerb im Bundesstaat: Regelsysteme und Spannungslagen im politischen System der Bundesrepublik Deutschland, Wiesbaden

Lehmbruch, Gerhard 2003: Verhandlungsdemokratie. Beiträge zur vergleichenden Regierungslehre, Wiesbaden

Lehmbruch, Gerhard/Schmitter, Philippe C. (Hg.) 1982: Patterns of Corporatist Policy Making, London

Lehmkuhl, Dirk 2006: «...und sie bewegt sich doch». Der späte Bruch mit verkehrspolitischen Pfadabhängigkeiten durch europäische Integration und nationalen Reformdruck, in: Schmidt/Zohlnhöfer (Hg.), Regieren, 356–376

Leibfried, Stephan ⁶2010: Social Policy. Left to the Judges and the Markets?, in: Wallace/Pollack/Young (Hg.), European Union, 253–281

Leibfried, Stephan/Müller, Rainer/Schmähl, Winfried/Schmidt, Manfred G. 1998: Thesen zur Sozialpolitik in Deutschland, in: ZSR 44, 525–569

Leibfried, Stephan/Obinger, Herbert 2008: Nationale Sozialstaaten in der Europäischen Union: Zukünfte eines «sozialen Europas», in: Höpner/Schäfer (Hg.), Politische Ökonomie, Frankfurt, 335–365

Leibfried, Stephan/Pierson, Paul (Hg.) 1998: Standort Europa. Sozialpolitik zwischen Nationalstaat und Europäischer Integration, Frankfurt a. M.

Leibfried, Stephan/Wagschal, Uwe (Hg.) 2000: Der deutsche Sozialstaat. Bilanzen – Reformen – Perspektiven, Frankfurt a. M. – New York

Leinemann, Jürgen 2004: Höhenrausch. Die wirklichkeitsleere Welt der Politiker, München

Lenz, Otto 1989: Im Zentrum der Macht. Das Tagebuch von Staatssekretär

Lenz 1951–1953. Bearb. v. Klaus Gotto, Hans-Otto Kleinmann u. Reinhard Schreiner, Düsseldorf

Lepenies, Wolf 2003: Das Ende der Bildungsrepublik, in: SZ Nr. 281 v. 7.12.2003, 4

Lepsius, M. Rainer 1990a: Die Prägung der politischen Kultur der Bundesrepublik durch institutionelle Ordnungen, in: Lepsius, Institutionen, 63–84

Lepsius, M. Rainer 1990b (E. A. 1979): Soziale Ungleichheit und Klassenstrukturen in der Bundesrepublik Deutschland, in: Lepsius, Institutionen, 117–152

Lepsius, M. Rainer 1990c: Interessen, Ideen und Institutionen, Opladen

Lepsius, M. Rainer 1993a: Demokratie in Deutschland. Soziologisch-historische Konstellationsanalysen, Göttingen

Lepsius, M. Rainer 1993b (E. A. 1966): Parteiensystem und Sozialstruktur. Zum Problem der Demokratisierung der deutschen Gesellschaft, in: Lepsius, Demokratie, 25–50

Lessenich, Stephan 2003: Dynamischer Immobilismus. Kontinuität und Wandel im deutschen Sozialmodell, Frankfurt a. M. – New York

Lessenich, Stephan/Nullmeier, Frank (Hg.) 2006: Deutschland – eine gespaltene Gesellschaft, Frankfurt a. M. – New York

Leunig, Sven 2003: Föderale Verhandlungen – Bundesrat, Bundestag und Bundesregierung im Gesetzgebungsprozess, Frankfurt a. M. u. a.

Leunig, Sven 2006: «ABC» oder «ROM»? Zur Operationalisierung von Mehrheitsverhältnissen im Bundesrat, in: ZParl 37, 402–420

Leunig, Sven 2007: Die Regierungssysteme der deutschen Länder im Vergleich, Opladen – Farmington Hills

Lhotta, Roland 2003: Das Bundesverfassungsgericht als politischer Akteur: Plädoyer für eine neo-institutionalistische Ergänzung der Forschung, in: Schweizerische Zeitschrift für Politikwissenschaft 9, Nr. 3, 142–153

Lijphart, Arend (Hg.) 1992: Parliamentary versus Presidential Government, Oxford – New York

Lijphart, Arend 1994: Electoral Systems and Party Systems. A Study of Twenty-Seven Democracies, 1945–1990, Oxford

Lijphart, Arend 1999: Patterns of Democracy: Government Forms and Performance in Thirty-Six Countries, New Haven

Limbach, Jutta 2001: Das Bundesverfassungsgericht, München

Link, Werner 1987: Außen- und Deutschlandpolitik in der Ära Schmidt 1974–1982, in: Jäger/Link (Hg.), Republik im Wandel, 275–432

Lipset, Seymour/Rokkan, Stein (Hg.) 1967: Party Systems and Voter Alignments. Cross-National Perspectives, New York

Litchfield, Edward H. u. a. 1953: Governing Postwar Germany, Ithaca NY

Loewenberg, Gerhard 1969 (engl. 1967): Parlamentarismus im politischen System der Bundesrepublik Deutschland, Tübingen

Loewenstein, Karl 1959: Verfassungslehre, Tübingen

Longhurst, Kerry 2004: Germany and the use of force, Manchester – New York

Lösche, Peter 2009: SPD – Sozialdemokratische Partei Deutschland, in: Andersen/Woyke (Hg.), Handwörterbuch, 632–638
Lösche, Peter/Walter, Franz 1996: Die FDP. Richtungsstreit und Zukunftszweifel, Darmstadt
Löwenthal, Richard 1974: Vom kalten Krieg zur Ostpolitik, in: Löwenthal/Schwarz (Hg.), Die zweite Republik, 604–699
Löwenthal, Richard/Schwarz, Hans-Peter (Hg.) 1974: Die zweite Republik. 25 Jahre Bundesrepublik Deutschland — Eine Bilanz, Stuttgart
Luhmann, Niklas 1988: Die Wirtschaft der Gesellschaft, Frankfurt a. M.
Luhmann, Niklas 1993: Das Recht der Gesellschaft, Frankfurt a. M.
Luhmann, Niklas 42009: Die Realität der Massenmedien, Wiesbaden
Luhmann, Niklas 2010: Politische Soziologie, hg. von André Kieserling, Frankfurt a. M.
Lutz, Donald S. 1994: Toward a Theory of Constitutional Amendment, in: APSR 88, 355–370
Maddaus, Udo 2006: Wahrheit und Recht. Dokumentation einer politisch motivierten Rechtsprechung durch das Bundesverfassungsgericht zur Frage der Enteignungen/Konfiskationen 1945–1949 in der Sowjetischen Besatzungszone Deutschlands, Berlin
Maddison, Angus 2003: The World Economy. Historical Statistics, Paris
Mahner, Sebastian/Wolf, Frieder 2010: Die Bildungspolitik der Großen Koalition, in: Egle/Zohlnhöfer (Hg.), Große Koalition, 378–402
Maier, Hans 21980: Die ältere deutsche Staats- und Verwaltungslehre, München
Mair, Peter/van Biezen, Ingrid 2001: Party Membership in Twenty European Democracies, 1980–2000, in: Party Politics 7, Nr. 1, 5–21
Maiwald, Christian (Hg.) 2006: Grundgesetz: Text – Föderalismusreform mit Begleitgesetz und Einführung, Heidelberg
Majone, Giandomenico 1996: Regulating Europe, London
Malici, Akan 2006: Germans as Venutians: The Culture of Germany Foreign Policy Behavior, in: Foreign Policy Analysis 2, 37–62
Mann, Siegfried 1994: Macht und Ohnmacht der Verbände. Das Beispiel des Bundesverbandes der deutschen Industrie e. V. (BDI) aus empirisch-analytischer Hinsicht, Baden-Baden
Manow, Philip 1996: Informalisierung und Parteipolitisierung – Zum Wandel exekutiver Entscheidungsprozesse in der Bundesrepublik, in: ZParl 27, 96–107
Manow, Philip 2005: Germany: Co-operative Federalism and the Overgrazing of the Fiscal Commons, in: Obinger/Leibfried/Castles (Hg.), Federalism, 222–262
Manow, Philip/Schäfer, Armin/Zorn, Hendrik 2006: Europäische Sozialpolitik und Europas parteipolitisches Gravitationszentrum in den Jahren 1957–2003, in: Zeitschrift für Internationale Beziehungen 13, 75–101
Marcinkowski, Frank/Pfetsch, Barbara (Hg.) 2009: Politik in der Mediendemokratie (PVS Sonderheft 42), Wiesbaden

Marshall, Monty/Jaggers, Keith 2008: Polity IV Project: Political Regime Characteristics and Transitions, 1800–2006, University of Maryland

Martin, Cathie Jo/Thelen, Kathleen 2007: The state and coordinated capitalism. Contributions of the public sector to social solidarity in postindustrial societies, in: World Politics 60, Nr. 1, 1–36

Maull, Hanns W. 1990: Germany and Japan: The New Civilian Powers, in: Foreign Affairs 69, Nr. 5, 91–106

Maull, Hanns W. 1992: Zivilmacht Bundesrepublik Deutschland: Vierzehn Thesen für eine neue deutsche Außenpolitik, in: Europa-Archiv 47, 269–278

Maull, Hanns W. 2006: Außenpolitik, in: Schmidt/Zohlnhöfer (Hg.), Regieren, 413–437

Maull, Hanns/Harnisch, Sebastian/Grund, Constantin (Hg.) 2003: Deutschland im Abseits? Rot-grüne Außenpolitik 1998–2003, Baden-Baden

Meissner, Werner 1975: Westdeutsche Ostpolitik: Die deutsch-sowjetischen Beziehungen, in: Schwarz (Hg.), Handbuch, 283–292

Merkel, Wolfgang 1993: Ende der Sozialdemokratie? Machtressourcen und Regierungspolitik im westeuropäischen Vergleich, Frankfurt a. M. – New York

Merkel, Wolfgang ²2010: Systemtransformation. Eine Einführung in die Theorie und Empirie der Transformationsforschung, Wiesbaden

Merkel, Wolfgang/Egle, Christoph/Henkes, Christian/Ostheim, Tobias/Petring, Alexander 2006: Die Reformfähigkeit der Sozialdemokratie. Herausforderungen und Bilanz der Regierungspolitik in Westeuropa, Wiesbaden

Merkel, Wolfgang/Puhle, Hans-Jürgen/Croissant, Aurel u. a. 2003: Defekte Demokratie, Bd. 1: Theorie, Opladen

Merseburger, Peter 2002: Willy Brandt. 1913–1992. Visionär und Realist, Stuttgart

Meyer, Thomas 2001: Mediokratie. Die Kolonialisierung der Politik durch das Mediensystem, Frankfurt a. M.

Meyer, Thomas 2006: Praxis der sozialen Demokratie, Wiesbaden

Miegel, Meinhard 2002: Die deformierte Gesellschaft: Wie die Deutschen ihre Wirklichkeit verdrängen, Berlin

Mintzel, Alf 1977: Geschichte der CSU. Ein Überblick, Opladen

Morris, Dick 1999: The new Prince. Machiavelli updated for the twenty-first century, Los Angeles

Morsey, Rudolf 1987: Die Bundesrepublik Deutschland. Entstehung und Entwicklung bis 1969, München

Mudde, Cas 2007: Populist Radical Right Parties in Europe, Cambridge

Müller, Edda 1989: Sozial-liberale Umweltpolitik. Von der Karriere eines neuen Politikbereichs, in: APuZ Nr. 47–48, 3–15

Müller, Edda ²1995: Innenwelt der Umweltpolitik. Sozial-liberale Umweltpolitik – (Ohn)macht durch Organisation, Wiesbaden

Müller, Kay/Walter, Franz 2004: Graue Eminenzen der Macht. Küchenkabinette in der deutschen Kanzlerdemokratie. Von Adenauer bis Schröder, Wiesbaden

Müller, Markus M. 2008: Wirtschaftspolitik, in: Gabriel/Kropp (Hg.), EU-Staaten, 690–710

Müller-Armack, Alfred 1966a: Wirtschaftsordnung und Wirtschaftspolitik. Studien und Konzepte zur Sozialen Marktwirtschaft und zur Europäischen Integration, Freiburg i. Br.

Müller-Armack, Alfred 1966b (E. A. 1952): Stil und Ordnung der Sozialen Marktwirtschaft, in: Müller-Armack, Wirtschaftsordnung, 231–242

Müller-Armack, Alfred 1966c (E. A. 1956): Soziale Marktwirtschaft, in: Müller-Armack, Wirtschaftsordnung und Wirtschaftspolitik, 243–249

Müller-Armack, Alfred 1966d (E. A. 1959): Die Soziale Marktwirtschaft nach einem Jahrzehnt ihrer Erprobung, in: Müller-Armack, Wirtschaftsordnung, 251–266

Müller-Armack, Alfred 1966e (E. A. 1960): Die zweite Phase der Sozialen Marktwirtschaft. Ihre Ergänzung durch das Leitbild einer neuen Gesellschaftspolitik, in: Müller-Armack, Wirtschaftsordnung, 267–292

Müller-Armack, Alfred 1966f (E. A. 1962): Das gesellschaftspolitische Leitbild der Sozialen Marktwirtschaft, in: Müller-Armack, Wirtschaftsordnung, 293–318

Müller-Brandeck-Bocquet, Gisela 1996: Die institutionelle Dimension der Umweltpolitik. Eine vergleichende Untersuchung zu Frankreich, Deutschland und der Europäischen Union, Baden-Baden

Müller-Brandeck-Bocquet, Gisela 2006: Europapolitik als Staatsraison, in: Schmidt/Zohlnhöfer (Hg.), Regieren, 456–478

Müller-Graff, Peter-Christian 1984: Unternehmensinvestitionen und Investitionssteuerung im Marktrecht. Zu Maßstäben und Schranken für die überbetriebliche Steuerung von Produktionsinvestitionen aus dem Recht des wettbewerbsverfaßten Marktes, Tübingen

Müller-Heidelberg, Till u. a. (Hg.) 2006: Grundrechte-Report 2006. Zur Lage der Bürger- und Menschenrechte in Deutschland, Frankfurt a. M.

Müller-Rommel, Ferdinand 1993: Grüne Parteien in Westeuropa. Entwicklungsphasen und Erfolgsbedingungen, Opladen

Müller-Rommel, Ferdinand/Poguntke, Thomas (Hg.) 2002: Green Parties in National Governments, London – Portland

Muno, Wolfgang 2010: Umweltpolitik, in: Lauth (Hg.), Vergleichende Regierungslehre, 349–372

Murswieck, Axel 2004: Die nationale Regierungszentrale in Frankreich im Vergleich zum Deutschen Bundeskanzleramt, in: Benz, Arthur/Siedentopf, Heinrich/Sommermann, Karl-Peter (Hg.), Institutionenwandel in Regierung und Verwaltung, Berlin, 397–405

Muscheid, Jutta 1986: Die Steuerpolitik in der Bundesrepublik Deutschland 1949–1982, Berlin

Naßmacher, Karl-Heinz 2000: Parteienfinanzierung in der Bewährung, in: APuZ Nr. 16, 15–22

Nassmacher, Karl-Heinz 2009: The Funding of Party Competition. Political Finance in 25 Democracies, Baden-Baden

Neumann, Franz L. 1978 (engl. 1950.): Deutsche Demokratie, in: Neumann, Franz L., Wirtschaft, Staat, Demokratie. Aufsätze 1930–1954, hg. v. Alfons Söllner, Frankfurt a. M., 327–372

Newton, Ken 2006: May the weak force be with you: the power of the mass media in modern politics, in: EJPR 45, 209–234

Niclauß, Karlheinz ²2004: Kanzlerdemokratie. Regierungsführung von Konrad Adenauer bis Gerhard Schröder, Paderborn u. a.

Niclauß, Karlheinz 2009: Das Grundgesetz. Eine kleine Einführung, Stuttgart

Niechoj, Torsten 2010: «Es muss Schluss sein mit der dauernden Schuldenmacherei». Die Neuregelung der Finanzverfassung im Zuge der Föderalismusreform II, in: ZSE 8, 59–88

Niedermayer, Oskar 1996: Das intermediäre System, in: Kaase u. a., Politisches System, 155–230

Niedermayer, Oskar ²2005: Bürger und Politik. Politische Orientierungen und Verhaltensweisen der Deutschen, Opladen

Niedermayer, Oskar 2006: Parteimitgliedschaften im Jahre 2005, in: ZParl 37, 376–383

Niedermayer, Oskar 2009a: Bevölkerungseinstellungen zur Demokratie: Kein Grundkonsens zwischen Ost- und Westdeutschen, in: ZParl 40, 383–379

Niedermayer, Oskar 2009b: Parteimitgliedschaften im Jahre 2008, in: ZParl 40, 370–382

Niedermayer, Oskar 2010a: Von der Zweiparteiendominanz zum Pluralismus: Die Entwicklung des deutschen Parteiensystems im westeuropäischen Vergleich, in: PVS 51, 1–14

Niedermayer, Oskar 2010b: Triumph und Desaster: Die SPD im deutschen Parteiensystem nach der Vereinigung, in: GWP 58, 225–236

Niethammer, Lutz 1973: Zum Verhältnis von Reform und Rekonstruktion in der US-Zone am Beispiel der Neuordnung des Öffentlichen Dienstes, in: VfZ 21, 177–188

Nikolai, Rita 2006: Die Bildungsausgaben der Schweiz im internationalen und intranationalen Vergleich, Berlin

Nipperdey, Hans Carl ³1965: Soziale Marktwirtschaft und Grundgesetz, Köln u. a.

Nohlen, Dieter 1978: Wahlsysteme der Welt. Daten und Analysen, München – Zürich

Nohlen, Dieter ⁶2009: Wahlrecht und Parteiensystem, Opladen

Nohlen, Dieter/Stöver, Philip (Hg.) 2010: Elections in Europe. A Data Handbook, Baden-Baden

Nolte, Paul 2006: Riskante Moderne. Die Deutschen und der Neue Kapitalismus, München

Nonhoff, Martin 2006: Politischer Diskurs und Hegemonie. Das Projekt «Soziale Marktwirtschaft», Bielefeld

Norris, Pippa 2000: A Virtuous Circle. Political Communication in Postindustrial Societies, Cambridge

Nullmeier, Frank/Rüb, Friedbert W. 1993: Die Transformation der Sozialpolitik. Vom Sozialstaat zum Sicherungsstaat, Frankfurt a. M. – New York

Oberreuter, Heinrich 2009: Bundestag, in: Andersen/Woyke (Hg.), Handwörterbuch, 95–110

Oberreuter, Heinrich 2010: Wendezeiten. Zeitgeschichte als Prägekraft politischer Kultur, München

Oberreuter, Heinrich/Kranenpohl, Uwe/Sebaldt, Martin (Hg.) [2]2002: Der Deutsche Bundestag im Wandel. Ergebnisse neuerer Parlamentarismusforschung, Wiesbaden

Obinger, Herbert/Leibfried, Stephan/Castles, Francis G. (Hg.) 2005: Federalism and the Welfare State. New World and European Experiences, Cambridge

Obinger, Herbert/Wagschal, Uwe (Hg.) 2000: Der gezügelte Wohlfahrtsstaat. Sozialpolitik in reichen Industrienationen, Frankfurt a. M.

Obinger, Herbert/Wagschal, Uwe/Kittel, Bernhard (Hg.) 2003: Politische Ökonomie. Demokratie und wirtschaftliche Leistungsfähigkeit, Opladen

OECD 1985: Social Expenditure 1960–1990. Problems of Growth and Control, Paris

OECD 2001: Historical Statistics 1970–2000, Paris

OECD 2004: Employment Outlook 2004, Paris

OECD 2005: OECD Economic Outlook Nr. 78, Paris

OECD 2007: Employment Outlook 2007, Paris

OECD 2009a: OECD Economic Outlook, Nr. 86, Paris

OECD 2009b: OECD Revenue Statistics 1965–2008, Paris

OECD 2009c: OECD Economic Surveys: Germany 2009, Paris

OECD 2009d: Education at a Glance 2009. OECD Indicators, Paris

OECD 2010a: OECD Economic Surveys Germany, Paris

OECD 2010b: OECD Factbook 2010. Economic, Environmental and Social Statistics, Paris

OECD 2010c: OECD Economic Outlook, Nr. 87, Paris

OECD 2010d: Education at a Glance 2010. OECD Indicators, Paris

Offe, Claus 1979: «Unregierbarkeit.» Zur Renaissance konservativer Krisentheorien, in: Habermas, Jürgen (Hg.), Stichworte zur ‹Geistigen Situation der Zeit›, Frankfurt a. M., 2 Bde., Bd. 2, 294–318

Offe, Claus 1985: Disorganized Capitalism. Contemporary Transformations of Work and Politics, Cambridge

Offe, Claus 1995: Berufsbildungsreform. Eine Fallstudie über Reformpolitik, Frankfurt a. M.

Offe, Claus 2006: Strukturprobleme des kapitalistischen Staates. Aufsätze zur politischen Soziologie. Mit einem neuem Vor- und Nachwort von C. Offe, hg. v. Jens Borchert u. Stephan Lessenich, Frankfurt a. M.

Okun, Arthur M. 1975: Equality and Efficiency. The Big Tradeoff, Washington D. C.

Olsen, Jonathan 2007: The Merger of the PDS and WASG: From Eastern German Regional Party to National Radical Left Party?, in: GP 16, 205–221

Olson, Mancur 1965: The Logic of Collective Action: Public Goods and the Theory of Groups, Cambridge MA

Olson, Mancur 1982: The Rise and Decline of Nations. Economic Growth, Stagflation, and Social Rigidities, New Haven – London

Padgett, Stephen/Saalfeld, Thomas (Hg.) 1999: Bundestagswahl 98: End of an Era? (GP 8, Nr. 2)

Papier, Hans-Jürgen 2000: Teilhabe an der Staatsleitung. Verfassungsgerichtsbarkeit und Politik, in: FAZ Nr. 119, 23.5.2000, 15

Pappi, Franz Urban/König, Thomas/Knoke, David 1995: Entscheidungsprozesse in der Arbeits- und Sozialpolitik. Der Zugang der Interessengruppen zum Regierungssystem über Politikfeldnetze. Ein deutsch-amerikanischer Vergleich, Frankfurt a. M. – New York

Paterson, William E./Southern, David 1991: Governing Germany, Oxford

Patzelt, Werner J. 1995: Abgeordnete und ihr Beruf. Interviews – Umfragen – Analysen, Berlin

Patzelt, Werner J. (Hg.) 2005: Parlamente und ihre Macht. Kategorien und Fallbeispiele institutioneller Analyse, Baden-Baden

Patzelt, Werner J. 2006: Parlamentsauflösung im internationalen Vergleich, in: ZSE 4, 120–141

Pehle, Heinrich 1998: Das Bundesministerium für Umwelt, Naturschutz und Reaktorsicherheit: Ausgegrenzt statt integriert? Das institutionelle Fundament der deutschen Umweltpolitik, Wiesbaden

Pehle, Heinrich 2003: Umweltschutz, in: Jesse/Sturm (Hg.), Demokratien, 423–449

Pehle, Heinrich 2006: Energie- und Umweltpolitik: Vorprogrammierte Konflikte?, in: Sturm/Pehle (Hg.), Wege, 169–186

Pehle, Heinrich 2009: Umweltpolitik ohne Umweltgesetzbuch – Desaster für den Umweltschutz?, in: GWP 58, 229–336

Pempel, T. J. (Hg.) 1990: Uncommon Democracies: The One-Party Dominant Regimes, Ithaca NY

Pfetsch, Barbara/Marcinkowski, Frank 2009: Problemlagen der «Mediendemokratie» – Theorien und Befunde zur Medialisierung von Politik, in: Marcinkowski/Pfetsch (Hg.), Mediendemokratie, 11–33

Phillips, Alban William Housego 1958: The Relation between Unemployment and the Rate of Change of Money Wage Rates in the United Kingdom, 1861–1957, in: Economica 34, 283–299

Picht, Georg 1964: Die deutsche Bildungskatastrophe. Analyse und Dokumentation, Olten

Pierson, Paul 2000: Increasing Returns, Path Dependence, and the Study of Politics, in: APSR 94, 251–267

Pierson, Paul (Hg.) 2001a: The New Politics of the Welfare State, Oxford

Pierson, Paul 2001b: Coping with permanent Austerity: Welfare Restructuring in Affluent Democracies, in: Pierson (Hg.), New Politics, 410–456

Pilz, Volker 2008: Der Auswärtige Ausschuss des Deutschen Bundestages und die Mitwirkung des Parlaments an der auswärtigen Politik, Berlin

Poguntke, Thomas 2001: The German Party System: Eternal Crisis? in: GP 10, Nr. 2, 37–50

Prantl, Heribert 2002: Untauglicher Versuch am untauglichen Objekt. Nicht einmal Karlsruhe kann den Missbrauch des Untersuchungs-Ausschusses verhindern, in: SZ Nr. 82, 9.4.2002, 4

Prantl, Heribert 2006: Der Präventionsstaat, in: SZ Nr. 203, 4.9.2006, 4

Pridham, Geoffrey 1977: Christian Democracy in Western Germany. The CDU/CSU in government and opposition, 1945–1976, London

Puddington, Arch 2010: The Freedom House Survey for 2009 – The Erosion Accelerates, in: Journal of Democracy 21, 136–150

Quaas, Friedrun 2000: Soziale Marktwirtschaft. Wirklichkeit und Verfremdung eines Konzepts, Bern – Stuttgart – Wien

Raschke, Joachim (Hg.) 1993: Die Grünen: Wie sie wurden, was sie sind, Bonn

Raschke, Joachim 2001: Die Zukunft der Grünen. «So kann man nicht regieren», Frankfurt a. M. – New York

Raschke, Joachim/Tils, Ralf 2007: Politische Strategie. Eine Grundlegung, Wiesbaden

Raschke, Joachim/Tils, Ralf (Hg.) 2010: Strategie in der Politikwissenschaft. Konturen eines neuen Forschungsfelds, Wiesbaden

Rat von Sachverständigen für Umweltfragen 2004: Umweltgutachten 2004, Bundestags-Drucksache 15/3600

Reiche, Danyel/Krebs, Carsten 1999: Der Einstieg in die ökologische Steuerreform. Aufstieg, Restriktionen und Durchsetzung eines umweltpolitischen Themas, Frankfurt a. M. u. a.

Renzsch, Wolfgang 1991: Finanzverfassung und Finanzausgleich. Die Auseinandersetzungen um ihre politische Gestaltung in der Bundesrepublik Deutschland zwischen Währungsreform und deutscher Vereinigung (1948 bis 1990), Bonn

Renzsch, Wolfgang 2005: Finanzverfassung und Finanzausgleich, in: Voigt/Walkenhaus (Hg.), Verwaltungsreform, 120–125

Reutter, Werner 2001: Deutschland, in: Reutter, Werner/Rütters, Peter (Hg.) 2001: Verbände und Verbandssysteme in Westeuropa, Opladen, 75–101

Reutter, Werner (Hg.) 2004: Germany on the Road to «Normalcy»: Policies and Politics of the Red-Green Federal Government (1998–2002), New York – Basingstoke

Riedmüller, Barbara/Olk, Thomas (Hg.) 1994: Grenzen des Sozialversicherungsstaates, Opladen

Rieger, Elmar 2006: Agrarpolitik im Umbruch: Von der Landwirtschaft zur Amtswirtschaft, in: Schmidt/Zohlnhöfer (Hg.), Regieren, 327–355

Riescher, Gisela/Ruß, Sabine/Haas, Christoph M. (Hg.) 22010: Zweite Kammern, München

Risse, Thomas 2004: Kontinuität durch Wandel: Eine «neue» deutsche Außenpolitik?, in: APuZ Nr. 11, 24–31

Rittberger, Volker (Hg.) 2001: German Foreign Policy since Unification: Theories and Case Studies, Manchester – New York

Ritter, Gerhard A. 1998: Über Deutschland. Die Bundesrepublik in der deutschen Geschichte, München

Ritter, Gerhard A. 2005: Föderalismus und Parlamentarismus in Deutschland in Geschichte und Gegenwart, München

Ritter, Gerhard A. 2006: Der Preis der deutschen Einheit: Die Wiedervereinigung und die Krise des Sozialstaates, München

Ritter, Gerhard A. (Bandherausgeber) 2007: Bundesrepublik Deutschland 1989–1994. Sozialpolitik im Zeichen der Vereinigung. Geschichte der Sozialpolitik in Deutschland seit 1945, Bd. 11, hg. v. BMAS/Bundesarchiv, Baden-Baden

Rödder, Andreas 2004: Die Bundesrepublik Deutschland 1969–1990, München

Rödder, Andreas [2]2009: Deutschland einig Vaterland. Die Geschichte der Wiedervereinigung, München

Rohrschneider, Robert 1999: Learning Democracy. Democratic and Economic Values in Unified Germany, New York–Oxford

Roll, Evelyn [3]2005: Die Erste. Angelas Merkels Weg zur Macht, Reinbek

Roller, Edeltraud 1992: Einstellungen der Bürger zum Wohlfahrtsstaat der Bundesrepublik Deutschland, Opladen

Roller, Edeltraud 2005: The Performance of Democracies. Political Institutions and Public Policies, Oxford

Roller, Edeltraud 2006: Das Bildungs- und Gesundheitssystem im Urteil der Bürger, in: APuZ Nr. 30–31, 23–30

Ronge, Volker 1972: Die Umwelt im kapitalistischen System, in: Glagow, Manfred (Hg.), Umweltgefährdung und Gesellschaftssystem, München, 97–123

Rose, Richard [2]1984: Do parties make a difference?, London

Rosecrance, Richard 1986: The Rise of the Trading State. Commerce and conquest in the modern world, New York

Rose, Richard (Hg.) 2000: The International Encyclopedia of Elections, Washington D. C.

Rosenow, Joachim/Naschold, Frieder 1994: Die Regulierung von Altersgrenzen. Strategien von Unternehmen und die Politik des Staates, Berlin

Ruck, Michael/Boldorf, Marcel (Bandherausgeber) 2008: Bundesrepublik Deutschland 1957–1966. Sozialpolitik im Zeichen des erreichten Wohlstands. Geschichte der Sozialpolitik in Deutschland seit 1945, Bd. 4, hg. v. BMAS/Bundesarchiv, Baden-Baden

Rudzio, Wolfgang [7]2006: Das politische System der Bundesrepublik Deutschland, Wiesbaden

Rueda, David 2007: Social Democracy inside out. Partisanship & Labor Market Policy in Industrialized Democracies, Oxford

Rupp, Hans Heinrich 1974: Grundgesetz und «Wirtschaftsverfassung», Tübingen

Rüthers, Bernd 2002: Reise in den Richterstaat, in: FAZ Nr. 87, 15.4.2002, 7

Rüthers, Bernd 2005: Diener oder Herren?, in: FAZ Nr. 27, 2.2.2005, 7

Saalfeld, Thomas 1995: Parteisoldaten und Rebellen: Eine Untersuchung zur Geschlossenheit der Fraktionen im Deutschen Bundestag (1949–1990), Opladen

Saalfeld, Thomas 2007: Parteien und Wahlen, Baden-Baden

Saña, Heleno 1990: Das Vierte Reich. Deutschlands später Sieg, Hamburg

Sarcinelli, Ulrich ²2009a: Politische Kommunikation in Deutschland. Zur Politikvermittlung im demokratischen System, Wiesbaden

Sarcinelli, Ulrich 2009b: Öffentliche Meinung, in: Andersen/Woyke (Hg.), Handwörterbuch, 482–491

Sarrazin, Thilo 2010: Deutschland schafft sich ab: Wie wir unser Land aufs Spiel setzen, München

Sartori, Giovanni 1976: Parties and Party Systems, Cambridge

Sauer, Martina 2002: Gesellschaftliche Steuerungschancen durch Elitenintegration? Kommunikation und Kooperation bundesdeutscher Funktionsträger vor dem Hintergrund funktionaler Differenzierung, Opladen

Scarrow, Susan E. 1997: Party Competition and Institutional Change: The Expansion of Direct Democracy in Germany, in: Party Politics 3, 451–472

Schäfer, Armin 2009: Krisentheorien der Demokratie: Unregierbarkeit, Spätkapitalismus und Postdemokratie, in: der moderne staat 2, 159–183

Schäfers, Bernhard/Zapf, Wolfgang (Hg.) ²2001: Handwörterbuch zur Gesellschaft Deutschlands, Opladen

Scharpf, Fritz W. 1970a: Demokratietheorie zwischen Utopie und Anpassung, Konstanz

Scharpf, Fritz W. 1970b: Die politischen Kosten des Rechtsstaates. Eine vergleichende Studie deutscher und amerikanischer Verwaltungskontrollen, Tübingen

Scharpf, Fritz W., 1977: Politischer Immobilismus und ökonomische Krise. Aufsätze zu den politischen Restriktionen der Wirtschaftspolitik in der Bundesrepublik, Kronberg i. Ts.

Scharpf, Fritz W. 1985: Die Politikverflechtungs-Falle: Europäische Integration und deutscher Föderalismus im Vergleich, in: PVS 26, 323–356

Scharpf, Fritz W. 1987: Sozialdemokratische Krisenpolitik in Europa. Das «Modell Deutschland» im Vergleich, Frankfurt a. M. – New York

Scharpf, Fritz W. 1994: Optionen des Föderalismus in Deutschland, Frankfurt a. M. – New York

Scharpf, Fritz W. 1999: Regieren in Europa. Effektiv und demokratisch?, Frankfurt a. M. – New York

Scharpf, Fritz W. 2000 (engl. E. A. 1997): Interaktionsformen. Akteurzentrierter Institutionalismus in der Politikforschung, Wiesbaden

Scharpf, Fritz W. 2006: Recht und Politik in der Reform des deutschen Föderalismus, in: Becker/Zimmerling (Hg.), Politik und Recht, 306–332

Scharpf, Fritz W. 2009: Föderalismusreform. Kein Ausweg aus der Politikverflechtungsfalle?, Frankfurt a. M.

Scharpf, Fritz W. 2010: Community and Autonomy. Institutions, Policies, and Legitimacy in Multilevel Europe, Frankfurt a. M. – New York

Scharpf, Fritz W./Reissert, Bernd/Schnabel, Fritz 1976: Politikverflechtung: Theorie und Empirie des kooperativen Föderalismus in der Bundesrepublik, Kronberg i. Ts.

Scharpf, Fritz W./Schmidt, Vivien (Hg.) 2000: Welfare and Work in the Open Economy, 2 Bde., Oxford

Schendelen, Marinus P. C. M. van 2002: Machiavelli in Brussels. The Art of Lobbying the EU, Amsterdam

Schiller, Theo/Mittendorf, Volker (Hg.) 2002: Direkte Demokratie. Forschung und Perspektiven, Wiesbaden

Schindler, Peter 1999: Datenhandbuch zur Geschichte des Deutschen Bundestages 1949 bis 1999. Gesamtausgabe in drei Bänden, Baden-Baden

Schlecht, Otto 2005a: Wirtschaftssystem und Wirtschaftsordnung, in: Schubert (Hg.), Handwörterbuch, 459–461

Schlecht, Otto 2005b: Soziale Marktwirtschaft, in: Schubert (Hg.), Handwörterbuch, 340–345

Schlecht, Otto/Stoltenberg, Gerhard (Hg.) 2001: Soziale Marktwirtschaft: Grundlagen, Entwicklungslinien, Perspektiven, Freiburg i. Br. – Basel – Wien

Schlotter, Peter 1990: Militärpolitik und äußere Sicherheit, in: von Beyme/Schmidt (Hg.), Politik, 99–125

Schlotter, Peter 1999: Die KSZE im Ost-West-Konflikt. Wirkung einer internationalen Institution, Frankfurt a. M. – New York

Schmid, Josef 1990: Die CDU. Organisationsstrukturen, Politiken und Funktionsweisen einer Partei im Föderalismus, Opladen

Schmid, Josef 1996: Wohlfahrtsverbände in modernen Wohlfahrtsstaaten. Soziale Dienste in historisch-vergleichender Perspektive, Opladen

Schmid, Thomas 2005: Wünsch Dir was!, in: FAS Nr. 24, 19. Juni 2005, 14

Schmid, Thomas 2006: Ratlose und lustlose Programmdebatte, in: FAS Nr. 17, 30.4.2006, 14

Schmidt, Manfred G. 1978: Die «Politik der Inneren Reformen» in der Bundesrepublik Deutschland 1969–1976, in: PVS 19, 201–253

Schmidt, Manfred G. 1980: CDU und SPD an der Regierung. Ein Vergleich ihrer Politik in den Ländern, Frankfurt a. M. – New York

Schmidt, Manfred G. 1982: Wohlfahrtsstaatliche Politik unter bürgerlichen und sozialdemokratischen Regierungen. Ein internationaler Vergleich, Frankfurt a. M. – New York

Schmidt, Manfred G. 1985: Allerweltsparteien in Westeuropa? Ein Beitrag zu Kirchheimers These vom Wandel des westeuropäischen Parteiensystems, in: Leviathan 13, 376–397

Schmidt, Manfred G. 1987: West Germany: The Policy of the Middle Way, in: Journal of Public Policy 7, 135–177

Schmidt, Manfred G. 1989: Learning from Catastrophes. West Germany's Public Policy, in: Francis G. Castles (Hg.), The Comparative History of Public Policy, Cambridge, 56–99

Schmidt, Manfred G. 1990: Staatsfinanzen, in: von Beyme/Schmidt (Hg.), Politik, 36–75

Schmidt, Manfred G. 1992a: Regieren in der Bundesrepublik Deutschland, Opladen

Schmidt, Manfred G. (Hg.) 1992b: Die westlichen Länder (Lexikon der Politik Bd. 3, hg. v. Dieter Nohlen), München

Schmidt, Manfred G. 1996: When Parties Matter. A Review of the Possibilities and Limits of Partisan Influence on Public Policy, in: EJPR 30, 155–183

Schmidt, Manfred G. 2000a: Der konsoziative Staat. Hypothesen zur politischen Struktur und zum politischen Leistungsprofil der Europäischen Union, in: Grande, Edgar/Jachtenfuchs, Markus (Hg.), Wie problemlösungsfähig ist die EU? Regieren im europäischen Mehrebenensystem, Baden-Baden, 33–58

Schmidt, Manfred G. 2000b: Immer noch auf dem «mittleren Weg»? Deutschlands Politische Ökonomie am Ende des 20. Jahrhunderts, in: Czada/Wollmann (Hg.), Berliner Republik, 491–513

Schmidt, Manfred G. 2001a: The Impact of Political Parties, Constitutional Structures and Veto Players on Public Policy, in: Keman (Hg.), Politics, 166–184

Schmidt, Manfred G. (Hg.) 2001b: Wohlfahrtsstaatliche Politik. Institutionen, politischer Prozess und Leistungsprofil, Opladen

Schmidt, Manfred G. 2004: Die öffentlichen und privaten Bildungsausgaben Deutschlands im internationalen Vergleich, in: ZSE 2, 7–31

Schmidt, Manfred G. ³2005a: Sozialpolitik in Deutschland. Historische Entwicklung und internationaler Vergleich, Wiesbaden

Schmidt, Manfred G. 2005b: Politische Reformen und Demokratie. Befunde der vergleichenden Demokratie- und Staatstätigkeitsforschung, in: Vorländer, Hans (Hg.), Politische Reform in der Demokratie, Baden-Baden, 45–62

Schmidt, Manfred G. 2005c (Bandherausgeber): Bundesrepublik Deutschland 1982–1989. Finanzielle Konsolidierung und institutionelle Reform. Geschichte der Sozialpolitik in Deutschland seit 1945, Bd. 7, hg. v. BMGS/Bundesarchiv, Baden-Baden

Schmidt, Manfred G. 2005d: Sozialpolitische Denk- und Handlungsfelder, in: Schmidt (Hg.), Bundesrepublik Deutschland 1982–1989, 61–154

Schmidt, Manfred G. 2005e: Aufgabeneuropäisierung, in: Schuppert, Gunnar Folke/Pernice, Ingolf/Haltern, Ulrich (Hg.), Europawissenschaft, Baden-Baden, 129–145

Schmidt, Manfred G. 2005f: Zur Zukunftsfähigkeit der Demokratie – Befunde des internationalen Vergleichs, in: Kaiser, André/Leidhold, Wolfgang (Hg.), Demokratie – Chancen und Herausforderungen im 21. Jahrhundert, Münster u. a., 70–90

Schmidt, Manfred G. 2007a: Testing the retrenchment hypothesis: educational spending, 1960–2002, in: Castles, Francis G. (Hg.), The Disappearing State?, 159–183

Schmidt, Manfred G. 2007b: Warum nicht einmal Mittelmaß? Die Finanzierung der deutschen Hochschulen im internationalen Vergleich, in: GWP 56, 465–480

Schmidt, Manfred G. ³2008: Germany: The Grand Coalition State, in: Colomer, Josep M. (Hg.), Comparative European Politics, Milton Park

Schmidt, Manfred G. 2010a: Die Sozialpolitik der zweiten Großen Koalition (2005–2009), in: Egle/Zohlnhöfer (Hg.), Große Koalition, Wiesbaden, 302–326

Schmidt, Manfred G. 2010b: Immer noch auf dem «mittleren Weg»? Von der Linksverschiebung in der Staatstätigkeit der zweiten Großen Koalition, in: Bayerische Landeszentrale für politische Bildungsarbeit (Hg.), Bilanz der Bundestagswahl 2009. Voraussetzungen, Ergebnisse, Folgen, München, 337–349

Schmidt, Manfred G. 2010c: The Policy of the Middle Way: Germany since 1990, in: Bulmer u. a. (Hg.), Rethinking Germany and Europe, 73–84

Schmidt, Manfred G. ⁵2010d: Demokratietheorien. Eine Einführung, Wiesbaden

Schmidt, Manfred G. 2010e: Die parteipolitische Zusammensetzung demokratischer OECD-Mitgliedstaaten, Heidelberg: Institut für Politische Wissenschaft (SPSS-Datei vom 14.7.2010)

Schmidt, Manfred G. ³2010f: Wörterbuch zur Politik, Stuttgart

Schmidt, Manfred G./Busemeyer, Marius/Nikolai, Rita/Wolf, Frieder 2006: Bildungsausgaben im inter- und intranationalen Vergleich. Bestimmungsfaktoren öffentlicher Bildungsausgaben in OECD-Staaten. Bericht über ein durch eine Sachbeihilfe der Deutschen Forschungsgemeinschaft gefördertes Forschungsprojekt, Heidelberg: Manuskript

Schmidt, Manfred G./Ostheim, Tobias/Siegel, Nico A./Zohlnhöfer, Reimut (Hg.) 2007: Der Wohlfahrtsstaat, Wiesbaden

Schmidt, Manfred G./Zohlnhöfer, Reimut (Hg.) 2006: Regieren in der Bundesrepublik Deutschland. Innen- und Außenpolitik seit 1949, Wiesbaden

Schmidt, Reiner ³2006: Staatliche Verantwortung für die Wirtschaft, in: Isensee/Kirchhof (Hg.), HStR IV. Aufgaben des Staates, 885–919

Schmidt, Siegmar/Hellmann, Gunther/Wolf, Reinhard (Hg.) 2007: Handbuch zur deutschen Außenpolitik, Wiesbaden

Schmitt-Beck, Rüdiger 2000: Politische Kommunikation und Wählerverhalten. Ein internationaler Vergleich, Wiesbaden

Schmitt-Beck, Rüdiger/Weick, Stefan 2001: Die dauerhafte Parteiidentifikation – nur noch ein Mythos? Eine Längsschnittanalyse zur Identifikation mit politischen Parteien in West- und Ostdeutschland, in: ISI (Informationsdienst Soziale Indikatoren) Nr. 26, 1–5

Schmitt-Beck, Rüdiger/Weick, Stefan/Christoph, Bernhard 2006: Shaky attachments: Individual-level stability and change of partisanship among West German voters, 1984–2001, in: EJPR 45, 581–608

Schmitter, Philippe C./Lehmbruch, Gerhard (Hg.) 1979: Trends toward Corporatist Intermediation, Beverly Hills

Schmitter, Philippe C./Streeck, Wolfgang ²1999: The Organization of Business Interests: Studying the Associative Action of Business in Advanced Industrial Societies, Köln: MPIfG

Schmoll, Heike 2010: Bildungspolitik in der Sackgasse, in: FAZ Nr. 185, 12.8.2010, 1

Schneider, Herbert 2001: Ministerpräsidenten. Profil eines politischen Amtes im deutschen Föderalismus, Opladen

Schnell, Christoph 2010: Das Urteil des Bundesverfassungsgerichts zum Vertrag von Lissabon, in: RVaktuell 57, 63–68

Schoen, Harald 2005: Wahlsystemforschung, in: Falter/Schoen (Hg.), Handbuch Wahlforschung, 573–607

Schöllgen, Gregor 2005a: Deutsche Außenpolitik in der Ära Schröder, in: APuZ Nr. 32–33, 3–8

Schöllgen, Gregor 2005b: Jenseits von Hitler. Die Deutschen in der Weltpolitik von Bismarck bis heute, Berlin

Scholz, Rupert 2000: Zehn Jahre Verfassungseinheit. Nachlese und Ausblick, in: Deutsches Verwaltungsblatt 115, Nr. 19, 1377–1385

Scholz, Rupert 2004: Deutschland – In guter Verfassung?, Heidelberg

Schönhoven, Klaus 2004: Wendejahre. Die Sozialdemokratie in der Zeit der Großen Koalition 1966–1969, Bonn

Schroeder, Klaus 1998: Der SED-Staat. Partei, Staat und Gesellschaft 1949–1990, München

Schroeder, Wolfgang/Weßels, Bernhard (Hg.) 2010: Handbuch Arbeitgeber- und Wirtschaftsverbände in Deutschland, Wiesbaden

Schulte, Bernd 2003: Supranationales Recht, in: von Maydell/Ruland (Hg.), Sozialrechtshandbuch, 1610–1676

Schultze, Rainer-Olaf 1992: Föderalismus, in: Schmidt (Hg.), Die westlichen Länder, 95–110

Schulz, Günther (Bandherausgeber) 2006: Bundesrepublik Deutschland 1949–1957. Bewältigung der Kriegsfolgen, Rückkehr zur sozialpolitischen Normalität. Geschichte der Sozialpolitik in Deutschland seit 1945, hg. v. BMAS/Bundesarchiv, Bd. 3, Baden-Baden

Schulze, Gerhard ²2005: Die Erlebnisgesellschaft, Frankfurt a. M.

Schumpeter, Joseph A. 1976 (1918): Die Krise des Steuerstaates, in: Schumpeter/Goldscheid, Finanzkrise, 329–379

Schumpeter, Joseph A., 1996 (1949): The March into Socialism, in: Schumpeter, Joseph A., Capitalism, Socialism and Democracy, London–New York, 421–433

Schumpeter, Joseph A./Goldscheid, Rudolf 1976: Die Finanzkrise des Steuerstaats. Beiträge zur politischen Ökonomie der Staatsfinanzen, hg. v. Rudolf Hickel, Frankfurt a. M.

Schüttemeyer, Suzanne S. 1998: Fraktionen im Deutschen Bundestag 1949–1997. Empirische Befunde und theoretische Folgerungen, Opladen–Wiesbaden

Schüttemeyer, Suzanne S. 2009: Deparliamentarisation: How Severely is the German Bundestag Affected?, in: GP 18, 1–11

Schüttemeyer, Suzanne S./Siefken, Sven T. 2008: Parlamente in der EU: Gesetzgebung und Repräsentation, in: Gabriel/Kropp (Hg.), EU-Staaten, 482–513

Schwaabe, Christian 2005: Die deutsche Modernitätskrise. Politische Kultur und Mentalität von der Reichsgründung bis zur Wiedervereinigung, München

Schwarz, Hans-Peter 1981: Die Ära Adenauer: Gründerjahre der Republik. 1949 bis 1957, Stuttgart

Schwarz, Hans-Peter 1983: Die Ära Adenauer. Epochenwechsel. 1957 bis 1963, Stuttgart-Wiesbaden

Schwarz, Hans-Peter 1985: Die Westdeutschen, die westliche Demokratie und die Westbindung im Lichte von Meinungsumfragen, in: Cooney, James A. u. a. (Hg.), Die Bundesrepublik Deutschland und die Vereinigten Staaten von Amerika. Politische, soziale und wirtschaftliche Beziehungen im Wandel, Stuttgart, 87–144

Schwarz, Hans-Peter 1986: Adenauer. Der Aufstieg. 1876–1952, Stuttgart

Schwarz, Hans-Peter 1993: Adenauer. Der Staatsmann. 1952–1967, Stuttgart

Scruggs, Lyle 1999: Institutions and Environmental Performance in Seventeen Western Democracies, in: BJPS 29, 1–31

Scruggs, Lyle 2003: Sustaining Abundance. Environmental Performance in Industrial Democracies, Cambridge

Sebaldt, Martin 1992: Die Thematisierungsfunktion der Opposition. Die parlamentarische Minderheit des Deutschen Bundestages als eine innovative Kraft im politischen System der Bundesrepublik Deutschland, Frankfurt a. M. u. a.

Sebaldt, Martin 2000: Interest Groups: Continuity and Change of German Lobbyism since 1974, in: Helms (Hg.), Institutions, 84–104

Sebaldt, Martin 2007: Organisierter Pluralismus, Opladen

Sebaldt, Martin 2009: Die Macht der Parlamente. Funktionen und Leistungsprofile nationaler Volksvertretungen in den alten Demokratien der Welt, Wiesbaden

Sebaldt, Martin/Straßner, Alexander 2004: Verbände in der Bundesrepublik Deutschland. Eine Einführung, Wiesbaden

Seeger, Bertram 2003: Umweltpolitik in 16 Ländern: Wahlprogramme und Regierungshandeln. Ein Bundesländervergleich, Universität Heidelberg: Dissertation

Seibel, Wolfgang 2005: Verwaltete Illusion. Die Privatisierung der DDR-Wirtschaft durch die Treuhandanstalt und ihre Nachfolger 1990–2000, Frankfurt a. M. – New York

Seidelmann, Reimund 1994: Außenpolitik, in: Boeckh, Andreas (Hg.), Internationale Beziehungen (Lexikon der Politik, hg. v. Dieter Nohlen, Bd. 6), München, 42–49

Seifert, Jürgen 1974: Grundgesetz und Restauration. Verfassungsrechtliche Analyse und dokumentarische Darstellung des Textes des Grundgesetzes vom 23. Mai 1949 mit sämtlichen Änderungen, Neuwied

Shonfield, Andrew 1965: Modern Capitalism. The Changing Balance of Public and Private Power, London

Siaroff, Alan 1999: Corporatism in 24 Industrial Democracies: Meaning and Measurement, in: EJPR 36, 175–205

Siaroff, Alan 2000: Women's Representation in Legislatures and Cabinets in Industrial Democracies, in: International Political Science Review 21, 197–215

Siegel, Nico A. 2002: Baustelle Sozialpolitik. Konsolidierung und Rückbau im internationalen Vergleich, Frankfurt a. M. – New York

Siegel, Nico A. 2004: EMU and German Welfare Capitalism, in: Martin, Andrew/Ross, George (Hg.), Euros and Europeans. Monetary Integration and the European Model of Society, Cambridge, 103–125

Siegel, Nico A. 2007: Moving beyond expenditure accounts: the changing contours of the regulatory state, 1980–2003, in: Castles (Hg.), The Disappearing State?, 245–273

Siegel, Nico A./Jochem, Sven 2000: Der Sozialstaat als Beschäftigungsbremse? Deutschlands steiniger Weg in die Dienstleistungsgesellschaft, in: Czada/ Wollmann (Hg.), Berliner Republik, 539–566

Siegel, Nico A./Jochem, Sven 2003a: Konzertierung im Wohlfahrtsstaat, in: Jochem/Siegel (Hg.), Konzertierung, 331–360

Siegel, Nico A./Jochem, Sven 2003b: Staat und Markt im internationalen Vergleich – Empirische Mosaiksteine einer facettenreichen Arbeitsverschränkung, in: Czada, Roland/Zintl, Reinhard (Hg.), Politik und Markt (PVS Sonderheft 34), Wiesbaden, 351–388

Sinn, Hans-Werner 2003: Ist Deutschland noch zu retten?, München

Sinn, Hans-Werner 2008: Das grüne Paradoxon. Plädoyer für eine illusionsfreie Klimapolitik, Berlin

Sinn, Gerlinde/Sinn, Werner ³1993: Kaltstart. Volkswirtschaftliche Aspekte der deutschen Vereinigung, München

Sinus 2006: Sinus-Sociovision (www.sinus-sociovision.de) (abgerufen am 2.8.2006)

Sinus Sociovision 2009: Informationen zu den Sinus-Milieus 2009, Heidelberg

Smith, Gordon ³1986: Democracy in Western Germany: Parties and Politics in the Federal Republic, Aldershot

Sontheimer, Kurt 1984: Grundzüge des politischen Systems der Bundesrepublik Deutschland, München – Zürich

Sontheimer, Kurt ¹⁰1989: Grundzüge des politischen Systems der Bundesrepublik Deutschland, München

Sontheimer, Kurt/Bleek, Wilhelm ¹¹2004: Grundzüge des politischen Systems Deutschlands, München – Zürich

Speth, Rudolf 2010a: Arbeitgeber- und Wirtschaftsverbände in Politik und Gesellschaft, in: Schroeder/Weßels (Hg.), Handbuch, 260–279

Speth, Rudolf 2010b: Das Bezugssystem Politik – Lobby – Öffentlichkeit, in: APuZ Nr. 19, 9–15

Spier, Tim/Butzlaff, Felix/Micus, Matthias/Walter, Franz (Hg.) 2007: Die Linkspartei. Zeitgemäße Idee oder Bündnis ohne Zukunft?, Wiesbaden

Staack, Michael 2000: Handelsstaat Deutschland. Deutsche Außenpolitik in einem neuen internationalen System, Paderborn u. a.

Staiger, Brunhild/Friedrich, Stefan/Schütte, Hans-Wilm (Hg.) 2003: Das große China-Lexikon, Darmstadt

Starke, Peter/Obinger, Herbert 2009: Are Welfare States Converging? Recent Social Policy Developments in Advanced OECD Countries, in: Dingeldey/ Rothgang (Hg.), Governance, 113–141

Statistisches Bundesamt (Hg.) 2005: Statistisches Jahrbuch 2005 für die Bundesrepublik Deutschland, Wiesbaden

Statistisches Bundesamt (Hg.) 2006a (Statistisches Bundesamt in Kooperation mit WZB und ZUMA): Datenreport 2006: Zahlen und Fakten über die Bundesrepublik Deutschland, Bonn

Statistisches Bundesamt (Hg.) 2006b: Statistisches Jahrbuch 2006 für die Bundesrepublik Deutschland, Wiesbaden

Statistisches Bundesamt (Hg.) 2009: Statistisches Jahrbuch 2009 für die Bundesrepublik Deutschland, Wiesbaden

Statistisches Bundesamt (Hg.) 2010: Statistisches Jahrbuch 2010 für die Bundesrepublik Deutschland mit «Internationalen Übersichten», Wiesbaden

Statistisches Bundesamt u. a. (Hg.) 2008: Datenreport 2008. Ein Sozialbericht für die Bundesrepublik Deutschland, Wiesbaden

Stefes, Christoph H. 2010: Bypassing Germany's Reformstau: The Remarkable Rise of Renewable Energy, in: GP 19, 148–163

Steffani, Winfried 1979: Parlamentarische und präsidentielle Demokratie. Strukturelle Aspekte westlicher Demokratien, Opladen

Steffani, Winfried 1992: Parlamentarisches und präsidentielles Regierungssystem, in: Schmidt (Hg.), Die westlichen Länder, 288–295

Steffani, Winfried 1997 (E. A. 1983): Gewaltenteilung und Parteien im Wandel, Wiesbaden

Steinberg, Rudolf (Hg.) 1985: Staat und Verbände. Zur Theorie der Interessenverbände in der Industriegesellschaft, Darmstadt

Steinbrecher, Markus/Huber, Sandra/Rattinger, Hans 2007: Turnout in Germany, Baden-Baden

Steininger, Rolf 1996–2002: Deutsche Geschichte. Darstellung und Dokumentation in vier Bänden, Frankfurt a. M.

Stern, Jutta 2000: Programme versus Pragmatik. Parteien und ihre Programme als Einfluss und Gestaltungsgröße auf bildungspolitische Entscheidungsprozesse, Frankfurt a. M.

Stolleis, Michael 1988, 1992, 1999: Geschichte des öffentlichen Rechts in Deutschland, 3 Bde., München

Stolleis, Michael 2003: Geschichte des Sozialrechts in Deutschland. Ein Grundriß, Stuttgart

Stolleis, Michael 2009: Sozialistische Gesetzlichkeit. Staats- und Verwaltungsrechtswissenschaft in der DDR, München

Stone Sweet, Alec 2000: Governing with Judges: Constitutional Politics in Europe, Oxford

Stone Sweet, Alec 2008: Constitutionalism and Judicial Power, in: Caramani (Hg.), Comparative Politics, 217–239

Stöver, Bernd 2006: Besiegt und aufgeteilt: Die Besatzungsherrschaft in

Deutschland, in: Die Zeit (Hg.), Welt- und Kulturgeschichte, Bd. 14. Zweiter Weltkrieg und Nachkriegszeit, Hamburg, 231–261

Streeck, Wolfgang 2005: Industrial Relations: From State Weakness as Strength to State Weakness as Weakness. Welfare Corporatism and the Private Use of the Public Interest, in: Green/Paterson (Hg.), Governance, 138–164

Streeck, Wolfgang 2009: Re-Forming Capitalism. Institutional Change in the German Political Economy, Oxford

Streeck, Wolfgang/Grote, Jürgen R./Schneider, Volker/Visser, Jelle (Hg.) 2006: Governing Interests. Business associations facing internationalisation, London – New York

Streeck, Wolfgang/Hassel, Anke 2004: The Crumbling Pillars of Social Partnership, in: Kitschelt, Herbert/Streeck, Wolfgang (Hg.), Germany. Beyond the Stable State, London – Portland, OR, 101–124

Streeck, Wolfgang/Höpner, Martin (Hg.) 2003: Alle Macht dem Markt? Fallstudien zur Abwicklung der Deutschland AG, Frankfurt a. M. – New York

Streeck, Wolfgang/Schmitter, Philippe C. (Hg.) 1985: Private Interest Government: Beyond Market and State, London u. a.

Streeck, Wolfgang/Trampusch, Christine 2005: Economic Reform and the Political Economy of the German Welfare State, in: GP 14, 174–195

Strohmeier, Gerd 2004: Politik und Massenmedien, Baden-Baden

Strohmeier, Gerd 2006: Wahlsysteme erneut betrachtet: Warum die Mehrheitswahl gerechter ist als die Verhältniswahl, in: Zeitschrift für Politikwissenschaft 16, 405–425

Strohmeier, Gerd/Wittlinger, Ruth 2010: Bundespräsident Köhler – eine (kritische) Analyse, in: ZSE 8, 228–250

Strøm, Kaare 1990: Minority Government and Majority Rule, Cambridge u. a.

Sturm, Roland unter Mitarbeit von Petra Zimmermann-Steinhart [2]2010: Föderalismus, Baden-Baden

Sturm, Roland/Pehle, Heinrich [2]2005: Das neue deutsche Regierungssystem. Die Europäisierung von Institutionen, Entscheidungsprozessen und Politikfeldern in der Bundesrepublik Deutschland, Wiesbaden

Sturm, Roland/Pehle, Heinrich (Hg.) 2006: Wege aus der Krise? Die Agenda der zweiten Großen Koalition, Opladen – Farmington Hills

Stürmer, Michael 1989: Die Deutschen in Europa. Auf dem Weg zu einer zwischenstaatlichen Innenpolitik, in: Europa-Archiv 44, 721–732

Stüwe, Klaus 2002: Das Bundesverfassungsgericht als Vetospieler: Der Erfolg oppositioneller Verfahrensinitiativen vor dem Bundesverfassungsgericht (1951–2000), in: Oberreuter/Kranenpohl/Sebaldt (Hg.), Der Deutsche Bundestag, 145–167

Stüwe, Klaus 2006: Informales Regieren. Die Kanzlerschaften Gerhard Schröders und Helmut Kohls im Vergleich, in: ZParl 37, 544–559

SVR 1997: Wachstum, Beschäftigung, Währungsunion – Orientierungen für die Zukunft. Jahresgutachten 1997/98, Stuttgart u. a.

SVR 2004: Erfolge im Ausland – Herausforderungen im Inland. Jahresgutachten 2004/5, Wiesbaden

SVR 2009: Die Zukunft nicht aufs Spiel setzen. Jahresgutachten 2009/10, Wiesbaden

Tanzi, Vito 2000: Policies, Institutions and the Dark Side of Economics, Cheltenham-Northampton

Taylor, Charles Lewis (Hg.) 1983: Why Governments Grow. Measuring Public Sector Size, London – Beverly Hills – New Delhi

Tenscher, Jens 2008: Massenmedien und politische Kommunikation in den Ländern der Europäischen Union, in: Gabriel/Kropp (Hg.), EU-Staaten, 412–447

Thaysen, Uwe 2006a: Regierungsbildung in der Bundesrepublik Deutschland: Daten zum Start der Regierung Merkel 2005/2006, in: ZParl 37, 470–480

Thaysen Uwe 2006b: Regierungsbildung 2005: Merkel, Merkel I, Merkel II?, in: ZParl 37, 582–610

Thränhardt, Dietrich 1990: Bildungspolitik, in: von Beyme/Schmidt (Hg.), Politik in der Bundesrepublik Deutschland, 177–202

Tils, Ralf 2005: Politische Strategieanalyse, Wiesbaden

Tocqueville, Alexis de 1976 (franz. 1835/40): Über die Demokratie in Amerika, München

Töller, Annette Elisabeth 2008: Mythen und Methoden. Zur Messung der Europäisierung der Gesetzgebung des Deutschen Bundestages jenseits des 80-Prozent-Mythos, in: ZParl 39, 3–17

Tomuschat, Christian 2010: Die Karlsruher Republik, in: Die Zeit Nr. 20 v. 12.5.2010, 15

Trampusch, Christine 2003: Korporatistische Konzertierung von Arbeitsmarkt- und Rentenpolitik: Zukunfts- oder Auslaufmodell?, in: Beyer (Hg.), Auslaufmodell?, 78–107

Trampusch, Christine 2004: Von Verbänden zu Parteien. Elitenwechsel in der Sozialpolitik, in: ZParl 35, 646–666

Trampusch, Christine 2005: Sozialpolitik in Post-Hartz Germany, in: Welt Trends 47, 77–90

Trampusch, Christine 2009: Der erschöpfte Sozialstaat. Transformation eines Politikfeldes, Frankfurt a. M.

Traxler, Franz/Blaschke, Sabine/Kittel, Bernhard 2001: National Labour Relations in Internationalized Markets: A Comparative Study of Institutions, Change, and Performance, Oxford

Treib, Oliver 2004: Die Bedeutung der nationalen Parteipolitik für die Umsetzung europäischer Sozialrichtlinien, Frankfurt a. M. – New York

Tsebelis, George 1994: The Power of the European Parliament as a Conditional Agenda Setter, in: APSR 88, 128–142

Tsebelis, George 2002: Veto Players: How Political Institutions Work, Princeton

Ullmann, Hans-Peter 2006: Im «Strudel der Maßlosigkeit»? Die «Erweiterung des Staatskorridors» in der Bundesrepublik der sechziger bis achtziger Jahre, in: Osterhammel, Jürgen/Langewiesche, Dieter/Nolte, Paul (Hg.), Wege der Gesellschaftsgeschichte, Göttingen, 253–268

Ullrich, Sebastian 2009: Der Weimar-Komplex. Das Scheitern der ersten deutschen Demokratie und die politische Kultur der frühen Bundesrepublik 1945–1959, Göttingen

Vanberg, Georg 2005: The Politics of Constitutional Review in Germany, Cambridge

van Kersbergen, Kees 1995: Social Capitalism: A Study of Christian Democracy and the Welfare State, London

Vibert, Frank 2007: The Rise of the Unelected, Cambridge

Voigt, Rüdiger/Walkenhaus, Ralf (Hg.) 2006: Handwörterbuch zur Verwaltungsreform, Wiesbaden

von Alemann, Ulrich 1987: Organisierte Interessen in der Bundesrepublik Deutschland, Opladen

von Alemann, Ulrich/Weßels, Bernhard (Hg.) 1997: Verbände in vergleichender Perspektive. Beiträge zu einem vernachlässigten Feld, Wiesbaden

von Alemann, Ulrich 2001: Parteien und Medien, in: Gabriel/Niedermayer/Stöss (Hg.), Parteiendemokratie in Deutschland, 467–483

von Alemann, Ulrich (unter Mitarbeit von Philipp Erbentraut und Jens Walther) [4]2010: Das Parteiensystem der Bundesrepublik Deutschland, Wiesbaden

von Beyme, Klaus 1971: Die politische Elite der Bundesrepublik Deutschland, München

von Beyme, Klaus 1997: Der Gesetzgeber. Der Bundestag als Entscheidungszentrum, Opladen

von Beyme, Klaus [3]1999: Die parlamentarische Demokratie. Entstehung und Funktionswandel 1789–1999, Opladen – Wiesbaden

von Beyme, Klaus 2000: Parteien im Wandel. Von den Volksparteien zu den professionalisierten Wählerparteien, Wiesbaden

von Beyme, Klaus [10]2004: Das politische System der Bundesrepublik Deutschland. Eine Einführung, Wiesbaden

von Beyme, Klaus 2006: Föderalismus und Identitätspolitik. Ein Lob des asymmetrischen Föderalismus, Heidelberg

von Beyme, Klaus/Schmidt, Manfred G. (Hg.) 1990: Politik in der Bundesrepublik Deutschland, Opladen

von Sternburg, Wilhelm (Hg.) [3]2006: Die deutschen Kanzler. Von Bismarck bis Merkel, Berlin

von Weizsäcker, Richard 1992: Richard Weizsäcker im Gespräch mit Gunter Hofmann und Werner A. Perger, Frankfurt a. M.

Vorländer, Hans 2006: Die Verfassung als symbolische Ordnung. Perspektiven einer kulturwissenschaftlich-institutionalistischen Verfassungstheorie, in: Becker/Zimmerling (Hg.), Politik und Recht, 229–249

Vorländer, Hans 2009a: Die Deutschen und ihre Verfassung, in: APuZ Nr. 18–19, 8–18

Vorländer, Hans 2009b: Die Verfassung. Idee und Geschichte, München

Vowe, Gerhard 2009: Massenmedien, in: Andersen/Woyke (Hg.), Handwörterbuch, 418–430

Wachendorfer-Schmidt, Ute 1999: Der Preis des Föderalismus in Deutschland, in: PVS 40, 3–39

Wachendorfer-Schmidt, Ute (Hg.) 2000: Federalism and Political Performance, London

Wachendorfer-Schmidt, Ute 2003: Politikverflechtung im vereinigten Deutschland, Wiesbaden

Wagner, Adolph ³1893: Grundlegung der Politischen Ökonomie, Teil I: Grundlagen der Volkswirtschaft, Leipzig

Wagner, Adolph 1911: Staat (in nationalökonomischer Hinsicht), in: Handwörterbuch der Staatswissenschaften, Bd. 7, Jena 727–739

Wagner, Wolfgang/Schlotter, Peter 2006: Zwischen Multilateralismus und militärischer Zurückhaltung: Die Sicherheits- und Verteidigungspolitik Deutschlands, in: Schmidt/Zohlnhöfer (Hg.), Regieren, 438–456

Wagschal, Uwe 1996: Staatsverschuldung. Ursachen im internationalen Vergleich, Opladen

Wagschal, Uwe 2001: Der Parteienstaat der Bundesrepublik Deutschland: Parteipolitische Zusammensetzung seiner Schlüsselinstitutionen, in: ZParl 32, 861–886

Wagschal, Uwe 2003: Wer ist Schuld an den Schulden?, in: Obinger/Wagschal/Kittel (Hg.), Politische Ökonomie, 289–320

Wagschal, Uwe 2005: Steuerpolitik und Steuerreformen im internationalen Vergleich. Eine Analyse der Ursachen und Blockaden, Münster

Wagschal, Uwe 2006: Staatsfinanzen, in: Schmidt/Zohlnhöfer (Hg), Regieren, 57–86

Wagschal, Uwe 2007a: A mortgage on the future? Public debt expenditure and its determinants, 1980–2001, in: Castles (Hg.), The Disappearing State?, 215–244

Wagschal, Uwe 2007b: Auf dem Weg zum Sanierungsfall? Die rot-grüne Finanzpolitik seit 2002, in: Egle/Zohlnhöfer (Hg.), Ende des rot-grünen Projektes, 241–270

Wagschal, Uwe (Hg.) 2009: Deutschland zwischen Reformstau und Veränderung. Ein Vergleich der Politik- und Handlungsfelder, Baden-Baden

Wagschal, Uwe/Wenzelburger, Georg 2006: Erfolgreiche Budgetkonsolidierung im internationalen Vergleich (1980–2005), Gütersloh

Waiting for a Wunder. A Survey of Germany, in: The Economist, 11.2.2006

Wallace, Helen/Pollack, Mark/Young, Alasdair R. (Hg.) ⁶2010: Policymaking in the European Union, Oxford

Walter, Franz 2002: Die SPD: Vom Proletariat zur Neuen Mitte, Berlin

Walter, Franz 2010a: Vorwärts oder abwärts? Zur Transformation der Sozialdemokratie, Berlin

Walter, Franz 2010b: Gelb oder Grün? Kleine Parteiengeschichte der besserverdienenden Mitte in Deutschland, Bielefeld

Walter, Franz/Müller, Kay 2002: Die Chefs des Kanzleramtes: Stille Elite in der Schaltzentrale des parlamentarischen Systems, in: ZParl 33, 474–501

Webber, Douglas (Hg.) 2001: New Europe, New Germany, Old Foreign Policy? German Foreign Policy since Unification, London – Portland

Weber, Jürgen ²1981: Die Interessengruppen im politischen System der Bundesrepublik Deutschland, München

Weber, Max 1972 (E. A. 1922): Wirtschaft und Gesellschaft, Tübingen

Weber, Max 1988a (E. A. 1918): Parlament und Regierung im neugeordneten Deutschland. Zur politischen Kritik des Beamtentums und Parteiwesens, in: Max Weber, Gesammelte Politische Schriften, hg. v. Johannes Winkelmann, Tübingen, 306–443

Weber, Max 1988b (E. A. 1910): Rede auf dem ersten Deutschen Soziologentag in Frankfurt 1910, in: Weber, Max: Gesammelte Aufsätze zur Soziologie und Sozialpolitik, Tübingen, 431–449

Weber, Max 1988c (E. A. 1917): Wahlrecht und Demokratie in Deutschland, in: Max Weber, Gesammelte Politische Schriften, hg. v. Johannes Winkelmann, Tübingen, 245–291

Wefing, Heinrich 2001: Leuchtturm: Das Bundesverfassungsgericht wird fünfzig Jahre alt, in: FAZ Nr. 226, 28.9.2001, 53

Wehler, Hans-Ulrich 2003: Deutsche Gesellschaftsgeschichte, Vierter Band: Vom Beginn des Ersten Weltkriegs bis zur Gründung der beiden deutschen Staaten 1914–1949, München

Wehler, Hans-Ulrich ²2008: Deutsche Gesellschaftsgeschichte. Bd. 5. Bundesrepublik und DDR 1949–1990, München

Wehler, Hans-Ulrich 2010: Die Last des Erfolgs. Die Vorteile des «Wirtschaftswunders» und die Bürde der Sozialen Gleichheit, in: Wehler, Hans-Ulrich, Land ohne Unterschichten?, München, 206–228

Wehling, Hans-Georg (Hg.) ³2004: Die deutschen Länder. Geschichte, Politik, Wirtschaft, Wiesbaden

Wehling, Hans-Georg 2005: Direkte Demokratie in Baden-Württemberg, in: Kost (Hg.), Direkte Demokratie, 14–28

Weichold, Jochen 2006: Umweltpolitik, in: Burrichter, Clemens /Nakath, Detlef/Stephan, Gerd-Rüdiger (Hg.), Deutsche Zeitgeschichte von 1945 bis 2000. Gesellschaft – Staat – Politik, Berlin 1137–1179

Weidner, Helmut 1989: Die Umweltpolitik der konservativ-liberalen Regierung. Eine vorläufige Bilanz, in: APuZ Nr. 47–48, 16–28

Weidner, Helmut 2005a: Deutsche Klimapolitik, in: WZB-Mitteilungen, Nr. 109, 2005, 11–14

Weidner, Helmut 2005b: Global Equity versus Public Interest? The Case of Climate Change Policy in Germany, Berlin: WZB

Weidner, Helmut/Jänicke, Martin 1998: Vom Aufstieg und Niedergang eines Vorreiters. Eine umweltpolitische Bilanz der Ära Kohl, in: Wewer (Hg.), Ära Kohl, 201–228

Weidner, Helmut/Jänicke, Martin (Hg.) 2002a: Capacity Building in National Environmental Policy. A Comparative Study of 17 Countries, Berlin u. a.

Weidner, Helmut/Jänicke, Martin 2002b: Summary: Environmental Capacity Building in a Converging World, in: Weidner/Jänicke (Hg.), Capacity Building, 409–444

Weiler, Joseph H. H. 1999: The Constitution of Europe. «Do the new clothes have an emperor?» and other essays on European integration, Cambridge

Welzel, Christian 1997: Demokratischer Elitenwandel. Die Erneuerung der ostdeutschen Elite aus demokratie-soziologischer Sicht, Opladen

Wengst, Udo 1998: Thomas Dehler, in: Kempf/Merz (Hg.), Kanzler und Minister, 198–202

Wengst, Udo (Bandherausgeber) 2001: Die Zeit der Besatzungszonen. 1945–1949. Sozialpolitik zwischen Kriegsende und der Gründung zweier deutscher Staaten. Geschichte der Sozialpolitik in Deutschland seit 1945, Bd. 2, hg. v. BMA/Bundesarchiv, Baden-Baden

Wenzelburger, Georg 2010: Haushaltskonsolidierungen und Reformprozesse. Determinanten, Konsolidierungsprofile und Reformstrategien in der Analyse, Berlin

Wermelskirchen, Axel 2005: Zehntausende Proben jedes Jahr. Der Bodensee liefert Trinkwasser für Millionen Menschen bis ins nördliche Baden-Württemberg, in: FAZ Nr. 266, 15.11.2005, 9

Weßels, Bernhard 1989: Politik, Industrie und Umweltschutz in der Bundesrepublik: Konsens und Konflikt in einem Politikfeld 1960–1986, in: Herzog, Dietrich/Weßels, Bernhard (Hg.), Konfliktpotentiale und Konsensstrategien. Beiträge zur politischen Soziologie der Bundesrepublik, Opladen, 269–306

Weßels, Bernhard 2007: Das bundesdeutsche Verbandssystem in vergleichender Perspektive. Politische Spannungslinien und politische Ökonomie, in: Winter, Thomas von/Willems, Ulrich (Hg.), Interessenverbände in Deutschland, Wiesbaden, 84–118

Wessels, Wolfgang 2008a: Gesetzgebung in der Europäischen Union, in: Ismayr (Hg.), Gesetzgebung, 653–683

Wessels, Wolfgang 2008b: Das politische System der Europäischen Union, Wiesbaden

Westle, Bettina/Niedermayer, Oskar 2009: Orientierungen gegenüber der Demokratie, in: Kühnel, Steffen/Niedermayer, Oskar/Westle, Bettina (Hg.): Wähler in Deutschland. Sozialer und politischer Wandel, Gender und Wahlverhalten, Wiesbaden, 11–29

Wewer, Göttrik (Hg.) 1998: Bilanz der Ära Kohl. Christlich-liberale Politik in Deutschland 1982–1998, Opladen

Wey, Klaus-Georg 1982: Umweltpolitik in Deutschland. Kurze Geschichte des Umweltschutzes in Deutschland seit 1900, Opladen

Wildenmann, Rudolf 1969: Die Rolle des Bundesverfassungsgerichts und der deutschen Bundesbank in der politischen Willensbildung, Stuttgart

Wildenmann, Rudolf 1982a: Unsere oberen Dreitausend. Woher kommen sie? – Was prägt sie? Was wollen sie? – Eine Eliten-Studie, in: Die Zeit Nr. 10, 5.3.1982, 9–10

Wildenmann, Rudolf 1982b: Die Elite wünscht den Wechsel. Unsere oberen Dreitausend (II): Mehr «rechts» als «links», in: Die Zeit Nr. 11, 12.3.1982, 6 f.

Wildenmann, Rudolf u. a. 1982: Führungsschicht in der Bundesrepublik Deutschland 1981, Universität Mannheim

Wilensky, Harold L. 2002: Rich Democracies. Political Economy, Public Policy and Performance, Berkeley u. a.

Winkler, Heinrich August (Hg.) 1974: Organisierter Kapitalismus. Voraussetzungen und Anfänge, Göttingen

Winkler, Heinrich August 2002: Der lange Weg nach Westen, Bd. 1 u. 2, München

Wirsching, Andreas 2001: Deutsche Geschichte im 20. Jahrhundert, München

Wirsching, Andreas 2006: Abschied vom Provisorium. Geschichte der Bundesrepublik Deutschland 1982–1990, München

Wissenschaftlicher Beirat des Bundesfinanzministeriums 2001: Gutachten zur Nachhaltigkeit in der Finanzpolitik. Schriftenreihe des BMF, Heft 71

Wittkämper, Gerhard W. 1983: Rechtsstaat, in: Mickel, Wolfgang (Hg.), Handlexikon zur Politikwissenschaft, München, 431–436

Wolf, Frieder 2005: Die Bildungsausgaben der Bundesländer im Vergleich, in: GWP 54, 411–423

Wolf, Frieder 2006a: Die Bildungsausgaben der Bundesländer im Vergleich: Welche Faktoren erklären ihre beträchtliche Variation?, Berlin

Wolf, Frieder 2006b: Bildungspolitik, in: Schmidt/Zohlnhöfer (Hg.), Regieren, 219–239

Wolf, Frieder 2008a: Die Schulpolitik – Kernbestand der Kulturhoheit, in: Hildebrandt/Wolf (Hg.), Bundesländer, 21–41

Wolf, Frieder 2008b: Bildungsfinanzierung in Deutschland. Warum wir stehen, wo wir stehen – und wie es weitergehen könnte, Wiesbaden

Wolf, Frieder 2010: Bildungs-Ostalgie versus OECDisierung, in: Glaab, Manuela/Weidenfeld, Werner/Weigl, Michael (Hg.), Deutsche Kontraste 1990–2010, Frankfurt a.M., 517–547

Wolf, Frieder/Hildebrandt, Achim 2008: Die Potenziale des Bundesländervergleichs, in: Hildebrandt/Wolf (Hg.), Bundesländer, 11–20

Wolfrum, Edgar 2005: Die Bundesrepublik Deutschland 1949–1990, Stuttgart – Berlin – Leipzig

Wolfrum, Edgar 2006: Die geglückte Demokratie. Geschichte der Bundesrepublik Deutschland von ihren Anfängen bis zur Gegenwart, Stuttgart

Woll, Cornelia 2006: Herrschaft der Lobbyisten in der Europäischen Union?, in: APuZ Nr. 15–16, 33–38

Wurster, Stefan 2010: Zukunftsvorsorge in Deutschland. Eine vergleichende Untersuchung der Bildungs-, Forschungs-, Umwelt- und Energiepolitik, Baden-Baden

Zacher, Hans F. [3]1985: Einführung in das Sozialrecht der Bundesrepublik Deutschland, Heidelberg

Zacher, Hans F. 2001: Grundlagen der Sozialpolitik in der Bundesrepublik Deutschland, in: BMA/Bundesarchiv (Hg.), Grundlagen, 333–684

Zacher, Hans F. [3]2004: Das soziale Staatsziel, in: Isensee/Kirchhof (Hg.), HStR II. Verfassungsstaat, Heidelberg, 659–784

Zapf, Wolfgang 1965: Wandlungen der deutschen Elite. Ein Zirkulationsmodell deutscher Führungsgruppen 1919–1961, München

Ziller, Gebhard 2006: Bundestag und Bundesrat im Zahlenspiegel, in: Das Parlament 56, Nr. 4, 12

Zimmermann, Klaus F. (Hg.) 2006: Deutschland – was nun? Reformen für Wirtschaft und Gesellschaft, München

Zohlnhöfer, Reimut 2001: Die Wirtschaftspolitik der Ära Kohl. Eine Analyse der Schlüsselentscheidungen in den Politikfeldern Finanzen, Arbeit und Entstaatlichung, 1982–1998, Opladen

Zohlnhöfer, Reimut 2006a: Haushalts- und Steuerpolitik: Zwischen Konsolidierung und Reform?, in: Sturm/Pehle (Hg.), Wege, 95–112

Zohlnhöfer, Reimut 2006b: Vom Wirtschaftswunder zum kranken Mann Europas? Wirtschaftspolitik seit 1945, in: Schmidt/Zohlnhöfer (Hg.), Regieren, 281–309

Zohlnhöfer, Reimut 2008: Föderalismusreform und die Entwicklung der Zustimmungsbedürftigkeit von Bundesgesetzen. Versuch einer Klärung, in: ZParl 39, 415–419

Zohlnhöfer, Reimut 2009: Globalisierung der Wirtschaft und finanzpolitische Anpassungsreaktionen in Westeuropa, Baden-Baden

Zolleis, Udo 2008: Die CDU. Das politische Leitbild im Wandel der Zeit, Wiesbaden

Register

Verzeichnis der im Text genannten Personen